富国と強兵

地政経済学序説

An Introduction to Geopolitical Economy

中野剛志

東洋経済新報社

緒　言

数学者は、一連の定理を発見していく過程において、次のような経験をするのだという。

彼はまず、無限の大海原に浮かぶ孤島にたどり着いたかのようにして、最初の定理を発見する。次に、その孤島とは無関係にみえる第二、第三の孤島が見つかっていく。そのうち、次第に海の水が退いていくと、孤島とみえたそれらの島々が、実は一つの巨大な海底山脈の頂上であったことがわかる。数学者というものは、そのようにして、一連の定理を包括する一つの理論体系を発見するのだというのである。

なぜ、そのような不思議な経験をするのであろうか。実は、その数学者は、初めから、暗黙のうちに海底山脈、すなわち理論体系の存在を直観していたのである。彼は、その直観に導かれて、定理を一つひとつ発見していき、最終的に理論体系へとたどり着くことに成功するのである(1)。

このような経験は、何も数学者だけに限られるものではない。社会科学者もまた、探究の過程で、同じような経験をすることがある。

本書は、筆者が自らの直観を頼りとしつつ、およそ二五年に及ぶ探究を続けた結果、ようやくたどり着いた海底山脈である。

その海底山脈とは、約言すれば、政治力あるいは軍事力と経済力は、お互いを作り出し、強化し合う関係にあるという理論である。この「富国」と「強兵」の相互依存的な関係を解明する理論について、筆者はかつて「経済ナショナリズム」と呼んだことがある(2)。しかし、この海底山脈は、その当時考えていたよりも広大であることが、その後の研究によってわかった。そこで、本書では、それを「地政経済学」と呼称することにした。

　今日、世界は激動の中にあり、予測困難な事変が多発している。過去十年程度を顧みただけでも、二〇〇八年の世界金融危機、ユーロ危機、アラブの春とその後の中東の混乱、ロシアによるクリミアの奪取、中国の東シナ海や南シナ海への進出、ヨーロッパの難民問題、世界各地で頻発するテロ、ＥＵ離脱を決めたイギリスの国民投票などが挙げられる。

　また、経済統計を見ると、世界の国内総生産（ＧＤＰ）に占める世界貿易の比率は、二〇〇八年以降、横ばいで推移している。これは、戦後最長の停滞である。ＧＤＰ比でみた海外直接投資のフローも、二〇〇七年以降、著しく低下し続けている。(3) これまでグローバリゼーションは、不可避・不可逆の歴史的な潮流であるかのように言われてきた。そう信じる者は未だに少なくない。ところが現実には、グローバリゼーションとは逆の現象がすでに起きているのである。

　これまでの通俗観念や主流派の理論からすれば、到底理解できないような異常現象が頻発し、むしろ常態化している。我々は、そのような残酷な世界に生きているのである。

　しかし、こうした世界各地で勃発している数々の地政学的あるいは経済的な現象は、実は、お互いにまったく関連性のないものではない。これらはいずれも、今日の世界の政治経済の構造に、ある巨大な地殻変動が起きつつあることを示す兆候にほかならない。そのような俯瞰的な理解を可能とするのが、本書が開拓しようとする「地政経済学」という社会科学の新たな一分野なのである。

　もっとも、この地政経済学なる理論は、何の躊躇もなく認めるが、筆者の独創を誇るようなものではない。むしろ本書は、数多くの先行研究を動員することで成り立っている。順不同で言えば、ハルフォード・マッキンダー、オットー・ヒンツェ、ゲオルグ・フリードリヒ・クナップ、ゲオルグ・ジンメル、ウィリアム・アシュリー、ジョン・メイナード・ケインズ、ジョン・R・コモンズ、ジョン・デューイ、ジョセフ・アロイス・シュンペーター、カール・ポラニー、アバ・P・ラーナーといった二〇世紀前半に活躍した理論家たちの古典的著作の解釈がその基礎にある。また、ウィリアム・マクニール、ポール・ケネディ、チャールズ・ティリー、ジョン・ブリュワー、シーダ・スコッチポル、ピーター・グルヴィッチ、マイケル・マン、アンソニー・ギデンス、ベネディクト・アンダーソン、アンソニー・スミス、アルフレッド・チャンドラー、チャールズ・A・E・グッドハート、ハイマン・ミンスキー、L・ランダル・レイといった現代の卓越した歴史家や理論家たちの業績にも多くを負っている。

したがって、本書の内容には、実のところ、先行研究がないものはほとんどないのである。ただ、筆者に固有の貢献があるとすれば、忘れられていた理論を発掘し、見逃されていた洞察に光を当て、無関係とされてきた諸説を結びつけることで、それらを一貫性のある理論体系として提示したということである。

そして、この地政経済学の構築に向けた作業を通じて、本書のもう一つのテーマが明らかになっていくであろう。それは、「経済政策とは何か」という問いに対する答えである。

二〇一六年一〇月

中野　剛志

富国と強兵――地政経済学序説［目次］

第10章 貿易の地政経済学

第11章 ハルフォード・マッキンダー（2）

第12章 戦争の経済的帰結（1）

第13章　制度経済学

第14章　戦争の経済的帰結（2）

第15章　経済成長の地政経済学

第18章　領域国家と通商国家

終　章　地政経済学とは何か

序章

地政学と経済学

地政学の復活

地政学。この古めかしく、禍々《まがまが》しいニュアンスすら伴った言葉が、東西冷戦の終結から二〇年以上の時を経て、現代に甦ってきた。

たとえば、国際政治学者のウォルター・ラッセル・ミードは、アメリカの外交誌『フォーリン・アフェアーズ』（二〇一四年五月・六月号）において「地政学の復活：修正主義勢力の復讐」というタイトルの論文を発表している。

その中でミードは、次のように論じている。

アメリカ合衆国やヨーロッパ連合（ＥＵ）の多くの人々は、冷戦の終結を以て、地政学はもはや過去の遺物となったものと信じていた。国際問題における主たる関心は、領土や軍事力を巡る紛争ではなく、たとえば貿易自由化、核兵器の国際管理、人権、法の支配、気候変動といったグローバルな統治に関する課題へと移ったはずだった。

ところが二〇一四年時点の世界が実際に直面している現実とは、どのようなものであるか。それは、ロシアによるクリミアの奪取であり、中国による東シナ海や南シナ海における領土・領海の強引な主張であり、そして中東における陰惨な武力紛争である。

領土と軍事力を巡る衝突が国際問題の中心に戻ってきたのである。冷戦終結後に成立するはずの自由民主的な世界秩序を楽観していた人々は、このむき出しの地政学的衝突を前にして戸惑いを隠せないでいる。

だがミードに言わせれば、地政学の復活に困惑する人々は、冷戦後の新たな世界秩序として期待したものが一九九〇年代前半における特異な地政学的環境から生じたものだということを見落としていたに過ぎない。

ヨーロッパでは、東西ドイツの統一、ソヴィエト連邦の解体、東ヨーロッパ諸国の北大西洋条約機構（NATO）やEUへの加盟が実現した。中東では、アメリカはサウジアラビア、湾岸諸国、エジプト、トルコと連携することで、イランとイラクを封じ込めることができていた。アジアでは、アメリカは日本、韓国、オーストラリア、インドネシアその他の国々との安全保障上の関係を構築し、支配的な地位を確立していた。

このように、一九九〇年代のアメリカは、ヨーロッパ、中東、アジアの三方面において地政学的に安定した環境を享受し、グローバルな覇権的地位を獲得することに成功していた。この地政学的な好条件があったからこそ、アメリカは、自由民主主義的な世界秩序の構築へと乗り出していくことができたのである。

しかし、欧米の多くの人々が、この冷戦終結後の特異な地政学的環境から生じたアメリカの一極的な覇権を、自由民主主義が共産主義に対して最終的に勝利した結果だと誤認してしまった。そして、共産主義だけでなく、地政学もまた、永遠に葬り去られたものと思い込んでしまったのである。

ところが、二一世紀に入ってからおよそ一〇年が過ぎたところで、ヨーロッパ、中東、アジアの三方面において、地政学的な不安定化が、ほぼ同時多発的に発生したのである。これについてミードは、ロシア、イラン、中国の三大勢力が、冷戦後に成立した現行の国際秩序を修正しようとしているのだと解釈している。ロシアはかつてのソ連の勢力圏を復活させたいと願っている。中国は、アジアからアメリカの勢力を追い出そうとしている。イランは、サウジアラビアを盟主とするスンニ派勢力に支配された中東を、イラン率いるシーア派が支配するものへと代えるという野心をもっている。この国際秩序の現状に挑戦しようとする修正主義(revision-ism)の三大勢力にとって共通の敵が、アメリカなのである。[1]

そして、アジアにおいて我々は、ミードの指摘を待つまでもなく、膨張する中国を目の前にして、「地政学の復活」をひしひしと実感させられている。

東アジアの国際秩序は、冷戦期から今日に至るまで、日米同盟を要としていた。この日米同盟に基づく既存の秩序に対して、急速に勢力を拡張した中国が挑戦しようとしているのである。ミードも「アジア以上に地政学の復活がありありと現れているところはない」[2]と述べている。

このアジアにおける「地政学の復活」において、日本は主たる当事国の一つなのである。もしこのミードの診断が正しいとするならば、我々は、アメリカの覇権の下で忘却の彼方へと追いやっていた「地政学」を、先の世界大戦以来、およそ七〇年ぶりに思い出さなければならないということになる。

地政学は幻想か

もっとも、ミードが提示した「地政学の復活」というテーゼは、論争の的となることを逃れ得なかった。たとえばリベラル派の国際政治学者G・ジョン・アイケンベリーは、「地政学の幻想:リベラルな秩序の持続力」

という論文において、ミードの論文を激しく批判している。彼の批判は、次のようなものであった。ミードは、中国、イラン、ロシアがユーラシア大陸に勢力圏を確立し、アメリカや世界を脅かそうとしているというヴィジョンを抱いているが、彼は現実を見誤っている。アメリカの覇権が絶頂期を過ぎたのは事実であるが、それでもなお、その軍事力、経済力、技術力は比類なきものである。地政学的にみて、アメリカは依然として中国、イラン、ロシアを圧倒しているのである。

また、ミードは、冷戦後のアメリカが、領土や勢力圏といった地政学的な問題を無視してグローバルな秩序の建設に走ったと論じているが、それは誤解である。アメリカが主導するリベラルな秩序建設は、地政学的な紛争が過去のものとなったという前提に立っているのではない。それはむしろ、大国間の地政学的な競合を管理するための手段なのである。すなわち、アメリカがリベラルな原則に基づく国際的な枠組みを構築するのは、それが経済成長や社会進歩を促すものであり、それゆえほぼ普遍的に受け入れられ得るものだからである。冷戦期のアメリカは、このリベラルな国際的枠組みを構築することで、ソ連を封じ込め、そして勝利した。このアメリカの世界戦略を貫く論理は、冷戦後も不変である。

二〇〇八年の世界金融危機は、確かにアメリカ主導の国際経済秩序との正統性を傷つけるものであったのかもしれない。しかし、もしそうだとしても、アメリカに代わって中国あるいはロシアが、グローバル経済の枠組みを支えるようになるなどということは到底考えられない。ミードは、中国やロシアが既存の国際秩序に対する挑戦者であると言うが、実際には両国とも国連安保理の常任理事国であり、世界貿易機関（WTO）、国際通貨基金（IMF）、世界銀行、そしてG20に参加している。中国もロシアも、既存のリベラルな世界秩序に属しているのであり、それとは違う新たな世界秩序の大きなヴィジョンなどは持ち合わせていないのである。したがって、今後もリベラルな世界秩序を強化する努力を続け、これからもグローバルな問題に深く関与していくことこそが、アメリカの採るべき大戦略（grand strategy）である。

アイケンベリーは、このように論じて、アメリカ主導の世界秩序の終わりを宣言するミードを批判している。ただし、ここで注意すべきは、アイケンベリーの論文はタイトルこそ「地政学の幻想」となっているが、彼は地政学的な思考様式それ自体を否定したわけではないということである。むしろその逆で、アイケンベリーは彼なりの地政学的な分析に基づいて、アメリカ主導のリベラルな世界秩序の優位性や有効性を論じている。

たとえば、アメリカは周囲を海に囲まれ、競合する大国と隣接していないという地理的な環境にある。それゆえ、二〇世紀のアメリカは、他の大国と衝突することなく成長し、その力を拡大することができ、冷戦終結後には、他の大国の挑戦を受けることのない唯一のスーパーパワーへとなりおおせた。

また、アメリカが普遍的価値の原則のチャンピオンとなった理由も、その地理的な環境と関係がある。アメリカは海によって隔絶しているため、ヨーロッパ、アジア、中東にアクセスするためには、これらの地域が貿易や外交において開かれている必要があった。アメリカが、門戸開放、民族自決、反植民地主義といった普遍的な原則を掲げたのは、単にリベラルな理想主義に駆り立てられていたからではなく、戦略的な要請からであったのである。(3)

したがって、アメリカがリベラルな国際秩序の盟主となったのは、ミードが言うように地政学を忘れていたからではない。アメリカがリベラルな覇権国家であるのは、その特有の地政学的な環境から引き出された帰結である。アイケンベリーは、このように論じるのである。彼の議論には、「リベラルな国際秩序においては、各国は普遍的な原則やルールに従えばよいので、地政学は不要となる。ただし、そのリベラルな国際秩序を維持する覇権国家アメリカだけは『地政学』を必要とする」という含意がある。

覇権国家アメリカが、その地政学的優位から引き出される比類なき力を使って、自由、民主主義、人権、法の秩序、自由市場といった原則に基づくリベラルな国際政治経済秩序を構築し、これを維持する。この第二次世界大戦後からの大戦略は依然として有効なのであり、アメリカはこの路線を基本的に継続すべきである。

もしアイケンベリーの診断が正しければ、日本もまた、日米同盟を外交の基軸とし、アメリカが主導する国際政治経済秩序の恩恵を享受するという、従来の基本路線を継続しさえすればよいということになる。そうであるならば、アメリカはともかく、日本には引き続き「地政学」など必要はないということになろう。

しかし、アイケンベリーの主張には、大きな欠陥が二つある。

第一に、アイケンベリーは、アメリカの軍事力、経済力、技術力は比類なきものであり、それに中国、イラン、ロシアは遠く及ばないと論じている。確かにアメリカの力は、他の国々と比較すれば依然として突出している。しかし、アメリカの力が相対的には強いとしても、それがリベラルな国際政治経済秩序を維持するのに十分に強いかどうかとは別問題である。

我々は、そのことを中東において目の当たりにしている。二〇〇〇年代初頭、アメリカはその圧倒的な軍事力によってアフガニスタンのタリバン政権やイラクのフセイン政権を打倒するのにやすやすと成功した。しかし、アメリカの強大な力は、両国の戦後の政治秩序を再建する上ではほとんど何の役にも立っていない。「地域的なアイデンティティが強く残り、外国による介入を嫌うようなところでは、アメリカのようなグローバル・スーパーパワーと言えども、望ましい政治的結果を達成するのは困難なのである。[4]」アメリカの相対的に強大な力は、他国の秩序を破壊することはできるのかもしれないが、思いどおりに秩序を構築するほどには強くはないのである。

第二に、アイケンベリーは、アメリカに代わってグローバルな秩序を構築できる国などないことを強調している。たとえばアメリカ主導のリベラルな国際経済秩序の信頼性は、二〇〇八年の世界金融危機によって揺らいだのは確かだが、かといって中国やロシアがその代替案となり得るような国際秩序を構築できるわけではないというのである。この主張自体は、そのとおりである。しかし、アメリカ主導の国際秩序が正統性を失ったにもかかわらず、その代わりとなる国際秩序を確立する力のある覇権国家が登場しないというのであるならば、その論理的帰結はアメリカ主導の国際秩序の勝利ではない。単なる国際秩序の崩壊である。そして国際秩序が崩壊するならば、領土や勢力圏を巡る闘争が勃発することになる。それは、すなわち「地政学の復活」である。

トゥキディデスの罠

地政学とは、「国際的な力の追求と地理の政治的あるいは戦略的な関係に関する研究[5]」あるいは「国際関係の空間的な研究と実践[6]」といったように定義されている。それは、国際政治学に地理学的視点を導入した理論や戦略であると言ってもよい。

もっとも、地政学をもしそのように定義できるのであるならば、あらゆる国際政治学が、本来であれば、ある種の地政学であると言えるだろう。なぜなら、国際政治学において最も基本的な分析単位とされてきたものは言うまでもなく「国家」であるが、その「国家」とは「領土」という地理的空間を基礎とする政治主体だからである。コリン・グレイは「あらゆる政治学が、地政学である[7]」と述べているが、それは国際政治学については特に正しい。

そして、国際政治学において最も重要な分析対象の一つは伝統的に「戦争」であるが、戦争とは多くの場合、「領土」の支配を巡って行われるものである。それゆえ、地政学は軍事研究や軍事戦略と非常に深い関わりをもってきたのである。また、戦前の地政学は、しばしば左派の論者が批判するように、イギリス、ドイツ、日本などが帝国主義を正当化する文脈の中で用いられてきた[8]。地政学という言葉に血腥《ちなまぐさ》さやいかがわしさが付きまとうのは、それが戦争や帝国主義と深く関わってきたという歴史があるからである。とりわけナチス・ドイツの国家政策に大きな影響を与えたことは、戦後、地政学のいかがわしいイメージを定着させる大きな要因となった。

この地政学という思考様式が発達したのは一九世紀後半から二〇世紀前半にかけて、西洋列強が帝国主義的な闘争を展開し、二度の世界大戦を経験することとなった時代である。

とりわけ一九世紀末頃から、覇権国家イギリスの力が相対的に低下する中で、新興国のドイツがイギリスを中心とする既存の国際秩序に挑戦しようとし、両勢力の間で熾烈な争いが繰り広げられた。その覇権争いが頂点に達したのが第一次世界大戦であり、これによってイギリスはその覇権的地位を失うことになる。第一次世界大戦後は、ヴェルサイユ体制と呼ばれる国際秩序が構築されたが、これも長くは続かず、第二次世界大戦の勃発を招くに至る。

このような陰惨な戦争の時代に「地政学」なる思考様式が発達したのは、言わば当然のことであった。その地政学が復活したということは、現在の国際情勢が第一次世界大戦前を連想させるような危険な状態にあることを暗示している。かつて新興国ドイツがイギリス覇権の主導による国際秩序に挑戦したように、今日では、たとえば、急速に成長した中国がアメリカ覇権の主導による東アジアの国際秩序に挑戦しようとしているというわけである。

ロバート・ギルピンは、一九八一年に著した有名な『戦争と世界政治における変化』の中で、覇権国家が相対的に衰退し、新興大国が台頭してくると、両者の間で覇権を巡る闘争が起き、国際秩序が不安定化すると論じた。その不安定化を解消する最終的な手段は、戦争である。「歴史を通じて、既存の国際システムの構造とパワーの分布の再編成との間の不均衡を解消する主な手段は、戦争であり、より特定して言えば、覇権戦争と言うべきものであった。(9)」

そのような覇権戦争の例としてギルピンが挙げるのは、古代ではアテネとスパルタの間のペロポネソス戦争である。まさに歴史家トゥキディデスは、ペロポネソス戦争を、覇権国家スパルタが新興大国アテネの勢力拡大に脅威を感じて仕掛けた覇権戦争として描いたのであった。

ペロポネソス戦争の他に覇権戦争とみなすことができるのは、古代ではたとえばローマとカルタゴの間に起きた第二次ポエニ戦争であり、近代では三〇年戦争、ルイ一四世による一連の戦争、フランス革命とナポレオン戦争、第一次及び第二次世界大戦である。[10]

グレアム・アリソンによれば、過去五百年の歴史の中で、既存の覇権大国と新興大国が並び立ったケースは一六あるが、そのうち一二のケースが戦争という結果に終わったという。アリソンはこれを「トゥキディデスの罠」と呼んでいる。彼の目下の懸案は、言うまでもなく、二一世紀のアメリカと中国が「トゥキディデスの罠」に陥るのではないかということである。[11]

アメリカの「国家情報会議」が二〇一二年に公表した報告書「グローバル・トレンド2030」にも、次のような記述がある。

「一八一五年、一九一九年、一九四五年、一九八九年のような、先行きが不透明で、世界が変わってしまう可能性に直面していた歴史的転換点を現在の状況は想起させる。[12]」

この一八一五年（ナポレオン戦争の終結）、一九一九年（第一次世界大戦の終結）、一九四五年（第二次世界大戦の終結）、一九八九年（ベルリンの壁の崩壊）は、いずれも覇権を巡る国家間の闘争の結果であり、アリソンが挙げた一六のケースに含まれている。このうち、戦争という結果を回避し得たのは、一九八九年のみである。

ヘンリー・キッシンジャーもまた、覇権戦争の歴史を思い出している。二〇一二年、キッシンジャーは『フォーリン・アフェアーズ』誌に「米中関係の未来：紛争は選択であって、必然ではない」という論文を発表している。[13]

キッシンジャーもまた、米中関係の「トゥキディデスの罠」を恐れているのである。アリソンによれば、覇権戦争の発生確率は単純計算で七五%になる。しかし、キッシンジャーは米中の紛争は必然ではなく、外交努力によって回避できるし、そうすべきであると力説している。

これに対して、ジョン・ミアシャイマーはもっと悲観的である。

ミアシャイマーの理論によれば、国家というものは自国の安全保障を第一に考えて行動するものである。そして、大国というものは、自国の安全保障を確保するために、地域において覇権国家となることを目指し、その地域において競合する他の国家勢力を排除しようとするものである。たとえば一九世紀後半のアメリカは、大国になっていく過程で、西半球からイギリスなどヨーロッパの勢力を追い出すことに成功した。いわゆるモンロー主義である。大国化した中国が、それと同じことを考えないはずがない。中国は地域覇権となることを目指して、必ず東アジアからアメリカの影響力を排除しようとするであろう。二〇〇〇年代半ばまで、中国は「平和的台頭」を掲げてきたが、ミアシャイマーに言わせれば「平和的台頭」などというものはあり得ないのである。(14)

クリストファー・レインもまた、一九世紀末から二〇世紀初頭のイギリスの相対的衰退が第一次世界大戦を引き起こし、「パックス・ブリタニカ」が幕を閉じた歴史に言及しつつ、第二次世界大戦後から七〇年間の「パックス・アメリカーナ」がアメリカの相対的衰退により終わりつつあると論じている。そうした中でアメリカが採るべき戦略とは何か。それは「オフショア・バランシング」であるとレインは主張する。

オフショア・バランシングとは、アメリカの戦力と影響力を、特に戦略的に重要な地域における勢力均衡の維持という目的に限定して使用するという戦略である。レインは、二〇一二年の時点で、その具体策を次のように述べていた。

第一に、アメリカはそのプレゼンスを優先的な地域に限定して展開すべきである。第二に、アメリカは海外における軍事プレゼンスを縮小する代わりに、同盟諸国に地域安定の責任をより多く負わせるべきである。第三に、海軍と空軍に重点を置き、陸軍による介入は可能な限り避けるべきである。第四に、ウッドロー・ウィルソン的な介入主義は厳に慎むべきである。そして最後に、中東に深入りし過ぎていた兵力は削減すべきである。

この「オフショア・バランシング」は、近年、ミアシャイマー、スティーブン・ウォルト、ロバート・ペイプ、バリー・ポーゼン、アンドリュー・ベーセヴィッチといったアメリカの名だたる地政学者たちから支持を得るようになっている。レインは、そう述べている。[15]

彼らに共通するのは、世界、とりわけ東アジアが、一九世紀後半から二〇世紀前半にかけてと同じように、戦争を伴うような国際システムの変動期に突入したという認識である。そう考えるならば、地政学がこの二一世紀に復活を遂げたとて、何ら驚くには当たらない。

ハルフォード・マッキンダー

歴史上、「地政学」という名から連想される理論家や戦略家としては、フリードリヒ・ラッツェル、ルドルフ・チェーレン、アルフレッド・セイヤー・マハン、ハルフォード・マッキンダー、カール・ハウスホーファー、ニコラス・スパイクマンらが挙げられる。より最近では、ヘンリー・キッシンジャーやズビグニュー・ブレジンスキーなどが地政学者として知られている。

その中でも最も著名な人物は、一九世紀末から二〇世紀前半にかけて活躍したイギリスの地理学者ハルフォード・マッキンダーであろう。もっとも「地政学」という名称を与えたのはチェーレンであり、マッキンダー自身は「地政学」という言葉を使うのを好まなかった。しかしマッキンダーは、その優れた洞察力と影響力ゆえに、後世の研究者たちによって地政学の開祖として位置づけられている。

マッキンダーを有名にしたのは、一九〇四年に王立地理学会において発表された論文「地理学からみた歴史の回転軸」である。

当時のイギリスの世界戦略は、海洋を支配する力であるシーパワーを最も重視し、海軍力に重点を置くものであった。イギリスは、その圧倒的なシーパワーによって、七つの海を支配する大英帝国を築き上げていた。

この通説に挑戦したのが、マッキンダーの「地理学からみた歴史の回転軸」であった。

シーパワーが最も重要であった時代は過去のものとなった。これからは、海洋ではなく、ユーラシア大陸の内陸部を支配するランドパワーが世界の覇権を握る時代となる。そして、ユーラシア大陸の内陸部が、世界を動かす「歴史の回転軸（pivot）」となるのである。マッキンダーは、世紀の初めにあたって、このような新たなパラダイムを提示した。

なぜシーパワーからランドパワーへと力点が移ったのか。それは、輸送技術に大きな変化が生じたからである。

陸上輸送を馬やラクダに依存していた時代においては、船舶による海上輸送の方が優位に立っていたため、シーパワーの方がより重要であった。イギリスはこのシーパワーの上に帝国を築いた。しかし、ユーラシア大陸を横断する鉄道が登場したことで陸上輸送の重要性が飛躍的に増し、その結果としてランドパワーとシーパワーの優劣が逆転する可能性が出てきたのである。

この新たなパラダイムの下では、二〇世紀のイギリスは、「歴史の回転軸」であるユーラシア大陸の内陸部を支配するランドパワーの出現を阻止することを基本戦略として据えなければならない。当時、このユーラシア大陸の内陸部に位置していたのは、ロシア帝国であった。したがって、イギリスが最も警戒すべき国家は、ロシアだということになる。

ロシアのランドパワーが拡大してユーラシア大陸を制し、さらに海洋へと進出した時、ロシアは海洋を支配するイギリスと衝突することとなる。マッキンダーは、警告を発した。

「パワーのバランスが回転軸国家（pivot state）の方へと傾き、ユーラシアの周辺地帯へと拡大する結果となったら、広大な大陸の資源を艦船建造のために使用することが可能になり、世界帝国が視野に入ることとなろう。そういう事態が起きるとしたら、ドイツがロシアと同盟を組んだ時であろう。[16]」

イギリスは、ヨーロッパ大陸や海外の同盟諸国とともに、ロシアのランドパワーを封じ込めなければならないとマッキンダーは力説した。もっとも、ここで注意しておくべきは、マッキンダーはロシアという国家それ自体を脅威と感じていたのではなく、回転軸地帯を支配するランドパワーを警戒していたということである。したがって、ドイツが回転軸地帯の支配者となるのであれば、ドイツが脅威となる。ドイツがユーラシア大陸の内陸部の資源と海洋へのアクセスの両方を手に入れた時、ドイツによる世界の支配が視野に入るのである。

同様のことが東アジアについても当てはまる。ユーラシア大陸の西側におけるドイツに相当するのは、東アジアにおいては中国である。「地理学からみた歴史の回転軸」が発表されたのは日露戦争の直前であったが、マッキンダーは、その結論部分でこう述べている。

「たとえば、日本によって組織化された中国がロシア帝国を転覆させ、その領土を征服するならば、中国と日本が世界の自由に対する黄禍となるだろう。なぜなら、彼らは、大陸の資源に加えて海の正面にも立つこととなり、回転軸地域ロシアの方針を否定することなく、戦略的な優位に立つことになるからである。[17]」

マッキンダーが「地理学からみた歴史の回転軸」において示した理論は、一九一九年に出版された主著『民主的理想と現実』においてさらに展開された。後者においては、「回転軸」は「ハートランド」と呼び換えられ、バルト海、ダニューブ川中流および下流の航行可能な部分、黒海、小アジア、アルメニア、ペルシャ、チベットおよびモンゴル地方が、ハートランドとして新たに指定された。[18] マッキンダーは、回転軸あるいはハートランドの位置を地理によって恒久的・固定的に決まるのではなく、国際政治の動態によって変わり得るものとしているのである。

地政学は、しばしば、国家の命運は地理的位置関係によって決まるという俗説とみなされ、マッキンダーの理論もまたそのような地理決定説と誤解されてきた。しかし、マッキンダーは、すでに「地理学からみた歴史の回転軸」を発表した時点で、そのような誤解を回避するために、「私は、真理の一側面に触れることができるに過ぎないことを認識しているのであり、過度な唯物論に迷い込むようなことは望んではいない[19]」と明言している。行動を起こす主体は、あくまで人間であって自然ではない。ただ、地理的環境が人間の行動や歴史に及ぼす影響が大きいのもまた事実であるから、そこに光を当てたいというのが、マッキンダーの狙いであったのである。なお、マッキンダーの理論が地理決定説ではないことは、第10章や第12章においてさらに明確にされるであろう。

一九一九年の時点において、マッキンダーが主たる脅威とみなしていたランドパワーは、ロシアではなく、ドイツであった。ドイツがその勢力を拡張して、ハートランドの支配者となることを防ぐ。これがイギリスの戦略の重点となるべきである。その際、重要となるのは、東ヨーロッパである。ドイツとロシアとの間に位置する東ヨーロッパ諸国の独立を維持し、緩衝地帯とすることが死活的に重要になる[20]。

そして、マッキンダーは、次の有名な公理を提示したのである。

東ヨーロッパを制するものはハートランドを制す。
ハートランドを制するものは世界島を制す。
世界島を制するものは世界を制す[21]。

さて、この公理が示されてから二〇年ほどして、ナチス・ドイツは実際に東ヨーロッパの支配に乗り出すことになる。そして、ソ連との間で不可侵条約を結び、両国でポーランドを分割した。ドイツが、東ヨーロッパを制し、ロシアと手を結ぶ。これこそ、マッキンダーが、その回転軸あるいはハートランドの理論によって警告していた事態にほかならない。実際、ナチス・ドイツは、この後、西ヨーロッパの占領にも成功し、イギリスを脅かすに至ったのである。

だが、イギリスにとって幸いなことに、一九四一年、ドイツは突如、独ソ不可侵条約を破棄し、ソ連に侵攻した。マッキンダーは、カール・ハウスホーファーを通じてナチス・ドイツの戦略に影響を与えたとされている。しかし、実際にナチス・ドイツがやったことは、マッキンダーや彼の影響を受けたハウスホーファーの理論に反するものであったのである。その結果、地政学的なバランスは崩れ、ドイツは、西と東の双方で戦わなければならなくなるという不利な状況に追い込まれた。そしてドイツは敗北したのである[22]。

第二次世界大戦の終盤の一九四三年、マッキンダーは、『フォーリン・アフェアーズ』誌の依頼により、「球形の世界と平和の勝利」という論考を発表した。その中で彼は、「私が描いたハートランドの概念は、二〇年前、あるいは四〇年前よりも今日の方が、より妥当であり、有益であると躊躇なく言うことができる[23]」と述べた。

この論考においてマッキンダーは、ハートランドのランドパワーを封じ込める戦後の戦略を語っている。そこで彼は、アメリカ合衆国の台頭という新たな情勢を踏まえて、元々のハートランド理論に加えて、北大西洋を指す「ミッドランド・オーシャン」という新たな概念を導入した。そして、フランス、イギリス、アメリカ及びカナダというミッドランド・オーシャンを囲むパワーの連合によって、ハートランドのランドパワーを封じ込めるという戦略構想を提示したのである。これは、ＮＡＴＯの先駆となる構想であると言われている。実際、対ソ封じ込め戦略の立案者として名高いジョージ・ケナンは、ランドパワーとシーパワーを巡る地政学的

な計算に基づいて、アメリカの戦略を構想していたのである。(24)

このように見てみると、二つの世界大戦と冷戦という二〇世紀の国際情勢は、まさにマッキンダーが示したような、ユーラシア大陸を「回転軸」として展開されるランドパワーとシーパワーの闘争の歴史にほかならない。古典的な地政学者たちの中でマッキンダーが最も優れていると評される所以である。(25)

冷戦後のアメリカの地政戦略

しかし、冷戦が終結してソ連の脅威が消滅すると、リベラルな世界秩序への楽観が広まり、グローバリゼーションが喧伝されるようになった。そして、地政学はもはや過去の遺物と考えられるようになった。

たとえば一九九〇年、エドワード・ルトワクは、これからの国家間の対立は、軍事的な紛争ではなく、経済的な競争が中心となるだろうという見通しを示し、国際関係の論理は「地政学」から「地・経済学(geo-economics)」へと移行するであろうと論じた。(26)

一九九六年、リチャード・ローズクランスは、より端的に、領土への執着はもはや過去のものになったと論じた。資本、労働、技術、情報といった生産要素が国境を越えて自由に移動するようになった経済においては、先進諸国は生産要素を得るために領土を獲得することよりも、それらを世界市場から引き込もうとするであろうというのである。そして、経済活動の相互依存が進み、国家という単位の輪郭があいまいになることで、国家間の紛争は減少するようになる。貿易、金融、生産要素の移動を開放すればするほど、国際秩序は安定化する。ローズクランスはそう主張したのである。(27)

こうした論調が支配的になっていく中で、グローバリゼーションの深化によって、地政学や領土どころか国家主権の概念までもが時代遅れの産物となるという極端な論調すら珍しいものではなくなっていった。

二〇〇三年にはイラク戦争という軍事的な紛争が起きたが、それにもかかわらず、二〇〇五年においてもなお、次のような反マッキンダー的な言説が特段の違和感もなく受け入れられていたのである。「アメリカに関する限り、地政学の時代は終わり、グローバルな政治の時代が始まっている。二〇世紀を通じて、伝統的な地政学がアメリカの外交政策を駆動していた。脅威は世界の特定の地域からくるのであり、アメリカの政策の最重要目標は、いずれか一国によってユーラシア大陸が支配されるのを阻止することであった。今日、先例なきグローバリゼーションと比類なきアメリカのパワーの時代において、脅威はもはや地理的に集中しておらず、敵対的な政府に限定されてもいない。[28]」

しかし、こうした論調が支配的になった一方で、冷戦後の世界において地政学は不要となったのではなく、新たな地政学が必要となったのだと主張する論者もいた。国家安全保障担当の大統領補佐官の経験もある地政学者ズビグニュー・ブレジンスキーである。

ブレジンスキーは一九九七年に発表した『壮大なチェス盤：アメリカの優位性とその地政戦略的課題』において、地政学的な観点から冷戦後の世界情勢を分析し、その上で二一世紀におけるアメリカの世界戦略を雄弁に語ってみせた。

従来の地政学においては、マッキンダー以来、ユーラシア大陸の支配者こそが世界の支配者となると考えられていた。しかしソ連が崩壊したことによって、新たな地政学的状況が現出することとなった。それは、アメリカが西側からはNATO、南側からは中東諸国との同盟、東側からは日米同盟という三方面からユーラシア大陸を取り囲んだということである。これは地政学的に見て、次のような重大な意味をもつ。

第一に、一国家が単独でグローバルな覇権国家となった。

第二に、ユーラシア大陸にない国家が、グローバルな超大国となった。

第三に、ユーラシア大陸がユーラシア大陸にない国家によって支配された。

これは、世界の歴史において未だかつてなかった新しい地政学的状況であることにブレジンスキーは気付いた。そして、マッキンダー以来の地政学とは異なる新しい地政学が必要であるという結論に至った。

その新しい地政学とは、次のようなものである。

アメリカが唯一のスーパーパワーとしての地位を手に入れたということは、ユーラシア大陸を横断する安全保障体制を形成し、協調的な国際秩序を構築する絶好の機会が到来したことを意味する。もっとも地政学的環境は動態的なものである。アメリカの圧倒的地位もまた決して恒久的に存続するものではなく、もってもせいぜい一世代程度であろう。したがって、それまでの間に協調的な国際秩序を構築することに全力を挙げるというのが、アメリカの進むべき道である。

「要約すれば、アメリカの政策目標は、弁明の余地なく、次の二つでなければならない。少なくとも一世代、望むらくはもっと長きにわたって、アメリカの支配的な地位を持続させること、そして、社会政治的な変化に伴う不可避な衝撃や緊張を吸収できる地政学的な枠組みを構築する一方で、それを世界の平和的な運営のために責任を分担するための地政学的な核へと進化させることである。[29]」

この大戦略を遂行する上でアメリカが注意を払うべきは、「地政戦略的主体（geostrategic player）」と「地政学的回転軸（geopolitical pivot）」の存在である。

「地政戦略的主体」とは、国境を越えた影響力を及ぼす能力があり、既存の地政学的な状態を変革しようという動機をもち、アメリカの政策と対立する可能性のある国家である。そのような地政戦略的主体として、当時のブレジンスキーが挙げたのはフランス、ドイツ、ロシア、中国、インドであった。他方、イギリス、日本、インドネシアは重要な国家ではあるものの、アメリカが警戒すべき地政学的主体からは除外されている。

「地政学的回転軸」とは、地政戦略的主体の戦略的行動にとって重要な地帯に存在する国家である。地政学的回転軸は、それ自体の力や動機によってではなく、地政学的な要衝に位置することによって、国際秩序を揺るがす可能性のある潜在的な国家なのである。ブレジンスキーの言う「地政学的回転軸」とは、マッキンダーの言う「回転軸」とは意味がかなり異なるものの、彼に影響を受けてこの用語を用いていることは明らかであろう。

「冷戦終結後に鍵となるユーラシアの地政学的回転軸を特定し、それを保護することこそが、アメリカのグローバルな地政戦略における死活的に重要な側面である。[30]」ブレジンスキーが地政学的回転軸として指定したのは、ウクライナ、アゼルバイジャン、韓国、トルコ、イランであった。

こうした全体像の下、ブレジンスキーは、冷戦終結後のアメリカの採るべき大戦略について、次のように論じた。

まず、ユーラシア大陸の西側においては、ロシアの覇権を阻止すべく、EUとNATOを東方へと拡大し、この地域の地政学的回転軸であるウクライナを西側陣営へと帰属させる「拡大西洋」の構築を追求すべきである。ロシアはこれに反発するであろうが、アメリカは「拡大西洋」とロシアの協調関係を形成し、ロシアを西洋化し、無害化すればよい。

ユーラシア大陸の東側は、目覚ましい経済成長を遂げる地域であるが、アジア経済が拡大するに伴い、政治的な不確実性は高まっていく。経済的な繁栄はアジアの政治的な脆弱性を覆い隠してしまう一方で、国家の野心を強めていくからである。世界経済の重心はアジアへと移りつつあるが、「アジアは潜在的な政治的火山でもある。[31]」

東アジアにおけるアメリカの戦略の中心は、中国と日本をどう扱うかにある。

戦後、日本はアメリカの安全保障の傘の下に服することで経済大国へと成長した。しかし、それがゆえに安全保障上の自立性を有していない。ブレジンスキーは、日本についてアメリカの「保護領」と率直に表現している。[32]

また、日本は独特の文化を有し、アジアにあるにもかかわらず孤立しており、他のアジア諸国と協調する地域のリーダーたり得ない。したがって、日本に対してはアジアよりも国際社会全体へと目を向けさせるようにし、アメリカのグローバル覇権の維持に貢献させるのがよい。そのためには、日本がアメリカとの特別な関係に満足できるようにすることが必要であり、その手段として、日米の自由貿易協定を検討すべきであるとブレジンスキーは提案している。ここで我々は、日米自由貿易協定を提案しているアメリカ政府の元高官が、日本をアメリカの保護領と呼んでいる人物だということを忘れてはなるまい。

他方でブレジンスキーは、中国に対しては、日米同盟によってその領土的な野心を牽制しつつ、東アジアを安定化させる地域大国として位置づける。中国は、アメリカのグローバル覇権に挑戦するほどの力はないが、東アジアの秩序を安定化させる地域大国にはなり得るとブレジンスキーは考えているのである。

こうした中で、アメリカは、日本との軍事関係を強め過ぎれば、中国との協調関係が崩れる。逆に日米同盟を弱めたり、破棄したりすれば、日本が軍事大国化して、アジアの勢力均衡を乱すことになる。アメリカは、そのいずれにも陥ることなく、東アジアにおいて米日中の勢力均衡を保つバランサーの役割を演じるべきである。

以上のような地政戦略をユーラシア大陸の西と東において同時に遂行することで、アメリカは、ユーラシア大陸そして世界を支配する覇権を維持することができるであろう。しかしながら、もしこの大戦略が失敗した場合には、どのような事態が惹起されるのか。ブレジンスキーが最悪の事態として恐れていたのは、ロシア、中国、イランの三大勢力が反米同盟を結成し、アメリカをユーラシア大陸から駆逐するというものであった。そして、もしアメリカがユーラシア大陸における支配的地位を失えば、世界は無秩序状態へと陥るであろう。これが一九九七年時点において提示した地政学的ヴィジョンであった。

そして、実際のアメリカの大戦略は、おおむねブレジンスキーが描いたように進められてきたと言ってよいであろう。冷戦後のアメリカは、アイケンベリーが評価したようにリベラルな国際秩序の維持と拡大に努めてきたが、そのリベラルな国際秩序の基礎には、ブレジンスキーが示したような地政学的な下部構造があったのである。グローバリゼーションという表面的な現象を見て地政学の終焉を信じた者たちは、その地政学的な下部構造に気づかなかったのである。

しかし、このブレジンスキーが描いた冷戦後の地政学的な下部構造が、二〇一〇年代に入ってから、顕著に崩れ始めたのである。冷戦後のアメリカは、東西南の三方面からユーラシア大陸を支配したが、ミードが論じたように、その三方面においてほぼ同時に、地政学的な不安定化が生じている。これこそが、ブレジンスキーが恐れていた事態であった。

地政学的な下部構造が崩壊したとなれば、その上部構造にあったリベラルな国際秩序やグローバリゼーションもまた、終わりを告げることになるであろう。

マッキンダーとブレジンスキー

ブレジンスキーは一九九七年時点において、アメリカの覇権は一世代程度は続くであろうという見通しの下、グローバルな地政大戦略を構想した。しかし、そのアメリカの覇権に基づくリベラルな国際秩序は、わずか十数年程度で崩壊過程に入ってしまった。

ブレジンスキーの地政学は、何を見誤っていたのであろうか。それを検証する上では、マッキンダーの古典的地政学とブレジンスキーの新しい地政学とを比較するのが有益である。

二〇世紀初頭の世界ではイギリスの覇権が衰退し、ロシアやドイツといった新興大国が既存の国際秩序に挑戦しようとしていた。こうした状況下におけるマッキンダーの問題意識は、イギリスが如何にして世界の支配者となるかという「攻撃的」なものではなく、ロシアやドイツが世界の覇権を握るのを如何にして阻止するかという「防衛的」なものであった。

したがって、「東ヨーロッパを制する者がユーラシア大陸を制し、そして世界を制する」という公理の下でマッキンダーが設定したイギリスの戦略目標は、東ヨーロッパを制することではなく、ロシアやドイツが東ヨーロッパを制するのを阻止することにあった。この防衛的戦略においては、東ヨーロッパはロシアとドイツが手を結ぶのを防ぐための緩衝地帯として位置づけられる。

これに対してブレジンスキーは、二〇世紀末の世界においてアメリカが唯一無二のスーパーパワーになったという認識の下で、アメリカの世界の支配者としての地位をできるだけ長く持続するかを考えていた。マッキンダーもブレジンスキーも、ユーラシア大陸を制する者が世界を制するという公理を共有していた。しかし、マッキンダーの地政学がユーラシア大陸の覇者による世界支配を阻止するための防衛的なものであったのに対し、ブレジンスキーの「新しい地政学」はアメリカによる世界支配を実現するための積極的・攻撃的なものだったのである。

この両者の違いは、東ヨーロッパに対する戦略において明確に表れている。マッキンダーは東ヨーロッパを緩衝地帯として位置づけていた。これに対しブレジンスキーは、NATOの東方拡大によって、ウクライナまでをアメリカの勢力圏内に収めることを目論んだ。このブレジンスキーの地政戦略は、おそらくマッキンダーの同意を得られなかったであろう。実際、マッキンダーの古典的地政学の流れを汲むと言ってよい戦略家ジョージ・ケナンは、一九九八年当時、NATOの東方拡大はロシアの反発を招くとして強く反対したのである[33]。

果たせるかな、二〇一四年、ウクライナにおいて親露政権に対する親欧派による政変が勃発した際、NATOの東方拡大を目論むアメリカは親欧派に加担したが、これに反発したロシアは、ウクライナに侵攻してクリミアを奪取した。これに対してアメリカは、ロシアに対する経済制裁によって対抗したのだが、これはロシアが中国に接近するという事態を招く結果となった。その一例を挙げれば、二〇一四年五月、ロシアのプーチン大統領は中国を訪問し、両国は四〇〇〇億ドルという巨額のガス供給契約の締結で合意したのである。

マッキンダーは、ユーラシア大陸の資源を有するランドパワーと、海洋へのアクセスが可能なシーパワーが結びつくことを警戒していた。ブレジンスキー自身も、ロシアが中国やイランと手を結んでアメリカに対抗する事態を回避することを戦略の最優先課題としていたはずである。しかし、NATOの東方拡大という、ブレジンスキーが提案した「新しい地政学」の戦略は、中露の接近というアメリカが避けるべき事態を招いてしまったのである。ロシアのウクライナ侵攻を目の当たりにしたブレジンスキーは、「拡大西洋」の理想を棚に上げて、「欧米諸国はウクライナをNATOに引き込むつもりはないとロシアに保証すべきである」と言わざるを得なかった。(34)

こうしてウクライナ危機を契機にロシアが中国に接近した結果、中国は、マッキンダーが一九〇四年に「地理学からみた歴史の回転軸」の中で予言したとおり、「大陸の資源に加えて海の正面に立つ」こととなり、回転軸地域ロシアの方針を否定することなく、戦略的な優位に立つ」機会を得た。その地政戦略的優位を勝ち得ようとする中国の前に、日本は置かれているのである。

アメリカとマッキンダー

ミードは「アジア以上に地政学の復活がありありと現れているところはない」と述べた。地政学などというものとは無縁と信じてきた日本人の多くは、そのような過酷な現実が到来していることを認めたくはないであろう。しかし、少なくとも中国が地政学を強く意識して、その外交戦略を遂行していることからは目を逸らすべきではない。

一九九〇年代のアメリカは、中国に対し、グローバル経済への統合を支援するという戦略を進めていた。中国を経済的な相互依存関係の中に搦めとり、グローバルなルールや制度の下に服させることで、アメリカ主導のアジア太平洋の秩序を認めさせようとしたのである。[35] 当時のアメリカの戦略は、明らかにアイケンベリーのようなリベラル派と同じ認識に基づいていた。

この方針に基づき、アメリカは、中国に対して恒久的な最恵国待遇（PNTR）を付与し、世界貿易機関（WTO）への加盟を承認した。しかし、中国政府は、WTOへの加盟の承認を勝ち取るために、アメリカ議会やホワイトハウスに対する工作活動を行っていた。[36] アメリカを利用した「富国」による「強兵」が中国の目論見だったのである。

こうしてアメリカの協力によってグローバル経済に統合された中国は、二〇〇〇年代、年平均でおよそ一〇％の高度経済成長を遂げ、同時に軍事費を年率二桁台という急速なペースで増大させたのである。この中国の富国強兵によって、アジアの軍事バランスは大きく揺らぐこととなった。

二〇〇〇年代、欧米そして日本では、グローバリゼーションによる相互依存の深化により地政学は過去の遺物となったと広く信じられていた。ところが同じ頃、中国の戦略理論家たちは、孫子や毛沢東に加えて、マハンやマッキンダーを参照しつつ、地政学的な軍事戦略を熱心に論じていたのである。特に二〇〇七年以降、中国は内陸部のランドパワーを強化すべきであるとする論者と、海洋に進出してシーパワーとしての道を進むべきであるとする論者との間で論争が巻き起こっていた。その際、自らの論を正当化するため、ランドパワー派はマッキンダー、シーパワー派はマハンに依拠していたのである。[37]

マハンが強調したのは、国家の繁栄には国際貿易が不可欠であり、国際貿易で富を得るためには、貿易ルートの安全を確保する海軍力がなければならないということであった。このマハンの戦略思想に従うならば、中国は自らをグローバル経済に統合するならば、同時に海軍力を強化しなければならない。すなわち中国は、西太平洋への出口を確保しなければならないのである。しかし、この出口、より具体的には沖縄から台湾、フィリピンを通る「第一列島線」は、現在はアメリカによって押さえられている。したがって、第一列島線をアメリカから奪取して確保しなければならない。尖閣諸島は、まさにこの第一列島線上にある。

マハン的な地政学の論理に従うならば、中国が東シナ海や南シナ海において、日本、フィリピン、ヴェトナムそしてアメリカと頻繁に紛争を引き起こすようになったのは、グローバル経済に統合されたことの当然の帰結であった。グローバリゼーションによって中国を無害化しようとしたアメリカの対中戦略は、マハン的な地政学が欠落していたがために、中国の軍事大国化と領土拡張の運動という、当初の目論見とは逆の結果を招いてしまったのである。しかも、「テロとの戦い」を掲げ、中東の泥沼に巻き込まれていたジョージ・W・ブッシュ政権下のアメリカは、中東に注意を奪われて、中国の台頭を看過していた。

二〇〇九年に成立したバラク・オバマ政権は、発足当初から、泥沼化した中東からは手を引き、市場としての成長が期待できるアジアを重視する方針で臨んだ。

オバマ政権は、初めのうちは、米中の協力関係を強化し、米中協調により東アジアの安定やグローバルな課題への対処を進めることを目指していた。しかし、二〇一〇年頃からアメリカの戦略は、「米中協調」から「勢力均衡」へと傾いたとみられている。たとえば同年六月、ヒラリー・クリントン国務長官はASEAN地域フォーラムにおいて南シナ海の領土問題の平和的解決は最優先の外交課題であり、アメリカの国益であると発言したが、これはアメリカの対中政策の転換と受け取られたのである。[38]

さらにクリントンは、二〇一一年、『フォーリン・ポリシー』誌（一一月号）に「アメリカの太平洋の世紀」と題する論文を発表した。この論文は、外交政策の軸足を中東からアジアへと移すというアメリカの外交戦略の転換をより明確に宣言したものとされている。(39) このアジア重視への転換を裏づけるように、二〇一一年一一月、オバマ大統領は東アジアサミット（ＥＡＳ）に初めて参加し、ＥＡＳを東アジアの政治及び安全保障問題の解決の場とするよう促したのである。

ここで問題となるのは、クリントンが論文「アメリカの太平洋の世紀」の中で使用した「回転軸（pivot）」という用語である。「回転軸」とは、言うまでもなくマッキンダーが用いた言葉である。そしてマッキンダーの地政学が冷戦期のソ連封じ込め戦略に影響を与えたことは知られている。「回転軸」という地政学用語は、アメリカによる中国封じ込めを意味するという印象を与えることは避けられなかった。

もっとも、クリントン論文をよく読むと、アジア太平洋におけるアメリカのリーダーシップをうたっているものの、アメリカと中国が経済的な相互依存関係を深めることを提唱しており、中国封じ込めに対する強い意志は感じられない。また、この論文を読む限り、クリントン自身がマッキンダーあるいは地政学を意識して、「回転軸」という言葉を使っているのかも定かではない。

しかし、二〇一一年一一月一五日、米太平洋艦隊のパトリック・Ｗ・ウォルシュ提督は、インタビューの中でマッキンダーの名に言及しつつ、現代の「回転軸」は「南シナ海」であるという旨の発言をしているのである。(40) ただし、マッキンダーにとって「回転軸」はあくまでユーラシア大陸内陸部であって、しかも「回転軸」の支配者とは世界の支配者を意味していた。これに対して、南シナ海は戦略的に重要な地域には違いないが、その支配が世界の支配を意味する「回転軸」であるとは言い難い。(41) ウォルシュの「回転軸」の用語の使い方は、マッキンダー的というよりは、ブレジンスキー的であるのかもしれない。

いずれにせよ、もしアメリカに中国封じ込めの意図がなかったのだとしたら、国務長官のクリントンが、米太平洋艦隊提督がマッキンダーの名に言及しつつ用いた「回転軸」という言葉を公式に用いたことは、不用意と言わざるを得ない。

おそらく中国を刺激しないようにという配慮からであろうが、クリントン論文以降、アメリカ政府の公式の文書や発言からは「回転軸」の言葉は消え、代わって「リバランス」という用語が使われるようになった。二〇一三年三月、トーマス・ドニロン大統領補佐官（国家安全保障担当）は、アメリカのアジア重視戦略は中国の封じ込めを意味するものではないと述べている。[42] しかし、すでに時遅しである。「回転軸」という言葉がもつ強力な地政学的含意は、中国を刺激するのに十分であった。

ロバート・S・ロスは、アジア重視戦略によって、アメリカが必要以上に東アジアの問題、とりわけ南シナ海における領土紛争に深入りしたことで、中国はアメリカの拡張主義的な野心を疑って警戒心を高め、結果として東アジアの不安定化を招いたと批判している。[43] ロスとは逆の見方ではあるが、ヴィクター・デイヴィス・ハンソンは、オバマのアジア重視戦略は、「回転軸」と言いながら軍事的な実力が伴っておらず、単なるジェスチャーにとどまっているため、かえって中国の台頭と挑戦を招き、東アジアの緊張を高める結果となったと批判している。[44]

いずれの見解に立つにせよ、オバマ政権が不用意かつ不必要に「回転軸」という表現を使って打ち出したアジア重視戦略が中国の反発を招いたというのは間違いなさそうである。しかも中国は対抗措置として、より本格的なマッキンダーの地政学をよみがえらせた。それが「一帯一路」なる構想である。

中国とマッキンダー

「一帯一路」構想は、二〇一三年に習近平国家主席によって打ち出された。これは、アジアからヨーロッパ、アフリカにまたがる地域の開発を、陸路と海路の双方から進めるという壮大な計画であった。陸路（一帯）とは中国内陸部から中央アジア、ロシア、中東、西ヨーロッパを結ぶ「陸のシルクロード」を指し、海路（一路）

は中国沿岸部から東南アジア、南アジア、アフリカ、中東、地中海を通る「海のシルクロード」を指している。

さらに同年、習国家主席は、アジア地域のインフラ整備のための資金供給を目的とした「アジアインフラ投資銀行（AIIB）」の設立を提唱した。このAIIBは「一帯一路」構想の一環として位置づけられた。[45]

中国は、「一帯一路」構想を提唱する前から、ユーラシア大陸の輸送インフラへの投資を大規模に推進してきたが、これをさらに強化しようというのである。

たとえば二〇〇八年、中国はドイツやロシアとともにユーラシア大陸横断鉄道の構想である「ユーラシア・ランドブリッジ」を打ち出していた。二〇一三年、ドイツ鉄道はハンブルグと鄭州を一五日で結ぶ鉄道の準備を開始し、カザフ鉄道も重慶とデュイスブルク間を同程度の日数で結ぶ路線を開通した。翌年には、北京とモスクワを二日で結ぶ世界最長の高速鉄道の建設計画が公表された。

二〇一五年、中国はパキスタンとの間で「中国・パキスタン経済回廊」構想に四六〇億ドルを投資することで合意した。これは高速道路、鉄道、パイプラインを新疆のカシュガルからパキスタンのグワダル港まで延長しようというものである。グワダル港は戦略的に重要な地点であり、中国はその建設のためにすでに二〇〇〇億円以上を投資していた。さらに中国からラオスを通って東南アジアに向かう鉄道の延長も始まっている。

二〇〇九年、中国石油公司（CNPC）は、カスピ海のカシャガンと新疆を結ぶ石油パイプラインを開通し、同時にトルクメニスタンと協力して中央アジアと中国を結ぶガスパイプラインをも開通した。二〇一三年には、米海軍の支配下にあるマラッカ海峡を回避して中東からの石油を輸入するため、ミャンマーと中国を結ぶパイプラインを開設した。二〇一四年には、ロシアとの間で巨額のガス供給契約を締結したことはすでに述べたとおりである。[46]

ユーラシア大陸に鉄道などの輸送インフラを整備し、大陸の資源を確保する。この「一帯一路」構想が、マッキンダー的な地政学的ヴィジョンに基づいていることは明らかであろう。実際、中国人民大学の温鉄軍

(Wen Tiejun)や王义桅(Wang Yiwei)といった中国の研究者たちは、「一帯一路」構想の意義を説くに当たって、マッキンダーに言及しているのである。[47]

マッキンダーは、ユーラシア大陸を横断する鉄道が敷設されたことを以て、ランドパワーがシーパワーに対して優位に立ったと論じた。「一帯一路」構想は、この大陸横断鉄道を、ウラジオストクを起点とする「第一ランドブリッジ(シベリア横断鉄道)」、江蘇省連雲港を起点とする「第二ランドブリッジ」、広東省深圳を起点として南アジアを横断する「第三ランドブリッジ」の三本にしようとするものである。[48] この三本の大陸横断鉄道に加えて、高速道路や石油・ガスパイプラインといった、マッキンダーの時代にはなかった輸送インフラの整備も計画されている。

AIIBは、この「一帯一路」というマッキンダー的な地政戦略を遂行する中核的金融機関として設立された。AIIBは、ユーラシア大陸のインフラの整備に対する資金供給はもちろんのこと、AIIBが人民元建て融資を行うことで、人民元の中国国内外での流通を量的に拡大するという狙いもあると言われている。AIIBを通じて人民元をアジア地域内における国際通貨としようというのである。[49]

AIIBの構想が打ち出された当初、先進諸国はこれを、戦後のアメリカ主導による世界銀行やIMFを中心とした国際金融体制に対する中国による修正主義とみなし、消極的な姿勢を示した。特にアメリカはAIIBを強く警戒し、各国に参加しないように圧力をかけていたとみなされている。

しかし二〇一五年三月中旬以降、イギリス、フランス、ドイツといったヨーロッパの主要国が相次いで参加を表明すると状況は一変し、二〇一五年三月末でアジア、オセアニア、中東、ヨーロッパ、南アメリカの各地域から計五七カ国が参加することとなった。その中には新興大国のブラジル、ロシアやインド、アジア太平洋地域におけるアメリカの同盟国である韓国やオーストラリアのみならず、中国との間で領土問題などが緊張関係にある台湾、ヴェトナム、フィリピンまでもが含まれていた。さらに二〇一六年六月に開かれたAIIB

の年次総会においては、新たに加盟を希望する二四カ国の代表が参加した。同年八月末には、カナダが北米で初めて、ＡＩＩＢへの加盟申請を表明した。カナダも参加するとなると、Ｇ７のうち不参加なのは日米のみとなる。

アメリカの反対にもかかわらず、アメリカの同盟国を含むこれだけの国々が中国主導のＡＩＩＢに参加したことは、アメリカの国際的影響力の著しい低下を印象付けるのに十分であった。

クリントン政権時に財務長官を務めたローレンス・サマーズは、ＡＩＩＢはグローバルな金融におけるアメリカの影響力の著しい低下を示すものであると嘆いている。[50] 他方、アメリカの経済学者の中には、ケネス・ロゴフやジョセフ・スティグリッツのようにＡＩＩＢの設立を歓迎する声もある。[51] 日本においても、アメリカの方針に追従せずにＡＩＩＢに参加すべきであるという主張がある。[52]

しかし、こうした経済学者の議論は、ＡＩＩＢが単なる金融機関ではなく、「一帯一路」構想というマッキンダー的な地政戦略の文脈の中にあることを見逃している。中国が推進しようとしているインフラ整備の最終的な目的は、単なる需要創出や経済発展の基盤整備ではない。「大陸の資源に加えて海の正面に立つ」ことである。内陸部のインフラ・プロジェクトの推進を通じて、ロシアやイランなどユーラシア大陸の主要な修正主義勢力と連携し、さらにはヨーロッパ諸国をも引き入れることができれば、アメリカによるユーラシア支配を終わらせることができる。それが中国の長期目標なのだとしたら、日本がＡＩＩＢに参加するということは、中国によるユーラシア大陸の支配に手を貸すということにほかならない。

ＡＩＩＢのもつ戦略的意味を理解するためには、経済学と地政学の両方の視点からとらえなければならないのである。

地政学と経済学の総合

以上の冷戦後のアメリカや中国の地政戦略を巡る議論から、本書が取り組もうとしている主たるテーマが浮き彫りになる。それは、地政戦略と経済の間の相互依存関係である。

たとえば、アメリカの「国家情報会議」の報告書「グローバル・トレンド２０３０」は、二〇三〇年までに、アジアにおけるＧＤＰ、人口規模、軍事費、技術開発投資に基づくパワーは、北アメリカとヨーロッパを凌駕し、世界の政治経済の重心は、欧米からアジアへと移行すると予測している。[53] 二〇一一年以降のアメリカのアジア重視戦略はこの長期予測を踏まえたものであろうが、ここで注意すべきは、世界の政治や経済における「地理」的な重心の移動が問題になっているということである。

あるいは、二〇〇〇年代に顕著となった中国の軍事大国化は、経済大国化に伴うものであることは明らかである。中国はマハンの教えに従い、グローバリゼーションにあたっては海軍力の強化が不可欠であるという信念をもっていた。これに対してアメリカは、グローバリゼーションとシーパワーの関係についての認識を欠いていたために、中国のグローバル経済への統合を後押ししてその海軍力の台頭を招くという失敗を犯したのである。

また、二〇一三年以降、中国は、今度はマッキンダーにならい、「一帯一路」構想を推進し、その一環としてＡＩＩＢを設立した。もし目先の経済的利益にのみ目を奪われ、この地政戦略的文脈を見損なうならば、日本やアメリカはＡＩＩＢに参加して、中国の地政学的優位を支援するという愚を犯すことになるだろう。

この中国主導のＡＩＩＢは、アメリカ主導のＴＰＰ（環太平洋経済連携協定）に対抗するものであるという見方がある。ＡＩＩＢとＴＰＰを対置させ、米中の経済覇権を巡る争いが起きていると解説してみせる論者も少なくない。[54] このような構図に従えば、日本のＴＰＰへの参加には、アメリカに与して中国に対抗するという戦略的意義があるということになる。

しかし、この一見もっともらしい壮大な戦略論の空虚さを示すには、ＴＰＰ交渉に参加した一二カ国中、七カ国（シンガポール、ブルネイ、マレーシア、ヴェトナム、オーストラリア、ニュージーランド、カナダ）がＡＩＩＢに参加ないしは参加申請しているという事実を引けば十分であろう。さらに無残なのは、二〇一六年の大統領選挙において、ドナルド・トランプ候補、バーニー・サンダース候補そしてヒラリー・クリントン候補までもが、ＴＰＰ交渉の大筋合意の内容に対して否定的な姿勢を表明したように、アメリカ国内でＴＰＰに反対する世論が強くなっていることである。アメリカは、自国民ですら賛成しかねるような内容の経済連携協定しか結ぶことができないのだ。

他方で、驚異的なペースで膨張してきた中国経済も、二〇一二年以降は失速し、二〇一五年にはかなり深刻に低迷していることが明らかとなっている。もしこの停滞が長引くのであれば、それは中国の地政戦略にどのような影響を及ぼすのであろうか。生産過剰問題の深刻化に対応するために、「一帯一路」構想を加速化させるのであろうか。だとすると、中国の景気後退は、中国の地政学的優位をいっそう強化するということになる。

では、もし中国の景気後退がさらに悪化して国内社会が混乱し、政治体制にも動揺が生じた場合は、どうであろうか。この場合、中国は不満を募らす民衆の関心を外へと向かわせ、国内の結束を強化するために、ナショナリズムを鼓舞して対外強硬策に出るかもしれない。それは各国間の紛争を激化させ、ユーラシア全体を無秩序状態へと引き込みかねない。[55] 中国経済の弱体化は、日本にとって望ましいことではなく、その反対に地政学的脅威をもたらすかもしれないのである。

いずれにしても我々は、地政学が復活したアジアを生き抜くうえで、単に地政学を復活させるだけでは足りないのである。経済が地政学的環境にどのような影響を与えるのか、そして地政学的環境が経済をどのように変化させるのかについても、考察を及ぼさなければならない。そうしなければ、国際政治経済のダイナミズムを理解できず、戦略を立案することもできないのである。

そこで、地政学と経済学を総合した「地政経済学(geopolitical economy)」とでも呼ぶべき思考様式が必要となる。

もっとも、そのような試みはまったく新しいものではない。

たとえばE・H・カーは、国際関係論の古典とも言うべき一九三九年の『危機の二十年』において、「経済は所与の政治的秩序の上に成り立っているものであり、政治から切り離しては、有意義な研究をすることができない[56]」と説いていた。

あるいはエドワード・ミード・アールは、一九四七年に次のように述べていた。「経済力と政治力を切り離すことができるのは、最も原始的な社会に限られる。近代―国民国家の勃興、ヨーロッパ文明の世界的な拡大、産業革命、そして軍事技術の着実な進歩―においては、一方に商業上、金融上、産業上の強さがあり、他方に政治上及び軍事上の強さがあり、我々はその両者の相互関係に常に直面してきたのである。この相互関係は、治国策における最も重要かつ興味の尽きない問題の一つである[57]。」

ほかにもたとえば、先に参照したギルピンの『世界政治における戦争と変化』は、「経済と政治の間の相互作用が、国際政治の変化の過程が有する根本的な特徴である[58]」ということを主題とした研究である。その中でギルピンは、カーの言葉を引きつつ、経済を政治や社会の文脈から切り離して研究することを戒めている。「経済というものは、ある形式の経済活動を許容し、既定する社会的そして政治的枠組みの中に存在するものである。経済は、少なくとも短期的には、社会のより大きな社会的そして政治的目標に従属する。経済は、経済の法則のみによって支配された自律的な領域の中にあるのではない[59]。」

また、一九八七年に刊行されたポール・ケネディの『大国の興亡』は、一六世紀から二〇世紀に至るまでの世界史を紐解き、スペイン、フランス、イギリス、アメリカ、ソ連といった大国の盛衰の背景にある軍事力と経済力の相互依存的な関係を明らかにした上で、次のように結論付けている。「したがって我々は、古典時代よりこの方、戦略家、経済学者、政治指導者に課せられてきた難題に立ち戻ることになる。大国であるということ――それは、定義上、他のいずれの国からも自らを守ることができる国家のことである――は、繁栄する経済基盤を必要とするということである。[60]」

もっともケネディは、ごく当たり前のことを言っているに過ぎない。とりわけ、「富国強兵」を掲げて近代国家への道を歩んだ歴史をもつ我々にとって、ケネディが言っていることなどは取り立てて述べるまでもない常識であろう。

ところが奇妙なことに、戦後の国際関係論や地政戦略において、経済的な要素が総合的に考慮されることは、きわめてまれだったのである。

たとえば、先に参照したブレジンスキーの『壮大なチェス盤：アメリカの優位性とその地政戦略的課題』を見ても、経済に関する分析はほとんど見当たらない。

あるいは、ニクソン政権時の国務長官を務めていた時のヘンリー・キッシンジャーについて、当時の国家安全保障会議の事務局員の一人であるロジャー・モリスは、彼は経済に対する知識と関心がまったく欠けており、貿易政策や通貨政策を低級な政策とみなしていたと証言している。また別の事務局員は、キッシンジャーと経済を論じるのは、法王と軍事戦略を論じるようなものだと評したという。[61]

戦後になって地政学と経済学が分離した理由について、マイケル・マスタンドゥノは、冷戦構造の影響を挙げている。冷戦下においては、アメリカにとって安全保障上の脅威はソ連であったが、他方でソ連は経済的な競合相手ではなかった。アメリカの経済上の脅威は西ドイツや日本であったが、これらの国々は同盟国であり、安全保障上の脅威ではなかった。このため、対ソ連を想定した軍事研究からは経済への関心が脱落し、経済研究は安全保障を無視したというのである。したがって冷戦が終結すれば、安全保障と経済は再び結びついていくであろう。一九九八年の時点で、マスタンドゥノはそう論じていた[62]。

しかし、それから一五年以上が経ったが、依然として地政学は経済学との接点を欠落させたままのようである[63]。最近でも、バリー・ポーゼンは『抑制：新たなアメリカの大戦略の基礎』の中で、自らが論じようとする「大戦略」を「安全保障をどのように確保するかについての国民国家の理論」と定義し、国力の基礎には経済力があることを認めつつも、経済についての議論をあらかじめ排除するとしている。そして、その理由の一つとして、軍事戦略家が経済に関する知識に乏しいということを挙げるのである[64]。

他方で、主流派経済学の方は、地政学以上に狭隘《きょうあい》な専門主義が進行しており、地政学はおろか、歴史学、政治学、社会学への接近すら拒否しているという無残な有様である。

たとえばトマ・ピケティは、次のように述べている。「率直に言わせてもらうと、経済学という学問分野は、まだ数学だの、純粋理論的でしばしばきわめてイデオロギー偏向を伴った憶測だのに対するガキっぽい情熱を克服できておらず、そのために歴史研究やほかの社会科学との共同作業が犠牲になっている。経済学者たちはあまりにしばしば、自分たちの内輪でしか興味を持たれないような、どうでもいい数学問題にばかり没頭している。この数学への偏執狂ぶりは、科学っぽく見せるにはお手軽な方法だが、それをいいことに、私たちの住む世界が投げかけるはるかに複雑な問題には答えずにすませているのだ[65]。」

これが主流派経済学の実情であるというならば、地政学との接続はほぼ不可能であろう。

さらに悪いことに、主流派経済学は、経済自体についてすらも、ほとんど理解していなかったことが明らかとなっている。それが白日のもとに曝されたのは、二〇〇八年の世界金融危機によってであった。

この世界金融危機を予想することができた主流派の経済学者は、ほとんどいなかった。というのも、主流派経済学の理論モデルでは、世界金融危機のような事態は起きえないと想定されていたからである。したがって当然のことながら、世界金融危機への対応にあたっても、主流派経済学は何の役にも立たなかった。こうして世界金融危機は、経済のみならず、経済学の信頼性にも大きな打撃を与えたのである。

二〇〇九年、IMFのチーフ・エコノミストであったサイモン・ジョンソンは、世界金融危機によって経済学もまた危機に陥ったとして、主流派経済学とは異なる新たな経済理論が必要であると論じた。[66] 二〇〇八年にノーベル経済学賞を受賞したポール・クルーグマンは、過去三〇年間のマクロ経済学の大部分は、「よくて華々しく役に立たなく、悪くてまったく有害」と言い放って、物議を醸した。[67] ローレンス・サマーズもまた、インタビューの中で、主流派経済学の理論モデルに基づく論文は政策担当者にとっては本質的に無益であったという趣旨の発言をしている。[68] ニューヨーク大学教授のポール・ローマーも、二〇一六年一月に行われた記念講演において、主流派経済学の有様を容赦なく批判している。主流派経済学の学者たちは画一的な学界の中に閉じこもり、極めて強い仲間意識をもち、自分たちが属する集団以外の専門家たちの見解や研究にまったく興味を示さない。彼らは、経済学の進歩を権威が判定する数学的理論の純粋さによって判断するのであり、事実に対しては無関心である。その結果、マクロ経済学は過去三〇年以上にわたって進歩するどころか、むしろ退歩したとローマーは断じている。[69]

このように、今や、アメリカの主導的な経済学者たちですら、主流派経済学の破綻を認めざるを得なくなっているのである。

ところが、主流派経済学の無効が明らかになったにもかかわらず、経済学界は、これまでのところ、従来の理論モデルを反省し、それを根本的に改めようとはしていないという。そのような主流派経済学のあり方を、ジョン・クイギンは「ゾンビ経済学」と呼んでいる。[70]

もしそうだとすると、恐るべきことに、地政学者だけでなく、経済学者自身も、経済についての正確な知識をもちえていないということになる。少なくとも主流派経済学に依拠している限りは、地政学と経済学を意味のある形で総合することは、およそ不可能なようである。

そこで我々は、主流経済学の理論モデルに依拠せずに、経済をその現実に即して正確に理解し、その上で地政学との接合を図らなければならない。その結果、我々が到達する「地政経済学」は、主流派経済学とは根本的に異なる理論体系を有するものとなるであろう。

そのような予感を抱きつつ、地政経済学の構築に向けた探究を始めることとしよう。その目的地に到達するために、我々は歴史を渉猟し、政治学、経済学、社会学などさまざまな学問領域を蚕食していくことになるであろう。

まずは経済において最も基本的な制度、すなわち「貨幣」を理解することがその第一歩となる。

第1章

貨幣と領土

貨幣の脱領土化？

経済、とりわけ資本主義経済を構成する最も中核的な制度が、貨幣であることは論を待たない。その貨幣は、現代においては、基本的に国家の通貨主権によって領土内において管理されている。

なぜ貨幣は、国家主権による管理を基本としているのであろうか。経済活動は国境を越えてグローバルに展開しているというのに、なぜ貨幣の流通はいまだに領土というものに制約されているのであろうか。

「貨幣」という最も「経済的なもの」と、「領土」という最も「地政学的なもの」との間に何らかの合理的な関係が見出せるとしたら、それは、地政経済学の試みを正当化する上で最も強力な根拠となるはずである。

ところが近年、この貨幣と領土とのつながりが切り離されつつあるという議論が提出されるようになっている。

たとえば、ドルなど特定の通貨が国際的な経済取引の決済通貨として用いられるという「通貨の国際化(currency internationalisation)」という現象がある。あるいは、外国通貨が国内で流通するという「通貨代替(currency substitution)」という現象も見られる。

中でも最も象徴的かつ重要な例は、共通通貨ユーロの出現であろう。ユーロを創出し、管理するのは特定の主権国家ではなく、欧州中央銀行という国際機関である。ユーロ圏内の国家は、通貨主権という国家の最も基本的な権利の一つを剝奪されているのである。

こうしたことから、ベンジャミン・コーエンは、貨幣は「脱領土化」(deterritorialised)したと主張している。その論旨は、次のようなものであった。

一七世紀のウエストファリア条約以来、領土内における最終的な政治権力は国家にあるという主権国家の制度が確立した。貨幣の創出と管理は国家が独占するという通貨主権の伝統は、このウエストファリア的な主権国家システムに由来する。「結果として、貨幣の問題における権力は、有無を言わせず国家の手に集中されるべきものだと、慣習的に考えられるようになった。[1]」ここで「慣習的」と述べているように、コーエンは貨幣と国家権力との間の関係は歴史的経緯によるのであって、そこに合理的な理由があるとは考えていない。

しかし、このウエストファリア的な通貨主権のモデルは、通貨の国際化や通貨代替といった「貨幣の脱領土化」が進んだことによって、変化を余儀なくされている。国家は通貨の管理を独占する特権を有するという考え方がもはや通用しなくなっているのは自明である。このように主張するコーエンの議論は、グローバリゼーションによって地政学はもはや過去のものとなったという、冷戦後に流行した論調に共鳴するものであると言えるだろう。

もっともコーエンは、貨幣問題において国家が何の役割も果たさなくなったと論じているわけではない。国家は、依然として通貨を発行し、供給する主体である。しかし、資本移動がグローバル化したことにより、通貨の需要はグローバル市場において決まることになる。たとえば、ドルの国際化やドルによる通貨代替といった「ドルの脱領土化」とは、グローバル市場における通貨を巡る競争の結果、ドルが需要されたということである。このように、グローバル市場が通貨を選ぶ時代においては、国家はもはや自国の領土内において通貨の需要を一方的に独占することができなくなるのである。

この状況を指してコーエンは、通貨は国家による「独占」ではなく、「寡占」になったと言う。国家という数が限定された主体が通貨を供給するが、通貨の需要は競争領域にあるからである。そこで国家は、寡占企業と同様の戦略をとるようになる。すなわち国家は、グローバル市場において、自国通貨のシェアを維持し、あるいは増やすために、他の国家と競争するようになるのである。「この意味において、通貨の生産者は、自動車、化学製品、あるいはコンピューターの生産者と本質的に何も変わらないのである。[2]」

主権国家は通貨を発行するであろうが、何が通貨であるのかを決める最終的な権限は、もはや主権国家にはない。その権限は、グローバル市場における通貨の需給にある。コーエンは、このように論じるのである。

果たしてコーエンが言うように、貨幣は脱領土化したのであろうか。それを判断するためには、そもそも「貨幣」とは何であろうかという基本問題に立ち戻らざるを得ない。

貨幣とは何か

経済学の教科書的な解説では、貨幣には、交換手段、計算単位、価値貯蔵の三つの役割があるとされている。この解説自体は間違いではないが、これはあくまでも貨幣の機能についての説明であって、貨幣の本質をとらえたものとは言えない。

ならば改めて問い直そう。貨幣の本質とは、何か。

この問題を巡っては諸説があるが、イングランド銀行は、その季刊誌（二〇一四年春号）に掲載された解説「現代経済における貨幣：入門」において、「今日、貨幣とは負債の一形式であり、経済において交換手段として受け入れられた特殊な負債である」と述べている。(3)

このように、貨幣を負債の一種とみなす貨幣観を「信用貨幣論」と言う。イングランド銀行が立脚する貨幣観は、信用貨幣論なのである。

ここでは、さしあたっては、このイングランド銀行が「入門」として解説する信用貨幣論から出発し、同じく信用貨幣論に立つ経済学者たちの議論(4)によって補足しつつ、論を進めていこう。

まず、貨幣が負債であるというのは、どういう意味においてであるのか。

それを説明するために、イングランド銀行による解説は、孤島におけるロビンソン・クルーソーとフライデーによる物々交換という想定から説き起こしている。(5)

たとえば、孤島のロビンソン・クルーソーは野いちごを集め、フライデーは魚を獲ってきて取引する場合には、二人は、野いちごと魚を同時に交換する。この場合は、貨幣はなくとも、取引が成立する。

しかし、実際の取引では、財・サーヴィスの交換は、同時に行われることはきわめてまれである。たとえば、クルーソーが野いちごを収穫するのは夏だが、フライデーが魚を獲るのは秋になってからだということもあろう。

この場合、仮にクルーソーは、夏に野いちごをフライデーに渡しておいて、秋になってフライデーから魚を受け取るものとしよう。そうすると、クルーソーには、夏にフライデーに対する「信用」が生じ、反対にフライデーにはクルーソーに対する「負債」が生じることになる。そして、フライデーのクルーソーに対する「負債」は、秋にフライデーがクルーソーに魚を渡すことで解消される。

このように、同時点の物々交換の想定とは異なり、財・サーヴィスの移転と決済との間には、時間差というものがあるのが一般的であるため、財・サーヴィスの「売り手」と「買い手」との間に、「信用／負債」関係が発生することになる。そして、この取引における「信用／負債」関係は、負債が支払われることで解消される。

ここからわかるように、通常「売買」として理解されている行為とは、本質的に、「信用取引」と言うべきなのである。

さらに、実際の経済においては、財・サーヴィスの取引は、多くの主体の間で行われるため、「売り手」と「買い手」の間の「信用／負債」関係も無数に存在する。また、財・サーヴィスの買い手は、常に買い手であるというわけではない。各主体は、買い手であると同時に売り手であり、貸し手であると同時に借り手である。このように、現実の経済では、無数の「信用／負債」関係が複雑に絡み合っている。この場合、二者間の関係だけで「信用／負債」関係を解消することは著しく困難になる。二者間の間で定義された「負債」を、第三者が受け取ってくれるとは限らないからである。たとえば、クルーソーが有するフライデーの負債は、そのままでは、フライデーから魚を得ることしかできず、第三者から魚以外のものを得ることができない。

そこで、ある二者間の関係で定義された「負債」と、別の二者間の関係で定義された「負債」とを相互に比較し、決済するためには、負債を計算する共通の表示単位が必要になる。この共通の負債の表示単位——たとえば、円やドルやポンドなど——こそが、「貨幣」と呼ばれるものである。貨幣とは、円やドルといった共通の計算単位で表示された「負債」のことなのである。

「負債」とは、言うまでもなく「信用」の対概念であり、AのBに対する負債は、BのAに対する信用である。その信用貨幣論によって、ジョン・メイナード・ケインズにも影響を与えたA・ミッチェル・イネスは、一九一三年の論文でこう書いている。「貨幣とは信用であり、信用以外の何物でもない。Aの貨幣はBのAに対する負債であり、Bが負債を支払えば、Aの貨幣は消滅する。これが貨幣の理論のすべてである。(6)」社会学者のジェフリー・インガムもまた、貨幣とは「計算貨幣の単位によって示された信用と負債の社会関係(7)」であると述べている。

貨幣が負債の一形式であるというのは、以上のような意味においてである。あらゆる貨幣が負債なのである。もっとも、あらゆる負債が貨幣であるというわけではない。ハイマン・ミンスキーが言うように、貨幣が負債だというのであるならば、確かに「だれでも貨幣を創造できる」ということになるのだが、「問題は、その貨幣を受け入れさせることにある。(8)」

負債とは、現在と将来という異時点間の取引によって生じるものであるが、将来は不確実であることから、負債は、デフォルト(債務不履行)の可能性を伴う。それゆえ、負債のうち、デフォルトの可能性がほとんどないものだとすべての経済主体が信頼して受け入れるものだけが、交換手段としての役割を果たすことができる。イングランド銀行の解説は、次のように述べる。「貨幣は、この信頼の欠如という問題を解決する社会制度である。それは特殊な種類の借用書であるから、交換手段としても有用なのである。特に、現代経済における貨幣とは、すべての経済主体が信頼する借用書である。(9)」

今日、多くの国において、そのような「貨幣」として流通するものは、「現金通貨(中央銀行券と鋳貨)」と「銀行預金」とされている。ここで、「銀行預金」が貨幣とみなされているのは、現代経済においては、銀行預金が事実上、貨幣として機能しているからである。たとえば、ほとんどの人が、現金ではなく銀行預金への振込みによって給料を受け取っているし、現金の代わりに銀行預金を貯蓄として使っている。

こうしたことから、銀行預金とは事実上の貨幣であるとみなされ、現金通貨と銀行預金を合わせたものが「広義の貨幣」とされている。現代経済では、「広義の貨幣」の大半が銀行預金であり、現金通貨が占める割合はわずかに過ぎない。

貨幣と租税

さて、中央銀行券という現金通貨を創造するのは中央銀行であるが、貨幣の大半を占める銀行預金を創出するのは商業銀行自身である。

銀行は、借り手の需要に応じて貸し出すことで、銀行預金を創出する。銀行の融資活動によって、預金という貨幣が新たに創造されるのである。この銀行を通じた「信用創造」の過程を通じて、貨幣（預金通貨）は、資金需要に応じて弾力的に供給されることとなる。そして、貸出しによって創出された貨幣（預金通貨）は、返済されることで消滅する。

他方、銀行は、預金の引き出しに備えて、一定の現金通貨を保有していなければならない。そのため、銀行は中央銀行に一定額の準備預金（日本の場合は「日銀当座預金」）を設ける必要がある。たとえば、家計による銀行預金からの現金の引き出しが大量にあった場合、銀行は、中央銀行に設けられた準備預金から現金を引き出して、家計に支払う。

このように、銀行預金は、現金通貨との交換が保証されている。銀行預金が貨幣として使用されているのは、究極的には、現金通貨に裏づけられているからである。では、現金通貨は、なにゆえにその価値を信頼され、取引の手段として受け入れられているのであろうか。

かつての通貨は、国家が金《きん》などの貴金属との交換を保証していた。貴金属による裏づけがあるから、その価値が信頼され、受け入れられているものと考えられていたのである。しかし、現代の通貨は、国家が貴金属との交換を約束しない「不換貨幣」である。では、人々は、なぜ、そのような不換貨幣を受け入れているのか。

この点は、今もなお二つの学説の間で、論争になっている。

一つの立場は、通貨の価値の根拠はその通貨の裏づけとなっている貴金属の内在的な価値にあるとみなす「金属主義（metalism）」である。金属主義者は、貨幣の形態の歴史的変遷について、市場による自然発生的な進化として理解する。民間主体が、市場における交換に伴う取引費用を削減するという目的のために、たとえば、金属貨幣から紙幣へと、より使いやすい媒体を選択していったのだというのである。

この金属主義者に属するのは、古くはアリストテレスやジョン・ロックであり、経済学では、アダム・スミスやデイヴィッド・リカードらの古典派、あるいはジェヴォンズやメンガーなどの新古典派、フォン・ミーゼスなどのオーストリア学派が連なっている。

要するに、主流派経済学の貨幣観は、伝統的に金属主義なのである。一般に流布している貨幣観もまた、金属主義であろう。なお、金属主義は、貨幣を貴金属という商品から派生したものとすることから、「商品貨幣論」とも呼ばれている。ただし、この金属主義ないしは商品貨幣論には、一九七一年に金との交換を停止した米ドルのような、貴金属との交換が保証されない不換貨幣の存在を説明できないという致命的な欠陥がある。

この金属主義と対立する学説は、通貨の価値の根拠は、その発行主体、とりわけ国家主権の権力にあるとみなす「表券主義（cartalism）」である。表券主義者は、貨幣の歴史的な進化や使用において中心的な役割を果たしてきたのは市場ではなく、国家であるとする。

表券主義に属するのは、経済学においては、ドイツ歴史学派に属するゲオルグ・フリードリヒ・クナップが有名であり、その主著は一九〇五年の『貨幣国定説』である。

主流派経済学が金属主義に立ち、表券主義を拒否する中で、クナップの『貨幣国定説』は過小評価され、あるいは誤解されてきた。しかし、マックス・ウェーバーは、この本について「ドイツ文学的文体と科学的鋭敏さをもつ最大の傑作の一つ」[10]と絶賛し、その表券主義を支持している。ジョン・メイナード・ケインズも『貨幣論』において「今日、あらゆる文明化された貨幣は、議論の余地なく、表券主義に立つ」[11]と表明したが、彼もまたクナップの影響を受けている。[12]ケインズの経済思想を継承する「ポスト・ケインズ派」の多くの論者も、表券主義に立っている。また、貨幣の起源や変遷、あるいは形態の多様性を研究する歴史家、社会学者、社会人類学者の多くも、表券主義を支持している。[13]イングランド銀行の解説も、表券主義に立っている。

もっとも主流派経済学も、不換貨幣の出現により金属主義を見直さざるを得なくなっており、今日では、表券主義を支持するようになっている。この場合、主流派経済学は、国家権力によって強制通用力を与えられた「法貨（fiat money）」として表券貨幣を理解するのが一般的である。ただし、クナップの説が全面的に受け入れられているわけではないようである。

たとえば、岩田一政は、ペーパー・マネーの出現により、金属主義ではなく表券主義が正しかったことが示されたと指摘しつつも、「ただし、クナップの『貨幣国定説』のように、貨幣をもっぱら国の法による創造物であるとみることは正しいとはいえない。多くの発展途上国にみられるように、国が貨幣を法定しても、人々は貨幣とは別に金を退蔵することが多い」とクナップを批判している。[14]

もっとも、この岩田によるクナップの批判は妥当なものではない。

第一に、発展途上国において、国家が法定した貨幣より金《きん》が価値貯蔵手段として選好されるのは、発展途上国では貨幣の背後にある政府権力が不完全ないしは弱体だからである。したがって、岩田が持ち出している例は、むしろ貨幣を貨幣たらしめるものは強力な国家権力であることを証するものである。

第二に、クナップの表券主義は、岩田の理解とは異なり、貨幣の本質は「法貨」にあるとするものではなかったのだが、その点については後ほど議論する。

第三に、これが最大の問題なのであるが、岩田が、不換紙幣が貨幣として通用している理由は国家権力以外にもあることを示唆しながら、それが何かを明らかにしていないということである。[15] おそらく岩田は、現実問題として表券主義を受け入れざるを得なくなっているにもかかわらず、なぜ表券主義が成り立ちうるのかを理論的に理解できず、金属主義的な貨幣観から完全に抜け切ることができていないのであろう。それは、表券主義に対する反証として、発展途上国における金《きん》の退蔵を例に挙げたところからも伺える。

他方、不換紙幣が貨幣として通用する理由について、イングランド銀行の解説は次のように述べている。人々は、歴史的に形成された社会慣習の結果として、不換紙幣を交換手段として受け入れるようになったというのが、一つの説明である。たとえば、イギリスでは、自動車は道路の左側を通るが、これは他の自動車も左側を通るであろうと人々が信じるようになったことで始まった社会慣習である。ただし、貨幣という慣習の場合は、国家が重要な役割を果たしてきた。たとえば、国家が、貨幣による納税を認めることで、貨幣が人々に価値のあるものとして受け入れられるようになった。あるいは、国家は、通貨を法定し、いわゆる「法貨」とすることで、人々に受け入れさせることもできる。[16]

これに対してL・ランダル・レイは、同じく表券主義に立脚しながら、国家が貨幣を租税の支払い手段と定めている点が決定的に重要であるという説を唱えている。彼の議論を要約すれば、次のようになる。まず、国家は、国民に対して納税義務を課す。そして、その納税義務の大きさを表示する計算単位（円、ドル、ポンドなど）として「通貨」を法定し、その通貨を、租税を支払うための手段として定める。国民は、国家に通貨を支払うことで、納税義務という「負債」を解消できる。それゆえ、通貨は、最も有力な貨幣（負債の計算単位）として、国民の間で流通し、財・サーヴィスの取引や価値の貯蔵など、納税以外の目的においても広く使用される。このように、現代経済は、国家が課す租税によって基礎づけられている。「租税が貨幣を動かす（taxes drive money）」のである。[17]

もっとも、貨幣が、納税とは無関係に、社会慣習によって交換手段として受け入れられる場合も確かにあるだろう。しかし、そのことは、レイの議論とは必ずしも矛盾しない。なぜならレイは、租税の支払い手段となることは、貨幣が人々に受け入れられる「必要条件」ではなく、「十分条件」だとみなしているからである。

確かに、信用貨幣論に立ち、貨幣とは「負債」であるという論理を貫徹させる上では、貨幣を租税の支払い手段とする議論は強力な説得力をもつ。なぜなら、納税の義務とは、国家が国民に強制的に課した「負債」だからである。レイは、貨幣とは負債であるという「信用貨幣論」と、貨幣の価値の源泉は国家権力にあるという「表券主義」を結合させたのである。このような貨幣論を「国定信用貨幣論（Credit and State Theories of Money）」と呼んでおこう。[18]

貨幣の起源

主流派経済学の貨幣観は、その開祖たるアダム・スミス以来、金属主義の立場に立ち、物々交換の困難から貨幣が発生する起源を説明してきた。この金属主義に対立する学説が表券主義であるが、貨幣の起源に関心を寄せる歴史学者や社会人類学者の多くは、表券主義の方に与した。それは、物々交換から貨幣が発生したという歴史的事実を発見することができなかったからである。[19]

それどころか、歴史研究によれば、「計算貨幣」や「信用」といった社会制度は、商品交換や金属貨幣の登場よりもはるか昔の古代バビロニア時代以前の文明において、すでに存在していたことが明らかとなっている。ケインズが『貨幣論』の中で詩的に表現したように、貨幣の起源は「氷が溶けていった時代の霧の中に没している」[20]のである。

紀元前一八世紀のハンムラビ法典、それより二〇〇年以前のリピト・イシュタル法典、さらに百年前のエシュヌンナ法典には、すでにさまざまな財の価格や利子についての規定が存在した。古代メソポタミア社会では、神殿や王宮等の公的団体が、彼らの臣下や従属民から必需品や労働力を徴収し、また彼等に財を再分配したり、遠隔地との財の交換を行わせたりしていたが、そうした臣下や従属民との間の債権債務を計算したり、記録したりする簿記の必要から計算貨幣が生まれたものと考えられている。

古代エジプトにおいても、私有財産や市場における交換は存在しなかったが、預金銀行としての国家倉庫や価格表は存在していた。これもまた、税の徴収や支払いなどの国家経営の必要からであった。こうした古代社会の事例は、計算単位としての貨幣が、市場における商品の交換ではなく、国家経営を起源とすることを示している。

こうした計算貨幣の発生から遥か後の紀元前六世紀、小アジアのリディアにおいて初めて、金属貨幣が鋳造された。しかし、リディアの金属貨幣は品質が一定せず、金属主義が想定するような、価値の尺度としての貨幣とはなり得なかった。それはむしろ、傭兵への支払い手段として利用され、税の支払い手段となり得たことで人々に受け入れられたのであり、まさに国家の債務証書であったのである。

この他にも、歴史は、金属主義を反証する事例を数多く示している。

金属主義によれば、貨幣の価値は、貴金属によって裏づけられているはずである。しかし、たとえば、イギリスでは、一七世紀後半、摩損によって重量を大きく減らした銀貨が流通していたが、物価・地金相場・為替相場にはまったく影響を与えなかった。また、イギリス政府は、一八世紀末から四半世紀の間、ポンドと金の兌換を停止していたが、ポンドが国際通貨としての地位を固めたのは、むしろこの時期であった。日本でも、たとえば律令国家が鋳造した金属貨幣は、国家による約束手形であって、その価値は貨幣中の金属の量とは無関係であった。[21]

このように、歴史研究は、計算貨幣や信用は、商品交換よりはるかに先行して存在していたことや、金属貨幣の価値はその金属に内在する価値とは関係がなかったことを明らかにしている。歴史は、古典派及び新古典派経済学が想定するような金属主義ではなく、信用貨幣論や表券主義を支持しているのである。

経済とは、貨幣を中心とした社会現象である。経済というものは、貨幣の存在なくしては成り立ち得ない。それにもかかわらず、今日、経済学の主流派を成す新古典派の経済理論は、貨幣の本質やその起源について、根本的に間違った理解をしている。経済学者が貨幣とは何かを正確に知らないというのである。にもかかわらず、経済学者たちは経済政策についてあれこれ提言を行い、間接的、場合によっては直接的に、経済運営に関与している。血液循環について正確に知らない医者が手術を行うようなものである。そう考えると、これは戦慄すべき事態と言うべきであろう。

なお、この経済学者の貨幣に対する誤解が現実の経済に何をもたらしたのかについては、次の第2章において明らかとなる。

表券主義と信用貨幣論

このように、理論的にみても、あるいは歴史的にみても、主流派経済学が想定する金属主義は棄却され、信用貨幣論と表券主義が支持されることとなる。特に、信用貨幣論が正しいということになるならば、金属主義が妥当し得る余地は一切なくなるであろう。

もっとも、厳密に言えば、表券主義と信用貨幣論は同じものではない。

表券主義とは、貨幣と国家権力とを不可分のものと考える学説である。これに対して、信用貨幣論は、民間銀行が創出する銀行預金が貨幣として使用されるという議論である。

しかし、国家が発行した表券が銀行の与信を介在させずに発行されることはあり得る。たとえば、歴史上、戦争や革命の最中に、政府ないしは革命軍が、軍需品の調達のための直接の購買手段として「政府紙幣」を発行することがある。アメリカの南北戦争時のグリーンバックや、日本の戊辰戦争時の太政官札が政府紙幣の典型例である。[22] 政府紙幣は表券ではあるが、信用貨幣ではない。

逆に、信用貨幣が国家をまったく介在させない場合もある。そのような例としては、一三世紀のヴェネツィアなどイタリア北部の主要都市における振替銀行や、一七世紀のイギリスにおける金匠銀行が挙げられる。前者は、民間の銀行預金による決済を行っており、後者は預託された貴金属などに対して金匠ノート（受領証）を発行し、それが譲渡・流通していた。いずれも近代的な信用貨幣の先駆とも言うべき預金や発券を提供していたが、その創設に国家が関与したわけではない。

それにもかかわらず、理論的に検討するならば、信用貨幣論もまた、国家と深く関係していることが分かるのである。そのことを明らかにするために、改めてクナップによる貨幣論の古典『貨幣国定説』を紐解いてみよう。

『貨幣国定説』は表券主義の理論書として知られているが、実際には、その議論は信用貨幣論を前提としていた。

確かにクナップは、貨幣の定義について、次のように述べて、表券主義を表明している。「貨幣とは常に表券的な支払い手段のことを指す。あらゆる表券的な支払い手段のことを我々は貨幣と呼ぶ。貨幣の定義とは、したがって〝表券的な支払い手段〟である。[23]」

しかしクナップは、続けて次のように論じている。支払いとは、即座に行われるものとは限らない。取引のほとんどは、異時点間のものである。支払いが即座に行われない場合は、支払いの義務、すなわち負債が残る。[24] このようにクナップの念頭にあるのは、貨幣とは「負債」の表券的な支払い手段であるという信用貨幣論にほかならない。

クナップは、「charta（表券）」というラテン語を選んで「chartalism（表券主義）」を造語したのは、貨幣が実体をもつものではなく、チケットやトークンといった記号的・象徴的なものであることを表現するためだとしている。[25] 記号ないしは象徴としての表券貨幣が示すものは、「名目的な価値の単位」である。表券貨幣とは、計算貨幣だということである。なお、その計算単位は歴史的に決まってきたものであるとクナップは言う。[26]

そして、「表券性は、法律との間の一定の関係に依存する。したがって、紙きれ自体から、それが表券であるかどうかを言うことはできない。[27]」特定の表券を負債の支払い手段として定めるのは法律である。その法律を守らせるものが国家である。[28] こうして、負債の支払い手段、すなわち信用貨幣は、法律そして国家を必要とする。ここで必要とされている国家の機能は、民間の取引における負債の支払いを保証する「司法」である。[29]

さらに、「司法」機能だけではなく、国家の「財政」機能も、信用貨幣にとって重要な意味を有する。すなわち、国家が、租税の支払い手段として定めることが、貨幣にとって重要であるとクナップは論じるのである。クナップの『貨幣国定説』は、その題名から、国家による貨幣の発行や法定を最も重視したものと誤解されがちであるが、そうではない。クナップが最も重視したのは、国家による発行や法定ではなく、「受領」であった。

（貨幣を定義する）基準は、貨幣が国家によって発行されることではあり得ない。というのも、それでは、最も重要な種類の貨幣が排除されてしまうだろうからだ。私が言っているのは、銀行券のことである。銀行券は国家によって発行されるのではないが、貨幣システムの一部を形成している、法貨であることもテストにはならない。というのも、貨幣システムの中で、しばしば法貨ではないものが存在するからだ（一九〇五年時点のドイツでは、財務省証券は法貨ではなかった）。

もしテストとして用いるならば、我々は、貨幣が国家機関への支払いにおいて受け入れられるという事実に最も着目すべきである。そして、国家に対する支払いのための手段はすべて、貨幣システムの一部を成している。こうしたことから、決定的なのは、発行ではなく、受領と呼ばれるものである。国家による受領が貨幣システムの境界線を定める。(30)

そして、国家が受領するものとして特に大きな役割を果たすのが租税だとクナップは言う。(31) このように、彼の表券主義は、信用貨幣論を前提とした「国定信用貨幣論」であった。

このクナップの議論に依拠するならば、信用貨幣論もまた、国家を抜きにしては語れないことが明らかとなろう。まず、民間取引における負債の確実な支払いを保証するには、国家の司法機能が必要となる。この司法機能は、貨幣にとって、ほとんど必要条件と言ってもよいであろう。そして、もう一つは、信用貨幣を租税の支払い手段として受領するという国家の財政機能である。これは、すでに述べたように、貨幣の十分条件である。こうして、信用貨幣論は、ほぼ論理必然的に、国家を強く要請するのである。

すでに述べたように、貨幣とは負債の一形式であり、負債にはデフォルトの可能性という不確実性が伴う。この不確実性を払拭しなければ、負債が貨幣として受け入れられることは難しい。この不確実性を最大限にまで低減し、負債に貨幣としての役割を与えるのが、国家の司法機能と財政機能なのである。

再び歴史を参照しよう。先に挙げたイタリア主要都市における預金銀行業は民間活動の中から発生したが、経営基盤が脆弱で倒産が頻発したため、一五世紀から一六世紀にかけて、南ヨーロッパ及び北ヨーロッパにおいて公立の預金銀行が相次いで誕生し、主要な支払決済業務を独占して行うようになっていった。また、イギリスにおいても、一六九四年に設立されたイングランド銀行が三年後に銀行券の発券業務の独占を認められ、金匠銀行は発券業務を放棄した。そしてイングランド銀行の銀行券や同行の預金債務が国家への納税などの支払いに受け取られることで、国家の貨幣と同等の地位を得ていったのである。(32)

このように、銀行券や預金といった信用貨幣は、国家が関与することで不確実性を克服し、貨幣システムの一部となることができ、近代的な信用制度に基づく資本主義の成立を促したのであった。クナップが指摘するように、「〝資本主義〟は、なるほど国家が生んだものではないが、国家が育てたもの[33]」なのである。

内生的貨幣供給理論

イングランド銀行の季刊誌（二〇一四年春号）は、「現代経済における貨幣：入門」に続いて、「現代経済における貨幣の創造」という解説を掲載し、その中で、貨幣供給についての通俗的な誤解を二つ指摘している[34]。

一つは、銀行は、民間主体が貯蓄するために設けた銀行預金を原資として、貸出しを行っているという見方である。

しかし、この見方は、銀行が行っている融資活動の実態に合っていない。現実の銀行による貸出しは、預金を元手に行っているのではない。たとえば、銀行が、借り手のA社の預金口座に一〇〇〇万円を振り込むのは、手元にある1000万円の現金をA社に渡すのではなく、単に、A社の預金口座に一〇〇〇万円と記帳するだけである。つまり、この銀行は、何もないところから、新たに一〇〇〇万円という預金通貨をつくりだしているのである。

銀行は、預金という貨幣を元手に貸出しを行うのではない。その逆に、貸出しによって預金という貨幣が創出されるのである。貨幣が先で信用取引が後なのではなく、信用取引が先で貨幣が後なのである。このことを理解していたジョセフ・アロイス・シュンペーターは「実際的にも分析的にも、信用の貨幣理論（money theory of credit）よりも貨幣の信用理論（credit theory of money）の方がおそらく好ましいだろう[35]」と言ったが、確かに的を射ている。

銀行による貸出しは、本源的預金による制約を受けずに、借り手の需要に応じて行うことが可能である。

銀行は、企業家に対して、理論的にはいくらでも資金を貸出すことができるので、企業家は大規模な事業活動を展開し、技術や事業の革新（innovation）を実現することができる。シュンペーターにとって、この信用制度こそが、資本主義の経済発展の中核に位置するものであった。[36]

シュンペーターの指導を受けたミンスキーもまた、次のように述べている。

貨幣がユニークなのは、それが銀行による融資活動の中で創造され、銀行が保有する負債証書の約定が履行されると破壊される点にある。貨幣はビジネスの通常の過程の中で創造され、破壊されるのだから、その発行額は金融需要に応じたものとなる。銀行が重要なのは、貸し手の制約にとらわれずに活動するからにほかならない。銀行は資金を貸すのに、手元に資金をもっている必要がないのである。この銀行の弾力性は、長期間にわたって資金を必要とする事業が、そのような資金を必要なだけ入手できるということを意味する。[37]

現代経済においては、銀行は、元手となる資金の量的な制約を受けることなく、潜在的には無限に貸出しを行うことができる。制約があるとすれば、貸し手側の資金力にではなく、借り手側の返済能力にある。銀行は、借り手に返済能力があると判断する限り、いくらでも貸出しに応じることができるのである。

それゆえ、企業は、銀行から大規模かつ長期の資金を調達することができ、巨額の設備投資を要するような大事業を行うことが可能となる。現代のような複雑かつ大規模な資本主義経済が可能となったのは、その中心に、銀行による信用創造があるからなのである。逆に言えば、もし、預金を元手に融資を行うという通俗的な銀行観が正しかったとしたならば、事業はきわめて厳しい資金制約を受けることとなり、今日のような成長する資本主義経済というものは、到底成り立ち得なかったであろう。

さて、イングランド銀行の解説貨幣供給を巡る通俗的な誤解として指摘するもう一つの例は、中央銀行が、ベースマネー（現金通貨と準備預金の合計）の量を操作し、経済における融資や預金の量を決定しているという見解である。

この見方によれば、中央銀行のベースマネーの供給が、ある銀行の本源的な預金となり、それが貸し出されることによって、銀行システム全体で乗数倍の貸出・預金を形成することになる。いわゆる「貨幣乗数理論」である。この見方が正しければ、銀行による貸出しを制約しているのはベースマネーであるから、中央銀行は、ベースマネーの量を操作することで、貨幣供給の量を操作することができるということになる。

しかし、すでに述べたように、銀行は、ベースマネーを貸出すわけではない。銀行による貸出しは、借り手の預金口座への記帳によって行われるに過ぎないのである。したがって、銀行の貸出し（すなわち預金通貨の創出）は、ベースマネーの量に制約されてはいない。もちろん、銀行は貸出しを増やせば、それに応じた準備預金も増やさなければならないので、準備調達の価格（すなわち金利）を調節すれば、銀行の融資活動に影響を及ぼし、貨幣供給を調整することができる。それゆえ、今日の中央銀行は伝統的に、ベースマネーの量ではなく、金利操作を金融政策の主たる政策目標としてきたのである。

しかし、民間主体に借入れの需要がなく、それゆえに銀行が貸出しを増やそうとしていない時には、準備預金を増やしたところで、銀行の貸出しが増えるはずもなく、したがって貨幣供給量が増えることもないのである。

こうして、中央銀行の準備預金と銀行の融資活動との関係は、またしても、通俗的な見方とは逆になる。まず、はじめに借り手の資金需要があり、銀行が借り手に貸出しを行い、預金口座に記帳することで貨幣供給量が増える。そして、その結果として、銀行には準備預金を増やす必要が生じ、中央銀行がこの需要に対応して準備預金の量を増やす。要するに、企業などの資金需要の増大が銀行の貸出・預金を増やし、そしてベースマネーを増やすのであって、ベースマネーの増加が銀行の貸出しを増やすのではない。

このように、イングランド銀行の季刊誌は、その貨幣供給に関する入門的な解説において、通俗的な貨幣供給論の誤謬を指摘するのであるが、問題は、経済学の教科書においても、この通俗的な貨幣供給論が記述されているということである。[38]

驚くべきことに、経済学の標準的な教科書の中には、イングランド銀行が初学者向けの解説で説いている現実の貨幣供給のプロセスをまったく逆立ちさせたことが書かれており、それが一般に流布しているのである。言わば、現代の天文学の教科書が、天動説を教えているようなものであろう。

このイングランド銀行が解説するような貨幣供給の考え方――信用貨幣論を前提とし、需要に応じて貨幣が供給されるとする理論――は、「内生的貨幣供給理論」と呼ばれている。貨幣が民間取引の中から発生するから「内生」と称するわけである。これに対して、主流派経済学及び通俗的に流布しているような、貨幣を所与のものと想定する貨幣供給論は「外生的貨幣供給理論」である。

なお、信用貨幣論は間違いなく内生的貨幣供給理論であるのに対し、表券主義は、貨幣は国家によって与えられたものとする理論であるから、その意味においては「外生的」である。[39] したがって、「国定信用貨幣論」は、貨幣供給の内生性を基礎としつつも、国家という外生性を導入して補完したものと言える。言い換えれば、民間（内生）と国家（外生）が混合しているのである。この点は「国民通貨」の本質を考える上で重要であるので、後に再度採り上げるが、ここではとりあえず指摘だけにとどめておく。

いずれにせよ、現代における現実的な貨幣の概念を適切に示している学説は、国定信用貨幣論である。貨幣とは、「国家」、より広義には「政治」と密接不可分の関係にあるのである。クナップが喝破したように「貨幣問題は、政治の領域にある。」[40]

貨幣とは、資本主義を成り立たせる上で不可欠の制度である。それが政治の領域にあるということは、資本主義の中核に「政治」あるいは「国家」があるということである。国家との関係を没却してしまっては、貨幣、そして資本主義の本質を理解することはできないということになる。

そして、現代における国家は、「領土」をその存立の基盤としている。だとするならば、現代の貨幣、そして資本主義は、当然の帰結として、領土性を帯びることとなるはずであろう。これこそが、「地政」経済学が求められる所以である。なお、国家と領土との関係については、第4章において検討する。

以上の議論を補強するために、改めてベンジャミン・コーエンが主張する「貨幣の脱領土化」について、批判的に検討しておこう。

コーエンは「貨幣の脱領土化」の例として、通貨の国際化と通貨代替の二つを挙げていた。

しかし、まず後者の通貨代替について言えば、すでに述べたように、国内で外国通貨が流通するような国は、国家の徴税能力や法執行能力が弱体な発展途上国に限られる。そして、そのことは裏を返せば、貨幣を貨幣たらしめるものが国家権力であるということにほかならない。

では、通貨の国際化についてはどうか。

通貨の国際化とは、特定の国が発行した通貨、たとえばアメリカが発行したドルを国際取引における決済通貨として使用することを指している。しかし、国際決済通貨の存在自体は、貨幣の脱領土化とは関係がない。むしろ国際決済通貨というものは、各国がそれぞれの通貨の発行と管理を独占し、国ごとに通貨が異なるからこそ、国際取引において必要になるのである。通貨の国際化は、言わば貨幣の領土化の帰結である。

また、ある国が、特定の外国通貨を国際決済通貨として採用したとしても、その外国通貨を国内においてまでも使用可能なものとするわけではなく、その国の自国通貨は依然として領土性を帯びているのである。

さらにアメリカがドルの国際通貨としての地位を維持しようとし、中国が人民元の国際化に挑戦していることからもわかるように、通貨の国際化とは、大国が自国の経済的優位を確保するために進めるという側面がある。通貨の国際化こそ、まさに地政経済学的に理解しなければならない事象なのだ。

したがって、通貨の国際化も通貨代替も、貨幣の脱領土化を示すものとは言えないのである。

もっともコーエンは、主権国家が依然として通貨の発行主体であることは認めている。その意味では、彼の議論において「貨幣の脱領土化」は徹底されてはいない。ただ彼は、どの通貨が流通するかは、グローバル市場においてどの通貨が需要されるかによって最終的に決まるのであり、そのことを以て「貨幣の脱領土化」と呼んでいるのである。

そこで問題となるのは、なぜ主権国家が発行した通貨が市場において需要されるのか、である。とりわけドルは、一九七一年以降、貴金属との交換が保証されない不換紙幣であるが、なぜドルは価値をもち、国際通貨として需要されているのだろうか。

この問題を解くことができるのが、貨幣の価値の源泉を国家の徴税権力に求める国定信用貨幣論である。たとえば、国際通貨ドルの価値を支えているのは、究極的にはアメリカという覇権国家の権力である。主権国家が貨幣の価値を支えている限り、国際通貨と雖《いえど》も「脱領土化」することはできないのである。

もっとも共通通貨ユーロは、唯一「貨幣の脱領土化」を部分的に実現したと言ってもよい事例であろう。しかしそのユーロの脱領土化の実験は、第3章において論じるように無惨な失敗に終わった。

コーエンは「貨幣の脱領土化」を論じる中で、どのような貨幣観に立っているのかについては、必ずしも明言はしていない。しかし、「通貨の生産者は、自動車、化学製品、あるいはコンピューターの生産者と本質的に何も変わらない」と述べていることから察するに、彼の貨幣観は商品貨幣論ではないかと推測される。だとすると、「貨幣の脱領土化」とは、商品貨幣論という誤った貨幣観が生み出した幻想だったようである。

しかし、商品貨幣論が生み出した幻想は、「貨幣の脱領土化」論だけではない。次に述べるように、主流派経済学の理論体系もまた、壮大な幻想であったのである。

セイの法則と一般均衡

現在の主流派をなす経済学は、アダム・スミスを開祖とする「古典派」、およびその後継たる「新古典派」という系譜をもち、その歴史は二〇〇年以上に及ぶ。しかし、「古典派」および「新古典派」経済学は、商品貨幣論または金属主義という誤った貨幣観を抱いてきた。金属主義は、物々交換の効率の悪さを克服するために、交換手段として利便性の高い「物」として金属貨幣を導入したと考える。金属貨幣は、金銀などの貴金属でできており、それ自体が価値のある「商品」として取引されるのである。

このように、金属主義の考え方によれば、金属貨幣は「商品（commodity）」の一種とみなされる。したがって、金属主義の貨幣観に立つ「古典派」および「新古典派」の経済学説は、物々交換経済と貨幣経済との間に大きな違いを見出すことがない。貨幣は商品の一種に過ぎず、商品と商品の交換を円滑にするための単なる媒介物なので、金融的な要因が実体経済に影響を与えることはない。すなわち、貨幣は中立である。これが古典派及び新主流派経済学の仮定である。

要するに、主流派経済学は、市場経済を物々交換と同等にみなしているのであり、その理論の中には、（信用貨幣という）現実の貨幣が存在しないということである。

ダドリー・ディラードは、この古典派および新古典派経済学の想定を「物々交換幻想」と呼び、その系譜をたどっている。

ディラードによれば、そもそもアダム・スミスの経済理論は、それ以前に流布していた重商主義を批判するかたちで登場した。重商主義者たちは国富と貴金属の量を同一視しており、スミスはその誤りを正すべく、『国富論』を著したのだが、その際、重商主義に過剰に反応して、貨幣自体を理論の隅に追いやってしまったのではないか。スミスは、産湯（重商主義）とともに赤子（貨幣）を流してしまったのではないか。そうスミスを批判するディラードは、これを「アダムの罪」と呼んでいる。

この「アダムの罪」を引き継いで「ドグマ」にまで仕立て上げたのは、ジャン・バティスト・セイであったとディラードは言う。セイは、「生産物は常に生産物と交換される」と主張した。この命題は後に「供給はそれ自らの需要を生み出す」と言い換えられ、「セイの法則」として知られている。

生産物が常に生産物と交換され、供給が常にその需要を生み出すという「セイの法則」が成立するのであるならば、需要と供給は常に均衡するので、過剰生産やそれによる不況や失業といった事態は、確かに生じ得なくなる。自由市場に委ねれば需給は常に均衡するという市場原理は、「セイの法則」を仮定しているのである。そして、生産物が常に生産物と交換されるというのは、まさに物々交換の世界においてである。その世界において貨幣は、単に生産物と生産物の交換における媒介物に過ぎず、したがって貨幣量の変化は生産に何ら影響を与えない。

要するに、「貨幣の中立性」も「セイの法則」も、「物々交換幻想」から導かれていたのである。

この「セイの法則」あるいは「貨幣の中立性」は、さらにリカードやジョン・ステュアート・ミルといった「古典派」、そしてジェヴォンズ、メンガー、ワルラスといった「新古典派」にも継承された。だが、リカードやミルは、セイの法則を論敵による攻撃から守ろうと奮闘したが、新古典派はそれすらしなくなったとディラードは言う。新古典派にとって、セイの法則は疑うべくもないものだったのである。

中でも、ワルラスは、経済全体の市場の需給が均衡するという「一般均衡理論」の体系を確立し、新古典派経済学を主流派の地位へと押し上げる上で大きな貢献を果たした。主流派経済学は、今日もなお、ワルラスが確立した一般均衡理論から出発して、分析を精緻化させたり、拡張させたりしているのである。

だが、ワルラスは、一般均衡理論を構築するにあたり、消費者と生産者の取引の量やタイミングはすべて正確に知られているという仮定を導入していた。取引における一切の不確実性がないものとしたのである。言い換えれば、市場の一般均衡が実現するのは、デフォルト(債務不履行)という事態は起き得ない世界においてなのである。[41]

しかし、すでに述べたように、売買とは、同時的に行われる物々交換とは異なり、現在と将来という異時点間で行われる取引のことである。そして、現在と将来の間の取引によって「負債」が生じるのであるが、将来は本質的に不確実なものであるから、負債は、常にデフォルトの可能性をはらむ。そして、デフォルトの可能性がほとんどないものとして、すべての経済主体が信頼して受け入れる特殊な負債こそが「貨幣」である。貨幣とは、イングランド銀行の解説も強調するように、「信頼の欠如という問題を解決する社会制度」なのである。

しかし、もし売買において不確実性がなく、デフォルトの可能性がないのであるならば、信頼の欠如という問題を克服する必要もなくなるであろう。すなわち、貨幣という社会制度は不必要になるのである。

また、人々は、将来に何が起こるか分からないという「不確実性」に備えて貨幣を貯蓄するのだが、もし将来の不確実性がないのであるならば、貨幣を貯蓄しなければならない理由がなくなる。貨幣の機能の一つに価値貯蔵手段があることは、どの経済学の教科書にも書いてあることだろうが、不確実性を想定しない主流派経済学の一般均衡理論では、貨幣がなぜ価値貯蔵手段になるのかが説明できないのである。

もちろん、主流派経済学にも、時間の概念を導入した分析はある。しかし、主流派経済学が導入する「時間」の概念は、日常的な意味における時間ではなく、差分方程式や微分方程式という形で表現されるような論理的な時間概念である。そして、将来の事象の発生可能性は、確率論的に示すことができる「危険(risk)」として表現される。確率論的に示すことができない「不確実性」は無視されるのである。

こうして主流派経済学は、日常的な意味における時間の概念や「不確実性」を無視することによって、経済現象を数理モデルによって表現することに成功した。主流派経済学は分析手法を数学化したことによって、数学的分析こそが厳密な科学であるという通俗的な科学観に強く訴えかけ、それによって社会科学の中でも特に大きな影響力をもつに至ったのである。

しかし、不確実性を排除するということは、貨幣の存在意義を排除することである。ワルラスが一般均衡理論において不確実性を消去した時、そこから貨幣も蒸発した。主流派経済学の経済モデルが大前提とする「一般均衡理論」が想定するのは、貨幣が存在し得ない世界なのである。実際、ワルラス系の一般均衡理論に関する中心的な理論家の一人であるフランク・H・ハーンですら、そのことを認めている。(42)

チャールズ・A・E・グッドハートとディミトリオス・P・トゥソモコスも、日本銀行金融研究所が主催した二〇一一年の国際コンファレンスにおける講演で、次のように述べている。

ワルラス系のモデル（アロー、デブリュー、ハーン）では、金融市場の完全性と完備性が仮定されているため、貨幣に道理に適った役割がないということは、理論家の間では古くから知られている。誰もが無リスクである世界においては、誰の借用書であっても、財やサーヴィスの完全な対価として即座に受け入れられる。会計システム（完全な市場で時価評価する［marking to a perfect market］神聖なる会計士）のほか、おそらく基準財は必要となろうが、貨幣と呼ばれる特別な資産クラスは必要ではない。誰であっても自身の借用書で必ず支払うことができる世界において、なぜ貨幣が必要となろうか。金融市場が完全であるシステムにおいて、効用関数に貨幣を含めようとするのは、単に論理の誤謬にすぎない。貨幣、流動性、銀行、多様な資金調達手段という「人のなせる技（human instruments）」に実態と意味を与えるのは、デフォルトの概念、すなわち全ての負債が完全に返済されるわけではないという事実である。(43)

アメリカの金融機関リーマン・ブラザーズの経営破綻により世界金融危機が勃発した二〇〇八年の一一月、イギリス女王エリザベス二世が、権威ある経済学者たちに対して、「なぜ誰も危機が来ることをわからなかったのでしょうか」と問い質したという話は、あまりにも有名である。

だが、主流派の経済学者たちが危機を予見できなかったというのは、実は、不思議なことではない。なぜなら、彼らの経済モデルが前提とする一般均衡理論には、そもそもデフォルトの可能性が組み込まれていないのである。その経済モデルが想定する世界では、金融機関も適切な役割を与えられてはいない。それどころか、そこでは貨幣ですら必要とされないのである。物々交換的な世界を想定した経済理論が、銀行の破綻や金融危機について予測したり、解決策を提示したりすることができないのは、むしろ当然であろう。

主流派の経済学者たちは、アダム・スミス以来、二百年以上にもわたって、貨幣についての正確な理解を欠いたまま、物々交換経済の幻想を前提に、理論体系を組みあげてきたのである。フェリックス・マーティンの言い方を借りれば、主流派経済学とは、まさに「頭のいい馬鹿の経済学」であった。(44) エリザベス女王がそうと知ったら、言葉を失ったであろう。

我々に必要なのは、主流派経済学を破棄し、正しい貨幣概念である国定信用貨幣を基礎にした経済理論を手に入れることである。そのような理論の構築を目指したのが、かのケインズであり、そして彼の忠実な継承者であるポスト・ケインズ派である。彼らは不確実性の問題を理論の中心に据え、資本主義経済は自動的に均衡するのではなく、本質的に不安定であることを明らかにしたのであるが、それについて論じるのは次章の課題である。

第2章 資本主義の不安定性

ケインズ革命

主流派経済学が想定する市場の「一般均衡」とは、物々交換経済を仮定した世界において成り立つものである。そして、その世界で用いられる貨幣とは、商品貨幣である。しかし、現実の貨幣は商品貨幣ではなく、信用貨幣であり、現実の経済は物々交換経済ではなく、貨幣経済である。市場の一般均衡とは、あくまで仮想の物々交換経済において成り立つと証明されたものに過ぎない。したがって、現実の貨幣経済における市場は、一般均衡を達成する自動調節機構をもっているとは言えないのである。

主流派経済学に代えて、現実的な貨幣概念である「国定信用貨幣」を導入した現実的な経済理論を提示する。これこそがジョン・メイナード・ケインズによる理論的革新、いわゆる「ケインズ革命」の本質であった。ケインズは『貨幣論』において、表券主義および信用貨幣論を提示し、のちに『雇用、利子、貨幣の一般理論』において、信用貨幣と生産活動との関係を理論化したのである。

ケインズは、一九三六年の『一般理論』に先立って発表した一九三三年の論文「生産の貨幣理論」において、そのことを宣言している。

貨幣を使用してはいるが、実物財や実物資産の取引を結ぶたんなる中立的な連結環としてのみ使用し、貨幣が動機や意思決定に影響することを認めない経済は、よい名称はないが、実物交換経済（real-exchange economy）とでも呼んでよいであろう。私が切望する理論では、こうした経済とは異なって、貨幣がそれ自らの役割を演じ、動機や意思決定に影響を及ぼすのである。端的にいうと、貨幣が状況の枢要な要因となっている経済であり、はじめの状態と終わりの状態とのあいだでの貨幣の運動にかんする知識なくしては、長期あるいは短期のいずれにおいても、事態の推移は予測されえないのである。そしてわれわれが貨幣経済（monetary economy）について語るときに意味すべきことは、このことにほかならない。(1)

ケインズが貨幣経済について語ろうとしたことについて、あえてその要点のみを抽出するならば、次のとおりとなる。

まず、人々は、将来に向かって経済活動を行う中で、本質的に、予測不可能な「不確実性」に直面している。そして、将来に対する不確実性が高まり、人々が将来に何が起こるのかについての確信（confidence）を持てなくなり、不安を覚えるようになると、貨幣やその他の流動資産を保蔵したがるようになる。とりわけ貨幣は、確実性の最も高い流動資産である。貨幣の機能の一つに価値貯蔵手段があるが、もし将来がすべて予測可能であり、「不確実性」というものがなかったら、貨幣が貯蔵手段となる意味が分からなくなるはずである。

にもかかわらず、主流派経済学は、その理論の中に「不確実性」を想定しないのであった。

さて、将来に対する不確実性が高まり、人々が、貨幣に対する需要をより増やした結果、労働者を雇用することで生産される商品に対する需要、いわゆる「有効需要」が減少する。失業は、その結果として発生するのである。

市場の一般均衡を命題とする主流派経済学は、基本的に、(非自発的)失業はあり得ないものと考える。しかし、それが成り立つためには、貨幣が生産可能な商品であるという仮定が成り立っていなければならない。貨幣が商品貨幣であるならば、商品貨幣の需要の高まりは、商品貨幣の生産に伴う雇用の増大を引き起こし、失業は確かに解消されるであろう。

しかし、現実の貨幣は商品貨幣ではない。貨幣は、商品とは違って生産不可能なものである。したがって、貨幣に対する需要は、商品に対する需要とは異なり、雇用を生み出さない。ケインズは言う。「いって見れば、人々が月を欲するために失業が生ずるのである。——欲求の対象(すなわち、貨幣)が生産することのできないものであって、それに対する需要も簡単に抑制することができない場合には、人々を雇用することはできないのである。(2)」

貨幣に対する需要が増えるということは、言い換えれば、貨幣の価値が上昇し、商品の価値(物価)が下落するということである。貨幣価値の上昇は、貨幣需要をさらに増大させ、物価はいっそう下落するというスパイラルが生じる。これが、いわゆるデフレーション(デフレ)と呼ばれる現象である。

市場不均衡、有効需要の不足、失業そしてデフレとは、現実の世界の経済というものが貨幣経済である以上、そして我々が将来の不確実性から逃れることができない以上、構造的に不可避の現象なのである。そこで、雇用を生み出すためには、自由市場に委ねるのではなく、政府の公共投資によって有効需要の不足を解消しなければならない。積極財政というよく知られた解は、究極的には、国定信用貨幣という貨幣概念から導かれるのである。

しかし、第二次世界大戦後、特にアメリカにおいて発展した主流の「ケインズ主義」は、ケインズが導き出した結論を新古典派経済学の分析枠組みによって解釈し直そうとしたに過ぎなかった。ジョーン・ロビンソンが「亜流ケインズ派（bustard Keynesian）」という蔑称を与えたこの学派は、賃金や価格の一時的な粘着性という仮定を持ち込むことによって、市場の短期的な不均衡と失業の発生を説明しようとし、長期的には価格メカニズムによって市場均衡が達成されると説いたのである。

ケインズの理論的革命の本質は、商品貨幣論から信用貨幣論へ、金属主義から表券主義へという、貨幣概念の革命的な転回にあった。そして、この国定信用貨幣論の採用は、経済理論に「不確実性」の概念を導入することとなった。これに対して、亜流ケインズ派は、市場の不均衡を賃金や価格の粘着性という概念によって説明しようとし、「不確実性」の概念をあいまいにしてしまった。市場均衡理論から脱却し切れていなかった亜流ケインズ派にとって、「不確実性」の概念は不都合だからである。しかし、それは正しい貨幣の概念を放棄するということを意味する。

ロビンソンは亜流ケインズ派を批判して、次のように言う。

「経済というものが時間の中にあり、歴史は取り消しのきかない過去から未知の未来へと一方向に進むのだということを認めるならば、空間の中を前後する振り子の機械論的なアナロジーに基づく均衡の概念は支持できなくなる。」「常に均衡する世界では、未来と過去の違いも存在しないし、歴史も存在しないし、ケインズも必要ない。(3)」

ハイマン・ミンスキーもまた、亜流ケインズ派を批判して「不確実性のないケインズなど、王子のいないハムレットのようなもの」と嘆いている。(4)

ところが、経済学界において「ケインズ派」として主流の地位を占めたのは、戦後三〇年間の「オールド・

ケインズ派」であれ、一九八〇年代初頭に登場した「ニュー・ケインズ派」であれ、この「亜流ケインズ派」であった。とりわけ「ニュー・ケインズ派」は、市場経済における価格メカニズムの不完全性を強調しながら、その市場の不完全性を新古典派のミクロ経済学によって説明しようとするものであった。それによって「ニュー・ケインズ派」は主流派経済学として認知され、経済学界における勢力を拡大したのであるが、それは「オールド・ケインズ派」よりもさらにケインズから遠ざかったものであったのである。

そして、ケインズの貨幣概念に忠実に従い、不確実性を問題の中心に据えて経済を論じてきた学派、いわゆる「ポスト・ケインズ派」は、経済学界の主流から排除されてきた。だが主流派経済学が排除したのはケインズの思想だけではない。それとともに、貨幣、時間、そして経済の現実をも排除したのであった。

金融不安定性仮説

資本主義は信用貨幣を基礎にした経済システムであるが、信用貨幣論に依拠するならば、均衡へと向かう市場の自動調節機構は否定せざるを得ない。では、資本主義は自動的に均衡し得ないのだというならば、どのような動きをみせるというのであろうか。

この問いに対して、ケインズの理論に独自の解釈を施しつつ、資本主義は放置すれば必ず不安定化するという「金融不安定性仮説」を提唱したのが、ポスト・ケインズ派の一人に数えられるハイマン・ミンスキーである。

「金融不安定性仮説」とは、次の二つの定理から成る。

金融不安定性仮説の第一定理は、経済には、安定的な枠組みと不安定な枠組みとがあるというものである。そして、金融不安定性仮説の第二定理は、繁栄が続くと、経済は安定をもたらす金融関係から、不安定化に向かう金融関係へと移行するというものである。(5)

これをより具体的に言えば、次のとおりである。

まず、景気が良い時には、人々は資産価格が将来上昇するという楽観を前提にして行動するので、より高いリスクをとって投資を行うようになる。景気拡大が続けば、投資家はもっと楽観的になり、「レバレッジ」(借金によって手元の資金を膨らませて投資を行うこと)と呼ばれる投資形態が広がっていく。資産価格が上昇する中では、通常であれば利益を上げられない企業であっても利益を上げられるようになるので、そうした企業も積極的に融資を受けて投資を行うようになる。その結果、経済全体で債務の比率が高まって行く。債務比率が高まった経済は、ショックに対して非常に脆弱になる。

たとえば、一〇〇万円の投資では、株価が一〇%上昇すると、一〇万円の利益が得られる。もし投資家が、五〇〇万円の借金をして手元資金を六〇〇万円に膨らませるというレバレッジをかけると、株価の一〇%の上昇は、六〇万円の利益をもたらす計算となる。したがって、もし、株価が一〇%上昇する可能性が高いのであれば、五〇〇万円の借金をして投資をする「レバレッジ」は、確かに経済合理的な判断になる。

しかし、もし実際の株価が一〇%下落したとしたら、レバレッジをかけていた投資家は六〇万円の損失を被ることになってしまう。さらに五〇〇万円の借金をしていたので、その利息分も含めると、手元に残るのは四〇万円以下になるだろう。このため、その投資家は、手元資金を確保する必要に迫られて、保有していた資産を売り始めるだろう。レバレッジの逆の「デレバレッジ」が行われるのである。

もし、景気拡大期が長く続き、多くの投資家がレバレッジをかけていた場合、デレバレッジが市場全体で一斉に始まることになる。その結果、資産価格は暴落し、金融市場はパニックに陥る。

金融市場にパニックが広がると、多くの預金者が同時に預金の引き出しに殺到するので、健全な銀行であっても預金の返還に応じられずに破綻するといった事態になる。あるいは、多くの投資家がファンドから資金を引き揚げようとし、ファンドは資金を返却するために株式を投げ売りし、株価が暴落する。こうして、流動性危機が発生する。

このように、景気拡大が長期化し、楽観が蔓延して、経済全体における負債の比率が高まると、わずかな資産価値の下落であっても、それをきっかけにデレバレッジの悪循環が始まり、金融危機が勃発する。資本主義というシステムは、繁栄によって安定化するのではなく、むしろ脆弱化するのであり、好景気が金融危機の危険性を高めるのである。これが「金融不安定性仮説」である。

この「金融不安定性仮説」からわかるように、資本主義を不安定化させる要因として中心的な役割を果たしているのは、銀行制度である。

前章において説明したように、銀行は、預金の制約を受けることなく、借り手の需要に応じて貸出しを行うことができる。銀行は、借り手に返済能力があると判断する限り、どんな大規模な事業に対してでも貸出しを行うことができるのである。銀行制度なしには、資本主義の発展は、間違いなくあり得なかった。

だが、銀行は、借り手の返済能力を正確には知ることはできない。債務が返済されるのは将来のことであり、将来のことは誰も確実には分からないからである。貸出しの制約は、借り手の返済能力に対する銀行の不確実な主観だけである。もし景気拡大期の楽観によって、銀行が借り手の返済能力を過度に高く評価してしまう場合、過剰な貸出しが行われることとなる。その結果、債務比率が上昇し、経済はショックに対して脆弱なものとなる。逆に将来に対する悲観が蔓延すれば、銀行の貸出しは借り手の需要に対して過少となり、流動性が不足する。資本主義経済というものは、銀行の将来に対する主観的判断という、はなはだ当てにならないものによって、好況にもなれば、不況にもなるのである。

銀行による信用創造という内生的貨幣供給のメカニズムは、確かに資本主義の発展の原動力であった。しかし、それは同時に、資本主義の構造的な不安定性の主因でもあったのである。ミンスキーは言う。「銀行制度と金融は、我々の経済においてきわめて攪乱的な力となりうる。しかし、動態的な資本主義にとって必要となる金融とそのビジネスへの対応の柔軟性は、銀行制度の過程なしには、あり得ないのである。(6)」

資本主義の安定化と国家

信用制度を基礎とする経済システムである「資本主義」は、主流派経済学が想定するような均衡へと向かう自動調整メカニズムを内在させてはいない。それはむしろ、成すに任せれば不安定化し、必然的に恐慌を引き起こす。しかも、好況の時こそが危険である。好況時においては将来に対する楽観が広がり、それが経済における債務の比率を高め、経済構造を脆弱化するからである。金融危機の種は、好況時に撒かれ、育つ。

資本主義は信用経済である以上、不安定化は不可避である。これがミンスキーの「金融不安定性仮説」であった。しかし、そのような資本主義を安定化させる手段がないわけではない。

たとえば、アメリカでは、一九六二年に金融危機が起きている。だが、この時の金融危機は、一九三〇年代のような恐慌を引き起こさなかった。この点に着目したミンスキーは、戦後の資本主義には、戦前までとは異なり、恐慌を抑止する制度的装置があることを見出した。

その制度的装置の一つは、「最後の貸し手」としての役割を果たす中央銀行である。

金融危機が勃発すると、流動性危機が発生する。しかし、中央銀行は、預金を返却できない銀行に対して必要な資金を貸し出したり、証券を買い取ることで株価の暴落を防いだりすることで、流動性危機を未然に防止することができる。戦後世界では、この中央銀行の「最後の貸し手」としての機能が広く認知されるようになった。一九六二年の金融危機が恐慌にまで発展しなかったのも、この中央銀行の機能があったからだとミンスキーは主張する。

中央銀行が流動性危機を抑止する「最後の貸し手」としての機能を有することは、今日、広く認められており、主流派経済学者の間でも異論はないであろう。二〇〇七年のサブ・プライム危機や翌年のリーマン・ショックに際しても、ＦＲＢ（連邦準備制度理事会）が大量の資金供給を行い、恐慌の発生を防止した。

ただし、金融危機時において、中央銀行が「最後の貸し手」として認められるのは、中央銀行という制度の基盤を国家が支えているからであるという点を看過すべきではない。「国定信用貨幣論」が示すように、中央銀行が発行する中央銀行券は、国家がそれを租税の支払い手段として受領するから、「貨幣」――すなわち、デフォルトの可能性がほとんどない特殊な負債――として受け入れられるのである。表券主義者のチャールズ・Ａ・Ｅ・グッドハートが指摘するように、中央銀行が「最後の貸し手」であるというのは神話に過ぎず、「最後の貸し手」の機能は中央銀行というよりはむしろ国家に属すると言うべきであろう。(7)

資本主義を安定化させるためのもう一つの重要な制度的装置としてミンスキーが特定したのは、大きな政府による財政赤字であった。

ミンスキーの議論は、次のようなものである。

マクロ経済学においては、「税引き後の総利潤＝民間投資＋財政赤字＋貿易黒字＋民間消費－民間貯蓄」という等式（いわゆる「カレツキーの等式」）が成立する。この等式を簡略化すれば、税引き後の総利潤とは、「民間投資＋財政赤字」とほぼ等しくなる。

不況時には、民間投資が行われなくなるため、総利潤は減少することになる。しかし、この等式によれば、財政赤字を拡大させて、民間投資の減少分を埋め合わせれば、総利潤は減少しない。戦後の資本主義においては、国内総生産に占める政府支出の比率が戦前と比較して飛躍的に高まった。この「大きな政府」は、不況時には財政赤字を拡大させることによって、総利潤の減少を防ぐようになった。大きな政府による財政赤字こそが、恐慌を未然に防止し、資本主義を安定化させる制度的装置である。ミンスキーはそう主張したのである。

二〇〇八年のリーマン・ショックの後、世界各国は、公共投資や減税を行うことによって、財政赤字を大幅に拡大させた。基本的に均衡財政を理想とする主流派経済学者ですらも、当時は、戦後最大の世界金融危機を前にして、積極財政を容認したのである。その結果、世界規模の恐慌の発生は回避された。すべてミンスキーの言ったとおりになったのである。

しかし、その後まもなくして、アメリカでもヨーロッパでも、そして日本においても、財政赤字の拡大が懸念されるようになり、各国は財政健全化路線へと回帰していった。それに伴って、各国でディスインフレやデフレの兆候が現れ、世界的な不況は長期化の様相を呈するようになっている。

この世界的な不況にさらに拍車をかけたのが、中国におけるバブルの崩壊である。

ミンスキーの金融不安定性仮説が明らかにしたように、金融危機の原因は過剰な民間債務の膨張にあるが、リチャード・ヴェイグは、過去の金融危機の例を分析し、対GDP比民間債務が五年間で一八％程度増加し、一五〇％を超えると金融危機が起きるという仮説を立てている。

たとえば、二〇〇八年のリーマン・ショックでは、〇二年から五年間で対GDP（国内総生産）比の民間債務が二〇％増え、一七〇％に達した。日本のバブル崩壊では、一九八五年から五年間で対GDP比民間債務は二八％増え、二一三％に達した。他の金融危機の例でも同様の傾向がみられるという。そして、中国の場合、対GDP比民間債務は二〇一五年までの五年間で六〇％も増え、二〇〇％を超えているとヴェイグは推計している。[8]マッキンゼー社も、中国の対GDP比民間債務は二〇〇七年には一一六％であったが、二〇一四年第二四半期には二二七％と圧倒的な水準に達していると推計している。[9]

ヴェイグの仮説が正しいとすると、中国は一九九〇年代初頭の日本や二〇〇八年のアメリカを上回る規模の金融危機をまぬがれ得ないということになる。

すでに中国経済は、急激に減速している。中国の実質GDP成長率は、これまで年平均一〇%以上あったが、二〇一二年以降、三年連続して八%を下回った。二〇一五年には、さらに深刻な景気後退に陥ったことは、誰の眼にも明らかとなっている。

中国政府も、バブルが崩壊したことを認識しているようである。二〇一四年以降、習国家主席は、中国経済が「新常態」に移行しているという認識を示し、経済政策の転換を進めている。

しかし、資産バブル崩壊による不況は、本格的な景気回復まで一〇年程度の長期を要すると言われている。というのも、経済の正常化のためには過剰債務を解消しなければならないが、その調整の過程でさらなる資産価格の下落と企業の業績悪化を伴うからである。[10] 中国経済も例外ではない。おそらく「新常態」への移行は困難を極め、中国経済の停滞は長期化するものと考えられる。

金融循環の復活

ミンスキーが描いた資本主義の不安定化の過程は、「金融循環（financial cycle）」と呼ばれる現象としても理解し得る。金融循環とは、金融的要因によって経済がブームとバーストを繰り返す現象のことである。

クラウディオ・ボリオは、二〇〇〇年代後半以降になって、この金融循環という現象に注目が集まるようになったと論じている。もっとも、一八三〇年代から一九三〇年代の世界恐慌ごろまでは、異端派だけではなく主流派の経済学者も、金融循環を論じていた。彼らは、資本主義の常態は、均衡ではなく、むしろ循環や変動なのではないかと考えるようになっていた。[11]

しかし、戦後になると、金融循環に対する関心は低下していった。その理由は、おそらく、ミンスキーが論じたように、戦後しばらくの間は、資本主義が安定化し、深刻な金融危機が起きなくなっていたからであろう。それが市場均衡に対する懐疑の念を薄れさせ、主流派経済学の台頭を招いたのだとしたら皮肉である。

ところが、この金融循環が一九八〇年代半ばから再び顕著になり、一九九〇年代以降になると、その規模がいっそう増幅していったのである。主な例としては、一九八七年のニューヨーク株式市場の暴落（ブラック・マンデー）、九〇年代初頭のアメリカのS&L危機や日本のバブル崩壊、メキシコ、ロシア、アジアの通貨危機、二〇〇〇年代初めのITバブルの崩壊、二〇〇七年のサブ・プライム危機、翌年のリーマン・ショック、そしてそれに引き続くユーロ危機、そして直近では中国の過剰債務問題が挙げられる。

なぜ、半ば忘れられていた金融循環が、一九八〇年代半ば以降、再び姿を現すようになったのか。その原因として、ボリオは、金融市場の自由化、金融政策の変化、そしてグローバリゼーションの三つを特定している。

第一に、一九八〇年代以降、金融市場の自由化が進められ、ブームに対する制約が緩められた。

第二に、同じころ、金融政策は、物価の安定、すなわちインフレーション（インフレ）の抑制が最大の目的とされるようになった。このため、低インフレでさえあればよしとされ、資産バブルは放置された。

第三に、一九九〇年代以降は、グローバリゼーションが進展し、投資活動が活発化し、ブームが煽られた。その一方で、中国など新興国が低賃金労働力や安価な製品を供給するようになったため、物価上昇や賃金上昇を抑制する圧力が働き、低インフレが維持されたため、金融引き締め策が遅れて、資産バブルを助長した。[12]

金融市場の自由化、金融政策の変化、グローバリゼーション、このいずれも一九八〇年前後から台頭した経済思想に基づく政策によってもたらされたものである。その経済思想とは、「新自由主義」「市場原理主義」あるいは「ワシントン・コンセンサス」とも呼ばれている。

新自由主義者が共有する中核的な主張を要約するならば、「自由市場においては、価格メカニズムが需要と供給の均衡を自動的に達成し、効率的な資源配分がもたらされるはずである」という信念であると言える。この市場原理に対する信念は、主流派経済学の理論によって支えられている。

戦後の西側世界では、世界恐慌の悲惨な教訓から、政府は裁量的な財政金融政策によって完全雇用を目指すべきだというケインズ主義がコンセンサスとなった。そのケインズ主義は、ポスト・ケインズ派が「亜流ケインズ派」と呼ぶようなものではあったにせよ、それに基づく政策は、ミンスキーが明らかにしたように、「最後の貸し手」としての中央銀行や大きな政府の機能を通じて、金融循環の影響を弱めることには成功したのである。

しかし、一九七〇年代後半から八〇年代にかけてケインズ主義は後退し、代わって新自由主義が台頭し、イデオロギー上の支配的な地位を確立した。この新自由主義の台頭の理由については、一般的には、一九七〇年代のスタグフレーション（インフレと失業の同時発生）に対して対応できなかったことによって、ケインズ主義の権威が失墜したためと言われている。

新自由主義は、自由放任市場には均衡と効率的資源配分を達成する原理があると信じ、政府による市場介入や規制を拒否する。これを金融市場に適用するならば、金融市場の自由化という政策が導き出される。さらに、これを国際経済政策に適用するならば、グローバリゼーション、すなわち財、労働、資本の国際市場の自由化を促進すべしという結論に至る。

物価の安定を目標とする金融政策もまた、新自由主義に基づくものである。市場原理によって需要と供給の均衡が達成されるのであるならば、金融緩和政策を行っても生産量の増加にはつながらず、単に物価が上昇するだけである。したがって、金融政策は、物価の安定（低インフレ）だけを目標とすればよいということになる。

金融市場が自動調節的に均衡を達成し得るのであるならば、資産バブルという現象は起きえないはずである。このため、新自由主義に基づく主流の金融政策は、資産バブルを問題視しない。もし資産価格が不合理に上昇し、バブルとなったとしても、投資家たちが将来のバブルの崩壊とそれによる多額の損失を予想できるのであるならば、彼らは今のうちに資産を売却するはずであり、したがってバブルは生じ得ない。仮にバブルなるものが発生し、それが崩壊したとしても、金融緩和政策によって比較的容易に景気を回復させ、経済を正常化することができる。これが、アラン・グリーンスパン（一九八七年から二〇〇六年までFRB議長）やベン・バーナンキ（二〇〇六年から二〇一四年までFRB議長）ら、新自由主義に依拠する主流の金融政策の担当者たちの認識であった。

それゆえ、グリーンスパン議長率いるFRBは、資産バブルが崩壊すると、金融緩和を行うという対応をとった。それは景気の回復に成功したかに見えたが、実際には、別種のバブルを生じさせただけに過ぎなかった。たとえば、二〇〇〇年代初頭にITバブルが崩壊した際、FRBは金融緩和を行ったが、それが住宅バブルを引き起こし、二〇〇七年のサブ・プライム危機をもたらしたのである。しかも二〇〇七年九月以降に行われた金融緩和は、恐慌の回避には奏功したものの、経済停滞は続いた。

金融緩和政策は、金利の低下を通じて投資を刺激するものである。しかし、金利にはゼロ下限があるため、金利がゼロに達すると、金融政策は無力化する。これに対して、バーナンキや彼に追随する経済学者たちは、中央銀行が物価目標（インフレ・ターゲット）を設定してインフレ期待を促し、ゼロ金利下であっても量的緩和（長期国債の購入を通じたベースマネーの供給拡大）を行うことで、インフレを起こし、景気の回復を促すことができると主張していた。いわゆるインフレ・ターゲット論である。

しかし、バーナンキ議長下のFRBは、量的緩和によるインフレ目標の達成に失敗した。二〇一三年から、同様の金融政策を採用した黒田《くろだ》東彦《はるひこ》総裁下の日本銀行もまた、インフレ目標の達成には成功していない。(13) 日銀は、二〇一六年二月には、ついにマイナス金利の導入にまで踏み切ったが、その効果もまた芳しくなく、むしろ銀行収益の圧迫などの弊害が懸念されている。

この一連の金融政策の失敗の背景には、主流派経済学による貨幣経済に対する誤解が横たわっている。インフレ・ターゲット論者は、デフレは貨幣供給が少ないために発生する「貨幣現象」であると認識している。確かに貨幣供給が増えれば物価は上昇し得るであろう。しかし、ここで問題となるのは、「貨幣」が何を意味するかである。

内生的貨幣供給理論によれば、貨幣の大半を占めるのは預金通貨である。そして、預金通貨の供給は、借り手の需要に応じて銀行が貸出しを行うことによって供給されるのであって、中央銀行が供給するベースマネーの量によって決まるのではない。したがって、イングランド銀行の解説にもあったとおり、中央銀行がベースマネーを増やしても、貨幣供給は増えないのである。[14]

要するにインフレ・ターゲット論の誤謬は、それが抱く誤った貨幣理論、すなわち内生的貨幣供給理論ではなく外生的貨幣供給理論に立脚していることに由来しているということである。[15]

なお、インフレ・ターゲット論者の中には、量的緩和による株価など資産価格の上昇が、いわゆる「資産効果」を通じて家計の消費を刺激し、経済を回復させると主張する者もいる。[16] しかし、仮に量的緩和によって資産効果が生じたとしても、ミンスキーの「金融不安定性仮説」を引くまでもなく、資産価格の上昇は持続せず、いずれバブルとなって崩壊する。しかも、そのことはグリーンスパンがサブ・プライム危機によって実証してもいる。だとすると量的緩和政策は、無効であるだけではなく、有害である可能性すらあるということになろう。

財政政策

金融政策は、ゼロ金利下においては無効化する。量的緩和政策やマイナス金利政策の効果もまた限定的であり、むしろ弊害のおそれすらある。主流派経済学の市場原理や金融政策の効果に対する過大評価は、いずれも貨幣に対する誤解から生じたものであった。

では、貨幣を信用貨幣として正しく理解した場合には、どのような政策が結論として導き出されるのであろうか。

信用貨幣論によれば、貨幣（預金通貨）は、銀行に対する「生産者の借入れの需要」によって創出される。生産者の借入れの需要が増大しなければ、預金も増大せず、したがって貨幣供給量は増加しない。

「生産者の借入れの需要」とは、将来収益に対する期待から生じるものである。生産者が将来収益に対する期待を持つことができない場合は、借入れの需要もなくなるため、銀行は貸出しを行うことが難しくなる。こうなっては、金融緩和によって利子率を引き下げ、銀行による貸出しを容易にしたところで、生産者は借入れを行わないので、貨幣の供給量は増えない。

貨幣の供給量を増やすためには、借入れの需要を増やさなければならない。市場に悲観が蔓延し、民間の実業家が投資を行うことができないのであれば、政府が投資を行って、借入れの需要を創出するしかない。すなわち財政政策である。金融政策が無効化するゼロ金利の状態では、景気回復策として有効なのは、財政政策となるのである。

信用貨幣論に立つケインズが財政政策を強調したのも、こうした理由による。

ケインズは、『雇用、利子および貨幣の一般理論』第22章「景気循環に関する覚書」の中で、金融循環について言及している。それは、ミンスキーの「金融不安定性仮説」の先駆となる議論であった。

好況が続くと、投資の将来収益に対する楽観的な期待が過剰になっていく。それに伴い利子率は上昇するであろう。しかし、将来に対する楽観が強く共有されている場合は、利子率が上がっても、投資意欲は減退しなくなってしまう。いわゆるバブルの発生である。「好況の後段階は、資本財の将来収益に関する楽観的な期待によって特徴づけられており、その期待は資本財の過剰化傾向も、その生産費の上昇も、おそらくはまた利子率の上昇も相殺するほど強力なものである。過度に楽観的な、思惑買いの進んだ市場において幻滅が起こる場合、それが急激なしかも破局的な勢いで起こることは、組織化された投資市場の特質である。」

そして、いったん市場に対する幻滅が起こり、将来に対する悲観が蔓延すると、デフレ不況の悪循環が始まり、これを回復させることは容易ではなくなる。「個人主義的資本主義の経済においてきわめて制御しにくいものは、日常的な言葉でいえば、確信の回復である。不況のもつこのような側面は、銀行家や実業家によっては正しく強調されているが、「純貨幣的」救済策に信頼をおく経済学者によって過小評価されている。[17]」

ここでケインズが言う「純貨幣的」救済策とは、主に中央銀行がつかさどる金融政策のことである。それに信頼を置く経済学者とは、新古典派のことであろう。

将来に対する不確実性が高く、投資家が「確信」をもてなくなると、金融政策はその効果を失う。「利子率に対する銀行政策の影響は、それ自身では最適投資量を決定するのに十分ではないように思われる。したがって、私は、投資のやや広範な社会化が完全雇用に近い状態を確保する唯一の方法になるだろうと考える。[18]」デフレ不況を脱し、完全雇用を達成する唯一の方法とは、「投資の社会化」すなわち公共投資だとケインズは言うのである。

ここで注意すべきは、ケインズの財政政策論は、本来は、内生的貨幣供給理論とともに理解すべきものだということである。

借入れの需要が預金通貨を創造するという内生的貨幣供給理論の観点に立つと、財政政策とは、借入れの需要の創出を通じて貨幣供給量を増やす政策だということになる。財政政策とは貨幣供給量を操作する政策、すなわち一種の金融政策として理解すべきものなのである。

これが含意するのは、財政政策とは、銀行が預金通貨を創造するという近代的な信用制度の存在があってはじめて、不況対策として有効に機能するものだということである。もっとも、そもそも近代的な信用制度がなければ、すなわち資本主義でなければ、金融循環による不況や有効需要の不足による失業といった、不況対策としての財政政策を必要とするような現象は起きえない。その意味では、ケインズが公共事業の効果を説明する文脈において古代エジプトのピラミッドや中世の寺院の建設を例として挙げたのは、ジョン・ヒックスが指摘するように、確かに適切ではなかったかもしれない[19]。

いずれにせよ、信用貨幣論の立場に立って現代貨幣経済あるいは資本主義の本質を正確に理解するならば、最も有力な景気回復策として導かれるのは、財政政策となる。しかしながら、財政政策にかんして、その効果は乏しいという認識が日本では根強くある。その理由としては、市場均衡を信念とする新自由主義および主流派経済学の強い影響もあるが、何よりバブル崩壊後の一九九〇年代の停滞期の経験が大きい。一九九〇年代、巨額の公共事業が景気対策として行われたが、不況から脱することができなかったので、財政政策は有効ではないという主張である。

しかし、服部茂幸が論じるように、この主張は正しくない。

第一に、日本の公共投資が増加したのは九〇年代前半だけであり、九〇年代後半以降は減少に転じ、二〇〇〇年代に入るとさらに減少している。

その理由の一つは、地方自治体が公共投資を削減したことにある。日本では公共投資のほとんどが地方自治体によって担われているが、その地方自治体が財政悪化のために公共投資を急速に削減したため、九〇年代後半以降、日本全体の公共投資が減少したのである。

第二に、公共投資が増加したとされる九〇年代前半ですら、九〇年度から九六年度にかけて、一般政府（中央政府と地方政府）による投資額は約一三兆円増加しただけであり、中央政府による投資額に至っては一兆五〇〇〇億円程度しか増加していない。

ＩＭＦもまた、二〇一四年一〇月の「世界経済見通し」において、日本の九〇年代前半の財政政策を検証し、その規模は不十分であったものの、効果がなかったというのは間違いであると指摘している。[20] 実際、日本経済は、一九九七年に消費税を五％へと増税し、政府支出を抑制したが、一九九八年からデフレに転じ、以降、デフレが長期にわたって続いている。九〇年代の財政政策は、その規模は限定的ではあったが、デフレの発生を阻止する程度には効果があったのである。

なお、政府支出としては投資よりも消費の方が、額が大きい。政府消費であっても景気の下支え効果は確かにある。しかし、この政府消費の増大は高齢化によるものであり、八〇年代後半のバブル期と比較して政府消費が急増したというわけではないことを考慮すると、政府消費による景気の下支え効果は限定的であったと言える。

要するに、日本が積極的財政政策を行ったのは九〇年代前半だけであり、しかもその規模はそれほど大きくはなかったのである。[21] したがって、一九九〇年代の日本の経験は、財政政策が無効であることの論拠にはならないのである。

こうして、ディスインフレあるいはデフレ下の不況においては、景気回復策として有効なのは、財政政策であることが明らかとなった。ただし、一般に、財政赤字の拡大には制約があるものと考えられている。とりわけ、政府累積債務のＧＤＰ比が二〇〇％を超えるに至った日本では、財政赤字の拡大に対する懸念が強くある。そこで次章では、この財政制約の問題について、やはり国定信用貨幣論の観点から、再検討する。

金融危機と地政学的危機

財政制約の問題の検討に入る前に、資本主義の不安定性がもたらす金融危機やその後のデフレ不況がもたらす地政学的な変動についても注意を促しておきたい。

第一に、デフレ不況は各国国内における社会的対立を激化させ、政治体制を不安定化させる。社会的不満が増幅する中で、ドイツのナチズムやイタリアのファシズムに典型をみるように、国内の一部の勢力や国外にスケープ・ゴートを求める排外主義や全体主義が台頭しやすくなり、国際関係も不安定化する。

第二に、世界的に総需要が不足する中で、各国は海外市場の獲得競争に走り、自国通貨の切り下げによる輸出という近隣窮乏化策に走ったり、帝国主義的な対外拡張政策を志向したりするようになる。

このようにして、金融危機やデフレ不況という経済的な危機は、地政学的な危機の導火線となるのである。戦間期に繰り返された経済危機、中でも世界恐慌が、第二次世界大戦の原因のすべてではないにせよ、その重要な一つとなったことは間違いない。[22]

したがって、財政政策が金融危機の抑止やデフレ不況からの脱出にとって有効であるというのであれば、財政政策は経済的のみならず、地政学的にも重要な政策であると言うことができる。

そのことは、すでにケインズが『一般理論』の最終章の中で述べていたことであった。不況時にあっては、政府の公共投資による内需拡大が可能であれば、海外市場の獲得を目指した帝国主義的な競争に走る必要がなくなり、戦争の経済的原因の一つを消せるであろうというのである。[23] E・H・カーも『危機の二十年』の結論部分の中で、政府の需要刺激策による雇用の創出に希望を見出している。[24] もっとも、ケインズとカーの希望が実現したのは、第二次世界大戦の後になってからであった。

ところが二一世紀になって、この健全財政論と地政学的危機の関係についての戦間期の教訓は、忘れられてしまったかのようである。特にヨーロッパでは、ユーロ危機による深刻な不況にもかかわらず、緊縮財政がとられているために、社会不安が増大し、ナショナリズムが過激化する兆候がみられる。ピーター・テミンとデイヴィッド・ヴァインズも、次のように嘆いている。「嗚呼、アメリカとヨーロッパの政治は、二一世紀最初のグローバルな危機の中で、二〇世紀の過ちを繰り返そうとしている。目の前の公的債務にとらわれているところなどは、第一次世界大戦後の国家賠償の苛烈さが右翼と左翼を過激化させたことを思い出させる。財政規律の圧力や内需の減少は、世界恐慌をもたらした一九三〇年代前半の政策と共鳴している[25]。」

もっとも、現在は、戦間期とは異なり、「大きな政府」や中央銀行の「最後の貸し手」といった機能がある程度認められ、社会保障制度なども整備されている。したがって、たとえばヨーロッパが一九三〇年代のような地政学的な紛争に突入する可能性は低いであろう。とはいえ、ＥＵが求心力を失い、ヨーロッパの国際政治が機能不全に陥る危険性は十分にある。

また、仮にヨーロッパの先進国の政治社会体制は持ちこたえられるとしても、ロシア、中国、中東諸国といった新興国までもそうであるとは限らない。こうした新興国は、資本主義の経験が未だ浅く、国内の市場経済システムや社会保障制度などが完備されていないため、その政治体制や社会構造は、経済危機による衝撃に対して脆弱である。特にロシアや中国といった大国の政治社会体制が動揺したり、あるいは過激化したりすれば、地政学的な紛争の勃発は避けられない。

また、中国の「一帯一路」構想という地政学的な動きの背景にも、中国経済及び世界経済の深刻な低迷という要因を見出すことができる。

二〇一四年以降、中国は「新常態」へと移行を進めようとしているが、その前途には需要不足による国内の生産能力や資本の過剰が深刻な問題として立ちはだかっている。そのタイミングで打ち出された「一帯一路」

構想、そしてその中核的金融機関であるＡＩＩＢには、インフラ需要を創出することで、国内の生産能力過剰問題を解決するという狙いもあるものと考えられる。

ヨーロッパをはじめとする五七カ国もの国々がＡＩＩＢに参加した背景にも、需要不足の問題がある。二〇〇八年の世界金融危機以降、世界経済は本格的に立ち直っておらず、加えて中国経済が減速したことにより、さらに深刻な停滞に陥っている。たとえば、世界経済の景気動向を示すバルチック海運指数は、二〇一六年に入ると、二〇〇八年の世界金融危機時すら下回り、ついに一九八五年の算出開始以来の最低値を更新するという有様である。

しかし、新興国には輸出依存度が高い国が多く、またヨーロッパ諸国も緊縮財政を維持して内需を拡大しようとしていないため、外需に依存せざるを得ない。そこで、この世界的な需要不足の中で、ヨーロッパをはじめとする各国は、中国が創出しようとしている巨大なインフラ需要に殺到したというわけである。逆に言えば、世界経済の需要不足という背景がなければ、ＡＩＩＢはアメリカが反対する中でかくも多くの参加国を得ることはできなかった可能性が高い。

中国は、不況時における政府による需要の創出という経済政策を、地政戦略の武器の一つとして用いたのである。

第3章

通貨と財政

国定信用貨幣論と国家財政

銀行は預金を基礎にして貸出しを行うのではなく、銀行の貸出しから預金が生まれる。したがって、銀行の貸出しは、預金による制約を受けることなく、需要に応じて行うことができる。この信用創造の仕組みによって、企業は銀行から資金を調達して、大規模な事業を行うことができる。これが前章までの議論であった。

ただし、それは企業だけではない。政府もまた、信用制度を通じて銀行から資金を調達し、公共事業を行うことができる。したがって、内生的貨幣供給理論によれば、銀行の政府に対する貸出しもまた、預金による制約を受けないということになるはずである。

ただし、政府は企業とは異なり、民間銀行に預金口座を保有しているわけではない。たとえば、日本では、政府は円に関する預金口座については、日本銀行にのみ開設している。よって、銀行が国債を購入するには、銀行が日銀に保有する当座預金残高を利用するしかない。その具体的な過程は、建部正義が解説するように、次のようなものである。

①銀行が国債（新発債）を購入すると、銀行保有の日銀当座預金は、政府が開設する日銀当座預金勘定に振り替えられる。
②政府は、たとえば公共事業の発注にあたり、請負企業に政府小切手によってその代金を支払う。
③企業は、政府小切手を自己の取引銀行に持ち込み、代金の取立を依頼する。
④取立を依頼された銀行は、それに相当する金額を企業の口座に記帳する（ここで新たな民間預金が生まれる）と同時に、代金の取立を日本銀行に依頼する。
⑤この結果、政府保有の日銀当座預金（これは国債の銀行への売却によって入手されたものである）が、銀行が開設する日銀当座預金勘定に振り替えられる。
⑥銀行は戻ってきた日銀当座預金でふたたび国債（新発債）を購入することができる。
⑦したがって、銀行の国債消化ないし購入能力は、日本銀行による銀行にたいする当座預金の供給の仕振りによって規定されている[1]

このように、①から⑥までの過程自体は、少なくとも論理的には無限に続き得る。そして、この過程が示すように、政府の支出は、民間企業の貯蓄となっている。政府の財政赤字は民間貯蓄によってファイナンスされるのではない。その反対に、政府の財政赤字が民間貯蓄を生み出しているのである。したがって、「政府の赤字がそれと同額の民間部門の貯蓄を創造するのであるから、政府が貯蓄の供給不足に直面することなどあり得ない。[2]」

しばしば、日本政府が巨額の債務を累積しているにもかかわらず、財政破綻を免れているのは、民間部門が多額の金融資産を抱えており、これらの金融資産が銀行などの金融機関を通じて国債の購入に充てられているからだと言われてきた。この議論は続けて、今後、高齢化の進行により家計の貯蓄率が低下すると、政府債務の持続可能性に問題が生ずることになると警鐘を鳴らし、財政健全化を唱えるのである。[3]

しかし、この議論は、銀行が預金を元手にして国債を購入するという、現実の信用創造の過程を転倒させた見方を前提としている。実際には、内生的貨幣供給理論が示すように、銀行の国債購入が預金を創造するのである。したがって、民間金融資産の総額は、政府債務の制約にはならない。

国債発行に制約があるとすれば、銀行が政府の返済能力に不安を抱き、国債を購入しようとしなくなる場合である。企業に対する銀行の貸出しが、貸し手である銀行の資金力にではなく、借り手側の企業の返済能力に制約されるように、銀行の国債購入もまた、政府の返済能力に制約される。

しかし、個人や企業といった民間主体とは異なり、政府は通貨発行の権限を有する。それゆえ、政府が自国通貨建ての国債の返済ができなくなることは、政府がその政治的意志によって返済を拒否でもしない限り、あり得ない。[4]通貨を増発して返済に充てればよいからである。したがって、自国通貨建てで国債を発行している政府には、個人や企業のような返済能力の制約が存在しない。その限りにおいて、政府には、財政収支を均衡させる必要性は皆無なのである。

それでも健全財政論者は、政府債務の累積はいずれ金利の高騰を招くと警鐘を鳴らす。確かに、銀行が国債ではなく他の資産を購入するようになれば、国債の金利は上昇するだろう。しかし、銀行が国債よりもリスクの高い資産を購入するようになるということは、景気が回復しているということを意味する。そうなれば、もはや財政赤字の拡大の必要はない。そもそも、景気を回復させるのが目的で、財政赤字を拡大させるのである。財政赤字の拡大による金利の上昇を懸念するということは、景気の回復を望まないと言っているに等しい。

逆に言えば、総需要不足による不況、すなわちデフレである限り、政府債務の累積による金利の急騰は考えられないということである。実際、二〇〇〇年代以降、デフレ下にある日本は、政府累積債務の増大にもかかわらず、長期金利は世界最低水準で推移しており、二〇一六年にはついにマイナスを記録しているのである。

亀田啓悟と松下泰章の推計によれば、二〇〇〇年から二〇〇七年における財政赤字の一兆円の増加は、長期金利を〇・一五〜〇・二五bsp引き上げただけであった。つまり、財政赤字を一〇〇兆円増加させたとしても、長期金利の上昇は最大でも〇・三%以下に過ぎないということだ。(5)

それでも仮に銀行が、不況下であるにもかかわらず何らかの理由によって国債を購入しなくなり、金利が急騰するような場合があったとしても、中央銀行が国債を購入することによって、金利の急騰を回避することができる。

たとえば、日銀が銀行の保有する既発債を購入すると、銀行は、それによって増えた日銀当座預金によって、新発債を購入することが可能になる。もっとも、銀行は国債の売却で得た日銀当座預金によって新発債を購入することを義務付けられているわけではない。しかし、中央銀行は準備預金を直接、企業や家計に貸し出すことはできない。日銀当座預金は、金融機関の間での資金決済のために利用する以外には、国債の購入に充当するしかないのである。そして、銀行が保有国債を日銀に売却し、それによって得た日銀当座預金によってまた新発債を購入したならば、先述の①から⑦に至る過程を経ることになる。この過程はすでに述べたとおり、原理的には無限に続き得るのである。(6)

もちろん、これによって、日銀に国債資産の残高が累積することにはなるかもしれない。しかし、国債の償還は日銀からの「借り換え」を繰り返せばよく、また日銀への利払い分はその九五%が政府に還流する制度となっている。この場合、政府と日銀の間で資金が循環するだけであり、したがって、政府は何ら負担を負っておらず、民間経済にも何ら悪影響を与えていない[7]。

以上からわかるように、貨幣が信用貨幣であることによって、政府の国債発行は、民間部門の資金量の制約から自由になる。そして、貨幣が国家権力によって保証された表券であることによって、政府は、返済能力という制約からも逃れることができる。一般常識、あるいは主流派経済学からすれば到底受け入れがたいことであろうが、政府は「国定信用貨幣」という制度によって、実は、ほぼ無限と言ってよいほどに強大な資金力を手中に収めていたのである。

ミンスキーは、信用貨幣論を前提にして、資本主義が内在的な不安定性を有していることを明らかにした。そして、資本主義を安定化させる制度的装置として、中央銀行による「最後の貸し手」の機能に加えて、「大きな政府」による財政赤字の拡大を特定した。その財政赤字に制約がないというのであるならば、政府には、利潤を下支えし、資本主義を崩壊から救うのに必要なだけ、支出を増大させる能力があるということになる。そして、中央銀行と政府にそのような能力を与えたのは、「国定信用貨幣」という制度にほかならない。

このことを言い換えれば、次のようになる。

資本主義とは、信用貨幣という制度に基づく内生的貨幣供給によって発展するようになった経済システムである。だが、内生的貨幣供給のメカニズムは、同時に資本主義を不安定化させる原因ともなる。「国定信用貨幣」とは、本来、内生的である信用貨幣に対して、国家が外生的に「表券」としての地位を与えたものである。この「国定信用貨幣」という制度によって、中央銀行は「最後の貸し手」となることができ、政府は利潤を下支えするのに十分な財政能力を手に入れる。

こうして、資本主義は、国家が貨幣制度に深く介入することによって、発展と安定の両方を実現することができるのである。現実の資本主義が発展と安定を実現できていないのは、政策担当者が国定信用貨幣論という正しい貨幣理解を欠いているからに過ぎない。

政府債務の戦略的な意義

信用貨幣論が示すように、銀行の貸出しは保有する預金の量に制約されていない。したがって、政府の国債発行もまた、民間部門の資金量に制約されてはいない。

これは、国際経済においても同じである。たとえば、中国は巨額の経常収支黒字を計上し、大量の米国債を保有していることから、中国の経常収支黒字がアメリカ政府の財政をファイナンスしていると言われることが多い。そこからさらに、アメリカは、その国家財政を中国によって牛耳られているので、もはや中国と政治的・軍事的に対立することができないと論ずる者もいる。

しかし、すでに確認したように、政府の財政赤字はそれと同額の民間貯蓄を生み出すのであって、民間貯蓄が財政赤字をファイナンスするのではない。したがって、中国の貯蓄がアメリカの財政赤字をファイナンスしているという認識は間違っている。

そもそも、アメリカ政府が中国からドルを借りなければならないという制度的な必然性はない。なぜなら、ドルを創造しているのはアメリカである。しかし、中国にはドルを創造することができない。中国が保有するドルも、アメリカが創造したものなのである。

現実に起きているのは、中国がアメリカへの輸出によってドルを入手し、そのドルによって米国債を購入しているということに過ぎない。アメリカ政府が財政赤字をファイナンスするために中国からドルを借りているのではない。アメリカの経常収支赤字が中国にドルを保有させ、アメリカの財政赤字が米国債というドルの最も安全な運用手段を提供しているだけなのである。

しかも、海外主体による国債の保有は、通常は、その国債を発行する国の中央銀行の口座において電子登録されている。中国の保有する米国債について言えば、それらはＦＲＢの管理下にあるのであり、アメリカの国内法の下に服している。このため、もし中国がアメリカに対して敵対的な行動を起こした場合には、アメリカ政府は「国際緊急事態経済権限法（International Emergency Economic Powers Act）」に基づき、中国が保有する米国債を没収することができるのである。そうなった場合、直接的な経済的打撃を受けるのはアメリカではなく、中国の方である。

仮に中国が米国債の保有を止めることを突然決断したとしても、それは同時に、対米経常収支の黒字も無くすという決断を必要とする。しかし、中国がそのような決断をするとは考え難い。もし中国が対米経常収支の黒字を維持したまま、米国債の保有を止めるには、中国は入手したドルを売却して他の通貨に換えなければならない。これはドルの減価を引き起こすであろうが、それは中国が保有するドル資産の価値の目減りを意味する上に、中国の対米輸出競争力を減殺することにもなってしまう。しかも中国からドルを購入した者は、結局、そのドルで米国債を購入することになるだけであり、米国債の買い手がいなくなるというわけではない。

そう考えると、中国が突然、米国債の保有を止める決定をするようなことは、ありそうにもないし、仮にあったとしてもアメリカにとっては何ら問題ではないのである。(8) 米国債を保有しなければならない理由は、アメリカではなく、むしろ中国の方にあるのだ。

このように国定信用貨幣論に基づいて、国家財政の意味を正確に理解すると、債務国のアメリカと債権国の中国との戦略的な力関係において優位に立っているのは、債務国のアメリカの方であることが分かる。エドワード・ルトワクが言うように、「借り手は貸し手に被害を与えることで利益を得ることができるが、借り手に被害を与えて利益を得られる貸し手はいない」[9]のである。

中国がアメリカに対する戦略的な劣位を甘受してでもドル資産を保有せざるを得ないのは、ドルが準備通貨であり、国際的な経済取引の決済にはドルを用いなければならないからである。ドルの国際通貨としての地位が、ドルの発行国アメリカに圧倒的な戦略的優位を与えているのである。だからこそ中国は、元《げん》の国際化を目指しているのだ。

国定信用貨幣論から導き出されるもう一つの重大な戦略的意味は、日本は財政危機からは程遠いという、すでに指摘した事実から導き出される。

二〇〇〇年代、中国は年率二桁台という急速なペースで軍事費を拡張し、現在では、中国の軍事力は東アジア最大の不安定要因となるほど、強大化した。日本としては、自国の安全保障そして東アジアにおける勢力均衡の観点から、防衛予算を増額し、防衛力を強化しなければならないはずだった。しかし、この間、日本はむしろ防衛予算を減らした。その理由は、財政の健全化である。つまり日本は、ありもしない財政危機に怯えて、国防努力を怠り、みすみす中国の軍事大国化を看過してしまったのである。しかも、その緊縮財政は、デフレを長引かせ、日本国民を窮乏化させた。しかも、こうした軍事的・経済的犠牲にもかかわらず、財政健全化は成し遂げられなかったのである。

これらの例からもわかるように、貨幣の本質を正確に理解することは、地政学的な戦略論においても欠かせないのである。地政経済学の確立が求められる所以である。

機能的財政論

すでに明らかにしたように、「国定信用貨幣」という制度は、政府に無限の支出能力を与える。そうであるならば、財政収支は均衡させるべきであるという「健全財政（sound finance）」論は、破棄してもかまわないということになるだろう。

ただし、政府には支出余力がいくらでもあるということは、政府がいくらでも支出してよいということを意味するものではない。[10] なぜなら、政府の支出が無限に拡大すれば、いずれ総需要が総供給を上回り、それが行き過ぎれば極端なインフレーションを引き起こすからである。したがって、健全財政論は破棄してもかまわないのであるが、その代わりとなる何らかの財政規範が必要になる。すなわち、財政破綻しないためではなく、過度なインフレを抑止するための財政規範である。

それが、アバ・P・ラーナーが一九四三年に発表した論文「機能的財政と連邦債」において提唱した「機能的財政（functional finance）」という理念である。

機能的財政論とは、次のような考え方である。

その中核となる発想は、政府の財政政策、支出と課税、債務と償還、新規通貨の発行と通貨の回収は、こうした行動が経済にどのような結果をもたらすかという目だけで見るべきであって、健全か不健全かという確立された伝統的な教条に従うべきではない。効果だけで判断するというこの原則は、人間活動の他の領域にも適用されてきたものであって、それはスコラ主義に対抗するものとしての科学的方法として知られている。財政施策が経済の中でどのように作用し、あるいは機能しているかによって、その是非を判断する原則のことを、我々は機能的財政と呼ぼう。[11]

機能的財政は、二つの原則から成るとラーナーは言う。

第一原則は、政府は、経済全体の支出総額（総需要）を適正な水準に維持すべきであるというものである。

もし、経済全体の支出総額が過剰であれば、インフレが起き、貨幣価値が下がる。逆に、支出総額が過少であれば、失業が発生する。政府は、自ら財政支出を拡大させるか、減税によって国民が支出に充当できる資金を増加させることで、経済全体の支出総額をより多くすることができる。逆に、政府が自ら財政支出を縮小させるか、増税によって国民が支出に充当できる資金を減少させることで、経済全体の支出総額はより少なくなる。こうして政府は、財政支出と課税という手段を操作することで、総需要を適正な水準に管理し、インフレを防いだり、完全雇用を達成したりすることができるのである。

この機能的財政の第一原則から導き出される「ある興味深い、そして多くの人々にとって衝撃的な帰結は、課税というものは、単に政府が支出するのに必要だという理由で行われるべきでは決してないということである。」

機能的財政においては、税金は政府支出の原資ではない。自国通貨建て国債を発行できる政府に、財政破綻はあり得ないのだから、財政支出のために税収を確保する必要はない。課税の是非は、財政収支がどうかではなく、それが国民経済全体に及ぼす効果によってのみ、判断されなければならない。「したがって、納税者が支出を減らすことが望ましい場合、たとえば、納税者の支出が減らなければインフレが起きてしまうような場合にのみ、課税は行われるべきである。[12]」

このことを逆に言えば、デフレの時には国民に課税する必要はないという、「多くの人々にとって衝撃的な帰結」を一つ追加することができる。

ただし、課税が国民経済に対して及ぼす影響は物価水準だけではない。たとえば累進課税は、所得格差を縮小させる効果をもつ。農業関税は、国内農業の保護となる。温室効果ガスの排出源に対する課税は、地球温暖化対策となる。特定の戦略的産業に対する減税は、その産業の成長を促す。このように政府は、課税という手段を用いて、国内経済の構造を変化させたり、経済成長を促したりすることができるのであり、またそうすべきである。これが機能的財政論の第一原則である。

機能的財政の第二原則は、政府は、国民が貨幣(準備預金と現金)の保有量を減らし、国債の保有量を増やす方が望ましい場合にのみ、借入れを増やすべきであるというものである。たとえば、もし政府が国債を過剰に発行すると、準備預金と現金が過少になり、金利が高くなり過ぎることになる。このような場合には、政府や中央銀行は国債の売却を止め、中央銀行が国債を購入する。そうすれば金利が下がり、銀行は準備預金を、家計は現金をより増やす。機能的財政論は、政府に対して、民間主体の貨幣と債券のポートフォリオ・バランスを変化させて国民経済を調整するという役割をあてがうのである。したがって、政府による国債の売却は、財政支出のための「借入れ」のために行うのではなく、中央銀行による金利の操作を助けるための政策手段として用いられるのであり、言わば金融政策の一部として理解されるのである。[13]

健全財政論を拒否し、それに代えて機能的財政論を提唱するラーナーは、当然のことながら、「国定信用貨幣論」の支持者であった。

一九四七年の論文「国家の創造物としての貨幣」の中で、ラーナーは、金属主義を信じて疑わない当時の主流派経済学者によって揶揄の対象となっていたクナップの『貨幣国定説』の名誉回復を行いつつ、国家が租税の支払い手段として一般的に受領するものは、それが何であれ「貨幣」たり得るのであり、したがって「貨幣は国家の創造物である」と論じた。[14] 貨幣が国家の創造物であるならば、国家が貨幣債務を返済できなくなることはあり得ず、ゆえに財政破綻の回避を理由として均衡財政を目指す必要はなくなる。

さらにラーナーは、国家が貨幣の創造主であることによって、深刻なインフレや恐慌を阻止するという、現代文明において二番目に重要な課題が解消され得ると論じている(彼が一番重要な課題として挙げたのは、むろん、核戦争を阻止し世界平和を構築することである!)。「経済学の問題が、人類の繁栄、平和そして生存というより大きな問題から切り離せないように、貨幣の問題は経済学一般の問題とは切り離せないのである。[15]」

ラーナーは言う。国家が貨幣の創造主になるに足りるほど、その徴税権力が強くなかった時代には、国家は、金《きん》のような貴金属を貨幣の裏づけにすることで、貨幣の価値を安定させるしかなかった。この金本位制によって、極端なインフレというものは回避することができるようになった。しかし、金本位制は、恐慌を阻止する上ではむしろ足枷となった。実際、一九二九年のニューヨーク株式市場の暴落に端を発した世界恐慌は、当時の各国政府が金融危機に陥ったにもかかわらず、金本位制の下で、金《きん》の国外流出を防ごうとして高金利政策と緊縮財政を断行したがために、悪化したのであった。

しかし、ニュー・ディール政策による需要刺激策、さらには第二次世界大戦による軍事支出の増大により、恐慌からの脱出が実現した。「ニュー・ディール政策と戦時における繁栄は、深刻な恐慌は回避可能であることを人々に知らしめるに十分であった。ある種の機能的財政が、いずれの政府によっても実際に実行されるようになるであろう。危険があるとすれば、機能的財政の規模が小さすぎるか、遅すぎるかだけである。(16)」

機能的財政の有効性を立証したのは、戦争であったのである。実際、積極財政によって不況を回避するというケインズ主義の発想は、戦間期や世界恐慌の中においてもケインズやラーナーをはじめとする複数の論者によって提案されてきたが、それが広く受け入れられるようになったのは、第二次世界大戦を経験した後になってからであった。(17)なお、この点は、本書の主題と深くかかわってくるので、第12章以降において詳細に議論することとなる。

もっとも、すでに述べたとおり、ケインズ主義は、一九七〇年代のインフレに対処できなかったという評価が流布したことで、その権威を失墜させ、代わって新古典派経済学が主流派の地位を独占することとなった。

しかしラーナーは、すでに一九四七年の「国家の創造物としての貨幣」の中で、完全雇用の達成がもたらすインフレの問題を論じていたのである。すなわち、政府は、失業の解消と貨幣価値の維持という二つの目的の間でディレンマに陥るというのだ。このディレンマを回避するには、寡占企業によるマーク・アップ率の設定や労働組合による賃金決定過程の独占に対して、政府が反独占的な対策を講じ、市場競争的な仕組みを導入する必要があるだろうとラーナーは論じている。彼は、労働組合や寡占企業による賃金・価格形成行動に起因するインフレについては、機能的財政論あるいはケインズ主義的なマクロ財政金融政策だけでは対処できず、構造調整的な政策が要請されると考えていたのである(18)。

しかし実際には、一九七〇年代のスタグフレーションによって、ケインズ主義的なマクロ経済政策がほぼ全面的に否定され、新自由主義にとって代わられるようなってしまった。ラーナーの提言は忘れ去られた。そして、一九八〇年代以降、先進各国のマクロ経済政策は、財政政策よりも金融政策を中心としたものとなり、完全雇用よりも低インフレを主な目的として運営されるようになった。その帰結が二〇〇八年の世界金融危機であったことは、前章において論じたとおりである。

現代貨幣理論

第二次世界大戦後に主流となったケインズ主義は、ケインズの本来の意図から外れ、市場均衡理論を前提とした「亜流ケインズ派」であったが、その亜流ケインズ派ですらも、一九八〇年代以降は、新自由主義によって主流の地位から追い落とされた。八〇年代に登場した「ニュー・ケインズ派」と呼ばれるマクロ経済学の理論もまた、新古典派のミクロ経済学の理論を基礎にした「亜流ケインズ派」の極端な一形態に過ぎなかった。そして、ケインズの遺産を正当に継承する「ポスト・ケインズ派」は、ますます異端の地位へと追いやられた。

もっとも、ポスト・ケインズ派の流れは途絶えたわけではなく、少数ではあるが優れた経済学者たちによって、独特の理論的発展が進められてきた。その中には、ハイマン・ミンスキーや彼の弟子にあたるL・ランダル・レイも含まれる。

レイは、国定信用貨幣論を基礎に、ケインズのマクロ経済学とラーナーの機能的財政論を統合し、彼が「現代貨幣理論（Modern Monetary Theory）」と呼ぶ理論を提唱している。この理論は、ポスト・ケインズ派の一つの到達点であると言える。この現代貨幣理論によって、健全財政論の誤謬をより明確にし、これまでの議論を強化しておこう。

国定信用貨幣論は、貨幣について次のように論じていた。まず、国家が国民に対して納税義務を課し、租税を支払う手段として「通貨」を法定する。通貨は、国家が納税手段として受領するものであるがゆえに、最も有力な貨幣として国民の間で流通し、財やサーヴィスの取引や貯蓄など、納税以外の手段としても受け入れられる。

さて、このようなシステムにおいては、政府はまず財政支出によって、民間部門に通貨を供給することになる。はじめに財政支出ありきなのであって、政府は財政支出より前に税を徴収したり、国債を発行したりすることはできない[19]。もし国家が通貨をすべて租税によって回収してしまった場合、国民は通貨を取引や貯蓄といった手段として使用できなくなる。したがって、民間において通貨が納税以外の手段として使用されるためには、国家は税収以上の支出を行う必要がある。すなわち、『正常な』ケースは、政府が『赤字財政』を運営していること、すなわち、税によって徴収する以上の通貨を供給していることである」[20]ということになる。こうして、「赤字財政こそが正常な状態である」という、またしても衝撃的な結論が導かれることになる。

貨幣は、不確実性の存在する世界において、価値の貯蔵手段として機能するが、価値の貯蔵手段としての貨幣の需要が高まることが、市場の不均衡をもたらし、失業を生じさせる。政府が増税や財政支出の削減といった緊縮財政を行うことは、民間に流通する貨幣の量を減らし、貨幣に対する需要を高め、失業を増大させるデフレ圧力となる。デフレを回避し、完全雇用を達成するためには、財政赤字が必要不可欠となるのである。

政府が政策的に財政赤字の削減を目指すことは、望ましくないだけではなく、ほとんど不可能であるとすら、レイは言う。その意味するところを、彼は実に簡便な論理で明らかにしてみせる。

まず、あらゆる支出が誰かの所得として受け取られるものであるから、経済全体でみると、支出の総計は所得の総計と同じである。マクロ経済は国内民間部門、国内政府部門、海外部門から成り立っているが、ある部門における収支の赤字は他の部門における黒字によって相殺される。したがって、各部門の収支を合計するとゼロになる。「国内民間部門の収支＋国内政府部門の収支＋海外部門の収支（資本収支）＝0」の等式が成立するのである。

このため、国内民間部門、国内政府部門、海外部門のうち、一つの部門の収支を変化させるには、他の二部門の収支も変化させなければならない。たとえば、政府の赤字の減少は、民間部門か海外部門の赤字の増大に対応している。

たとえばアメリカ経済は、九〇年代後半、クリントン政権下において国家財政は黒字へと転換した。これは、「民間部門の赤字＋海外部門の黒字＝赤字」の裏返しであり、この民間部門の赤字は、経済がいわゆるITバブルに突入したために生じたものであった。財政が健全化したから景気が良くなったのではない。バブルすなわち民間債務が過剰になったから財政が健全化したに過ぎないのである。政府部門の収支の健全化は、民間部門の収支の不健全化によって、実現したというわけだ。

実際、九〇年代末にITバブルが崩壊すると、それとともに財政の黒字化も終わった。二〇〇〇年代前半のジョージ・W・ブッシュ政権は財政赤字を拡大させ、かつ好況により民間部門の赤字も増大したが、これらは資本収支の黒字（経常収支の赤字）の増大によって相殺されている。[21]

当然ながら、日本経済においても、同様の傾向が観察され得る（図表3−1）。たとえば一九八〇年代後半、

図表3-1　日本における民間、一般政府、海外の部門ごとの収支バランスの対GDP比

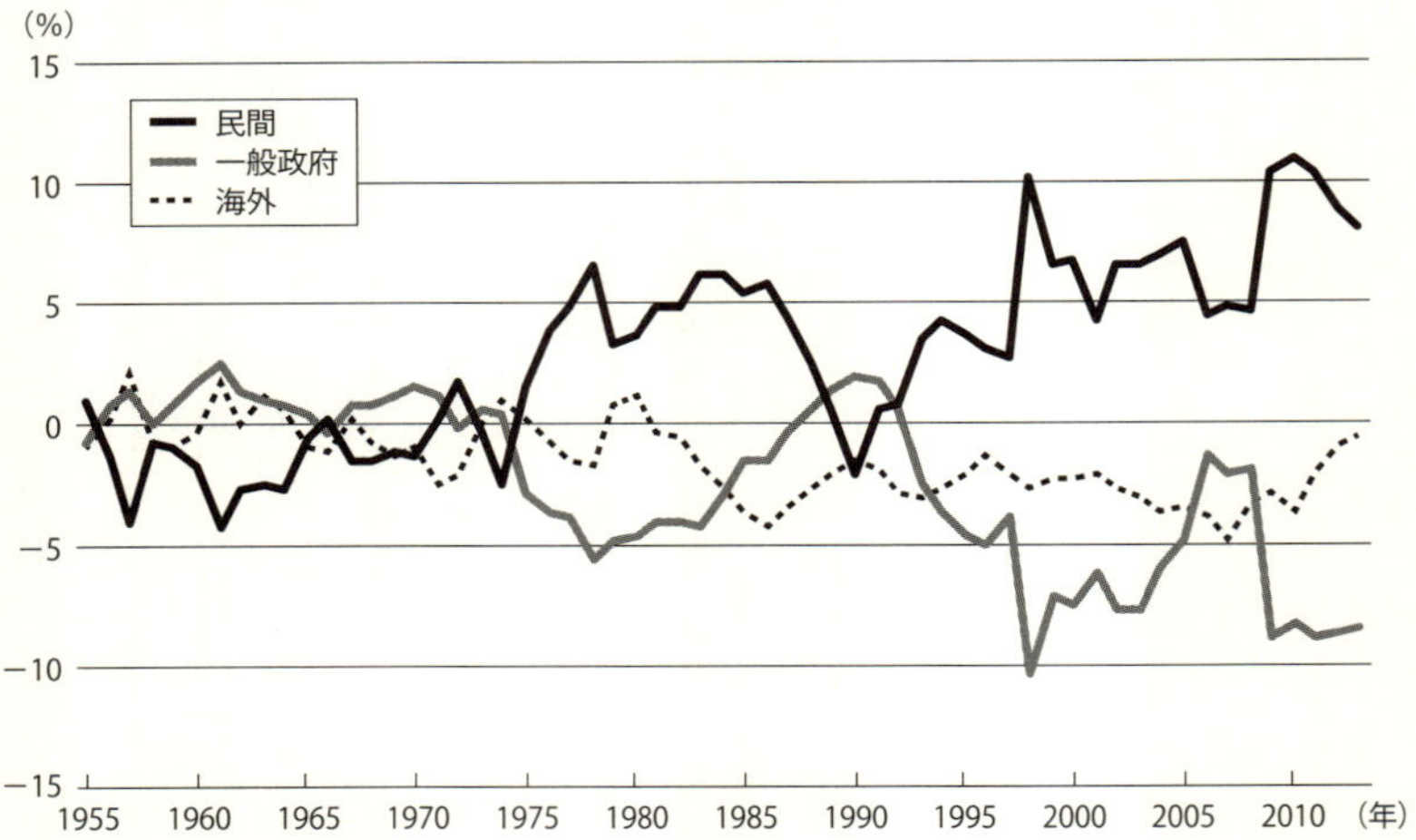

出所：京都大学大学院工学研究科藤井聡研究室作成
資料：内閣府。「民間」は対家計民間非営利団体の数字を含む

政府部門の赤字は縮小し続け、一九九〇年には黒字に転じているが、同時期の民間部門の黒字は対照的に減少し続け、一九九〇年に赤字に転じている。この時期の民間部門の赤字はバブルによる過剰債務を示すものである。民間部門がバブルにより債務を増大させたことで、政府部門の債務は減少したということである。そして、バブルが崩壊し、さらに一九九〇年代後半にデフレに突入すると、民間部門は債務を減らし、債権を増やし、その裏返しとして政府部門が債務を累積させるようになっている。

なお、二〇〇三年ごろから二〇〇七年ごろまで政府部門の収支バランスが改善しているが、同時に資本収支が悪化している。これは、アメリカの住宅バブルによる好景気の影響で、日本の輸出が増大したためである。当時のアメリカがバブル経済にあったことは、ジョージ・W・ブッシュ政権期のアメリカの民間部門の収支の赤字と資本収支の黒字が示している。

こうして見ると、政府部門の赤字の削減とは、民間経済におけるバブルの発生を意味していることが分かるであろう。財政健全化とは、マクロ経済の不健全化とすら言えるのだ。

このような構造にもかかわらず、政府が財政健全化を目指すと、どういうことになるのであろうか。

まず、政府はその支出については、ある程度裁量的に増減させることはできる。しかし、政府の税収は経済全体の景気動向に大きく依存する。税収は好況時には増大し、不況時には減少するのである。したがって、政府は「税率」については確かに思いどおりに決定することはできるであろうが、「税収」までも意のままにすることはできない。政府が財政健全化を目指すというのは、現実的な政策ではないのである。

では、海外部門の収支を操作することにより、財政健全化を目指すことは可能であろうか。

「国内民間部門の収支＋国内政府部門の収支＋海外部門の収支＝０」の等式に従えば、確かに財政赤字の削減は、海外部門の赤字（経常収支の黒字）を増加させることでも相殺できる。しかし、輸出額は、海外経済の成長や為替レート、貿易政策や相対的な価格水準や賃金水準など、さまざまな要因によって決定される。輸入額についても、やはり国民所得の水準その他のさまざまな要因によって決まる。したがって、海外収支についても、国家政策によって裁量的に増減することは難しい。それでもなお、経常収支の黒字を目指そうとする政策は、特に輸出相手国が不況にある場合には、輸出によって相手国の市場と雇用を奪う政策、いわゆる近隣窮乏化政策のそしりを免れない。

結局のところ、政府が政策によってある程度裁量的に操作することができるのは、国内における政府部門と民間部門の「支出」だけなのである。そして国内の支出は、国民所得の水準をほぼ決定する。

したがって、経済政策として最も意味があるのは、国内の政府部門と民間部門の支出を操作することである。そこでレイは、政府は支出を操作して、完全雇用と物価の安定を達成することを目標とすべきであると主張する。財政赤字や政府債務の削減を目標にしたところで、徒労に終わるだけである。財政収支というものは、意のままにはならないものだからだ。[22]

二〇〇八年の世界金融危機を契機に、アメリカは財政赤字を拡大させた。その原因はオバマ政権下で大規模な景気対策が行われたためであると考えられがちであるが、実際には、景気の悪化に伴う税収の急減と社会保障費など経常移転支出の急増によるところが大きく、景気対策の影響は限定的であった。財政赤字は、政府支出の拡大という裁量によるのではなく、税収の減少や経常移転支出の増加といった非裁量的・自動的な要因によって拡大したのである。[23]

日本においては、九〇年代初頭から今日に至るまで、財政赤字を削減しようとする試みが繰り返されてきたにもかかわらず、財政は基本的に悪化し続けてきた。しかし、その主な原因は、アメリカと同様、政府の裁量的な支出の拡大というよりは、不況に伴って自動的に発生する税収の落ち込みと経常移転支出の増加にある。[24]

日本が財政赤字の拡大に歯止めをかけることができないのは、歳出削減の努力が足りないからではない。そもそも、財政赤字の拡大に歯止めをかける政府の努力というものが、理論的に言って無駄なことなのである。しかし、その無駄な努力がデフレ圧力となって、日本経済を長期停滞へと追い込んでいた。この失策の根本原因もまた、繰り返しになるが、誤った貨幣観にあるのである。

国定信用貨幣論者にして機能的財政論者のレイは、政府は財政支出を操作することによって、財政の健全化ではなく、完全雇用と物価の安定を目標として経済を運営すべきだと主張する。そして、そのための有力な手段として、彼は政府が「最後の雇い手（employer of last resort）」としての役割を演ずることを提案している。

レイが提唱する「最後の雇い手」とは、政府が、就業を希望するすべての者に対し、政府が決める定額の名目賃金によって仕事を与えるという政策である。「最後の雇い手」は、不況時に失業が生じる場合には、政府が雇用機会を拡大して完全雇用を達成しつつ、その際に支払う名目賃金の水準を操作することによって、物価水準を操作するというものである。もしインフレを回避したいのであれば、政府は低く抑えた名目賃金で雇用機会を与えればよい。逆に物価や賃金の上昇を図りたいのであれば、より高い名目賃金で雇用機会を与えればよい。これにより、完全雇用と物価調整という二つの政策目標を同時に達成することが可能になるのである。

この「最後の雇い手」というレイの提案は、彼自身が認めるように、物価や雇用を巡る課題のすべてを解決するというわけではないとは言え、物価の安定を目指す金融政策に偏重した主流派のマクロ経済政策よりもはるかに魅力的な構想であり、かつ実現可能性も高い。そして、その実現可能性もまた、貨幣が国定信用貨幣であることに起因する。すなわち、国定信用貨幣は政府を財政制約から解放し、すべての就業希望者を雇うまで財政赤字を拡大することを可能にするのである。(25)

ただし、「最後の雇い手」が有効に機能するためには、国内経済が完全には開放されていないという条件が必要になるだろう。

たとえば、国際的な労働移動が完全に自由である場合には、海外から低賃金労働者が流入し続けてくるため、賃金抑制の強い圧力がかかり続ける。自由貿易によって、海外から安価な製品が流入してくる場合も同様である。あるいは国際資本移動が容易な世界では、企業は労働コストの上昇を嫌って海外へと移転しようとするため、労働側の交渉力が低下し、やはり賃金抑制の圧力が強くなる。

このような場合には、政府が「最後の雇い手」として、比較的高い名目賃金によって雇用機会を与えたとしても、物価や賃金の上昇を促すことは難しいであろう。したがって、「最後の雇い手」政策を実現するには、グローバリゼーションに対して一定程度の制限をかけることが必要になる。なお、このグローバリゼーションの問題については、第16章においてより詳細に論じることとする。

非国定信用貨幣「ユーロ」

政府が完全雇用を実現するには、貨幣が国定信用貨幣であることに加えて、国内経済の開放に一定の制限を加える必要がある。資本主義を社会にとって健全なものにするには、国境の壁があった方が望ましいということである。

それにもかかわらず、もし国家から通貨主権を奪い、国境の壁を撤廃して財、資本そして労働の国際移動を自由化したらどうなるか。そのような実験が実際に行われた。それが共通通貨ユーロというプロジェクトである。

欧州連合設立条約であるマーストリヒト条約の規定により、共通通貨ユーロの発行主体は超国家的機関である欧州中央銀行（ＥＣＢ）となり、ユーロ加盟国は自国通貨を失うこととなった。ＥＣＢは、物価の安定を最大の使命とし、期待インフレ率をゼロとすることを目標とした。また、ＥＣＢには高い独立性が賦与され、ユーロ加盟国の国債の引き受けや債務危機国の救済は禁じられた。こうしてユーロ加盟国は金融政策に関する権限を失ったが、他方で、税財政政策については、従前どおり、各国家の主権に委ねられた。ただし、ユーロ加盟国には、財政赤字をＧＤＰの三％以下、政府債務はＧＤＰの六〇％以下に抑える義務が課せられたのである。

共通通貨ユーロというプロジェクトが実現に至った背景としては、次のような要因が指摘されている。

政治的な要因としては、ヨーロッパ域内においてドイツの通貨マルクの影響力が強かったため、ドイツ以外の国々がマルクの支配を避けるために単一の共通通貨を求めたという事情がある。他方、ドイツの方は、ヨーロッパ域内で共通化される金融政策は、ドイツが最も望ましいと考える基準に従って運営されるであろうと見込んでいた。ドイツもドイツ以外の国々も、共通通貨は自国に有利に働くと考えたのである。[26]

加えて、経済イデオロギーの影響も重要な要因であった。一九八〇年代後半に、マクロ経済政策は低インフレを最大の目標として運営されるべきであるという新自由主義が台頭し、ヨーロッパのエリートたちにも大きな影響を与えたのである。

新自由主義によれば、完全雇用を求める国内政治の圧力によって低金利政策を行い、インフレを引き起こすような国は、資本の国外流出による金利の高騰という形で資本市場から罰せられる。逆に、中央銀行の独立性が確保された国であれば、資本市場はその国が低インフレを約束すると確信することができるので、資本が流入して、その国の金利を押し下げてくれる。「一九八〇年代の経験によって、金融政策の信頼と安定の重要性が明らかとなり、国内の政治家たちの手から金融政策を取り上げることの価値が強調されるようになった。[27]」

まさにドイツの金融政策は、独立性の高い中央銀行の下で低インフレを至上の目標として運営されており、新自由主義にとっては模範的なものであった。ドイツが、ヨーロッパ共通の金融政策はドイツの基準で運営されるであろうと考えたのは、正しかったというわけである。

統合された経済においては、資本市場が金融政策を規律するようになる。こうしてヨーロッパでは、「数十年のうちに、貨幣主権は幻想であると広く信じられるようになっていった[28]」のである。

しかし、表券主義あるいは国定信用貨幣論によれば、貨幣は国家権力によって創造され、その価値を担保されるべきものである。そして、それによって国家財政は破綻とは無縁となり、財政赤字を拡大させて恐慌を阻止することができるようになる。中央銀行もまた「最後の貸し手」として機能することで、恐慌を防ぐことができるようになる。信用貨幣に基づく資本主義は不安定な構造を有しているが、信用貨幣と国家の財政権力を結びつけることによって、資本主義を安定化させることができる。

しかし、ユーロにおいては、その貨幣と国家権力との枢要な関係が切断されてしまっている。ユーロとは、国定信用貨幣論とは異質の設計思想に基づく通貨なのである。もしユーロという非国定通貨の実験が成功していたのであれば、ユーロは国定信用貨幣論を反証するものとなっていたであろう。だが実際には、そうはならなかった。

共通通貨ユーロが成立する前年の一九九八年、表券主義者のチャールズ・A・E・グッドハートは、ユーロの将来に早くも疑問を投げかけていた。「もし、問題の鍵が、貨幣に対する支配と主権権力の（政治的な）関係にあるのだとしたら、我々は、それが将来のユーロという単一通貨圏にとってどのような問題の予兆となるのかを注意深く考察する必要がある。[29]」

もっとも、アメリカの主流派経済学者の間でも、ユーロ懐疑論者は少なくなかった。しかし彼らの批判の多くは、ユーロの制度設計が「最適通貨圏」理論に適合していないということを根拠としていた。

「最適通貨圏」の理論とは、要するに、共通通貨の使用による国際的な取引の効率性の増大と、自律的な国内金融政策の喪失の二者択一の中で、費用便益を分析するものである。そして、共通通貨圏が成功するための条件の一つとして、広範囲に及ぶ労働の移動性の確保を挙げる。労働の移動性が確保されている場合には、共通通貨圏の一地域がある負のショックを受けたとしても、労働力が圏内の別の地域に移動して、そのショックのコストを分散させることができる。しかし、ユーロ圏はこの条件を完全には満たしていないというのが、「最適通貨圏」理論に基づく批判であった。[30]

ところが表券主義者のグッドハートに言わせれば、「最適通貨圏」理論は、いわゆる金属主義の貨幣観に立脚しており、貨幣と国家権力との政治経済的な結びつきを見逃している。ユーロの制度設計も問題だが、それを批判する「最適通貨圏」理論もまた、同じ貨幣観の過ちを犯しているに過ぎないのである。[31]

予言されていたユーロの失敗

ポスト・ケインズ派のアライン・パルゲスもまた、グッドハート同様、ユーロが国家主権から切断されている点が致命的であるとみなし、ユーロの実験は失敗に終わると警鐘を鳴らしていた。一九九九年の論文においてパルゲスは、ユーロの制度設計について、次のように論じている。[32] それは、まさに予言といってもよいような洞察に満ちていた。

ＥＣＢが期待インフレ率をゼロとすることを目標としているのは、国際金融市場にユーロの貨幣価値が一定であると確信させるためである。ユーロの供給を謙抑的にすることでその希少価値を高めれば、国際金融市場はドルや他の資産よりもユーロを需要するようになるだろうというのがユーロの設計者たちの狙いであった。

この「貨幣の価値はその供給の希少性に対する市場の需要によって決まる」という発想は、貨幣を商品と同一視する主流派経済学の金属主義に基づくものである。表券主義が貨幣の価値の源泉を国家主権に求めるのに対して、金属主義は貨幣の価値は商品と同様に市場によって決定されるとする。ユーロが国家主権との関係を切断したのは、金属主義的な貨幣観に立脚して、貨幣の価値が国際金融市場によって支えられるものであると考えていたからにほかならない。

ユーロという通貨システムは、その金属主義的な貨幣観の矛盾ゆえに、当初からさまざまな問題を孕んでいた。

たとえば、ＥＣＢが物価の安定を最優先し、期待インフレ率をゼロにする目標を掲げて運営されるということは、利子率を高めに維持するということである。したがって、失業率はそれに相応して高くなり、賃金上昇は抑制されることになろう。つまり、物価を安定させ、国際金融市場におけるユーロの信認を得るために、賃金の伸びや雇用が犠牲になる仕組みなのである。

そもそも、貨幣の価値を国際金融市場に委ねるという発想には、次のような根本的な矛盾があった。ユーロの価値を維持するためには、投資家たちがユーロを需要する必要があるが、この場合、ユーロは資産として保有されることになる。だが、ユーロが資産として保有されるということは、その分、支払い手段としては流通しないということである。したがって、ユーロが国際金融市場で需要されてその価値が高まれば高まるほど、ユーロの供給量はより少なくなり、デフレ圧力が発生する。「ユーロの強さは、資産保有者たちがユーロで支払う代わりに、それを保有するという意志によって決まる。欧州通貨統合の設計者たちは、国際的な資産保有者たちにドルに代えてユーロを保有させたいという強迫観念にかられて、貨幣流通の要請を見失っていた。(33)」

ＥＣＢがユーロの貨幣価値の安定を最優先しようとすれば、ユーロ加盟国による貨幣の創造は不可としなければならない。ＥＣＢがユーロ加盟国の国債を購入し、その財政赤字をファイナンスすることが禁止されたのも当然であった。しかし、その結果、ユーロ加盟国は、国債を民間金融機関に売却するしかなくなり、債務を負った場合には、民間主体と同様に、財政黒字によってそれを返済しなければならなくなる。このため、ユーロ加盟国は財政健全化を強いられる。ユーロ加盟国は、民主的意思決定にしたがって財政支出を拡大することよりも、民間金融機関の要求に応じて財政支出を削減することを優先しなければならない。つまり、通貨主権を失った国家は、国民の民主的な意志ではなく、金融市場に従わなければならなくなる。言い換えれば、国民が金融市場に隷属するということである。

結局のところ、非国定貨幣ユーロとは、単なる私的な貨幣に過ぎない。そして、国家が通貨主権を失うということは、国家自体が民間主体へと格下げされるということだとパルゲスは指摘した。「加盟国から貨幣権力の一切を奪うことで、新たな通貨の正統性の究極の源泉は国家から金融市場にとって代わられる。そのような貨幣の絶対的な民営化は、国家それ自体の民営化につながるだろう。加盟国は、自国が望む支出をファイナンスするために、民間銀行の信認を得なければならなくなるだろう。[34]」

もっとも、通貨統合以降の一〇年ほどの間は、パルゲスが指摘したような問題は目に見えて明らかにはならず、ユーロの実験は成功したかに見えていた。だが、ユーロの成功は、資産バブルという別の問題によって粉飾されていたに過ぎなかった。しかも、その資産バブルもまた、ユーロの制度設計がもたらした歪みによるものであったのである。

ユーロ圏においては、通貨統合によって金融政策がＥＣＢの下に統一された。本来であれば、ユーロ加盟国それぞれで経済状況が異なることから、適切な金利の水準も国ごとに違ってしかるべきである。しかし、ＥＣＢの政策金利は一つしかなく、最大の市場をもつドイツが基準となっていた。このため、仮にＥＣＢがドイツを基準として金利を引き下げたとしても、その金利の水準は他の国々にとっては低すぎるということにもなりうる。

実際、東ヨーロッパや南ヨーロッパなどの経常収支赤字国では、通貨統合後、必要以上に金利が低くなったために景気が過熱し、資産バブルが発生した。これに対して、ドイツやオランダといった国際競争力のある経常収支黒字国は、バブルに沸く東ヨーロッパや南ヨーロッパへの輸出をさらに拡大することで好景気を謳歌した。

物価の安定とユーロの国際的な信認を最優先するＥＣＢの金融政策は、本来であれば、賃金上昇を抑圧し、失業率を高めるデフレ圧力を恒常的に発生させるはずである。しかし、資産バブルが発生していたがために、このデフレ圧力の側面が顕在化しなかった。そのおかげで欧州通貨統合は成功したかに見えたのである。言うまでもなく、その成功は持続可能ではなく、バブルの崩壊によって終わる宿命にある。

そして二〇〇八年に世界金融危機が勃発し、その余波によってヨーロッパの資産バブルが崩壊するに至り、ユーロがもつ致命的な欠陥が白日の下にさらされることとなった。

ミンスキーの洞察に従えば、金融危機が恐慌へと転落するのを防ぎ、資本主義を安定化させる装置は「大きな政府」による財政赤字と「最後の貸し手」としての中央銀行であった。そして、この二つの安定化装置を可能とする制度は、「国定信用貨幣」であった。しかし、国家主権から切り離されたユーロは「国定」ではない。このため、ユーロ加盟国には資本主義を安定化させることができない。

「大きな政府」について言えば、そもそもユーロ加盟国には、財政赤字を拡大することが許されていない。それどころか、金融危機によってユーロの価値が下落するのであれば、ユーロ加盟国は、それを防ぐために緊縮財政をむしろ強化しなければならない。自国民を失業や貧困から救うことよりも、国際金融市場からユーロの価値を信認してもらうことを優先しなければならないのである。

また、「最後の貸し手」としての機能すらも、ECBには備わっていなかった。本来であれば、中央銀行は、金融危機を克服するため、政府や銀行の自国通貨建ての債務を買い取り、資金を供給することができる。ただし、ECBの場合、ユーロ加盟国の債務の買い取りは原則として禁止されている。仮に「最後の貸し手」として機能しようとしたとしても、どの政府、どの金融機関を救済するのかを政治的に意志決定しなければならない。しかし、ECBには、そのような意志決定を行う正統性を有する政治権力がない。ユーロ加盟国は分担してECBに資本金を拠出しているに過ぎず、どの主権国家もユーロの決済の全責任を負ってはいない[35]。このため、たとえば、ECBが債務危機に陥ったギリシャ政府やスペインの銀行を救うためにその債務を買い取ろうとしても、ドイツやオランダなどが反対し、買い取りができなくなるという事態が起きてしまう。恐るべきことに、ECBは「最後の貸し手」として機能することができないのである[36]。

このように、ユーロというシステムは、金融危機を克服するための「最後の貸し手」の機能や財政赤字といった制度的装置を備えていなかった。このため、二〇〇八年の世界金融危機の余波がヨーロッパに及び、ギリシャやスペインなどで債務危機が発生すると、ユーロ圏は深刻な不況に陥り、そこから脱出することができなくなってしまったのである。

中国がヨーロッパ諸国をやすやすとAIIB構想に引きずり込むことができたのは、ヨーロッパがマクロ経済政策によって域内の需要を喚起できないという制度的制約の下に置かれ、外需に頼らざるを得なくなっていたからである。貨幣観の誤りがもたらしたユーロ・システムの制度的な欠陥が、結果的に、中国のランドパワーの増幅を促し、ひいては東アジアの地政学的変動をもたらすこととなったということである。

グローバリゼーション対民主政治

もっとも、ユーロを成功させる方法がないわけではない。

たとえば、もしEUが通貨統合だけではなく、財政統合にまで歩を進め、EUが単一の主権国家のようになれば、ユーロをEUという主権国家の「国定信用貨幣」とすることもできるようになろう。そうなれば、ECBは「最後の貸し手」として機能し、またEU全体が財政赤字を拡大することで、金融危機を克服することも理論的には可能となろう。

しかし、この案は、各国の財政に関する国家主権を大幅に制限するものとなる。したがって、各国国民の同意を得ることは、現実的にはほぼ不可能であろう。

たとえば、EU各国が共同で国債を発行して共通の財政政策を行うという「ユーロ共同債」の提案がなされている。しかしこれは、そのままではドイツ国民には受け入れがたい。ドイツ国民からすれば、マーストリヒト条約に違反して財政危機に陥ったギリシャを、ドイツをはじめとする他のユーロ加盟国が救済することは、ギリシャの「ただ乗り」を許すことを意味するからである。

ただし、ドイツの財務大臣ヴォルフガング・ショイブレは、『デア・シュピーゲル』誌（二〇一二年六月二五日付）のインタビューの中で、ユーロ共同債を認めるならば、「各国の予算に対して拒否権を発動できる欧州財務大臣がいて、新規国債発行の水準を認めなければならない」と発言している。ショイブレは、EUが財政政策を統合し、さらには政治統合にまで歩を進め、各国の財政主権を大幅に制限するならば、ユーロ共同債はあり得ると考えているのである。さらに彼は「グローバリゼーションの時代には、経済政策はグローバリゼーションの一部にならざるを得ない。外交や安全保障における多くの権能も同様である」とまで言う。

ここで露わにされているのは、グローバリゼーション、国民国家、民主政治の「トリレンマ」である。このトリレンマを指摘したのは、ダニ・ロドリックである。[37]

それは、すなわち以下の三つの選択肢から一つを選ばなければならないことを意味する。

① もし国民国家を維持したまま、グローバリゼーションを徹底するために各国の制度上の違いや参入障壁をなくすのであるならば、各国の民主政治による制度の自己決定権は制限されなければならない。

② もし国民国家を維持したまま、各国の民主政治を守ろうとしたら、グローバリゼーションは制限されなければならない。

③ もしグローバリゼーションを徹底し、かつ民主政治を維持するというのならば、国民国家という枠組みを放棄し、グローバルな民主政治を実現しなければならない。

ユーロ圏というプロジェクトは、ヨーロッパ域内レベルでのグローバリゼーションの試みだと言ってよいが、そのユーロ圏がまさに直面しているのは、このトリレンマにほかならない。

前記のうち、EU統合の理想を追うショイブレが志向するのは、言わばヨーロッパ・レベルでの③である。

しかし、現実には、ＥＵ各国国民の大半は依然として国民国家の枠内における民主政治に強く執着しており、ドイツ国民の大半ですら、ショイブレの提案に同意する様子はない。ロドリックも「民主的統治と政治共同体は、ほぼ国民国家の中で組織されており、それは当面は変わりそうもない」と述べている。[38] ちなみに、ロドリック自身の立場は、前記のうち②に最も近い。

このユーロの実験が明らかにする重要な事実は、貨幣（信用貨幣）のみならず、民主政治もまた、領土性を必要とするということである。貨幣、民主政治と領土性の関係については、さらに次章において理論的に探究していくが、関連して、次の二点について留意しておく必要がある。

第一に、ショイブレはヨーロッパ・レベルでの市場経済と民主政治の実現を目指しているが、その背景には、ドイツの戦略的な意図が秘められている可能性があることである。というのも、ＥＵの市場統合、通貨統合が財政統合そして政治統合にまで進んだ場合、そのＥＵを主導するのは域内で最大のパワーをもつドイツであるからだ。

事実、ＥＵの市場統合及び通貨統合において最も恩恵を被ったのはドイツである。すでに述べたようにＥＣＢの金融政策は、最大の市場をもつドイツを基準として運営された。また、強い国際競争力を有するドイツ経済は、通貨統合によって通貨が従前よりも減価したことで、輸出競争力をいっそう強化した。他方で、その他のヨーロッパ諸国はユーロのせいで自国通貨を切り下げて国内市場を防衛する手段を失い、貿易赤字を一方的に積み上げていかざるを得なかったのである。さらにドイツは、市場統合によって、東ヨーロッパ諸国の安価な労働力を活用できるようになり、それが輸出競争力をより高めたのである。[39]

エマニュエル・トッドが批判するように、共通通貨ユーロの実験は、結果として、「ドイツ帝国」誕生への途を拓いたのであった。[40] ここで言う「帝国」とは、何も軍事力を背景にした直接的な植民地支配を意味するわけではない。ユーロ・システムの政治経済的な構造はドイツには有利に、ドイツ以外の国々には不利に働くようになっている。しかし、不利益を被っている国々は、この構造から容易に脱出できないようになっている。トッドは、このような状況を指して「ドイツ帝国」と表現しているのである。

そう考えると、ショイブレがEUの統合の深化を志向するのも理解できるだろう。それはドイツ帝国の完成を意味するものであるからだ。

だとするならば、ロドリックの指摘する「トリレンマ」にも若干の修正が必要になるのかもしれない。すなわち、選択肢③は、「もしグローバリゼーションを徹底し、国民国家という枠組みを放棄するならば、グローバルな民主政治ではなく、帝国主義の実現をみなければならない」とすべきだということになろう。

留意すべき点の二つ目は、トッドが指摘するような「ドイツ帝国」の成立は、ドイツ「国民」に利益をもたらすものでは必ずしもないということである。

二〇〇〇年代のドイツでは、ユーロ・システムの下で企業収益こそ大きく上昇したが、実質賃金はむしろ一%低下し、所得格差はOECD諸国平均の二倍のペースで拡大した。また、ドイツの投資はもっぱら海外へと向かった結果、対GDP比でみた実質国内投資額は史上最低の水準にまで落ち込んだ。さらにドイツは、健全財政路線を掲げ、二〇〇九年には憲法を修正して予算均衡を義務付けるまでに至った。しかし、その結果、公共投資が不足して社会資本が劣化し、教育や育児への投資も十分ではなくなった。(41) ドイツの独り勝ちを批判するトッドも、ドイツ国民の平均給与は過去一〇年間で四・二%低下したと指摘している。(42)

このように、ドイツのグローバリゼーション、あるいは帝国主義的な拡張政策は、ドイツ国内の内需の成長と平等を犠牲にして成り立っている。ドイツ帝国によって利益を得ているのはドイツ国民一般ではなく、一部の企業や階層である。現在のドイツが追求している「国益」は、「国民」の利益とは乖離しているのである。

この事実から次のような仮説を立てることができる。すなわち、グローバリゼーションとは現代版の帝国主義であるということ、そしてこの現代の帝国主義は、それによって利益を得る一部の企業や富裕層によって進められている可能性があるということである。

しかし、ユーロ・システムが東ヨーロッパや南ヨーロッパの経済社会を苦境に陥れているだけでなく、ドイツ国内においても格差の拡大を引き起こしているのだとすると、それを放置すればするほど、各国内の政治社会や各国間の関係は危険なほどに不安定化していくであろう。その行きつく先には何が待っているのかはわからない。ただ、主権国家を超越するというヨーロッパ統合の理念が歴史的な失敗に終わったことだけは間違いなさそうである。

国境の意義

ヨーロッパ統合の失敗を象徴するかのように、二〇一六年六月、イギリスは国民投票の結果を受けて、ＥＵからの離脱を決定した。イギリスはユーロを採用していなかったが、この国民投票の結果は、グローバリゼーション、国民国家、民主政治の「トリレンマ」の問題を端的に示した事例である。

この国民投票に関して、ある世論調査によれば、離脱派が離脱の理由として挙げたのは、第一位が「イギリスに関する決定はイギリス内で行うべきという原則」、第二位が「移民と国境の管理」であった。これに対して、残留派が挙げた理由で最も多かったのは「ＥＵからの離脱による経済的なリスク」であり、次いで「単一市場へのアクセス」であった(43)。

この世論調査において注目すべきは、離脱派の理由の第一位が「イギリスに関する決定はイギリス内で行うべきという原則」だということである。これは国民主権の原則にほかならない。

ＥＵは民主国家ではない。ＥＵの意思決定は、各国の有権者による選挙の洗礼を受けていないヨーロッパ委員会や加盟国の指導者たちによってなされる。それにもかかわらず、その決定は加盟国の主権を制限し、その一部を剥奪しさえする。民主政治の単位は依然として国家であるにもかかわらず、民主的正統性のないEUの意思決定が、各国の民主的意志決定を制限し、それを凌駕するのである。この反民主的性格は、EUの数々の制度的欠陥の中でも特に致命的なものであると言える。この反民主的なEUに対して、国民主権の原則を掲げて反旗を翻したのが、離脱派だったのである。

これに対して残留派は、EU残留の理由として、「EUからの離脱による経済的なリスク」や「ヨーロッパ単一市場へのアクセス」といった経済的な理由を掲げていた。しかし、イギリスの著名なエコノミストであるロジャー・ブートルは、この残留派の主張に対し疑問を投げかけている。

たとえば、残留派は、EU離脱の経済的なリスクとして、イギリスが単一市場から「閉め出される」ことを挙げ、警鐘を鳴らす。しかし、EUに属しない国は単一市場から「閉め出される」というわけではない。共通域外関税を支払ったり、単一市場内のルールや規格に従ったりしなければならないが、単にそれだけに過ぎない。現に、アメリカ、中国、日本はEUに属しないが単一市場に製品を輸出しており、誰も「閉め出され」ているとは思っていないであろう。

そもそも、イギリス経済は、その八割以上が内需及びEU以外への輸出で占められているのであり、EU向けの輸出の依存度は二割以下に過ぎない。また、イギリスの対EU貿易収支は赤字であり、他のEU加盟国にとってイギリスは最大の輸出先になっている。もしイギリスが「閉め出され」るとしたら、困るのはイギリスよりもむしろ、イギリスという輸出先を失ったヨーロッパ大陸の企業の方なのである。

単一市場へのアクセスにどんなメリットがあるのかも疑わしい。

イギリスがEUの前身であるEC（ヨーロッパ共同体）に加盟した一九七三年から四〇年間で、イギリスの商品輸出のEU一四カ国の加盟国（イギリスと二〇〇四年以降の加盟国を除く）向けのシェアは二％低下した。ところが、イギリスが加盟する前の一九六〇年から一九七二年の間では、同じ一四カ国向けのシェアは一二％も増えていた。また、単一市場が発足した一九九三年から二〇一一年までの間、単一市場に属しない国の多くが、イギリスよりも単一市場への輸出を伸ばしていた(44)。

イギリスが単一市場にアクセスすることで得ていた経済的なメリットと言われるものは、このように根拠が薄弱なのである。イギリスの政治哲学者デイヴィッド・ミラーも、残留派の主張は説得力を欠いていたと述べている(45)。

離脱派が挙げた第二の理由は「移民と国境の管理」であるが、これは政治的であると同時に、経済的な主張でもある。

イギリスでは、二〇〇八年から五年間で実質賃金が八％も低下した一方で、主に東ヨーロッパの低賃金労働者が移民として流入し続け、その純増数は二〇一五年に三三万人を超えるに至った。この移民の急増が実質賃金の引き下げの要因だとする離脱派の主張は正しい。仮にイギリス政府が財政金融政策によって実質賃金の上昇を目指しても、移民を管理できなければ、低賃金労働者の流入がその効果を相殺してしまうであろう。

低賃金労働力である移民の大量流入という問題が顕著になったのは、二〇〇四年以降のEUの東方拡大からである。二〇〇四年、旧ソ連圏の八カ国とマルタ、キプロスがEUに加盟した。二〇〇七年にはルーマニアとブルガリアが、二〇一三年にはクロアチアが加盟した。

EUの東方拡大の何が問題だったのか。

そもそもEUの前身であるEEC（ヨーロッパ経済共同体）を創設した六カ国の間には、一人当たりのGDPに大きな開きは存在しなかった。最も豊かなオランダの一人当たりGDPは最も貧しいイタリアの二倍にも達していなかったし、その差は続く数十年の間に次第に縮小した。一九七三年にイギリス、デンマーク、アイルランドが加盟したが、これらの国々の一人当たりGDPもまた、原加盟国との間にさほど大きな開きはなかった。

しかし、二〇〇四年の東方拡大の場合は違った。最も貧しい新規加盟国の一人当たりGDPは、最も豊かな国のおよそ三分の一しかなく、二〇〇七年に加盟したルーマニアとブルガリアの数値はさらに低かったのである。こうした大きな経済格差にもかかわらず、EU域内の労働移動を自由にすれば、東ヨーロッパの低賃金労働者が豊かな西ヨーロッパ諸国に殺到し、後者の実質賃金を押し下げるのは、当然の帰結であった。

そもそも、EUはいかなる意図によって東方拡大を推し進めたのであろうか。

ヨーロッパ統合の推進力となった主導的な理念としては、「ヨーロッパ内の戦争回避の願望」「ヨーロッパは一つにまとまるのが自然だという思想」「経済的・政治的な規模のメリットの追求」「アジアからの挑戦に対する対抗」「ヨーロッパ統合は不可避であるという信念」が挙げられる。いずれも、二〇〇四年のEUの東方拡大の動機の背景にあったと考えられるが、特に重要なのは「アジアからの挑戦に対する対抗」であったと思われる。

冷戦期においては、ヨーロッパ統合の強い動機は、「経済的・政治的な規模のメリットの追求」であった。それは、アメリカとソ連という二大超大国の間に挟まれる中で、西ヨーロッパ諸国が一つにまとまることで、米ソに対抗できる第三の勢力を形成したいという地政経済学的な戦略に基づくものであった。

しかし、冷戦終結によりソ連が解体され、アメリカの覇権の相対的な後退が明らかになってくると、代わって中国やインドといったアジアの台頭がヨーロッパの指導者たちの懸念となった。アジアの大国に対抗できる勢力を形成するという地政経済学的な動機が、EU拡大の原動力となったのである。(46)

EUの東方拡大は、冷戦終結とアジアの台頭という地政学的環境の変化から生じた現象として理解することができる。しかし、それが結果として移民の大量流入を引き起こし、イギリスのEU離脱の引き金となった。皮肉なことに、EUの拡大がEUの分裂を招き、国境の撤廃が国境の復活を招いたのである。

統合が分裂を招く。国境の壁を低くしたことで国境の壁が築かれる。このグローバリゼーションの逆説を示す事例は、ＥＵの外にも見出すことができる。

チェコスロヴァキア、ソ連、ユーゴスラヴィアの解体過程は、その一例である。チェコスロヴァキアではチェコ、ソ連ではバルト諸国、ユーゴスラヴィアではスロヴェニアが最も豊かな地域であったが、一九八〇年代末以降、国際的な資本移動の自由化や貿易の自由化が進められた結果、国内の地域間格差が拡大した。それは国家分裂の一因となり、ユーゴスラヴィアに至っては内戦にまで発展したのである。(47)

グローバリゼーションによる国家分裂という現象は、一九九四年に発効したＮＡＦＴＡ（北米自由貿易協定）においても顕著に見られる。

メキシコは、ＮＡＦＴＡに加盟したことにより、資本移動の自由化や、貿易の自由化を実現した。しかし、その結果、国境付近の地帯はアメリカの金融循環に連動するようになり、工業地帯は発展が遅れて社会問題が深刻化し、南部は見捨てられた。「ここに自由貿易は、国家解体と内戦のいずれかの選択という、その究極的な結末をあらわにした。(48)」

それだけではない。メキシコの農業は、アメリカからの安価なトウモロコシの輸入により壊滅し、困窮した地方のメキシコ人たちはブームに沸く北部やメキシコシティのスラムへと流入し、さらには不法移民としてアメリカにも流入したのである。

二〇一六年の大統領選挙において、移民排斥を訴えるドナルド・トランプが共和党候補として支持を拡大した要因の一つは、メキシコからの不法移民によって職を奪われたと不満を抱く労働者層からの支持を得たことにある。メキシコとの間の国境に壁を築くなどというトランプの過激な言動は、アメリカ国内の世論のみならず、共和党内をも分裂させるという異例の事態を招いた。しかし、その分裂の原因は、トランプ自身の個人的資質以上に、ＮＡＦＴＡにあると言うべきであろう。ＮＡＦＴＡによって国境の壁を低くしたことが、国境の壁を高くするという主張を強め、アメリカ国内の世論を分断したのである。

グローバリゼーションは、国境を無意味なものにすると信じられてきた。しかし、これらの一連の現象は、国境というものが政治的のみならず経済的にも如何に重要であることを示しているように思われる。我々は、領土というものの政治経済学的な意義の再考を迫られているのである。

第4章

領土の政治経済学

領域国家

これまでの探究によって、資本主義経済は国家によって支えられており、また支えられるべきであることが示されたことと思う。

ところで、「国家」とは何であろうか。

「今日、国家とは、所与の領土における物理的強制力の正統な使用の独占を（首尾よく）主張する人間共同体のことであると言わなければならない。」

これは、ウェーバーによる（近代）国家の定義としてよく知られている。この国家の定義に言及が及ぶ際、しばしば強調されてきたのは、「物理的強制力の正統な使用の独占」という点であろう。しかし、ウェーバーは、国家を定義してこのように述べた直後に、次の一文を付け加えている。「『領土』というのが、国家の特徴の一つであることに留意せよ。(1)」

ウェーバーは、国家の定義の中で、「物理的強制力の独占」のみならず、「所与の領土における」という点を重視していたのである。

マイケル・マンもウェーバー同様、領土という側面を重視し、「国家とは、場所である」と端的に述べている。国家の権威は、その及ぶ範囲を領土という地理的空間によって制限される。これが、国家と他の集団——階級、企業、宗教団体、政党、ゲリラなど——とを分かつ最も決定的な点だというのである。(2)

貨幣を支えるのは国家であり、その国家が領土という地理的空間を特徴とする。そうであるならば、貨幣経済と地理とは国家を通じて切り離すことのできない関係にあるということになるはずである。

では、この「国家」という政治組織は、「領土」とどのような関係にあるのであろうか。それが理論的に明らかとなれば、貨幣と国家と領土、あるいは経済と政治と地理の連関がすべてつながることとなり、地政経済学の構築に必要な条件が整うこととなるであろう。

改めて「領土」とは、いかなる意味をもつものなのであろうか。

「領土」とは言うまでもなく空間的な概念の一種であるが、ジャン・ペンローズによれば、そもそも人間にとって「空間」とは、次の二つの意味において、潜在的な力の源泉として機能している。

第一に、空間とは、地球上における人間の生活にとって不可欠な物理的基盤である。

人間は、空間に存在する土地、水、空気などの資源を利用し、あるいは空間に住居、道路あるいは橋を建設して、衣食住を営んでいる。その意味で、空間は、人間の生を維持する「物質的な力（material power）」の源泉であると言える。

第二に、空間は、「感情的な力（emotional power）」の源泉でもある。

人間は、空間に存在する物質の利用を経験することを通じて、ある種の感情を引き起こされる。たとえば、我々は富士山やマッターホルンの形状に対して美しさや崇高さといった感情を抱くであろう。あるいは、我々は火山の噴火や押し寄せる荒波といった光景を見ると、恐怖を覚えるであろう。

ただし、空間が、人間や社会を実際に動かす物質的あるいは感情的な力となるとき、その空間は、単なる物理的な空間としてではなく、「場所」あるいは「領土」へと変換されている。ここで、「空間（space)」とは、「場所（place)」や「領土（territory)」とは区別すべき概念であることを確認しておくことが重要である。

「空間」は、人間がそれを認識していようがいまいが実在するものである。しかし、「場所」は、人間がある空間を切り取り、それをある特定の「場所」として一体的に認知しなければ、「場所」たり得ない。たとえば、特定の地表に生じている隆起という「空間」を、日本人が「富士山」として定義し、認知することで、それは単なる隆起という「空間」から、富士山という「場所」となる。

あらゆる「場所」が空間であるが、あらゆる空間が「場所」であるわけではない。「場所」とは、一定の意味を付与された「空間」であり、「空間」という物理的な実在を基礎にした社会的な構築物なのである。

「領土」も「場所」と同様である。ある「空間」が「領土」となるには、人間が何らかの方法によってその「空間」を「領土」として定義しなければならない。すなわち、ある個人または集団が、一定の地理的空間を区切り、その地理的空間に存在する資源や人々の支配権を主張することが最低限必要となるのである。この空間に対する支配権の主張が「領土性（territoriality)」である。領土は、「領土性」の実践を通じて創出され、維持される。「領土性」の実践が無効になれば、領土はその重要性を失い、消滅することになるのである。

領土は、ある特定の人々とある特定の資源を結びつけ、それ以外の人々や資源との間に一線を引く。これによって、領土は、「我々」と「彼ら」、あるいは「我々のもの」と「彼らのもの」という区別に、物理的な実体と象徴的な意味を与えるものとなる。(3)

ただし、「我々」と「彼ら」を領土によって明確に区分する統治機構、いわゆる「領域国家（territorial state)」は、近代的なものであることに留意しなければならない。

言うまでもなく、領域的ではない統治機構というものは存在する。たとえば未開社会においては、社会の基礎となっているのは領土ではなく血縁である。もちろん血縁に基づく社会集団が領土をもつことはあるが、その社会集団を定義するのは領土ではなく、あくまでも血縁である。あるいは、統治機構が領土によって固定されていない場合もある。たとえば、モンゴルの遊牧民の部族は、首長の指導によって定期的に移動し、その居住地を変えている。

さらに、統治機構が領域的であり、かつ領土が固定的である場合であっても、その領土が必ずしも排他的ではない場合もある。その典型例は、中世ヨーロッパである。中世ヨーロッパ世界では、一つの領土内に、国王、封建諸侯、教会など、さまざまな政治的権威が複数存在し、分立していた。また、彼らの支配権の範囲は、他の支配権と重畳していたり、あるいは空白があったりしており、地理的に明確な区分がされていなかった。[4]

これに対して、近代的な政治システムにおいては、政治的権威が領土内において、一つの公的権威として統一されている。いわゆる「主権（sovereignty)」である。

この領域国家＝近代主権国家においては、「公」と「私」、そして「内」と「外」という領域が明確に分化している。強制力の正統な使用を独占するのが「公」であり、それが認められないのが「私」である。主権は、その正統化された強制力の独占と行使によって、国家の「内」に対しては、法を執行し、国内社会を平定する。この正統化された強制力の行使は、国家の「外」に対しては、交戦権として発動される。[5]

こうした近代の領域国家の特質は、前近代世界における国家の様態と比較すると、より明確になる。

中世世界においては、共同体は血縁や封建領主との主従関係によって統合され、政治空間の中では公権力が一つに統一されておらず、複数の権力が多元的に存在し、分立していた。「公」と「私」が未分化だったのである。また、各権力の支配の範囲は境界線が曖昧であり、しかも主従関係は固定的ではなく、しばしば入れ替わった。このため、中世世界の国家においては、各権力間の暴力的な紛争が絶えなかった。

これに対して、近代世界の主権国家とは、中世の多元的・重畳的な階層秩序とは異なり、単一の国家主権による画一的な法や制度が国家の隅々にまで及んだ政治秩序を有する。領土内における最終的な公的・政治的権威は、国家主権のみである。近代国家においては、階級、民族、地域、団体といった私的領域のうちで国家主権の管轄がまったく及ばないようなものは原則として認められない。私的領域の間で問題が生じた場合に、これを処理する最終的な権能を有するのは国家である。その意味において、近代の主権国家は、各権力間の紛争を最終的には当該権力間の暴力によって決着するしかなかった中世の国家よりも、平和的な政治システムであると言える。

この近代主権国家の管轄が及ぶ範囲を物理的・空間的に確定するものこそが、「領土」にほかならない。近代世界においては、血縁、地縁あるいは宗教によってではなく、領土という空間によって、「我々／彼ら」や「友／敵」の区分をする政治的組織のことを「国家」と言うのである

近代世界において成立した統治機構、いわゆる「主権国家」とは、その「領土性」が明確であるという特徴によって、前近代国家と区別される。この点に関連して、「辺境（frontier）」と「国境（border）」の二つの概念の違いに着目することが有益である。

「辺境」とは、中央の政治的権威が十分に届いていない国家の周辺地域のことを指す。これに対して「国境」は、複数の国家の間の領域を区分する地理的な境界線のことである。辺境地帯の住民には、中央の権威の支配が必ずしも及んでいない。これに対して国境地帯の住民は、国家の支配に明確に服している。前近代世界における国家の外縁は「辺境」であるが、近代国家の外縁は「国境」である。(6)

ただし、中央の政治的権威を国家の周辺にまで至らせるためには、すなわち「辺境」ではなく「国境」を画定させるには、情報収集、コミュニケーションあるいは監視に関する高度な能力を有する行政機構が必要となる。そうした行政機構の高度化は、鉄道や電信・電話といった機械化された輸送・通信システムの整備や、公式統計など国家の情報収集活動が進むことによって可能となる。したがって、領域国家の出現は、近代官僚制や産業資本主義の発達とも密接な関係にある。(7)

領域国家の権力と個人

領土という「場所」が、国家（近代国家）にとって不可欠の構成要素であることについては、おそらく異論はあるまい。もっとも合意に至っているのはそこまでで、国家とは何かについては、依然として論争の的になっている。

近代の国家理論の多くは、国家というものを、既存の社会構造が置かれている単なる「場所」に還元して説明しようとしてきた。たとえば、自由主義にとって国家は、人々の一般意志や共通価値が表現される「場」に過ぎない。マルクス主義にとって国家は、階級や利益集団の闘争の「場」に過ぎない。

これに対して、マイケル・マンは、国家が「場所」であることは認めつつも、自由主義およびマルクス主義の機能主義的な国家理論を拒否し、国家をそれ固有の自律的な権力を有する主体として理解すべきであるとする。しかも、その自律的な権力の起源は領土にあると主張するのである。

まず、マンは、政治権力の概念を「専制的権力」と「インフラストラクチャー的権力」に分ける。「専制的権力」とは、国家エリートたちが市民社会と調整することなく、一方的な命令によって強制的に人民を動員する「強制力」である。これに対して、「インフラストラクチャー的権力」と呼ばれるものは、市民社会と交流・

調整しながら、さまざまな制度（インフラストラクチャー）を通じて政治的決定を執行する国家の「能力」である。たとえば現代の先進諸国のような、資本主義の民主国家は、専制的権力が弱い。しかし警察、公衆衛生、社会保障、交通、通信、教育といった国家による行政サーヴィスが市民社会に深く浸透しており、国家はこれらのインフラストラクチャー的な制度を通じて、人々の生活を日常的に管理している。中でも通貨は、インフラストラクチャーの最たるものであろう。

したがって、近代国家は専制的権力こそ弱いが、インフラストラクチャー的権力は非常に強いのである。これに対して、中世の封建社会における国家は、専制的権力もインフラストラクチャー的権力も弱体であった。他方、古代のエジプト王朝やローマ帝国の場合は、専制的権力こそ強力であるが、市民社会と調整する能力を欠いており、インフラストラクチャー的権力は弱かった。

専制国家の国家権力は強く、自由民主国家の国家権力は弱いといった通俗観念があるが、それは間違いである。今日の自由民主国家とは、インフラストラクチャー的権力という観点から見るならば、他の国家形態にはあり得ないほどに強力な国家権力を有しているのである。

このインフラストラクチャー的権力は、社会を支える広範な公的制度から産み出される権力であり、国家という政治組織だけがもつことのできる「能力」である。こうして、国家は、制度を通じて、固有の自律的な権力を獲得するのである。

国家がインフラストラクチャー的権力という強力な能力を発揮するためには、社会の隅々にまで制度がいきわたり、かつ、その制度を一元的に管理できる中央集権的な公的権力が存在していることが必要である。その公的権力の中央集権化・一元化を領土内において実現した国家形態こそが、領域国家にほかならない。国家のインフラストラクチャー的権力は、領域国家を起源とするのである。(8)

注意すべきは、領域国家が強力な中央集権的権力を有するということは、自由な個人という存在を否定することを意味しないということである。むしろ、その逆である。

領域国家＝近代主権国家は、血縁や封建的な主従関係といった前近代的な共同体に束縛されていた個人に対して、たとえば私有財産権などの権利を認め、前近代的な束縛から個人を自由にするとともに、各個人に直接的に義務を課した。こうして、人間は、領土内において、「私」あるいは「個人」としての法的身分を保障され、自律的な主体となることが可能となる。いわゆる近代的な個人とは、法的・政治的には、近代の領域国家によって生み出された存在なのである。(9) 社会契約説が唱えるように、「個人」が国家を創造したのではない。国家が「個人」を創造したのである。

人間は、いずれかの主権国家の管轄下に入り、主権国家によって権利を付与され、かつその権利を保障されることによって初めて、「私」「個人」といった権利主体として存在し得る。いずれの国家にも所属できず、いずれの国家による保護も受けられない人間は、その人権が法的・政治的に保障されないため、自律的な「個人」として生きていくことは事実上不可能である。たとえば、内戦によって自国から脱出せざるを得なくなった難民が、いずれの主権国家の管轄範囲にも受け入れられなかった場合にたどるであろう悲惨な運命を想像するとよい。そうすれば、主権国家＝領域国家こそが、人間が「個人」という権利主体として存在するのに不可欠な制度的装置であることが分かるであろう。近代的個人とは、言わば領域国家のインフラストラクチャー的権力に依存する存在なのだ。

もちろん、そうした「個人」が、自らの自由な意志によって、領土を超えて活動し、領域国家の管理下から逃れてしまうことはあり得る。今日、グローバリゼーションと呼ばれている現象がまさにそれである。

しかし、個人に領域国家を超えたグローバルな活動の自由を与えたのは、元をただせば、間違いなく領域国家・主権国家なのである。国際的な非政府組織で活動する個人であれ、多国籍企業に属して世界中を飛び回る個人であれ、元々は、その母国の政府から自由権を付与され、パスポートを与えられている。たとえば国境付近で足止めされ、行き場を失っている難民の惨状を見れば、いかなる領域国家にも属さない個人には、グローバルに活動する自由もないことが了解できるであろう。

要するに、グローバリゼーションという領域国家を超越する現象自体もまた、領域国家の産物だったということである。

領土とナショナリズム

今日、領域国家＝主権国家は、おおむね「国民国家（ネイション・ステイト）」という形態をとっている。近代においては、国家（ステイト）が領土性を強く帯びる所以については、これまで論じてきたとおりである。では、「国民（ネイション）」の方は、領土性とどのような関係にあるのであろうか。

それを検討するにあたっては、まず、「ネイション」とは何かを確認しておく必要がある。

一般に「ネイション」とは、政治的共同体（すべての構成員が何らかの制度や権利と義務の体系を共有する共同体）の一種であるとみなされている。アンソニー・スミスによれば、この「ネイション」の概念は、社会学的には、さらに二種類のモデルに分類されるのが通例である。すなわち、「シヴィック・モデル」と「エスニック・モデル」である。

シヴィック・モデル、あるいは「シヴィック・ネイション」とは、西洋世界を発祥とするネイションの概念である。このシヴィック・モデルによれば、ネイションの構成要素は、明確に定義された歴史的領土の保有、単一の法制度の共有、構成員の法的・政治的平等、市民的な文化やイデオロギーの共有といった点が挙げられる。中でも「歴史的領土」は、シヴィック・ネイションに特に顕著な特徴である。このため、シヴィック・ネイションは「領域ネイション」とも呼ばれている。

これに対してエスニック・モデル、あるいは「エスニック・ネイション」は、非西洋世界において顕著なネイションの概念である。エスニック・モデルは、ネイションを土着の文化の共同体であるとみなす。シヴィック・モデルとは対照的に、エスニック・モデルは「領土」よりも「家系」や「血統」を重視し、「法制度」よりも「固有の文化」「言語」「慣習」を強調するのである。

ただし、この二つのモデルは、いわゆる社会学的な「理念型」なのであって、実際のネイションは、程度や形式の違いはあるとは言え、すべてシヴィックとエスニックの両方の要素を兼ね備えているとスミスは言う。たとえば、フランスにおけるネイションの概念は、フランス革命下においては、国民の法的・政治的な平等を掲げるなど、シヴィックの要素が顕著であったが、他方で、フランス語やフランス文化といったエスニックな要素を誇りとするナショナリズムも同時に発生させていたのである。

こうしたことから、スミスは、ネイションについて、シヴィックとエスニックの双方の特徴を包含して、次のように定義している。すなわちネイションとは、「歴史的領土、共通の神話や歴史的記憶、大衆、公的文化、共通の経済、すべての構成員に対して共通の法的権利義務を共有する特定の人々」[10]のことである。

このスミスの定義から明らかなように、「ネイション」は、「領土」を必須の構成要素とする。先に見たように、近代においては国家（ステイト）もまた、領土性を特徴としている。そこで、ネイションとステイトの相違を確認しておく必要がある。

ネイションとステイトの概念は、日常言語においてのみならず、国際政治学の文献などにおいても、しばしば区別されずに用いられている。一例をあげれば、国際連合（ユナイテッド・ネイションズ）はネイションではなくステイトの連合であり、本来であれば、ユナイテッド・ステイツ（！）と呼称されるべきものである。

「ネイション」の概念の難しさは、それが特定の人々を結びつける心理的な紐帯を中核とする主観的な存在であるところに由来する。ネイションを特定する上で最終的に問題となるのは、「ネイションとは何か」というよりはむしろ「人々が何をネイションと信じているか」なのである。[11] すなわち、一定の集団の構成員が互いを同じ国民だと思っている限りにおいて、その集団はネイションなのである。逆に、同じ国家に帰属する人民であっても、彼らが互いを同じ国民だと思っていなければ、その国家の人民はネイションとは言えない。そして、そういう人民から構成される国家は、「国民国家」ではない。

反対に、たとえば人種、民族、言語あるいは宗教が異なる人々であっても、お互いに同じ国民だという意識を共有しているのであれば、彼らはネイションと呼ぶことができる。たとえばスイスやベルギーは複数言語を公用語とし、アメリカ合衆国は多人種・多民族から構成されるが、他方でスイス人、ベルギー人、アメリカ人というナショナル・アイデンティティも存在するのであり、彼らを「ネイション」と呼んで差し支えない。むしろ、今日、世界中のほとんどのネイションが、多人種・多民族・多言語・多宗教から構成されているのであり、日本人のように民族的あるいは言語的に同質性が高いネイションの方が珍しい。

このように「ネイション」とは、きわめて主観的な、より正確に言えば「間・主観的（intersubjective）」な性格の強い概念なのであり、ベネディクト・アンダーソンが言ったように「想像の共同体」なのである。[12]

このネイションという「想像」、あるいは「国民意識」は、どのようにして形成されるのか。これについては研究者の間でもさまざまな見解が提出されているが、特に有名なのは、アーネスト・ゲルナーによる機能主義的な解釈である。

ゲルナーによれば、ネイションという意識を創造したのは、近代産業社会である。近代産業社会は、前近代社会よりも規模が大きく、変化に富んでいる。近代産業社会の人々は、高い移動性と発達したコミュニケーション能力によって、もはや慣習、地域共同体、伝統的地位といったものに拘束されず、広範囲にわたってお互いに交流するようになっている。その結果、人々は標準言語と画一的な文化を共有するようになる。近代国家による統一された教育システムもまた、画一的な文化の普及に大きな役割を果たす。この画一的な文化の共有が、人々の間に同じネイションに帰属しているという意識をもたらすというわけである。[13]

「想像の共同体」という表現を用いたアンダーソンもまた、資本主義が、印刷出版の普及を通じて、人々に同じ共同体の構成員であるという意識を芽生えさせるとともに、国家が教育制度や行政規則などを通じて人々にナショナリズムを注入したことで、ネイションという想像が形作られたのだと論じている。[14]

このようにゲルナーもアンダーソンも、ネイションの想像を生み出した要因として、近代産業資本主義がもたらす移動性やコミュニケーションの発達を強調するとともに、教育制度など近代国家が果たす役割を重視している。

近代においては、国家は個人に権利義務を付与し、公的サーヴィスを提供する。国家のインフラストラクチャー的権力によって、個人は、国家と直接的に接触するようになるのである。その結果、この国家との直接的な接触の経験を通じて、各個人は、同一の政治共同体に属しているという想像を抱くようになる。[15] とりわけ民主国家においては、人々は国家運営に関与することになるので、国家という政治共同体との一体感はいっそう強くなる。こうして、近代国家はネイションの想像を伴うようになる。近代主権国家が、多くの場合、国民国家という形をとるのは、このためである。[16] マイケル・マンがインフラストラクチャー的権力と呼んだ国家の能力は、ネイションという「想像の共同体」をも生み出すのである。

近代主権国家は国民国家であると同時に、領域国家でもある。そして、ネイションの想像が及ぶ範囲は、領土の内部に留まる。「ネイションとは、限定されたものとして想像される。何十億という人口を擁するような最大級のネイションすらも、変更し得るとしても有限の境界というものを有するのであり、その境界を越えた向こうに存在するのは他のネイションなのである。[17]」そして、その境界を与えるのが「領土」である。

もっとも、宗教的な共同体や民族集団（エスニック・グループ）といった共同体もまた、日々顔を突き合わせることのない人々が同胞意識を共有する集団であり、その意味では「想像の共同体」の一種ではある。しかし、これらの「想像の共同体」は、国境にとらわれずに存在し得る。これに対して、ネイションという共同体は領土の制約を受けるのである。この点が他の「想像の共同体」とは異なる、ネイションに固有の特徴である。

この点に関して、領土の範囲を示す「地図」がネイションの形成において果たす役割は注目に値する。アンダーソンは、インドネシアにおけるナショナリズムの形成には、人口調査、地図、博物館が重要な意味をもったと論じている。これら三つの制度は、植民地国家の支配下にある人々が、どういう支配領域にいるのかを想像するのに大いに役立ったのである。中でも地図は、宗主国のオランダがその植民地の支配領域を示したものとして普及したが、それが次第に領域内の人々の想像上の絆を強めていった。そして、オランダからの独立後のインドネシアの国民をまとめる役割を果たしたのである。[18]

アンダーソンの議論はインドネシアに関するものではあるが、ネイション建設における地図の重要性は、おそらく多くの国民国家形成の事例においても当てはまるであろう。アメリカ大陸、アフリカ大陸あるいは東南アジアなどにおける旧植民地国家は、旧宗主国によって国境を恣意的に引かれたにもかかわらず、多くの場合、独立後もその国境を維持した。そして、その国境の内側に多種多様な民族、言語、宗教などを複雑に抱えながら、一つの国民国家としてまとまろうとしている。植民地支配にあった時代の領土、そしてそれを象徴的に示す地図が、人々の間にネイションという想像を共有させ、国民統合を促す上で、一定の役割を果たしたものと考えらえる。

そもそも、ネイションに限らず一般に「共同体」というものは人間の連合体であるが、それは目に見えたり、手に触れたりできる物理的実在ではない。それゆえ、共同体というものを認識するには、その具体的なイメージ、すなわち、物理的には個別に存在するはずの諸個人がどのようにして連合しているのかについての実感を与えてくれる「象徴」が必要となる。[19]

ネイションという共同体の場合、そのようなイメージを与える有力な象徴として、歴史、文化、あるいは言語といったものが挙げられるが、領土もまた、そうしたネイションの象徴の一つなのである。そして、その領土をより端的に表す象徴として、地図が使われるのである。

なお、領土を正確に記す地図の作製には、測量など近代的な産業技術と、それを遂行する近代的な官僚制国家機構を必要とする。ネイションという「想像の共同体」の建設は産業資本主義と近代国家によって用意されたという説は、地図によっても裏づけられるであろう。

聖的なる領土

これまでの議論によれば、ネイションとは、近代の領域国家と産業社会によって生み出された「想像の共同体」であると理解することができる。ゲルナーやアンダーソンは、前近代社会においては、ネイションなるものは一切存在しないとまで主張する。このように、ネイションを近代の産物とみなす学説は「近代主義（modernism）」と呼ばれる。

しかし、アンソニー・スミスは、ネイションが近代世界において発達したものであるという議論を基本的には受け入れつつも、ネイションはそのルーツをまったく持たずに、近代に突如として出現したのではないと論じ、ゲルナーやアンダーソンらの近代主義を修正している。

スミスによれば、ネイションは、確かに近代において発展したものではある。ただし、それは、前近代から存在してきた文化的・民族的な共同体（彼はそれを「エスニー（ethnie）」と呼ぶ）を中核として形成されたのである。ネイションは、確かに複数の民族、文化、宗教、言語などを包摂した多様性を有していることが多い。しかし、それにもかかわらず、そのネイションの中には、中核的・支配的なエスニーの存在を見出すことができるのである。[20]

さらに、スミスは、ネイションを「想像の共同体」として位置づけるアンダーソンの理解を受け入れつつも、ネイションとは単なる「想像」以上の存在であるという主張にまで踏み込んでいる。

確かにネイションという共同体は、人々の想像の産物ではある。しかし、それは空想ではなく、社会的な実在である。ネイションという想像は、人々の集団的意志や集団的感情をも引き起こし、人々を共通の目的を達成するための集団行動へと動員し、現実を動かすのである。さらに言えば、人々は、ネイションのために自らの生命を犠牲にすることすらある。そう考えると、もはやネイションを単なる「想像」と片づけられないことが分かるであろう。

そこでスミスは、ネイションという共同体が意志や感情をも強く動かすのは、その基礎に宗教的あるいは聖的なものがあるからであるという主張を展開している。このスミスの議論は、エミール・デュルケイムの宗教社会学の影響を受けたものである。

デュルケイムは、宗教を、社会が共有する規範的な信条と実践を象徴するものだとみなした。諸個人に対し意志や感情に訴えかけて、未だ実現していない理想に向けての規範的な行動へと駆り立てるのは、宗教であるというのである。

そもそも、社会というものは、その構成員が規範や行動様式を共有していなければ成立し得ないものであるが、その社会の規範や行動様式を象徴的に表現し、再確認させる役割を果たすものが、聖的な象徴、すなわち宗教にほかならない。デュルケイムにとって「宗教」と「社会」とは、不可分の関係にあるものである。どのような社会であれ、多かれ少なかれ宗教的・聖的な性格を帯び続けるであろうし、逆に宗教というものも、社会的な性格をもち続けるのである。[21]

ここで注意すべきは、デュルケイムの社会学における宗教の扱いは、特定の宗教の教義の「内容」についてではないということである。デュルケイムが着目しているのは、あくまで宗教の「機能」である。言い換えれば、宗教とは、超自然的な世界における救済を希求する特定の信条というよりは、聖的なものを巡る信仰や実践の体系として理解されるのである。

したがって、「社会と宗教は、不可分の関係にある」と言う時、それはデュルケイム的な意味においては、「特定の宗教を信じない社会は存在していない」ということを意味するのではない。そうではなくて、完全に世俗的にみえる社会であっても、何らかの聖的な象徴を基盤としているはずだということである。もし聖的な何かが基盤になければ、諸個人は共通の規範や行動様式を見失い、社会はその凝集性を失って分解するだろうということである。

近代社会は、脱宗教化、世俗化の過程とみなされがちである。しかし、デュルケイムの社会学に依拠するならば、近代においても、社会の根底には、宗教的なもの・聖的なものが依然として横たわっているということになる。スミスは、このデュルケイムの洞察に従って、ネイションという大規模な社会もまた、何らかの聖的な核によって統合されているとみるのである。

それが証拠に、ナショナリズムは世俗的なイデオロギーでありながら、他方で自由主義や社会主義といったイデオロギーとは異なり、象徴、聖典、芸術、儀式、祭礼といった宗教的な特徴を帯びている。たとえば建国者や国史上の偉人は、聖人のように、彫像や絵画に表現されて象徴的に扱われたり、神話のように、伝説的に語り継がれたりする。こうしたことからも明らかなように、ナショナリズムとは、政治的な宗教（もちろん、デュルケイム的な意味における「宗教」である）の一種として理解され得るのである。(22)

確かにスミスが論じるように、ナショナリズムには、宗教に匹敵するような強力な影響力・動員力がある。端的に言えば、人々が自らの生命を犠牲にしてまで奉仕しようとするのとは、神に対してでなければ、祖国に対してである。それゆえ宗教戦争と国民国家間の戦争は、実に苛烈なものとなる。

ゲルナーやアンダーソンらの近代主義によれば、ネイションとは、近代になってから国家と産業社会によって創造された「想像の共同体」であった。しかし、それだけでは、なぜナショナリズムが、人々に対してかくも強力な訴求力をもち、激しく感情を揺さぶるものであるのか、その説明がつかないであろう。これに対してスミスは、ネイションには何らかの宗教的あるいは聖的な基盤があるとする。それゆえに、ナショナリズムは人々の感情を動かす強い力をもつのである。そして、その聖的な基盤は、近代になってから創造されたのではなく、そのルーツを前近代にまでさかのぼることができると論じるのである。

このネイションの聖的な基盤を構成するものの一つに、ほかならぬ「領土」がある。

ネイションが特定の土地を固有の領土として保有するというのは、ナショナリズムというイデオロギーの中核にある信条である。ナショナリストにとって「領土」とは、ナショナル・アイデンティティを構成する不可欠の要素である。領土は、ネイションが先祖から歴史的に受け継いできた国土（homeland）であると信じられ、ある意味、不可侵のものとして神聖視すらされている。

先に論じたように、明確な境界をもつものとしての「領土」は、近代国家によって造られたものである。前近代においては、「領土」の概念はあいまいであった。とは言え、近代の領土ほど境界線が確定的ではないにせよ、居住する土地によって内と外、あるいは敵と味方を区別するという慣行は、古くからあった。また、古来より人類は特定の土地に対して、父祖伝来の地や故郷として強い愛着を覚えたり、あるいは聖域として崇敬の対象としたりしてきたのである。

この現象は、人間という存在の本質に関わる問題であるかもしれない。

土地というものは、人間の性質の形成に大きく寄与する。たとえば、土地の気候や地形、採取できる資源によって、その土地に住む人々が何を食べ、どのような家に住み、どのような生活習慣に従うかが決まり、彼らの性質や思考様式を形成していく。

ただし、土地のもつ地理的性質が一方的に人間のあり方を決めるのではない。逆に、人間の方が、たとえば開墾や土木工事、あるいは破壊によって、土地の地理的性質を変えることもある。しかし、そうして人々が改変した土地の地理的性質は、やがてはフィードバックして、人々の生活様式や思考様式を変えていくことになろう。

土地が人間の性質を形成し、人間が土地の性質を形成する。土地と人間は、お互いを形作りあうという関係にあるのである。

こうした関係からわかるように、ある人々が何者であるか、すなわち彼らのアイデンティティは、彼らがどの土地に住んでいたかによって決まるという側面がある。ある人々がベドウィンとして存在するのは、彼らが砂漠で生活していたことと不可分である。ある人々がエスキモーとして存在するのは、彼らが極北地帯で生活していたことと不可分である。

したがって、土地とは、人々のアイデンティティの一部を構成するものであると言うことができる。人々が特定の土地に対して愛着や崇敬の念を抱くのは、その土地が彼らの存在の一部であるからなのである。[23]

この特定の土地に対する愛着や崇敬という古くからある現象が、近代になると、ナショナル・アイデンティティを維持するのに不可欠な要素として聖化されるようになり、領土に対するナショナリズムへと発展したのである。この領土の聖化現象の例として、スミスは、清教徒の入植者が「約束の地」と信じた北米大陸、アイルランド人にとってのアイルランド島、スイス人にとってのアルプスなどと並んで、日本人にとっての日本列島を挙げている。

確かに、日本の領土が明確に確定したのは、明治時代になってからではある。しかし、日本はそれ以前から、島国としての長い歴史をもち、特に江戸時代は鎖国政策をとっていたため、自国を他国と明確に区別する意識が比較的形成されていた。また、江戸時代後半には国学が勃興し、日本の固有性や優位性を強調する意識が生まれていた。とりわけ平田篤胤らの学派は、国学が強調した日本の固有性を、国生みや天孫降臨などの神話と結びつけて、国土の聖性を鼓吹した。このように、日本では、国土の聖化という概念が近代以前に存在していた。明治維新後の近代日本国家は、この概念を基礎にして、ネイションの統合を図り、近代的な国民国家を建設したのである。(24) 日本における領土の聖化という現象は、近代のネイションは前近代的なエスニーを中核として形成されるというスミスの理論を支持する典型例の一つとなっているのである。

領土を巡る国際紛争が激烈なものになりがちであり、それを解決することがきわめて困難であるのも、領土が国民にとって聖なるものだからである。領土はナショナル・アイデンティティを構成するものである。領土が侵略されるということは、ナショナル・アイデンティティが危機に陥るということを意味することになる。もし領土が主権国家の管轄を確定するための便宜としての意味しかないのであれば、領土問題の解決はより容易だったであろう。たとえば、領土の一部を買い取るという金銭的な解決方法もあり得るかもしれない。しかし、領土がナショナル・アイデンティティを構成するとみなされる場合には、金銭的解決はほぼ不可能になる。ナショナル・アイデンティティは交換不可能な価値であり、売買の対象としてよいものではないからである。たとえばアメリカ合衆国は、一八〇三年にフランスからルイジアナを買収した。しかし、当時、そのようなことが可能であったのは、フランスにとってルイジアナがナショナル・アイデンティティの一部を構成するものではなかったからである。しかし、今日、アメリカ合衆国がルイジアナ州を他国に売却することは考えられまい。

以上のように、近代主権国家とは「領域国家」なのであり、そして「領域国家」はネイションの想像の発生源の一つとなり、「国民国家」へと転化するのである。もっとも、すべての近代主権国家が国民国家であるというわけではない。たとえば、かつてのソヴィエト連邦のように、近代主権国家ではあるが国民国家ではない政体というものは存在する。同様に、すべての領域国家が国民国家であるというわけではない。しかし、その逆は真であると言ってよい。すなわち、すべての国民国家が領域国家なのである。

空間とは、ペンローズが述べたように、人間の生存に必要な資源を供給する「物質的な力」の源泉であるが、この空間が「領土」へと転換すると、空間から供給される「人間の生存に必要な資源」の意味もまた「我々の生存に必要な我々の資源」へと変換することになる。そして、利用可能な資源が主として領土内に限定されることで、人々の生活もその制約を受ける。その結果、その領土内に固有の生活様式が形成されることになる。一定の生活様式を共有する人々の間には、「我々」あるいは「同じ国民」という想像が生じる。さらに空間は、感情的な力の源泉でもある。山や川は、単なる物理的な空間ではなく、祖国を象徴する「場所」という意味を付与され、美しさ、あるいは懐かしさや愛おしさ、さらには神々しさといった感情を呼び起こす力がある。(25)

こうして「領土」という空間は、「我々」という想像を感情によって補強し、ネイションという強力な共同体意識を形成するように機能する。領土とは、ナショナリズムという強力な動員力の発生源なのである。

シティズンシップと領土

領土はナショナル・アイデンティティの源泉となるが、そのナショナル・アイデンティティは、代議政治と法の支配を実現するための基礎となる。ゆえに、代議政治と法の支配には国境が必要である。こう論じるのは、ティエリー・ボウデである。ボウデが展開する議論は次のようなものであった。

代議政治は、次の二つの条件を前提として成り立っている。第一の条件は、人々が定期的に行われる選挙を通じて政治的意志決定に参加することができることである。ただし、民主的選挙を実施するためには、選挙権を有する人々の範囲をあらかじめ画定しておく必要がある。そのための制度の一つが、国家である。

もっとも、この条件は、あくまで形式的なものに過ぎない。これに加えて、第二の実質的な条件が必要となる。それは、人々がアイデンティティを共有しているということである。

代議政治とは、言うまでもなく、選挙を通じて代表を選出することで運営される統治形態である。しかし、この代議政治には、その「代表」が、「何を代表しているのか」、そして「正統に代表することができているのか」という根本的な問題が横たわっている。

すなわち、代議政治を成立させるためには、多数派によって選出された「代表」が、少数派も含む人々全体によって、「我々の代表」だと正統に認められるものであることが必要になるということである。そして、人々が「我々」という同胞意識を有しているということは、彼らがアイデンティティを共有しているということを意味する。「我々」というアイデンティティの意識が、代表に正統性を与え、代議政治を可能にしているのである。言い換えれば、正統な代表とは、アイデンティティを「代表」しているのだ。ナショナル・アイデンティティは、このアイデンティティの有力な源泉となって、代議政治を可能とするのである。(26)

法の支配もまた、「我々」というアイデンティティの意識を必要とする。

法の支配を貫徹するためには、司法が公平な判断を下すものでなければならないことは言うまでもない。ただし、ここで「公平な司法判断とは何か」という根本的な問題に直面する。

「公平な司法判断」とは、紛争当事者が裁判官の公平性を認めることで担保されるのだが、これもまた、代議政治の場合と同様に、紛争当事者の双方が「我々」という意識をもち、かつ彼らが裁判官を「我々のうちの一人」と認めていることを含意するのである。(27)

共同体とは、一定の価値基準を共有する集団である。人々が裁判官と同じ共同体に属し、同じ価値基準を共有しているものと認められているからこそ、人々は裁判官の判断に従うことに同意できる。

たとえば、イスラム教の国家において、キリスト教徒の裁判官がキリスト教固有の価値基準に従って、イスラム教徒を裁いたとしたら、その国の人々は誰も、その判決を公平なものとは認めないであろう。彼らにとって、その裁判官は「我々のうちの一人」とは認められないからである。

あるいは、近代憲法は個人の自由を保障するが、その自由の具体的な範囲や内容をどう解釈するかは、国民によって様々であろう。たとえばアメリカ人にとっての個人の自由は、スウェーデン人や日本人が認める個人の自由とは必ずしも同じではない。アメリカの裁判官が認める個人の自由は、アメリカ国民の基準に合致したものでなければ、公平な司法判断とはみなされないであろう。

このように、法の支配もまた、「我々」というアイデンティティの意識の上に成り立った制度なのである。そしてナショナル・アイデンティティは、そのアイデンティティを提供し、あるいは強化する上で重要な役割を果たす。

代議政治であれ、法の支配であれ、その決定の正統性が人々に認められていることが前提となっている。ナショナル・アイデンティティは、その正統性の根拠となる。そして、ナショナル・アイデンティティは、領土と深く関係している。ならば、代議制や法の支配もまた、領土と強く結びつくことになろう。

代議制や法の支配は、国家のインフラストラクチャー的権力を成立させるものでもあることにも注意を払っておく必要がある。代議制や法の支配によって担保された正統性がなければ、インフラストラクチャー的権力は機能しない。国民がそれを受け入れないからである。国民が正統性を承認しない権力の行使は、インフラストラクチャー的ではなく、専制的と言わなければなるまい。ということは、インフラストラクチャー的権力の源泉もまた、ナショナル・アイデンティティにあると言うことが言えるだろう。

先に、インフラストラクチャー的権力は、ネイションの意識を生み出すと言ったが、その逆もまた真である。すなわち、ネイションの意識がなければ、インフラストラクチャー的権力は生じ得ない。ネイションとインフラストラクチャー的権力は、お互いを必要とするのである。そして、双方ともに領土によって制約されている。

同様の視点から、デイヴィッド・ミラーは、いわゆる「シティズンシップ（市民権）」の概念が、実は、限定的な政治共同体の存在を前提としたものであると論じている。裏を返して言えば、「コスモポリタン・シティズンシップ」などというものはあり得ないということである。

シティズンシップの概念には、自由主義的なものと共和主義的なものがあるとされる。

自由主義的なシティズンシップとは、すべての人々が平等に、生存する権利や言論や政治活動などの権利を享受すると同時に、法律を遵守し、他の人々の権利を侵害しない義務を負うことを意味する。これに対して、共和主義的なシティズンシップとは、こうした市民の権利義務に加えて、市民が公共のために自発的に政治に参画することや公的な奉仕活動に従事することをも意味する。ミラーが支持するシティズンシップの概念は、後者の共和主義的なものである。

この共和主義的なシティズンシップが市民に対して要求するのは、公的な活動に参加する強い動機と責任ある行動である。

しかし、ある市民が公共のために責任ある行動をとる一方で、別の市民が彼の行動に「ただ乗り」し、公共のために働こうとはしない場合がある。このように、他人の「ただ乗り」が許されるような状態では、各市民は、私利私欲を抑えて責任ある行動をとろうという動機をもちにくくなる。そうなると、共和主義的なシティズンシップは成立しなくなる。共和主義的なシティズンシップの理想を実現するには、この「ただ乗り」問題を克服することが必要になるのである。

共和主義の政治哲学は、この「ただ乗り」問題を解消するためには、各市民がお互いを信頼し、また共同体全体の公共目的のために私利私欲を犠牲にできる愛国心をもっている必要があると考えてきた。人々が同じ共同体に帰属して同胞意識をもち、さらにはその共同体全体に対する忠誠心をもつ場合には、各人は自ら進んで共同体のための活動に参加し、同時にその共同体の他の構成員のために奉仕するようになる。そうすれば、「ただ乗り」問題は解消するのである。

共和主義がそのような共同体として伝統的に念頭に置いてきたのは、小規模な都市国家である。ミラーは、近代においては、都市国家に代えてネイションが市民間の相互信頼と愛国心の基盤となったと言う。ネイションは、近代の高い移動性やコミュニケーションの発達によって大規模な「想像の共同体」として形成されたが、これによって、伝統的には小規模な都市国家に限定されていた共和主義的なシティズンシップの理想もまた、近代になって拡張し、より大規模に実現し得るものとなったとミラーは考えるのである。(28)

ミラーが理想とするシティズンシップは、共和主義的なものである。しかし、共和主義ほどではないにせよ、自由主義的なシティズンシップもまた、ネイションという共同体を必要とするように思われる。

自由主義的なシティズンシップは、国家が個人に市民的な権利を付与するとともに、他者の権利を尊重する義務に課すことで成立する。その場合、市民的な権利を付与され、義務を課される人々の範囲を画定する必要がある。その人々の範囲を画定する際に有力な基準となるのが、ネイションなのである。

弱者や少数者の権利を保護しようとする場合には、ネイションという共同体は特に重要となる。人々が他人に過ぎない弱者や少数者の保護のための費用負担に同意できるのは、彼らが同じ共同体に属し、自分たちの同胞であるという意識をもつことができる場合である。そのような同胞意識の源泉となるのがネイションなのである。「福祉国家、すなわち少数者の権利を保護するプログラムは、ナショナルなプロジェクトであり、共同体の構成員がお互いを守り合い、平等に尊重し合うことが保障されていなければならないという基盤の上に正当化されるのである。(29)」

自由主義は、機会の均等や生命と財産の安全といった価値を重視し、それらの価値を守るためであれば国家権力の行使が正当化できるとする思想であるが、こういった価値は、実は、「土地」あるいは「場所」とも深く関係している。

たとえば、国家が自然災害から人々の生命や財産の安全を守るためには、堤防の整備など防災を目的とした土木工事を行う必要がある。あるいは、国家による交通インフラや通信インフラの整備には、移動の利便性における地域間格差を是正し、機会の均等を図るという意義がある。自由主義の価値を実現するためには、公共事業が不可欠なのである。しかし、こうした公共事業を行うためには、国家が土地に対する管轄権を有している必要がある。(30) その国家による土地の管轄権が及ぶ範囲が「領土」と呼ばれるものである。その意味でも、国家が領土を領有していることは、自由主義の価値を実現するために必要なのである。

また、自由主義とは、多様な価値観の多元的な共存を認める寛容さに重きを置くイデオロギーであるが、国民国家は、その多様な価値観の共存においても適している。国民国家の理想的な姿とは、階級、人種、宗教などの相違を越えて国民各人を平等に扱い、かつ国民を統合するというものである。そこでは、さまざまな価値観を共有する集団が領土という政治的空間を共有し、その中で共存することが許容されている。国民国家の領土とは、そういった自由主義の空間的な基盤となり得るのである。

さらに、自由主義がネイションを必要としており、そのネイションの想像を形成する象徴の一つに領土があるというのであるならば、その意味においても、自由主義は領土を基盤として成立していると言うことができるであろう。

マクロ経済運営と領土

国民国家とは、自由、代議政治、法の支配、あるいはシティズンシップといった、今日、最大限に尊重するべきとされる政治的価値を実現するのに不可欠な政治共同体である。そして、その国民国家を支える必要条件としての空間が「領土」である。ということは、国境の壁を取り払おうとするならば、これらの重要な政治的価値が何らかの形で棄損される恐れが高いということになろう。

それを証明してしまったのが、EU統合という壮大な実験であった。

EUは、ネイションに匹敵するような強度をもった一つの政治共同体（言わばヨーロッパというネイション）とはなり得ておらず、したがって財政統合さらには政治統合にまで至っていない。EU各国は、依然として国民国家であり、基本的には領域国家である。それにもかかわらず、経済、とりわけ通貨に関しては国境の壁が完全に撤廃され、各国は通貨主権を失った。その矛盾は、ギリシャ危機によって如実に露呈することとなった。

ユーロ加盟各国は、本来であれば、共通通貨ユーロの信認を回復するために、ギリシャを財政危機から救済すべきであろう。しかし、たとえばドイツ国民には、マーストリヒト条約に違反して放漫財政を行ったギリシャを救済するために経済的な犠牲を払うなどということは到底許容できないのである。もっとも、実はドイツ自身も、二〇〇三年から〇四年にかけて、対GDP比の財政赤字を三％以下に抑制するというマーストリヒト条約の規定に違反していたのだが。

このギリシャ危機が暴露したのは、EUが国民国家のような強固な政治共同体にはなり切れておらず、したがってヨーロピアン・シティズンシップなるものは未だ成立していないということであった。しかし、ヨーロッパ・レベルのシティズンシップがなければ、ヨーロッパ・レベルの財政政策を民主的に実行することは困難である。そして、ヨーロッパ・レベルの財政政策ができなければ、ヨーロッパ・レベルの通貨「ユーロ」を維持することはできない。

このユーロの失敗は、いわゆるケインズ主義的なマクロ経済政策というものが、国民国家を前提としているということを示唆している。

ケインズは『貨幣改革論』の中で、インフレやデフレといった一般物価水準の変動が与える社会的な影響は、階級によって異なることを指摘している。その階級とは、金融階級（the investing class）、実業家階級（the business class）、そして労働者階級（the earner）の三つである。

インフレとは、貨幣価値が下落する現象である。したがって、インフレとともに、債権の価値は実質的に下がり、債務の負担は実質的に軽減されることとなる。インフレは債権者には不利に、債務者には有利に働くのである。すなわち、インフレによって金融階級は損をし、労働者階級は得をする。インフレには、所得再配分の効果があるのである。そして、実業家階級にとっては、債務のレバレッジを増やして投資を拡大する上では、当然、インフレの方が望ましい。

これに対して、デフレとは貨幣価値が上昇する現象であるから、インフレとは逆の社会的影響が生じる。デフレは賃金の低下や失業、あるいは債務の実質的な負担増を招き、労働者階級を苦境に陥れるが、債権者たる金融階級にはむしろ有利に働く。言い換えれば、デフレには、格差を拡大する効果があるということである。なお、実業家階級については、デフレ不況により基本的には損失を被ると言えるであろう。

さらに、一般物価水準の変動は、社会全体の生産量にも影響を及ぼす。企業がデフレの継続を予想する場合には、生産活動を抑制する。貨幣価値の上昇が見込まれるならば、債務の負担も重くなるのであるから、企業は債務を負って投資をするよりも、投資を控えて貯蓄を増やし、債務はできるだけ早く返済しようとするであろう。反対に、企業がインフレの継続を予想する場合には、生産活動を拡大する。インフレ、すなわち貨幣価値が下落していくと予想されるのであれば、貨幣を保蔵するよりも積極的に使う方が経済合理的だからである。こうして、インフレは、貨幣価値それ自体を破壊するようなハイパー・インフレでない限り、社会全体の経済成長をより促進する。

このようにインフレとデフレの社会的な影響は階級によってまったく異なるのであるが、ケインズは、ハイパー・インフレのような極端な場合を除けば、デフレよりもインフレの方が望ましいと言う。「なぜなら、窮乏化している世界においては、金利生活者を失望させるよりも、失業を引き起こす方が悪いからである。」(31)

確かに、経済成長と完全雇用を実現しようとするならば、デフレよりもインフレの方が望ましいであろう。

ただし、経済成長と完全雇用とは、国民全体にとっての利益である。インフレによって、金融階級は相対的に不利を被ることとなる。もし金融階級が、自らの階級の利益のことだけを追求するのであるならば、インフレを伴うようなマクロ経済運営には同意できないであろう。[32]

しかし、もし金融階級が労働者階級と同じネイションという運命共同体に属しているという「国民意識」を持ち、階級間の利害を超えたネイション全体の利益を優先する動機をもつのであるならば、金融階級がインフレによる不利益を甘受し、経済成長と完全雇用という国全体の利益のための経済政策を支持することが可能となる。ネイションとは、階級の違いを超えて共有される同胞意識である。このネイションが、マクロ経済をケインズ主義的に運営する上で大きな役割を果たすのである。

領土という地理的空間もまた、ケインズ主義的なマクロ経済運営において重要な役割を果たしている。

国境を越えた資本移動が完全に自由である場合には、国家の金融政策はその自律性を失う。たとえば金融緩和政策によって金利を下げようとしても、それによって資本が海外へと流出すれば、金利は再び上昇してしまう。また、財政政策によって雇用を創出しようとしても、海外からの安価な製品の流入によって国内産業が衰退したり、低賃金労働者が大量に流入したりすれば、失業を減らすことは困難になる。

このように、資本・財・労働の国際移動をまったく規制できない場合には、国家がマクロ経済運営によって物価水準や雇用水準を操作することはできなくなるのである。ケインズが「国民的自給」という論文において、資本移動や貿易を規制する必要性を説いたのも、そのためである。[33]

資本・財・労働の国際移動を規制するためには、国境を管理できる主権国家が存在しなければならない。マクロ経済運営は、領土を基盤としなければうまくいかないのである。

領域通貨の歴史

第1章から前章までの議論によって、貨幣は国家権力によってその価値を支えられていることを明らかにした。そして本章では、国家と領土との関係には、政治経済学的に重要な意味があることを示した。こうして貨幣は、国家を通じて領土と結びつくのである。そして、この「貨幣―国家―領土」の連関によって、ケインズ主義的なマクロ経済運営が可能となる。

もし貨幣を脱領土化するのであるならば、貨幣と国家の連関、あるいは国家と領土の連関を断ち切らなければならないということになる。共通通貨ユーロは、まさに貨幣と国家の連関を切断することで脱領土化した。その結果、ユーロ圏においてはケインズ主義的なマクロ経済運営が困難となり、ユーロ危機という事態を招くに至ったのであった。

貨幣は、単に慣習的に領土と結びついていたというわけではなかった。貨幣の領土性には、合理的な根拠があったのである。

この根拠をさらに補強するために、エリック・ヘレイナーの研究に依拠しつつ、貨幣が領土と結びつくに至った歴史を参照しておこう。

ヨーロッパにおける近代主権国家は、一七世紀ごろには、すでに領域国家となっていた。しかし、貨幣が「領域通貨（territorial currency）」、すなわち領土内において標準化された単一の通貨として出現するようになったのは、領域国家の成立よりもずっと遅く、一九世紀になってからであった。

一九世紀以前の世界では、各国の領土内において、外国通貨や質の悪い鋳貨、あるいは民間の銀行券などが併存して流通しており、公式の通貨に統一されていなかった。しかし、一九世紀になると、各国は貨幣を公式の国家通貨に統一するようになり、「領域通貨」が確立したのである。

なぜ領域通貨の発生は、領域国家の出現よりも遅れたのであろうか。それは通貨の標準化が技術的に可能になったことに加えて、通貨を統一できる強大な能力をもった国民国家が成立したことが大きいとヘレイナーは言う。

では国民国家は、なぜ画一的な領域通貨の採用を望んだのであろうか。その動機としてヘレイナーが歴史の中に特定したのは、以下の四つである。

第一に、国民国家は、領域通貨によって国民経済を創造しようとしたのである。国家が標準通貨を設定し、それを領土内に限定して流通させることで、国内における経済取引をより円滑で安定的なものとする。そうすることで、領土内の市場の統合が進み、固有の国民経済が生まれるのである。

第二に、領域通貨は、マクロ経済運営上の要請であった。一九世紀の金本位制の時代には、金と兌換可能な通貨を設定するために標準化された国家通貨を発行することが必要となった。そして世界恐慌による金本位制の崩壊以降は、積極的な財政金融政策を実施する上で、国家が通貨発行を独占することが不可欠となったのである。

第三に、領域通貨は、戦時財政上の必要によるものでもあった。一九世紀以降、戦争の規模が拡大していったが、大規模な戦争遂行のためには、国民全体に対する広範な課税や巨額の国家予算の管理を確実なものとする必要がある。そのために、標準化された国家通貨が不可欠となったのである。

そして第四に、領域通貨の流通は、ナショナル・アイデンティティを強化し、国民統合を促進する。通貨は、領土内において階級、地域、宗派の別を問わずに共通に使用され、ネイションの想像を強化する機能を果たすのである。実際、領域通貨には、しばしば、国史上の偉人や国家元首の肖像や歴史的建造物の絵といったナショナル・シンボルが刻印されているであろう。(34)

このように国民国家は、一九世紀以降、ナショナリズムに駆り立てられて、貨幣を現在のような領域通貨へと進化させてきた。貨幣の領土化は、国民経済を運営する上での要請によるものであったのである。

第5章

戦争と国家

国家形成の理論

前章において、近代の領域国家そして国民国家は、発達したインフラストラクチャー的権力をもち、中世の封建社会における国家よりも規模が大きく、はるかに強力な資源動員の能力を有する政治組織であることを確認した。

次なる問いは、このような近代国家がどのような起源をもち、どのように形成されてきたのかという、その歴史的な過程である。近代国家の成り立ちを巡る歴史的な過程の確認は、国家理論の妥当性を検証する上で、有力な作業となる。

幸いなことに、近代国家の形成過程の解明については、一九七〇年代以降、歴史社会学と呼ばれる分野において、かなりの進展があった。その嚆矢《こうし》と言うべきは、チャールズ・ティリーが編纂し、サミュエル・ファイナー、ガブリエル・アルダン、スタイン・ロッカンらが論文を寄せた『西ヨーロッパにおける国民国家の形成』[1]であろう。他にも、リチャード・ビーン、シーダ・スコッチポル、アンソニー・ギデンス、マイケル・マン、ブライアン・ダウニング、ブルース・ポーターといった歴史学・社会学の研究者たちの業績がある。[2]

彼らの研究に共通するのは、ピーター・グルヴィッチの言う「逆第二イメージ」[3]、すなわち「国際関係の圧力が国家を規定する」という視点であった。それは、「国家が国際関係を決定する」という従来のイメージをコペルニクス的に転回するものであった。

国家のあり方を規定する国際社会の圧力の中で、とりわけ重要なのは戦争である。国家の形成過程を追う歴史社会学者たちは、近代主権国家そして国民国家の起源を戦争に求めた。国家は戦争から生まれたのだというのである。

もちろん、戦争は国家が引き起こすものである。したがって、ティリーが言うように「国家が戦争を生み、戦争が国家を生む」ということになる。[4]国際関係が国家を動かし、国家が国際関係を動かす。国際政治経済と国内政治経済は、お互いに相手に影響を与えるのであり、その相互作用こそが世界のダイナミズムを生み出すのである。

とは言え、国際関係が国家を動かすという方向性の方は、これまで見落とされがちであったのは事実であり、したがって、あえて「逆第二イメージ」の方により強い光を当てることには意義があろう。

そのことは、我々が目指す地政経済学の確立にとっても重要である。なぜなら、地政学とは、本質的に国際関係、とりわけ国際紛争を扱う分野である。そしてもし、国内の経済構造が地政学的な国際情勢によって影響され、そしてその逆もあるというのであれば、その国内経済と地政学的情勢の相互作用の解明こそが、地政経済学と呼ばれるべき理論が目指す地点であろうからだ。したがって、戦争が国家を形成するとする歴

史社会学の一連の研究は、本書の目的からして非常に重要なものとなる、

さて、一九七〇年代以降、この「逆第二イメージ」が注目を集めるようになる中で、二〇世紀初頭の二人の理論家による論考が再評価を受けるようになった。オットー・ヒンツェの「軍事組織と国家組織」、そしてジョセフ・アロイス・シュンペーターの『租税国家の危機』である。

ヒンツェもシュンペーターも、近代国家とは、大規模な戦争を遂行するために、人的・経済的資源を動員する必要から生じた政治組織であると論じていた。その洞察は、一九七〇年代以降の国家形成の歴史社会学の先駆けであった。しかもヒンツェの「軍事組織と国家組織」は一九〇六年、シュンペーターの『租税国家の危機』は一九一八年に発表されているが、これらは、それぞれマッキンダーの主要著作「地理学からみた歴史の回転軸」と『民主的理想と現実』とほぼ同じ時期のものである。そして、後ほど明らかになるが、マッキンダーもまた、「逆第二イメージ」の視点の持ち主であった。

そこでまずは、ヒンツェとシュンペーターの古典的論文から出発し、国家形成の理論を探究していくこととしよう。

軍事組織と国家組織

ヒンツェは言う。「あらゆる国家が、元々は軍事組織、すなわち戦争のための組織であった。」[5] しかし、農業が行われるようになって、人々が土地に根づき、人口が増え、交易や技術が発達していくといったように、人類の経済生活が変化していくと、軍事活動と非軍事活動の分業が生じ、階級は、戦士と非戦士とに分化していった。こうして、軍事組織は、国家そのものから、国家の一部門へと位置づけが変わっていった。

では、国家において、軍事的な領域と経済的な領域は、どのような関係にあるのだろうか。

一九世紀のイギリスで大きな影響力をもったハーバード・スペンサーは、国家や組織を「軍事的」と「産業的」に二分し、かつ歴史の潮流は、軍事的社会から産業的国家へと進化するという理論を提示した。これは、人類の進歩とともに、軍事的領域が後退し、経済的領域が優位を占めることで、世界はより平和な秩序へと向かうであろうという、一九世紀のイギリスに流布した経済自由主義のパラダイムを代表するものであった。

このパラダイムは、現在もなお大きな影響力をもっている。たとえば一九八〇年代半ば、リチャード・ローズクランスは、近代世界において国家は、「軍事・政治国家（Military-Political State）」あるいは「領域国家（Territorial State）」から「通商国家（Trading State）」へと転換していくと論じていた。(6) 一九九〇年代半ばになると、彼は自らの国家理論をさらに押し進め、グローバリゼーションによって領土はほぼ無意味なものとなり、国家はついに「仮想国家（Virtual State）」となると論じるようになった。(7)

冷戦後の世界において、アメリカはグローバリゼーションを推し進め、中国のWTO加盟を後押ししたが、この戦略も、国際通商関係の深化がより平和な世界秩序をもたらすという経済自由主義のパラダイムに基づくものであった。

ヒンツェは、この経済自由主義のパラダイムに真っ向から異を唱えた。その根拠となったのは、歴史である。

世界は未だ恒久平和の用意がないことは、最近起きた事象が再度明確に示している。予見可能な未来において、問題は、これまでの歴史と同様に残り続けるであろう。すなわち、国家組織の形式と精神は、経済・社会的関係や利害対立によってのみ決まるのではなく、主として防衛と攻撃の必要性、つまり軍隊と戦争の組織によって決まるということである。これこそが、我々が今日までの発展に関する歴史的考察から引き出した教訓である。(8)

国家組織の形態は、国内の階級構造のみならず、国際関係において国家が置かれた状況、特に国際紛争の圧力によっても形作られる。しかも国際関係の方がより重要な要因だとヒンツェは強調した(9)。彼は、「逆第二イメージ」を提唱したのである。

国家が国際関係を規定するのみならず、国際関係が国家を規定する。とりわけ、戦争に備えるために、国家はその国内構造を変えてきた。古代の部族国家、中世の封建国家、近代の国民国家は、いずれもその時代の戦争に適応するために形成されてきたのである。

特にヒンツェは、近代を「軍国主義（militarism）」の時代として位置づける。近代ヨーロッパの軍国主義は、さらに三つの時期に区分される。

第一期は、一五世紀から一七世紀にかけてである。これは、貨幣経済の発達、そして戦争という政治的需要から、従来の騎士に代わって傭兵が用いられるようになり、封建制が崩壊し始めた時期である。傭兵が必要になったことから、軍事問題は、財政問題としての色彩が濃くなった。ただし、この時代の傭兵軍は必要に応じて集められるものであり、したがって軍隊が国家構造の中に体系的に制度化されていたわけでは必ずしもなかった。軍事組織は、国家組織の外側に位置づけられていたのである。

第二期は、一七世紀から一八世紀にかけてである。この時代は、度重なる戦争により、大陸ヨーロッパの国家は絶対王政の形式をとり、大規模な常備軍を有するようになった。そして、常備軍の維持が、国家財政機構の主たる任務となった。軍事的な財政需要から、税収の増大が必要になり、転じて国内経済の発展に関心が向けられるようになった。こうした中で生まれた思想が、重商主義である。

ただし、イギリスは、その特異な地政学的環境から、大陸ヨーロッパの国々とは異なる国内構造を形成していった。大陸ヨーロッパは、隣国との戦争の必要から、大規模な常備軍を擁する絶対軍事国家となった。これに対し、イギリスは、島国ゆえに戦争の危険性が相対的に低かったため、大規模な常備軍を必要とせず、それゆえ絶対主義化もしなかったのである。

軍国主義の第三期は、フランス革命以後である。フランス革命によりナショナリズムが発生すると、ナポレオンはこれを軍事利用し、軍事組織に革新を起こした。愛国心に駆り立てられたマス・アーミーが編成され、従来の絶対王政下の常備軍に代わったのである。軍事組織から外国人は消え、国民皆兵により、国民は兵士と市民の二つの側面をもつこととなった。

さらに、国民皆兵という新たな軍事組織は、国内の政治構造にも変革をもたらした。国民の戦争への参加は、政治参加の要求につながり、代議政治が導入されていったのである。一九世紀の民主化とは、第三期の軍国主義の原則である国民皆兵が、民政にまで拡大した結果なのである。また、この時期、民政分野において、中央集権的な行政機構が整備されていったが、これもまた、軍事組織の運営の原則が応用された結果であった。

ただし、ここでもまた、イギリスの軍事組織と政治体制は、その地政学的な特異性から、大陸ヨーロッパとは異なる経路で発展した。たとえば、イギリスでも常備軍が創設されたが、それは比較的小規模であり、議会の許可なしには動けないものとされた。軍事力の中心は民兵と海軍であったため、強大な軍部が国内において自由を侵害するという恐れは比較的少なかった。

イギリスは、大陸ヨーロッパ諸国とは異なり、国民皆兵の必要性からも逃れることができた。その理由は、守るに易い島国であることに加えて、植民地帝国であったこともあるとヒンツェは指摘している。大英帝国が主に想定していた戦争は植民地戦争だったのであるが、植民地戦争にはもっぱら志願兵が用いられた。国民皆兵は、植民地戦争に適した制度ではなかったからである。(10)

このようにヒンツェは、国際関係からの圧力、とりわけ戦争が、国内の政治構造を形作る主たる要因であることを明らかにし、各国の政治構造の相違も、地政学的な環境の違いから生じると主張した。この講義が行われた一九〇六年は、列強がグローバルに覇を争っていた時代である。こうした中で、軍事的領域と経済的領域は、いっそう融合し、その制度はより類似性を強めていくであろう。ヒンツェはこのように予測したのである。

それから八年後に勃発した第一次世界大戦は、ヒンツェが予測したとおり、軍事的領域と経済的領域が一体となった総力戦として行われることとなる。

租税国家

ヒンツェは、国家構造を形成する主たる原動力は、戦争であると論じた。戦争を遂行するために、国家は国内の資源を効率的に動員する必要がある。この戦争のための資源動員の最も重要な手段は、言うまでもなく租税である。ジョセフ・アロイス・シュンペーターは、この租税に着目すれば近代国家の本質が解明できると考え、第一次世界大戦中に『租税国家の危機』を執筆した。

その中でシュンペーターは、近代国家を産み落としたのは、中世末期の封建制の財政的な危機であったと論じた。

中世ヨーロッパ世界では、公的領域と私的領域が未分化であり、今日のような公的領域としての「国家」の概念は存在していなかった。中世の領邦諸侯は、戦争の費用を自らまかなわなければならず、その財源を統一的な国家権力から得ることができなかった。なぜなら、当時の戦争における「敵」は、国家全体ではなく、領邦諸侯の個人的な「敵」であったからだ。

領邦諸侯の財源は、自らが所有する荘園の従属農民の貢物のほか、関税特権や鉱山特権など各種の特権、裁判収入、都市収入、代官収入、家臣からの貢納、教会からの納付などであったが『租税』の一般的徴求権利はまったく存在しなかったのである。(11)」

しかし、一四世紀から一五世紀にかけて、領邦諸侯は財源的に困難に陥るようになる。その最大の原因は、戦争遂行費用の増大であった。戦費増大をもたらした要因について、シュンペーターは、オスマン・トルコの脅威を重視している。それは、彼の議論の念頭にあるのが、祖国オーストリアの歴史だからであろう。

貴族を招集して編成する伝統的な軍隊は、トルコの大軍を前に、量の上で劣位に立たされた。また、貴族招集部隊は、領主の動員に対して反抗することがあったため、質的にも弱体であった。こうしたことから傭兵が必要になり、それにともなって財政需要が膨張し、領主は財政的に行き詰った。そこで、領主は、等族に対して、トルコを個人的な敵ではなく「共同の困難」であると主張して、資金の拠出（租税）を求め、等族はこれに同意した。このトルコの脅威という「共同の困難」に対処するための財政は、公的なものとして位置づけられ、領主の私的財政とは区別された。こうして、公的領域と私的領域が分化していった。

戦争、そして戦争遂行のための租税から、公的領域と私的領域が分化していき、中世的な政治形態は崩壊した。領主は、次第に公的領域を拡大し、当初の戦争という目的以外の目的のためにも租税を徴収するようになっていった。近代国家は、このような過程を経て成立したのである。シュンペーターは言う。「『共同の困難』から国家は生まれたのである。(12)」

こうした財政需要から近代国家が誕生したという歴史的経緯を踏まえた上で、シュンペーターは、「『租税』は、『租税国家』という表現が、ほとんど重複語かとおもわれるほど、深く国家と関連する」のであり、したがって「財政社会学は国家の理解にとって、非常に大きい解明力をもっているのである」と述べた。(13)

もっとも、シュンペーターが国家解明の鍵として期待した「財政社会学」は、その後、これを継承するものが少なく、財政社会学に関連する個別の研究は散見されるものの、それらを統合するような試みは遅れている。(14)

とは言え、近代国家の生成過程を探究する歴史社会学者たちは、戦争遂行のための経済資源の動員、すなわち課税が、国家の本質を理解する鍵であるという認識を共有している。

たとえばガブリエル・アルダンは、次のように論じている。

ヨーロッパの近代国家形成の歴史において、財政負担の増加や変化に最も大きな影響を与えた要因は、戦争準備や戦争遂行であった。そしてこの時期の支配層と人民の間の最も深刻な紛争は課税を巡るものであり、また行政機構の拡大や改革の主たる原動力になったのも、徴税のための努力であった。そればかりでなく、選挙権の拡大、国民意識の向上、労働者階級への権利付与、一般国民の政治参加に対する圧力もまた、ナポレオン戦争以後にもたらされた巨大軍事・行政機構の財政需要から生じたのである。

ゆえにアルダンは言う。「課税というものが優れた行政の下であってもきわめて困難な作業であり、この困難が常に国家に重くのしかかっているということを確信せずして、国家の歴史を理解することはできない。[15]」

マイケル・マンもまた、各国の近代国家形成の経路の相違を分析するにあたり、課税に着目している。たとえば、イギリスやオランダのように、富裕層と税の負担で合意することができた国は立憲国家となり、フランスのように富裕層との合意が形成できなかった国は絶対王政への道を歩んだというのである。[16]

軍事技術と国家

ヒンツェとシュンペーターは近代国家の形成の起源を戦争に求めたが、その歴史的経緯を軍事技術と軍事組織の歴史的変遷に着目して、より詳細に記述したのが、ウィリアム・マクニールの大著『戦争の世界史：技術と軍隊と社会』である。この本は、膨大な資料と知識によって、ヒンツェやシュンペーターの洞察の一部を補正しつつも、強力に裏づけるものとなっている。

ヒンツェやシュンペーターは、中世封建社会の崩壊と近代国家の誕生の契機を一五世紀ごろとするが、マクニールは、それより二世紀ほど先んじた北イタリアの都市国家に、近代国家の萌芽を見出している。

西暦紀元一〇〇〇年頃のヨーロッパは農村社会であり、外敵からの防衛は、高価な馬、刀槍、甲冑を有し、武芸に長じた騎士階級に依存していた。君主は年貢を生み出す土地を騎士階級に供与し、騎士階級はその見返りに従軍の義務を負った。騎士階級は平民から物納の貢税を徴収した。この封建制のシステムは、確かにアルプス以北では一四世紀前半まで保たれていた。

しかし、一二世紀頃の北イタリアでは、封建制による防衛システムはうまく機能しなかった。その理由は、この地域において商業が発達したためである。北イタリアでは、商業の発達によって親族や近隣など第一次集団の社会関係が弱まり、代わって、市場を介する非人格的な社会関係が人間の行動様式を左右するようになった。マクニールはこのイタリアの諸都市で発生した新たな行動様式を「市場志向型」と呼び、第一次集団内における上下関係に準拠する「指令志向型」の行動様式と対比させている。

なお誤解を避けるために注意を促しておきたいが、マクニールの言う「市場志向型」行動様式とは、主流派経済学が想定している「経済人（homo economicus）」の行動様式のことではない。

主流派経済学が想定する「経済人」とは、「自己の物欲を満たすという利己的な目的を達成するために、利害損得を合理的に計算して自律的に行動する個人」である。主流派経済学の方法論は、経済現象をこの「経済人」に還元して説明しようとする。それは、あたかも物理学が、物理現象を「原子」に還元して説明するかのようであるため、「経済人」は「原子論的個人」とも呼ばれる。

しかし、原子論的個人として行動する「経済人」なるものは、現実にはあり得ない存在である。実在する人間というものは、社会の中で共有されるルールに従って行動する「社会的存在」であり、他者との人間関係を結ぶことなしには存在し得ない「関係的（relational）存在」である。したがって、歴史の中に見出せる「市場志向型」行動様式とは、売買契約の遵守や私有財産権の尊重といった市場社会のルールに従う「社会的存在」としての人間の行動様式なのである。

この「市場志向型」行動様式が広まったイタリアの諸都市では、第一次集団の強固な団結によって規律された市民民兵隊を組織することが困難になっていった。そこで、外来の専門家軍人を金で雇って市民のために戦ってもらう慣行が定着した。

同じころ、クロスボウという新兵器が登場し、これを使えば平民の兵であっても重武装の騎士を容易に倒すことができるようになった。加えて、クロスボウ兵、パイク兵そして騎兵が整合性をもって行動しなければならなくなったことから、軍隊を組織的に動かす高度な運営法、いわゆる「戦争の技芸（art of war)」が必要とされるようになったのである。

もっとも、傭兵部隊にはクーデターのリスクがあり、イタリアの諸都市はその脅威に悩まされていた。この問題を解消するべく、ヴェネツィアやミラノは文民官僚による将校団の統制という画期的な管理法を導入し、組織的軍隊の実効的統制に成功したのである。マクニールは、この組織運営上の革新に注意を促す。

税金を徴収してその資金を給与として軍人に支払い、軍人は続いてその給与を支出し、そのことで徴税基盤である民間経済を活気づける一助となる、という方式のうちに、イタリア諸都市の市当局は、人間と人間が商業で連結された社会が、いかにすれば有効に自衛できるかを発見したのである。(17)

古代より軍事の運営は、基本的に「指令志向型」の行動様式に則っていた。しかし、イタリア人たちは、史上初めて、「市場志向型」行動様式が占める商業社会における軍隊の運営法というものを発明したのである。マクニールは、これを「軍事の商業化」と呼んでいる。イタリア諸都市は、一五世紀までに「軍事の商業化」

に成功し、近代的な軍隊運営法の先駆者となったのであった。

しかし、一五世紀ごろから、イタリアの都市国家の国家システムは、オスマン・トルコ、フランス、スペインなど、巨大な領土を統治する君主国との競合で劣位に立つこととなった。ヒンツェが「軍国主義」の第一期と位置づけた時代の始まりである。

この変化の原因の一つは、火薬革命による大砲の導入である。近代国家誕生の原因については、シュンペーターはオスマン・トルコの脅威をより強調していたが、マクニールは大砲という軍事上の技術革新を重視するのである。

大砲の製造には大量の金属を必要としたが、当時は陸上輸送が困難であったため、大砲の製造は鉱山の近くで行われていた。このため、原料生産地から遠いイタリアが大砲を製造するのは容易ではなく、イタリアは軍事技術による優位を失った。また、強力な攻城砲の登場により、既存の城塞は無力化された。大砲という高コストの新兵器を導入できる大国が台頭する中、小規模の都市国家や領邦国家は弱体化した。

しかし、一五世紀末、イタリア人たちは、盛り土の塁壁と堀を設けて攻城砲に抵抗するという画期的な築城術を開発した。このイタリア式築城術はヨーロッパ各地に伝播していったが、これがヨーロッパの歴史において決定的な役割を果たしたとマクニールは言う。それは、次のようなものだった。

イタリア式築城術による要塞は、大規模な野戦軍に対しても長期間抵抗できる施設であったため、地方勢力の自衛に大きく貢献した。その結果、西ヨーロッパでは地方勢力が温存され、ヨーロッパ全土を統一するような大帝国の出現は阻止された。

これに対して西ヨーロッパ以外の場所では、火砲は発達したが、イタリア式築城術は開発されなかった。このため、アジアの大半や東ヨーロッパでは、地方勢力は攻城砲を有する大国に抵抗できず、大帝国が形成されたのである。ムガール帝国、モスクワ大公国、オスマン帝国は、すべて大砲を原動力として急成長した「火薬帝国」である。

しかし、これらの大帝国は、大砲を独占して軍事的な優位をいったん確立すると、もはやそれ以上、火薬兵器を改良しようとはしなかった。これに対して西ヨーロッパでは、各地方勢力の競合が続いていたため、兵器の改良は不断に続けられた。その結果、西ヨーロッパの軍事技術はアジア諸国を大きく引き離すこととなり、ヨーロッパによる世界的な帝国建設を可能としたのである。

他方、ヨーロッパ内における戦争は、イタリア式築城術の普及によって、軍隊の規模をこれまでになく大きくしなければならなくなり、その費用負担のために、戦争は採算のとれるものではなくなった。そうなると、軍事支出のための財政管理が、死活的に重要となる。たとえば、近世ヨーロッパの最強国であったスペインのフェリペ二世ですら、一五五七年、六〇年、七五年、九六年と四回にわたって借金の元利支払いの停止を余儀なくされたのである。

これに関して、マクニールはきわめて重要な問題を提起している。当時、中国などアジアの国であれば、戦争に必要な資源を動員するためには、王が指令を出し、官僚たちが臣民から財や現金を一方的に徴発しさえすればよかった。ところが、ヨーロッパでは、フェリペ二世のような最強の王侯ですら、財政上の制約に屈していた。なぜ、ヨーロッパでは、指令による資源動員が困難であったのだろうか。

それは、ヨーロッパにおいては、各国が地理的に細分化され、民間の経済活動が国家の指令が及ぶ範囲を越えて広がっていたため、国家の支配者は戦争のために必要としていた経済資源の多くを国内で調達できなかったからである。たとえばスペインが大砲を調達していたのは、大砲製造の中心地であったリエージュ司教区であったが、そこはスペインの支配下にはなかった。ヨーロッパの国家は、その細分化された地政学的環境のために、市場を介して人的・経済的資源を動員する以外になかったのである。

しかし、理性の狡知と言うべきか、ヨーロッパの諸国家の軍事機構が市場志向型行動様式の制約下にあったことは、長期的にはむしろ、国家の権力を強化する方向へと働いたのである。

まず、民間企業が国境を越えて大規模に貿易活動や製造活動を行うことができたため、規模の経済性が発揮され、経済規模は拡大し、その結果として徴税基盤も大きくなった。また、国家が民間からの借り入れによって資金を調達することができるようになり、税収以上の支出ができるようにもなった。

近世ヨーロッパの諸国家は、戦争遂行のための資源動員の指令を、市場を介して行っていた。言わば、指令志向型と市場志向型の行動様式を併用していたのである。それによって、国家の力が強まった。そして、それと同時に、市場経済も拡大したのである。

もう一度言おう。国家が拡大したことによって、市場は圧迫されたのではなく、発展を遂げたのである。

なぜなら、税の増徴はその増徴分だけ、ヨーロッパの民富の新たなひと切れを貨幣流通に流し出すことを意味したからである。とどのつまり、国家は税収を全額市場でつかいきってしまうのだから。このために、強制（課税）と誘引（それまでより安くて高品質の物財、個人所得の増加）との組み合わせによって、自給自足的であったり厳密に地域内に閉ざされていたりした経済パターンは小やみなく浸食されていった。戦争と、戦争を遂行するための莫大な費用は、この過程全体を加速した。市場を通じての人間と物資の動員は一寸きざみに領分をひろげ、それ以前に指令がなしえた最高の効率をはるかに上回る効率をもって個々の人間の努力を統合できることを、徐々に立証していった。(18)

これこそ、北イタリアの諸都市で始まった「軍事の商業化」のシステムである。ヒンツェは、フランスやスペインなどの大君主国家が北イタリアの都市国家を軍事的に凌駕した一五世紀以降を「軍国主義」の第一期と区分した。しかし、この時代の大君主国家の力を支えた「軍事の商業化」のモデルは、それ以前の北イタリアの都市国家にあったのである。

重商主義と経済政策

イタリアで始まった「軍事の商業化」はやがてフランス、スペインに広がり、さらに一七世紀の間にドイツ、スウェーデン、イギリス、ロシアにまで伝播した。この一七世紀以降の時代は、ヒンツェの言う「軍国主義」の第二期に該当する。

ドイツは一六世紀から一七世紀半ばにかけて、宗教改革による旧教と新教の対立の激化により、広域的な戦争状態に陥っていた。そのピークは、一六一八年から一六四八年まで続いた三〇年戦争である。

この戦争状態の前までは、ドイツにおける政治的管轄権は、都市、教会、領邦君主、帝国の間で相互に重複していた。しかし、長きにわたる戦争の結果、領邦君主が都市や教会、帝国を排除して実効的な領域主権を確立することとなった。

三〇年戦争はまた、「戦争の技芸」にも重大な革新を引き起こした。「軍事の商業化」がドイツに波及したのである。たとえば、アルブレヒト・フォン・ワレンシュタインやスウェーデン国王グスタフ・アドルフが登場し、企業家的な事業経営による財力を基盤にし、高度に規律された軍隊を駆使するという戦術的な革新を起こして、目覚ましく活躍した。

当時の軍事的革新の中でも、マクニールが特に重視するのは、オランダのナッサウ伯マウリッツ公によるものである。

マウリッツが導入した「戦争の技芸」における革新とは、兵士に対する組織的な教練であった。たとえば、火縄銃の装填と発射に必要な動作の反復や部隊の行進の教練が施され、戦闘単位は細分化されて、単一の指揮命令系統の下で動くように訓練された。ヨーロッパで初めて士官学校を創設したのもマウリッツである。マウリッツは、言わば近代的な軍事組織、さらに言えば近代的な組織そのものを創始したのである。

このマウリッツ式の軍事教練により規律され、効率的に行動するようになった軍隊は、戦闘において目覚ましい威力を発揮し、騎士的な武勇を過去のものとしてしまった。しかもマウリッツ式の軍事教練を用いれば、失業者や赤貧の農民の息子であっても軍人へと改造することができる。これによって、国王は、貴族階級を圧倒する強力な軍事力を手中に収めた。組織的暴力が国家という公的主体によって独占されるようになっていったのである。その結果として、国内の治安は良くなり、国富は増大したので税収も伸び、ヨーロッパ諸国は税収に頼って常備軍を維持できるようになった。「こうしてヨーロッパの王侯たちは、組織的暴力を官僚化し、市民社会の中にあっても衛生無害なものとすることにめざましい成功をおさめた。この成果こそは一八世紀を通じて、そして一九世紀に入ってからもかなりの期間にわたり、ヨーロッパの治国策の要諦でありつづけたのである。[19]」

さらに、この治国策によって、ヨーロッパ諸国は非ヨーロッパ世界に対して軍事的にも経済的にも圧倒的な優位に立ち、ヨーロッパの帝国主義的な海外膨張を可能にした。そして、海外貿易の持続的成長は、ヨーロッパ諸国が常備軍を維持するコストの負担をさらに容易にしたのである。

このヨーロッパの海外膨張は、市場志向型行動様式（資本家や企業家たちによる私利私益の追求）によって先導されたが、その民間主体の市場志向型行動様式を保障していたのは、指令志向型行動様式（国家の軍事機構）であった。当時、非ヨーロッパ世界では、国家の軍事機構が貿易商人の利害に配慮するということはなかった。これに対して、ヨーロッパでは、すでに一四世紀以降、国家の軍事的な動員は商業・金融市場に依存するようになっており、指令志向型行動様式と市場志向型行動様式が混在していた。それゆえ、一七世紀半ば以降のイギリスやフランスの国王たちは、資本家や企業家たちと比較的良好な協力関係を結び、海外事業を展開したのである。

以上がヒンツェの言う軍国主義の第二期であるが、こうした時代環境の中から重商主義という思想もまた産み落とされることとなる。

一七世紀から一八世紀にかけては、指令志向型行動様式が市場志向型行動様式と融合した時代である。すなわち、国家の指令が市場における経済活動に影響を及ぼすようになったのであり、ここから国家による経済運営、すなわち経済政策という発想が初めて登場することとなる。それが重商主義であった。重商主義とは、言わば経済政策のルーツなのである。

一般に、重商主義は、貿易黒字として得られる貴金属を国富とみなし、保護貿易や産業育成策を進める経済思想であると理解されているが、ジェイコブ・ヴァイナーによれば、重商主義の要諦は、国家の軍事的・政治的な力と経済的な豊かさは相互に補強し合う関係にあると考えるところにあった[20]。重商主義とは、我々が探究する地政学と経済学の統合理論、すなわち地政経済学の源流であったのである。

もっとも、経済学説史の通説によれば、アダム・スミスが創始したとされる近代経済学は、彼による重商主義の批判から始まったとされる。重商主義者は貴金属の量を国富と同一視していたが、これを批判することがスミスの有名な『国富論』の主たるテーマであった。近代経済学なるものは、重商主義批判をその出発点としていたのであり、それゆえ主流派経済学者は重商主義を積極的に論じるのを忌避してきた。

しかし、実はスミスの思想は、経済学説史の通説が教えるほど、重商主義から遠いものではなかった。

アルバート・ハーシュマンは、重商主義は次のような三段論法に立っていたと論じている。

大前提　国家の富の増大はその絶対的な力の増大であり、その逆もまた真である。

小前提　国家の富の増大は、それが貿易によってもたらされる場合には、必然的に他国の富の減少となる。

貿易を通じた富の増大は、他の国々と比べて相対的な力の増大につながるが、それこそまさに重商主義的政策の政治的な目的である。重商主義的な富の概念においては、国家が追求する富と力の相克などというものは、ほとんど考えられない。(21)

結論

ハーシュマンによれば、アダム・スミスや彼の友人のデイヴィッド・ヒュームは、国家による富の追求と力の追求が相反するものとは考えていなかった。(22) 彼らが拒否したのは重商主義の富の概念、そしてその「小前提」であったが、「大前提」については共有していたのである。

もし、この「大前提」を重視するのであれば、近代経済学の源流は、スミスよりもさらにさかのぼって、重商主義であったとすることもできるであろう。しかし、スミスの後継者を自認する古典派そして新古典派経済学者たちは、この「大前提」を見失ってしまった。我々が目指す地政経済学とは、このスミスと重商主義が共有していた「大前提」を回復する試みなのである。

さらに、この力と富を同時に追求するヨーロッパ諸国の重商主義は、ヨーロッパの近代化を推し進める原動力となったことも見逃してはならない。

ヨーロッパの重商主義国家は、国家の栄光を追求して戦争を行うのと同時に、軍事力を支える基盤である経済力を増大させることに邁進した。具体的には、通貨や度量衡の統一、法制度や輸送・通信インフラの整備などによって国内市場を創出したほか、繊維、製鉄、兵器などの官営工場の設立のような産業政策、国土の開発、無法集団の取り締まり、さらには自然災害や火災に対する防災、被災者の救助や被災地の復興、さらにはペストに対する防疫までも行うようになったのである。「そうすることのインセンティブは、税収と軍事的マンパワーに対する脅威から来たのであった。そして、一七五〇年以前は、人口成長が鈍化し、国家の野心にとって足かせとなっていたので、そのインセンティブは、おそらくいっそう強くなったことであろう。[23]」

この一七世紀から一八世紀にかけての重商主義的な政策は、狭義の経済政策にとどまらず、国土政策や交通政策、さらには厚生政策にまで及んでいた。それは、まさに国家政策の源流であると言える。

しかも各国が競合する中で、一国における重商主義的な政策の成功事例は、すぐに他の国々にも模倣され、伝播していった。こうしてヨーロッパに近代的な国家、近代的な法制度、そして近代的な市場経済というものが形成されていくことになる。[24]

主流派経済学者は、自由市場を称揚し、重商主義を否定してきた。そして経済学から地政学を一切消し去ってきた。しかし、歴史が明らかにするところでは、近代的な自由市場とは、重商主義の産物なのであり、そして重商主義は国家間の地政学的対立の中から編み出されたものだったのである。

戦争が革命を生む

ヒンツェは、軍国主義が第二期から第三期へと突入する契機をフランス革命とする。そのフランス革命の最重要の原因を、マクニールは人口増加に求めている。

一八世紀半ばからヨーロッパ、とりわけフランスとイギリスにおいて急激な人口増加が起きた。しかし、都市における雇用や食糧供給の拡大が人口増加に追い付かず、ロンドンやパリで群衆による暴動が発生することとなった。

マクニールの説では、この人口過剰と雇用不足という問題に対して解決策を与えたものは、フランスでは革命とナポレオン戦争であり、イギリスでは産業革命であった。これらはもとより計画されたものではなかったが、結果的には、フランスは国民皆兵によって、イギリスは商工業の発展によって、余剰のマンパワーを吸収することになったのであった。

イギリスもフランスも、指令志向型と市場志向型の混合によって、人口過剰という危機に対処したのであったが、イギリスの方がより市場志向型に重点を置いており、そしてそのシステムの方が優位に立った。この英仏の対応の相違には、地理的環境が深く関係している。イギリスは海に囲まれた島嶼国家であるために市場志向型の資源動員を選択することができた。これに対し、大陸国家のフランスは指令志向型の資源動員に依拠せざるを得なかった。(25) 地理的環境が余剰のマンパワーの流れていく先を左右し、英仏は異なる歴史を歩むこととなったのである。

なお、この地理的環境が国内体制の有様を決定づけるという点は、ハルフォード・マッキンダーが特に重視した点であるが、それについては第9章において論じることとなる。

フランス革命と産業革命の主たる原因の一つは、確かにマクニールが言うように、人口増加であったのかもしれない。しかし、戦争や戦争準備の圧力が国家のあり方を規定するというヒンツェの洞察により忠実に従うならば、フランス革命と産業革命の原因にも戦争があったことを見逃すことはできない。

イギリスの産業革命の地政学的な起源については、次々章において詳述するとして、ここでは、フランス革命の地政学的な起源について、ヒンツェの歴史社会学を継承するシーダ・スコッチポルの有名な研究『国家と社会革命：フランス、ロシア、中国の比較研究』を参照しておこう。

スコッチポルは、ブルボン朝フランスが、革命の勃発までに、七年戦争という国際紛争の圧力にあったことに着目した。同じことは、ロシア革命や辛亥革命についても言える。革命が起きる直前、ロマノフ朝ロシアは第一次世界大戦、清朝中国は日清戦争という戦争に巻き込まれていたのである。

そして、ブルボン朝、ロマノフ朝、清朝のいずれも戦争による負担がかさむ中で、財政の立て直し、あるいは近代化のための政治改革が必要になった。しかし、これが国家を強力に支配していた地主階級の強い反発を招き、行政機構や軍事機構が崩壊する結果となり、そして下層階級による社会革命を誘発したのである。スコッチポルはこのように論じながら、社会革命の「逆第二イメージ」的な解釈を提示した。

一七八九年のフランス、一九一七年のロシア、一九一一年の中国で革命が起きた時、それは、この目的のための思慮ある行動のせいでも、自称革命家によるものでも、旧体制下の強力な政治勢力によるものでもなかった。むしろ帝国が、激化する軍事競争あるいは海外からの侵略と、既存の農業社会的な階級構造と政治制度が君主制の対応に課した制約という、二つの圧力に挟まれた結果として、革命的政治危機が勃発し、行政機構と軍事機構の崩壊に至ったのである。[26]

もっとも、ホーエンツォレルン家プロイセンや徳川日本も、国際紛争の圧力下にあったが、社会革命は起きなかった。これについてスコッチポルは、当時のプロイセンと日本の政治構造は、革命前のフランス、ロシア、中国と比較して、より官僚制的であったためであると論じている。このため、新旧の権力闘争はエリート層の中だけにとどまり、階級間の闘争にまでは発展せず、社会革命を引き起こすには至らなかったというのである。[27]

戦争は確かに国家を形成したり、改革したりするが、それは戦争がもたらす負荷に国内の政治・社会構造が対応できる場合に限られる。国際関係の圧力に国内構造が耐えられなかった場合には、国家の崩壊や革命が起きるのである。[28]

日本では、黒船来航などによる国際関係の圧力に幕藩体制が耐えられずに明治維新が起きたが、その近代化は外発的であるに過ぎず、内発的な市民革命を経ていない未熟なものであるという歴史観・社会観が根強くある。しかしスコッチポルが明らかにしたように、代表的な市民革命とされるフランス革命もまた、イギリスとの戦争という国際関係の圧力によって旧体制が崩壊したのであり、その意味で外発的な革命に過ぎなかったのである。

そしてこれまで見てきたように、ヨーロッパの近代化は、数多の国家間の紛争を圧力として進められてきたのであり、日本だけではなく、西洋の近代化もまた外発的であったのである。もっと言えば、近代化というものの自体が国際環境の圧力から外発的に生じたものなのである。

戦争とナショナリズム

人口増、大陸国家という地理的環境、七年戦争、そして農業社会的な国内政治構造。こうした地理的・政治的・経済的要因が相まってフランス革命が勃発し、ブルボン王朝は崩壊した。

革命の結果、一般国民の徴兵によって組織された陸軍、いわゆる「マス・アーミー」という軍事組織上の革新が行われ、軍隊は飛躍的な大規模化を遂げることとなった。このマス・アーミーの誕生こそ、ヒンツェの言う第三期の軍国主義を画するものである。

マクニールが明らかにしてきたように、傭兵部隊、火薬革命、イタリア式築城術、マウリッツ式軍事調練法など、戦争の技芸の革新は、国家構造に変革を強いてきた。そして、このマス・アーミーという「戦争の技芸」の革新は、国民国家という新たな国家構造の形成を促したのである。

もっともマクニールは『戦争の世界史』の中において、国民国家の形成過程について必ずしも明示的に論じているわけではない。しかし、彼は、近代的な軍隊組織が兵士に対して及ぼした心理的・社会的効果についてきわめて示唆に富む分析をしており、それがナショナリズムの発生について理解する上で重要なのである。

それは、マウリッツが開発した軍事教練法に関する記述の中に見出せる。そこでマクニールは、次のように論じた。

マウリッツ式の軍事教練の導入により、新たな心理的・社会的効果が発見された。それは、人間が集団で長期間にわたり、拍子をそろえて一斉に手足の筋肉を動かしていると、集団の中に非常に強い社会的紐帯が生まれ、それまで無関係だった雑多な男たちでも団結強固な共同体を形成できるという効果である。しかも、その共同体は人工的なものであるにもかかわらず、生まれてくる同胞意識は非常に安定的で強力な感情であった。

「これはおそらく、大きな筋肉を一斉に動かすことには、人類に知られている最も原始的なレベルの社会性を呼び起こす力があるためだろう[29]」とマクニールは述べている。原始社会の人間たちは、大型獣の狩りで必要な集団行動を可能とするべく、踊りというリズムのある運動を通じて仲間意識を強化していた。軍事教練は、この人類がもつ社会性の原始的な本能を活用したのである。「ナッサウ伯マウリッツと、かれにつづく何千というヨーロッパ諸国軍の教練教官たちが発達させた軍事教練というものは、この原始的社会性の貯水槽に蛇口をつけてじかに力をくみだす仕掛けであった。[30]」

一四世紀のイタリアの都市国家は、市場志向型行動様式のために、第一次集団の強固な連帯に基づく強力な市民民兵隊を組織することができず、傭兵軍団に依存せざるを得なかった。しかし、マウリッツ以降の軍人たちは、軍事教練によって、第一次集団的な共同体を人工的に作りだせることを発見した。そして、これによってヨーロッパ諸国の国王は、強力な常備軍をもつことができるようになったのである。[31]

さらに一九世紀になると、ヨーロッパ諸国は徴兵制を採用し、マス・アーミーを組織していくようになったが、これもマウリッツによる軍事教練法の開発によって準備されたものである。もし、マウリッツ式軍事教練法がなければ、これまで縁もゆかりもなかった個人を大量にあつめて大規模なマス・アーミーを形成し、機能させることは不可能であったであろう。

こうして陸軍が徴兵によるマス・アーミーとなると、軍隊組織が生み出す強力な連帯意識はいっそう広がることとなった。しかも、この軍隊が生み出す人工的な共同体意識は、近代化や産業社会化によって弱体化した伝統的な第一次集団の穴を埋める役割をも果たしたのである。[32]

この近代的な軍事教練が生み出した共同体は、前章において参照したベネディクト・アンダーソンの用語に依拠すれば、まさに「想像の共同体」であると言うことができる。マクニールが論じたのは部隊レベルでの共同体意識であるが、これがマス・アーミーとなると、国家レベルで共同体意識をもたらす効果をもつこととなるのである。

マス・アーミーを組織するには、これまで互いにまったく無縁であった民間人を徴集し、生命を危険にさらす任務へと動員しなければならない。ナショナリズムは、その動員の強力な原動力となる。国家は国民皆兵を可能とするために、学校教育を通じて、国民に標準言語を習得させてコミュニケーションを促進し、国の歴史や地理を教え、文化を共有させ、愛国心を称揚するのである。そして、徴兵された人々は、軍隊において集団生活を経験することを通じて、国家の存在を強く意識させられることとなる。アーネスト・ゲルナーは、ネイションの発生源となる標準言語や画一的な文化は産業社会の要請であると解釈したが、それらはマス・アーミーにとっても不可欠なものであった。[33] マス・アーミーは、ナショナリズムを育む苗床となったのである。

もっとも、広範な標準言語の共有やコミュニケーションは、ネイションという「想像」を形成するのに貢献したのは確かに間違いないであろうが、それだけでは、軍事教練の下で集団が規則的に筋力を動かすことで生じる原始的な社会性のような凝集力を生み出すとは言い難い。近代軍隊の原始的な社会性は、生命の危険を冒すような集団行動をも可能にするほどのものである。そのような強力な連帯感を、言語や文化の共有あるいはコミュニケーションだけで発生させることは困難であろう。

しかし、ネイションにも、原始的な社会性に匹敵する強力な凝集力の発生源が秘められていた。

前章において確認したように、ネイションには近代化によって形成された「想像の共同体」という側面がありながら、アンソニー・スミスが指摘したように、「想像」以上に強く感情を揺さぶるものとして経験されるものでもあった。それは、ネイションの中核に聖的なものが据えられており、ネイションを統合しているからであった。スミスの理解は、デュルケイムの宗教社会学に依拠している。デュルケイムは、原始社会を分析し、社会の統合には聖的な象徴が必要とされることを明らかにした。それは近代産業社会においても基本的に同じである。ネイションとは、聖的な象徴によって統合された近代社会なのである。

このネイションという近代社会の中に、聖的な核という言わば原始社会的な要素を見出すスミスの議論は、近代軍隊の原始社会性に関するマクニールの直観に共鳴するものがある。

マクニールによれば、マウリッツ式軍事教練法が強力な動員力を発揮し得たのは、それが原始社会性の本能に訴えかけて、ばらばらの個人を疑似的な第一次集団へと組織化することに成功したからであった。これによって、市場志向型行動様式が支配的な近代社会においても、効率的な軍事組織に不可欠な指令志向型行動様式を実践することが可能となったのであった。

これとほぼ同じ類のことが、国民国家についても言える。

ネイションには、原始社会と同様に聖的な核がある。それゆえ、ネイションの聖性を強調するナショナリズムは、原始社会性の本能を刺激し、強力な動員力を発揮するのである。国民国家とは、マウリッツ以降の近代軍隊と同様に、「原始的社会性の貯水槽に蛇口をつけてじかに力をくみだす仕掛け」によって、市場志向型の社会において指令志向型の組織運営を実現したものであったのである。ナショナリズムが近代の人工物でありながら、長い歴史に根差した自然な感情であるかのように経験されるのも、それが原始社会性の本能に響くものだからであろう。そして強烈なナショナリズムは、規律された軍隊の連帯感と同様に、人々を戦地へと動員する力をもつ。

もっとも、注意しなければならないのは、国家がナショナリズムによって国民を動員し、マス・アーミーを強化したというのはあくまで結果であって、国家の支配者層が初めから意図的にそうしたわけではかならずしもなかったということである。なぜなら、ナショナリズムに駆り立てられたマス・アーミーは、既存の支配者層に対して挑戦する脅威にもなりかねないからである。

たとえば、フランス革命以前のヨーロッパ諸国の王侯たちは、戦争のために、ナショナリズムの鼓吹によって国民を動員しようとはしなかった。一八一五年以降においても、ヨーロッパ諸国の王侯たちは、フランス革命の経験から、国民皆兵制度によって武装し、ナショナリズムのエネルギーによって強化された国民が体制に挑戦してくることを恐れ、旧体制の陸海軍を維持しようとしたのである。(34)

しかし、結局のところヨーロッパ各国の支配者たちは、国際的な緊張関係や戦争の圧力の中で生き残るために、軍事力の動員のために国民との交渉を余儀なくされた。そして結果的には、ナショナリズムが統治を正統化するイデオロギーとして支配的になっていったのである。(35)

こうして戦争から産み落とされた近代国家は、さらなる戦争を通じて「国民国家」へと収斂していくことになるのだが、その過程の理論的な解明は、次章に譲る。本章では、近代というものが「市場志向型」行動様式と「指令志向型」行動様式、あるいは「富国」と「強兵」の有機的な相互作用の過程であることを確認したのである。

第6章 資本と強制

ティリーの歴史社会学

ヒンツェやシュンペーターは近代国家の起源を戦争に求め、マクニールは、近代国家の形成と変容の歴史を戦争と戦争準備のための資源動員に着目して描くことでこれを裏づけた。マクニールは、資源動員の理念型を「指令志向型」と「市場志向型」に区分し、ヨーロッパで発生した近代国家の構造と動態を、この二つの行動様式の相互作用として解釈したのであるが、この視点は、近代国家の本質に迫る上で、きわめて重要であるように思われる。

近代国家と前近代国家を分かつものは、後者の戦争のための資源動員がもっぱら指令志向型であるのに対し、前者は、指令志向型と市場志向型の混合体制にあるというところにある。国家は、スペンサーが論じたように軍事的国家（指令志向型）から産業的国家（市場志向型）へと単線的に進化するのではなく、言わば弁証法的に発展していくのである。ヒンツェが描いた軍国主義の変遷もまた、指令志向型行動様式と市場志向型行動様式が次第に融合していく過程であった。

このヒンツェやマクニールの歴史観をより社会理論的に体系化して論じたのが、歴史社会学者チャールズ・ティリーが著した『強制、資本そしてヨーロッパの諸国家：紀元九九〇年―一九九二年』である。

ティリーの理論は、次のような壮大な問題設定から始まる。

ヨーロッパ世界では、西暦九九〇年以降の千年の間に、都市連合、封建領主、教会、山賊・海賊などの武装集団、都市国家、帝国など、時代によってさまざまな形の統治形態が登場したが、次第に「国家」が最も有力な統治形態として優位を占めるようになっていった。さらに国家は、一九世紀へと向けて「国民国家」という形態へと収斂していった。のみならず、国民国家という国家形態はヨーロッパを超えて全世界へと伝播していったのである。

どうして、歴史上、さまざまな形態の国家が現れたのか。そして、それらはなぜ、国民国家へと収斂していったのか。この壮大な問題に対してティリーは明確な回答を示した。その理論は歴史社会学の一つの到達点であり、今日、国家形成に関する最も有力な説とみなされている。

まずティリーは、国家の歴史的なダイナミズムを生み出す要因として、「集中化された資本」「集中化された強制」「戦争準備」「国際システムの中における位置づけ」の四つを特定する。これらの四つの組み合わせによって、国家が形成される歴史的な過程を説明しようというのである。

なお、ティリーは、「資本（capital）」の意味に注意を促している。彼が言う「資本」とは、あらゆる有形の動産を指しており、この意味における資本を蓄積し、取引する者が「資本家」であるとされる。他方、「資本主義」について、ティリーは、資本家が所有する物質的手段によって労働者が商品を生産する経済システムとみなしている。そして、生産手段を所有する「資本主義」の資本家が重要な位置を占めるようになったのは一七五〇年以降のことであると言う。ここでティリーが「資本主義」と呼んでいるものは、産業革命以降に成立した、いわゆる「産業資本主義」のことであろう。確かに「資本」は、「産業資本主義」の成立以前から存在していた。産業資本主義以前の資本家は、生産活動に介入せず、基本的に商人、企業家、あるいは金融家として活動していた。ティリーの言う「資本」には、産業資本主義以前の資本家が扱っていた「資本」も含まれるのである。[1]

ティリーが「資本」と対比させるのが「強制（coercion）」である。「強制」とは、ある個人や集団に対して損害を与えるような行動やその脅しのことである。

さて、「資本」が特定の地域に集中し、蓄積されていくと、「都市」が誕生し、成長する。これに対して、「強制」が特定の地域に集中し、蓄積されると、それは「国家」となる。

「資本」の蓄積の場としての「都市」と、「強制」の蓄積の場としての「国家」。この二つの相互作用によって、国家形成の歴史を説明しようというのが、ティリーの理論であった。

ティリーは、「資本」と「強制」のあり方に着目することで、ヨーロッパの国家形成の様態は、「強制集約（coercion-intensive）」型、「資本集約（capital-intensive）」型、「資本化強制（capitalized-coercion）」型の三つに分類できるとしている。

「強制集約」型の国家は、ロシア、北ヨーロッパ、東ヨーロッパの国々に多くみられた形態であり、支配者が領民や被征服民から戦争の遂行に必要な資源を強制的に徴収する点に特徴がある。「強制集約」型国家においては、強制徴収のための大規模な行政機構が構築されるが、都市の発達や資本の集中はほとんどみられない。

これに対して、「資本集約」型の国家では、資本家による寡頭支配の影響により、商業資本の保護と拡大のために国家の形成が促される。支配者は、資本家との協力関係に依存し、軍事力を借りたり、傭兵を雇ったりすることで戦争を遂行する。このため、「強制集約」型国家とは異なり、大規模な行政機構はもたない。この「資本集約」型国家の道を歩んだのは、北イタリアの都市国家やオランダ共和国、カタルーニャなどである。

この「強制集約」型と「資本集約」型の中間に位置するのが、「資本化強制」型の国家である。このタイプの国家では、支配者は、資本家とその資本を国家の構造の中に取り込もうとする。資本を保有する資本家と強制を保有する国家の力関係が拮抗し、戦争準備のために密接に結びつくのである。この「資本化強制」型の道を進んだ国家は、イギリス、フランス、プロイセン、スペインである。この四カ国は、それらの違いが強調されることが多いが、ティリーは、「強制集約」「資本集約」「資本化強制」の三類型に分けるのであれば、いずれの国も「資本化強制」型に属するとしている。

ここで注意すべきは、ティリーによる三類型は、あくまでも社会学的な分析上の「理念型」であるということである。すなわち、純粋な「資本集約」型国家や、純粋な「強制集約」型国家というものは、現実には存在しない。程度の差はあれ、あらゆる国家が「資本」と「強制」の双方の要素を有している。たとえば一五世紀の北イタリアの都市国家は、マクニールの言う「戦争の商業化」を実現していた。それは、「強制の資本化」とも言える。しかし、北イタリアの都市国家は、イギリスやフランス、あるいはロシアとの比較においては、明らかにより「資本集約」的であったのである。したがって、「強制集約」「資本集約」「資本化強制」の三類型は、あくまで相対的な概念として理解しておく必要がある。

イギリス、フランス、プロイセン、スペインといった「資本化強制」型国家は、北イタリアの都市国家やオランダ共和国の「資本集約」型国家から、ロシアや東ヨーロッパの「強制集約」型国家の間のグラデーションの中のいずれかに位置づけることができる。中でもイギリスは、「資本化強制」型の典型例と言える。たとえば、一三世紀のイギリスの国王は、フランスとの戦争の過程において、戦争遂行のための財政基盤を封建領主に依存したが、封建領主たちは国王からマグナ・カルタを勝ち取り、戦争遂行のための新課税は領主らの集会の承認を要することを認めさせた。ただし、その一方で、王制による軍事力増強の試みは継続し、中央集権的な国家機構が形成されていったのである。マグナ・カルタから名誉革命に至る、イギリスのよく知られた憲政史は、「資本」と「強制」の均衡と結合の歴史であり、「資本化強制」が形成される過程であると言えるであろう。

そしてこの「資本化強制」型国家が、「強制集約」型や「資本集約」型に先んじて、国民国家を完成させることになるのである。

「強制集約」型、「資本集約」型、そして「資本化強制」型という国家形成の経路の違いは、ヨーロッパの地政学的な環境によってもたらされたところが大きい。

たとえばロシアや東ヨーロッパといったヨーロッパの周辺地帯では、交易が活発でないために資本の集中が起きにくく、したがって都市や資本家の勢力は弱体であり、領主貴族の勢力が強力であった。また、こうした周辺地帯では、モンゴル帝国のような強大な侵略者からの防衛という要請もあったことから、支配者が領主貴族や農民から直接、兵力を調達しやすい地政学的環境にあった。このため、ロシアや東ヨーロッパでは「強制集約」型国家が形成されていくのである。

これに対して、ヴェネツィアやオランダといった中心部の海洋国家は国際市場に接続しているため、経済的に繁栄し得る。このため、こうした地域では、資本の集中が進み、資本家が支配的な勢力となって、「資本集約」型国家が形成されていくこととなる。

両者の中間的な地理的位置にあるのが、アラゴンやイングランドである。こうした地域では、資本蓄積の中心地が少なくとも一カ所はできるため、資本家は、国家と拮抗し得る程度の勢力を形成し得る。このため、資本を保有する資本家と強制を保有する国家との間で権力闘争が起きるが、最終的には、両者は暫定的な合意に至って、共存する道を選ぶ。その結果が、「資本化強制」型の国家なのである。

軍事革命

このようにヨーロッパの国家は、その地理的あるいは地政学的な環境によって「強制集約」型、「資本集約」型、「資本化強制」型の三つに分類できるのであるが、これらは一五世紀頃から一九世紀にかけて、いずれも「資本化強制」型、さらには国民国家へと収斂していったのである。

なぜ、そのようなことが起きたのか。その要因は、戦争にある。

ヨーロッパでは、一四世紀半ば頃から、戦争において火薬が使用されるようになっていった。それから一五〇年ほどかけて、大砲が使用されるようになり、それに合わせて砲撃に耐えられるような新たな城塞が建設されるようになっていった。その過程については、マクニールが詳しく描いたとおりである。

この火薬の使用という、いわゆる「軍事革命」によって、一六世紀以降、戦争にかかる費用は飛躍的に増大し、その結果、次のような変化が起きた。

第一に、戦争の形態が複雑化し、莫大な費用を要するようになる、すなわち「資本集約」型になるに従って、国家が戦争の手段を独占するようになっていった。第二に、国家は市民の武装を解除し、軍人と民間人の区別を明確にしていった。第三に、国家は自ら兵器を開発・製造するようになった。第四に、国家は、人員、食糧、兵器、輸送手段その他の戦争に必要な資源を市民から直接徴収するよりも、貨幣によって収めさせることを選ぶようになり、税の徴収のために「強制」を使用するようになった。

このような変化に対応するためには、二つの環境条件が必要になる。すなわち、ある程度貨幣経済が発達していること、そして信用制度が整っていることである。貨幣経済が発達していなければ、効率的な徴税は不可能である。さらに信用制度がなければ国家は借入れを行うことができず、財政は厳しい制約を受けるため、将来のために大規模な軍事力を整備することが困難になる。

国家が借入れを行う先は資本家である。軍事革命によって戦争の高コスト化が進んだために、国家の「強制」が「資本」に依存する度合いは著しく強まっていったのである。

こうした環境変化の結果、「資本化強制」型国家が最も優位に立つこととなる。「強制集約」型国家は、貨幣経済と信用制度が未発達で、戦争を遂行するために必要な「資本」が不足している。他方、「資本集約」型の国家は、貨幣経済と信用制度は発達しているが、小規模な都市国家であるため、大規模な戦争を勝ち抜くのに十分な「強制」がない。これに対して、「資本化強制」型の国家は、「強制」と「資本」のバランスがとれており、大規模な国家の中に発達した貨幣経済と信用制度を有する。それゆえ、強大な強制を効率的に動員することができるのである。「資本化強制」型国家は、言わば、「資本」と「強制」を止揚した国家形態と位置づけられるであろう。こうして「資本化強制」型国家のイギリスやフランスが戦争に勝ち抜き、大国として台頭していくこととなる。(2)

そして、この「資本化強制」型国家が、次のような過程を経て、国民国家へと変容していくのである。

「資本化強制」型の国家は、戦争の遂行に必要な人的あるいは経済的資源を徴収するため、人民に対する「直接支配」を強めていくようになる。一七世紀以前は、教区、公国、都市国家といった小規模な政治組織においては、支配者は被支配者を直接的に支配していたが、比較的大規模な国家においては、貴族や教会といった自律的な中間勢力を通じて、間接的に人民を支配するのが一般的であった。だが、そのような間接支配では、人的・経済的資源を直接的に徴収しようとしても、自律的な中間勢力の抵抗にあうために、戦争遂行のための大規模な動員は不可能である。こうした国家が戦争を遂行するためには、中間勢力の協力がなければならない。

しかし、一七世紀以降、国家は、戦争という目的に向けて人的・経済的資源を動員するため、人民の日常生活により直接的に、そしてより深く介入していくようになっていった。たとえば、資源の徴収は、貢納から税金へと変わる。あるいは国家は、人民を一つに統合するため、共通の言語、宗教、通貨、法制度などを課し、国内の交易、輸送あるいは通信のシステムを整備する。

その結果、国家はより効率的に人民を戦争へと動員することができるようになる。すなわち、国家は、「国軍」を常備するようになるのである。それと同時に、国家の直接支配の下に服し、画一的な言語、法制度、教育制度あるいは通貨を共有するようになった人民は、「国民（ネイション）」という想像を共有するようになる。こうして国家は、「国民国家」へと転換していったのである。

しかし、こうした国民国家化、すなわち国家の直接支配の強化と画一化は、旧来の自律的な中間勢力による反発や人民による抵抗を招くことになる。そこで国家は、直接支配の強化と引き換えに、被支配者に新たな権利を付与するように取引し、彼らを懐柔していくようになる。この国家と人民との妥協と調整の過程こそが、いわゆる「シティズンシップ」の起源にほかならない。「我々が今日〝シティズンシップ〟と呼ぶものの核心は、支配者と被支配者が国家行動の手段、とりわけ戦争を巡って闘争を繰り広げる中で打ち出してきたさまざまな交渉によって成り立っている。[3]」シティズンシップもまた、戦争から産み落とされたということである。

そして、この国家の直接支配への移行、国民国家化、そしてシティズンシップの成立は、フランス革命によって加速し、ナポレオン戦争を経てヨーロッパ各国に伝播した。さらに一八五〇年以降になると、「我々が概観してきた国家の転換の過程は、ある驚くべき結果をもたらした。政府の民政化である。[4]」

「民政化（civilianisation）」とは、軍事部門と非軍事部門が分化し、かつ後者が拡大していくことである。戦争の遂行のために国内の人的・経済的資源を動員するとは言え、軍隊はもっぱら国外で活動するため、軍事部門自体が国内資源を直接的に徴発し続けるのは効率が良くない。そこで、軍事部門とは別に、民政に特化した部門が発達していくのである。たとえば、国家の「強制」は、国外に対するものと国内に対するもの、すなわち軍隊と警察へと分かれていった。また、政府の非軍事的な活動や支出の割合が顕著に拡大していった。そして、軍事部門は、非軍事部門に対して従属的・依存的な地位に置かれるようになっていったのである。(5)

「資本化強制」型国家の権力

以上、ティリーの壮大な国家形成の歴史社会学を概観してきたが、ヒンツェやマクニールと同様に、ティリーもまた、それを軍事的領域(「指令志向型行動様式」あるいは「強制」)と経済的領域(「市場志向型行動様式」あるいは「資本」)が融合していく過程として描いている。国家は、「強制集約」型国家から「資本集約」型国家へと進化するのではなく、混合して「資本化強制」型国家へと発展していく。そして、この「資本化強制」型国家は、他の二類型にはない強大な権力を具備し、台頭していくのである。

ただし、「強制集約」型国家と、「資本化強制」型国家とでは、国家権力の性質に重大な相違があることに注意が必要である。

第4章において参照したとおり、国家権力の概念は、「専制的権力」と「インフラストラクチャー的権力」とに分類される。

専制的権力は、一方的な指令によって人民を動員する国家の「強制力」のことである。これに対して、インフラストラクチャー的権力は、一方的な「強制力」というよりは、人民と制度を通じて調整しながら政策を遂行する「能力」とされている。より違いを際立たせるならば、専制的権力が「〜に対する力(power over)」であるのに対して、インフラストラクチャー的権力は「〜するための力(power to)」なのである。

この区分を踏まえるならば、「強制集約」型国家の権力とは、専制的権力のことであろう。マクニールが「指令志向型」と呼んだ行動様式もまた、専制的権力を言い換えたものと解し得る。

これに対して、「資本化強制」型国家は、共通の言語、宗教、通貨、法制度などを通じて人民を動員するものとされており、とりわけシティズンシップを通じて国家と人民が調整し、妥協するものとされている。この「資本化強制」型国家の権力のあり方は、まさにインフラストラクチャー的権力である。これは、「強制集約」型国家の専制的権力とは質的に異なる権力である。

「資本化強制」型国家とは、確かに「資本」と「強制」の混合政体である。しかし、混合したことによって、国家権力が専制的からインフラストラクチャー的へ、「〜に対する力」から「〜するための力」へと変質しているのである。

ポール・スターは、この「〜に対する力」と「〜するための力」という二つの権力概念が、（政治的）自由主義の理念と深くかかわっていることに注意を促している。

彼によれば、自由主義の権力に対する原則には、次の三つの目的がある。恣意的で専制的な強制力（「〜に対する力」）を制限すること、正統な権力行使のルールを確立すること、そして個人と社会の全般的な能力を拡張することである。「リベラルの権力に対する中心的な仮説は、専制的な「〜に対する力」の制限が、社会的な「〜するための力」」をより大きなものにするということにある。[6]」

自由主義とは、憲法など法の支配により国家権力を制限することを最大限に重視する政治思想である。しかし、自由主義の原則に基づいて権力を制限された立憲的自由国家が、実際には、権力を制限されない専制国家よりも強力な権力をもっている。これが逆説に見えるのは、権力の概念を「〜に対する力（専制的権力）」と「〜するための力（インフラストラクチャー的権力）」に区分していないからである。すなわち、自由主義が法の支配によって制限しようとするのは専制的権力なのであり、その結果、「インフラストラクチャー的権力」

が強化され、個人と社会の能力が高まり、「～するための自由」がより広がるのである。

なお、この国家のインフラストラクチャー的権力は、マイケル・マンが指摘したように、自律性をもっていることにも注意が必要である。インフラストラクチャー的権力は、確かに国家と人民との妥協や調整の過程から発生するものとされているが、それにもかかわらず、国家は、人民の民意や特定の階級の利益の単なる代理人としてではなく、固有の自律性をもって活動するのである。

こうしたインフラストラクチャー的権力を備えた国家の自律性を、ピーター・エヴァンスは「埋め込まれた自律性（embedded autonomy）」と呼ぶ。「埋め込まれた自律性」とは、次のような国家社会構造を言う。

近代国家は、行政官僚を能力主義によって選抜し、長期的に雇用する。その結果、行政官僚たちの間には組織的な一体感が生じ、それが国家機関に自律性を与えることになる。しかし、国家は社会から超然と隔絶するわけではない。その逆に、国家は特定の政策目標の設定や実行にあたっては、社会との間にさまざまなチャネルをもち、そのチャネルを通じて社会と交渉し、調整を繰り返す。国家は、社会に埋め込まれているのである。(7) グラエム・ギルもこの埋め込みの構造を重視し、国家と社会の「有機的相互依存」と呼んでいる。(8)

要するに「資本化強制」型国家とは、国家（強制）が市場社会（資本）の中に埋め込まれ、両者の有機的相互依存を形成することで、強大なインフラストラクチャー的権力を生み出した国家形態であると言えるであろう。

ちなみにイギリスや日本が採用している議院内閣制という政治制度は、この「埋め込まれた自律性」あるいは「有機的相互依存」の構造を如実に体現するものである。

議院内閣制は、立法府の多数派の代表が政府の首班（内閣総理大臣）となり、政府が議会に対して連帯して責任を負うシステムであり、政策決定は、政府と与党の緊密な調整過程を経るが、この議会というチャネルを通じて社会のさまざまな集団の利益が国政に反映されていく。行政府が立法府に埋め込まれているのである。その意味において、議院内閣制とは、厳密な意味における三権分立を成立させたものではない。

しかし、その一方で、内閣総理大臣には権力が集中しており、政府は利益誘導的な政治圧力をある程度制度的に封じ込めることもできる。行政府は立法府に埋め込まれながらも、自律性も確保しているのである。その自律性は、さまざまな課題、とりわけ国家的危機に対して、政府機関が機動的に対処する能力を保証する。

議院内閣制における立法府と行政府は、完全に分立するのではなく、有機的な相互依存関係にあるのであり、その有機的相互依存関係からインフラストラクチャー的権力が発生するのである。

一九世紀の民政化

「資本化強制」型国家では、一九世紀において民政化という現象が進行した。ティリーはこの民政化を「驚くべき結果」と評した。確かに一五世紀以降、西洋の近代国家はヒンツェが「軍国主義」と呼んだように、軍事がその機能の大半を占める政治組織であった。それが一九世紀半ば頃から、軍事部門の比重が下がり、民政部門が拡大していくのであるから、「驚くべき」と形容するに値する。

民政化の進行は、国家予算によって確認することができる。たとえば一八〇〇年には、ヨーロッパ諸国の政府支出の六割以上が軍事費で占められていた。しかし、一九世紀半ばには軍事支出と民政支出の比率はほぼ同等になり、民政支出の割合が上回る年もあった。たとえばイギリスは、一八八一年に、民政支出の比率が軍事支出を上回った。「その時代の最強国が中央政府の財政資金を、軍事活動より平和的活動に多く振り向けたのは、組織化された国家の歴史全体を通じて、おそらく初めてのことであろう。[9]」

なぜ一九世紀を通じて、軍事支出の比率は低下傾向になったのか。マイケル・マンは次のように論じている。

第一に、軍事支出は、戦争が頻繁に起きていた一八世紀に飛躍的に増大したが、ナポレオン戦争以後は、比較的平和が続いた。第二に、戦術、軍事組織、軍事技術の効率化により、軍事費の節約が可能となった。第三に、戦時中は公債の発行によって戦費を調達し、軍事支出を拡大するが、平時にはその債務弁済のための支出の比率が高まる。こうした要因が重なって、一九世紀に、軍事支出の比率が低下したのである。ただし、その一方で、政府支出全体は、一九世紀を通じてそれほど大きく減少しなかった。それは、民政支出が増大したからである。公債発行の目的も、戦費調達から、鉄道や教育といった大規模な公的プロジェクトの支出へと移行していった(10)。

こうした一九世紀の民政化の進展は、ヒンツェの理論よりも、彼に批判されたスペンサーの「軍事社会から産業社会へ」という理論の方を裏づけるものであるようにも見える。

しかし、この民政化ですら、戦争の影響を色濃く受けていることに注意が必要である。

第一に、軍事か民政かを問わず、政府支出の拡大の契機となったのは、戦争である。

たとえば、一七世紀から一八世紀にかけて、イギリス、フランス、プロイセンでは戦争により財政規模が急激に増加し、戦後には縮小するものの、戦前の規模にまでは戻っていない(11)。一九世紀においても、ナポレオン戦争によって財政規模が拡大し、その後はグローバルな戦争がない時期が続いたが、財政規模はそれほど大きく減少しなかったことはすでに述べた。

戦争は、軍事費の増大という形で財政規模を拡大させるが、戦後、軍事費は縮小しても、財政規模全体は戦前の水準までは縮小しない。この現象は「置換効果（displacement effect）」と呼ばれている。この「置換効果」は、二国間の戦争よりも、主要な諸大国が参加するグローバルな戦争（スペイン継承戦争、フランス革命による戦争、ナポレオン戦争、第一次および第二次世界大戦）において特に顕著にみられるという(12)。

このように、民政化とは、戦争による財政拡大と戦後の置換効果から生じているのであり、その意味で、戦争が民政化の起源であると言えるであろう。

第二に、民政支出として分類される項目の中に、戦争を起源とするものがある。たとえば、一九世紀に拡大した民政支出としては、鉄道建設と教育に対する公的投資の拡大が挙げられるが、鉄道も教育も、戦争と無縁ではない。

というのも、鉄道は大軍を戦場に移動させる手段として用いられていたのである。特にプロイセンの参謀総長モルトケは、一八六六年、オーストリアとの戦争において、中央集権化された指揮の下、電信と鉄道を駆使して、計画的に部隊を移動させる軍事作戦を編み出し、勝利を収めた。それ以降、この鉄道を活用したプロイセン式の陸軍の運営と動員は、他の国々にとっての模範となった。[13] 鉄道とは、民政のみならず軍政にとっても死活的に重要なインフラなのである。

公教育もまた、戦争と深くかかわっている。国家による大衆教育は、読み書きができず、話す言語も統一されておらず、国民意識にも疎い人民を、愛国心をもち、共通言語で読み書きができる兵士へと改造し、軍事力を強化する上で不可欠なのである。それが証拠に、深刻な軍事的脅威、とりわけ敗戦の経験は、国家が大衆教育への投資を強化する動機を強める。ナポレオン戦争に敗北したプロイセン、普仏戦争に敗北したフランス、明治維新の日本における教育改革がその典型例である。[14]

そして、鉄道や教育制度といったインフラストラクチャーの拡大がナショナリズムを発生させ、強化させることは、第4章において論じたとおりである。人々を戦争へと動員する最大の原動力であるナショナリズムは、民政化によって増幅されるのである。

したがって、一九世紀における政府による鉄道及び教育への投資は、統計上は民政支出の項目ではあるが、軍事支出の一部とみなすことも可能であろう。ヒンツェが言うように、一九世紀を通じて、軍事的領域と経済的領域の境界はあいまいになっていったのである。政府の民政化とは、むしろ軍国主義が民間経済の領域にまで浸透する過程の一側面である。「資本化強制」がいっそう進み、インフラストラクチャー的権力が拡大していく過程が民政化として現れたのである。

スピン・オフ

マクニールは、一八四〇年代に「戦争の産業化」が始まったとしている。しかも、それがさらに「経営された経済（managed economy）」への移行、あるいは「経済の政治化」を進める上で先駆的な役割を果たしたと論じている。(15)

もっとも、一八八〇年代以前の段階では、発明や技術革新はもっぱら民間主導で行われ、陸海軍は新たな技術には懐疑的であった。たとえばロバート・フルトンが蒸気推進船を試験にかけたのは一八〇七年であり、それ以後、蒸気船は著しく発達したが、軍艦に蒸気機関が用いられるようになったのは、それから三〇年以上も後のことであり、それもフランス海軍によってであった。イギリス海軍はフランス海軍に追随する形で遅ればせに蒸気機関を採用したのである。

こうした軍人の保守主義にもかかわらず、一八五〇年代に武器製造産業に大変化が起きた。きっかけは、一八五四年から五六年のクリミア戦争である。

クリミア戦争により、突如として、銃器の新たな需要が発生したが、イギリスの手工職人集団は増産に対応できなかった。そこでイギリスは、工作機械により標準規格の銃器を大量に生産する方式を採用した。この方式は、アメリカ合衆国陸軍スプリングフィールド造兵廠によって開発されたものであるため、「アメリカ式製造システム」と呼ばれたが、これはいわゆる大量生産方式の起源である。また、大砲の製造を巡る熾烈な競争から、鋼鉄を精錬するための「ベッセマー法」が発明され、冶金学と金属工業に新時代を開くこととなった。[16]

しかし、軍事技術の民生部門への転用が進んだのは、イギリスでは一八七〇年代から一八八〇年代にかけてであった。それ以前は、政府が武器製造を独占しており、イギリス海軍は国営のウリッジ工廠からしか武器を調達できなかった。しかし一八八六年にルールが改訂され、海軍は国営工廠以外からも武器を調達できるようになった。その結果、ヴィッカーズ社やアームストロング社といった巨大な武器製造企業が出現した。こうした巨大武器製造企業は海軍本部と密接な協力関係をもち、製鋼技術、化学工業、電動機械、無線通信、タービン機関、ディーゼル機関、光学器械、計算機、油圧機器等の技術革新を次々と引き起こした。[17] また、イギリス海軍の武器調達が民間企業に開放されたことにより、軍事部門から生まれた革新的な技術や大量生産方式のような新たな運営方法が、民生部門にも転用されるという「スピン・オフ」効果が発生した。[18]

とりわけ軍隊の組織運営方法の民間組織へのスピン・オフについては、より広範に社会へと広がっていった可能性がある。たとえば、マックス・ウェーバーは、歴史上、「陸軍の規律が、あらゆる規律を誕生させた」と述べている。[19] また、前章において論じたように、ナッサウ伯マウリッツは組織的に規律された軍隊運営法を編み出したが、この軍事組織運営法は、それからおよそ三〇〇年後にフレデリック・テイラーが産業組織に導入した科学的管理法と同じ発想に基づくものである。[20]

クリーヴ・トレビルクックは、一八九〇年から一九一四年にかけて、スペイン、ロシア、日本、イタリアといった後進国においても、このスピン・オフ効果が非常に大きかったと指摘している。彼の推計では、こうした国々の軍事的投資には、鉄道に対する投資に匹敵する規模や経済効果があった。

たとえば、一九一三年の日本における鉄道建設に対する投資額は、官民合わせても国民所得の一・六％であったが、その翌年、日本は国民所得の一・八％を軍事的投資に投じた。ロシアでは鉄道ブーム期の一八九〇年、国民所得の二五・七％が鉄道建設投資に向けられたが、一九一三年の軍事費の国民所得に占める割合は三五・四％にも達していた。また、日本の中央政府支出に占める軍事支出の割合は、一九一三年において約五〇％であり、ロシアでも一九一四年は約三五％であった。

こうした巨額の軍事的投資は、技術のスピン・オフ効果に加え、強力な需要刺激効果を発揮した。さらにそれは巨大な信用需要を生み出し、金融機関の発展を促すこととなったのである。

もっとも、軍事的投資の経済効果については、もし同額の投資を軍事以外の分野に振り向けていたら、より大きな経済効果を発揮していたかもしれないという批判があり得る。いわゆる「機会費用」の議論である。もし、この批判が正しい場合、巨額の軍事的投資は、より経済成長を促すはずの投資を犠牲にするものであり、民間経済に対する負担に過ぎないということになるだろう。

しかし、トレビルクックは、これに対する反論として、次のように述べている。

まず、当時の緊迫した国際情勢に鑑みれば、軍事予算のコストは、民間経済に対する重荷というよりは、その安全の保障と考えるべきである。また、当時、最も技術的に進んだ産業は武器製造産業であったため、後進国が高度な技術を導入できる産業は、武器製造産業以外にはほとんどなかった。さらに当時は、政府が住宅、医療、社会保障といった民生分野に投資するということには、イデオロギー的に大きな抵抗感があった時代である。そうした中で、大規模な公共投資が認められる分野は、軍事くらいしかなかった。仮に軍事費が削減されても、削減分と同程度の予算が民生部門に振り向けられる可能性は低かったであろう。(21)

確かに、当時の後進国が大規模に投資を行い、海外企業から技術導入を行う上での最大の原動力となったのは、軍事的な脅威の圧力であったであろう。トレビルクックは、スペインとロシアによる海外の武器製造企業からの積極的な技術導入は、それぞれ米西戦争と日露戦争の敗北が契機であったと論じている。(22) 明治日本による海外からの技術導入もまた国際的な緊張が動機であったことは、我々にとっては常識的な史実であろう。

一九世紀のヨーロッパは、経済自由主義を正統のイデオロギーとする時代である。国際的な金本位制の下で、各国は財政均衡を原則とし、政府は、民間の経済活動には基本的には介入しないものとされていた。とりわけイギリスにおいては、そうであった。しかし、一九世紀後半から二〇世紀初頭にかけて勃発したイギリスとドイツの建艦競争は、両国の海軍支出を飛躍的に膨張させたのである。たとえば、イギリス海軍の予算は、一八八四年から三〇年間でほぼ五倍にまで膨れ上がった。(23) 軍事的な脅威がイデオロギー的抵抗感を克服し、政府支出の拡大を可能にしたのである。

一方のドイツは、海軍大臣ティルピッツがイギリス海軍に対抗すべく、一八九八年に建艦計画をドイツ帝国議会に通そうとした。その建艦計画は、増税に反対する保守的な大農場経営地主層の抵抗にあって難航した。しかし、一九〇六年にイギリス海軍が画期的な新型戦艦「ドレッドノート」を開発すると、ティルピッツはより大規模な予算を必要とする新たな建艦計画を議会に提出し、国民の支持を得ることで大農場経営地主層の抵抗を押し切り、これを通すことに成功した。建艦競争に刺激されたナショナリズムが、旧来の支配階級の抵抗を覆したのである。

イギリスもまた、これに対抗して、一九〇九年にドレッドノート級戦艦の建造を八隻に増やした。それを後押ししたのもナショナリズムであった。ウィンストン・チャーチルによれば「海軍本部は六隻を要求した。財政専門家たちは四隻なら造ってもいいといった。そして最終的に、妥協の名人であるわれわれイギリス国民は、あいだをとって八隻建造することにしたのだ。(24)」

しかし、その結果、累積した債務の返済と新たな建艦計画のために新たな財源が必要になった。そこでイギリス政府は、一九一〇年、貴族院の反対を押し切って、累進制の新税を導入した。政府が既存の社会経済関係に介入して富の再配分を引き起こすという、この累進税の導入はまさに画期的であり、「自由主義を骨格とする一九世紀的な社会と制度の全面的解体の、重要な前兆をなす事件であった。(25)」

戦争準備とそれに刺激されたナショナリズムが、財政支出の拡大と累進課税を可能にし、経済自由主義のパラダイムを打ち破り、イギリス国内の政治社会構造に変革をもたらしたのである。もっともイギリスとは異なり、ドイツ帝国は、大土地所有貴族の勢力が依然として支配的であるというその後進的な政治社会構造ゆえに、累進税の導入という手段をとることはできなかった。(26)

建艦競争は、経済の管理という新たな手法をもたらした。民間主体ではなく、政府が技術を指令し、経済資源を投入し、開発を推進するという手法である。

一九世紀後半の戦艦や大砲、そしてそれに関連する軍事技術の進歩は、建艦競争の刺激もあって、変化が急激であり、将来を予測することが困難であった。そのようなハイリスクな事業を民間主体だけで担うことは不可能であり、政府による事業として行う以外になかった。その結果、イギリス政府の軍事技術は、世界の技術開発を先導する最先端部門となった。画期的な技術革新が、民間からの市場志向型行動様式ではなく、政府による指令志向型行動様式、あるいは両者の組み合わせによって生み出され得ることが示されたのである。

さらに、海軍軍備は規模が大きかったため、建艦競争の帰結は技術革新の行動様式のみならず、マクロ経済全体の構造にも及ぼす可能性をもっていた。ある計算によれば、一八九七年にはイギリスの経済的活動人口の二・五%が海軍、もしくは海軍の主要な契約受注企業に雇用されており、さらに一九一三年には、イギリスの経済的活動人口の六分の一が海軍との契約に依存していたという。(27)

こうした現象をマクニールは「管理された経済」あるいは「経済の政治化」と呼ぶ。これは、別の言い方をすれば、「軍事ケインズ主義」である。すなわち、海軍が、公共需要を拡大することで雇用を創出するというケインズ主義的な効果を生み出しているのである。

一九世紀後半から二〇世紀初頭にかけての英独の建艦競争は「戦争の産業化」を「経営された経済」へと

転換させた。そして、意図せざる結果としてではあるが、自由主義の堅固なパラダイムに風穴を開け、わずかではあるがケインズ主義への道を拓いたのである。

もっとも、このケインズ主義の淵源は、さらに歴史をさかのぼれば、一五世紀の北イタリアにまでたどり着くことができる。前章において見たように、一五世紀の北イタリアの諸都市は、税金を徴収してその資金を給与として軍人に支払い、軍人はその給与を支出して民間経済を活性化するという組織運営法を開発した。この指令志向型の行動様式と市場志向型の行動様式の混交、あるいは「戦争の商業化」とは、経済学的に解釈するならば、マクロ経済における貨幣循環のメカニズムであると言える。

このイタリアの「戦争の商業化」のモデルは、やがてフランスやスペインにも伝播し、一七世紀にはドイツ、スウェーデン、イギリス、ロシアにも広がった。さらに一九世紀半ばのイギリスにおいて、クリミア戦争を契機として、武器製造産業に大量生産方式が導入される「戦争の産業化」が進展した。そして一九世紀後半以降は、英独の激しい建艦競争から、軍事ケインズ主義的効果が生み出された。このプロト・軍事ケインズ主義とでも言うべき新たな経済システムは、一五世紀のイタリア人たちが発明した「戦争の商業化」を、数多の戦争を通じて数百年かけて発展させた結果であったのである。

もし、この軍事ケインズ主義が「民政化」の過程を経たならば、それはケインズ主義へと転換することとなろう。すなわち、軍事目的ではなく、民政目的の政府支出の拡大によって需要を刺激し、雇用を創出し、貨幣循環を円滑化して不況を克服することができるようになるのである。一九世紀後半の軍事部門は、製鋼技術、化学工業、電動機械、無線通信、光学器械等の革新的な技術や大量生産方式を民間部門へと「スピン・オフ」したが、最大の「スピン・オフ」は、ケインズ主義的なマクロ経済運営であったと言えるかもしれない。

ただし、ケインズ主義的な経済運営の実現のためには、国定信用貨幣、国債あるいは中央銀行といった制度がなければならない。本章の残りの部分は、これらの経済制度もまた、戦争から生まれてきたものであることを明らかにする。

戦争と国債

近代的な国債の仕組みが形成されたのもまた、中世イタリアの都市国家においてであった。中世イタリアの都市国家では商業階級の力が強かったため、市民たちに直接税を課すことができず、その収入はもっぱら交易に対する間接税に依存していた。しかし、間接税だけでは、戦争遂行費用を調達する上では十分ではない。そこで編み出されたのが、公債という仕組みであった。公債もまた、戦争を起源とするのである。

最も古い公債の例は、一一六四年にヴェネツィア共和国が始めた、一二の富裕な一族からの借入れであった。これは任意の借入れであったが、一一六七年には初の強制借入れが実行された。さらに、一一七一年には、五％の金利が付された強制借入れが実行され、以後のヴェネツィア共和国が発行する公債「プレスティティ」の基準となった。

一二二八年、ヴェネツィアの市民は、市民であることの条件として、強制借入れを受け入れることを義務付けられた。借入れが市民の義務となったことで、直接税のような側面をもつこととなったのである。[28] しかし、強制借入れは、市民が義務の回避のために資産を隠匿したり、他の都市に移住したりするといった問題を引き起こした。このため、ヴェネツィア政府は、融資を任意とし、融資した投資家がいつでも貸出債権を時価で現金化できるようにした。また、一二六二年、ヴェネツィア議会は、既存の債務を一つの基金に整理し、債務の支払いのために特定の物品税を担保に入れ、年五％の金利を支払うこととした。投資家は、従来の貸出債権に代えて、基金への出資証券を保有することとなった。[29]

ジェノヴァ共和国では、戦争などによる一時的な支出増加に対応するため、議会が借金の元利支払いのための税収を、投資家の組成するシンジケートに預けるという仕組みが構築された。政府は、徴税請負権をシンジケートの担保に入れ、シンジケートは年七％配当の出資証券を発行して資金を調達した。このシンジケートは、資金調達のたびに形成されたが、これらの出資金は一四五三年までに一つの基金に統合された[30]。ジェノヴァ共和国の仕組みがヴェネツィア共和国と異なるものとなったのは、ヴェネツィアに比して、ジェノヴァの方が市民の力が強力だったからである[31]。こうしてイタリアの都市国家は、基金が債務支払いの担保である税を管理し、基金への出資証券の売買が市場を通じて活発に行われるようになった。

同じころ、ネーデルラントやラインラントなど、北部ヨーロッパの都市国家においても、関税や物品税などを担保にした年金公債（償還時に元本の返済がない代わりに、毎年、元本相当額も含めて利払いが行われる公債[32]）の発行が行われていた。一五世紀のネーデルラントでは、公債の売買を円滑にするために、公債を管理する銀行が設立された。

ネーデルラントの七州は、共和国として独立を宣言し、一六四八年のウェストファリア条約によってネーデルラント連邦共和国（オランダ共和国）として承認された。しかし、オランダは独立戦争に続いて、オーストリア継承戦争、英蘭戦争、スペイン継承戦争など、戦争を繰り返した。このため公債が累積し、一七一五年以降の累積債務は、国民総生産の二〇〇％を大きく下回ることがなかった。それにもかかわらず、オランダ政府が発行した年金国債は高い信用力を維持し、その長期金利は、一七九〇年代に入るまで、イギリス国債やフランス国王の私債の金利を下回っていた[33]。

これに対して、中世の国王や皇帝が借金をしようとする場合、投資家は、信用力のない商人への融資と同様に高い金利を要求した。国王の信用力は、都市国家より低かったのである。なぜ、公債は、都市国家において発達し得たのであろうか。これについてジェームズ・マクドナルドは、きわめて興味深い仮説を提示している。

マクドナルドの仮説は、中世の都市国家においては、貸し手と借り手がアイデンティティを共有しているからであるというものである。(34)

中世の都市国家は、共和制である。共和制においては、各市民が国家の運営に積極的に参画しており、国家と利害を共有し、国家という運命共同体に属しているという意識をもっている。言い換えれば、市民は、共和国の一員としてのアイデンティティを有しているのである。

そのような共和国においては、国家が市民から資金を借りる場合、貸し手は、国家と密接な信頼関係で結ばれている市民である。貸し手の市民たちは、借り手の共和国という共同体の一員である。貸し手（市民）と借り手（国家）が同一化することになるのである（裏を返せば、共和国であっても、政府が資金を国外から借りる場合には、この借り手と貸し手の同一化は起きえない）。

国家が戦争を遂行するための資金を市民から借りる場合には、特にそうであろう。共和国においては、国家が戦争に勝つために、市民は積極的に参画することになる。さもなくば、市民である資格はない。そして、戦争遂行費用の調達のために、公債を保有するということは、進んで市民としての義務を果たすということを意味するのである。こうして、共和国は、より円滑な資金調達を実現することができる。要するに、共和国の公債の信用力は、第4章において言及した、共和主義的なシティズンシップを基礎としているのである。

これに対して、中世の君主国家においては、臣民は国家運営には参画しておらず、君主と臣民はアイデンティティを共有していない。したがって、君主が臣民から借入れを行っても、君主と臣民との間には密接な信頼関係が存在しないから、貸し手と借り手の同一化は起きえない。借り手の君主が貸し手に信頼されていないから、高いリスク・プレミアムを要求されることになるのである。

さて、こうしたイタリアの都市国家やオランダ共和国は、ティリーの理論において「資本集約」型国家として分類されるものであった。これらの小規模な共和国が編み出した公債制度は、まさに「資本集約」型のシステムであると言える。

戦争と中央銀行

このオランダで発達した公債制度が、一七世紀に、大規模な君主国家であるイギリスに持ち込まれる。これにより、イギリスは比類なき資金調達力を手に入れ、強大な海軍力を擁して、覇権国家へとのし上がっていくことになるのである。イギリスの公債のシステムは、まさにティリーの言う「資本化強制」を典型的に実践した制度だと言ってよい。

オランダの公債制度は、次のような過程を経てイギリスに移植され、さらなる進化を遂げた。

オランダでは、政府が発行した年金国債を、一般市民が将来の年金用に定常的に購入する体制が構築されていたため、政府は円滑な資金調達を行うことができた。この体制は「ダッチ・ファイナンス」と呼ばれ、当時最先端の国債管理の仕組みであった。このダッチ・ファイナンスが、イギリスに持ち込まれたのである。

その契機となったのは、一六八八年の名誉革命であった。この時、ホラント州のオレンジ公ウィリアムがウィリアム三世としてイギリス国王に即位したが、ウィリアム三世と彼にオランダからついてきた顧問たちは、ダッチ・ファイナンスをモデルとした金融制度を導入したのである。その目的は、対仏戦争の戦費調達であった。こうして一六九二年一二月、国債に関する最初の法律が成立し、翌年一月から、トンティン年金国債の発行が開始された[35]。

さらに続く一六九四年、対仏戦争を遂行するために巨額の戦費を調達しなければならないイギリス政府に対する長期融資を目的として、イングランド銀行が創設された。イギリス政府は、イングランド銀行に銀行券発行業務を独占させることを認め、イングランド銀行券と同行の預金債務を徴税の支払手段として受け入れた。イングランド銀行券に「国民通貨」としての地位を与え、これによってイングランド銀行券による資金調達の道を確保したのである。[36]

イングランド銀行の創設もまた、戦争を起源としているのである。もっとも、戦争金融のために銀行が利用されるという例は、中世後半やルネッサンス期にも見出すことができる。一三世紀後半から一四世紀前半にかけて、イギリスにおけるイタリア人銀行家たちは、エドワード一世のために、ウェールズとスコットランドとの戦争の費用を融資した。彼らはまた、百年戦争におけるエドワード三世のフランス侵攻にも融資を行った。一五世紀のバルセロナ市は、カタルーニャのカスティリア朝スペインから離脱のために、市立銀行からの融資を利用した。一六世紀から一七世紀にかけてのヴェネツィアもまた、銀行システムを戦争金融に活用した。

アメリカにおける貨幣の国家独占もまた、戦争を契機としている。南北戦争以前は、民間の鋳貨が流通し、銀行業の創業は自由であった。しかし、南北戦争中の戦費調達の必要から、不換紙幣であるグリーンバックの発行、私的鋳貨の禁止、公債を裏づけにした銀行券を発行する国立銀行の創設、州立銀行による銀行券の発券に対する規制といった政策がとられた。そして南北戦争後も、政府は戦争中の貨幣独占を継続したのである。

逆に、一八世紀から一九世紀前半のスコットランド、南北戦争以前のアメリカ、一九世紀から二〇世紀初頭のカナダやオーストラリアなど、当局が最小限の防衛義務しか負わないような場合には、銀行券の発券規制が弱く、自由銀行業が広く展開した。あるいは、ドイツやイタリアも、国民国家として統一されるまでは、民間銀行が銀行券を自由に発券していた。

こうした歴史的事例から明らかなように、国家による貨幣独占は、取引上の利便性の向上からではなく、主権国家が、国内や国外の脅威からの防衛力を強化する必要性から発展したのである。[37]

イギリスに話を戻すと、イングランド銀行制度の形成過程で、金融市場という新たな制度もまた、立ち上がっていった。現代の経済を支配するマネー・システムの原型が形成されたのである。産業革命に先立つ「金融革命」である。

イギリス政府は、一八世紀から一九世紀にかけて、度重なる戦争を遂行する資金を調達する必要から、大量の国債を発行したため、国債を取引するための債券市場が著しく発達したが、それは同時に株式市場の発展をも促すこととなったのである。債券の取引に必要な制度の拡大は株式市場にも恩恵をもたらす上に、株式と債券は競合する金融資産でもあるから、一方が発展すれば、もう一方も発展するというわけである。[38]ということは、金融市場もまた、戦争を起源とするということになる。それは、資本主義が戦争を起源とするというのとほぼ同義であろう。

なお、イギリスの国債は、ナポレオン戦争の戦費調達のために大量に発行されたため、一八五三年にはロンドン証券取引所の上場証券の名目額のうち、およそ七割を占めていた。上場証券全体の取引額は一九一三年までの六〇年間で、およそ八倍に膨れ上がったが、国債の比率は一割以下まで低下した（もっとも、世界大戦によって再び上昇することになるのだが）。その一方で、国内鉄道証券は一五％前後の比率を維持し、海外証券は大きく増え、一九一三年には過半を占めるに至った。[39]この国債の比率の低下もまた、一九世紀の民政化を示す現象の一つに数えることができるであろう。

ただし、株式市場の発展は周期的なバブルとバースト、すなわち金融循環という現象を生み出すこととなった。チャールズ・キンドルバーガーによれば、一八世紀から一九世紀にかけて、イギリスの金融危機は、一七二〇年、一七六三年、一七七二年、一七九三年、一七九七年、一八一〇年、一八一五～一六年、一八一九年、一八三六年、一八四七年、一八五七年、一八六六年、一八九〇年に発生した。[40]

戦争は金融市場の発展をもたらし、その結果、循環的な金融危機という副作用を発生させた。この金融危機に対処し、あるいは予防するための政策手段は、政府による財政出動と中央銀行の金融政策からなるケインズ主義政策であるが、これらもまた、戦争から生まれてきたものであった。軍事的な危機から国家を守るために生み出された国債や中央銀行といった制度を、金融危機に対しても用いようというわけである。これもまた、「民政化」現象の一種であると言えるであろう。

もっとも一八、一九世紀のイギリスでは、イングランド銀行を戦争金融以外の目的に利用しようという動きには、大きな制約があった。その時代のイギリスは、自由主義的な政治的風潮の下で、国家による裁量的な権力の行使に対しては強い抵抗感があり、国家が独占する貨幣を利用する権限も、法律と慣習によって厳しく制限されていた。より大きな制約は、通貨の金または銀への固定相場での兌換が義務付けられていたことであった。(41)

こうした制約を打ち破り、ケインズ主義的なマクロ経済政策の本格的な実行へと道を拓くまでには、またしても戦争を待たなければならなかった。それも通常の戦争ではなく、二つの世界大戦である。それについては第12章以降で論じることになる。

資本化強制としての中央銀行

イギリスの「金融革命」については、次章において産業革命との関連において再度採り上げるが、その前に注意を促しておきたい点がある。それは、金融革命とティリーの理論との関係である。

ティリーはオランダを「資本集約」型国家とし、イギリスを「資本化強制」型国家に分類した。「資本集約」型のオランダからは、最先端の金融制度「ダッチ・ファイナンス」が編み出された。イギリスは、このダッチ・ファイナンスという「資本」のシステムを導入し、これに君主制国家の「強制」を組み合わせることでイングランド銀行を創設したのだと言うことができる。[42] その「強制」とは、国家による銀行券発行業務の独占権の付与、そして同銀行券の納税手段としての受領である。中央銀行とは、言わば「資本化強制」を体現した制度にほかならない。

この「資本」と「強制」の関係は、第1章において論じた貨幣供給理論の「内生」および「外生」という概念にも対応している。すなわち、信用貨幣の「内生」と表券主義の「外生」は、それぞれ「資本」と「強制」であり、国定信用貨幣は、その両者が融合した「資本化強制」なのである。

楊枝嗣朗《ようじしろう》は、イングランド銀行の成立について、ロンドンのシティが構築した信用貨幣による支払い決済システムに国家が参入したものとして解釈する。「そのことによって、国家貨幣である鋳貨に加え、イングランド銀行の一覧払い債務（銀行券・当座預金）が国内において、最終的支払手段機能を果たす役割を拡大強化したのである。また、国債の払込みおよび返済は、信用貨幣で行なうことができることとなり、国家さえもが金銀鋳貨によらず信用による支払メカニズムのメンバーになりえたのである。」「イングランド銀行の信用貨幣こそ、国家と銀行の、また国家と貨幣・金融制度の結節環であった。[43]」

これを「埋め込まれた自律性」の概念を用いて言えば、イングランド銀行とは、民間の信用貨幣による支払い決済システムの中に国家が埋め込まれたことで形成された機関であると言うことができるであろう。こうして民間の金融市場に埋め込まれたイングランド銀行という半官半民の組織が、強大なインフラストラクチャー的権力を生み出し、大英帝国を支えたのである。

現代的な中央銀行制度や国定信用貨幣の創設といった「金融革命」が、一七世紀末において最も先進的な金融システムを擁していたオランダではなく、金融面でより遅れていたイギリスで発生した理由も、これで明らかとなろう。それは、イギリスが「資本化強制」型国家だったからである。名誉革命によって立憲君主制を確立していたイギリスには、中央銀行制度や国定信用貨幣を実現し、全国レベルの支払い決済システムを構築するのに十分な「強制」があった。しかし、当時のオランダには、その「強制」が欠けていたのである。それは、オランダの政治社会構造に起因する。

オランダは、スペイン領ネーデルラントの七つの属州が一五七九年にユトレヒト同盟を結び、一六四八年のウェストファリア条約によって独立して成立した連邦共和国である。オランダ共和国の各州では州議会が徴税権と歳出決定権を有しており、市民が共同体全体のために積極的に義務を負う「シティズンシップ」が成立していた。

このシティズンシップのおかげで、オランダの各州は、当時のどの地域よりも重い物品税を課すことができた。ホラント州に至っては、オーストリア継承戦争勃発後の一七四二年に、累進的な所得税まで導入することができたのである。さらに戦争遂行費用がかさんで税収でまかなえなくなると、各州は公債を発行したが、その公債は高い信用力を有していた。それは、ジェームズ・マクドナルドが指摘したように、各州のシティズンシップによって公債の信用力が保証されていたからであった。「ダッチ・ファイナンス」とは、シティズンシップを基礎にしたファイナンスのシステムなのである。

しかし、オランダのシティズンシップには限界があった。

オランダは、諸都市が独立戦争という偶発的な事象を経て同盟を結び、連邦共和国を構成したに過ぎなかった。それゆえ、中世的な都市国家と近代的な国民国家の中間に位置するような、中途半端な政治社会構造となってしまっていた。

このため、オランダのシティズンシップは各州のレベルでは成立していたが、州をまたいだ連邦共和国全体としては成立していたとは言えなかった。言い換えれば、各州ごとの「市民」意識は強かったが、オランダ共和国としての「国民」意識は弱かったということである。

このオランダのシティズンシップの限界は、財政面においても反映されている。オランダ共和国内では、各州の議会に徴税権があったが、ハーグの連邦政府は経常収入のほとんどを各州に依存しており、連邦政府としての徴税権は著しく制約され、連邦共和国としての公債を大量に発行することもできなかった。連邦政府には、共和国内の税財政制度を統一する「強制」の権力が欠けていたのである。このため、オランダの経済資源の動員力は、規模の制約に突き当たることとなった。このオランダ連邦共和国の構造的な欠陥は、第3章において論じたEUの制度的欠陥を連想せずにはおれないものである。

これに対して、立憲君主制の下での統一国家であり、すでに国民国家でもあったイギリスは、「ダッチ・ファイナンス」をロンドンのシティという特定の地域に限定したシステムとしてではなく、ナショナルなレベルにまでその規模を拡大することができた。これにより、イギリスは経済資源の動員力を飛躍的に高めることに成功したのである。

こうして、オランダ共和国は一七世紀の経済的繁栄と先進的な金融システムを誇ったにもかかわらず、国民国家になり切れず、規模の制約を克服できなかったために、イギリスやフランスといった「資本化強制」型国民国家との闘争に敗れていくことになったのである。なお、オランダは、一七九八年の憲法によって各州の租税制度を統一し、各州の公債もオランダ国債として統一することになった。しかしそれは、ナポレオンによる干渉という「強制」によって実現したものであったのである。[44]

第7章

第一次産業革命の地政経済学

西ヨーロッパの地政学的特性

資本主義は、なぜ西ヨーロッパから始まったのか。産業革命は、なぜ最初にイギリスにおいて起きたのか。これは、長く経済史家たちを悩ませてきた問題としてよく知られている。

資本主義経済の発展においては、科学技術の進歩が中心的な役割を果たしたことは言うまでもない。しかし、科学的知識の水準に関して、中世や近代初期のイスラム圏や中国は、当時のヨーロッパに勝るとも劣らなかったはずである。とりわけ羅針盤、火薬、活発印刷という、いわゆる「三大発明」を生み出したのは、中国である。

それにもかかわらず、資本主義は、なぜその発祥の地として、中国でもイスラム圏でもなく、西ヨーロッパを選んだのであろうか。とりわけ産業革命については、なぜフランスでもオランダでもなく、ほかならぬイギリスにおいて始まったのであろうか。

この問題設定が本書の目的からして重要なのは、それがきわめて地政経済学的な意識に基づくものだからである。

もし経済というものが本質的にグローバルであって、地理的あるいは地政学的環境とは無関係なものだとするならば、資本主義がなぜ西ヨーロッパから始まったのかを問うこと自体が意味のないものとなろう。しかし歴史家たちは、資本主義あるいは産業革命という経済現象が、西ヨーロッパという特定の地域、あるいはイギリスという特定の国において始まったことに強い興味を惹かれ、そしてこれに答えようとしてきた。それは、歴史家たちが、経済の様態や動態と、地理的あるいは地政学的環境との間には何らかの関係があると予感してきたからにほかならない。

そのような歴史家の一人に、デイヴィッド・ランデスがいる。ランデスはその大著『放たれたプロメテウス』において、次のように論じた。

産業化においては、商業、工業そして金融において民間企業が大きな役割を果たすことが求められる。また、人間が自然環境や社会環境を合理的に支配することを重んじる合理精神がなければならない。この二つの条件を用意したのが、近代初期のヨーロッパの地政学的な環境であるとランデスは言うのである。

当時のヨーロッパ世界は、宗教改革の影響などにより、小規模の自律的な諸国家によって分断され、古代世界や東洋世界にみられたような統一的な帝国によって支配されていなかった。そして各国は、常に隣国との政治的・経済的な競争にさらされ、頻繁に戦争を繰り返していたのである。

こうした中、各国の国王は戦費調達を商業階級に依存せざるを得なかったため、国家権力の行使は制約された。そのおかげで、ヨーロッパにおける民間経済は、他の地域よりも活力あるものとなったとランデスは論じている。商業階級の中からは、積極的に事業を展開して富を蓄積し、国王の政治的野心の達成や戦費の調達のために資金を融通し、大きな勢力を有するようになった者も登場した。その最も有名な例は、一五世紀にフィレンツェを支配した大富豪メディチ家であろう。

ランデスは、科学技術の実用化を積極的に進めようという合理精神もまた、西ヨーロッパに特異な地政学的環境の恩恵を受けて育まれたと指摘している。西ヨーロッパのキリスト教世界は宗教改革による抗争によって分断され、強大で排他的な権威をもつ正統派が存在しなくなった。特にプロテスタントは、個人的な信仰心や良心を重視した。信仰の問題が個人の良心に任されるようになれば、世俗における知識の問題もまた個人の知性に委ねられるようになる。こうして自由な科学的探究への道が拓かれたのである。

さらに、隣国との激しい競争と紛争にさらされた各国は、軍事力や国富の増大のために、科学的な知識や技術を積極的に振興し、実用的な目的のために応用しようとした。国家による権力と富の追求という動機は、自然科学のみならず、社会科学の発展にも貢献した。今日の社会科学の萌芽とも言うべき重商主義もまた、このような地政学的な文脈の中で誕生したのである(1)。

ただし、政治的に分断され、小規模国家が争っていた地域は、西ヨーロッパ以外にも、たとえば南アジアや東南アジア、あるいは八世紀以降のイスラム世界があったはずである。そうした中で、なぜ西ヨーロッパだけが、産業化への離陸に成功することができたのか。国家間の競争を促進する分断された地域という地政学的な解釈だけでは、これに答えることはできないのは事実である。

しかし、その答えの手がかりもまた、やはり地政学的な解釈から導き出しうる。ただし、その際に着目すべきは、西ヨーロッパの内側ではなく、外側の地政学的環境である。

たとえばイスラム世界は、一三世紀のモンゴル帝国による侵略によって、バクダッドやダマスカスといった都市が破壊され、経済的にも大きな打撃を受けた。しかし、ユーラシア大陸の西端にあった西ヨーロッパ世界は、モンゴル帝国による破壊から逃れることができた。

また、イスラム世界はヨーロッパとアジアの間に位置し、紅海やペルシャ湾といった東西貿易の中継点を利用して、交易の利益を得ることができた。これに対して西ヨーロッパは東西貿易の中継点ではなく終着点にあったため、新たな交易ルートを開拓しなければならないという強い動機に駆り立てられて、海軍力を増強した。こうして得た強大な海軍力は、西ヨーロッパがアジアを凌駕して覇権的な力を獲得する上できわめて大きな役割を果たした。

さらにアメリカ大陸が発見されると、西ヨーロッパは地理的に圧倒的な優位を享受できるようになった。たとえば、オスマン帝国は、ロシア、サファーヴィー朝ペルシャ、ヨーロッパに囲まれていたため、その勢力を外へと拡張することが難しかった。これに対して、大西洋に面していた西ヨーロッパは、アメリカ大陸へと容易に進出し、その資源を独占的に入手することができたのである。

他方、この頃、中国の明王朝は、鄭和の南海遠征にみられるように、海洋進出の能力を有してはいた。しかし、明王朝は、西ヨーロッパと比べて相対的に自給的であった上に、領土の西側に位置するジュンガル帝国の脅威を強く意識していたために、海洋に積極的に進出する動機に欠けていたのである(2)。

このように、西ヨーロッパは、その内外における地政学的な環境の特異性のおかげで、イスラム世界や東洋世界に先んじて資本主義を成立させることに成功したのだと解釈することができる。

立憲政治の地政学的背景

次なる論点は、西ヨーロッパの中で、なぜイギリスが産業革命発祥の地となり得たのかという問題である。

ダグラス・C・ノースは、イギリスが産業革命を成し遂げるにあたって決定的に重要な要因となったのは、一六八八年の名誉革命によって財産権の安全性が確保されたことだという説を提示している。

一七世紀前半、ステュアート王家は、財政赤字を埋め合わせるために独占販売や富の没収などを裁量的に行っており、財産権の安全は確保されていなかった。この国王の恣意的な財政特権の行使に対して議会勢力が抵抗し、国王との間で政治抗争が勃発した。この抗争は、最終的には名誉革命によって、議会勢力の勝利に終わった。その結果、財政問題の議会によるコントロールや司法の独立などの制度が確立し、財産権の安全性が増大した。財産権の安全性の増大は、資本コストの低下をもたらし、産業革命を可能にする経済成長の環境が整った。とりわけ重要なのは資本市場の急速な発展、いわゆる「金融革命」であった。これが、ノースの解釈である。(3)

しかし、最近、このノースの説を否定する見解が提起されるようになっている。たとえば、グレゴリー・クラークによれば、イギリスの資本コストは名誉革命の後に下がったというわけではない。ノースは財産権制度の確立こそが産業革命をもたらしたと論じたが、財産権制度それ自体は、実は、イングランドやウェールズでは、産業革命の二〇〇年以上前から存在していたのである。したがって、産業革命のより直接的な原因は、財産権以外の要素によって説明する必要がある。(4)

もっとも、財産権制度や法の支配といったイギリスの立憲主義は、産業革命にとっての好条件の一つではあったのかもしれない。仮にそうだとしても、近代初期のイギリスにおける立憲主義の確立には、当時のヨーロッパの地政学的状況が深くかかわっていたことを見逃すべきではない。そのことを明らかにしたのは、ブライアン・ダウニングの画期的な研究である。

ダウニングによれば、そもそもヨーロッパでは、財産権の保障、代表制、憲章、地方自治、あるいは法の支配など、立憲主義さらには自由民主政治の原型となるような諸制度が、すでに中世から存在していた。中世ヨーロッパの封建社会において、これらの立憲主義的な諸制度は、国王と領主との間でお互いの権利義務を確定し、両者の協働関係を可能にするものであった。立憲主義とは、通俗的に理解されているのとは異なり、専制君主と議会勢力の対立の中で後者が勝利することで生み出されたものではなかったのである。

しかし、一六世紀から一七世紀にかけて、ヨーロッパは宗教改革によって混乱し、各国間の戦争が頻発した。時を同じくして、銃や大砲などの火器が使用されるようになり、戦争の形態が変化すると、それに伴って軍事組織のあり方も大きく転換した。さらには、国家の統治形態にも決定的な変化が生じた。この歴史的な大転換は、「軍事革命」と呼ばれている。

具体的には、次のとおりである。まず、軍事組織は、厳格な規律や機能分化の下に合理的に組織化された官僚制的な専門集団となり、その規模も飛躍的に拡大した。また、人員の動員についても傭兵が大規模に徴集されるようになり、封建諸侯には依存しなくなったため、国王は、封建諸侯の意向に左右されずに、戦争を長期間継続することができるようになった。

こうした中で、三〇年戦争のような長期にわたる大規模で苛烈な戦争が続いたことで、軍隊組織の合理化や官僚制化はますます進み、国王は権力を自らに集中していった。それに伴って、財産権や法の支配など、封建諸侯の権利を保障してきた中世の立憲主義は弱体化していった。その結果、プロイセンやフランスなどでは、「中世的立憲主義（medieval constitutionalism）」に代わって「軍事的・官僚制的絶対主義（militaristic/bureaucratic absolutism）」と呼ぶべき体制が成立した。近代的な官僚制度の原型は、地政学的に不安定な国際環境の中で、国家が戦争遂行のために国内の資源を動員することによって生まれてきたのである。

しかし、すべてのヨーロッパ諸国において、プロイセンやフランスのような軍事的・官僚制的な絶対主義が成立したわけではなく、イギリス、スウェーデン、オランダでは、中世的立憲主義が残存した。ダウニングは、その理由を、これらの国々を取り巻く地政学的な環境の違いに求めている。

たとえば、スウェーデンは、戦争に巻き込まれてはいたが、もっぱら国外に出て戦い、戦争遂行に必要な資源を主に国外において調達することで、国内における動員の負荷を軽減していた。オランダの場合は、長い海岸線という地理的な条件のおかげで守るに易く、また戦争遂行に必要な資金を海上貿易によって得ていた。さらに、他の大国と同盟を組むことによって国内資源の動員を省力化していた。このため、スウェーデンやオランダでは、プロイセンやフランスのように、戦争に必要な人的・経済的資源を国内において強権的に調達する必要性が相対的に低かったために、中世的立憲主義が破壊されずに残り得たのである。

そしてイギリスは、海に囲まれた島国という地政学的僥倖のおかげで、ヨーロッパ大陸における戦争から一定の距離を置くことができ、戦争に巻き込まれた場合であっても、国内資源を大規模に動員しなくてもすむ海戦や小規模な戦闘で済ませることができた。ピューリタン革命から名誉革命までの戦争は苛烈であったが、それはもっぱら国内事情に基づく内乱であり、対外戦争のように国家による集権的な資源動員を要するものでは必ずしもなかった。対外戦争を行う場合でも、イギリスは同盟関係を重視した。たとえば、一七世紀から一八世紀にかけての対仏戦争では、プロイセンやスペインと同盟を組んだ。イギリスは、絶対主義国と同盟を組むことで自国内における資源動員を省力化していた。言い換えれば、イギリスは島国ゆえに、当時の大陸ヨーロッパで進行していた軍事革命に乗り遅れたのだが、そのおかげで中世以来の立憲主義を温存することができたのである。(5)

一般に自由主義者は、専制的な国家権力に対して議会勢力が抵抗し、権利を主張したことから立憲主義が成立したという歴史観に立ち、その契機として名誉革命を讃えてきた。しかし、実際には、イギリスの立憲主義とは、名誉革命という自由主義的な政変によって成立したというよりはむしろ、地政学的な環境に恵まれていたおかげで、中世から存在した立憲主義的な伝統が破壊されずに残ったことによるところが大きかった。しかも、その中世における立憲主義的な制度とは、国王と封建領主との対立からではなく、両者の協働のために生み出されたものであったのである。

このダウニングによるイギリス立憲主義成立を巡る地政学的な解釈は、自由主義だけではなく、保守主義にも反省を迫るものである。

たとえば、保守主義の祖と目されている一八世紀イギリスの政治家エドマンド・バークは、『フランス革命についての省察』において、現在の経済的繁栄の基礎となる制度は古くからの伝統や慣習に負うところが大きいことを最大限に強調して、旧体制を破壊しようとするフランス革命の運動を激しく非難した。(6) 確かに、財産権をはじめとする立憲主義的な諸制度は中世に淵源を持つ伝統であり、それを保守することが経済的な繁栄にもつながるというバークの見解は、イギリスについては的を射ていると言える。ただし、フランスにおいても、そのことがイギリスと同じように当てはまるのかどうかは、疑問の余地があろう。なぜならフランスでは、地政学的な理由により、フランス革命よりずっと以前に、中世以来の立憲主義的な伝統がすでに失われていたからである。

財政軍事国家の誕生

ただし、イギリスにおいて立憲主義が残り、軍事的・官僚制的絶対主義が成立しなかったということは、国家権力がフランスなどよりも弱かったことを意味するものではない。むしろ、その逆である。

最近の歴史研究は、イギリスの政府支出は、一六八八年から一八一五年にかけて、軍事費を中心として飛躍的に拡大していると推計している。また、当時のイギリスの税負担は、絶対王政のフランスやスペインよりも重かったと言われている。(7) さらに、徴税を専門的に担う役人である収税吏の数は、一六九〇年から一七八二年から八三年までにかけておよそ三倍になり、アメリカ独立戦争が終わるころには約八三〇〇人にまで膨れ上がっていたのである。(8)

立憲主義を保ち、経済的にも成功したイギリスは、経済自由主義者が理想とするような、小さな政府と低い税負担の国家ではまったくなかった。むしろ、その反対にイギリスは、一七世紀から一八世紀にかけて、ジョン・ブリュワーが「財政・軍事国家（fiscal military state）」と呼ぶ強力な中央集権的国家体制を確立していったのである。(9)

一七世紀から一八世紀のヨーロッパでは、大国間の覇権戦争が繰り広げられ、国際環境は不安定であった。主な戦争を上げると、英蘭戦争（一六五二〜五四年）、九年戦争（一六八九〜九七年）、スペイン継承戦争（一七〇一〜一三年）、オーストリア継承戦争（一七四〇〜四八年）、七年戦争（一七五六〜六三年）、アメリカ独立戦争（一七七五〜八三年）、フランス革命戦争（一七九三〜一八〇二年）、ナポレオン戦争（一八〇五〜一五年）などがある。このため、ヨーロッパ各国は、度重なる戦争を遂行するため、税、負債あるいは信用によって戦費を調達する必要に迫られていた。

当時のヨーロッパ諸国を支配した王侯貴族あるいは富裕階級は、地方の有力者に徴税を委託する徴税請負という分権的なやり方によって、財源を確保していた。しかし、このような分権的な徴税システムの下では、戦費を効率的に調達することは容易ではなかった。

たとえばフランスでは、戦費調達のための増税が貴族など諸勢力の抵抗により難しかったため、官職の売却や徴税請負といった脆弱な財源を当てにした借入れに依存せざるを得ず、デフォルトが多発した。そのため、フランス政府の信用度は低く、資金の調達コストは著しく高いものとなった。当時のフランスは絶対王政下にあって強大な権力を有していると考えられがちだが、その財政権力は実際には著しく制約されていたのである。

こうした中、イギリスは、一七世紀後半から、他国に先駆けて、効率的に戦費を調達できる近代的な財政機構の形成へと歩を進めた。その要因について、パトリック・オブライエンは、一六六二年から一六八八年までのイギリス国内の内乱や革命に着目している。

イギリスの支配階級の間では、ピューリタン革命による王政の断絶やそれに伴う内乱によるトラウマから、より強力で中央集権的な国家によって政治的な安定を維持し、海外における商業権益を確保すべきであるという政治的な合意が形成された。そして、革命後に復活した王政（ステュアート朝）は、従来の分権的な徴税請負を廃止し、それに代わって、より専門的で効率的な徴税を可能にする、近代的な官僚制度の原型となる行政機構を形成していった。旧体制における封建貴族や教会、ギルドの特権が、ピューリタン革命による共和政や内乱によって弱体化していたことも、近代的な国家機構の形成に貢献した。[10]

ステュアート朝ジェームズ二世は、一六八八年の名誉革命によって追放されたが、それにもかかわらず、行政機構の拡大は続いた。というのも名誉革命直後に、フランスとの九年戦争（一六八九〜九七年）が始まり、戦費の調達が引き続き必要となったからである。[11]

特に重要なのは、この九年戦争を契機として、一六九四年にイングランド銀行が創設されたことである。イングランド銀行は、巨額の戦費を調達しなければならない政府に対して一二〇万ポンドを八％の金利で貸し付けるかわりに、資本金の範囲内で銀行券を発行する組織として設立された。そしてイギリスは、イングランド銀行に支えられた公債発行による戦費調達によって、九年戦争やスペイン継承戦争といった対仏戦争を優位に進めたのである。

イングランド銀行はその圧倒的な規模から特別な存在となり、一六九七年の法律によって銀行券の発券業務の独占を強めた。また、イングランド銀行券と同行の預金は、国家への納税などの支払いに受け取られるようになり、国家の貨幣と同等の地位を認められるようになった。一般の銀行も次第にイングランド銀行券を使用し、同行に預金口座を開設するようになり、イングランド銀行は「銀行の銀行」すなわち中央銀行としての地位を得ていった。こうしてイングランド銀行を頂点とする、信用貨幣（銀行券や銀行預金）による全国的な支払決済システムが構築されていった。

中央銀行制度の先駆であり、イギリスの近代資本主義を支える制度の中でも中核的な役割を果たすこととなったイングランド銀行は、戦費調達というきわめて軍事的・地政経済学的な動機から誕生することになったのである。[12] そして、このイングランド銀行の淵源は、前章において明らかにしたように、名誉革命によって持ち込まれた「ダッチ・ファイナンス」にある。

名誉革命が財産権の確立を通じて金融革命と産業革命をもたらしたというノースの説は、すでに検証したように支持し得ない。しかし、ダッチ・ファイナンスの輸入という点に着目するならば、名誉革命が金融革命と産業革命に貢献したと論じることは可能であろう。

さらに一七二〇年代に入ると、首相ロバート・ウォルポールによって財政政策上の重要な改革が行われ、財政軍事国家の成長は加速した。ウォルポールは、地租を引き下げ、代わりに内国消費税（excise）を引き上げたのである。その目的は第一に、内国消費税を通じて一般消費者に広く税負担を課し、公債の利払いのための税収をより多く確保することにあった。内国消費税を効率よく確実に徴収するため、ウォルポールは、租税の徴収を任務とする消費税局を拡大し、収税吏を大幅に増やした。[13]

ウォルポールの税制改革の第二の目的は、地主階級の支持を獲得し、政治的安定を図ることにあった。名誉革命以降の赤字財政によって、公債保有者となった新興の金融階級は利益を拡大して台頭する一方で、税負担を課せられた旧来の地主階級は、事実上の債務者となり、次第に不満を強めるようになっていた。そこでウォルポールは、地主階級を懐柔して政権側に取り込むべく、地租の引き下げを打ち出したのである。

しかし、その一方で金融革命の進展により資本市場が発達したため、一七二〇年代頃から、地主階級は投資家として積極的に公債や株式の購入に資金を投じるようになっていった。地主階級もまた公債保有者として赤字財政から利益を得るようになったのである。[14]

当時のイギリス政府は主に地主階級によって構成されていたから、地主階級の多くが公債保有者となったということは、政府の構成員の多くが公債保有者となったということを意味する。債権者の地主階級と債務者の政府が、利害を共有する運命共同体となったわけである。そうであれば、政府は公債の返済を履行しようとする強い動機をもつであろう。こう推測した債権者は、公債に対する信認を高める。その結果として、イギリス政府は、低い金利で公債を発行することができるようになった。[15] これこそが、まさにダッチ・ファイナンスの要諦であった。こうしてイギリスは、より大きな軍事費負担に耐え得る財政的な基盤を確立したのである。

さらにブリュワーは、当時のイギリスが先進的な商業社会であったことも、財政軍事国家の基盤の強化に貢献したと指摘している。

前近代的な農業経済であれば、小規模自立農民から構成されており、国内市場は地域ごとに分断され、また貨幣経済も未発達である。このため、富を計測する一律の基準によって効率的に租税を徴収することが難しい。しかし、イギリスは、農業生産が大規模化・商業化し、統合された国内市場をもち、貨幣経済化も浸透していたため、他国に比べて効率的な課税を容易に行うことができた。

他方、発達した商業社会は、国内市場の経済的な相互依存が深化しているため、小規模自立農民から構成される分断された農業経済と比べると、戦争による経済的な被害は全国に及ぶことになりやすい。特に、金融革命によって信用市場が発達していたため、地主階級と商業階級とが信用を通じて結びつき、利害を共有するようになっていた。こうしたことから、地主階級も商業階級も、階級や地域の違いを超えて、軍事力が経済的繁栄にとって不可欠であることを理解し、国家による戦争遂行に協力するようになったのである。[16]

このように最近の歴史研究は、一七〜一八世紀の地政経済学的な緊張関係の中から、イギリスにおいて財政軍事国家が成立してきたことを明らかにしている。オブライエンは次のようにまとめている。

「自由や民主政治のための国体は経済成長のための国体と同義であると長きにわたって主張してきた自由主義の伝統から離れて、現代の歴史学が示したのは、増税や公債の累積に対して効果的に順応しつつ、国内の地主階級、商業階級、産業エリートによる対外的安全、国内秩序、財産権の保護といった要求に応える一連の政治環境である。(17)」

財政軍事国家と産業革命

この財政軍事国家が、イギリスに産業革命をもたらす環境を用意したのである。具体的には、次のとおりである。

第一に、イギリスでは金融革命が先行して産業革命を準備したが、この金融革命には戦費調達のために大量の公債が発行され、流通したことで金融市場の厚みが増したことが大きく寄与していた。(18) 特に、対仏戦争の戦費調達を目的として一六九四年に設立されたイングランド銀行は、金融革命にとって決定的に重要であった。

イングランド銀行の設立により、イギリスは、同行を頂点とする全国的な支払い決済システムを形成した。これにより工業地域は、資本が豊富な農業地域から潤沢な資金を調達することができるようになった。特に産業革命の初期の段階においては固定資本よりも運転資本の方が重要であったため、銀行信用の果たした役割はなおさら大きかったのである。(19)

第二に、相次ぐ戦争によって膨張する軍事需要が工業化の触媒となった。たとえば、軍による画一化された軍服の調達は、繊維産業に需要を提供した。より重要なのは製鉄と石炭である。イギリスは、軍事戦略的に重要な製鉄業に対して特別の許認可を与えて、これを振興した。その結果、軍備や造船のために消費される銑鉄は一七〇〇年には一・三〜一・四万トンであったのが、一八〇六年までには二五万トンにまで増大した。そして、この製鉄需要の増大は、エネルギー源を従来の木や木炭から石炭へと転換するのを促進した。石炭の利用は、産業革命において中核的な役割を果たしている。もし軍需に牽引された製鉄需要の劇的な拡大がなければ、石炭の利用はもっと遅れていたであろう。[20]

第三に、イギリスは、その財政機構が可能にした強大な海軍力によって、海外の市場や植民地を獲得し、製品の販路や原料の調達先を確保した。近代初期において貿易は経済的繁栄と密接な関係にあり、特に国内市場が比較的小さいイギリスのような国家が産業革命を実現する上で、他の列強に海外市場を奪われないことは死活的に重要であった。[21] しかも、戦費調達のために必需品に内国消費税が賦課され、国内の消費需要を抑圧していたともなれば、なおさら外需の獲得が必要となったであろう。[22]

ただし、イギリスが貿易によって経済的な成功を収めたということは、自由貿易政策を採用したということを意味するものではない。むしろ、その反対である。

イギリスの産業革命と言えば、水力紡績機（一七六九年）、力織機（一七八五年）、蒸気機関（一七六九年）など、紡績・織布・動力における機械の発明によって木綿工業などが発展し、世界市場を席巻したものと考えられている。それ自体は間違いではないが、他方でイギリスは、こうした発明がなされる以前の一七五〇年までには、繊維製品の生産において、インドを除く他の国々をすでに圧倒していたのである。[23] しかもそれは、産業政策と保護主義によるものであった。

たとえば一六五一年、イングランドは「航海条例」を制定し、イングランドの貿易をイングランド船に限定することを定めた。その背景には、オランダなど貿易において競合する外国の船を排除するという重商主義的な意図があったことはよく知られている。また、航海条例は、大型商船の確保を表向きの理由としていたが、それは海軍力の強化も意味していた。当時の大型商船は、戦時には軍艦へと転換されたからである。[24] なお、自由貿易の擁護者として知られるアダム・スミスが、安全保障は貿易の利益よりも重要であるとして、航海条例を支持したことは有名である。

一七二一年、ウォルポール首相は画期的な関税改革を行い、製造業を振興する政策を次々と打ち出していった。第一に、製造業の原料に対する輸入関税の引き下げや撤廃を行った。第二に、輸出産業用の輸入原料に対する輸入課税の払戻金を増やした。第三に、ほとんどの製造業に対する輸出課税を廃止した、第四に、工業製品に対する輸入関税を大幅に引き上げた。こうした関税改革に続けて、絹製品や火薬に対して新たな輸出補助金が導入され、帆布や精糖に対する輸出補助金が増額された。工業製品、特に繊維製品に対する品質管理規制も導入された。

これらの産業保護・振興政策に加えて、一八世紀後半に産業革命が本格化すると、イギリスの製造業の競争力は他国を大きく引き離した。それにもかかわらず、イギリスは、保護貿易と産業政策を継続したのである。たとえば、工業製品に対する輸入関税は、一八二〇年代まで四五〜五五%と、どの国よりも高水準であった。また、アイルランドからの羊毛製品やインドからの更紗など、国内産業を脅かすような製品を植民地から輸入することは禁止された。

もっとも、イギリスの製造業の優位は一八一五年までには確立し、その後は国内から貿易自由化に対する要望が高まっていった。一八四六年の穀物法の廃止は、イギリスの自由貿易政策への転換を象徴する出来事である。とは言え、イギリスが自由貿易政策へと本格的に舵を切ったのは一八五〇年代に入ってからであった。

このように、イギリスは、技術的な主導権を確立した後になって自由貿易政策へと転換したのであって、それまでは国内産業を保護していた。(25) 産業革命は、自由貿易ではなく保護貿易の下で実現したのである。同じ頃、イギリスとは対照的に自由貿易政策をとったオランダの木綿産業は、世界市場におけるシェアを失ったのであった。(26)

その一方で、一九世紀のイギリスは、非西洋世界に対しては自由貿易を強要した。すなわち、通商条約によって市場開放を迫るという間接的な政治力の行使によって、相手国を経済的に支配する戦略をとったのである。軍事力の行使による直接的な植民地支配は、それができなかった場合の最後の手段であった。一九世紀イギリスの自由貿易政策は、まさにジョン・ギャラハーとロナルド・ロビンソンが呼ぶように、強大な軍事力を背景とした「自由貿易帝国主義」と言うべきものであった[27]。自由貿易もまた、地政学的な環境とは無縁ではないのである。

対仏戦争が生んだ経済政策の革新

一七〜一八世紀のイギリス及び西ヨーロッパを巡る地政学的な環境は、イギリスに財政軍事国家を成立させ、そこから産業革命が生み出された。

だが、地政学的な起源をもつのは、産業革命だけではない。いわゆるマクロ経済政策の萌芽もまた、フランスとの地政学的な緊張の中に見いだすことができる。

すでに見たように、イギリスはウォルポールの治世下において財政軍事国家として成長したが、ウォルポール自身は対外戦争を回避する政策をとっていた。しかし、ウォルポールの退陣後、再び対仏戦争を繰り返すようになったイギリスは、財政軍事国家の制度的基盤を活用し、増税と公債の発行を拡大していった。

特にフランス革命後の対仏戦争の中では、さらなる戦費調達のため、税財政政策上の革新が行われた。一七九九年、当時のピット首相は、フランス革命後の対仏戦争の戦費を確保するため、一部の富裕層に対する所得税の導入という画期的な税制改革を行ったのである。その初年度の税収は六五〇〇万ポンドであったが、一八〇七年には一二〇〇万ポンドに増え、さらに一八一三年には、一七八九年の予算額に匹敵する一六〇〇万ポンドであった。もっとも、ナポレオン戦争終結後の一八一六年、所得税は廃止された。公債の発行額についても、一七九八年の公債発行額は三六〇〇万ポンドであったが、一八〇七年、一八一三年、一八一四年は四〇〇〇万ポンドを超え、ナポレオン戦争の終結までに累積で八億ポンドにまで達した。事実上の積極財政が行われたのである。

ナポレオン戦争中は、税財政のみならず、通貨においても画期的な政策が実行された。フランスが金を国内に流入させる政策をとったことで、イングランド銀行の保有する金が著しく減少したため、一七九七年、イギリス政府は、「銀行制限法」によってイングランド銀行券と金の兌換の停止に踏み切ったのである。この兌換停止は一八二一年まで続いた。この間、金兌換の制約から解放されたイギリスは、不換紙幣を増刷することで戦費を調達できるようになった。これは、金融緩和の効果をもったのである。

こうした意図せざるケインズ主義的マクロ経済政策の結果として、戦時中のイギリスは好景気を謳歌することとなった。イギリスの国内総生産は、一七九〇年から一八一五年までの間、年率二・二五％のペースという、これまでにない成長を遂げた。国民所得は、フランス革命以前は一億三〇〇〇万ポンド程度であったのが、一八一四年には四億ポンド近くにまで増大した。

これに対して金融システムが遅れていたフランスでは、公債による戦費調達が困難であったため、それが軍事費に厳しい制約を課していた。また、公債の発行は不道徳的であり、秩序破壊的であるという偏見を抱いていたナポレオンは、イギリスのような赤字財政には消極的であり、不換紙幣の発行についても拒絶した。このため、財産の没収によって国家財政を支えるしかなくなったフランスは、他国の富を収奪すべく侵略を繰り返し、疲弊していった。こうして財政軍事国家イギリスは、ナポレオン戦争に勝利し、覇権国家としての地歩を固めたのである。(28)

この対仏戦争という地政学的な環境の副産物として、所得税の導入や不換紙幣の発行といった経済政策上の革新が行われたことは注目に値する。特に、国家（中央銀行）が不換紙幣を発行できるようになれば、金融危機を抑止して資本主義を安定化させることが可能となる上に、財政破綻のリスクからも自由になる。実際、イギリスは一七六〇年から一八六〇年の百年間にわたって、累積政府債務は国民総生産の一〇〇％を下回ることがなく、一九世紀前半には三〇〇％にまで達したが、財政破綻には至らなかった。それどころか、この巨額の財政赤字の時期こそが、大英帝国が覇権国家として最も繁栄を謳歌した時代なのである。[29]

もっとも、こうした経験によって、当時の人々が機能的財政論や表券主義を理解するようになったわけではもちろんなかった。

財政問題について言えば、たとえばジョン・ロック、デイヴィッド・ヒューム、アダム・スミス、デイヴィッド・リカードといった錚々たる顔ぶれが、公債の発行に対して否定的な見解を表明していた。特にリカードは「リカードの等価定理」（現在の赤字財政による政府支出の効果は、将来の増税の予測によって相殺されるという考え方）を示したが、これは今日においても、健全財政論の論拠の一つとなっている。一九二〇〜三〇年代に入ってもなお、健全財政論はいわゆる「大蔵省見解（The Treasury View）」として幅を利かせ、ケインズの積極財政論の普及を妨げた。[30]

不換紙幣についても同様である。金兌換の停止以後のイギリスでは、インフレ、金価格の上昇、為替相場の下落といった現象が起きたため、不換紙幣の増発が問題視されるようになった。この問題に対して、一八一〇年、議会に調査委員会（地金委員会）が設けられた。地金委員会は、議会に対し、金兌換による裏づけのない銀行券の過剰発行が原因であると結論づけ、金兌換の速やかな回復を求める報告書を提出した。地金委員会は、金兌換を回復すれば、貨幣供給は自動調整メカニズムの下で安定的にコントロールされるという金本位制（地金主義）の信念を抱いていたのである。

この報告書は、議会の内外で大きく注目され、その賛否を巡って「地金論争」として知られる大論争が巻き起こった。ちなみに、デイヴィッド・リカードが経済学者として有名になったのも、この論争に参加して地金主義の論陣を張ったことがきっかけとなっている。この時、議会は、対仏戦争が続いている間は金兌換の再開は時期尚早であると判断して、地金委員会の報告を否決した。しかし、一八一〇年代前半にインフレが昂進すると、地金主義の世論が優勢となり、一八二一年に金兌換が再開されたのである。

ところが、その後、金融恐慌が約一〇年ごとに発生するようになったため、一八四〇年から四一年には、再び、イングランド銀行の銀行券供給方法を巡る論争が議会において繰り広げられた。いわゆる「通貨論争」である。この論争の結果、地金主義を引き継ぐ「通貨学派」が勝利を収め、一八四四年、一定額を超える銀行券の発行についてはすべて金の裏づけを必要とするという厳格な兌換制度を規定した「ピール銀行法」が制定された。しかし、その後も金融危機が繰り返されたため、イングランド銀行は、ピール銀行法の制定から二二年の間に、三回も同法を停止せざるを得なくなった。もっとも、こうした金融危機対応の経験を経ることで、中央銀行の「最後の貸し手」機能が次第に認められるようになっていったのである。(31)

第8章

第二次産業革命の地政経済学

経済自由主義へと転じたイギリス

前章においてみたように、産業革命の起源は、端的に地政経済学的なものであった。

一七～一八世紀のイギリスは、相次ぐ国際紛争の中で、その地政学的な環境の優位を活かしつつ、財政軍事国家と言うべき統治機構を確立した。イギリス政府は、軍事費を調達するために公債を大量に発行したが、これが金融市場の発達を促し、イングランド銀行を頂点とする近代的な金融システムを形成する結果をもたらした。この発達した金融市場により、軍事資金面で優位に立ったイギリスは、対仏戦争に勝利した。さらにこの近代的な金融市場は、産業革命のための環境をも用意することとなった。また、この過程において、イギリス政府は自由放任や自由貿易といった経済自由主義的な政策をとらず、その逆に保護貿易や産業育成政策を実施し、あるいは軍事調達の拡大により工業製品の需要を提供することで産業の発展を促した。これによって、イギリスは「世界の工場」となり、覇権国家の座に着いた。

一九世紀におけるイギリスの覇権は、まさに富国と強兵の相互作用の産物にほかならなかった。

それにもかかわらず、イギリスは、一九世紀半ばから一九一四年（第一次世界大戦の勃発）までの間、国内においては自由放任、緊縮財政、国際的には自由貿易や積極的な海外投資といった経済自由主義を基調とするようになった。

その結果、イギリスは、第二次産業革命においてアメリカやドイツの後塵を拝し、覇権国家としての地位から陥落することになる。そして、その衰退の歴史的経緯もまた、地政経済学に豊富な材料を提供するものであった。

一九世紀半ばのイギリスは、産業経済を発達させ、国富を蓄えたが、その経済力を背景に組織的な軍事力の強化を行ったわけではなかったし、以前ほど、戦争のために国内資源を動員しなくなっていった。一八四八年の穀物法の廃止は、イギリスの保護主義の終焉を告げた。一七世紀以来、イギリスの貿易をイギリス船に限定することで海運力と海上防衛力を保護していた航海条例も、ほぼ同じ時期に廃止された。大英帝国内の特恵的な措置も解除された。

また、大きな政府支出は政治的自由に対する脅威であるという自由主義の信念の下、イギリスの政府支出はGNPの一〇％以下に抑制された。これは、二〇世紀はもちろん、一八世紀すらをも下回る水準である。GNPに占める軍事費の割合も、一八六〇年代を通じて二～三％程度に過ぎなかった。強大な陸軍力をもたないイギリスは、ヨーロッパ大陸における勢力均衡に努め、全面的な介入を回避し続けた。

それでも一九世紀のイギリスは、その強大な海軍力、広大な植民地、そして国際金融の支配力を力の源泉として、覇権国家としての地位を維持し、未曽有の繁栄を謳歌することができた。イギリスの海外投資は、一九世紀半ばには年間三〇〇〇万ポンド、一八七〇年から一八七五年の間には年間五〇〇〇万ポンドに達し、海外投資からの収益は一八三〇年代後半には年間八〇〇万ポンドだったのが一八七〇年代までには年間五〇〇〇万ポンドにまで膨れ上がっていた。しかもイギリスは、その海外収益のほとんどを海外への再投資に振り向け、自由貿易を標榜して国内市場を開放した。その間、イギリスの国富が増大しただけでなく、グローバルな経済活動が発達したのである。そう考えると、ヴィクトリア朝時代のイギリス人たちの多くが、自由な国際市場こそが経済的繁栄と国際調和をもたらすという経済自由主義を信じるようになったのも驚くにはあたらないであろう。

しかし、後知恵で考えれば、この大英帝国の経済自由主義的な戦略は、短期的には繁栄をもたらしたものの、長期的には二つの弱点があったと、ポール・ケネディは指摘する。

第一に、イギリスの資本輸出は、他国の工業や農業の発展、そして鉄道など輸送インフラの整備に貢献することで、他国の経済力を向上させ、自国の経済的地位の相対的な低下を招くこととなった。

産業革命がもたらした蒸気機関、工場システムあるいは鉄道は、イギリスが自然環境の物理的障害を克服して工業化を実現する上で大きな役割を担ったが、これらの普及は、イギリスより厳しい自然環境にあったアメリカ、ロシア、中央ヨーロッパの経済に対しては、より大きな恩恵を与えることになったのである。

第二に、イギリス経済は、国際貿易そして国際金融市場への依存度を高めることとなった。

一九世紀半ばにおいて、イギリスの国民所得の約五分の一を輸出が占める一方、天然資源や食糧は輸入によ り依存するようになっていったが、これは有事においては非常に脆弱な経済構造である。さらにイギリス経済は金融部門が大きく成長し、ロンドンのシティは国際金融市場の中心地として繁栄したが、もし他の大国が覇権を握ることとなったら、国際金融市場の中心としての地位は失われることとなる。(1)

しかし、こうした長期的な戦略的脆弱性は、目の前で繁栄が続き、脅威が顕在化していない間は無視されるのが常である。自由市場こそが繁栄と平和をもたらすという経済自由主義の信念は、一九世紀のイギリスを支配し続けた。それどころか、イギリスが覇権国家としての地位を失った後も長きにわたって、強い影響力を保持し続けたのである。

今日もなお、主流派経済学者、経済政策担当者あるいは財界人のほとんどが、自由貿易は経済的繁栄にとって不可欠なものであると信じて疑わない。しかし、それを反証する事実は、まさにイギリスが自由貿易を標榜した一九世紀後半に見出すことができる。

ポール・ベロックの『経済学と世界史：神話と逆説』によれば、一九世紀のヨーロッパが自由貿易体制にあったのは一八六〇年から一八九二年にかけてであり、特に一八六六年から一八七七年が貿易自由化のピークであった。しかし、まさにこの自由貿易全盛の時期に、ヨーロッパは大不況に陥っていたのである。そして、そのころ、保護主義を強化していたアメリカは目覚ましい経済発展を遂げ、新興の経済大国として躍進した。大陸ヨーロッパは一八九二年から一八九四年に景気回復期に入ったが、これは大陸ヨーロッパが保護主義へと回帰した時期と一致していた。それどころか、この時期には、貿易もまた急速に拡大したのである。しかも、最も保護主義的な措置をとったヨーロッパ諸国が最も急速に貿易を拡大していた。保護主義への転換から二〇年経った一九〇九年から一九一三年には、これらの諸国は、さらに高い成長率を享受した。

なぜ保護主義が貿易を拡大したのであろうか。それは、保護主義をとった国々の経済が成長したため、それに伴って貿易が拡大したからであった。これに対して自由貿易政策を堅持したイギリスは、成長率を著しく下げ、不況に苦しんでいた。

これらが示すのは、保護主義が貿易を阻害するものとは必ずしも言えないということ、そして経済成長は貿易拡大をもたらすのであってその逆ではないということである。(2)

このベロックが突きつけた歴史的な事実は、自由貿易こそが経済的繁栄を約束するとして保護主義を忌避してきた主流派経済学にとっては、まことに不都合なものである。しかし、この不都合な事実を暴露したのはベロックだけではない。ケヴィン・オルークやデイヴィッド・ジャックスもまた、一八七五年から一九一四年の間の一〇カ国のデータを分析して、やはり関税と経済成長に正の相関関係があったことを確かめている[3]。

なお、第二次世界大戦後になると、一九世紀後半とは逆に、自由貿易と経済成長に正の相関関係がみられるようになる。これは「関税・成長のパラドクス」と呼ばれているが、この逆説については、第14章において論じることになる。

ジェントルマン資本主義

イギリスは、保護主義や政府介入によって産業革命を達成するという成功体験をもっていたにもかかわらず、一九世紀半ば以降は、その成功体験を捨てて経済自由主義へと傾斜した。しかも一九世紀のイギリスは、自由貿易の原則の下で不況に苦しみ、さらには反経済自由主義的なアメリカやドイツの台頭によって「世界の工場」としての地位を脅かされていたにもかかわらず、それでもなお経済自由主義に固執し続けた。その結果、イギリスはその相対的衰退を避けることができなくなり、覇権国家としての地位を失ったのである。

なぜ一九世紀半ば以降のイギリスにおいて、経済自由主義がかくも強固なイデオロギーとして君臨し続けたのか。その答えの一つは、イギリス国内において形成されていた政治経済的な利害関係に見出すことができる。

P・J・ケインとA・G・ホプキンスは、一九世紀のイギリスには、彼らが「ジェントルマン資本主義（gentlemanly capitalism）」と呼ぶ特異な政治経済システムが存在していたことを明らかにした。

ジェントルマン資本主義、そしてその形成過程とは、次のようなものである[4]。

イギリスにおける伝統的なエリート層は、封建貴族である地主階級であったが、名誉革命以降のいわゆる軍事財政国家の形成過程において、政府は公債を大量に増発した際に、その公債の主な担い手となったのが、この地主階級であった。一八世紀の金融市場の整備を促したのは公債であったのだから、金融市場の発展を支えたのは地主階級であったと言えるだろう。

金融市場が発達・拡大する中で、新たに金融業者が台頭するようになると、地主階級は、彼らと姻戚関係や社交を通じて、強固に結びつくようになった。資本主義が発展する中で、地主階級は確かに封建的な土地貴族ではなくなっていったが、階級として没落したわけではなく、新たに金融と結びついた「ジェントルマン」として政治の支配層であり続けたのである。この新たなジェントルマン階級は、ロンドンのシティ、大蔵省、イングランド銀行、そして政治への人材供給源となり、政治、行政、金融界の間には相互浸透的なネットワークが形成された。

これに対して、産業革命により勃興した製造業者はジェントルマンになり得なかったため、製造業の利害は金融ほどには政治に反映されなかった。産業革命以降のイギリスの政治経済は、製造業ではなく金融が主導したのである。

大英帝国を形成したのは、このシティと政治、行政の複合体であるジェントルマン階級であった。大英帝国の植民地は、ジェントルマン資本主義の新たな投資先とされたのであり、大英帝国の海軍力と外交力はその海外権益を守るために用いられた。大英帝国とは、シティを中心とする金融ネットワークとしての「見えざる帝国」であったのである。

一九世紀イギリスの政治が金融階級の利害を反映するものとなっていたことを考えるならば、当時の経済政策が経済自由主義を正統のイデオロギーとした理由も容易に理解できるだろう。

イギリスの金融階級にとっては、スターリング圏を拡大し、海外への投資の機会を増大するような経済政策が利益をもたらすものとなる。したがって、自由貿易と金本位制が望ましいのである。そして、金本位制を維持するためには、財政支出の抑制が必要になる。

一九世紀のイギリスにおいて、自由貿易、金本位制、健全財政が疑う余地のない原則とみなされたのは、それがイギリスの金融階級にとって利益をもたらすからである。そして、金融階級がジェントルマンとして政治を支配しているのであれば、金融の利益がイギリスの国益と誤認されることになる。

自由貿易や金本位制といった経済自由主義の原則は、アメリカやドイツの製造業が台頭する中で、イギリスの製造業の競争力に不利に働いた。それにもかかわらず、経済自由主義は第一次世界大戦以降ですらも、その影響力を強固に保持し続けた。その主な理由は、当時のイギリスの経済体制が、金融階級が支配するジェントルマン資本主義であったからなのである。

しかも、当時のイギリスの「ジェントルマン」的な金融エリートたちは、ナショナリストというよりはグローバリストであり、国内産業への投資に対しては特に関心を示さず、むしろ海外投資に積極的であったため、イギリスの資本の大半は、国内には向かわず、もっぱら海外へと投下された。また、イギリスの銀行の形態も商業銀行が中心であり、ドイツやアメリカのように、国内の大企業に長期融資を供与するような投資銀行は発達しなかった。[5]

しかし、この大英帝国を支えたジェントルマン資本主義は、第二次産業革命を契機とする資本主義の大転換に対応することができなかったのである。

経営者資本主義

第二次産業革命は、資本主義にどのような大転換をもたらしたのか。それを徹底的に分析したのが、アルフレッド・チャンドラーの大著『スケール・アンド・スコープ：経営力発展の国際比較』である。[6]

この中でチャンドラーは、次のように論じている。

一九世紀後半、欧米においては、蒸気船、鉄道、電信といった新たな輸送・通信手段が出現した。それ以前の資本主義経済においては、所有者が個人的に管理する比較的小規模の企業によって運営されていた。しかし、鉄道・電信システムの建設は大規模な投資を必要とし、その運営は複雑であった。このため、鉄道・通信といった分野においては、その企業の株式をほとんど保有していない俸給経営者が専門的に経営を担うという、新たな組織形態が生まれた。所有と経営が分離したのである。

この新たな輸送・通信システムは、大量生産・大量販売を可能とした。その結果、生産量や取引量が爆発的に増加したため、大量生産・大量販売を行う企業もまた、所有と経営を分離させ、業務上の意思決定を俸給経営陣に集中させるようになった。

さらに一九世紀末から二〇世紀初頭にかけて、画期的な製法の革新が行われ、新たな産業が次々と勃興した。いわゆる「第二次産業革命」である。

それまでは、衣服、繊維製品、家具、印刷など、労働集約的な産業が中心であった。これらの産業は、設備やプラントの改善によってコスト上の優位をもたらすことはできたが、それはさほど目覚ましいものではなかった。

ところが、新たに勃興した産業は、製鉄、製鋼、銅やアルミニウムの精錬、機械による加工と包装、互換性部品の加工・組立による複雑な機械、産業用機械や化学製品の製造など、資本集約的なものであった。これらの新産業は、いわゆる「規模の経済」が大きく働くものであった。それゆえ、規模がより大きいプラントほど、顕著にコスト上の優位に立つことになる。

さらに、これらの新産業は、同じ原材料・同じ中間工程から多数の製品を製造することができるため、「範囲の経済」も大きく働く。すなわち、同じ工場で同時に製造される製品数が増加すれば、各製品の単位費用が低下するのである。

ただし、この「範囲の経済」を享受するためには、生産設備を通過する原材料の通量が生産能力を下回らないように維持されていなければならない。さらに原材料から生産設備への通量だけではなく、中間業者や消費者に至るまでの流れをも調整する必要がある。もし、こうした調整がうまくいかず、現実の流量が生産能力を下回る場合には、固定費用が巨額であるため、単位費用は急増することになってしまうのである。

要するに、規模と範囲の経済が大きく働く資本集約的産業においては、その費用と利益は、定格生産能力と通量によって決まるのである。そして、通量の調整には、生産から流通に至る全行程を管理する組織化された人間の能力を必要とする。この組織化された人間の能力のことをチャンドラーは「組織能力」と呼ぶ。この「組織能力」こそが、資本集約的産業の競争力を決める主たる要因にほかならない。

資本集約的産業においては、製品の生産と流通に関する職能上の活動の監督、諸過程を通過する物資の流れの調整に関し、現在の業績と予想される需要を基礎とした将来の生産と流通のための資源の割当を行うため、高度な「組織能力」を有する統合的な経営階層組織が構築されるようになる。

こうした統合的階層組織の先駆的な例は、アメリカのスタンダード・オイル・トラストや、ドイツの化学会社バイエル、ヘキスト、ＢＡＳＦであるが、ほかにも多くの産業において、大規模で高度な組織能力を発揮して、規模と範囲の経済を活用して著しい費用の減少を実現する企業が次々と登場するようになった。こうして新たに出現した資本主義の形態を、チャンドラーは「経営者資本主義」と呼ぶのである。

英米独の違い

この経営者資本主義は、アメリカ、イギリス、ドイツにおいて、異なる経路をたどって発展した。チャンドラーは、この発展経路の相違を生み出した主たる要因の一つとして、それぞれの国がもつ固有の地理的条件に着目している。

経営者資本主義の発達が最も顕著であったのは、巨大な地理的規模の国内市場に恵まれたアメリカであった。

イギリスの面積はアメリカのニューヨーク、ペンシルヴァニア、オハイオの三州の合計よりも小さく、第一次世界大戦前のドイツの面積はテキサス州よりも小さい。また、アメリカの人口は、イギリスやドイツと比べて、はるかに広範な地域に散在していた。

アメリカは、地理的規模のみならず、人口と一人当たりの所得も、イギリスやドイツよりも急速に成長した。それはアメリカの消費需要がより急速に拡大したということである。一八八〇年代にアメリカの人口はイギリスの二倍、一九二〇年代には三倍になった。一八七〇年から第一次世界大戦までに、一人当たり国内総生産はイギリスが一・五倍、ドイツが二倍伸びたのに対して、アメリカは二・四倍に伸びたと推計されている。

この国内市場の地理的な広さと消費需要の増加によって、アメリカの企業は、世界中のどの国の企業よりも、規模と範囲の経済を利用する機会に恵まれることとなった。こうしてアメリカでは、大規模な階層組織をもち、生産から流通までを統合した資本集約的な大企業が著しく成長することとなったのである。

アメリカは広大な国土を有していたため、イギリスやドイツと比べてはるかに広範な鉄道網を建設しなければならなかった。全国的な鉄道網が完成した一九一〇年までに、イギリスの幹線鉄道距離数は二万マイル、ドイツが三万八〇〇〇マイルであるのに対し、アメリカは二四万マイルにまで達していた。

鉄道網に伴って電信網の建設も急速に進んだ。列車の能率的な運行の確保のために、電信が必要とされたからである。さらに、鉄道・電信の能率的な運営のために、全体を計画的に管理・運営するための組織革新が行われ、アメリカの鉄道会社は大規模な経営階層組織の先駆者となったのである。

さらに広大な国土をもつアメリカにおける鉄道網の建設には莫大な資本を必要としたが、この旺盛な資金需要が金融市場の成長を促した。一九世紀後半の金融機関は、もっぱら鉄道の建設資金の供給や鉄道の発展を促すための合併・買収に携わっていた。ウォール街の巨大投資銀行は、鉄道金融から発達したのである。

なお、アメリカでは、新たに勃興した産業は独占ではなく、寡占状態となり、主要企業は国内外での市場シェアと利益を求めて競争を続けた。このような競争状態が維持されたのは、競争志向や権力集中に対する懸念といったアメリカ人の気質を反映した反トラスト立法の影響と、その国内市場の規模の大きさのゆえである。こうしたアメリカの特異な経営者資本主義について、チャンドラーは「競争的経営者資本主義」と呼んでいる。

ドイツにおいても経営者資本主義が発達した。もっとも、それはアメリカとは異なった特質を有するものであった。

ドイツは一八七一年の統一により、アメリカには遠く及ばないものの、イギリスの二倍以上の国土を有することとなった。人口においても一八七一年において四一六〇万人と、アメリカと同規模であり、イギリスの三一五〇万人を上回った。ただしドイツの人口増加率はアメリカより低く、一九一〇年までにドイツの人口は六四九〇万人となったのに対し、アメリカは九二四〇万人、イギリスは四六二〇万人であった。また、ドイツの人口の都市への集中度は、アメリカやイギリスに比べてずっと低く、ドイツの都市はイギリスより数が少なく小規模で、かつ分散していた。特にドイツは長い間、西部の工業地帯と東部の農業地帯に分断されていた。ドイツの一人当たり国内総生産も、アメリカやイギリスよりもかなり低い水準であった。このため、第一次世界大戦前、西部に集中していたドイツの消費財市場は、イギリスやアメリカよりも小規模であった。

ドイツにおいても、一九世紀半ば以降の鉄道網の整備が、工業化の促進や制度変化にきわめて大きな影響を与えた。ドイツの企業も、アメリカの企業と同様に、新たな輸送システムの多大な恩恵を受けた。ドイツの企業は発達した鉄道網を通じてヨーロッパ大陸の生産財市場にアクセスできるようになり、規模と範囲の経済を利用した資本集約的で巨大な生産技術を発達させることができたのである。また、アメリカ同様、ドイツでも、鉄道建設に伴う資本需要の増大が新たな金融機関の創出を促し、大規模な信用銀行が発達した。

ただし、ドイツに固有の地理的環境は、アメリカの競争的経営者資本主義とは異なる経済システムを形成していった。

アメリカ企業にとっての主な市場は広大な国内であったが、ドイツの企業にとっての市場は多くの国や文化から構成されるヨーロッパ大陸であった。また、ヨーロッパ域外の市場の多くは、すでにイギリス人やアメリカ人によって押さえられていた。このため、ドイツの企業は常に外国において激しい競争に直面せざるを得なくなり、その反面として、国内においては協調を志向する傾向が強くなった。ドイツにはイギリスのような取引制限的な企業結合を禁止する慣習法がなく、アメリカのような反トラスト法もなかったことも、企業間の協調を容易にした。ドイツの大銀行もまた、多くの企業に資金を供給することから、競争よりも協調を好んだ。

こうしたことから、ドイツでは、主要企業が国内外で市場シェアを維持するために互いに協定を結ぶ「協調的経営者資本主義」が成立した。ドイツが、第一次世界大戦による敗戦という危機から急速に復興を遂げることができたのも、この協調的経営者資本主義によるところが大きかったのである。

同時期のイギリスにおける資本主義の展開は、アメリカとは好対照をなしていた。

すでに述べたように、イギリス本国は、ニューヨーク、ペンシルヴァニア、オハイオの三州の合計よりも小さく、人口や一人当たりの所得の伸びも、アメリカよりも緩慢であった。このように国内市場が規模と範囲の経済を活かすには小さすぎたため、イギリスの企業家たちは、第二次産業革命による新しい技術にとって必須の投資を行う誘因に乏しく、それに必要な組織の形成にも遅れることとなったのである。イギリス企業の大多数は技術的に高度な生産財ではなく、消費財を生産していた。

その代わり、イギリスの海外依存度は、国内市場の小ささを反映して、アメリカよりも高くなった。イギリスの海外取引の国民所得に対する比率は一八六〇年から一九一三年にかけて二六・九％から二九・九％の間にあったが、同じ期間のアメリカの比率は五％程度であった。ただし、イギリスの主な輸出製品は、第一次産業革命の旧い産業の製品であった。たとえば一八七〇年から一八七九年にかけての輸出は五五％が繊維であり、一六％が鉄鋼、四％が機械、四％が石炭であった。一九〇〇年から一九〇九年にかけては、それぞれ三八％、一四％、七％、一〇％であった。これに対してアメリカの主な工業製品の輸出項目は精製油、加工食品、量産型軽機械、電気機器であり、ドイツの主の輸出製品は化学、重機械、鋼、電解非金属であり、いずれも第二次産業革命の製品であったのである。

また、イギリスの人口分布はアメリカよりも稠密であったため、広範囲にわたる流通ネットワークを構築する必要性に乏しかった。しかもイギリスでは、鉄道、電信、蒸気船、海底電線といったインフラの登場よりもずっと以前に工業化が始まっていた。このため、イギリスでは、ドイツやアメリカのように、輸送・通信システムの革新が経営管理システム全般に大きな影響を与えるということもなかった。

さらにチャンドラーは、イギリスの企業家たちが従来の個人経営に執着したために、経営者資本主義に必要な投資や組織能力の開発に消極的であったという文化的な要因をも指摘している。

アメリカやドイツでは所有と経営が分離し、専門的な俸給経営者が企業経営を一手に担った。これに対してイギリスでは、創業者の息子や他の親族が企業の支配を引き継ぐ同族企業が一般的であった。イギリス企業の経営者は、創業者一族である「ジェントルマン」と、ジェントルマンとのパートナーシップを獲得した俸給経営者である「プレイヤー」から成り立っていたが、プレイヤーの望みはジェントルマンになることであり、企業経営の目標の成長ではなかった。また、多くの所有者は、大規模で長期的な投資の拡大よりも、現在の所得の増大を好んだ。このため、経営者資本主義に必要な大規模な固定資本や組織能力の形成が進まなかった。

こうしてイギリスでは、従前の「個人資本主義」が長く残存し、経営者資本主義の成立が遅れ、工業力においてアメリカやドイツの後塵を拝するようになったのだとチャンドラーは分析している。

このイギリスの「個人資本主義」に対するチャンドラーの分析は、ジェントルマン資本主義の議論と相互補完的であることは明らかであろう。ジェントルマン資本主義は、製造業主導ではなく金融主導の経済システムである。ジェントルマン階級の行動原理はナショナルというよりはグローバルであり、国内産業への投資よりも海外投資を優先した。しかし、このグローバル金融資本主義とも言うべきジェントルマン資本主義は、規模と範囲の経済を存分に活用しなければならない経営者資本主義の時代には対応できなかったのである。

国家の役割

第二次産業革命により勃興した資本集約型産業は、生産規模が大きいほどコストが下がるという「規模の経済」、そして生産から流通そして消費にいたるまでの全工程における調整がコストを下げるという「範囲の経済」という性質を有する。企業経営者は、競争に勝ち残るべく、この規模と範囲の経済を存分に発揮しようとする。そして、そのために重要になる企業の「組織能力」を高めようとする。チャンドラーは、このように論じた。

それと同じことは、国家経営にも当てはまる。

資本集約型産業が「規模の経済」を享受するには、より大きな市場を確保する必要がある。また「範囲の経済」を発揮させるためには、原材料の調達、生産、流通そして消費までを結びつける流通や通信のネットワークが構築されていることが望ましい。まさにアメリカやドイツは、イギリスより大きな国内市場を確保し、鉄道などの輸送・通信インフラを整備することによって、資本集約型産業の競争力においてイギリスを凌駕することに成功したのであった。

ここで重要なのは、大きな国内市場を創出し、輸送・通信インフラを整備するのは、国家であるということである。言い換えれば、規模と範囲の経済が大きく働く資本集約型産業の発展には、企業に求められる「組織能力」が国家にも必要になるということである。

実際、アメリカやドイツにおける経営者資本主義の形成と急速な産業発展において、国家政策が果たした役割は大きかった。

たとえば、建国から第二次世界大戦終結前までのアメリカは、ポール・ベロックが「近代保護主義の母国であり砦である」(7)と言ったように、世界で最も保護主義的な国家であった。

アメリカ建国の父の一人であり、初代財務長官であったアレクサンダー・ハミルトンは、一七九一年に「製造業に関する報告書」を書き、高関税と産業政策による製造業の育成を唱えたことで知られている。アメリカ建国の父の一人は、保護主義者だったのである。

ハミルトンが提唱した高関税によって産業を保護する経済体制は「アメリカン・システム」と呼ばれている。一七八九年の工業製品の平均関税率は七・五%から一〇%と穏当であったが、一八一六年にはほとんどすべての工業製品に三五%の関税が課せられ、それ以降、一八四六年まで高関税の時代が続いた。一八四六年からは関税が引き下げられ、一〇~二〇%程度の穏当な関税となった。しかし、一八六〇年、エイブラハム・リンカーンが大統領に就任すると、南北戦争が勃発したが、北軍の勝利によってアメリカの保護主義は決定的となった。工業地帯の北部は保護主義を求め、綿花の産地であった南部は自由貿易を志向していたからである。南北戦争によってアメリカの国内市場が統合されると、政府はこの巨大な市場を高関税によって保護した。

たとえば、一八七五年におけるヨーロッパ大陸における工業製品の関税率は平均で九〜一二％であったが、アメリカでは四〇％以上もあったのである。[8]

このように一九世紀後半のアメリカは、世界で最も保護主義的であり、同時に飛躍的な経済発展を遂げたのである。この時期の高関税がアメリカの企業家精神や技術革新を妨げたことを示す証拠はない。[9]むしろ、高関税によって巨大な国内市場が確保されたことで、アメリカの資本集約型産業は規模の経済を享受し、その競争力を飛躍的に高めることができたのである。

当時のアメリカは、保護主義の他にも経済発展に貢献する重要な政策を打ち出していた。たとえばホームステッド法は、西部の未開拓地の一定区画を無償で農民に払い下げるものであるが、これは人口の西部への移動を促すとともに、急速な所得再分配の機能も果たした。また、無償で払い下げられた土地は取引の対象となり、その結果、工業化に必要な資本が形成されるという効果もあった。[10]

また、一八九〇年のシャーマン法や一九一四年のクレイトン法などの反トラスト法の制定は、すでに述べたように「競争的経営者資本主義」の形成に大きな役割を果たした。アメリカの工業は高関税によって国際競争からは保護されていたが、国内市場においては、反トラスト法によって競争状態が維持されたのである。

加えて連邦政府と州政府は、鉄道の建設に対して積極的な支援を行った。この鉄道建設には、国民統合を促し、新市場を開拓し、規模と範囲の経済を働かせるという経済的な動機に加えて、戦時における輸送手段という軍事的な動機もあったことにも注意を払っておく必要がある。[11]

このように一九世紀のアメリカは、高関税、ホームステッド法、反トラスト立法、そして鉄道建設への支援といった政府による強力な介入が行われていたのであり、それが競争的経営者資本主義の形成を促すとともに、飛躍的な経済発展を演出したのであった。

ドイツの経営者資本主義の形成においても、国家の果たした役割は大きかった。もっとも、貿易に関して言えば、一九世紀のドイツはアメリカとは違って、それほど保護主義的ではなかった。

統一前のドイツでは、プロイセン王国の主導によりドイツ関税同盟（Zollverein）が形成されたが、その関税率は穏当なもので、幼稚産業の保護・育成には不十分なものに過ぎなかった。ドイツ統一後、宰相ビスマルクは一八七九年に関税を大幅に引き上げたが、保護が強化されたのはもっぱら農業であって、鉄鋼業などの工業関税は引き続き低めに抑えられた。ビスマルクの狙いは、農業経営を基盤とする貴族層（ユンカー）の不満を抑えて、工業階級と農業階級の利害対立を緩和して国内の分裂を防ぐところにあったのである。[12]

しかし、一九世紀のドイツの低関税は自由放任政策がとられたことを意味しない。むしろプロイセンの産業政策は、一九世紀のドイツの工業化にとって決定的に重要な役割を果たしたのである。

プロイセンは一八世紀以降、新規の製造業者に独占権を付与したり、政府自身が工場を保有したりする政策を採用し、それを一九世紀まで続けた。この強力な政府介入の理由のうち、「最も重要なのは、疑いなく、強力な産業基盤は効率的な軍隊に必要であるという確信であった。（中略）戦争と防衛政策がプロイセンの産業政策の核となっていたことは間違いない。[13]」

プロイセンは、一八四〇年までに、後のドイツの経済発展につながる二つの重要な経済政策を主導した。

第一に、シュタインとハルデンベルクが主導した改革による農民解放である。これは農業生産の効率化によって余剰労働力を生み出すとともに、長期的には私有財産権の確立により経済全体の取引費用を引き下げるという効果をもたらした。なお、このシュタインとハルデンベルクの改革は、一八〇六年のイエナの戦いにおいてフランス軍に敗北したことが契機となっており、これも「逆第二イメージ」の一例と言えるであろう。

第二に、一八三三年以降のドイツ関税同盟である。この関税同盟は、先に述べたように幼稚産業を保護するには不十分なものではあった。しかし、域内における多くの貿易障壁を削減することで資本形成と経済成長を促進するとともに、一八七〇年のドイツ統一につながる重要な一歩となった。[14]

また、プロイセンは職業訓練研究所（Gewerbe-Institute）を設立し、輸入したイギリスの機械を使ってリバース・エンジニアリングや技術者の養成を行った。またイギリスの技術者をドイツに招聘して、積極的な技術移転を進めた。その結果、ドイツの機械工業は、一八四〇年代から五〇年代には、蒸気機関車を製造するのに必要な設計製造能力を持ちうるようになった。[15]

鉄道建設もまた、ドイツの産業発展の原動力となった。一八四〇年代前半以降、プロイセン政府は民間の鉄道建設に対する規制や経済的支援を積極的に行い、一八七八年以降は鉄道の国有化も進めた。鉄道は、輸送インフラとしての経済効果はもちろんのこと、鉄道建設自体が鉄鋼の大きな需要を生み出し、重工業の発展を促した。この鉄道建設の目的もまた、経済だけでなく軍事も含んでいた。鉄道は、兵士や物資の迅速な輸送のための重要なインフラとして重視されていたのである。[16]

これらの国家政策は、ドイツの重工業に飛躍的な成長をもたらした。たとえば、一八五一年から一八六九年までの銑鉄の生産は、年率三〇・六％のペースで増加した。工業地帯のルール地方では、一八五一年には一五の高炉があったが、一八七〇年にはそれが五一五にまで増えていたのである。[17] こうした一連の産業育成策は、一八七〇年のドイツ統一後は宰相ビスマルクの下でより強化され、戦略的に進められることとなる。

もっとも、一八七〇年から一九一四年までの第二帝国の時代においては、民間部門がさらに発展したことに加え、工業の発展に消極的なユンカーが行政を支配していたこともあり、政府による経済介入は後退し、関税政策と非公式なカルテル形成の指導へと限定されていった。特に関税政策は、すでに述べたように、工業の育成というよりは農業の保護によるユンカーの懐柔策としての色彩が濃かった。しかし、ハジュン・チャンは、カルテル政策がドイツの重工業の発展において果たした役割を過小評価すべきではないとしている。[18]

確かにカルテルは、資本集約型産業の発展において重要な役割を果たしうる。というのも、資本集約型産業においては、将来の需要をあらかじめ予測し、生産と流通のための資源の合理的な割当を行う必要がある。

そのため、企業内においては統合的な経営階層組織が形成されることになる。これと同様に、産業界内においても、将来の安定した需要を確保し、各企業の生産資源の割当を調整するためのカルテルが必要となるのである。

また、第二帝国下のドイツは、労働者災害保険（一八七一年）、健康保険（一八八三年）、公的年金制度（一八八九年）を世界で初めて導入するなど、社会政策における先駆者であった。このドイツの先進的な社会政策もまた、国内社会の安定に寄与し、経済発展に貢献した(19)。

社会政策は、経営者資本主義にとっては特に重要である。というのも、資本集約型産業の範囲の経済を発揮させるためには、生産、流通、消費までの流れが円滑に調整されている必要があるが、ストライキなどの労働運動はこの流れを途絶させ、資本集約型産業に大きな打撃を与えるからである。

このように、一九世紀後半のアメリカやドイツは、政府が積極的に市場に介入し、保護貿易や産業政策を実施したが、これらはいずれも、規模と範囲の経済を発揮させるという役割を果たすものであり、資本集約型産業の発展に貢献するものであったのである。

ハミルトンとリスト

さらに注目すべきは、アメリカやドイツが遂行した一連の経済政策と地政学との関係である。

アメリカに巨大な国内市場をもたらしたのは、アメリカ独立戦争と南北戦争の終結であった。特に、南北戦争が工業地帯の北部の勝利によって終わったことは、その後の保護主義による工業の発展にとっては決定的に重要であった。また、ドイツの国内市場も、プロイセンによる統一によって創出された。規模の経済に必要な国内市場は、いずれの場合も、地政学的な変動から生み出されたのである。そして、アメリカの「競争的」

経営者資本主義とドイツの「協調的」経営者資本主義は、いずれもその地理的な環境条件によって形成されたものである。また、範囲の経済に必要な鉄道の整備には、軍事的な動機が含まれていた。軍事産業からのスピン・オフ効果については、第6章において述べたとおりである。

第二次産業革命、そして一九世紀後半のアメリカとドイツの経済発展は、地政経済学的な視点なくして理解することは不可能なのである。

しかも、アメリカとドイツにおける地政学的環境と経済政策の相互作用による経済発展は、偶然の産物というわけでは必ずしもなく、かなりの程度、意図的・戦略的に進められていた。というのも、アメリカにおいてはアレクサンダー・ハミルトン、ドイツにおいてはフリードリヒ・リストの思想の中に、その地政経済学的な戦略の構想が含まれていたからである。

ハミルトンは建国の父の一人であるが、建国前後のアメリカはその国家構想を巡って、二派に分かれて対立していた。アメリカを強力な中央政府によって統合された国民国家にしようとした連邦主義派と、各州の緩やかな連合体を理想とし、強力な連邦政府の創設に反対した共和主義派である。

ハミルトンは連邦主義派を代表する有力政治家であったが、彼の国家構想は、地政学的な戦略に裏づけられていた。

ハミルトンは当時のイギリスの政体を国家のモデルとして考えていた。その際、彼が着目したのは、イギリスの地政学的環境であった。イギリスは海に囲まれた島であったがゆえに、地続きの隣国と競合していたヨーロッパ大陸の諸国とは異なり、陸軍を維持するための強大な中央権力を必要とせず、それゆえに自由な政体を維持できていた。そのことを理解していたハミルトンは、アメリカもまた、四方を海によって囲まれた国家とすることで、イギリスと同様に自由な政体を実現できると考えたのである。[20]

また、ハミルトンは製造業の振興による経済発展を重視したが、そこには軍事的な動機もあった。ハミルトンは、製造業の発展は国防にとっても重要であると考えていたのである。(21)「国家の富の増大はその絶対的な力の増大であり、その逆もまた真である」という重商主義者とアダム・スミスが共有する「大前提」を、ハミルトンもまた共有していた。

ただしハミルトンは、アメリカが工業に特化することを望んではいなかった。彼は、製造業を振興して経済を発展させれば、農産物の需要も生み出されて、農業も発展すると考えていたのである。工業部門と農業部門が相互補完的・相互依存的に結びつき、北部の工業地帯と南部の農業地帯が利益を共有することになり、国民統合がより進む。これがハミルトンの目指した国民経済の姿であったのである。(22)

フリードリヒ・リストは、一八二五年から五年間、アメリカに滞在し、このハミルトンによって種を蒔かれた「アメリカン・システム」の成功を目の当たりにして、大いに刺激を受けた。そして、一八四一年に『政治経済学の国民的体系』を著し、この著作によってドイツ歴史学派の開祖となったのである。

前章において、一八世紀のイギリスが政府介入や保護貿易によって経済発展を実現したことを明らかにしたが、リストはそのことをよく承知していた。彼は、経済自由主義の自由貿易論はドイツなどの後発国の産業発展を妨げるためのイデオロギー的装置であると非難した。

ある者が偉大さの頂点に達するや、自分が登ってきた梯子を蹴り落とし、彼に続いて登ってくる者がいないようにするというのは、ありふれた狡いやり方である。アダム・スミスの世界市民的教義や、彼の偉大な同時代人ウィリアム・ピットやイギリス政府の彼の後継者すべての世界市民的姿勢の秘密が、ここに隠されている。(23)

イギリスの経済覇権に対抗すべく、リストは、ドイツ関税同盟の形成を提唱し、また鉄道建設のプロジェクトに情熱を傾けた。ただし、それらの目的は、経済発展に限られたものではなかった。リストは、関税同盟や鉄道を通じて、ドイツの国民統合を促進し、総合的な国力を強化することを目指したのである。リストの念頭には常に、ハミルトン同様、富と力の相互依存関係があった。[24] 自由貿易論を唱えたアダム・スミスを激しく攻撃したリストであったが、富と力の相互依存という「大前提」はスミスと共有していた。[25] その「大前提」をリストは、歴史の中から引き出してくる。「物質的な富と政治的な力がお互いにどのような影響を及ぼすのかを認識するには、ヴェネツィア、ハンザ同盟、ポルトガル、オランダそしてイギリスの歴史について考えるだけでよい。[26]」

ハミルトンは、アメリカを海に囲まれた統一国家とすることを構想したのは、イギリスの島国という地政学的環境の優位性を参考にしたからであるが、この島国の地政学的優位性についてはリストも認識を共有していた。[27] しかし、アメリカとは異なり、ドイツはヨーロッパ大陸の中央という地政学的に不利な環境にいることを運命づけられている。このため、リストの地政学的な関心はハミルトンよりもさらに強いものとなった。

アルフレッド・セイヤー・マハンに先んじて、リストは次のように述べる。「国は、その独立を保持し、外国との通商を保護するために十分な陸上及び海上の軍事力を保有しなければならない。[28]」

しかも安全保障は、国家の独立や通商のためだけではなく、保護関税による経済発展を実現する上でも不可欠であるとリストは言う。しかし、当時のドイツは、保護関税に適した地政学的環境にはなかった。「海や山脈によって囲まれていない国は、他国からの攻撃にさらされているのであり、多大な犠牲を払うか、きわめて不完全な形でしか、自国のための関税システムを確立・維持することができない。[29]」

しかし、リストは地理決定説には与しない。領土の範囲は変更可能だからである。領土の変更は、古来より承継や購入、あるいは征服によって行われてきた。しかし、今日では、第四の方法がある。それが関税同盟であるとリストは言う。彼は、関税同盟の形成を通じてドイツの勢力圏を平和裏に拡大することを提唱する。

具体的には、ライン川の河口からポーランドの国境までであり、そこにはオランダとデンマークが含まれる。[30] オランダやデンマークを含めるのは、海への出口が必要だからである。河川、運河、鉄道、そして領海がなければ、ドイツ関税同盟の構想は完成し得ない。[31] さらにドイツ関税同盟の工業品を輸出し、農産品を輸入する市場を確保するため、東ヨーロッパに向けての植民政策も必要である。[32]

こうしたリストの関税同盟や東方植民の構想は、後のナチス・ドイツによる「生存圏」戦略の先駆とみなされ、批判されることが少なくない。しかし注意すべきは、リストは、あくまでも関税同盟という経済的な手段を念頭においていたのであり、軍事的な征服に対してはむしろ批判的であった。

なぜなら、リストの戦略目標は、イギリスの圧倒的な海洋支配と経済覇権に対抗する勢力を大陸ヨーロッパに形成し、両者の勢力均衡を図るところにあったのだが、そのためには大陸ヨーロッパ諸国が利益を共有して協調しなければならないからである。大陸ヨーロッパ諸国間の紛争は、イギリスを利するだけである。かつてナポレオンはイギリスの海洋支配に対抗して大陸封鎖を行ったが、彼はフランスの利益を優先して大陸ヨーロッパ諸国の国民性を破壊するような挙に出たため、その企ては失敗に終わった。大陸ヨーロッパの連合は、各国が自主的に形成するようでなければ功を奏しないとリストは強調している。[33] その意味で、リストの構想は、ナチス・ドイツというよりはむしろ、EUの先駆と言った方がよいかもしれない。もっとも、国民国家の固有性と自律性を最大限に重視するナショナリストのリストが、各国の自律性を著しく制約した今日のEUの姿に賛意を示したとは考えられない。おそらくリストが理想とした大陸ヨーロッパの連合は、EUよりもずっと各国の主権を重んじた緩やかな同盟であろう。

さらにリストの地政経済学的洞察は、アメリカの覇権を予言している。かつてイギリスが小国オランダを凌駕したように、遠からずアメリカは、海軍力と経済力においてイギリスを凌ぐようになるであろう。したがって、いずれイギリスは、アメリカの覇権に対抗するために、大陸ヨーロッパ諸国の連合に接近せざるを得なくなるであろう。[34] リストがこう記したのは一八四一年、イギリスがECに加盟する一三〇年以上も前のことである。

このリストの壮大な地政経済学的構想は、彼の生前は思うように運ばなかった。彼は、一八四六年、失意のうちに自殺した。しかし、関税同盟やドイツ統一、あるいは鉄道建設といった構想は、プロイセンによって継承され、実行された。そして、ドイツをイギリスに対抗し得る大国へと押し上げることとなったのである。

近年、地政学の分野においても、リストはマッキンダー、マハンあるいはラツェルに先立つ地政学者として再評価されつつある。[35] しかし、より正確に評価するならば、リストは地政経済学の先駆者と言うべきであろう。

大英帝国の衰退

これまで見てきたように、一九世紀後半のアメリカやドイツは、国家が経済に介入し、資本集約型産業の特質である規模と範囲の経済を活かすことによって、飛躍的な経済発展に成功し、経済大国となった。これに対して同時期のイギリスは、経済自由主義を公式のイデオロギーとし、自由放任や自由貿易を標榜し、それを実行していたため、第二次産業革命においてアメリカやドイツの後塵を拝することとなった。

しかし、一七～一八世紀までのイギリスは、国家による強力な産業保護育成策を推進し、それによって産業革命を成し遂げたのであり、その意味で一九世紀のアメリカやドイツと同じであったのである。

一九世紀になると、イングランド銀行の銀行券発行独占の廃止（一八二六年。ただし、すぐに復活）、穀物法の廃止（一八四四年）、金利上限規制の撤廃（一八五四年）、航海条例の廃止（一八五四年）といったように規制緩和が進められた。

もっとも、一九世紀のイギリスの経済政策は、必ずしも自由放任一辺倒ではなかったことには留意する必要がある。というのも、古い規制が撤廃された一方で、工業意匠、鉄道、株式会社、商船に対する規制あるいは新貧民法や工場法といった社会的規制など、新たな規制の導入もまた進められたからである。(36)

貿易自由化についても、実際には比較的緩慢に進められたのであり、本格的な自由貿易政策への転換は一八五〇年代に入ってからのことであった。また、第6章において述べたように、一九世紀後半のドイツとの建艦競争は、軍事産業からのスピン・オフを通じて、重工業の発展を促した。一九世紀のイギリス経済もまた、強力な政府介入と無縁ではなかったのである。

とはいえ、イギリスは、急速な発展を遂げるアメリカやドイツとの競合にあって、経済力においても軍事力においても、相対的な衰退を余儀なくされていくこととなる。その衰退の理由を理解するには、やはり地政経済学的な視点から分析が必要になる。

すでに述べたように、イギリスのジェントルマン資本主義は、海外市場への依存度が高いことから、海外権益を維持・拡張するために強力な軍事力を必要とした。しかしながら他方で、ジェントルマン資本主義は、金本位制の下で自国通貨の国際的信認を維持するため、財政赤字の拡大を嫌い、健全財政を志向した。この健全財政路線は、軍事力の拡大に対する制約となった。(37)

しかも、大英帝国を維持するコストは、経済的に割に合わないものであった。

マルクス主義者は、資本主義は、国内市場の飽和における利潤率の逓減により、海外へと帝国主義的に拡張していくと論じてきた。しかし、実際には、一八八五年から一九一二年におけるイギリス国内への投資の利潤率は、大英帝国の植民地や帝国外に対する投資の利潤率を上回っていた。(38)ジェントルマン資本主義は、国内の利潤率の方が高かったにもかかわらず、国内投資を怠って資本輸出を優先させていたのである。しかも、その資本輸出は、ライバル国の産業発展を促し、イギリス経済の相対的地位の低下に貢献した。これは、ジェントルマン階級の経済合理的な計算というよりは、彼らが共有する経済自由主義のイデオロギーやコスモポリタンな価値観がもたらした結果であった。

二〇世紀初頭になると、大英帝国は、フランス、ドイツ、ロシア、トルコ、アメリカといった主要な列強と国境を接し、競合するようになった。これまでイギリスは、海という地政学的な利点を戦略的に活用して、海軍力だけで安上がりに領土を維持してきた。しかし、世界中に鉄道が普及し、それによって列強は軍隊を容易に移動できるようになったため、イギリスはその海軍力のみでライバル国を封じ込めることが困難になった。鉄道の普及がもたらした地政学的な変化により、大英帝国を維持するための負担がより大きくなってしまったのである。しかも、そのような地政学的な変化は、イギリス自らが海外の鉄道整備事業に対して莫大な投資を行って招いた事態でもある。

アメリカは第二次産業革命によってイギリスを凌駕する経済大国となったが、イギリスにとっては、アメリカよりもドイツの方が脅威であった。というのも、アメリカの企業は、第一次世界大戦までは、広大で急速に拡大し続ける国内市場に専念していたのに対し、ドイツの企業は国際市場、とりわけヨーロッパ市場において、イギリス企業と直接的に競合することとなったからである。(39)

しかも、第二次産業革命によって、帝国主義的な世界市場獲得競争は従来よりもはるかに激烈なものにならざるを得なくなる。第二次産業革命によって勃興した新たな産業においては、チャンドラーが強調したように、旧い産業よりもはるかに、規模と範囲の経済を活かすことが重要になるため、市場規模を拡大することが競争力を獲得する上で決定的となるからである。その意味で、地政経済学という視座は、第二次産業革命以降の方がより重要なものとなる。

イギリスが、第二次産業革命と経営者資本主義の成立においてアメリカやドイツに遅れをとったことは、経済的のみならず、軍事的にも致命的であった。なぜなら、経営者資本主義を必要とするのは、鉄鋼など金属工業、石油精製、あるいは化学工業など、軍事力に直結する産業でもあったからである。

地政学的な戦略の失敗もまた、大英帝国の衰退を早めた。本来であれば、イギリスは、ドイツの周辺国と同盟を結び、勢力均衡によってドイツを封じ込めるべきであった。しかし、イギリスは、伝統的に敵国であったフランスやロシアを警戒し、両国と手を組むのが遅れてしまったのである。[40]

イギリスが犯した一連の地政経済学的ミスによって、ドイツの力は、経済のみならず軍事や政治においても、イギリスの覇権に挑戦し得る水準にまで強大になっていった。こうして英独の競争は激しさを増していき、ついに第一次世界大戦の勃発へと至り、覇権国家イギリスの凋落を決定づけることとなる。

このようにみると、大英帝国の盛衰は、「盛」も「衰」も一貫して、地政経済学的に理解すべきものであることが分かるであろう。

第一次産業革命の発生と大英帝国の確立は、一七～一八世紀の地政学的な環境と、経済自由主義に反する国家主義的な政策の産物であった。他方、一九世紀半ば以降の大英帝国は、従来の国家主義的な政策を解除し、経済自由主義へと傾斜した結果、第二次産業革命に乗り遅れ、地政学的な優位も失って、衰退を余儀なくされたのである。

しかし、一九世紀末から二〇世紀初頭にかけての世紀の転換期、すなわち大英帝国の衰退が顕著になり、経済自由主義のパラダイムが破綻していく中で、新たな政治経済思想を生み出そうとするさまざまな運動がイギリスにおいて始まった。その運動の主たる担い手の中に、地政学の祖とされるハルフォード・マッキンダーがいたのである。

第9章

ハルフォード・マッキンダー（1）

マッキンダーと経済理論

現代の地政学者たちは、ハルフォード・マッキンダーを始祖として高く評価する。その一方で、これまで、マッキンダーの経済思想について光が当てられることはほとんどなかった。それどころか、彼の経済に対する無関心や知識の欠如が指摘されることすらある(1)。

しかし、実際にはマッキンダーは、経済について多くを論じていたのである。たとえば、彼の主著『民主的理想と現実』の記述のおよそ半分は、経済的な議論に充てられている。

それにもかかわらず、なぜ、マッキンダーの経済理論はこれまで無視されてきたのであろうか。その理由としては、次の二つが考えられる。

第一に、社会科学の専門分化によって、経済理論に通じた地政学者、あるいは地政学に通じた経済学者がきわめて少なくなっていることが挙げられる。それゆえ、地政学者はマッキンダーの理論に関心をもったとしても、その経済理論的な側面を重視しないのであろう。経済学者に至っては、そもそも地政学者として分類されるマッキンダーに対する関心自体が初めからないのである。

第二に、より重要なことではあるが、仮にマッキンダーの経済理論に光を当てたとしても、それを理解することが容易ではないという事情がある。というのも、この後、詳細を明らかにするように、マッキンダーの経済理論は、主流派経済学とは、その方法論からして根本的に異質なものだからである。したがって、マッキンダーの経済理論を解明するには、主流派経済学とはまったく異なる理論的な枠組みを必要とする。

ただし、マッキンダーの経済理論が主流派経済学とは異質であるということは、それが誤っている、あるいは未熟であることを意味しない。むしろ、その逆である。マッキンダーの経済理論は、主流派経済学よりも洗練されているのであり、世界の政治経済の動態を理解する上ではるかに適したものであり、そして本書が目指す地政経済学の出発点となり得るものである。そのことを明らかにするのが、本章から次々章までの議論の目的である。

マッキンダーは、その生前においても経済学者としては認知されてはこなかったのは事実である。しかし、彼は、オックスフォード大学で経済学を修めており、しかもオックスフォード大学の公開講座とペンシルヴァニア大学で経済学と経済史を講義した経歴をもっていた(2)。

もっとも、マッキンダーの経歴よりも重要なのは、彼が目指した「地理学」というものが、狭義の地理のみならず、歴史、政治、経済をも分析対象に含んだ総合的な社会科学であったということである。

マッキンダーは言う。「私は、社会における人間と、地域によって異なる環境との相互作用を追跡する科学として、地理学を定義することを提案したい(3)。」

地政学は、しばしば、地理的条件が国際関係を決定する全ての要因だとみなす「地理決定説」だとみなされることがある。しかし、少なくともマッキンダーの理論がそうではないことは、この言明からも明らかであろう。

マッキンダーは地理決定論者ではない。ただし、物理的環境の影響を無視する観念論者でもない。人間というものは、社会的環境そして自然的・物理的環境の中にあって、環境の影響を受け、また環境に影響を与えながら存在する。マッキンダーは、そういう世界の全体性を把握する学問として、地理学を位置づけているのである。

マッキンダーは、一九世紀末葉の科学が専門主義に傾き過ぎて、各分野の相関が見えなくなり、知識としての全体性を喪失していることに危機感を抱いていた。特に、自然科学と人文科学の間の断絶が大きい。そこで彼は、こうした諸分野の間の橋渡しとなり、科学の全体性を回復するものとして、地理学を構想したのである。[4]

それだけではない。地理学は、科学的あるいは歴史学的な探究であると同時に、国家運営や経済活動といった実践のための貴重な情報源であり、さらには知性の発達を促す教育科目でなければならない。学術と実践を分離させると、その両方が衰退する。「一般庶民、学生、科学者そして歴史家が共通のプラットフォームを失えば、世界はより貧困なものとなるだろう。[5]」

マッキンダーにとって、地理学者であるということは、同時に歴史学者であり、政治学者であり、経済学者であり、実践家であり、さらには教育者であることをも意味していた。そして実際、彼の人生の遍歴は、そのようなものであった。

こうした「地理学」の構想に加えて、マッキンダーの経済思想を理解する上で欠かせないのは、当時のイギリスがおかれた経済の状況とその時代における政治経済論のさまざまな思潮である。

産業革命をいち早く実現したイギリスは、一九世紀の半ばまでに「世界の工場」としての地位を確立し、自由貿易政策を推進した。その背景にあった経済思想は、自由放任そして自由貿易を教条とする経済自由主義であり、古典派経済学である。

しかし、一九世紀後半から二〇世紀初頭にかけてのイギリスは、ドイツやアメリカといった後発国の追い上げに直面して、世界市場における製造業のシェアを下げていった一方で、金融業への依存を深めていった。加えて、この時期には、労働者階級の貧困が大きな社会問題となった。

この産業の衰退と労働者の貧困という二つの課題に対して、従来のいわゆる「古典的自由主義」のパラダイムはまったく無力であった。このため、自由放任主義や個人主義に代わる思想が求められ、さまざまな新しい経済思想の潮流が誕生することとなったのである。

たとえば、ウィリアム・アシュリー、ウィリアム・ヒュインズ、ウィリアム・カニンガムといった「イギリス歴史学派」は、実学教育など社会改良の推進を唱えるとともに、帝国特恵関税によって大英帝国の統合を強化するとともに国内産業を振興し、もって貧困問題の解決とすべきであるという論陣を張った。

これに対して、アルフレッド・マーシャルやフランシス・エッジワースら「新古典派経済学」の理論家たちは、社会改良に同意しつつも過度な国家介入を警戒し、また自由貿易の堅持を主張したのである。

シドニー・ウェッブは、妻ビアトリスとともに、フェビアン協会を率いて社会主義運動を展開した。ウェッブは、イギリスの自由放任や個人主義を厳しく批判し、最低賃金、労働時間、衛生・安全基準、義務教育といった国家規制により社会改良を目指す「国民的効率（national efficiency）」運動を推進した。また古典派経済学の自由貿易論を批判しつつも、保護主義には与せず、自由貿易を堅持しつつ、社会改良によって補完することを主張した。なお、ウェッブは帝国主義者の政治家たちとの関係が深かったことから、しばしば帝国主義者と解釈されてきたが、江里口拓はこれを否定し、ウェッブの思想は「国民福祉は他国からの収奪（「帝国主義」）ではなく、国民経済に内発的な「効率」追求によって自立的に達成し得る」というものだったと論じている。[6]

「ニューリベラリズム」と呼ばれる思潮も現れた。代表的な論者は、Ｔ・Ｈ・グリーン、Ｊ・Ａ・ホブソンやＬ・Ｔ・ホブハウスである。彼らは、自由の概念を、従来の古典的自由主義の「国家からの自由」から「国家による自由」へと転換することを提唱し、所得再配分政策を通じた社会改良を主張し、社会生活における道徳的な自己発展を可能にする自由社会の建設を目指した。また、国際政治経済に関しては反帝国主義の立場に立ち、その一方で自由貿易を擁護したのである。

イギリス歴史学派と関税改革運動

こうしたさまざまな思潮の中で、マッキンダーの立場はイギリス歴史学派のそれに最も近い。マッキンダーは一八八〇年にオックスフォード大学に入学して歴史学を学んだが、そこには、イギリス歴史学派の先駆者であるアーノルド・トインビーがいた。[7]

当時のオックスフォード大学には、Ｔ・Ｈ・グリーンが先導した宗教的あるいは社会的な理想主義な知的潮流があった。この知的潮流は、労働者の貧困など社会問題を放置する従来の自由放任主義や功利主義を批判し、社会改良を目指すものであり、トインビーもこれに属していた。トインビーは、リカードらの古典派経済学の非現実性を批判し、現実の社会問題の解決に資する実践的な理論を目指したが、彼にとっては、そのための方法が歴史学であったのである。トインビーは、歴史の中から経済発展の段階を見いだし、制度が及ぼす影響を分析することで、経済の様態が時代や環境によって異なることを強調した。自由貿易政策の効果は時と場所によって異なるのであり、したがって、自由貿易は双方の国にとって利益があるという「リカードの定理」は普遍的な原則にはなり得ない。経済史研究は、古典派経済学を破壊する強力な鉄槌となったのである(8)。

こうしたトインビーの教えは、彼の魅力的な人格もあって、アシュリーらに多大な影響を与え、イギリス歴史学派の形成を導いた。若き日のマッキンダーもまた、このトインビーの教えに感化されたであろうことは想像に難くない。

さらにマッキンダーは、一九〇三年以降、保護主義を唱えるイギリス歴史学派の論客たちと政治行動を共にしてもいる。したがって、マッキンダーを、イギリス歴史学派の一人に数えることは可能である。

もっとも、マッキンダーは、一八九九年頃までは、国際金融の中心であるイギリス経済の先行きに対して楽観的であり、自由貿易を支持していた。しかし、その後は急速に見方を変え、イギリスは自由貿易を堅持していると、保護主義を採用している他の大国との競争に負けるのではないかと懸念するようになっていった。

転機となったのは、一九〇三年に保守党のジョセフ・チェンバレンが行った関税改革の演説であった。当時のイギリスには、新興大国アメリカやドイツの台頭による産業競争力の低下やボーア戦争の失敗などにより、大英帝国の衰退についての懸念が広がっていた。特に製鉄業の中心地であったバーミンガムの産業界は、ドイツの製鉄業との競争で苦戦しつつあり、保護主義を求めるようになっていた。

こうした中、バーミンガム選出の議員であるチェンバレンは、従来の自由貿易政策から決別し、帝国特恵関税を創設することを提唱したのである。このチェンバレンの演説をきっかけに、イギリスにおいて関税改革の運動が始まり、自由貿易、そしてそれを支える経済自由主義の是非を巡って政争や論争が巻き起こった。保守党、自由党それぞれの陣営の中が、自由貿易論者・現状維持派と保護貿易論者・改革派に分裂して争い、政界を揺るがした。

思想の領域においても論争が活発に行われた。興味深いことに、自由貿易を擁護したのはマーシャルなど理論派の経済学者が多かったが、保護主義を支持したのはアシュリーをはじめとする歴史家たちが多かった。

他方、労働党の社会主義者たちや労働組合の指導者たちは、自由貿易を支持した。彼らは、社会主義の理論に影響されて、世界の労働者には対立はないという国際主義を固く信じ、保護主義を拒否したのである。[9]また、安価な穀物が手に入るというのも、労働者階級が自由貿易を支持した理由であった。[10]

保護主義に転向したマッキンダーは、一九〇三年にチェンバレンの関税委員会の委員長に就任し、関税改革運動において中心的な役割を果たすとともに、それまで属していた自由党を離党して保守党に参加した。マッキンダーは、自由党では閣僚になることもできたかもしれないと言われたほどの地位を勝ち得ていたのだが、この転向によってそれを棒に振ることとなった。[11]

この時の保守党はチェンバレンの提案を党の政策として採用しなかったが、彼の関税改革は一九〇五年の選挙において争点となった。しかし結果は、関税改革は食糧価格の高騰を招くと訴えた自由党が地滑り的勝利を収め、保守党は一九二二年まで野党の座に甘んじる羽目になった。その当時、保護主義が受け入れられなかった理由の一つとしては、一九〇〇年から一四年までのイギリスが好景気で、輸出も回復していたことが挙げられる。[12]結局、チェンバレンたちは、ジェントルマン資本主義の下での金融界による政治支配の強固な砦を突き崩すことができなかったのである。

しかしチェンバレンが提起した保護主義の問題の一部は、息子のネヴィルらによって受け継がれた。そして、世界恐慌下の一九三二年、保守党政権下で蔵相を務めたネヴィルは、保護関税法の制定を主導することとなる。その翌年には、ジョン・メイナード・ケインズが「国民的自給」という論文を発表して、保護主義を正面から擁護した。[13]そのケインズの理念は、彼がその構築において大きな役割を果たしたブレトン・ウッズ体制に反映されることになるのだが、それについては第14章において論じる。

国民的効率

イギリス歴史学派に加えて、もう一つ、マッキンダーの経済思想の形成に影響を及ぼしたと考えられるのは、ウェッブ夫妻が率いた「国民的効率」の運動である。

「国民的効率」運動の契機となったのは、一八九九年から一九〇二年にかけての第二次ボーア戦争であった。この戦争においてイギリス軍は大いに苦戦し、多くの犠牲者を出す結果となったが、これは当時のイギリス社会に大英帝国の衰退を強く印象づけるものとなった。ボーア戦争の失敗において批判の対象となったのは、イギリス軍の組織能力の低さだけではなく、政府全体の機能不全であった。イギリス政府は、大蔵省によって強力に支配されており、政府全体を調整する内閣の機能が低かったため、戦時中における物資の調達が円滑に進まなかったのである。折しも世紀が変わった一九〇一年にヴィクトリア女王が死去し、翌年にはセールズベリー侯が首相を辞任すると、それは変化への機運をさらに高めることとなった。[14]「国民的効率」運動は、ボーア戦争の失敗が生み出した国内改革の運動だったのであり、これもまた、国際政治が国内政治を動かすという「逆第二イメージ」の一例と言える。

「国民的効率」はさまざまな意味を帯びて用いられた標語であったが、江里口拓によれば、「国民的効率」の目的は、人間社会の効率を発揮できるように、社会の進化を制御することにあった。「国民的効率」とは、国民の「『能力』と『欲望』との結合の最適経路がスムーズに保障されている状態のこと」を指すものであり、市場均衡によって予定調和的に達成されるものではなく、制度によって実現されるものと考えられた。[15]「国民的効率」とは、主流派経済学における効率性の概念とはまったく異なるものであった。それどころか、経済自由主義を否定しようという理念であったのである。

この「国民的効率」には、モデルとなった国が二つあった。一つはビスマルク時代のドイツであり、もう一つは日露戦争に勝利した日本であった。両国とも、政府による合理的な規制や規律ある集団行動によって国力を強化した先例とされ、イギリスのような自由放任政策や個人主義を乗り越える国家モデルを提示するものとみなされたのである。[16]

ウェッブ夫妻は、この「国民的効率」運動の一環として、一八九五年にロンドン大学経済政治学院（ＬＳＥ）を設立した。ＬＳＥ設立の背景には、ドイツやアメリカといった後発国が台頭する中でのイギリスの立ち遅れに対するウェッブ夫妻の危機感があった。[17]

一九世紀末から二〇世紀初頭にかけてのアメリカやドイツでは、重化学工業の発達とそれに伴う経営階層組織の規模の拡大と複雑化が進む中で、技術分野や経営管理に関する専門知識を有する人材の需要が増大していた。このため、アメリカでは、一八八〇年代には、多くの大学が機械工学の関連科目を提供し始め、マサチューセッツ工科大学（ＭＩＴ）、その他の大学が機械工学部を設置し、一八九〇年代には電気工学部、一九〇〇年代には化学工学部を開設していった。また、一八九九年以後の一〇年間、主要な大学はカリキュラムに会計、財務、経営管理といったビジネス教育を加えるようになった。産業界と大学の関係は緊密になり、特にＭＩＴは企業に対する技術者や経営管理者の重要な供給源となったのである。[18]

ドイツにおいても同様である。ドイツの高等教育制度は、一九世紀末までに世界最良の科学技術的訓練を提供できるようになっており、ドイツの大学は物理学や化学の発展やそれらの産業技術への応用を先導していた。工科大学が各地に設立され、工科大学の登録学生数は一八九〇年からの一〇年間で五三六一人から一万四七三八人へと一七〇％も増加した。また、一九〇〇年前後には、アメリカ同様、ドイツでも経営教育を提供する商科大学が次々と設立されていった。工科大学と商科大学は、技術的訓練を受けた経営者の供給源であるとともに、科学、技術、商業知識の不可欠の源泉となり、ドイツの経営者資本主義を支えたのである。[19]

ところが同じ頃のイギリスでは、アメリカやドイツとは異なり、高等教育機関が技術や実業に関心を向けることはほとんどなく、産業界との連携も希薄なままであった。オックスフォードやケンブリッジといった大学は、ジェントルマンの養成所であり、あるいは純粋な科学の探究と教育の場であるとみなされていた。新設のいわゆる「赤レンガ」大学も、オックスブリッジと同様の方針で運営されていた。たとえば、一九一三年にイングランドとウェールズの大学で工学を専攻した卒業生は一一二九人に過ぎなかった。また商業や実業科目の大学院課程は、一九三二年まで存在しなかったのである。[20]

高度な「組織能力」が必要とされる経営者資本主義においては、専門知識を有する有能な経営幹部が不可欠となるのであり、したがってそうした人材を育成し、供給できる高等教育機関の役割はきわめて重要なものとなる。経済発展を生み出すメカニズムの中に、高等教育機関が組み込まれていくようになったのである。アメリカとドイツの高等教育機関はこの時代の要請に迅速に対応したが、イギリスの高等教育機関はそうではなかった。この高等教育機関における技術教育・実業教育の立ち遅れもまた、イギリスがアメリカやドイツに経済的に凌駕されるようになった要因の一つと言える。

ウェッブ夫妻は、こうしたイギリスの教育界の旧態依然とした現状を打破するために、実学重視の高等教育機関としてＬＳＥを創設したのである。ＬＳＥは、言わば「国民的効率」運動の産物であると同時に、その運動を推進する機関でもあったのである。

この新たに創設されたＬＳＥに、マッキンダーは地理学の講師として招かれた。さらに初代学長ヒュインズが辞任すると、その後を受けて学長に就任した。この「国民的効率」の推進機関であるＬＳＥにおける知的交流は、マッキンダーに大きな影響を及ぼしたはずである。[21]

さらに、ウェッブ夫妻は「国民的効率」運動をより深めるべく、一九〇二年頃から「効率懇談会（Co-efficients dining club）」なるサークルを主宰し、そこにマッキンダーを招いた。効率懇談会には、初代ＬＳＥ学長のヒュインズ、ボーア戦争のタイムズ紙特派員であったL・S・エイメリー、政治家のR・B・ホールデンやエドワード・グレイ卿、海軍軍人のカーライオン・ベレアズ、銀行家のR・N・クリントン・ドーキンズ、『ナショナル・レビュー』誌編集者のレオポルド・マクシ、さらにはバートランド・ラッセルやH・G・ウェルズといった錚々たる顔ぶれが並んでいた。

効率懇談会のメンバーは、そのほとんどが社会改良論と帝国論に関心を抱いており、それらに関連する議題が俎上に乗った。一九〇三年から〇四年は、最低限度の生活水準、国民教育、地方分権などイギリスの社会改良がテーマになり、〇四年から〇五年には、君主政体、国民倫理、人種問題、軍国主義、地方政府、海軍の役割、移民といったテーマが加わった。効率懇談会はおよそ五年の間、こうした議論を続けた後、一九〇八年にすべてのテーマの議論を終了し、解散した。[22]

当初、ウェッブ夫妻は「国民的効率」を掲げる政党の結成を目指していた。しかし、効率懇談会は政党へと発展せずに解散に至ってしまった。

政党の結成に失敗した最大の理由は、関税改革運動にあった。一九〇三年の第三回効率懇談会において、ヒュインズは帝国特恵関税の提案を議論の俎上に乗せたが、その際、この提案に賛同したのはエイメリーとマクシだけであった。[23]ただし、エイメリーはマッキンダーの説得に成功し、彼を関税改革運動へと引き込んだ。[24]バーナード・センメルは、効率懇談会ではいずれイギリスはドイツとの対決を余儀なくされるという話題がしばしば採り上げられており、それがマッキンダーの危機感を高め、彼を保護主義へと転じさせたのではないかと述べている。[25]

効率懇談会のメンバーたちは、帝国論においても見解が一致しなかった。たとえば、ヒュインズは熱狂的な帝国主義者であったのに対し、ラッセルやウェルズは帝国主義に対してきわめて批判的であったのである。[26]

結局、効率懇談会は、政党になり得るような一大政治勢力へと結実することができなかった。しかし、効率懇談会における議論は、保護主義以外の点においても、マッキンダーの経済思想の形成に多大な影響を及ぼしたものと考えられる。確かにマッキンダーは、その帝国論や貿易論を巡ってウェッブ夫妻とは立場を異にしたし、また社会主義には与しなかった。しかし、マッキンダーそしてイギリス歴史学派や関税改革運動の論客たちは、社会改良や教育改革の必要性についてはウェッブらフェビアン社会主義者と関心を共有していたのである。

関税改革運動の思潮は、保守主義に属するものとされる。ただし、この保守主義は、個人主義や国家不介入を教条とする古典的自由主義の伝統に対して根本的な批判を投げかけ、国家の介入による社会改良を目指した点において、社会主義と手を携えるものであったのである。(27)

こうした背景を考慮するならば、マッキンダーの経済思想は、その地理学を源泉としながら、イギリス歴史学派に合流し、さらにはフェビアン社会主義の「国民的効率」構想とも交差しながら、形成されたものと考えることができるだろう。

イギリスとイギリスの海

マッキンダーは、チェンバレンの関税改革運動に参加し、保護主義者としての姿勢を鮮明にしたが、当時の彼の理論的背景については、関税改革運動に参加する直前の一九〇二年に刊行された『イギリスとイギリスの海』の中に示唆されている。この時のマッキンダーは、未だ保護主義を確信していたわけではなかったが、それでもこの本には、後の一九〇四年の「地理学からみた歴史の回転軸」、さらには一九一九年の主著『民主的理想と現実』へと発展する彼の地政経済学のヴィジョンの原型が見てとれるのである。

『イギリスとイギリスの海』において、マッキンダーは、イギリスの地理的条件には二つの歴史的な意味があるという興味深い議論から出発する。

一つは、大陸ヨーロッパから離れているという「島国性（insularity）」であり、もう一つは海路を通じて世界につながっているという「普遍性（universality）」である。

マッキンダーは、世界の歴史をコロンブスの登場を境として二分する。「コロンブス」とは、世界がヨーロッパの主導により一体化へと向かう契機となった一五～一六世紀の大航海時代の象徴である。グローバリゼーションを研究するデイヴィッド・ヘルドらは、一六世紀初頭から一九世紀の半ばまでを「近代初期のグローバリゼーション」[28]の時期と呼んでいる。マッキンダーは、イギリスの地理的な意味が、近代初期のグローバリゼーションによって変化したと言うのである。

近代初期のグローバリゼーションが始まる前、すなわち「コロンブス」以前の時代においては、イギリスの地理的な意味は、「普遍性」よりも「島国性」の方が優勢であった。四方を海岸に囲まれたイギリスは、島国ではあったが絶海の孤島ではないという地理的位置にあって、ヨーロッパの進歩に歩調を合わせることができる一方で、専制国家による侵略を防ぐことは容易であるという恵まれた環境を享受し、「ドイツの森に残された自由という遺産を維持することができた」[29]のだとマッキンダーは言う。「島国性」という地理的条件が、イギリスの自由主義の伝統を用意したというのである。これは、第7章において参照したブライアン・ダウニングの研究を、およそ一世紀、先取りするものである。

なお、イギリスはそれ自体が島国であると同時に、その国内もイングランド、スコットランド、アイルランドの間が細長い入江や地帯によって分断されていたが、このこともイギリスの自由にとって好都合であったとマッキンダーは指摘する。広大な平野であれば行政国家の中央集権的な支配が及びやすいが、いくつかの地域に分断された島国や半島では、それぞれの地域が自立的になるため、地方自治がより容易になるからである。地方自治は、言うまでもなく自由民主政治の基礎である。[30]

しかし、コロンブスが登場して以来、グローバリゼーションが進んでいくと、「普遍性」の価値がより高まっていく。世界の海が一つになったことで、海を支配するシーパワーが文明の繁栄にとって決定的に重要になるのである。そのことは、四方を海に囲まれた島国であり、海洋国家であるイギリスが飛躍する上できわめて好都合であった。

特にイギリスは、旧世界である大陸ヨーロッパの端に位置しつつ、新世界（非ヨーロッパ世界）の玄関口に位置している。「ドーヴァーは新世界に属するが、リヴァプールはなお旧世界に属する。したがって、地理的位置はイギリスに、世界のドラマにおける独特の役割を与えたのである。[31]」この僥倖とも言うべき地理的条件が、イギリスをシーパワーの時代の主役へと押し上げたのである。

このイギリスの地理的環境に含まれる「島国性」と「普遍性」の分析は、マッキンダーの思想に含まれる二つの大きな意味を示唆している。

第一に、イギリスの「島国性」はその自由主義を生んだが、「普遍性」の方は帝国主義を促すこととなったとマッキンダーは論じた。しかし、自由主義は国家権力の制限へと向かうものであるのに対して、帝国主義は国家権力の拡大を志向するものであり、両者は相反する。ブリテン島の地理的条件は、イギリスという国家に、自由主義と帝国主義、あるいは島国性と普遍性という矛盾を孕ませることとなった。そして、後に見るように、この矛盾はマッキンダーの思想にも反映されることとなる。

第二に、イギリスの地理的条件がもつ意味は、コロンブス時代の前後において異なっている。つまり、歴史を通じて変化するという動態的な側面をもつのである。

地理というものは、山岳や河川といった自然環境の物理的な配置という意味においては、時間を通じてそう大きく変化するものではない。このため、自然環境としての地理の研究は、基本的には静学的（static）なものとなる。

しかし、地理的条件が政治や経済に与える意味は、政治や経済の変化に伴って変わってくる。したがって、地理的条件の意味の研究は、動学的（dynamic）なものとなる。マッキンダーが提唱するのは、動学的な地理学の分析枠組みなのである。

それは、さらに二つのカテゴリーに分かたれる。経済地理学（economic geography）と戦略地理学（strategic geography）である。

経済地理学とは商品の生産や流通を扱い、戦略地理学は攻撃と防衛の空間的条件を扱う。動学的な地理学は、経済地理学と戦略地理学の両方から構成されるのである。マッキンダーの目論見は、当初から、地政学と経済学を融合する地政経済学にあったと言うべきであろう。

マッキンダーは、経済地理学と戦略地理学は密接な相互関係にあると言う。経済を守るためには防衛が不可欠であり、そして、生産物の調達や配送（いわゆる兵站）は戦略的にきわめて重要である。さらに彼は、経済地理学は平時に、戦略地理学は戦時に適用されるというわけではないと強調する。たとえば、経済資源の調達が最も懸念されるのは戦争中である。その一方で、平時においても政府は軍事的な配慮を怠ることができない。国家間の外交というものは、軍事的な潜在能力を背景にした圧力をもって行われるのが常だからである(32)。地政経済学とは、平時・戦時を問わず要請される国家統治の理論なのである。

マッキンダーは、イギリスの地理的位置がもつ戦略的・経済的な意味が歴史を通じて変化する動態を分析しようとするのだが、彼は、その経済地理学的な分析の中で、産業革命に非常に大きな意味を与えていた(33)。

産業革命により、石炭が大量に使用されるようになった。それに伴って、まず、イギリス国内の石炭の産地に近いところに産業や人口が集積し、都市が形成されるようになった。産業の中心は、かつては繊維工業であったが、次第に金属工業が重要になり、機械、鉄道、船舶、橋梁などに鉄鋼が多く使用されるようになった。その結果、鉄鉱石の需要に対して供給が追い付かなくなり、輸入されるようになった。輸送手段の発達により、鉄鉱石の他にも、材木、小麦などが輸入される一方で、石炭はむしろ輸出されるなど、経済活動は広域的に行われるようになった。産業や人口の集積も、かつてのように石炭の産地の近くに限られなくなり、国全体に広がった。

ただし、都市というものは、そこに人口や産業が集積する意義を低下させたとしても、それだけで衰退するというわけでは必ずしもない。というのも、いったん人口や産業が集積した地点は、その後も交易の拠点として機能を拡大し、成長していく「運動（momentum）」あるいは「地理的慣性（geographical inertia）」をもっているからである。マッキンダーは、そうした運動や慣性をもつ集積地は「ゴーイング・コンサーン」であると指摘する。(34)「ゴーイング・コンサーン」とは、「活動する組織体」といったような意味であるが、後に見るように、この「ゴーイング・コンサーン」こそが、マッキンダーの経済理論における中心的な分析概念となるものである。

そして、この産業の膨張運動が帝国主義へとつながっていくのである。

自由貿易と帝国主義

産業革命から一〇〇年間に及ぶ産業の発展の結果、イギリスは工業と農業のバランスが崩れ、工業製品と石炭を輸出する代わりに、原材料と食糧を輸入する産業構造となり、自給自足的な国家ではなくなった。このような産業構造を維持するためには、産業競争力を強化し、労働者の雇用を確保し続けなければならない。しかし、イギリスの場合、幸いなことに産業革命の先行者として、すでに資本が他国よりも蓄積しているため、資本コストが相対的に安く、設備投資をより有利に行うことができた。イギリスの産業経済は、「運動」あるいは「慣性」を有しており、そのおかげで輸出競争力を維持できているのである。

産業資本主義は生産余剰を生み出すので、輸出市場を求めて海外へと拡張していくこととなる。産業資本主義が帝国主義に結びついていくのである。この議論は、『イギリスとイギリスの海』と同年に出版されたJ・A・ホブソンの『帝国主義論』、あるいはレーニン、ヒルファーディング、ルクセンブルグといった新マルクス主義者によって展開されたことでも知られている。

ただし、マッキンダーは、産業資本主義は、生産余剰があるというだけで帝国主義化するというわけではないと言う。産業資本主義の膨張運動に、国家が海外市場を獲得しようという意志が伴った場合に帝国主義となるのだというのである。[35]逆に言えば、マッキンダーは、国家の政治的意志によって、産業資本主義が帝国主義に転じるのを防ぐことができるかもしれないと示唆しているのである。

さらに興味深いことに、マッキンダーは、産業資本主義を帝国主義へと導くのは自由貿易の原則であると論じている。

「各国が市場獲得競争を繰り広げている中で、自由貿易の原則を維持しつつ生き残ろうとしたら、帝国の領土を拡張して自国の市場を拡大していくしかない。こうしてイギリスは、帝国主義への道を突き進まざるを得なくなったのである。フランスとの貿易戦争の過程でインドを植民地化し、インドへのルートを確保するためにエジプトと喜望峰を支配下に置き、エジプトへの水の供給を確保するためにスーダンを征服し、喜望峰を守るためにローデシアとトランスヴァールを併合するといったようにである。[36]

また、イギリスは自由貿易によって得た貿易黒字を海外市場へと投資したが、その資本所得を確保するためにも、帝国主義的な進出や干渉が必要となり、強大な海軍力が不可欠となった。「偉大な債権国には、弱小であることは許されないのである。[37]」

国際貿易や国際資本移動の自由こそが、覇権的・帝国主義的な拡張をもたらす。こう論じるマッキンダーの帝国主義論は、自由貿易に対する評価において、ホブソンのそれと決定的に異なっている。ホブソンにとって、自由貿易は互恵的なのであり、帝国主義と結びつくのはむしろ保護主義の方であった。ホブソンは、他国が保護貿易を採用している場合には、もし貿易の自由化をさせるのにコストがかかるのであれば、イギリスは門戸開放を迫る必要はなく、迂回貿易によって利益を得ればよいとまで主張するのである。[38] 反対にマッキンダーは、イギリスが帝国主義へと走り、帝国の領土を過剰に拡張し続けた原因は、その自由貿易政策にあると論じている。

マッキンダーは、しばしば帝国主義者とみなされてきた。[39] もちろん、それは間違いではない。彼は大英帝国の解体や植民地の独立を唱えたわけではないし、彼が関税によって保護しようとした領域はあくまでも大英帝国の版図である。

しかし、その一方で彼は、帝国主義が道徳的観点からも望ましいとは考えていなかった。イギリスは、国外においては強大な軍事力を背景とした植民地支配を行っていながら、国内においては法の下の民主的平等を尊重し、常備軍については長きにわたって懐疑的である。これは矛盾であるとマッキンダーは率直に認めている。[40]「島国性」に由来する国内の民主的な理想と、「普遍性」に由来する国外の帝国主義的な意志の間に相克があるのである。

それにもかかわらず、マッキンダーが大英帝国の堅持を支持するのは、道徳的・理想主義的な判断よりも、戦略的・現実主義的な判断を優先してのことであろう。道徳的に言えば、帝国支配は望ましいことではないが、ロシアやドイツなど列強が勢力を争う中では、現状の大英帝国の勢力圏を維持するのがイギリスの軍事的あるいは経済的利益を守る上で必要だという判断である。

さらにマッキンダーは、道徳的な判断においても、イギリスにおいては帝国主義の方が最終的な勝利を収めることはないだろうという楽観的な見通しを述べている。なぜなら、民主的なルールが支配するイギリス本国は、帝国主義のルールが支配する植民地から、大洋によって隔絶されているからだというのである。[41]

いずれにせよ、世界秩序はイギリス、フランス、ドイツ、ロシア、アメリカの五大国の勢力均衡の上に成り立つものとなっており、イギリスが単独で世界の海を支配することは難しくなりつつある。[42] 大英帝国の現状は、他の大国に先行して勝ち得た過去の繁栄の「慣性」によるものに過ぎず、その経済力や軍事力はいずれ枯渇していくだろう。したがって、そうなる前にイギリス本国は、国力を強化するための手を打っておかなければならない。ただし、その国力強化のための理論がどのようなものかを知るためには、一九一九年の『民主的理想と現実』を待たなければならない。

「地理学からみた歴史の回転軸」の経済観

「地理学からみた歴史の回転軸」は、『イギリスとイギリスの海』から二年後に発表された講演である。したがって、その背景には、当然のことながら、『イギリスとイギリスの海』において示された経済観がある。実際、この講演について、エイメリーは、「マッキンダー氏は、ユーラシア大陸の広大な内陸の中核と、より小規模な周辺地域と外側の島々との間の大経済闘争を基礎にして、歴史と政治の全体像を描き出している」と評し、「彼の講演の枠組みの下にある、この地理的・経済的基礎（geographical economic foundation）」を論点としている。[43] エイメリーも、「地理学からみた歴史の回転軸」を地政経済学的な構想として受け止めたのである。

『イギリスおよびイギリスの海』においてマッキンダーは、世界の歴史をコロンブスの登場の前後で区分した。そして、イギリスは、コロンブスの登場以後の世界において、その島国という地理的条件に由来するシーパワーを発揮し、大英帝国を築いたと論じた。

しかし、「地理学からみた歴史の回転軸」においては、世界がシーパワーの時代からランドパワーの時代へと転換したことが宣言された。それは、一九〇〇年を境として、コロンブスの登場に始まる時代が終わり、

「ポスト・コロンブス時代」へと突入したという判断によるものだったのである。

すでに述べたように、コロンブスに始まる時代を、デイヴィッド・ヘルドらは「近代初期のグローバリゼーション」と呼び、一九世紀半ばから第二次世界大戦の終結までを「近代のグローバリゼーション (modern globalisation)」、戦後から現在までを「現代のグローバリゼーション (contemporary globalisation)」と呼んで、区別している。このうち「近代のグローバリゼーション」が、マッキンダーが「ポスト・コロンブス時代」と呼んだ区分とほぼ一致する。

「近代のグローバリゼーション」とは、欧米の帝国主義による政治的・軍事的な拡張によって、世界各地が真の意味においてグローバルにつながった時代であった。それを可能としたのは、輸送インフラにおける技術革新、とりわけ鉄道と蒸気船であった。これによって、農産品や工業製品の陸上での大量輸送が経済合理的に可能になった。また、政治的・軍事的な支配を内陸部へと及ぼすことも容易になったのである。[44]

マッキンダーもまた、輸送インフラの革新に着目した。特に決定的に重要だったのは、ユーラシア大陸を横断する鉄道の登場である。これまで、ユーラシア大陸の内陸部における主な輸送手段は馬やラクダであったが、これが鉄道にとって代わられるようになったのである。

陸上輸送を馬やラクダに依存していた時代は、船舶を利用できる海上輸送の方が優位に立っていた。このためシーパワーを支配した大英帝国が、政治的にも経済的にも世界の覇権を握ることができたのである。しかし、大陸横断鉄道の登場により、パワーバランスは、シーパワーからランドパワーへと傾くことになったとマッキンダーは診断した。だから、ユーラシア大陸の内陸部が「歴史の回転軸」あるいは「ハートランド」となるのであり、そこを支配するロシアのランドパワーが脅威となるのである。このように、マッキンダーのハートランド理論には、「鉄道輸送」という技術的・経済的な基礎が据えられていたのである。

しかし、地政経済学の観点からみてより重要なのは、マッキンダーが、単にランドパワーが優位になる時代になったとか、ロシアが脅威となったとかいった時局に関する戦略論を論じているのではなく、より野心的に、地政経済学の一般理論と言うべき、新たな理論体系の構築を示唆していることである。
まず、近代のグローバリゼーションによって、世界は、次のようなものとして把握すべきものとなった。

現代以降、すなわちポスト・コロンブスの時代においては、我々は再び、閉鎖的ではあるが世界規模の政治システムを取り扱わなければならなくなった。あらゆる社会勢力の爆発が、周囲の未知の空間や野蛮な混乱、野生的な無秩序のなかに吸収されるのではなく、地球の遠く反対側からも鋭く共鳴を起こし、その結果、世界の政治的・経済的有機体の弱い部分が破壊されることになる。(45)

このように、世界を真の意味においてグローバルに把握しなければならない時代に至ったことで、「我々は初めて、ある程度完全な意味で、より大きな地理的一般化とより大きな歴史的一般化の相関関係を構築することができる立場に立っているように私には思える(46)」とマッキンダーは言う。一般に、グローバリゼーションは、国境の壁を低くし、地理的距離を克服する現象であることから、地政学を不要とするものとみなされがちである。しかし、マッキンダーは、「ポスト・コロンブス時代」すなわち「近代のグローバリゼーション」の到来によって、むしろ地政学を創始することが必要だと考えたのである。
ただし彼は、地理的環境のみが歴史の行く末を決定するといったような極端な地理決定説には与しない。歴史を作るのは人間なのであって、自然環境ではない。とは言え、地理的環境の影響は無視できないのも事実なのであり、しかもその重大な事実がこれまでしばしば看過されてきたのである。したがって、あくまで真理の一側面としてではあることを承知しつつ、地理的要因により強く焦点を当てるというのが彼の意図であった。

では、マッキンダーは、「地理的一般化と歴史的一般化の相関関係」として何を見いだしたと考えたのか。その一つは、「国民（nation）を形成する諸観念」すなわちナショナル・アイデンティティというものが、「通常、ある共通の試練や、ある共通の外圧に対する抵抗の必要性の下で受け入れられてきた」ということであった。共通の敵との競合が、国民統合を促す刺激となるというのである。

たとえば、イギリスという観念は、デーン人やノルマン人による侵略によって形成された。また、フランスという観念は、フン族との闘争やイギリスとの百年戦争の中から芽生えた。アメリカという観念も長きにわたる独立戦争によって育まれた。ヨーロッパ文明という観念は、アジア人による侵略への長期に及ぶ抵抗の結果として生まれた。そして今、ユーラシア大陸の内陸部にロシアというランドパワーの脅威が出現し、大英帝国のシーパワーと対峙しつつある。[47]

マッキンダーは、地政学的緊張の圧力が国民を統合するという「逆第二イメージ」の理論を提示したのである。

もっとも、パスカル・ヴェニエールは、マッキンダーの隠れた目的は、ロシアのランドパワーという外圧の存在を強調することによって、イギリスのナショナリズムを刺激し、大英帝国の統合を促そうとすることにあったのではないかと指摘をしている。[48]

確かに、そういう戦略的な意図が彼にあったことは否定できない。マッキンダーが大英帝国の衰退に危機感を抱き、イギリスの国力の再興を願っていたのは事実である。彼にとって「地理学からみた歴史の回転軸」の講演は、単なる理論研究ではなく、国民の危機意識を喚起し、以て国力を強化する運動を促すための手段でもあっただろう。しかしながら、仮にマッキンダー自身のナショナリスティックな動機が背後にあったのだとしても、ナショナル・アイデンティティの観念や国民国家の形成が外圧や戦争によって促されるということは、一般化された理論としても言えるはずである。

紛争と統合

マッキンダーの「地理学からみた歴史の回転軸」の講演とほぼ同じ頃、ゲオルグ・ジンメルが、紛争によって集団が形成されるという社会学の理論を提唱していた。「紛争は、敵を前にして、既存の組織の固有性をあいまいにするような要素一切を根こそぎ排除することで、その組織の集権化を促すだけではない。紛争は、紛争がなければ無関係であった人や集団をまとめあげるのである[49]。」

しかも、紛争を契機に形成された集団は、紛争が終わった後でも、その集団の統合の効果が持続するとジンメルは言う。「この類型の明確なケースすべてにおいて、紛争や紛争準備に起源をもつ統合は、闘争の期間を超えて維持されるという特徴がある。その統合は、最初の軍事目的とはもはや関係のない追加的な利益や連帯の力を有するようになるのである[50]。」

地政学的紛争が集団の凝集性を高め、国家の形成や統合の基礎となるという理論は、すでに参照したように、ヒンツェの「軍事組織と国家組織」やシュンペーターの『租税国家の危機』においても提示されていた。興味深いのは、ヒンツェ、シュンペーター、ジンメル、そしてマッキンダーと、いずれも二〇世紀初頭に、ほぼ同時発生的に、「地政学的紛争が国民を統合する」という同じ理解に到達したということである。

マッキンダーは、一九〇〇年を境としてポスト・コロンブス時代に入ったことで、そのような理解が可能になったのだと考えていたが、ヒンツェ、ジンメル、シュンペーターらと続く「国家形成の紛争理論」とでも言うべき議論は、まさにポスト・コロンブス時代という新たな地政学的環境の産物であったのだ。

それからおよそ一〇〇年後、冷戦の終結という地政学的環境変化の後の一九九六年、マイケル・デッシュは、ヒンツェやジンメルの洞察に依りつつ、冷戦という地政学的脅威の消滅が国家の凝集性を弱め、国家の分裂を招くのではないかと論じた。当時、すでにユーゴスラヴィア、チェコスロヴァキア、ソヴィエト連邦は分裂していたが、デッシュは、この趨勢が他の地域にも広まり、多民族国家が分裂していき、その過程で局地的な紛争が増えると予測したのである。彼の予測の基礎となったのは、ヒンツェやジンメル、あるいはヒンツェの後継者たるティリーらの系譜に連なる、国家形成の紛争理論である。(51)

これらの先行理論に依拠しつつ、デッシュが明らかにしたのは、「地政学的脅威の存在こそが国内の平和に貢献するのであり、国際平和は逆に国内の対立や闘争を促す」というパラドクスであった。冷戦の終結により、地政学的な紛争の危険性は低下するという楽観が支配していた一九九〇年代にあって、デッシュが示したパラドクスは、時代の雰囲気に冷水を浴びせるものであった。しかしながら、それから二〇年後の世界を見れば、アラブの春以降の中東各国の国内対立や内戦、世界各地での宗派間・民族間の紛争の過激化、イギリスのEU離脱、スコットランドやカタルーニャの分離独立の動き、アメリカ国内の政治的混迷など、デッシュの予測が正しかったと言わざるを得ない事例には事欠かない。(52)

再び、一〇〇年前の議論に戻ろう。

マッキンダーは、二〇世紀初頭の地政学的環境の変化が国民統合の形成を促すと論じたが、同時に、国家の経済政策にも変化が及ぶであろうと示唆していた。この点は、地政経済学の構築という本書の目的からして、きわめて重要である。

マッキンダーは、グローバリゼーションによって世界中のさまざまな勢力がぶつかり合う「ポスト・コロンブス時代」となったことで「世界のあらゆる地域の政治家の関心の多くは、最終的には、領土的拡張から、相対的な効率性を巡る闘争へと移る」(53)ことになるだろうと指摘している。地政学とともに帝国主義と結びつけられがちなマッキンダーであるが、ここで彼は、市場を獲得するために領土的版図の拡大を目指す帝国主義はいずれ過去のものになるであろうと論じているのである。なお、彼の言う「相対的な効率性」とは、各国の

「国民的効率」のことと考えてよいであろう。

江里口は、シドニー・ウェッブの思想は国民福祉の源泉を他国からの収奪ではなく、「国民的効率」に求めるものであり、それゆえに帝国主義とは言えないと論じたが、その点に関してはマッキンダーも同じであったのである。

さらに、この講演の最後で、マッキンダーは、こうも述べている。「私は、この講演を地理学者として語ってきた。いつの時代の政治勢力も、経済的及び戦略的な地理的状況、そして競合する国民の相対的な数、精力、設備そして組織、この二つの間の実際のバランスである。(54)」マッキンダーは、『イギリスとイギリスの海』において、地理学を「経済地理学」と「戦略地理学」に分けたが、この講演では、経済的地理と戦略的地理に加えて、新たに、国民の数、精力、設備、組織といった国内経済の問題を挙げていることに着目する必要がある。

要するにマッキンダーは、グローバリゼーションによって世界各国が競合するようになった結果、国家にとって、帝国主義的な領土の拡張よりも、国内経済の発展、すなわち「国民的効率」が重要になるだろうと示唆しているのである。マッキンダーが創始したのは、領土拡張のための地政学ではなく、国民経済の発展のための「地政経済学」だったのである。「地理学からみた歴史の回転軸」は有名な講演であるが、この側面については、これまでほとんど注意が向けられてこなかった。

関税改革運動の盟友L・S・エイメリーは、「地理学からみた歴史の回転軸」に対する論評の中で、マッキンダーは地理的環境という要因を重視し過ぎているのではないかと批判している。国家の盛衰を決めるのは、大陸の中心に存在するか、島国であるかといったことではなく、工業力や科学技術においてより優れているかどうかであるというのである。

このエイメリーの批判に対して、マッキンダーは、シーパワーの基礎が工業力にあることについては全面的に賛成であると述べつつも、ロシアの工業的な力は強大であり、またロシアがその周辺国を征服すれば世界帝国を建設するのに必要な海軍力の基礎をも手に入れるのだということを強調したかったのだと応答している。[55]

エイメリーと共に「効率懇談会」に参加していたマッキンダーが、国家の力の基礎がその工業力にあることを知らないはずがないのだが、その点が「地理学からみた歴史の回転軸」の中では十分に展開されていなかったのもまた事実である。そして、この時のエイメリーの批判は、マッキンダーが経済に対する関心や知識を欠いていたという後世の解釈を助長することとなった。しかし、エイメリーが課した問題に対するマッキンダーの回答は、一九一九年の『民主的理想と現実』の中において明らかにされているのである。

その詳細については次々章において検討するが、その前に、「地理学からみた歴史の回転軸」と『民主的理想と現実』の間をつなぐものとして、ウィリアム・アシュリーの代表作『関税問題』を検討の俎上に乗せようと思う。

アシュリーは、イギリス歴史学派の中で最も優れていると評される経済学者である。[56] 彼の『関税問題』は、「地理学からみた歴史の回転軸」の前年であり、マッキンダーが関税改革運動に参画した年である一九〇三年に刊行され、関税改革運動の理論的支柱として流布した。チェンバレンの関税委員会の委員長を務めたマッキンダーが『関税問題』を読み、その影響を受けた可能性はきわめて高い。したがって、アシュリーの議論を理解しておくことは、マッキンダーの理論を解釈する上で、そして地政経済学の可能性を拓く上でも、有力な補助線となり得るであろう。

第10章

貿易の地政経済学

『関税問題』

マッキンダーは関税改革運動において主導的な役割を果たしたが、この関税改革運動に洗練された理論を提供したのが、イギリス歴史学派の泰斗ウィリアム・アシュリーである。

アシュリーは、一八六〇年に帽子職人の子として生まれ、貧しい少年時代を過ごしたが、一八七八年にオックスフォード大学に入学した。そこで彼はイギリス法制史を学び、歴史的な制度の発展という視座を身に付けるとともに、トインビーの経済史学に強く感化された。ドイツにも短期間留学している。当時のドイツは歴史学派の隆盛期であったが、アシュリーがドイツ歴史学派、とりわけグスタフ・シュモラーの影響を受けたのは、主にオックスフォード大学における歴史家としての訓練を通じてであった。

その後、アシュリーは、オックスフォード大学の講師の職を得たが、多くの労働者階級出身の学者と同様に、古い因習や偏見の少ない新大陸へと活路を見いだし、一八八八年にトロント大学政治経済学及び法制史教授として赴任した。次いで一八九三年には、ハーヴァード大学に招かれ、初代経済史教授に就任した。

その頃のアメリカは、世界で最も高い関税によって大規模な国内市場を保護し、そのおかげで規模と範囲の経済を存分に発揮した資本集約型産業が開花していた。また、アメリカの経済学界では、ドイツ歴史学派の影響を受けつつ、イギリスの古典派経済学の伝統から離れて、歴史学や実践教育を重視しようという運動が起きていた。後にソースタイン・ヴェブレンやジョン・R・コモンズらによって展開された「制度経済学」の形成過程にあったのである。こうした中で、ハーヴァード大学に九年間在職したアシュリーは、経済史学と実践教育の発展に大きく貢献するとともに、彼自身もアメリカにおける目覚ましい産業の発展と実践教育の果たす大きな役割に深い感銘を受けたようである。バーナード・センメルは、このアメリカ滞在の経験がアシュリーを保護主義者そして経済ナショナリストへと向かわせたと述べている。(1)

一九〇一年、アシュリーは帰国し、バーミンガム大学に実践教育を目指して新たに設置された商学部の教授に着任した。そこでアシュリーは関税をテーマにした本の準備に着手したが、ちょうどその折の一九〇三年三月、チェンバレンが関税改革運動を開始したのである。これに驚いたアシュリーは、直ぐにチェンバレンに宛てて、現在準備中の本の構想についての手紙を送った。チェンバレンもまた、それが自らの政治運動の理論武装となるものだと直観し、その完成を熱望している旨の返書を送った。アシュリーは本の完成を急いだ。

一九〇三年八月、アルフレッド・マーシャルを含む一四人の主要な経済学者が、タイムズ紙に自由貿易を擁護する理論を発表しており、これに対抗して保護主義を擁護できる理論の登場が切望されていた。そうした中に投じられたのが、『関税問題』であったのである。(2)

『関税問題』は小冊子でありながら、きわめて刺激的な理論的内容を含んでいた。

その冒頭においてアシュリーは、単に自由貿易に反対するというだけではなく、自由貿易政策を支える社会哲学そのものに根本的な批判を加える旨を宣言する。それは古典的自由主義、すなわち消極的自由と国家不介入を教条とする自由放任主義であり、個人主義、原子論（atomism）、世界市民主義（cosmopolitanism）である。

アシュリーは、労働者保護規制である工場法を例にとりつつ、政府規制や組織によって個人の自由を制限することの必要性を説く。「〝フリーダム〟や〝リバティ〟は、それ自体が、もはや説得力のある言葉にはならなくなっている。人々は漠然としてだが、個人的自由がしばしば害をもたらすものであり、それを制限する必要があると感じているのである。[3]」

しかし、個人主義を批判し、個人的自由の制限を主張することは、社会主義を支持することを意味するものではないと、アシュリーは注意を促している。抽象理論的には、個人主義と対立する概念は社会主義であろうが、現実の世界においては、完全な個人主義と完全な社会主義との間には、無数のヴァリエーションが存在する。この両者の間で、どう折り合いをつけるかが大事なのであり、それは、政治家の実践的な手腕にかかっている。それと同様に、完全な自由貿易を批判するからと言って、それが、あらゆる製品を関税によって保護すべきだと主張することにはならない。[4]自由貿易という強固なドグマを破壊するにあたり、アシュリーは、自らに向けられるであろう誤解をあらかじめ注意深く排除しているのである。

アシュリーが読者に注意を促しているもう一つの重要な点は、彼の議論が、現時点における貿易の利益を巡るものではなく、より長期的な時間的視野の下での産業発展に関心を向けたものであるということである。アシュリーが立つ理論的な視座はマッキンダーの地理学同様、静態的（static）ではなく、動態的（dynamic）であった。それに対してアダム・スミスの自由貿易論は静態的であったとアシュリーは指摘する。[5]

これは、フリードリヒ・リストによるスミス批判と同じ趣旨である。リストは、スミス以来の古典派経済学を「価値の理論」と称し、自らの理論を「生産力の理論」と呼んでいる。「価値の理論」とは、ある一時点における富の配分状態の分析である。これに対してリストの「生産力の理論」とは、富を生み出す過程を解明しようとするものであった。(6) アシュリーは、リストの言葉に言及する。「リストが言ったように、一国の生産力（productive power）とその発展可能性の問題は、現在の価値よりもはるかに重要である。一時の損失も、それに見合う以上の将来の利益を得るためであれば、受ける価値があるだろう。(7)」

アシュリーの関心は、既存の富の分配ではなく、富を生み出す力の源泉を特定することにある。重要なのは、過去から未来へと向かう時間の流れに従った経済の発展過程をつかむことであり、そのためには、歴史学の視点が不可欠となる。歴史学派が目指すのは、経済の動態理論なのである。

以上を前置きした上で、アシュリーは経済統計を示しつつ、イギリスの貿易と産業が置かれている現状を描き出す。それによれば、イギリスの輸出品目は、近年、綿布・綿糸やリンネルなどの繊維製品や機械や船舶などの鉄鋼金属製品の総輸出に占めるシェアが減少し、代わって石炭、そして大都市において製造される既製服や日用雑貨のシェアが増大している。(8)

なぜ、このような輸出構造の変化がもたらされたのか。それは、イギリスが自由貿易政策を実施した結果、デイヴィッド・リカードの比較優位論の教義が示すとおり、イギリスが比較優位をもつ製品に特化していったことでその輸出が増え、逆に、比較劣位にある製品の輸出が減少したからである。「しかし、後述するように、この教義は、現下の状況にあるイギリスにとって何の慰めにもなっていない。(9)」

自由貿易は、イギリスにどのような不利益をもたらしたのか。アシュリーが提起した問題点は多岐にわたる。まず挙げられるのは、自由貿易によって比較優位産業への特化が進むことによる危険性である。それは、特定の産業にのみ依存するような構造の国民経済をもたらすことになる。国家が国内に多様な産業を育んでいる場合、一つの産業が衰退したとしても、他の産業によって雇用を維持することができるだろう。しかし、国家が一つの産業に依存する場合、貿易パターンの変動によってその産業が衰退すると、それに伴って国民経済全体が衰退することになる。自由貿易によって特化が進んだ経済は、脆弱で不安定なものとなるのである。[10]現にイギリスは、自由貿易の結果、石炭の輸出に特化しつつある。しかし、もし石炭資源が枯渇したら、どうしようというのであろうか。[11]

製造業が国境を容易に越えて、世界各地へと分散するようになっていることも問題であるとアシュリーは指摘する。この現象は、今日で言うグローバリゼーションにほかならない。

グローバリゼーションを後押しする要因についてのアシュリーの分析もまた、きわめて今日的であった。第一の要因は「国民の繁栄に与える最終的な効果を一顧だにせずに、目の前の利益を追求する資本の利潤追求の傾向である。[12]」

それには、工場が海外に移転する場合と、投資資金のみが海外へと投下される場合があるが、いずれも、イギリスのライバルとなる新興国の産業の発展と国際競争力の強化を手助けする結果となっている。そして、第二の要因は、製造業における機械化の進展である。これにより、製造業は、労働者の質や技能にそれほど左右されずに、世界各地に展開することが容易になった。[13]

自由貿易による特化は、このグローバリゼーションとも相まって、国内における産業の多様性を破壊した。その結果、国民経済は脆弱化し、雇用は不安定化するようになったのである。アシュリーが保護主義を提唱する論拠の一つは、国内産業の多様性の確保による国民経済の強靭化にあった。

さらにアシュリーは、イギリスの金融化（financialisation）についても警鐘を鳴らした。その議論もまた、きわめて今日的な含意をもつものであった。

イギリスでは、自由貿易政策の結果、製造業が衰退して貿易収支が悪化した。その結果、必需品の輸入の支払いは、海外投資の利子配当や海運業からの収益に依存するようになった。イギリスは工業大国から金融大国へと移行したのである。しかし、アシュリーはこれを衰退の兆候と見る。彼は、アダム・スミスの『国富論』を編纂したJ・S・ニコルソンが同書に寄せた序文から、次のような一節を引用している。

資本家の利益は、最大利益を得ることであり、その資本が投下される場所について資本家は無関心である。しかし、労働者そして社会一般にとっては、場所こそが決定的に重要である。もし資本がアメリカの鉄道建設に投下されたら、おそらくイギリスの鉄道建設に投下される場合よりも、はるかに高い利益を永続的にもたらすかもしれないが、アメリカに投資される場合は外国の労働者が雇用されることになり、イギリスに投資される場合は、イギリス人が雇用されるのである。（中略）オランダは、ヨーロッパの債権大国となった時から、その富と力を次第に減らしていった。我々の時代（一八八四年）について言えば、先般の大不況の主たる原因の一つは、イギリスのような旧い国々の資本が、天然資源の獲得や鉄道建設のために新しい国々へと移転したことにあったのは疑いの余地がない。[14]

フリードリヒ・リストに従って、富それ自体よりも富を生み出す生産力を重視するアシュリーの関心は、金融資産の多寡ではなく、産業の発展とそれによる雇用の拡大にあった。グローバルに移動し得る金融よりも、ナショナルなものに束縛された産業や労働の方がはるかに重要である。この点において、アシュリーは終始一貫していた。

収穫逓増の法則

自由貿易の問題の第二は、より経済理論的であり、かつ根本的なものだった。

農業における「収穫逓減」の「法則」あるいは「原則」に反して、多くの経済学者は、製造業における「収穫逓増の法則」を提示するのが習いとなっている。（中略）我々に必要なことは、一般的に言って、一製造過程がある多くの産業においては規模が大きくなればなるほど──資本の投資額が大きくなればなるほど──それにみあった産出量はより大きくなり、単位当たりの利益もより大きくなるという事実観察から、その一般化を受け入れることだけである。(15)

製造業においては、収穫逓増の法則が働くために、市場の規模が大きくなればなるほど、大規模生産による規模の経済が働き、生産コストは逓減し、生産性が改善する。アメリカ合衆国はイギリスと比べて人口が多く、より大きな国内需要をもっている。それは、製造業の大規模生産にとっては強力な「有効需要（effectual demand）」となっているとアシュリーは指摘した。(16)

アメリカの製造業は、大きな国内市場を利用した大規模生産によって、より安価な商品製造を可能にし、強力な国際競争力を獲得する。これに対して、国内市場がより小さいイギリスがアメリカに対して市場を開放すれば、イギリスの製造業に勝ち目はない。

さらにアシュリーは、固定資本が大きい製造業においては、不況時には、「ダンピング」が行われることも指摘する。収穫逓増の法則を利用すれば、通常の生産コストを下回る価格での販売によって、競争相手の企業に回復不能な打撃を与えて市場から駆逐し、長期的には市場独占による利益を得るという戦略が可能となる。また、国内市場においては高価格の販売で利潤を確保し、海外においては低価格の販売によって市場を確保することも可能である。こうした収奪的なダンピング戦略についてあまり聞くことがないのは、アメリカの製造業が好況により国内需要の獲得に忙しく、海外市場への進出の必要性を感じていないからに過ぎないのだとアシュリーは警鐘を鳴らしている。不況になれば、アメリカの製造業は海外市場に攻撃的な輸出攻勢をかけるであろう。したがってイギリスが警戒すべきなのは、アメリカの製造業が繁栄を謳歌していることではなく、むしろ不況に陥ることなのである。[17]

こうしたダンピング戦略は、政府が国内市場を関税によって保護し、かつカルテルやトラストといった大規模な産業組織を組成することで可能となる。それこそがアメリカやドイツで行われていることにほかならない。これは異常なことではなく、製造業に一般的な収穫逓増現象を利用したものであり、「現代産業組織に必然的な帰結」なのだとアシュリーは言う。[18]

この批判が根源的であると言えるのは、リカードから今日の主流派経済学に至るまでの自由貿易の理論、より一般的には市場均衡の理論が、収穫逓増ではなく、収穫一定あるいは収穫逓減を前提としているからである。市場は自動的に均衡に向かうという理論こそが、政府の市場への不介入を正当化するものであった。しかし、収穫逓増の法則が成り立つのであるならば、安定的な市場均衡は保証されなくなる。このため、主流派経済学の教科書では今でも、収穫逓増を例外的な現象として扱っている。

しかし、アシュリーも指摘するように、農業はともかく、産業資本主義の主役となっている産業や企業の行動を観察するならば、収穫逓増が例外的な現象であるとは到底言えない。とりわけ第二次産業革命以降の資本集約型産業においては、規模と範囲の経済、すなわち収穫逓増が特に大きく働くのである。

もし収穫逓増が製造業の一般法則であるならば、製造業の生産性の向上、より一般的に言えば産業発展をもたらすのは自由市場ではなく、アシュリーが主張するように、そしてアメリカやドイツが実践しているように、保護関税による国内の「有効需要」の確保や大規模産業組織の形成だということになる。

このように、収穫逓増という事実を突きつけることは、自由貿易理論の大命題である市場均衡を完全に破壊するという強力な効果をもつのである。

しかも、アシュリーは多くの経済学者が製造業における収穫逓増の法則を認めているが、[19]その経済学者の中には、自由貿易論者のアルフレッド・マーシャルが含まれていた。

マーシャルはその主著『経済学原理』の中で次のように述べている。

広く言えば、自然が生産において役割を担う部分は収穫逓減の傾向を示す一方で、人間が役割を担う部分は収穫逓増の傾向を示す。収穫逓増の法則は、おそらく次のように言えるかもしれない。労働と資本の増加は一般的に改善された組織につながり、それが労働と資本の効率性を高めるのであると。[20]

マーシャルは、収穫逓増の法則が産業経済を支配していることを承知していた。彼は新古典派経済学の始祖の一人として数えられているが、この点に関しては、むしろ新古典派経済学の外へと踏み出そうとしていたと言える。それにもかかわらず、マーシャルは関税改革運動に反対し、自由貿易を擁護する論陣を張った。鋭敏なアシュリーは、その矛盾を突いたのである。これは少なくとも理論的に言えば、マーシャルの陣営に対して致命傷を負わせる攻撃であろう。

なお、マーシャルの後を継いで収穫逓増現象に関心を寄せ、「不完全競争の理論」を探究したのは、ピエロ・スラッファ、ジョーン・ロビンソン、E・H・チェンバレンといったケンブリッジ大学の異端派の経済学者達であった。他方、新古典派（主流派）経済学の方は、マーシャル以降、収穫逓減を原則とする路線へと回帰してしまった。[21] 主流派経済学において収穫逓増に着目する動きが顕著になったのは、一九八〇年代以降になって、ジーン・グロスマンやポール・クルーグマンらが戦略的貿易政策の理論を提唱するようになってからである。戦略的貿易政策の理論は、収穫逓増が働く産業においては、政府が市場に介入することで経済厚生が高まる可能性があることを示してみせたのであった。[22]

もっとも、戦略的貿易政策の理論は、主流派経済学の分析枠組みの中に収穫逓増の法則を導入しようという試みに過ぎず、その流行は、主流派経済学の非現実性に根本的な反省を迫るような動きにはならなかった。それどころか、戦略的貿易政策の理論の主唱者の一人であったクルーグマンは、一九九〇年代半ばには、「その実践における重要性と有効性についてはきわめて懐疑的[23]」と言い出すようになっていた。

しかし、村上泰亮が強調したように、収穫逓増の法則を想定しなければ、産業資本主義の現実の動態を適確に理解することはできない。たとえば、主流派経済学は生産量の拡大に伴って生産性が低下するという収穫逓減（費用逓増）の法則を前提としているため、実質賃金（すなわち生産性）が低下したときのみ産出量の拡大が可能となるという結論を導き出すことになる。しかし現実には、経済成長、すなわち実質賃金の上昇を伴った産出量の拡大という現象が、例外的ではなく通常のものとして観察される。経済成長という現実をより正確に理解するためには、収穫逓増という現実を正面から認めるべきなのである[24]。ただし、収穫逓増を認めるということは、主流派経済学の中心命題である市場均衡を放棄するという犠牲を払わなければならない。

労働問題

自由貿易の問題の第三は、雇用に関わるものであった。

収穫逓増現象には、規模と範囲の経済以外にも、「学習効果」が知られている。「学習効果」とは、技術のノウハウ、労働者の熟練度、組織の運営方法の効率性などが学習を通じて向上し、その結果として生産性が向上するという現象である。

経営者資本主義における企業は、学習効果による収穫逓増現象を利用して生産性を向上させるため、永続的に存在する集団として組織化され、より長期的な視野の下に経営を行うようになっていった。とりわけ第二次世界大戦後には、労働者の勤続年数が長期化する傾向がみられる。これは、企業が、仕事への長年の従事を通じた訓練（on the job training）を通じて累積的に得られる学習効果によって、労働者の熟練技能を形成し、確保しようとするからである。いわゆる「日本的経営」に典型的な長期雇用とは、収穫逓増の法則を導入することで、その経済合理性を理論的に説明することができる慣行なのである。[25]

さらに小池和男は、日本的経営の特殊性に関する通説に異を唱え、人材育成の観点から長期の雇用を重視する慣行は日本企業に限ったことではなく、高い競争力をもつ欧米の企業にも見られるのであり、長期的な雇用や取引関係の優位性は普遍的であると強調している。[26]

人材育成の過程が「学習効果」をもたらし、企業の生産力を向上させる。この理解は、リストの用語に従えば、「生産力の理論」であると言える。「生産力の理論」を労働市場に当てはめると、長期雇用の優位性が明らかになるのである。逆に、主流派経済学が労働移動の流動化を望ましいものとするのは、その市場理論が収穫逓増の法則を想定していないからであり、またそれが静態的な「価値の理論」であって、動態的な「生産力の理論」ではないからなのである。

収穫逓増の法則を重視するアシュリーもまた、雇用の長期化・安定化の現実とその意義に着目するが、彼の場合は、それが自由貿易論の批判へと結びつくのである。

自由貿易論者は労働移動の自由を想定している。しかし、労働の移動性が高いのは、熟練技能を必要としない単純労働者であって、技能労働者の流動性は低い。「若干の観察に基づく私自身の印象では、より高度な技能を要する職人ほど、流動性は極端に乏しい。彼らは、自分が特定の技能を有する慣習的な職業に、哀れな（もし、そう言いたければ、愚かな）一貫性をもって、固着するのである。[27]」したがって、いったん職を失った熟練労働者は、そう簡単には別の職に就くことはできず、失業が続くであろう。

このアシュリーの批判は、現在でもなお通用するものである。というのも、今日、自由貿易の経済効果を計算する際に一般に使用されるのは「応用一般均衡モデル」（ＣＧＥモデル）と呼ばれるものである。この

CGEモデルは、たとえばTPPの経済効果を計算する多くの研究においても用いられており、それらはいずれも、一〇年後にTPP参加国のGDPの穏やかな上昇をもたらすという試算結果を導き出している。

しかしCGEモデルは完全雇用を仮定しているため、貿易自由化の結果、ある産業部門において失われた雇用があったとしても、それは瞬時に別の産業部門における雇用によって置き換わるという想定になっている。しかし実際には、ある産業に固有の技能を有する労働者は、それとは異なる技能を要する産業において仕事を得ることは容易ではない。このため、現実の世界では失業状態が持続するのであり、仮に失業者が新たな仕事を得られたとしても、その賃金はより低いものになる。

ところがCGEモデルは、そのような現実に生じるはずの失業の損失を計算に入れていないのである。このため、CGEモデルによる自由貿易の効果の試算は過大なものとなる傾向にある。たとえば、タフツ大学のある研究者たちが、TPPの経済効果について、雇用に対する悪影響など、より現実的な仮定を置いた上で改めて試算したところ、TPPの発効から一〇年後のアメリカと日本のGDPはそれぞれ〇・五四%と〇・一二%ほど減少するという結果となった。他の参加国は利益を得ることができるが、それもごく小さなものに過ぎなかった。また、TPP参加国全体で七七万一〇〇〇人の雇用が失われ、うちアメリカでは四四万八〇〇〇人の雇用が失われると試算されたのである。(28)

自由貿易がもたらす景気変動や産業構造の変化によって、労働者階級は失業や低賃金に苦しむ。これは社会的に大きな損害であるとアシュリーは言う。自由貿易論者は、安価な財の輸入による消費者利益の増大を強調するのだろうが、「低価格による消費者の一時的な利益など、共同体全体の純損失に比べれば割に合わないのである。(29)」

こうした労働問題に関するアシュリーの関心の高さは、彼の出自と無関係ではないように思われる。帽子職人の父が景気循環に伴う不況のたびに失業したため、アシュリーの一家はしばしば貧困に苦しんだ。この少年期における厳しい経験が、アシュリーの関心を不況や失業といった問題へと向けたのであろう[30]。

自由貿易による産業構造の変化は、雇用の質にも影響を及ぼす。「イギリスは技能を必要とし、独立性を強化する産業においてその能力を低下させる一方、安価で質の劣った単純労働によってアメリカやその植民地に対して『差別的優位（differential advantage）』を有する産業へと転向しつつあるようにみえる[31]。」

近年のイギリスの産業構造は、繊維産業や鉄鋼産業といった主要産業が衰退し、代わって大都市において製造される既製服や日用雑貨のシェアが増大している。既製服や日用雑貨の製造といった新産業に従事するのは単純労働者であり、それゆえ労働の移動性は高くなる[32]。逆に言えば、主流派経済学の自由貿易理論が想定する流動的な労働者とは、低技能で低賃金の単純労働者だということである。

労働賃金の低下は、主流派経済学の理論によれば、生産性の向上をもたらすものとされる。しかしアシュリーは、ドイツやアメリカの例を引いて、これを批判する。ドイツやアメリカの経済発展は、その労働コストの低さのゆえではない。ドイツの場合は知性と科学、アメリカの場合は知性と天然資源によるものであり、そして両国とも、産業の統合を政策的に進めた政治家の手腕のおかげなのである[33]。

しかも、技能労働を要する高付加価値産業の衰退と技能労働を要しない低付加価値産業の発達が、労働者の質を低下させるというだけではない。労働者の質の劣化や大量の失業者の存在が、高付加価値産業の弱体化と、低付加価値産業の拡大を招くという、逆の因果関係もある[34]。こうして、イギリスの産業と労働は負のスパイラルへと陥っていくのである。

この議論もまた、今日的な意義をもつものである。

マーガレット・マクミランとダニ・ロドリックは、次のように論じている。

貿易の自由化により競争が激化すると、企業は生産性を高めるか、倒産するかしかなくなるため、産業競争力は高まると考えられている。しかし、産業部門間の資源の再配分を考慮すると、経済全体の生産性が高まるとは必ずしも言えない。一九九〇年代のアジアでは、グローバリゼーションにより高い経済成長を実現したが、それは生産性の低い産業部門から高い部門へと労働力が移動するような産業構造の変化が起きたからである。しかし、同時期の南米やアフリカでは、グローバリゼーションは生産性の高い部門から低い部門への労働移動を引き起こした。このため、南米やアフリカの経済成長は逆に鈍化することとなったのである。[35]

アシュリーは、当時のイギリスでは、まさに自由貿易によって生産性の低い部門への労働力の移動が起きていると見たのである。

自由貿易の結果、イギリスには、ロンドンなどの大都市には労働者が集積し、それ以外の地域には金利生活者たちの住居が集まり、観光産業で栄えるようになる。かつてオランダが歩んだのと同じ道を、イギリスも歩むことになるだろう。[36]アシュリーは、自由貿易政策に固執するイギリスの未来をこのように予見するのであるが、ここで我々は、グローバリゼーションの推進の果てに、相対的な経済力の低下を止められなくなり、ついに観光産業を成長分野として期待するまでになった今日の日本を連想せずにはおれない。

このようにアシュリーは、製造業にみられる収穫逓増の法則を根拠に、保護主義の理論的正統性を主張したわけであるが、他方で彼は、製造業のみを保護すべきと論じたわけではない。先述のように、産業の多様性の保持を理想とするアシュリーは、農業に関しても保護主義を唱えていた。

自由貿易論者は、農業関税の撤廃により安価な農産品が入手可能になることによって得られる消費者利益を強調する。労働者階級が自由貿易を支持するのも、安価な穀物を望んでいたからであった。

しかし、この自由貿易論の論理には二つの問題点があるとアシュリーは指摘する。

第一に、農産品の価格の下落は、同時に賃金の下落をも意味する。貿易自由化は、デフレ圧力になるということだ。

第二に、国内農業が打撃を受ける。この懸念に対して、一八四六年の穀物法の廃止に貢献した政治家リチャード・コブデンは、仮に自由貿易によって農産品の価格が下落したとしても、農法が改善することにより損失を埋め合わせることができるだろうと主張していた。しかし、彼の予言が当たっていたのも一八七四年までのことであり、それ以降は、イギリスの農業は安価な輸入穀物に押されて深刻な不況に陥ったのである。

自由貿易論者は、イギリスが海外市場を永久に確保し続けられると考えているようであるが、イギリスの産業が通商上の圧倒的優位を誇っていたのは一八七〇年代前半までのことであり、過去三〇年間は海外市場を奪われつつある。したがって、イギリスがいつまでも自由に食糧を輸入できると楽観するべきではない。(37)

マーシャルをはじめとする経済学者たちは、穀物の輸入関税の負担は輸入する国の消費者が負担することになるという理論によって、保護貿易に反対してきた。これに対してアシュリーは、次のような経済理論的に洗練された反論を提出している。それは、完全競争を前提とした自由貿易論に対する「不完全競争の理論」の観点からの本質的な批判であった。

イギリスは、アメリカにとって小麦の重要な輸出先であり、イギリスはいわゆる「買い手独占」の立場にある。このため、イギリスの小麦需要は、アメリカの小麦の価格を決定する重要な要因の一つとなっている。アメリカは、イギリス以外の国に対して小麦を輸出することが容易ではないため、イギリスが小麦に対する関税を引き上げると、アメリカの小麦の生産者は、イギリスにおける需要の減少を回避しようとして、関税の一部を自ら負担する（価格を下げる）ことになるであろう。したがって、アメリカの小麦に対する関税賦課は、イギリスの小麦の価格を関税全額相当分だけ引き上げるという事態にはならないのである。(38)

国民的効率

アシュリーは、イギリスの経済的繁栄と政治的安全保障にとって唯一の経済的防衛手段は関税であると結論付けた。ただし、国内産業を効果的に保護するためには、行政府に強力な権能を与える必要がある。たとえば、イギリス政府の貿易商業省は、イギリスの貿易や産業に関する調査を実施し、その動向を把握していなければならない。海外経済の情報収集については領事館にその任にあたらせればよい。他方、国内経済については、各地の大学に商学部を設けて地域経済の実態把握を担わせ、政府の調査活動を支援させるべきだとアシュリーは提案する。彼自身が所属するバーミンガム大学商学部がその典型であることは言うまでもない[39]。

大学における経済学研究は、抽象理論のみを扱うのではなく、経済の実態を把握し、現実に密着したものであるべきである。また、行政官や実業家を育成する実践教育を行い、さらには情報収集によって政府の経済政策にも寄与する。こうした大学構想は、ウェッブ夫妻らフェビアン主義者たちが主導した「国民的効率」運動に共鳴するものである。実際、アシュリーは、ウェッブ夫妻らと価値観の多くを共有することができると考えていた[40]。

ただし、フェビアン主義者たちとの決定的な違いは、貿易政策にあった。彼らは、アシュリー同様に、古典的自由主義の個人主義や自由放任主義を批判し、イギリス経済の相対的な衰退に危機感を覚え、政府による積極的な市場介入を唱えたが、それでもなお、自由貿易を支持したのである。フェビアン主義者たちは関税以外の手段で対処することを模索していた。

アシュリーは、関税の代替となる政策を唱える議論に対して、次のように反駁している。

第一の代替案は、技術教育政策の徹底である。これについてアシュリーは、その意義を大いに認め、自らも技術教育の発展を主張してもいる。しかし、それだけでは十分ではない。

結局のところ、教育の組織化は、それ自体は重要ではあるものの、我々が対処しなければならない巨大な経済的・政治的な力—産業的自立を目指す大国の圧力、収穫逓増の法則、固定資本の効果、トラスト形成の影響―の問題については、大きすぎて対処しきれないのである。産業の成功にとって第一の必要条件は、確信である。イギリスの製造業は、その市場がどこかに確保されていると感じることができなければ、確信をもつことができない。(41)

製造業は、大規模な設備投資を先行的に実施し、収穫逓増の法則を利用することで、時間をかけて生産性を上げ、大きな利益を得る。このため、製造業は、長期的な将来において大きな利益が得られ、投資が回収できるという「確信」がなければ、大規模な設備投資を実施することができない。製造業には、将来の需要が確保されているという一定の保障が必要なのである。

技術教育の強化は、確かに製造業の「供給」能力の向上に資するであろう。しかし、それは将来の「需要」を確保するものではない。これに対して関税による保護は、製造業に対して、確実な「需要」を保障するものであり、それによって大規模な設備投資を誘導するものである。アシュリーにとって保護関税とは、需要サイドの政策という側面をもつものなのである。

この技術教育を巡るアシュリーの議論もまた、今日的である。

一九九〇年代以降のグローバリゼーションによって、新興国が世界経済に参画したことにより、アメリカをはじめとする先進諸国の労働者は、新興国の低賃金労働との競争にさらされ、失業や賃金抑制の圧力を受けるようになった。仮に新興国の労働者の生活水準が上がり、その賃金が上昇する可能性が出てきたとしても、より低賃金の労働者を供給する別の新興国が現れるため、賃金の下方圧力は終わることがない。こうしてグローバリゼーションは、労働者に「底辺への競争」を強いるのである。

この問題について、先進諸国のグローバリゼーションの推進者たちは、労働者の再教育や再訓練の機会をより充実させて、その技能を高めれば、新興国との競争に負けることはなく、労働者の生活水準の低下を防ぐことができると強弁してきた。しかし実際には、アラン・トネルソンが論じるように、再教育や再訓練の強化は、良くて長期的な解決策の一つに過ぎず、グローバリゼーションがもたらす「底辺への競争」の強大な圧力の前には、ほとんど無力であったのである。[42]

ジェームズ・K・ガルブレイスも、労働者に対する教育や訓練は、貧困や失業といった問題の解決にはならないと主張している。労働者に対する教育や訓練は、確かに労働力の質を向上させるかもしれない。しかし、実際には、貧困や失業は、労働力の質によってはそれほど左右されない。貧困や失業の問題の有無は、労働供給ではなく、むしろ労働需要に依存しているのが現実である。すなわち問題は、企業側がいくらの賃金で、どれだけの量の労働者を雇うか次第なのである。しかも、企業の内部で実際に行われている労働者の教育や訓練は、その企業に特有のものである。それは、企業が必要とするのは、一般的な技能や知識ではなく、特殊な技能や知識だからなのである。しかし、政府が施すことができるのは、前者の教育訓練であって、後者ではない。[43]

こうしたことから、失業問題について、政府は供給サイドの政策によってこれを解決することはできない。ケインズが『一般理論』で明らかにしたように、需要サイドの政策によって対処するしかないのである。その需要サイドの政策として、ケインズが公共投資を主張したのに対し、アシュリーは関税による有効需要の創出を唱えたというわけである。

フェビアン主義者による第二の代替案は、大英帝国の植民地を特恵関税によって保護するのではなく、補助金を与えるべきだという議論である。しかし、植民地の農業に補助金を与えても、その農産品供給が大英帝国内を優先するとは限らないとアシュリーは反論している。

第三の代替案は、フェビアン協会が提案する社会主義である。フェビアン協会は、関税は国際競争に対する効果的な手段ではないとして、主要産業の国有化を主張する。これに対してアシュリーは、主要産業を国有化したところで、海外市場の需要が確保されていなかったり、原材料の供給の保障がなかったりすれば、意味がないではないかと反論する。さらにフェビアン協会が、自由貿易によって国民生活が脅かされているという事実を認めていることを指摘し、そうでありながら、なお自由貿易を擁護している矛盾について疑問を投げかけている。とは言え、アシュリーは、フェビアン協会が、問題の根本はイギリスの産業の衰退にあることを認めている点については評価するのである。(44)

アシュリーの地政経済学

以上は、もっぱら経済的な側面についての議論である。だが、アシュリーの射程は経済にとどまらず、安全保障問題にも届いていた。

我が国の製鉄設備が放棄されたとしても、工学技術の貿易と造船業は、一時は繁栄するであろう。しかし、それらは、価格のためではなく、製鉄の調達を外国に依存するためである。貿易が続いている間は、幸運は続くであろう。しかし、その場合であっても、我が国は政治的な独立を失っているのである。戦時において船舶を修理したり新造したりすることができない国は、国民を飢えさせないようにすることができない国と同様に、無力である。(45)

アシュリーやヒュインズをはじめとする関税改革運動の論者たちが製造業の保護と育成を唱えた大きな理由の一つは、それが軍事力を調達する上で不可欠であるという安全保障上のものであった。(46)農業が重要であるのもまた、食糧安全保障という理由からである。関税改革運動は、地政経済学的な意識に基づいていたのでである。

しかし、イギリスの産業社会は肥大化し、もはや島国の内に収まることができなくなっている。[47]特に、製造業は、収穫逓増の法則により規模を拡大した方が生産性は高まるため、より大きな市場を確保した方が競争力をより強化することができる。したがって、イギリスに必要な戦略は、大英帝国の統合の強化による大規模市場の確保と、その帝国内における自給自足の達成であるという結論になる。[48]

自由貿易には国際平和を促進する効果があるという説は今でも根強く信じられているが、一九世紀から二〇世紀初頭にかけてのイギリスの自由貿易論者たちもまた、リチャード・コブデンをはじめとして、自由貿易政策こそが平和的かつ反帝国主義的であると信じて疑わなかった。自由貿易論者は、帝国の統合強化と保護主義というアシュリーらの主張を好戦的なものとみなしたのである。

しかし、アシュリーの主張はまったく逆であった。むしろ自由貿易こそが戦争につながるというのである。なぜなら、他国の市場開放を強制するには、武力が必要となるからである。「ヨークシャーやランカシャーの自由貿易論者の製造業者たちが、中国の門戸を武力で開放させようとしていたことに、コブデンが驚いていたことを思い出すべきである。[49]」

アシュリーが大英帝国の統合を強化し、帝国特恵関税によってイギリスの市場を保護すべきだと主張したのは、むしろそうしなければ、イギリスは中国のようなより弱い国に対して武力で自由貿易を強要しかねないからである。いわゆる「自由貿易帝国主義」である。

「帝国主義と軍国主義との関係について何と言われようとも、ヨーロッパ市場がイギリスに対して閉ざされ、その代わりに帝国間市場を獲得できなければ、ランカシャーやヨークシャーの製造業者たちは、中国の門戸を開放させ続けるために戦争に訴えるだろう。そしてもし、それが無理だとなった場合には、彼らは「勢力圏を！」と叫ぶだろうが、それは征服を意味するのである。[50]」

前章においてみたように、マッキンダーもまた、『イギリスとイギリスの海』において、自由貿易政策が帝国主義的な拡張へとつながると指摘した。この自由貿易帝国主義の構造は、アシュリーが強調する製造業の収穫逓増の法則によって経済理論的に理解することができる。製造業は、獲得する市場が大きければ大きいほど、費用が逓減して生産性が向上する。規模を拡大して競争力を強化し、競争相手を駆逐することに成功すれば、莫大な独占利潤を手にすることができる。それゆえ製造業は、帝国主義的な市場獲得競争へと駆り立てられる。

収穫逓増の法則は、自由貿易と帝国主義とを結びつけるメカニズムなのである。自由貿易論者が競争による利益の調和を信じているのは、収穫逓減の法則を想定しているからにほかならない。J・A・ホブソンは帝国主義を批判しながら自由貿易に関してはこれを擁護したが、それは、ホブソンもまた収穫逓減の法則にとらわれていたためであった。(51)

もっとも、アシュリーは帝国主義的な市場獲得競争を正当化しようとしたわけではない。そうではなくて、この自由貿易帝国主義がもたらす国際紛争を回避するために、特恵関税によって大英帝国内の「有効需要」を確保する。これがアシュリーの狙いであった。保護主義とは、平和のための経済的な手段であったのである。アシュリーは大英帝国を擁護したという意味では確かに帝国主義者であったが、攻撃的ではなく防御的であり、好戦的ではなく和平的であったと言うことができるであろう。

さて、もしイギリスが帝国特恵関税を採用して、大英帝国の統合強化を果たした場合、世界秩序の未来はどのような構図となるであろうか。アシュリーは、イギリス、ロシア、アメリカの三大大国が鼎立すると予想している。

ロシアについては、現状は生活水準が低く、経済的には弱体である。しかし、広大な領土をもち、豊富な天然資源を有していることから、長期的には大国となるだろうとアシュリーは予測している。

アシュリーが最も警戒したのは、かつて彼が九年間在住したアメリカであった。彼は、英米関係について次のように論じている。

アメリカは、その国内市場の規模を活かした経済力の強大さが脅威であるのはもちろんのこと、米西戦争によって、領土征服の野心をもっていることが示された。イギリスでは、アングロ・サクソンの血縁を重視して、アメリカに親近感を抱く者もいるが、アメリカはイタリア系やドイツ系などさまざまなルーツをもった国民から構成されているのであり、英米が特別な関係にあるとは言えない。それにアングロ・サクソンの血縁に依拠した親近感など、苛烈な経済闘争の前には何の意味もない。アメリカという国をよく知るアシュリーは、当時のイギリスの親米派をこのように一蹴したのである。

他方、ドイツについては、アシュリーはあまり警戒心を抱いていない。この点は、アシュリーとマッキンダーを大きく分かつ点である。マッキンダーは、ドイツに対しては終生、警戒心を解かなかったが、アメリカによる世界支配の可能性については、なぜか見逃していた。これに対してアシュリーが最も恐れたのはアメリカであった。彼は、アメリカとロシアが大国として台頭してきた場合、この両国に対峙すべく、イギリスとドイツはむしろ接近し得ると論じている。アシュリーの地政戦略は、マッキンダーよりもリストに近いようである。

いずれにせよ、イギリスのとるべき戦略は、アメリカとロシアという二大勢力に対抗すべく、大英帝国内の統合と連帯を強化することであるとアシュリーは力説している。[52] まるで半世紀後の東西冷戦を予見するかのようであるが、アシュリーにとっては、これこそが、関税改革運動が目指すべき最終的な戦略目標であったのである。

このように、関税改革運動を最も強力に理論武装したとされる『関税問題』は、まさに地政経済学と言うべき議論を展開していたのであった。

第11章

ハルフォード・マッキンダー（2）

地理的現実と経済的現実

再びマッキンダーに戻ろう。

マッキンダーの主著『民主的理想と現実』は、第一次世界大戦の終結直後の一九一九年に発表され、その副題に「再建の政治に関する研究」とあるように、戦後に再建すべき国際政治経済秩序の構想を示した書であった。

第一次世界大戦は、既存の覇権国家イギリスと新興大国ドイツという勢力の不均衡から発生した戦争である。この勢力の変化から生まれる不均衡が戦争をもたらすという現象は、古代より繰り返されてきたものであり、「トゥキディデスの罠」とも呼ばれる。二一世紀の世界が恐れているのも、中国の台頭が東アジアをこの「トゥキディデスの罠」へと陥れるのではないかということである。
『民主的理想と現実』は、まさにその「トゥキディデスの罠」から始まる。

> 歴史上の大戦争―過去四世紀の間、およそ一〇〇年おきに経験している世界戦争―は、諸国民の不均等な成長の直接的あるいは間接的結果であるが、不均等な成長は国民の間の能力や活力の違いだけによるのではない。それは多くの場合、地球上における肥沃さと戦略的機会の不均等な配置の結果である。言い換えれば、諸国民の間には、機会の平等なるものは本質的に存在しない(1)。

戦争の原因は諸国民の間の不均等な成長であり、その不均等な成長をもたらすものの一つに、各国の地理的な違い、すなわち「地理的現実（geographical realities）」がある。したがって、国際平和を構築しようとするならば、この「地理的現実」に目を向けなければならない。

ただし、すでに指摘したように、マッキンダーは、「地理的現実」という客観的・物理的な環境のみが各国の命運を決定づけるという「地理決定説」には与しない。ダーウィンの進化論によれば、自然環境に適応できなかった種は淘汰される。しかし、「今日の我々は、激しい試行の結果として、人類の勝利は、そのような単なる運命論を乗り越えるところにあることを認識するに至っている(2)。」

人類は、地理的な環境に拘束されているという現実は受け入れなければならないが、かといってその拘束は不変のものではなく、人類の手によって変えることができないわけではない。事実、人間は、特に近代以降、自然に対する支配を拡大してきた。地理学（地政学）が解明すべきなのは、単なる物理的・自然的な「環境」それ自体ではなく、人間と環境の相互作用なのである。

そして、マッキンダーは、「地理的現実」とともに、「経済的現実（economic realities）」にも目を向けなければならないと言う。[3] 彼は、『民主的理想と現実』の中で、有名なハートランド理論を開陳した後に、こう続けている。

これまで我々は、戦略的機会の観点から帝国間の競合を考察し、世界島とハートランドが、シーパワーとランドパワーに関する最終的な地理的現実であり、東ヨーロッパがハートランドの本質的な部分になると結論してきた。しかし、マンパワーの経済的現実の考察がまだ残っている。我々は、安全なだけでなく生産的な基地の問題がシーパワーにとっては死活問題であることを見てきた。生産的な基地は、乗船のためだけではなく、船舶に関連する陸上からの軍務のための支援にも必要である。これは、今日、イギリスがかつてないほど明白に認識している事実である。[4]

「シーパワーとランドパワーに関する最終的な地理的現実」と「マンパワーの経済的現実」の総合、これこそがマッキンダーの目指した理論であった。それはまさに「地政経済学」だったのである。

以降の議論は、マッキンダーの理論のうち、「マンパワーの経済的現実」の側面により強い光を当てて、彼の経済思想を浮かび上がらせていくこととしよう。

近代以降、人類は自然を支配する能力を飛躍的に高め、近代以前よりもはるかに豊かで、より安全な文明社会を築いた。しかし、その近代の豊かさと安全をもたらしたものは、科学の進歩だけではない。「労働の分業と協働[5]（the division and co-ordination of labour）」を可能にする社会組織の発達が、科学の応用を可能にし、近代的な豊かさを可能にしたのである。

それが証拠に、歴史上、科学技術の変化と社会組織の変化は、同時に起きている。「ジェームズ・ワットが蒸気機関を発明した頃、アダム・スミスが分業を論じていたのは決して偶然ではない。今日、内燃機関――

自動車、潜水艦、航空機の鍵となる技術──の発明の横で、信用制度が急速に広まっていったのも、まったくの偶然なのではない。金属機械の円滑な作動は、生きている人間の習慣に依存しているのである。[6]」

この社会組織というものには、一定の方向性や傾向をもつ強力な「運動（momentum）」があるとマッキンダーは言う。しかも、その運動の方向性や傾向は、社会が続く限り、容易には変更し難いものである。このような社会組織の動態的なあり方を表現するべく、マッキンダーは「ゴーイング・コンサーン」という表現を当てている。この「ゴーイング・コンサーン」こそ、彼の経済理論の中核となる概念である。

ゴーイング・コンサーン

なぜ、社会組織あるいは「ゴーイング・コンサーン」には、一定の方向や傾向をもった「運動」が観察できるのか。それは、人間というものが、本質的に「習慣の動物」であることに起因している。人間は習慣に従って行動する傾向が強く、一度身に付けた習慣は容易には変えられない。そして、「多数の人間のさまざまな習慣が相互に連関することによって、社会は、駆動する機械と比較できるかもしれないような、ある種の構造を有することになる。[7]」

ゴーイング・コンサーンとは、社会組織の構成員が共有する慣習や規則といったルールの総体である。社会組織の構成員は、そのルールに従って習慣的に行動する。その結果、社会組織は、一定の方向性や傾向をもつ運動を有することとなる。この社会組織の運動を利用することで、人間は、自然をしのぐ力を得たのである。

いわゆる「マンパワー」とは、人間の数や各人の能力だけによるものではない。それは、「現代においては、組織、言い換えれば『ゴーイング・コンサーン』あるいは社会有機体に依存するのである。[8]」マッキンダーは、ゴーイング・コンサーンのことを「組織化されたマンパワー」[9]とも言い換えている。マンパワーは、組織化されることで、各個人の能力を単純に足し合わせたもの以上の威力を発揮するのである。

近代以降の人類は、この「組織化されたマンパワー」としての「ゴーイング・コンサーン」によって、自然を支配する能力を獲得し、画期的な豊かさを実現した。ゴーイング・コンサーンこそが、富の源泉である。

言い換えれば、近代の富の成果の条件は、我々の社会組織と資本の維持である。社会とは「ゴーイング・コンサーン」であり、我々の福利のどの部分も、実業の無形の「のれん（good will）」と比較できるかもしれない。実業家は、工場の機械の規則的な運転だけではなく、顧客の習慣にも依存している。いずれも手入れが行き届いていなければならず、そうであれば、「ゴーイング・コンサーン」の価値をもつ。しかし、実業が止まれば、それらは価値を失うのである。機械は金属スクラップと化し、のれんは帳簿上の負債と化す。[10]

ここで重要なのは、マッキンダーの「価値」あるいは「富」の理論である。機械のような有形資産であれ、のれんのような無形資産であれ、それら自体に価値が内在しているわけではない。機械やのれんに価値があるのは、それを保有する企業の経営が成り立っている限りにおいてである。その企業が、経営という運動を止めれば、機械ものれんも価値を失う。資産の価値とは、企業経営という運動に依存しているのである。

言い換えれば、経済的価値にとって決定的に重要なのは、社会組織が「ゴーイング」であることなのである。だとするならば、富を扱う学問である経済学は、社会組織の「動態」や経済活動の「過程」を分析する理論でなければなるまい。だからマッキンダーは、フリードリヒ・リストやウィリアム・アシュリーとともに、富それ自体よりも富を生産する力を重視する。「要するに、近代文明と関連する現実の要素の中でも、生産力は、富なお、念のために付言すると、マッキンダーの言う「ゴーイング・コンサーン」とは、企業のようなミクロの産業組織のみならず、地域、国家あるいは国際社会といったマクロの構造をも包含する概念である。人間が連関し、協働して生み出すあらゆる組織体が「ゴーイング・コンサーン」、すなわち、「習慣の動物」としての人間の性質を利用したルールの体系である。たとえば「社会の運営は、多くの人間の異なる慣習が無数に組み合わさったものによって構成されている[12]」ものとして理解される。

社会が豊かになるのも貧しくなるのも、つまるところ、人間を規律し、習慣づける制度やルールのあり方次第なのである。人間が生産的に活動できるように習慣づけるルールであれば、社会は豊かになる。しかも、社会は「運動」をもっている。したがって、いったん生産的なルールの体系を構築することに成功すれば、その社会は、豊かになる方向へと自ら進んで行くだろう。しかし、そのルールの体系が崩れると、逆向きの運動が始まってしまう。「無秩序の時代には、生産的習慣の組み合わせが徐々に崩れていくので、より豊かになる掠奪者が一部にいるとしても、社会全体としては次第に貧しくなっていく。規律の習慣が失われることは、さらに深刻である。というのも、それは回復力の喪失を意味するからである[13]」

人々が共有するルールが崩壊した社会は、貧しくなるだけではなく、ルールによる規律自体が困難になり、秩序が維持できなくなる。たとえば、『民主的理想と現実』の出版当時、ロシアでは革命が起き、既存のルールの体系が根本から覆されたところであった。そのような社会は、これからどうなるのか。

「歴史が示すところでは、そのような環境においては、新たな規律の核となるものを打ち立てるために武力を用いる以外に回復の手段はない。しかし、武力に頼る組織者は必然的に、効率性の回復のみを目的として追求する傾向にある[14]」

効率性のみを目的とする組織とは、形式的なルールに忠実に従って機械のように事務処理を遂行する、いわゆるウェーバー的な官僚制組織のことを指している。しかし、そのような形式主義的な官僚制国家は、中国のように停滞する傾向にある。(15) マッキンダーは、その「ゴーイング・コンサーン」の理論に基づいて、ソヴィエト連邦の社会主義の実験がスターリニズムに代表されるような全体主義的体制となり、肥大化した官僚機構を築きあげ、やがて失敗に終わることを予期していたのである。

では、富の増大を実現する「ゴーイング・コンサーン」とは、どのようなものなのであろうか。この地政経済学的な問いに対する回答を得るためには、いささか迂遠にみえるかもしれないが、イギリスとドイツの精神文化の対比そして対立を巡るマッキンダーの分析を理解しなければならない。

イギリスの理想主義とドイツの現実主義

すでに述べたように、一九〇四年に発表された「地理学からみた歴史の回転軸」の中でイギリスが警戒すべきとされた主たる敵国はロシアであったが、第一次世界大戦の終結後に発表された『民主的理想と現実』においてはドイツであった。しかし、後者におけるドイツは、単に「地理的現実」の観点のみから問題視されたのではなかった。ドイツは、「経済的現実」の観点からもイギリスの脅威とみなされたのである。

ただし、ドイツの経済的現実に関するマッキンダーの分析は、第一次世界大戦時の最大の敵国という偏見によって歪められてはいない。彼はむしろ、イギリスに対するドイツの経済的現実の優位性や先進性を多くの点において認めており、それゆえに脅威を感じたのである。彼の英独の比較分析は、イギリスに対する批判であり、警鐘であった。しかし、それと同時に、マッキンダーはドイツの経済的現実がもつ深刻な欠陥にも気付いていた。彼は、その欠陥を乗り越えようとしたのである。

以下、具体的に論じていこう。

西洋の民主国家においては、自由の理念は平均的な市民の「思考の習慣」や「先入観」と化しており、特にイギリスにおいては、千年に及ぶ歴史の中で、自由という先入観は島国という地理的環境に守られながら国民の精神に深く根を下ろしてきた[16]。

しかし、この自由の理念は、戦時においては不向きであった。本来、戦争中においては、市民の自由よりも戦争遂行の効率性を重視すべきものであるが、イギリス人にはそれができなかった。民主国家における自由の理念は、戦争には向いていないのである。「組織者の思考は本質的に戦略的であるのに対し、真の民主主義者の思考は倫理的である。組織者は人間をどう使うかを考えている。ところが民主主義者は人間の権利について考えており、その権利とは組織者の道をふさぐ多くのブロックなのである[17]。」

民主主義者の倫理的思考を習慣とするイギリスに対し、組織者の戦略的思考を習慣とするのがドイツである。その戦略的思考の習慣は、「文化」を意味するドイツ語の「クルトゥーア（kultur）」と呼ばれている。

なお、このイギリスとドイツの「思考の習慣」あるいは「文化」に着目するマッキンダーの分析は、彼の「ゴーイング・コンサーン」の理論に基づいていることに注意を払っておくべきであろう。ゴーイング・コンサーンとは、人間の行動習慣を一定の方向へと規律するルールの体系を有する組織体であり、それゆえに、一定の方向へと向かう「運動」をもつ。ここでマッキンダーは、イギリスやドイツといった国家を一つの「ゴーイング・コンサーン」とみなし、それぞれの国民の思考の習慣や文化がその国家の運動を生み出していると考えているのである。国際政治の動態を解明するには、各国家の運動の方向や行動原理を理解する必要があるが、そのためには各国民がそれぞれ共有する思考の習慣や文化にまで考察を及ぼさなければならない。マッキンダーは、言わば社会学的な視座から、国際政治を分析するのである。

さらに、マッキンダーは、ドイツの思考の習慣であるクルトゥーアの中に、自らが提唱するゴーイング・コンサーンの理論と同じものを見いだしている。それこそが、彼がイギリスとドイツの精神文化の比較に関心を寄せた大きな理由の一つである。

マッキンダーは、ドイツのクルトゥーアを、イギリスの民主主義と対比させつつ、その特徴を繰り返し列記している。

たとえば、ドイツ人は地図を重視し、地理というものを常に頭に入れて思考する。地図は、国際政治や戦争にとって不可欠の手段であると考えているからである。このため、ドイツでは、その高等教育において、早くから地理学を熱心に教えていた。[18] ドイツのクルトゥーアとは、言わば地政学的な「思考の習慣」と言えるであろう。

そして、ドイツでは「地図の思考の習慣が、戦略的領域のみならず、経済的領域にも及んでいた」とマッキンダーは指摘する。たとえばドイツは普仏戦争において勝利した際、フランスとフランクフルト講和条約を締結したが、その条約の中には「最恵国待遇」条項が入っていた。ただし、この「最恵国待遇」条項は、自由貿易は望ましいという経済自由主義的な信条に基づいたものではなかった。ドイツは、貿易構造全体を考慮に入れた上で、自国に有利になると戦略的に判断して、この条項を入れたのである。[19]

ドイツは、軍事に由来する「地図の思考の習慣」を経済にも応用したのである。それは言わば、思考様式における「スピン・オフ」であった。

イギリス的な民主主義者は、理想や経済の法則といった原理原則に基づいて思考する。これに対してドイツ的な組織者は、計画的に思考し、建築家がまずは土台や材料について考えるように、物事の基盤や条件といったものを考慮する。たとえば、国家であれば、組織者は「占拠するのが望ましい領土と、（経済の法則ではなく）歴史の結果として獲得した社会構造とを考慮にいれなければならない。[20]」

たとえば、貧困の問題について言えば、情熱に満ちたモラリストであるイギリス的な民主主義者は、スラム街の住人たちに「正直であれ」と説くだろう。これに対してドイツ的な組織者は実践的な改革派であり、むしろ住宅問題に関心を寄せるだろう。

あるいは、大戦後の国際政治について、モラリストの民主主義者は、「併合反対！　賠償反対！」と叫び続けるばかりであり、「彼らは、地理的現実や経済的現実に取り組むことを拒否するのである。信仰をからし種のように人間の本性に播きさえすれば、山をも動かせるのだと！」しかし、この問題に関して、我々は実践的な組織者でなければならないとマッキンダーは説く。「我々は、来るべき国際連盟の住宅問題を見るべきである。すなわち、我々は、先見の明をもって空間的・時間的現実に取り組まなければならないのであり、単に紙の上に行動原則を記して満足すべきではない。[21]」

このようにマッキンダーは、イギリスの理念とドイツのクルトゥーア、あるいは民主主義者の思考様式と組織者の思考様式を比較しながら、彼自身は明らかに後者により近い位置に立っている。彼が提唱する「ゴーイング・コンサーン」の概念や地政経済学的思考を自然に受け入れることができるのは、言うまでもなくドイツ的な組織者である。

むしろマッキンダーの方が、ドイツのクルトゥーアから影響を受けていると考えた方がよいかもしれない。マッキンダーのクルトゥーアに関する理解は、ＬＳＥの同僚の歴史家であるＪ・Ａ・Ｒ・マリオットとＣ・グラント・ロバートソンのプロイセン研究に多くを負っている。[22]マッキンダーは、こうした研究を通じて、ドイツに特有の組織者の思考様式を見いだしたのであろう。また、効率懇談会ではドイツを強く意識した議論が行われていたから、効率懇談会に参加したこともまた、マッキンダーの理解を深めたものと思われる。

マッキンダーが「組織者の思考」あるいは「クルトゥーア」と呼んだドイツの思考様式は、産業経済においては、チャンドラーの言う「協調的経営者資本主義」として現れている。それはイギリスの「個人資本主義」とは対照的に、まさに「組織者」の資本主義であった。

デイヴィッド・ランデスも、当時のイギリスとドイツの企業経営の差異を指摘している。当時のイギリスの企業家は、もっぱら既存の設備が生み出す収益の最大化を目標とし、短期的な視野の下で利益計算をする傾向が強かった。これに対してドイツの企業家が追求したのは、収益の最大化ではなく、技術的効率性の最大化であった。ドイツの企業家にとって、新たに設備を導入する理由は、それがより利益を生むからではなく、機能的により優れているからであった。

このイギリスとドイツの企業家の思考様式の相違について、経済学者は、視野の長短と技術的変化の評価の違いとみなす傾向にあるが、それは的を射たものではないとランデスは指摘する。両者の決定的な違いは、その動機にこそある。ドイツの企業家の動機は経済的利益ではなく、技術の効率性である。技術は経済的利益という目的のための手段に過ぎないが、ドイツの企業家にとっては、その手段こそが目的だというのである。(23)

一九八〇年代後半、アメリカにおいて、日本や西ドイツに対する産業競争力の低下が問題視される中、マサチューセッツ工科大学の「ＭＩＴ産業生産性調査委員会」は『Made in America』という報告書をまとめた。そこで論じられたアメリカと日本やヨーロッパの企業経営の相違は、まさにそのおよそ百年前のイギリスとドイツの企業経営の相違とよく似ている。

同書によれば、アメリカの経営者は、厳密な財務計算に依存して経営判断を下すため、短期の収益をより好む。企業が新規の技術に投資する場合には、将来のキャッシュ・フローは不確実なものとなり、しかも先の将来になればなるほど、不確実性は高まる。それゆえ、厳密な財務計算に頼ると、当然の帰結として、不確実な長期の収益よりも、より確実性の高い短期の収益がより高く評価されるのである。これに対して、日本やヨーロッパの企業経営者は、短期的な収益にはあまり執着せず、株主だけではなく、企業自体の成長や自社と関係するコミュニティ全体に対して責任をもっていると考える傾向にある。その結果、日本やヨーロッパの企業は、長期的な時間をかけなければ育成できないような技術競争力を獲得することに成功し、アメリカの企業を脅かすに至ったというのである。(24)

このようにMIT産業生産性調査委員会は、日本やヨーロッパの企業経営の思考様式を高く評価することを通じて、アメリカの産業競争力の低下に警鐘を鳴らした。この問題意識は、ドイツの「組織者の思考」と対比しつつ、イギリスの弱点を論じるマッキンダーに通ずるものがある。もっとも、マッキンダーがイギリスの「個人資本主義」あるいは「ジェントルマン資本主義」を是正するに至らなかったのと同様に、MIT産業生産性調査委員会の警鐘もまた、第16章で論じるように、「新自由主義」「金融資本主義」の潮流を止めることはできなかったのだが。

マッキンダーが示した民主主義者の論理と組織者の論理の対比は、産業組織論のみならず、今日の国際関係論における「理想主義（あるいはリベラリズム）」と「現実主義」という二大パラダイムの先駆となるものである。

「理想主義」とは、ごく簡単に言えば、民主政治の広まりや国家間の経済的な相互依存の深化によって国家間の紛争は抑止され、平和的な国際秩序が実現し得ると考える思想である。これに対して「現実主義」とは、国際システムを無秩序状態とみなし、国際関係をその無秩序状態の中で利己的な国家同士が繰り広げる闘争として理解しようとする思想である。(25)

この区分は、教科書的に単純化されたものではあるが、理論家や政策当局の思考に対して大きな影響力をもっているのもまた事実である。たとえば序章において登場した理論家で言えば、ロバート・ギルピンやジョン・ミアシャイマーは現実主義者であり、G・ジョン・アイケンベリーは理想主義者であるとみなしうる。また地政学は、国際関係論における現実主義と同一視されることが多い。

この理想主義と現実主義の対比は、E・H・カーが第二次世界大戦前夜に著した『危機の二十年、1919―1939：国際関係論研究序説』において示されたことで知られている（ただしカーは、理想主義ではなく「ユートピア主義」という用語を使った）。

『危機の二十年』の中でカーは、理想主義の淵源を一九世紀のイギリスにおける功利主義と経済自由主義に求めているが、これら功利主義や経済自由主義が戦間期にアメリカによって国際政治に持ち込まれ、理想主義となったと論じている。その戦間期の理想主義を体現するのがウッドロー・ウィルソン大統領である。しかし理想主義は非現実的な想定の上に成り立っており、国際秩序を構築する理論的な礎石とはなり得なかった。戦間期の国際政治経済は混乱し、次なる大戦を招く結果となったが、その根本原因は理想主義の非現実性にあったのである。[26]

カーはこのように論じたことで、国際関係論という新たな学問分野を切り拓いたと評価されている。しかし、カーに先立つこと二〇年前に、マッキンダーが理想主義と現実主義の対比について論じ、理想主義の問題点を指摘していたのである。[27] もっとも『民主的理想と現実』はその出版当初、人々の関心を引くことがほとんどなかった。この本が注目されたのは、戦間期の国際秩序構想が失敗し、東ヨーロッパがナチス・ドイツの支配下に入ってからのことであったのである。[28]

『民主的理想と現実』の立論においてとりわけ興味深いのは、マッキンダーが第一次世界大戦の直後でありながら、敵国ドイツのクルトゥーアの現実主義の優位を認め、自国イギリスの理想主義を批判したという点である。それどころか、戦後処理の問題は、戦勝国イギリスの民主主義の理念ではなく、敗戦国ドイツに顕著な現実主義的思考を以てこれに当たるべしと論じているのである。

しかしながら、同時に、マッキンダーが、現実主義が徹底したドイツのクルトゥーアの限界に気付き、危険視すらしていたことに注意を払っておかなければ、彼の地政経済学を正しく理解することはできない。「ドイツのクルトゥーア、あるいは「方法と手段」の哲学は、世界にとって危険である。なぜなら、それは地理的及び経済的現実の双方を認識し、そして、それらの観点からのみ思考するものだからである。[29]」（傍点筆者）

確かに、イギリス的な民主主義者の理想主義は、地理的・経済的現実から目を背け、砂上の楼閣の如き道徳理念のみを唱えるため、実践的に問題を解決できないという致命的な欠陥を抱えている。組織者の現実主義の方が実践的である点において優れているのは確かである。しかし、ドイツの現実主義には、逆に理想や道徳といった目的に関する意識が希薄に過ぎ、方法や手段の効率性にのみ関心を向けているという難点があった。

ドイツが、組織者の現実主義、戦略的思考あるいは「方法と手段」の哲学を徹底することによって、急成長を遂げたのは事実である。ドイツの成長は、その優れたゴーイング・コンサーンによるものである。しかし問題は、ゴーイング・コンサーンの運動が際限なく膨張し続けることにある。ドイツはその罠に落ちたのである。「世界大戦の一〇年前から、ドイツは年間百万人のペースで人口が増加していた。これが意味するのは、生産的なゴーイング・コンサーンは維持されるだけではなく、その「ゴーイング」が不断に加速するということである。[30]」

ゴーイング・コンサーンは強力な成長力を生み出すが、その一方で、フランケンシュタインのように、その力を制御することができなくなる怪物にもなり得る。[31] まさにドイツは、そのゴーイング・コンサーンの膨張運動を制御できなくなり、対外的に拡張していった。ゴーイング・コンサーンは、経済発展の源泉であるのみならず、帝国主義の原動力でもあったのである。そのことは、ドイツが第一次世界大戦へと突入していったことと無関係ではないとマッキンダーは考えていた。[32] だから、国際平和のためには、地理的現実のみならず、ゴーイング・コンサーンという経済的現実をも理解し、これを適切に制御していかなければならないのである。

マッキンダーが指摘するゴーイング・コンサーンの膨張運動について具体的に理解するには、当時のドイツが立案したシュリーフェン・プランを想起すればよい。

シュリーフェン・プランは、フランスに対する迅速かつ決定的な勝利を目的とした攻撃計画である。それは、ドイツの経済資源量と最新の軍事諜報から得られる敵側の経済資源量を綿密に計算して策定され、一八九三年以降、毎年改訂された。シュリーフェン・プランこそ、まさにドイツのクルトゥーアの極致であった。しかし問題は、「ドイツの攻撃計画が一八九三年から一九一四年の間にあまりにも詳細にわたって緻密に立てられていたために、ひとたび動員命令が発せられたが最後、もはやひきかえすことが不可能であったことである。[33]」

マクニールは、シュリーフェン・プランについてこう評している。「専門職業人の手による合理的な計画化の非合理性がこれ以上に歴然と示された例はないであろう。実際、一九一四年八月に、ヨーロッパの諸大国が次々と夢遊病者の不気味な密集行進のように戦争へと進んでいったいきさつは、われわれの時代の最も重要なディレンマをみごとに象徴している。——それは、全体を構成する個々の部分について調和と組織化の度合いを高めれば高めるだけ、かえって全体において不調和を発生させたり、もとからの不調和をいちだんと悪化させたりしてしまうというディレンマである。[34]」

このディレンマこそがゴーイング・コンサーンの最大の欠陥であり、第一次世界大戦から得られる教訓であった。この教訓を戦後の再建に活かさなければならないとマッキンダーは考えたのである。

彫刻家は、どんな作品を作るかだけではなく、その作品の材料の性質をも理解していなければならない。それと同様に、為政者は、現実と向き合い、「方法と手段」に関心を払いつつも、国家の理想を実現しようとするものでなければならない。[35]イギリス的な理想主義への偏重は無力であるが、他方でドイツ的な現実主義への偏重もまた危険である。ドイツが証明したゴーイング・コンサーンの強大な能力を活用し、それを破壊に用いるのではなく、イギリスが望む民主的理想を実現するために使う。これこそがマッキンダーの信念であった。

たとえば、マッキンダーは国際連盟の構想を支持した。その点で彼は、一般的な現実主義者とは一線を画する。ただし彼は、ウィルソンとは異なり、国際連盟は理想主義的な諸原則ではなく、現実主義的な制度設計を基礎とすべきであると論じたのである。[36]

経済発展とゴーイング・コンサーン

マッキンダーは、イギリスを発祥とする「政治経済学（political economy）」とドイツにおいて発達した「国民経済学（national economy）」を比較し、両者ともアダム・スミスの書を共通の基盤とし、分業と競争を分析の基礎として受け入れていると論じつつ、競争の単位をどう定義するかにおいて、両者は異なっていると指摘する。政治経済学における単位は個人か企業である。これに対して、国民経済学における単位は「国家（state）」であり、「国民組織（national organisation）」である。このことを指摘したのは、国民経済学の創始者であるフリードリヒ・リストだとマッキンダーは言う。(37)

ここで言う「政治経済学」とは、いわゆる古典派経済学、あるいはそれを受け継ぐ新古典派経済学（主流派経済学）のことを指している。また、国民経済学の単位である「国家」あるいは「国民組織」とは、現代の分析用語で言えば、「国民国家（nation-state）」であると言ってよいであろう。

政治の領域におけるイギリスの「民主政治」とドイツの「クルトゥーア」が、経済の領域においては「政治経済学」と「国民経済学」として現れる。国民経済学は、国民国家を「ゴーイング・コンサーン」とみなして、経済を分析しようとする理論なのである。だからこそマッキンダーは、国民経済学とは、国民経済の運動を分析する動態理論だと言うのである。「一言で言えば、国民経済学者は動態的に思考するが、政治経済学者は主に静態的に思考するのである。(38)」

マッキンダーのゴーイング・コンサーンの経済理論は、国際経済の領域に適用されると、保護貿易と産業政策を提唱したリストの国民経済学と同じものとなる。マッキンダーがイギリスは保護主義に転換すべきだと説いたのは、リストの経済ナショナリズムと共通するゴーイング・コンサーンの理論に依拠してのことだったのである。

マッキンダーは、一九世紀のドイツにおいて保護主義が成立した経緯を次のように描いている。

一八五〇年代から六〇年代のドイツは戦乱の中にあったが、イギリスの製造業は世界の先頭を走っており、自由貿易によって優位を保っていた。ドイツが関税を引き上げて国内産業を保護する戦略を明確にしたのは一八七八年以降であるが、マッキンダーは、その前に輸送技術の革新があり、それが転機となったと論じている。すなわち、イギリスがアメリカ大陸に鉄道を敷設し、鋼鉄の輸送船が大西洋を行き交うようになったのである。これにより、国際貿易が著しく活発化した。いわゆるグローバリゼーションが幕を開けたのである。なお、今日の経済史研究も、一九世紀のグローバリゼーションの主たる牽引力は、産業革命により飛躍的に発達した輸送技術であると結論しているから、マッキンダーの分析は適確であると言えるだろう。(39)

そしてドイツは、このグローバリゼーションという新たな国際環境に直面した結果、食糧や原材料を海外から輸入する一方で、国内のマンパワーを戦略的目的のために育成し、経済力を強化することができるという考えに至ったのだとマッキンダーは言う。

経済自由主義の自由貿易の理論は、各国がその天然資源の賦存度によって比較優位のある財が決まり、その財の生産に特化すれば、経済厚生が高まるとしている。さらに経済自由主義者は、自由貿易を通じて国際平和ももたらされると信じている。しかし、マッキンダーは、この自由貿易理論を「ゴーイング・コンサーン」の理論によって否定している。近代においては、ゴーイング・コンサーンの力によって、天然資源の賦存度という制約を凌駕することができるのである。実際、イギリスが綿製品の輸出によって繁栄し得たのは、ランカシャー地方の綿産業のゴーイング・コンサーンによるものであった。(40)

しかし、イギリスは、自由貿易のドグマに囚われていた。

イギリス人たちは、不幸にも自分たちの繁栄は、主に自由な輸入のおかげであると誤認したが、実際には、その繁栄は、主としてイギリス人たちの偉大な「ゴーイング・コンサーン」によるものであり、競争相手が登場する前に先行していたという事実によるものだったのである。イギリス人たちが直接的な利点こそあれ直接的な不利もなく自由貿易を採用できたのも、彼らが一八四六年においては「強者」であったからなのである。(41)

イギリスの思考の習慣である経済自由主義によれば、国家の機能は、国の内外からの専制的な権力から国民の自由権を守ることだけであった。(42) これに対してドイツでは、国家の機能が国民の能力を高めるために用いられた。それは一八七八年の関税の引き上げから始まったとマッキンダーは言う。

「一八七八年から、ドイツは国内の雇用を刺激することで、そのマンパワーを構築し始めた。」そのための手段の一つとしては、国内の労働力を最低限確保するための関税がある。しかし、ドイツが採用したのは、保護貿易だけではない。「他の手段はすべて、国内において大量の生産を行うゴーイング・コンサーンを立ち上げるために採用されたのである。」その手段とは、鉄道、銀行そしてカルテル及び企業合同である。ドイツは、鉄道を国有化し、路線の整備を支援した。また、政府が銀行を支配下に置き、工業化のために信用を供与した。そして、カルテルや企業合同によって、生産や流通にかかるコストを削減したのである。(43)

国有鉄道、投資銀行による長期信用の供与、カルテル化といった国家政策によって急速な工業化を成し遂げる。このマッキンダーが言及した後発国ドイツの経済発展モデルは、後に、経済史家のアレクサンダー・ガーシェンクロンによって知られるようになったものである。(44)

ガーシェンクロンが明らかにしたのは、一九世紀のフランス、ドイツ、ロシアといった後発国が、産業革命において先行した先発国イギリスとは異なり、資本や技術が不足していたり、農奴制など工業化の障害となる制度が残っていたりしたため、先発国とは異なる経済発展の経路を辿ったということである。工業化の速度や産業構造のあり方は、その国が置かれた歴史的あるいは地理的な状況によって異なるのであって、カール・マルクスが考えたように、どの国も先発国が歩んできたのと同じ発展段階を辿るというわけではないとガーシェンクロンは強調した。たとえばドイツは、政府主導の投資銀行が工業化に必要な長期信用を供与することで経済発展を実現するという、歴史的な経路を経験した。その結果、ドイツ経済は、投資銀行と企業との間の密接な相互依存関係という、イギリスにはない特異な「生産的・組織的産業構造」をもつようになったのである。

先発国と後発国において異なるのは産業構造だけではない。「精神」あるいは「イデオロギー」も異なったものになるとガーシェンクロンは指摘した。たとえばフランスの工業化は、サン・シモンの思想の影響を大きく受けている。他方、ドイツの工業化において、サン・シモンの役割を果たしたのはフリードリヒ・リストである。[45]

マッキンダーのドイツの経済発展についての議論が、ガーシェンクロンに先行していることは明らかであろう。ガーシェンクロンが「生産的・組織的産業構造」と呼ぶものを、マッキンダーは「ゴーイング・コンサーン」としてとらえようとした。そして、ガーシェンクロンが先発国と後発国の「精神」や「イデオロギー」の相違に着目しているように、マッキンダーも「思考の習慣」を重視し、イギリスの民主主義とドイツのクルトゥーア、あるいはイギリスの政治経済学とドイツの国民経済学を対比させている。

ただし、ここで注意しなければならないのは、後発国ドイツが「ゴーイング・コンサーン」を積極的に活用し、先発国イギリスとは異なる経路を辿って工業化を成し遂げたのは事実であるが、他方で、イギリスの産業革命が「ゴーイング・コンサーン」なしで、自由放任によって実現したというわけではないということである。すでに述べたように、マッキンダーは、ランカシャーの綿産業の成功は自由貿易ではなく、「ゴーイング・コンサーン」によるものだと指摘している。経済の発展形態や産業構造、あるいはイデオロギーは国や歴史ごとに異なるのは事実であるが、経済発展の原動力は「ゴーイング・コンサーン」にあるというのは普遍的な真理だとマッキンダーは考えているのである。

イギリスにおいてもドイツにおいても、経済発展をもたらしたのは「ゴーイング・コンサーン」であった。そして、ドイツの「ゴーイング・コンサーン」は帝国主義的な膨張運動に走り、世界大戦を引き起こした。しかし、イギリスの「ゴーイング・コンサーン」もまた、ドイツとは異なる形で、帝国主義的な拡張へと向かったことをマッキンダーは見逃さなかった。

「私の信じるところでは、自由放任型の自由貿易も、捕食型の保護貿易も、両方とも帝国の政策であり、両方とも戦争を引き起こすのである。イギリス人とドイツ人は、方向こそ違うが、同じ路線の特急列車に乗ったのである。[46]」

なぜ自由貿易政策が帝国主義的な拡張へとつながるのか。その理由は二つある。

第一に、保護関税をもたず、自国の国内市場を守ることができないイギリスは、世界市場における死活的な権益を脅かされると、強大な海軍力を行使して海外権益を防衛することになる。[47]経済自由主義者は自由貿易が国際平和をもたらすと信じているが、イギリスの自由貿易政策はその覇権的なシーパワーを背景にすることで成り立っていたのである。

第二に、自由貿易の結果、各国は比較優位のある財の生産に特化することになるが、国家は、特定の財の生産に特化することで、経済的な意味における独立を失うことになる。イギリスはその自由貿易政策によって、各国の独立を損なっているのである。ただし、「特化」によって国家の経済的な独立を侵害するという点においては、ドイツの保護貿易も同じである。ドイツは、ゴーイング・コンサーンの力を活用して、特定の産業を育成し、その産業に特化することで、国家の「一般的な経済的独立」を損なっているのである。[48]

マッキンダーの言う「一般的な経済的独立」とは何か。

マッキンダーにとって、国民経済のあり方の理想とは、特定の産業の発展に特化し、それ以外を海外に依存するようなものではなく、国内において多種多様な産業がバランスよく発展することであった。そして、彼は、そのバランスのとれた経済発展のために、ゴーイング・コンサーンの力を利用すべきであると考えたのである。これは、経済自由主義者の自由貿易や自由放任の理念に真っ向から異を唱えるものであった。

国際秩序の構想

さらにマッキンダーは、各種産業がバランスよく発展した国民経済は、民主主義の中核的な理念である自治（self-control）の理想を実現する上でも望ましいと論じた。

特定の産業を他国に依存することは、その国に対して従属する結果となる。それでは、その国家の民主的自治は実現不可能ということになる。もちろん、財の交換は重要であるが、その交換はあくまでも対等なものでなければならない。国家間の対等な経済関係を確保するためには、それぞれの国家がバランスのとれた産業構造を目指す必要があるのである。(49) この理念を先駆的に掲げたのは「アメリカの偉大な政治家アレクサンダー・ハミルトン」であったとマッキンダーは言う。(50)

ハミルトンの思想は、リストとともに経済ナショナリズムとして位置づけられる。(51) ハミルトンとリストを最大限に評価するマッキンダーの地政経済学もまた、経済ナショナリズムとみなしてよいであろう。ちなみに、一九〇七年の効率懇談会には、ハミルトンの伝記作家であるフレデリック・スコット・オリヴァーが招かれている。(52)

マッキンダーの先駆者がハミルトンとリストであるならば、後継者はケインズであると言ってよいかもしれない。一九三三年、ケインズは「国民的自給」という論文の中で自由貿易論を批判した。ケインズがその論拠として挙げたのは、次の三点であった。

第一に、自由貿易論者は自由貿易が国家間の平和と協調をもたらすと信じているが、現実の国際経済は国内政治や経済生活に負の影響をもたらすため、自由貿易論の理想は達成し得ない。

第二に、自由貿易論者は、特化による国際的な分業が世界の経済厚生を最大化すると論じる。特化には確かに経済的なメリットがあるが、他方で、国内で供給される生産物の多様性を減じるという問題点がある。

第三に、国民が、その固有の文化的・社会的理想を実現するためには、自由貿易によって画一化された世界経済は望ましいものではない。

ケインズは、自分の言う「国民的自給」は、完全な自給自足体制を意味するものではないと明言している。(53)「国民的自給」とは、グローバリゼーションを制御して多様な産業構造を確保するという理念なのであり、マッキンダーの言う「一般的な経済的独立」とほぼ同趣旨であると考えてよい。

ケインズは、マッキンダー同様、自由貿易が国際平和と国際協調をもたらし、戦争を抑止するという議論を拒否しているが、この議論は今日でもなお根強く信じられている説である。特に一九三〇年代の各国による利己的な保護主義の連鎖が、当時の世界経済を崩壊させたのであり、それが世界大戦の経済的な要因となったと広く信じられている。自由貿易論者からすれば、マッキンダーやケインズの保護主義を受け入れることは歴史の教訓を無視するものだということになろう。

しかし、まさに第一次世界大戦の直前、ドイツにとってイギリスは最大の貿易相手国であり、イギリスにとってもドイツは第二位の貿易相手国であったのである。また、一九三〇年代、日本とアメリカの対立が深まっていったにもかかわらず、日米貿易は一九四一年まで悪影響を受けなかった。(54)一九三〇年代の保護主義の連鎖についても、それが世界経済に与えた打撃はわずかなものに過ぎなかったことが明らかになっている。というのも高関税や貿易制限により需要は一方的に減少するわけではなく、むしろそれによって内需が拡大する分もあるからである。[55] このように、歴史から得られる真の教訓は、経済的相互依存は平和を保障するものではないということであり、反対に保護主義は世界経済に打撃を与えて戦争を引き起こすものだというわけではないということなのである。

むしろマッキンダーは、自由貿易による特化のせいで特定の産業を失った国家こそが、その獲得を巡って世界で他国と競合し、他国を犠牲にすることになるのだと論じた。各国ごとのバランスのとれた経済発展という経済ナショナリズムの理念は、国際協調や国際平和のためにも必要なのである。[56]

もちろんマッキンダーは、自身の見解が経済自由主義者によって批判されることを十分に承知していた。国民経済のバランスのとれた成長などという時代遅れの理想を目指したら、効率性や低価格といったメリットが損なわれるではないかと。これに対して、マッキンダーはこう反論する。

アテネやフィレンツェが偉大であったのは、彼らが生の全体を見ていたからである。もし、効率性や安さなどという偶像を容赦なく追求などしたら、若者が生の一部だけしか見ないような世界をもたらすことになるだろう。国家的あるいは国際的な組織者だけが、全体像を眺める観測所に入る鍵をもっている。そのようなことで、知的に活発であるがゆえに豊かな才能をもつ幸福な労働者を継続的に供給することができるであろうか？　あらゆる特化には、死の種が含まれているのである。[57]

アテネやフィレンツェとは、言うまでもなく民主的自治を実現した共和国の例として挙げられているものである。民主的自治が望ましいのは、市民がそれによって豊かな生の全体を包括的にとらえることができるからである。一部の産業に特化したような国家の国民は、その産業のことしか知り得ず、物事を一面的にしかとらえられない貧困な精神をもつようになるだろう。そのような国民は、国家や国際資本の権力に隷属するしかない存在となる。自由放任や自由貿易による特化は、確かに生産の効率性や低コスト化を実現するであろうが、その結果、民主的自治と豊かな人間性が犠牲になるのである。要するに、自由貿易は民主政治を破壊するとマッキンダーは言っているのだ。

民主的自治を理想とするマッキンダーは、共同体というものを重視する。民主的自治は、地域共同体を基盤とするものだからである。そして、国民経済のバランスのとれた成長とは、国家全体がこうした自治的な地域共同体から構成されることで可能となる。国家は、資本家階級の利益や労働者階級の利益といった、特定階級の「利益」によって代表されるべきではない。(58) 国家が階級や利益によって分断されたら、民主的自治は不可能になり、国民の自立も困難になる。(59)

もし、国民国家が特定の階級の利益によって分断されることとなると、その階級は、必然的に、他国における同じ階級と利益を共有するようになる。階級が、国境を超えて結びつくのである。今日で言うグローバリゼーションである。マッキンダーは、グローバリゼーションを警戒する。

「幸運なことに、バベルの塔は、言語という偉大なゴーイング・コンサーンの端緒となり、言語が国際主義を妨げていた。しかし、現代における資本と労働の闘争の展開によって、鍵となる思想を共通化するいくつかの国際的用語が使われるようになった。(60)」言語の国際化とは、資本がグローバリゼーションを通じて小国を支配し始めたことの反映なのである。

マッキンダーは、ドイツは各国に「浸透（penetration）」する目的で国際金融資本の力を利用し、各国の経済的・社会的なバランスを破壊したのだとも指摘する。(61) 彼の言うドイツによる国際金融資本を通じた「浸透」とは何のことであろうか。

アルバート・ハーシュマンによれば、第一次世界大戦前のドイツは、ドイツ企業の海外進出やドイツ資本による海外企業の所有を通じて、外国経済を支配するという「経済浸透（economic penetration）」あるいは「無血侵略（bloodless invasion）」を進めていたという。たとえばイタリア商業銀行を所有したドイツの銀行団は、イタリアには不利に、ドイツには有利になるように同銀行を運営した。イタリアの重要産業に対する支援を避け、反ドイツ的な姿勢を示す企業への信用供与を停止する一方で、ドイツ企業に有利になるような資金提供を行ったのである。[62]

マッキンダーの念頭にあったのは、おそらく、このドイツ資本による「経済浸透」であろう。ドイツは、資本という経済的な手段によって、言わば間接的な侵略を行っていた。マッキンダーはハーシュマン同様、国際資本が地政学的に中立なものであるなどとは、まったく考えていなかったのである。しかし、「この大戦が進行するにつれ、我々は資本の国際組織を破壊することが非常に困難であることを知ることとなった。[63]」

では、国際的な資本の権力に対しては、共産主義者が主張するように、国際的な労働者の連帯によって対抗すべきなのであろうか。マッキンダーは、これを否定する。国際的な労働者の連帯による権力が強まれば、それに対応して、国際的な資本の権力もますます強まる。その結果、国際資本家階級と国際労働者階級との間で、世界的な闘争が勃発することになる。仮に労働者の側が勝利したとしても、今度はその指導者が絶対的な権力者となり、群衆に対して機関銃の銃口を向けることになるだろう。[64] ロシア革命が勃発してから間もない段階であるにもかかわらず、マッキンダーはまるでソ連の帰結を予知していたかのようである。

こうした破滅的な世界を防ぐために、国家秩序そして国際秩序は、地域共同体による民主的自治を基盤としたものであるべきであるとマッキンダーは考えたのである。人々は、地域共同体に帰属することで、アイデンティティや利害を共有する。地域共同体の構成員となることで、階級の壁を超えて連帯することができる。そして、民主的自治を通じて、特定の集団の部分的な利益ではなく、共同体全体の利益というものを把握できるようになる。

しかし、産業革命によって成立した産業社会の中で、そのような地域共同体は崩壊の危機にさらされるようになった。言わば産業革命によって解き放たれた「ゴーイング・コンサーン」の力が、地域共同体を破壊し、民主的自治を脅かすようになったのである。経済自由主義の教義は、そのような事態を放置するのを正当化するものであるとマッキンダーは言う。

我々の地域の生活をそのように破壊するのが自由放任の原則である。百年間にわたって、我々は、抵抗できない神に対するように、ゴーイング・コンサーンに屈してきた。これが疑いなく現実である。しかし、もし、理想に感化された政策をもつならば、我々はこの現実を我々のためになるように変えることができる。自由放任は、そのような政策ではない。それは、単に運命に降伏することに過ぎない。(65)

さらに、この誤った自由放任政策が、ゴーイング・コンサーンの歪な成長を招き、産業構造のバランスを崩壊させ、民主政治の基盤である地域共同体を破壊し、そして世界大戦を誘発したのだとマッキンダーは激しく批判する。「この自由放任という奇妙な消極的理念が何世代かを通じてイギリス社会全体を染め上げ、その結果、既得権益が成長し、それを覆すために世界大戦が引き起こされたということを思い起こせ。(66)」

世界大戦の遠因は、自由放任政策にある。マッキンダーは、この教訓を踏まえて、ゴーイング・コンサーンを操作し、その力をもって地域共同体を防衛し、あるいは再建することを構想したのである。

もっとも、自由放任政策が第一次世界大戦を誘発したというマッキンダーの説については、疑問の余地があるかもしれない。第一次世界大戦の原因は、やはり既存の覇権国家イギリスと新興大国ドイツという勢力不均衡に帰するのが一般的な解釈であろう。

しかし第一次世界大戦はともかく、第二次世界大戦については、カール・ポラニーが『大転換』において明らかにしたように、市場経済による社会の破壊とそれに対する反動にその構造的な原因があったのである。一九三〇年代のファシズムやナチズムの台頭、ロシアの五カ年計画、アメリカのニュー・ディール政策、ブロック経済などの動きは、金本位制という国際市場経済システムがもたらす破壊的な作用に対する反動なのであり、これらの一連の反動が国際システムを破壊し、世界大戦をもたらした。ポラニーはこのように論じた。ただしポラニーは、この社会に破壊的な作用を及ぼす市場経済システム（「自己調整的市場」）は、産業革命の後のイギリスにおいて初めて発生し、一九世紀を通じて西洋全体に広がったとしている。

自己調整的市場は、労働、土地、貨幣を商品化し、交換可能なものとする経済システムである。この自己調整的市場が人間、自然、そして生産組織を破壊していったのである。

具体的に言うと、競争的労働市場は人間を単なる労働力という「商品」に擬制し、共同体の一員であるべき人間をその共同体から切り離して移動させることで、人間存在を脅かした。また、土地も市場において商品化され、生産要素として取引されることで、自然環境が破壊された。そして貨幣の自由市場、すなわち国際金本位制はデフレーションをもたらし、生産組織に破壊的な打撃を与えた。

この自己調整的市場による人間、自然、生産組織の破壊に対し、社会はこれらを保護するために反作用的な運動を始めた。それが労働法制や労働組合、保護貿易、中央銀行といった、一連の市場介入的な制度や政策である。一九世紀とは自己調整的市場が経済社会に浸透していく一方で、その反作用としての社会防衛の反動も同時に発生するという「二重の運動」であった。しかし社会防衛の反動は、市場の自己調整的機能を損なうものである。一九世紀に成立した自己調整的市場という経済システムは、その内部に崩壊への緊張を宿すという矛盾をはらんでいたのである。

この二重の運動の緊張関係は、一八七三年から八六年の大不況と一八七〇年代の農業危機によって増幅し、西洋諸国は保護主義や帝国主義へと傾斜していった。国際システムの崩壊への緊張は、一九世紀後半にすでに始まっていたのである。第一次世界大戦は、それ自体は勢力不均衡の再調整としての性格が強いとは言え、この一九世紀的な自己調整的市場に基づく国際システムの崩壊を加速したのであった。(67)

このポラニーの説によるならば、後に第二次世界大戦を引き起こす自己調整的市場の破壊的な作用は、第一次世界大戦以前に、すでに国際社会及び国内社会に甚だしい緊張をもたらしていたということになる。おそらくマッキンダーは、それを自由放任によるゴーイング・コンサーンの暴走として理解したのであろう。なお、ポラニーが『大転換』において、トインビー、カニンガムあるいはアシュリーといったイギリス歴史学派の中世経済史や産業革命史の研究に多くを負っていることに注意を払っておこう。(68) ポラニーの「二重の運動」の着想は、イギリス歴史学派の成果から得られた可能性があるのである。

マッキンダーの戦後秩序の構想の要諦は、いかにしてゴーイング・コンサーンの暴走を制御するかにあった。ゴーイング・コンサーンの成長力は、確かに巨大ではある。しかし、庭師が植木を扱うように、成長させつつも、それを望ましい形へと操作するということは可能なはずである。(69) ゴーイング・コンサーンが操作可能であることは、世界大戦によって証明されたとマッキンダーは言う。その例として彼が挙げたのは、興味深いことに、国債の発行であった。以前は、世界大戦が起きれば信用制度が崩壊し、金融恐慌が勃発するものと多くの人々が懸念していた。しかし、実際には、イギリスやドイツの信用制度は、国債という単純な政策手段を活用することによって、崩壊から免れたのである。(70)

ゴーイング・コンサーンの強力な力を操作して、バランスのとれた経済発展を実現し、地域共同体を基盤とした民主的自治を確保する。その自治の共同体を国全体、そして国際社会に拡げる。これが、マッキンダーの世界構想であった。『民主的理想と現実』は、次の言葉によって締めくくられている。

我々を我々自身の手に取り戻そう。さもなくば、我々は唯物論的組織者に搾取された世界の地理の奴隷に過ぎなくなるだろう。近隣関係、あるいは近隣住民に対する友愛が幸福な市民権の唯一確かな基盤である。その結果を町から地域を通じて国全体、そして世界の諸国民の連盟にまで及ぼす。それは、貧困者のスラムや富裕者の退屈、あるいは階級間の闘争や国家間の戦争に対する治療薬のようなものである(71)。

マッキンダーは、第一次世界大戦における総力戦の経験から、ゴーイング・コンサーンという集団行動を制御することができることに気づいた。そして戦後は、ゴーイング・コンサーンの操作を戦争ではなく、民主的理想とバランスのとれた健全な国民経済、そして持続的な国際平和を実現するために利用しようと考えたのである。言わばゴーイング・コンサーンの平和利用である。そして、このゴーイング・コンサーンの平和利用から、いわゆるマクロ経済政策が誕生していくのであるが、それは次章以降の課題である。

第12章

戦争の経済的帰結（1）

第一次世界大戦の衝撃

第一次世界大戦は、国家が資源を総動員し、国民経済全体を実物面と財務面の両面から計画的に運営したという点で画期をなすものであった。ウィリアム・マクニールは、二〇世紀後半に広まった「管理された経済」の先駆けをなしたことこそが、第一次世界大戦の最大の歴史的意義であると述べている[1]。

それはそのとおりなのではあるが、ただし若干の留保が必要ではある。

まず、一部の理論家たちは、一九一四年より前から、当時の支配的なイデオロギーであった経済自由主義に疑義を呈し、「管理された経済」を志向する新たな理論の可能性を追求していたということがある。したがって第一次世界大戦が生みの親だというわけではない[2]。

経営者資本主義は一九世紀後半から勃興し、さらに第二次産業革命によって大きく発展した。これにより、産業経済の各部門、生産と金融、あるいは経営者と労働者の利害が複雑に錯綜していくようになった。景気循環や失業、労働問題といった矛盾も顕在化した。こうした社会的背景から、自由放任を否定し、国家の経済介入を正当化する経済思想が生み出されていったのである。イギリスにおけるそれは、フェビアン社会主義、ニューリベラリズム、イギリス歴史学派などである。

もっとも、彼らのように経済自由主義を批判し、「管理された経済」への移行を唱える異端の思想家たちが、第一次世界大戦の総力戦の経験によって自信を深め、勢いを得たことは確かである。

たとえばハルフォード・マッキンダーは、その「ハートランド」の地政学と「ゴーイング・コンサーン」の経済学を明らかにした『民主的理想と現実』の序文において、前者については一九〇四年の論文「地理学からみた歴史の回転軸」、後者については一九〇五年の論文「国民的及び帝国的な強さの手段としてのマンパワー」[3]において論じているとした上で、「私がこれらのテーマについてより長文で書こうと思い立ったのは、あの戦争が私の以前の考え方を揺るがしたからではなく、確固たるものにしたからである」[4]と書いている。マッキンダーは、戦時中に、国家が戦争目的のためにマンパワーを大規模に動員し、戦時経済体制を構築したのを見て、平時においても国家が健全な国民経済を形成することができるという確信を得たのであった。

あるいはシドニー・ウェッブは、彼が原稿を書いた労働党の一九一八年のパンフレット「労働者と新たな社会秩序：再建に関する報告書」の中で、最低賃金制度、産業の民主的統治、鉄道、鉱山、電力事業などの国有化、累進的な所得税や相続税などの政策を提言している。その中でウェッブは、世界大戦によって、これらが実現不可能だとは誰も言わなくなったと述べている。[5]

同じ年、アメリカでは、ジョン・デューイが「戦争の社会的可能性」や「戦後における国内社会の再組織化」といった論文を発表し、第一次世界大戦がもつ経済社会的な意義を論じている。デューイはプラグマティズムを代表する哲学者であるが、経済自由主義の自由放任を批判し、政府の介入や規制による社会改良を構想した経済思想家でもある。デューイの経済思想は、アメリカの制度経済学に影響を与え、また制度経済学から影響を受けた[6]。そのデューイも、「戦争の社会的可能性」の中で、大戦中に行われた産業の公的な管理は、すでに進行していた社会改良運動を加速させたものであると指摘している[7]。

さらに注目すべきは、デューイが「戦後における国内社会の再組織化」の冒頭において、ウェッブが書いた労働党のパンフレットを引用しつつ、次のように述べていることである。「銃よりは銃の後ろにいる男、銃の後ろにいる男よりは、畑や工場にいる男、あるいは家庭、店そして台所にいる女たちこそが、この戦争の結果を真の意味で決定づけた。（中略）戦争は、その性質や特徴がどのようなものであれ、公共、一般そして共通の目的や結果のために、統一行動や組織化された協調行動が必要であるということを示しているのである[8]。」

これまで人間は、自然のエネルギーを効率的に利用することに関しては、長足の進歩を遂げてきた。その一方で、人間のエネルギーの効率的な利用については、成功してきたとは言えない。しかし、世界大戦においては、戦争に勝利するという目的のために、人間の諸力を組織化し、効率的に動員する手法が用いられた。その組織化の手法を、戦後は完全雇用や福祉の向上のために用いるべきだとデューイは説いたのである。それは、いわば戦時経済統制の「スピン・オフ」である。より具体的には、デューイは「社会の再組織化のための知的プログラム」を提唱し、その三つの柱として、安定的な完全雇用の保障、一般的な生活水準の向上、産業民主主義の促進を掲げたのである[9]。

特に雇用問題に関して、デューイは、それを単なる経済問題ではなく、人間の尊厳にかかわる倫理の問題としてもとらえていた。「不安定で保障のない雇用によって自信や自尊心、あるいは世界や他者に対する信頼や信念が失われることの重大さを私は過大評価することができない[10]。」

このように第一次世界大戦は、「管理された経済」を志向する新たな経済思想を生み出したというわけでは必ずしもないのだが、その実現可能性を証明した点において、やはり画期的と言うべき歴史的事件であった。「管理された経済」はもはやユートピアではない。経済自由主義に代わる新たな経済思想と経済体制を求める論者たちは、世界大戦の経験によって大いに意を強くしたのである。

第一次世界大戦が「管理された経済」の先駆であると言う時、留保すべき点がもう一つある。それは、「管理された経済」に向かう新たな潮流が強まったとは言え、第一次世界大戦後においても、支配的なイデオロギーは依然として経済自由主義であったということである。多数派にとっては、「管理された経済」は戦時中の異常事態に過ぎないのであり、戦後はむしろ「常態への復帰（Return to Normalcy）」（一九二〇年のアメリカ大統領選挙でウォレン・ハーディング候補が掲げたスローガン）、すなわち戦前の政治経済秩序の再建が志向されたのである。「常態」とは経済自由主義体制のことであり、その体制の主柱は、金本位制、均衡財政、小さな政府である。

中でも、特に象徴的なのは金本位制であった。

金本位制の基本的なルールは、各国の通貨には金平価が定められ、各国の中央銀行は決められた平価で自国通貨を金と兌換しなければならないというものである。これにより、貨幣は国境を越えて自由に移動し、金平価で定められた固定相場で両替することができる。

このルールの下では、輸入超過に陥った国からは、金が貿易相手国に流出し、国内の貨幣供給量が減少することになる。貨幣供給量の減少は、物価を下落させる。しかし、この国の輸出品は、物価の下落によって相対的に安価になるので、輸出が増加する。こうして対外収支の均衡が取り戻される。このように金本位制とは、自由な国際取引によって対外収支の均衡に向けた自動調整機能が働くという、経済自由主義に基づいた制度なのである。ただし、金本位制は、対外不均衡の是正の過程で、輸入超過国にデフレ不況を強いることになる。

この金本位制の理論はきわめて単純なものであり、かつデフレ不況という欠陥を伴うものであった。しかし、一九世紀から二〇世紀初頭にかけて、政治指導者や中央銀行の幹部たちの間で宗教のように信じられていたドグマであった。[11] そして、このドグマを強固に支えていたのが、金属主義の貨幣観であったのである。カール・ポラニーが表現したように、「金本位制の信仰は、時代の信念であった。それはあるものにとっては、素朴な信仰であり、あるものにとっては意識的な信仰であり、また他のものにとっては肉体では受け容れるが精神では拒否するという悪魔的な信条であった。しかし、信仰そのものはまったく同一であった。すなわち、銀行券は、それが金を代表するがゆえに価値をもっているのだ。[12]」

一九三三年にアメリカが金本位制から離脱した際、当時の予算局長ルイス・ダグラスは「これは、西洋文明の終わりである」という言葉を残し、彼を含む数名の政府幹部が抗議の意味を込めて辞職した。[13] ダグラスたちは、金本位制をまさに宗教のように信じていたのである。

ただし、これもポラニーが強調したことであるが、金本位制という迷信の背後には、それによって最も恩恵を受ける国際金融資本が後援者として存在したのである。というのも、国際金融にとっては貸付先である債務国の通貨の対外的価値が安定していることが重要であるが、金本位制は、それを採用した国家に対して、自国通貨の対外的価値の安定のために、財政の健全化など国内経済の調整を強いる強力な規律であったからである。[14]

金本位制は第一次世界大戦中には停止されたが、戦後復興の過程で、各国は金本位制への復帰を目指した。アメリカは一九一九年に復帰し、イギリス、ドイツ、フランス、イタリアも一九二〇年代に復帰を果たした。この金本位制への復帰を主導したのは先進諸国の民間銀行と中央銀行、とりわけロンドンとニューヨークの銀行家のグループであった。彼らはジュネーヴやジェノヴァなどで開かれた国際会議の場において、均衡財政、中央銀行の独立性、自由な資本移動、そして金本位制への復帰を声高に主張し、これらを採用しようとする政府に対しては巨額の融資を提供した。こうして、金本位制は復活し、国際金融資本が自由に移動する大戦前の国際経済秩序がよみがえることとなった。(15)

特にイギリスの政治を支配していた金融階級は、国際競争力の著しい低下にもかかわらず、大戦前の国際金融の中心地としての地位を復活させるためにポンドの平価を大戦前の水準に戻すことが必要だと考えた。それは一九二五年に蔵相ウィンストン・チャーチルの下で実現したが、その結末は、マッキンダーが望んだものとはまったく逆になってしまった。すなわち、国際金融の利益を優先して、ポンドの対外的価値が不釣り合いに高くされたために、製造業が犠牲になったのである。(16)

その結果、対外不均衡が著しく拡大し、イギリス政府は金の流出を防ぐためにデフレ政策を課さざるを得なくなり、深刻な不況を引き起こした。ケインズが『チャーチル氏の経済的帰結』において予見したとおりとなったのである。(17) このイギリスの不況は一九三〇年代まで続き、世界恐慌によってさらに深刻化することとなった。

一九世紀以来の金本位制などの経済自由主義のドグマ、そしてそれを支える国際金融資本の支配は、第一次世界大戦の衝撃をもってしてもなお破壊するのには十分ではなかったのである。

とは言うものの、それでもなお、第一次世界大戦がもった政治経済的な意味を過小評価すべきではない。バリー・サップルが言うように、「世界の主要国における大戦後の政治経済学が一九一四年以前に部分的には始まっていたとは言え、また政府や実業界は大戦前の経済秩序への復帰を熱烈に企図していたとは言え、大戦のもつ性格とそれに対する思想や国家の反応は、政治的あるいは経済的な構造と思考の進化において、突出した位置を占めているのである。(18)」

第一次世界大戦がもたらした影響の中でも、本章において特に焦点を当てたいのは、大戦に刺激を受けて発達した経済思想が、世界恐慌時におけるニュー・ディール政策の発想の源泉となったということである。

フランクリン・ルーズヴェルト政権下でニュー・ディール政策を推進した「ニュー・ディーラー」たちは、ケインズの理論を知らずしてケインズ主義的な政策をとったと言われている。では彼らは、どこからその着想を得たのであろうか。その重要な源泉の一つが第一次世界大戦の経験であり、そして制度経済学というアメリカ固有の経済思想であったのである。

続いて次章では、制度経済学の中でも、特にジョン・R・コモンズの理論に光を当てる。なぜコモンズなのか。それは、彼の制度経済学が、マッキンダーの「ゴーイング・コンサーン」の理論ときわめて近いものであり、それゆえマッキンダーの地政経済学の理論的な基礎となり得るからである。さらにコモンズの制度経済学は、第1章以降で参照してきた信用貨幣論、ケインズ及びポスト・ケインズ派の理論とも多くを共有している。これまでの広範に及んださまざまな議論が、コモンズの制度経済学を通して体系的に結びつけられるのである。したがって、コモンズの制度経済学は、地政経済学の中で重要な位置を占めると言うことができる。

学説史的背景

コモンズの制度経済学についての検討に進む前の準備段階として、制度経済学の歴史的な背景を整理しておくことが有益であろう。というのも制度経済学は、二つの世界大戦の間に大きく発展したが、その発展は戦間期のきわめて不安定な地政学的環境、そしてその間に勃発した世界恐慌とも深い関係にあるからである。

まずは、マッキンダーの地政経済学からコモンズの制度経済学を経由して、ケインズそしてポスト・ケインズ派へと連関する学説史を確認しておこう。

一八七〇年代頃から二〇世紀初頭にかけてのイギリスでは、ニューリベラリズム、フェビアン社会主義やイギリス歴史学派などの新たな経済思想の潮流が生まれた。マッキンダーはイギリス歴史学派に最も近い立場にあり、同学派を代表するウィリアム・アシュリーらとともに関税改革運動に身を投じたが、マッキンダーらは同時に効率懇談会などを通じてフェビアン社会主義とも交流しており、また両者の思想には共通点が多々あった。

また、マッキンダーはドイツの経済思想や経済政策に強い関心をもち、自らの「ゴーイング・コンサーン」の理論に取り入れた。アシュリーもドイツ歴史学派から学ぶとともに、ハーヴァード大学に赴任して九年間アメリカに滞在する中で、アメリカの経済及び経済思想からも影響を受けたのである。

そのアメリカの学界では、一八七〇年代からドイツ留学熱が高まり、ドイツからの思想の流入が著しかったが、その流れの中でドイツ歴史学派もまたアメリカにもたらされたのである。

もっとも、当時のアメリカの経済思想が、ドイツからの思想の輸入だけで形成されたとは言えない。アメリカは、一九世紀末から二〇世紀初頭にかけて、経営者資本主義の形成や重化学工業化を経験する中で、西部農民の反乱や産業都市における労働運動などが起きており、革新主義(progressive)と呼ばれる理念の下、さまざまな社会改良運動が展開されていた。革新主義と呼ばれる思潮には雑多な思想が含まれていたが、それらに共通する特徴を挙げるならば、自由放任の拒否、労働問題に対する高い関心、社会的効率や科学的管理(いわゆる「テイラー主義」)の追求、国家政策による社会正義や公共善の実現という目標などが挙げられる。革新主義は、労働問題の重視や社会正義の追求といった側面があるために社会主義的であるとみられることがあるが、私有財産など資本主義の基本的な制度を否定したわけではない。革新主義は、あくまで資本主義を改善するという立場であり、社会主義とは一線を画していた。

また、革新主義は、社会主義同様に社会正義の実現を目指す一方で、社会秩序の維持を重視したのであり、その意味では社会主義というよりはむしろ、保守主義に近い思想とも言える。「経済改革派たちの新集産主義はマルクス的というよりもむしろ、ビスマルク的であった」[19]のである。

特に革新主義の論者たちが示す十九世紀的な個人主義に対する懐疑や国家主義的な姿勢は、セオドア・ルーズヴェルトやハーバード・クローリーらとともに、アレクサンダー・ハミルトンの経済ナショナリズムの系譜に連なるものとも評価し得る。また、革新主義は、「ネイションは有機体であり、それを構成する諸個人の総計以上の実在である」と捉える点で、ドイツ歴史学派とも類似していた。[20] こうしたアメリカ固有の革新主義が、問題意識を共有するドイツ歴史学派に共鳴し、ドイツ留学熱やドイツ思想の流行となって現れたのであろう。[21]

ドイツ歴史学派に大きく感化された革新主義の経済学者の代表格は、R・T・イーリーである。イーリーはドイツ歴史学派の巨匠クニースの下で博士号を取得し、一八八五年、ドイツ歴史学派の総本山であるドイツ社会政策学会をモデルにして、アメリカ経済学会を設立した。イーリーが配布したアメリカ経済学会の設立趣意書には、「われわれは産業生活における個人的創意の必要性を十分承認しているが、レッセ・フェールの学説は政治的には危険であり、道徳的には不健全であると考える。それは国家と市民との関係について、充分な説明を与えていない」とある。[22] 経済自由主義が主流となった現在のアメリカの経済学界を知る者からは、にわかには信じがたい一節であろう。

アメリカの制度学派の経済学者たちは、イギリスのフェビアン社会主義やニューリベラリズムの論者たちとも密接に交流していた。たとえば、フェビアン社会主義者のグレアム・ウォラスは、一九一九年に創設されたばかりのニュースクール大学に招聘されて講義を行ったが、同大学の創設にはジョン・デューイがその創設に関与し、ソースタイン・ヴェブレンやウェズリー・ミッチェルといった制度経済学者が所属していた。あるいは、J・A・ホブソンはアメリカを何度か訪れ、ヴェブレンとも会っており、二人はお互いの研究に強い関心を示している。イーリーも一九一三年にロンドン大学で講演を行っており、またウェッブ夫妻やウォラスと文通もしている。[23]

そのイーリーの指導の下で研究を始めたのが、コモンズである。一九〇四年にウィスコンシン大学に彼を招いたのもイーリーである。ウィスコンシン大学におけるコモンズは、研究のみならず社会改良運動にも従事し、具体的な立法や行政の実践に深く関与しながら、自らの制度経済学の理論を形成していった。しかも、それが後のニュー・ディール政策の形成を方向付けることになったと高哲男は指摘している。

効率的で効果的な公共サーヴィスの提供、貧困や失業対策、独占・公益事業・株式会社などの規制、税制改革や通貨・銀行制度改革など、彼が積極的にかかわり続けた改革運動は、革新主義時代のあらゆる改革運動を網羅していたと言っても、おそらく過言ではないだろう。コモンズは、ラフォーレット知事が主導した「革新主義の実験場」ウィスコンシン州で数多くの社会立法の起草・立案を指導しただけでなく、ウィスコンシン大学で多くの弟子を育て、彼らによって遂行されていったニュー・ディール社会立法の強力な思想的源泉の一つになったからである。(24)

ユルゲン・ヘルブストは、この「革新主義の実験場」にドイツ歴史学派の影響をみている。「二〇世紀の最初の一〇年間、ウィスコンシン大学は、学術的な理論と立法的実践のドイツ式結合を試すための、まさに州レベルの実験場となったと言っても過言ではない。(25)」

このように二〇世紀初頭におけるアメリカ、イギリスそしてドイツのさまざまな経済学説の展開を見ると、それらはそれぞれの国の事情から内発的に発達していったのと同時に、同じ時代経験と問題意識を共有していることから、相互に交流し、影響し合う面もあったことが分かる。デューイが一九一八年の論文「戦後における国内社会の再組織化」の中でウェッブの書いた労働党のパンフレットを引用しつつ、ウェッブと同じ方向性に沿って、戦後の経済社会秩序の再編を論じたのは、彼らの同時代経験とパラダイムの共有を示す端的な例であろう。また、コモンズは『資本主義の法的基礎』の中で、イギリス歴史学派のウィリアム・カニンガムの『イギリスの産業と商業の成長』を参照している。[26] さらに、コモンズは、ウェッブ夫妻の『産業民主主義』にも言及しつつ、彼らが労働組合内においてルールが共有されており、そのルールが労働賃金や労働時間以上に労使紛争の性格を特徴づけていることを発見したとしている。そして、労働組合内で共有されるルールから、「ワーキング・ルール」の一般概念を抽出し、経済理論に導入した「偉大な歴史家にしてイギリスの労働組合の理論家」として、ウェッブ夫妻を高く評価するのである。[27] 次章において説明するように、コモンズの制度経済学において「ワーキング・ルール」とは、「ゴーイング・コンサーン」を構成する中心的な要素である。自らも労働問題に高い関心を抱いていたコモンズは、その先駆者であるウェッブ夫妻の影響を大きく受けたのである。マッキンダーとコモンズとの直接的な関係は確認できなかったが、イギリス歴史学派と革新主義の類似性は明瞭である。両者が大西洋を越えて、広い意味で同じパラダイムの中にいたことは間違いない。

さらにコモンズとケインズについては、より直接的な交流があり、また両者の理論には重要な共通点が多いことが一部の研究者によってすでに明らかにされている。[28] 実際、ケインズは一九二六年の論文「私は自由党員か」の中で、現代が「豊富の時代」から「安定の時代」へと移行したと論ずるコモンズの論文を引用している。[29]「豊富の時代」たる一九世紀においては、最大限の個人的自由と最小限の政府介入が是とされた。しかし、「安定の時代」たる現代においては、社会正義と社会的安定のために経済を管理し、方向づける体制が必要になる。そのような体制を目指すのが「ニューリベラリズム」である。ケインズは、このように論じている。[30]

他方、コモンズの方は、一九三五年の主著『制度経済学：政治経済学におけるその位置』において、ケインズの『貨幣論』を参照している。[31] コモンズもケインズも同じ貨幣観に立って、資本主義経済の動態的な理論を構築しようとしていたのであるが、それを明らかにするのは次章の課題である。[32]

また、ケインズは一九二七年にコモンズに宛てて送った手紙の中で「一般的な考え方という点において私が真に一致していると感じるのは貴方の他にはいないように思われます」と書いている。もっとも、その後のケインズは自らの一般理論に制度経済学の要素を明示的に織り込んだ形跡はなく、また戦後のケインズ主義の隆盛は、制度経済学を廃れさせる一因となった。[33] しかし、かのハイマン・ミンスキーは晩年、このケインズの手紙の一文を引用しつつ、ケインズと制度経済学の親近性を指摘していた。[34] ミンスキーは、ケインズの経済学と制度経済学を接続して、資本主義の制度的な構造を解明しようとしたのである。このミンスキーの試みは、彼に共感するポスト・ケインズ派の経済学者たちによって「ポスト・ケインズ派制度主義（Post-Keynesian Institutionalism)」として発展的に受け継がれている。[35]

このポスト・ケインズ派制度主義は、二〇〇八年の世界金融危機以降の経済秩序を再建する上で、最も有力な思想であるように思われる。本書が地政学と接続しようとしている経済学も、このポスト・ケインズ派制度主義であると言ってよい。コモンズの制度経済学は、マッキンダーの地政学とポスト・ケインズ派制度主義を架橋する理論なのである。

第一次世界大戦の経験と制度経済学

第一次世界大戦は、経済自由主義から「管理された経済」へのパラダイム・シフトの契機となったのであるが、その大戦中の戦時経済の経験とは、どのようなものであったのか、概略を確認しておこう。

一九一四年から一九一八年まで続いた第一次世界大戦が経済に及ぼした影響は、過去に例のないものであった。

まず経済的な規模でみると、おおまかな推計によれば、一九一三年と一九一八年の間に、国内総生産に占める政府支出の比率は、イギリスでは八％から三五％に、フランスやドイツでは一〇％程度から五〇％以上にまで膨らんだ。一九一七年に参戦したアメリカでも、二%弱から一七%弱にまで達したのである。[36]

この巨額の政府支出に対する財源は、公債の増発と増税によって捻出された。また、民間の投資先を戦争遂行のための優先順位に従わせるべく、政府は資本市場を管理下に置いた。さらに、戦争の勃発により金融市場が不安定化したため、政府介入が不可避となり、株式市場の閉鎖や金本位制の停止といった措置が講じられた。[37]

人員の動員も前例をみないものであり、経済に大きな変動をもたらした。一九一四年八月、イギリスは三〇万人の兵士を動員し、その年の末までに七〇万人を追加した。フランスはその年の八月の第二週までに二九〇万人、ドイツは最初の一カ月で三八〇万人を動員した。[38] さらに、その後も兵力の投入が続けられ、大戦中の四年間でイギリスは合計六二〇万人、ドイツは一三二五万人、フランスは八二〇万人を動員した。これはフランスやドイツでは人口のおよそ二〇%、イギリスの人口のおよそ一三%にあたる。[39]

当初、この戦争は短期間で終わるものと思われていたため、軍事動員が長期に及ぶと労働者不足が顕著になり、工業生産にも深刻な悪影響を及ぼした。このため各国は政府による資源配分や需給調整の必要に迫られることとなった。

たとえばドイツでは、イギリス海軍の海上封鎖によって物資の輸入が困難になったため、陸軍省に原料局を新設し、実業家のヴァルター・ラーテナウを局長に任命して、軍需生産や工業生産に必要な希少原料の配分を行わせた。イギリスでも砲弾不足に直面したために、軍需省が新設され、軍需大臣となったロイド・ジョージが資源配分の調整にあたった。[40]

輸送に関していえば、イギリスは、戦争勃発とともに一三の地域鉄道を政府の管理下に置き、官民協調体制でこれを運営した。もっとも、その協調は常にうまくいったわけではなかったのだが。ドイツでは、州ごとに鉄道が管理されていたために、国全体としての調整はより困難であった。アメリカでも供給途絶や混乱が生じたために、鉄道を国有化した。[41]

こうして世界大戦の勃発により、国家による経済介入が飛躍的に強化されることとなった。ただし、それは資本主義を全面的に否定する計画経済ではなく、一定程度の制裁を伴う官民の協調体制であった。言うならば、自由と統制の混合体制であったのである。サップルは言う。「従来の市場や利益動機が国民経済的、戦略的目的を達成するのには十分ではないことは明らかであった。しかし、それらの目的は、私的利益の確保と私企業の維持の下で追求されるべきであろうということもまた、明らかだったのである。[42]」

世界大戦は、生産組織のあり方にも大きな影響を与えた。

第一に、世界大戦の勃発により、軍事目的のために突如として、砲弾や歩兵の装備品など莫大な数量の同一の製品の製造が急遽必要になったために、大量生産方式が本格的に導入された。

第二に、新しい兵器や機械の設計において、使用者が戦場での実地経験から必要な性能諸元を割り出して示し、技術者や設計者がそれを実現するために技術開発を行うという「注文による発明（command invention）」が広く普及することとなった。民間主導ではなく、政府主導の技術開発である。この政府主導の技術開発により、潜水艦、航空機そして戦車といった画期的な技術が生み出されることとなった。[43]

しかし、第一次世界大戦がもたらしたのは、政府主導の経済管理だけではなかった。国民の兵士としての動員により、深刻な労働者不足が発生し、労働者の交渉力が飛躍的に高まったのである。

政府は労働力の質を高めるために、職員食堂の整備や住宅の供給など、労働者の福祉の向上に努めるようになった。また、戦前から労働組合が根付いていたドイツやイギリスでは、政府は、労使間の衝突が起きると、しばしば労働組合側と協調する姿勢をとった。[44]

第一次世界大戦による労働者の地位の向上は、労働組合員数の増加によっても裏づけられる。大戦中にイギリスの労働組合員数の総数は四〇〇万人から六五〇〇万人に増え、さらに終戦から二年後に八〇〇〇万人を超えた。フランスでも、フランス労働総同盟（ＣＧＴ）の加盟者数は一九一三年には三五万五〇〇〇人だったが、一九一八年には六〇万人になっており、またサンディカリズム（労働組合主義）運動の参加者は、八〇万人から二〇〇万人へと急増した。ドイツでは、開戦から二年間は労働組合員数が減少したものの、その後は急増し、一九一九年までには六五〇万人を超え、一九一三年の二倍以上に膨れ上がった。[45]政府や実業界が労働運動を厳しく弾圧していたアメリカにおいてすらも、世界大戦時における動員計画への協力を通じて、労働組合が連邦政府に認知されるようになったのである。[46]

さらに第一次世界大戦は民主化も進めた。大戦では、人口の一割から二割が兵士として動員されたが、軍隊組織において兵士たちは、階級の別なく戦闘の経験を共有するため、階級意識が薄まっていく。軍隊には、平等化の効果があるのである。また、大戦によって多くの死傷者が出ることになると、人々は、従来の政治体制や公式のイデオロギーの正統性に疑念をもつようになった。個人の権利を称揚しながら、政治参加を制限するような一九世紀的な政治体制を維持し続けることは、もはや容易ではなくなったのである。こうした要因があいまって、民主化が進むことになる。たとえばイギリスでは、大戦末期に、議会が国民代表法を成立させ、全成人男性と大半の成人女性に参政権を拡大した。ドイツでは戦後、ワイマール共和国が成立し、普通選挙を実現した。オーストリアやベルギーなどにおいても、戦後一、二年以内に参政権が拡大されたのである。[47]

ただし、世界大戦は、どの国においても民主化の効果をもったわけではないことに注意する必要がある。たとえば大戦中のイタリアは、強権的な手段を用いて労働者を動員し、資源を搾取した。対照的にイギリスでは、国家は愛国心に訴えることで、労働者をより穏健に動員することができた。またイギリス政府は、労働者に対して賃金の保障、失業保険の付与、食料価格の統制など、戦争参加に対する補償措置を講じた。このため、戦時中のイギリスでは、幼児死亡率がむしろ急減するという逆説的な現象すら生じた。反対にイタリアでは、戦時中の幼児死亡率はヨーロッパ中最悪の水準に達していたのである。このため、大戦が終わると、イタリアの労働運動は戦前よりも過激化し、革命を希求するようなものへと急進化したが、イギリスの労働運動は穏健なものにとどまった。

このイタリアとイギリスの戦時中の労働政策の違いについて、エリザベス・キアーは、当時のイタリアは、イギリスとは異なり、ナショナル・アイデンティティが未だ十分に共有されていなかったことを挙げている。当時のイタリアの労働者階級には国家のために奉仕するという感覚が乏しかったため、イギリスのように愛国心に訴えかけて労働者を動員したり、国家が労働者を包摂したりするような戦略を採り得なかった。(48)

このように、戦争は、それだけで民主化を促す効果をもちうるというわけではない。総力戦が民主化の効果をもつには、国民統合が十分に進み、ナショナル・アイデンティティが広く共有されていることが必要なのである。(49)

次に、第一次世界大戦が経済に与えた影響について、アメリカに焦点を絞ってみてみよう。

世界大戦が勃発した当初、アメリカは不況であった。しかし戦争特需の発生により、アメリカは好景気を謳歌することとなり、大戦中の景気の拡大期間は、一九世紀半ばのゴールドラッシュに匹敵するものとなった。また、戦時中に採られた経済政策もまた、景気の拡大に大きく寄与した。

金融政策について言えば、一九一四年から一九一七年までは、ヨーロッパによる食糧や武器の輸入により、アメリカに金《きん》が大量に流入し、一九一七年にアメリカの参戦に伴って金本位制が停止されると、今度は、設立されたばかりのFRBが公債を大量に購入して不換紙幣の供給量を大幅に増大させた。要するに、事実上の金融緩和政策が実行されたというわけである。

財政政策の歳出面について見ると、一九一四年当時、連邦政府の支出は対GDP比二・二八%程度であったが、アメリカが参戦してからは政府支出が急増し、一九一九年には対GDP比三二・四三%にまで膨れ上がっていた。政府部門の拡大は雇用にも影響を及ぼし、大戦中に軍事部門には三〇〇万人近く、民政部門には五〇万人以上の雇用が創出された。その結果もあって、失業率は急減し、一九一四年には七・九％であったのが、一九一六年には五・一％、一九一八年には一・四％にまで低下した。これは、事実上の積極財政政策である。

歳入面については、一九一七年戦時歳入法により、累進的な超過利潤税や、法人所得税及び個人所得税の戦時追加課税が課せられたほか、戦時国債の購入が愛国心に訴える形で奨励された。

また、政府の価格や生産に対する統制が行われたのも、大戦中の顕著な特徴である。最も重要な機関は、工業生産とその価格を所管する戦時産業委員会、農産品の価格と生産を所管する食品局、そして燃料の価格と製造を所管する燃料局であった。

アメリカの第一次世界大戦への参戦の是非については、革新主義者たちの間で見解が割れたが、戦時動員がナショナリズムを高揚させ、革新主義が目指す社会改革、とりわけ経済プランニングと累進課税を実行に移す絶好の機会となったことは明らかであった。ちなみに、イーリーは世界大戦への参戦を熱狂的に支持し、イーリーほどではないにせよ、コモンズも参戦を支持していた[50]。

また、戦時統制経済という壮大な実験は、革新主義者たちにマクロ経済とミクロ経済の両面から貴重な教訓を与えた。マクロ経済に関しては、金融緩和、巨額の国債の発行、賃金や価格の統制が生産や雇用に対してもたらす影響に関する知見が得られたことである。そして、ミクロ経済に関しては、政府が民間市場に介入したり、民間企業を規制したりすることが可能であると証明されたことである。革新主義者たちは、こうした戦時の経験から、政府による経済のマクロ及びミクロの両面からの管理が平時においても実行できるのではないかという自信を深めたのであった[51]。

とりわけ大戦中のワシントンには、戦時産業委員会を中心として一二〇人もの経済学者が送り込まれた。そこで彼らは産業管理を実地で経験することとなったのである。この戦時経済という壮大な実験から、戦後の経済秩序を再建するにあたっても、これまでのように自由放任に委ねるのではなく、産業経済を効果的にコントロールすべきだという問題意識が強まっていった。こうして「制度経済学」が発展していったのである。「したがって、こう言うことができよう。制度経済学の生誕は、第1次世界大戦がもたらした経済社会構造の地殻大変動という事態を見すえて、まさに緊急の課題である『社会的再調整』を実現して行くために、思考習慣としての『制度』」がもつ特質を多面的に研究しようという知的な運動のスローガンであったと。[52]」

ただし、戦時の産業統制は、アメリカにおいても、サップルが注意を促したように、あくまでも資本主義を前提とした官民協調体制だったのであり、社会主義体制における計画経済のようなものではなかった。デューイも、戦時の経済体制における政府の機能は、公共の利益のために資本と労働を調整する監督者や調停者であったと指摘している。[53]

第一次世界大戦とニューー・ディール政策

第一次世界大戦は経済管理に対する革新主義者の関心を高め、自信を与えた。それは、制度経済学の発展を促した。とは言え、すでに述べたように、大戦後は「常態への回帰」、すなわち戦前の秩序の回復が志向され、経済自由主義が支配的イデオロギーの座に復帰した。

その経済自由主義の強固なパラダイムを崩したのは、世界恐慌とその後のニュー・ディール政策であった。ピーター・テミンは、ニュー・ディール政策の登場によって「政策レジーム」の大転換が行われたと論じている。そして、世界恐慌からの脱出に最も効果があったのは、ニュー・ディール政策の個別具体的な施策というよりは、「政策レジーム」の転換それ自体であると評価するのである。

テミンの言う「政策レジーム」とは、政府や中央銀行といった政策当局が実施する政策の大系のことである。

政策当局は、政策レジームの枠組みの中で、個別の施策を実施する。投資家や労働者は個別の施策ではなく、この政策レジームに反応して行動する。個別の施策がその効果を発揮し得るのは、人々が政策レジームに反応して行動するからである。

もし政府や中央銀行が政策レジームを大きく転換すると、投資家や労働者は、政策レジームの転換に反応して、将来に対する期待を変更し、行動パターンを変える。たとえば、経済がデフレにある時に、経済をインフレに向かわせる政策レジームの大転換が行われると、人々は将来のインフレを期待して行動パターンを変え、積極的な投資や消費を行うようになる。こうして、経済はデフレから脱却する。

重要なのは、一部の個別施策が政策レジームから逸脱したとしても、それでは人々の行動パターンを変えるのに十分ではないということである。人々は政策レジームに反応する。したがって、一部の施策だけが変更されても、人々はその施策を単なる例外とみるだけで、その施策に合わせて行動を変えようとはしない。人々の行動パターンを変えたければ、政策レジーム全体を変え、人々の将来に対する期待を大きく転換しなければならないのである。

一九二九年のニューヨーク株式市場の暴落が起き、金融危機が発生した際、当時のフーヴァー大統領は、金本位制の維持に固執し、高金利政策と緊縮財政を断行した。経済自由主義の信奉者であったフーヴァーは、金融危機という異常事態にもかかわらず、金本位制の維持や均衡財政といった政策レジームを頑なに堅持した。もっとも、フーヴァー政権は、復興金融公社（the Reconstruction Finance Corporation）の創設など、経済自由主義の政策レジームから逸脱した施策も実施したが、政策レジームの変更がなかったために、人々の期待を改善するには至らなかった。その結果、金融危機は悪化し、世界恐慌へと発展した。

これに対して、フーヴァーを引き継いだルーズヴェルト大統領は、ニュー・ディール政策という、これまでとはまったく異なる政策レジームへの転換を行った。具体的には、金本位制から離脱し、通貨を切り下げ、拡張的な財政政策を行った。人々は、このニュー・ディールの政策レジームに反応して、インフレを期待して積極的な投資を行うように行動パターンを変化させた。同じ頃、ドイツでも、ヒットラーが同様の政策レジームの転換を行った。こうして、一九三三年を起点として、景気の回復が始まったのである。これがテミンの主張である。

しかし、ニュー・ディールという新たな「政策レジーム」への転換は、どのようにして可能となったのであろうか。

一九三三年当時、ケインズ主義的な経済政策は、未だ知られていなかった。ケインズの『一般理論』が刊行されたのは一九三六年であり、ケインズ主義が支配的になったのは第二次世界大戦後のことである。したがって、一九三三年の政策レジームの転換を可能にしたのは、ケインズ主義的なマクロ経済政策ではなく、社会主義であったとテミンは論じている。当時、経済自由主義の代替となり得た政策レジームは、社会主義であったからだ。なお、ここでテミンが「社会主義」と呼ぶものは、重要産業の国有化や規制、賃金決定への政府の関与、福祉国家を特徴とする経済体制のことである。[54] したがって、ナチスの経済政策やルーズヴェルトのニュー・ディール政策も「社会主義」に含まれ得る。テミンは、ニュー・ディール政策を「管理経済と民主社会主義」とみなしている。[55]

しかし、ニュー・ディール政策の思想的源泉として、社会主義より説得力があるのは、高哲男が主張するように、アメリカ固有の思想である革新主義と制度経済学であろう。[56] もっとも、革新主義や制度経済学の論者とフェビアン社会主義者の交流や思想の共通性を鑑みれば、革新主義と制度経済学から編み出されたニュー・ディール政策に社会主義の痕跡を認めることは、必ずしも間違ってはいないのだが。

制度経済学は、アメリカ固有の社会思想の伝統の中に位置づけられるものであり、その国家政策への影響は、ニュー・ディールの時代に最高潮に達したのであった。[57] たとえば、レクスフォード・タグウェルやアドルフ・バーリといった制度経済学者たちがルーズヴェルト政権のブレーンとして参与し、初期のニュー・ディール政策の形成に寄与したのである。[58] ウィスコンシン大学のコモンズの弟子たちもニュー・ディール社会立法に関与していたことは、すでに述べた。

ニュー・ディール政策を産み出したものとして、革新主義や制度経済学と並んで重要なのは、第一次世界大戦の記憶であろう。というのも、第一次世界大戦中のアメリカは、実際にテミンに言う「管理経済と民主社会主義」と呼ぶべき戦時経済体制を経験しているからである。しかも、その戦時中の管理経済の経験が革新主義を刺激し、そこから制度経済学も派生したのである。

そうだとすると、経済自由主義政策からニュー・ディール政策への「政策レジーム」の大転換をもたらしたものは、第一次世界大戦であると言うこともできるであろう。

実際、世界恐慌という危機は、当時のアメリカにおいて戦争になぞらえて認識されていた。政治家たちは戦争というメタファーに訴えることで、恐慌のもつ意味を説明し、あるいは自らの主張する経済政策を正当化していた。彼らは、敵国との戦いを経済危機との戦いに置き換えて、国民を鼓舞し、不況対策のために動員しようとしたのである。

それだけではなく、ニュー・ディール政策において採用された新たな諸施策は、第一次世界大戦中に経済動員によって困難を克服したという経験と教訓から導かれたのであった。

たとえば一九三三年に就任したルーズヴェルト大統領は、全国の銀行を休業させて取り付け騒ぎを収束させたが、その実施の法的根拠となったのは一九一七年対敵通商法であった。[59] また、大戦中の食料局の経験を参考に、農業調整法を制定し、農産品価格支持政策を実施したが、この農業調整法にはいわゆる「トマス修正条項」が追加され、政府紙幣グリーンバックの発行やドルの裏づけとなる金を減少させることで貨幣供給量を拡大する権限が大統領に付与された。[60] これにより金本位制の離脱の前に、ある程度の金融緩和が可能となったのである。

その後、ルーズヴェルト大統領は、金本位制からの離脱を決定する「行政命令１６０２」を発したが、その法的根拠もまた、一九一七年対敵通商法であった。[61] この金本位制からの離脱は、積極財政と金融緩和というケインズ主義政策を実施する上で不可欠の措置であったが、金本位制は当時の経済秩序の主柱とみなされており、金本位制からの離脱は「西洋文明の終わり」と表現されたほどであった。そのような過激な措置を可能にしたのは、第一次世界大戦中の戦時立法だったのである。

他にもたとえば、フーヴァー政権時に創設され、ルーズヴェルト政権が引き継いだ復興金融公社は、第一次世界大戦中に設けられた戦時金融委員会の焼き直しであった。[62] ニュー・ディール政策において最も有名な公共事業であるテネシー川流域開発公社は、大戦中のマッスルショールズにおける政府主導の硝酸工場と電力事業をモデルとしていた。また、失業者の雇用と職業訓練の場として組織された市民保全部隊（Civilian Conservation Corps）は、大戦中に軍隊が担った機能を平時に応用したものである。第一次世界大戦中に労働者は労働組合の組織化や組合活動への参加の権利を認められたが、ルーズヴェルト政権は、こうした大戦時の労働政策の基本原則の下にニュー・ディールの労働政策プログラムを策定した。一九三〇年代の公営住宅建設もまた、その前例は大戦中にさかのぼる。そして初期のニュー・ディール政策の中核的な機関であった全国復興庁（National Recovery Administration）のモデルとなったのは、戦時産業委員会であった。「ニュー・ディールの立法や機関で、第一次世界大戦の経験に負わないものはほとんどなかったのである。」[63]

第一次世界大戦時からの教訓と戦争のメタファーは、均衡財政というドグマを打ち破るためにも活用された。たとえば、積極財政を主張した経済学者エドウィン・R・A・セリグマンやウィリアム・T・フォースターは、大戦時の積極財政を引き合いに出して、均衡財政に固執するフーヴァー政権を批判した。[64]

また、ニュー・ディール政策の支持者たちは、財政赤字の拡大を懸念する批判者に対して、戦時には財政赤字が正当化されるのと同様に、経済危機時にも財政赤字は正当化されると反論した。[65]

たとえば、ニュー・ディール政策の立案者の一人であり、一九三四年からＦＲＢ議長を務めたマリナー・エクルズは、次のように述べて、財政赤字の拡大を擁護した。「敵国との戦争から人命を守るために使われるのと同じ政府債務が、平時においては、失意と絶望から人命を守るためにも使われるのである。戦争を戦うための政府の能力には制限がないのと同様に、恐慌と戦う政府の能力にも制限はない。両方とも、人的資源と物質的資源、頭脳そして勇気のみにかかっている。[66]」

あるいは、民間事業局（Civil Works Administration）による公共事業の実施に対し、ルーズヴェルト大統領が財政赤字の拡大に恐れをなして同局の廃止を宣言した際、ウィスコンシン州で革新党から選出された上院議員ロバート・ラフォーレット・Ｊｒ．は、こう問い質した。「大統領閣下、一九一七年に、あえて上院の議場に立って、財政の均衡を破るといけないから、ドイツとその同盟国との戦争はしない方がよいなどと提案した議員がいたでしょうか？[67]」ちなみに、このラフォーレット上院議員は、ウィスコンシン州でコモンズとともに社会改良運動を推進したラフォーレット州知事の息子である。

このようにニュー・ディーラーたちは、第一次世界大戦の記憶に訴えることで世論を喚起し、これまでの支配的イデオロギーであった経済自由主義から大きく逸脱した「管理された経済」への大転換を企てたのである。ニュー・ディール政策とは、まさに経済的な総力戦だったのだ。

ただしニュー・ディーラーたちは、「下から」の大衆運動も「上から」の計画経済も共に拒否していた。ニュー・ディーラーたちが理想としたのは、実業界の経営層と政府機関の協調体制だったのであり、彼らは戦時中のような協調・協力の精神を鼓舞し、国民の団結心・一体感を醸成して危機に対処しようとしていた。この点においても、ニュー・ディール政策は、第一次世界大戦中の経済体制と共通している。[68]

ニュー・ディール政策が第一次世界大戦の経験に多くを負っていることについて、同時代の証言を再びデューイから得ることができる。それは、彼の一九三九年の論文「新社会の経済的基礎」である。

この中でデューイは、一九一八年に発表した「戦後における国内社会の再組織化」から大部を引用した後、彼がその時に期待した社会改革が第一次世界大戦後の「常態への回帰」によって裏切られ、旧来の経済自由主義的な体制が復活してしまったため、「深刻な国内の無秩序と不安」が引き起こされるという予測が実現したと述べる。そして、「一九二九年の世界恐慌の後、再建という初期の思想が、その名ではなく、アメリカではニュー・ディールという名の下に復活を遂げた[69]」と言うのである。

この「再建（reconstruction）」という言葉は、一九一八年のマッキンダーの『民主的理想と現実』の副題「再建の政治に関する研究」の中や、あるいはウェッブの書いた同年の労働党のパンフレットの副題「再建に関する報告書」の中にも見られる。それはもちろん、第一義的には第一次世界大戦による破壊からの秩序の「再建」を意味している。しかし、イギリスにおいて「再建」という言葉は、第一次世界大戦以前においても、イギリスが高度に効率化した経済を有する他の列強と伍し、来るべき戦争に備える上で必要な国内社会の再組織化を意味するものとして、頻繁に使用されていた[70]。「再建」とは、マッキンダーやウェッブが集った「効率懇談会」のメンバーたちが抱いた理念を象徴するバナーであったのだ。第一次世界大戦後の「再建」とは、マッキンダーにとっては各産業のバランスがとれた国民経済を意味するものであり、ウェッブにとってはフェビアン社会主義的な秩序を実現することであった。

その「再建」の理念が、アメリカでは世界恐慌の勃発後に「ニュー・ディール」という名が冠せられたのだとデューイは言う。これは、第一次世界大戦とニュー・ディール政策の思想的な連関を支持する同時代の証言である。

さらに興味深いことにデューイは、この論文の中で、繰り返される危機や恐慌は「豊富の中の欠乏というパラドクス（the paradox of want amid plenty）」を伴うものであり、「その結果は、生産の問題は分配や消費から切り離して解決することはできないということの十分な証拠である」と指摘している。そして、その対策は、生産能力の制限であると述べている。(71)

この「豊富の中の欠乏というパラドクス」というデューイの表現は、ケインズが『一般理論』の中で有効需要の不足という状態を説明する際に用いた「豊富の中の貧困というパラドクス(72)（the paradox of poverty in the midst of plenty）」という有名な言葉を想起させる。もっとも、『一般理論』は一九三六年に刊行されているから、一九三九年の段階でデューイが『一般理論』を読んでいたとしても不思議ではない。いずれにしても、デューイは、ケインズ同様、有効需要の不足というデフレ不況の特異な性格を正確に把握していたのである。ただし、その対策として、ケインズが需要刺激を主張したのに対し、デューイは生産能力の制限を提言しているという違いはある。とは言え、需要不足とはすなわち供給過剰なのであるから、対策の効果としては同じであると言ってよい。

なお、デューイは政府による経済の管理を提唱しているが、彼もまた計画経済には否定的であることに注意する必要がある。デューイは「計画された（planned）社会」と「計画中（planning）の社会」を区別すべきだとし、前者を拒否し、後者を推奨するのである。

「計画された社会」とは、あらかじめ設計された青写真に従って「上から」強制的に構築する社会のことであり、まさに計画経済体制のことを意味している。それは全体主義的であって、個人に選択の自由はない。これに対して「計画中の社会」とは、社会のさまざまな組織や集団が協働し、調整するというプラグマティックな試行錯誤の過程が続けられる社会のことを指している。この場合、何を目的とし、どのような手段を採るべきかの選択は、各個人の自由に委ねられている。したがって、「計画中の社会」は自由主義とは矛盾しない。デューイはこのように論じるのである。(73)

戦争による恐慌からの脱出

テミンは、金本位制からの離脱、産業管理、価格支持、雇用創出あるいは積極財政といった「政策レジーム」の経済自由主義からの転換を強調した。その転換を可能にしたのは、これまで見てきたように、第一次世界大戦の経験と戦争のメタファーであった。

もっとも、ニュー・ディール政策は、ケインズ主義の理論に基づいて実施されたというよりはむしろ、戦争のメタファーによって駆り立てられたさまざまな施策の試行錯誤の結果と言うべきものに近く、それゆえ体系性や一貫性を欠いていた面は否めなかった。

戦争のメタファーは、需給調整を市場に委ねることはできず、政府が強力な権限をもって積極的に経済介入しなければならないという点や、危機の克服という公共目的のために国民が団結する必要があるという点を周知する点において、確かに大きな効果を発揮した。しかし、経済理論的に言えば、第一次世界大戦中に直面していたのは、増大する戦時需要に生産能力を追い付かせるという、もっぱら供給側の構造問題であった。これに対して世界恐慌の問題は、総需要不足だったのであり、大戦中とはむしろ逆であった。このため、戦争のメタファーは、ニュー・ディール政策の方向性において、一部に混乱を招いた側面があった。(74)

また、ルーズヴェルト政権の首脳たちの中でも、労働大臣フランシス・パーキンス、商務長官ハリー・ホプキンス、そしてマリナー・エクルズは積極財政論者であったが、財務長官ヘンリー・モーゲンソー、副大統領ジョン・ガーナー、国務長官コーデル・ハルは健全財政論者であり、またルーズヴェルト大統領自身も積極財政の意義を必ずしも理解していたわけではかった。

このため、ルーズヴェルト政権発足の当初は、公共投資の拡大が行われ、失業率も一九三四年から三五年にかけて減少したのだが、その後、健全財政路線へと転じ、一九三六年から三八年にかけて財政支出を削減した。その結果、一九三七年から三八年に史上最も急速な景気後退が引き起こされ、失業率は再び跳ね上がってしまったのである。

この失政により、ルーズヴェルト大統領もようやく財政赤字の意義を思い知るに至った。彼は一九四〇年の年次予算教書において、一九三七年から三八年の財政赤字の削減が失業の増大と景気後退を招いたことを認め、総需要を管理する政府の役割について明示的に言及したのである。

もっとも、実際に財政支出を大幅に拡大させ、失業率を下げたのは、よく知られているように、第二次世界大戦への参戦であった。ケインズは、一九四〇年の『ニュー・リパブリック』誌への寄稿の中で、「資本主義的民主政治が、私の主張を証明する大実験に必要な規模の政府支出を組織することは、政治的には不可能であるように思われる。──戦争状態を除けばだが」と嘆いた[75]。

ケインズが嘆くのも無理はない。彼はその四年前に刊行した『一般理論』の最終章において、おおむね、次のように述べていたからである。

かつてのような自由放任の国内経済体制と金本位制の国際経済体制の下では、過少雇用の問題を解決するには、海外市場を獲得する以外に方策はなく、その海外市場獲得競争が戦争の経済的要因となっていた。しかし、財政政策による有効需要の創出と雇用の確保という方策が示されたことで、戦争の経済的動機は解消される。したがって、自分が提案する理論に基づく新たな経済体制は、より平和な世界をもたらすだろう、と[76]。しかし実際には、ケインズの理論を人々に受け入れさせ、新たな経済体制を実現したのは、ほかならぬ戦争だったのだ。

なお、世界恐慌からの脱出が第二次世界大戦を契機とした積極財政によって可能となったという説には、近年、主流派の経済学者から異論が唱えられてきた。たとえばクリスティーナ・ローマーは、一九九二年の論文において、財政政策は一九四二年までの景気回復にほとんど貢献しなかったと主張している。彼女によれば、一九四一年の景気回復の主要な要因は、銀行の準備預金の拡大がインフレ期待を高め、実質金利を低下させたことにあるという。(77)

これに対して、J・R・ヴァーノンは、一九四一年の政府支出の拡大やそれによる乗数効果は実際に生じた現象であるが、インフレ期待が形成されたというのは観念的な議論に過ぎないと批判している。さらに彼は、第二次世界大戦への参戦による財政支出の拡大が主たる刺激となって資金需要が増大し、それに応じる形で貨幣供給量が増えたと考えるべきであると論じている。(78)

第1章において論じた内生的貨幣供給理論が示すように、準備預金が貨幣供給量を増やすのではなく、借入れの需要に応じて貨幣供給量が増大するのであり、準備預金の増大だけでは貨幣供給量を増加させることはできない。したがって、ヴァーノンの主張の方が妥当であろう。(79)

仮に、インフレ期待の形成が景気回復の重要な要因であったとしても、インフレ期待が準備通貨の増大によって形成されたという説は、甚だ疑わしい。というのも、準備通貨の増大がインフレ期待を形成するためには、人々が「準備通貨の増大によってインフレが起きる」という理論を信じていなければならないからだ。仮に人々がその理論を知らなければ、準備通貨が増大したのを見てインフレの発生を期待することなどあり得ない。しかし、当時の人々がその理論を信じて行動したとは考え難い。

人々の期待が主流派経済学の理論モデルを基礎として形成されるという理論は、ロバート・ルーカスが提唱したもので、「合理的期待仮説」と呼ばれている。主流派経済学がモデルに「期待」を導入する際は、「期待」は「合理的期待」として仮定される。

ところが、テミンが恐慌の歴史から引き出した教訓の一つは、人々はこの合理的期待仮説に基づくモデルのようには行動していないということであったのである。

第一に、経済主体が経済学者のように考えているというモデルには疑いを抱かなければならない。合理的期待は期待のモデル化の有効な第一歩ではあるが、強力な仮定を含むものである。我々の理論は、大恐慌において使われていた理論とは異なっている。当時、生きていた人々が、我々が現在使っている経済モデルに沿って考えていたなどということはあり得ない。(80)

テミンによれば、人々の期待を形成するには、部分的な政策変更では足りず、「政策レジーム」という政策体系全体が転換されるといった大きなインパクトが必要になる。そうだとすると、一九四一年におけるインフレ期待の形成要因として第一に挙げるべき大事件は、準備預金の増大などではなく、第二次世界大戦への参戦とそれに伴う軍事需要の拡大だと見るべきであろう。いずれにせよ、金融政策を中心にして恐慌からの脱出を説明するのは困難である。

もっとも、ローマーも二〇一三年の講演においては、ニュー・ディール政策における財政出動は規模こそ十分ではなかったが効果は間違いなくあったと論じるようになっていた。

たとえば民間事業局は、一九三三～三四年に、公共事業の実施による失業者の直接雇用を行い、数カ月で四〇〇万人以上の雇用を創出した。また、一九三六年には、第一次世界大戦の退役軍人に対する手当の繰り下げ支給を実施したが、これは年間GDPの約二％に匹敵する政府支出となって、消費を刺激した。他方、一九三七年には、政府支出の削減と増税（社会保障税の導入）が行われた結果、年間GDPは四％も減少した。ローマーは、この一九三〇年代の経験から「財政政策は、試してみれば効果がある」という教訓が引き出されると述べている。さらに彼女は、第二次世界大戦が巨大な需要刺激となったのは明白であり、一九四一～四四年で実質GDPが五〇％も上昇したことを認めてもいるのである。

なお、ローマーは、自身もオバマ政権下の大統領経済諮問委員会委員長として関与した二〇〇九年の米国再生・再投資法（American Recovery and Reinvestment Act）に基づく財政出動について、ニュー・ディール政策同様、効果はあったが、規模が小さかったと評している。要するに、もっと大規模な政府支出の拡大を行うべきであったということである。[81]

また、二〇一三年の時点でローマーは、日本の安倍晋三政権が積極財政と金融緩和を実施しようとしていることをニュー・ディール政策の再演と評し、その効果を注視したいとも述べている。もっとも、安倍政権は、その後、皮肉なことにルーズヴェルト政権同様、景気回復の道半ばにして財政再建路線に転じ、消費税の増税と公共投資の抑制を行ったために、デフレ脱却に失敗することとなってしまった。しかもその間、量的緩和を継続し、準備預金を増大させ続けていたのであるから、金融政策だけではデフレ脱却は困難であることを証明してしまったようなものである。

このように、二〇一三年時点におけるローマーの見解は、財政政策の効果に関し、一九九二年の論文から大きく変化したように見受けられる。それでもなお彼女は、第二次世界大戦が世界恐慌を終わらせたという説に対しては否定的な姿勢を崩さず、一九三八年の景気後退さえなければ、世界大戦の勃発がなくとも世界恐慌からの脱出は可能であったはずだと力説するのである。[82]

確かに経済学的には、ルーズヴェルト政権が一貫して積極財政を続け、かつより大規模にそれを実施していれば、世界恐慌からの脱出は戦争を経ずとも可能であったとは言えるかもしれない。しかし、政治学的に見ると、当時のアメリカには、ケインズ主義的な政策や制度改革を効果的に実施するのに必要な、資本家階級、労働者階級、そして国家官僚の間の協調体制や連帯感が欠如していた。このため、初期のニュー・ディール政策は必ずしも円滑に進められたわけではなく、その効果も不十分なものとならざるを得なかった。しかし、第二次世界大戦の勃発により、ルーズヴェルト政権は戦時産業動員のために産業界からの協力を得たり、労働組合の制度化を進めたりすることが可能になり、議会における制度改革を巡る利害対立も、外交問題に関心が移ることで緩和された。まさに「逆第二イメージ」そのままに、第二次世界大戦という国際関係の緊張が、十分な規模の財政出動を可能にする国内政治環境を整えたのであった(83)。

結局のところ、世界大戦という巨大な地政学的危機がなければ、しかもそれを二度も繰り返さなければ、世界恐慌を克服することはできなかったと言わざるを得ないようである。デューイは第一次世界大戦終結時に「社会の再組織化のための知的プログラム」を提言し、完全雇用や福祉国家を先駆的に構想したが、それが実現したのも第二次世界大戦が終わった後の世界においてであった。

さて、以上のような戦間期及び世界恐慌期の地政経済学的な激動の中から、コモンズの制度経済学もまた生まれてくる。それがどのようなものであり、どのようにしてマッキンダーの地政経済学、あるいはケインズやポスト・ケインズ派の経済学と接続し得るのかについては、次章において明らかになるであろう。

第13章 制度経済学

コモンズの制度経済学

ジョン・R・コモンズの制度経済学とは、人間という存在の想定の置き方からして、主流派経済学とはまったく異質であった。

主流派経済学が前提とする人間とは、「経済人」——自己の物欲を満たすという利己的な目的を達成するために、利害損得を合理的に計算して自律的に行動するような個人——である。主流派経済学の分析は、経済現象をこの「経済人」の合理的な選択行動に還元して説明しようとする「方法論的個人主義」を採用している。この方法論は、物理現象が「原子」に還元されて説明されるのに似ているため、「経済人」の仮定は「原子論的個人」とも呼ばれている。原子論的個人が主流派経済学における分析の最小単位なのである。

これに対して、制度経済学における分析の最小単位は、「取引行為（transaction）」であるとコモンズは言う。(1) 「取引行為」とは、「trans-action（超・行為）」の原義からも明らかなように、複数の個人による行為が個人単体の枠を超えて、相互に影響を及ぼし合うさまを表現している。取引行為とは、言わば共同作業なのである。

主流派経済学の「経済人」は、その嗜好や目的が他者や環境の影響を受けて変化することはない。これに対して、コモンズの制度経済学においては、そもそも人間というものは、他者との関係や社会環境の影響を受けて意図や嗜好を形成するものであると想定されているのである。

逆に言えば、他者との関係をもたず、社会から完全に孤立したような存在は、「人間」であることができない。人間が先にあって、その人間が人間関係や社会を作るのではない。人間関係や社会が先にあるから、「人間」という存在があり得るのである。人間関係や社会の中に生まれ落ち、人間関係につながれ、社会の一員となることで、「人間」になる。人間は「社会的存在」であり、「関係的（relational）存在」である。

コモンズが、人間関係の経済版である「取引行為」を経済分析の最小単位とするのは、そのような人間理解があるからである。したがって、「取引行為」をさらに分解し、孤立した個人という単位へと還元してはならない。人間関係と無縁な孤立した個人という存在は、もはや人間ではないからである。経済理論は、個人ではなく、人間関係を出発点としなければならないのである。

「取引行為（transaction）」について、コモンズは古典派及び新古典派経済学における「交換（exchange）」と概念的に区別している。

コモンズによれば、「交換」とは、「商品又は金属貨幣に対する物理的な支配の物理的な配達」を意味するものに過ぎない。他方、「取引行為」とは、商品に対する「法的な支配の法的な移転」を意味する。(2)

取引行為とは、所有権制度という一定の社会的ルールを共有した個人同士が、そのルールにのっとって、商品の「所有権」を移転させることであり、単なる商品の物理的な移動である「交換」とは違うというのである。古典派及び新古典派経済学における「交換」は「人間と自然」の関係についての概念である。これに対して、制度経済学における「取引行為」は「人間と人間」との関係である。(3) 制度経済学は、人と人の間の「社会関係」を分析の単位とする。古典派および新古典派経済学が自然科学を模しているのに対し、制度経済学は真の意味で社会科学を目指すのである。

さらに、コモンズがその制度経済学において、「取引行為」と並んで重要な分析概念とするのは、「ゴーイング・コンサーン」である。コモンズは、「ゴーイング・コンサーン」とは、人間が一定の「ワーキング・ルール」(明示ないしは黙示の運営規則)に基づいて、合同で行う交渉、経営、配分といった取引行為の総体のことを指すと述べている。(4) それは言いかえれば、継続される組織的な集団行動のことであり、したがってマッキンダーが「ゴーイング・コンサーン」の名で呼んだものとほぼ同じ概念であるとみなしてよい。

こうした「取引行為」や「ゴーイング・コンサーン」を総称して「制度」と言う。コモンズは「制度」を、「個人の行為を操作し、解放し、拡大する集団行動」と定義する。(5)「制度」とは、一定の規律に基づく集団行動のことなのである。

この「制度」が重要であるのは、「期待」を保障することで個人の未来に向かう行為を可能にするところにある。コモンズの制度論の根底には、次のような存在論哲学があった。

そもそも、人間とは、「未来に向けて生きるが、行為するのは現在である」という存在である。しかし、未来とは、人間にとって不確実なものである。それにもかかわらず、人間が時間の流れの中で行為しようとするならば、未来に対して、ある一定の予想や期待を抱く必要がある。「期待」を抱くことができなければ、人間は、完全な不確実性の前に、行為することも生きることもできなくなってしまうであろう。制度とは、その「期待」を保障し、未来に向かう人間の行為を可能にするものなのである。制度経済学とは、「期待」の経済学であると言ってもよい。

誤解を避けるために付言すると、主流派経済学においても「期待」という要素は考慮されないわけではない。しかし、主流派経済学の経済モデルにおいて仮定されている「期待」は、「合理的期待」と呼ばれるものである。ロバート・ルーカスによって提唱された「合理的期待仮説」によれば、人々の期待は、新古典派経済学の経済モデルを基礎として形成される。人々は、将来の市場価格の客観的確率分布をあらかじめ正確に知っていると仮定されているのである。この「合理的期待」の仮定に基づく経済モデルの世界では、「不確実性」は存在せず、市場は現在から将来にかけて常に均衡しうるものとなる。

コモンズが言う「期待」は、この「合理的期待」とはまったく異なるものである。人間にとって未来は、本質的に不確実である。人間は将来に何が起こるのかを完璧に予想することはできない。合理的期待を形成することはできないのである。そこで、人間は、社会において共有された慣習やルールといった「制度」に関わり合い、それらに依拠することで、未来に対する予想を形成しようとする。たとえば、日常生活において、人々が自動車は道路の左側を走るであろうという予想をある程度確実にできるのは、自動車の左側通行という交通ルールを共有しているからである。そうした交通ルールなしに、自動車がどこを走るかを正確に予測するなどということは、人間には不可能である。

人間は、不確実性の中で、未来を予測し、未来に向けて期待を抱きつつ、現在において行為する。この人間の本質のことを、コモンズは「未来性[6](futurity)」と呼ぶ。未来性とは、我々が日常的に抱いている時間の観念のことである。

もちろん人間以外の動物もまた、未来に向けて、現在を生き、行動してはいる。しかし、人間以外の動物にとっての現在と未来の間の時間間隔とは、遺伝や本能さえあれば対応できる程度に短いものであるに過ぎない。人間以外の生命体にとっての時間とは、あくまで「本能的時間(instinctive time)」である。これに対して人間にとっての時間とは、「制度的時間（institutional time）」である。「人間的有機体は、制度の期待によって与えられる現在の活動における未来性の次元の中で、未来に起きることを現在の行動に転換する。[7]」人間は、制度を共有することで、人間以外の動物よりもはるかに長期的な視野の下に、行動することができるのである。

人間の精神は、単なる有機的生命体ではない。人間の頭脳は、社会の中で「制度化（institutionalized）」されることで発達し、精神や意志といったものを獲得して、活動範囲を飛躍的に拡げる。「制度」とは、個人の習慣であると同時に、世代から世代へと受け継がれる慣習のことである。人類にとって最初の「制度」は、言語や数の概念の習得であった。火や道具、機械の使用、家族、政府も「制度」である。時間の概念もまた、「制度化された精神によって構築されたもの[8]」である。

したがって、人間は有機体（organism）以上の存在である。人間とは制度体（institutionalism）であり、制度化された精神こそが、我々が「未来性」と名付けた経済活動の飛躍的な時間的拡張の進化を実現したのである。未来性とは制度的である――孤立した幼児や人間のような、動物のような存在には、未来性についてほとんど何も分からないだろう。有機体の頭脳を遠い未来へと向けるこの制度的な時間の拡張は、空間の拡張と密接不可分である。そして、これら二つの制度的な拡張は、産業や政府における高度に発達した現代のゴーイング・コンサーンを可能にし、世界中で、そして次の世代のために、秩序を生み出すのである。[9]

人間を研究対象とする社会科学は、この「未来性」を扱わなければならないがゆえに、自然科学とはまったく異なった様相を呈する学問となる。制度経済学とは、言わば「未来性の科学[10]」あるいは「期待の科学[11]」

なのである。これに対して、主流派経済学は「(正しい意味における) 期待」を扱わない。そもそも主流派経済学は、その理論の中に「(日常的な意味における) 時間」という要素を考慮しないのである。

主流派経済学における「交換」と、制度経済学における「取引行為」との違いは、この「未来性」や「期待」の有無とも関係している。

「交換」とは、個人間の物の移転であるが、物とは、過去から現在という時点までに物理的に蓄積された物質に過ぎない。それゆえ、単なる物それ自体には、何の未来性もない。

他方、「取引行為」とは、所有権制度というルールを共有した個人の間における、物の「所有権」の移転である。所有権とは、物質を「将来」に使用あるいは売却する権利として、「現在」において認められたものである。したがって、所有権という「制度」の中には、「未来性」というものが含まれているのである。[12]

コモンズの言う「未来性」とは、人間が抱く日常的な時間の観念や、人間が行動する際に直面する将来の不確実性を意味するものであるが、第2章で論じたように、日常的な時間の観念や不確実性こそがケインズの理論の中核にあるものだということは、ジョーン・ロビンソンが指摘したとおりである。ということは、ケインズのマクロ経済学とコモンズの制度経済学は、「未来性」あるいは「不確実性」の概念を通じて理論的に接続し得る可能性が出てくることになる。「未来性」こそが、ポスト・ケインズ派制度主義の柱石なのである。[13]

マクロ経済とミクロ経済

コモンズの制度経済学は、「期待」や「(日常的な意味における) 時間」の概念を導入することで、主流派経済学が「交換」として理解してきたものを、「取引行為」というまったく異なる分析概念に転換した。ただし、この「取引行為」の分析は、主流派経済学の「マクロ／ミクロ」の区分に従えば、ミクロ経済学に属するものであるかもしれない。

主流派経済学においては、一九七〇年代から八〇年代にかけて、ケインズ主義経済学にはミクロ経済学の理論がないという批判が盛んに行われ、ケインズ主義の権威を失墜させるのに貢献した。こうした批判によって、主流派経済学では、「マクロ経済学のミクロ的基礎づけ」と呼ばれる諸理論が生み出された。ただし、この場合の「ミクロ的基礎づけ」と呼ばれるものは、主流派経済学が想定する「経済人」を想定して、マクロ経済学の理論を構築しようとするものであった。このミクロ的基礎づけのされた経済モデルにおいては、すべての人間が利己的であるという意味で同質とみなされ、利他的に行動するような異質な存在は想定されない。さらに、その個人の選好や目的は、その個人の内部においてのみ形成されるものであり、他者、社会、制度あるいは文化といった個人の外にある環境の影響を受けて変化することはないものと想定されている。しかし、そのような「経済人」の想定が非現実的である以上、「経済人」によって基礎づけされたマクロ経済理論もまた、現実からかけ離れた空論となるに過ぎない。

では、制度経済学は、マクロ経済理論とどのような関係にあるのであろうか。

実は、ミクロ経済とマクロ経済の関係は、コモンズの関心事でもあった。いや、そもそも「〝経済〟という用語は、常に部分と全体の関係を意味してきた(14)」のである。コモンズにとってミクロ経済とマクロ経済の一方だけを論じるということは、あり得ない話であった。

部分と全体、ミクロとマクロとの関係を論ずるにあたり、コモンズは哲学者ホワイトヘッドの科学哲学から説き起こし始める。

ホワイトヘッドは、一八世紀の科学には、常に変化する部分が全体を織りなすような、有機的な統一という観念がなかったと論じた。そして、事象のある一瞬を切り取る静態的な定式化とは別に、事象を時間的な連続の中で把握する動態的な「有機体的機械論(organic mechanism)」の方法を提唱した。

この部分と全体の有機的な関係を構築しようとするホワイトヘッドの「有機体的機械論」について、コモンズはその趣旨自体は受け入れる。ただし、その一方でコモンズは、物理的な現象は、生物的な現象そして社会的な現象とは異なることに注意を促している。

機械の中にも、部分と全体の有機的な関係は確かにある。しかし、それは、新陳代謝や生死といった現象がある生命体における有機的な関係とは異なるものである。さらに、社会における有機的な関係である「ゴーイング・コンサーン」もまた、機械や生命体とは異なっている。したがって、部分と全体の有機的な関係を把握する方法は、物理的な「機械論」と、生命体の「有機体論」そして社会制度論としての「ゴーイング・コンサーン」の三つに分けなければならない。

機械論と有機体論とゴーイング・コンサーンは、異なる原則で動くものだとコモンズは言う。物理的な「機械論」の原則は圧力であり、「エネルギー」である。生物的な「有機体論」の原則は生きるための闘争であり、「希少性」である。これに対して、社会的な「ゴーイング・コンサーン」の原則とは、未来に向けた目的のための協調行動であり、「意志」である。

「意志」という原則は、「ゴーイング・コンサーン」の「ゴーイング」という用語の中にも込められている。「ゴーイング」は、「ムービング」とは違うとコモンズは言う。

「ムービング」は単なる動きに過ぎない。「ムービング」であれば機械や生命体にも観察できる。しかし、「ゴーイング」は、将来の目的達成の期待と意志に基づく行動である。それは、意志に基づいて行動する存在である人間というものに固有の動きなのである。したがって、「ゴーイング・コンサーン」は、機械や生命体の動きとは異なり、将来に対する期待がなくなることによって、動くことを止める。(15)

マッキンダーもまた、「ゴーイング・コンサーン」には「運動」あるいは「慣性」があると論じていた。やはり、コモンズとマッキンダーは、「ゴーイング・コンサーン」の概念を共有していると言えるであろう。

コモンズは、「ゴーイング・コンサーン」とその構成員を動かすための協調行動のことを、「政治」と呼ぶ。彼の言う「政治」の意味は広い。「政治」は、地方自治体や国家といった「主権的コンサーン」のみならず宗教団体、教育組織といった「道徳的コンサーン」や、産業組織や労働組合、株式市場といった「経済的コンサーン」の中にも存在する。「したがって、コンサーンの政治とは、そのコンサーンが利用可能な制裁手段の操作を通じて、ルールを定め、個人に対する管轄を維持するために設計された、紛争と指導力の内的活動のことである。[16]」

主流派経済学が自己利益を追求する同質で自律的な個人を仮定するのに対し、制度経済学は、異質の人間がさまざまな役割を担い、組織や規則に規律されながら、共通の利益を追求するものと考える。人間の実際の活動は、主流派経済学が想定する「経済人」の行動よりもはるかに複雑なのであり、「この複雑な活動の全体を、政治と言うのである。そして、無政府主義や個人主義の反対語は、社会主義や共産主義ではない。それは、政治である。[17]」

経済の部分と全体の関係は、機械論的なものではない。機械論には、人間の経済活動や経済取引において不可欠な「(日常的な意味における)時間」の観念もなければ、「期待」や「意志」といった要素もない。だとするならば、主流派経済学のように、「市場均衡」という機械論的な理論によってマクロ経済を理解しようとするのは、不適切である。

制度経済学では、未来に向けて目的を掲げ、期待をもち、意志に基づいて行う集団行動としての取引行為が、他の取引行為とも相互的に連関し、それらの取引行為の連関がゴーイング・コンサーンを構成する。さらに、こうした取引行為やゴーイング・コンサーンが無数に連関して、一つの総体としてのゴーイング・コンサーンとなる。その総体としてのゴーイング・コンサーンが「マクロ経済」と呼ばれるものである。マクロ経済学とは、ゴーイング・コンサーンの動態を分析する科学なのである。ゴーイング・コンサーンの動態の全体を、コモンズは「政治」と呼ぶ。制度経済学とは、その言葉の正確な意味において、「政治経済学」なのである。

新制度経済学?

近年、主流派経済学においても、制度が経済に与える影響を分析しようとする動きがある。それは「新制度経済学」と呼ばれている。

「新」と冠せられているのは、二〇世紀初頭のアメリカでヴェブレン、ミッチェルそしてコモンズらによって展開された制度経済学と区別するためである。新制度経済学が「旧」制度経済学と異なるのは、前者が、経済人の仮定や方法論的個人主義といった主流派経済学の分析枠組みの中で、制度が経済に与える影響を分析しようとするからである。新制度経済学は、なぜ経済の形態や発展段階が国や時代によって異なるのかなど、これまでの主流派経済学の理論では説明が困難であった事象に対する分析を可能にしようとするのである。それは、主流派経済学の分析枠組みの応用範囲を拡張しようとする試みであると言える。

この新制度経済学について、解説書の中には、コモンズをその先駆者として位置づけるものもある。[18] しかし、コモンズの制度経済学は、主流派経済学の分析枠組みに対する破壊的な批判を伴うものであり、主流派経済学との折衷を図れるようなものでは到底なかった。

たとえば、新制度経済学の可能性に期待するダグラス・C・ノースは、「制度」を次のようなものとして定義している。「制度は社会におけるゲームのルールである。あるいはより形式的に言えば、それは人々によって考案された制約であり、人々の相互作用を形づくる。[19]」（傍点筆者）

さらにノースは、こうも言っている。

制度を人間が自己に課す制約と定義することで、その定義は新古典派経済理論の選択理論的アプローチを補完するものになる。個人的選択を基礎にして制度の理論を構築することは、経済学と他の社会科学との間にある相違の調和に向けての一歩である。選択理論的アプローチは不可欠である。なぜなら、論理的に一貫し、潜在的に検証可能な仮説の集合は、人間行動の理論に基づかなければならないからである。[20]

このように新制度経済学は、制度を個人の活動に対する「制約」とみなす。主流派経済学は、自律した個人が自らの選好に従って合理的に行動する「経済人」を仮定している。制度は、その経済人の行動を制約する条件として設定される。新制度経済学は、経済人が制度の制約がある中でどのようにして自らの選好に従って合理的な選択を行うのかを分析するのである。

これに対してコモンズは「制度」を「個人の行為を操作し、解放し、拡大する集団行動」として定義した。これは、ノースによる定義と大きく異なるものである。

コモンズの制度経済学においては、制度は、個人の行為を「制約」するだけではない。制度は、個人の行為を「解放」し、「拡大」するものでもあるのである。[21]

たとえば、主権国家によって個人に付与される「自由権」という「制度」は、明らかに個人を解放し、その活動範囲の拡大を可能とするものであろう。「貨幣」という「制度」もまた、それがない場合にはあり得なかったような大規模な経済活動を可能とするものである。さらに言えば、「市場」と呼ばれるものもまた、個人の行為を解放し、拡大する「制度」として理解すべきであろう。

より重要なのは、制度経済学と新制度経済学の人間観における根本的な相違である。新制度経済学は、主流派経済学の分析枠組みを踏襲し、「経済人」という自律した原子論的個人を仮定している。新制度経済学の理論家たちは、主流派（新古典派）経済学の方法論こそが科学であるという観念にとらわれていた。ノースは言う。「新古典派理論は、規律された論理的分析枠組みを与えたことによって、経済学を卓越した社会科学とした。新古典派理論を放棄することは、科学としての経済学を放棄することである。[22]」新古典派のアプローチを否定する「旧」制度経済学は、ノースに言わせれば「科学としての経済学」ではないのだ。

これに対して、コモンズの制度経済学における人間は、社会的存在であり、「制度化」された存在であった。コモンズは、そのような人間観に立ったうえで、主流派経済学のように、経済を原子論的個人に還元して説明するのではなく、部分と全体の有機的な関係として包括的に解釈しようとした。コモンズの方法論は個人主義（individualism）ではなく、全体論（holism）であった。[23]

制度経済学と「新」制度経済学の制度の取り扱いの相違をより際立たせるために、コモンズが人類最初の「制度」であると言った「言語」というものについて、ジョン・サールの言語行為理論を参考にしつつ、多少、掘り下げて考察しておこう。

言語行為理論によれば、言葉というものには、物事の記述や報告にとどまらず、人間の行動を規定する規範的な力が宿っている。たとえば、「私は、明日必ず来ます」という約束の言葉は、単なる発話者の意図や信念の表現にはとどまらない。その約束の言葉は、約束を表明した発話者に対して、言葉どおりに必ず実行しなければならないという社会的な義務を課すのである。

このように、言語というものには、一定の行為を遂行させる規範的な力がある。サールは、この言語行為理論をさらに進めて、「制度」というもの一般が、言語のもつ規範的な力によって支えられているという社会理論を展開している。

たとえば、市場における経済活動において不可欠な「契約」という制度は、端的に「約束」であろう。契約書は、サインを記すことによって有効なものとなるが、それはなぜか。その理由は、サインという言葉が、その契約に書かれた内容を将来において必ず履行するという社会的な義務を発生させるからなのである。

私有財産権も同様である。たとえば、ある区画の土地の私有を「宣言」することで、「宣言」の言葉が他の者に対して、その土地に無断で立ち入ってはならないという義務を発生させるのである。

あるいは、企業や組合のような組織においても、その組織の規則という言葉が、その規則に従う義務を組織の構成員に対して課す。組織の構成員が規則に従うから、組織行動というものが可能になるのだが、その規則遵守行為を可能にしているのは、規則という言葉に宿る規範的な力なのである。

このように、契約、私有財産権、企業、組合といった「制度」には、人々の行動を律する規範的な力がある。サールは、その規範的な力の源泉は言語にこそあると言う。もちろん、制度や言語の規範的な力のみで、人々の行為を完全に規律できるわけではなく、警察や軍隊による物理的な強制力が必要になる場合もあろう。しかし、警察や軍隊といったものもまた「制度」である。暴力団やテロリストによる暴力行為とは異なって、警察や軍隊による物理的な強制力が正統なものとして人々に受け入れられるのは、警察あるいは軍隊という公式の「制度」に規範的な力があるからにほかならない。そして、その「制度」に規範的な力を与えるのが、言語なのである。

あらゆる制度の中で最も基底的な制度は、言語である。言語はあっても、私有財産権、貨幣、企業あるいは国家が存在しない社会というものは、あり得よう。しかし、その逆はあり得ない。私有財産権、貨幣、企業あるいは国家といった制度は、言語によって表象されているのであり、言語の存在なしでは考えられない。それは、あらゆる制度というものが言語によって創造されたものだからなのである。[24]

言語とは、社会的に共有された「制度」であるが、そもそも、人間というものは言語的動物である。人間は生まれ落ちた社会において成長する過程で言語を習得していくのであり、コモンズの用語に従えば、「制度化」されていくのである。人間が言語的動物であるということは、制度的存在であり、社会的存在であるということである。原子論的な人間などというものは存在し得ないのだ。

だとすると、原子論的個人を措定した理論に、言語の産物である「制度」を導入しようという新制度経済学の試みは、木に竹を接ぐようなものだということになろう。仮に原子論的個人なるものがいるとしたら、その者は言語を必要としない存在なのであり、したがって制度も必要としないはずなのだ。ノースは、「新古典派理論を放棄することは、科学としての経済学を放棄すること」だと述べたが、原子論的個人を前提とするような非現実的な理論は、とてもではないが科学とは呼べまい。(25)

サールが示した制度と言語に関する洞察は、第1章で論じた貨幣論とも深く関係している。

たとえば、表券主義は、貨幣を貨幣たらしめるものは国家権力であるとする学説であるが、国家は、ある表券が「貨幣」であると「宣言」することによって、それを貨幣とするのである。なぜ、国家が「宣言」するだけで、人々は表券を「貨幣」として当然に受け入れるようになるのか。それは、国家という正統性をもった制度による「宣言」の言葉が規範的な力を発生させるからである。

あるいは、信用貨幣論は、貨幣とは負債であるとする学説であるが、負債とは、将来の返済の「約束」にほかならず、そして「約束」こそ、言語のもつ規範的な力を示す端的な例である。

さらに国定信用貨幣論は、表券主義と信用貨幣論の理解に加えて、国家による司法機能や財政機能（租税の支払い手段としての受領）を重視するが、司法や徴税における強制力に正統性を与えるのは国家という制度であり、その国家という制度の根底には、規範的な力をもつ言語というものがある。

貨幣という制度は、究極的には、言語によって創造されたものなのである。そして繰り返しになるが、人間が言語をもつということは、人間は原子論的個人ではなく、社会的存在であるということだ。

主流派経済学が正しい貨幣観を得ることができない理由も、これで明らかとなろう。表券主義や信用貨幣論を受け入れるためには、少なくとも、原子論的個人である「経済人」の仮定は放棄しなければならない。

しかし、主流派経済学は、その方法論的個人主義から脱却することを拒否している。主流派経済学が、いつまでも金属主義的な貨幣観に固執し続けているのは、そのためなのである。

コモンズの貨幣論

主流派経済学には、正しい貨幣概念を導入することは不可能である。しかし、社会的存在としての人間を措定するコモンズの制度経済学であれば、正しい貨幣概念を採用することができるはずである。たとえばインガムは、貨幣について「計算貨幣の単位によって示された信用と負債の社会関係」と定義したが、「社会関係」とは、コモンズの制度経済学の概念を用いれば「取引行為（超・行為）」である。信用貨幣は「取引行為」の一形態として理解することができるのである。

実際、コモンズの貨幣観は、信用貨幣論であった。彼は、貨幣を定義して、次のように述べている。「貨幣とは、その現代的な意味においては、取引行為から生じる負債の創造、交渉可能性そして譲渡の社会制度であり、「貨幣は二義的な意味において交換手段である。――貨幣は、一義的には、負債の創造、移転、そして消滅の社会的な手段なのである。（中略）したがって、貨幣は、量という静態的な概念から、過程という動態的な概念へと転換すべきである。[26]」

金属主義の貨幣観に立つ主流派経済学は、交換手段としての貨幣から信用へと発展したと思い込んでいる。これに対して、コモンズは、貨幣は一義的には信用なのであって、交換手段としての利用は二義的であると述べている。[27] シュンペーターにならって言うならば、コモンズの説は「貨幣の信用理論」である。そして、すでに見たように、理論的にも歴史的にもコモンズの「貨幣の信用理論」の方が正しい。

主流派経済学は、その金属主義ゆえに、貨幣を「量」の概念で理解する。これに対して、コモンズは貨幣を「創造―移転―消滅」の「過程」としてとらえる。主流派経済学の貨幣概念が静態的であるが、制度経済学のそれは動態的である。それは、貨幣を「物」ではなく、信用の「取引行為」という、未来に向けての集団行動として理解しているからだ。

コモンズは、制度経済学の中心概念である「未来性」を題として冠した章の中で、マクラウド、シジウィック、ヴィクセル、カッセル、クナップ、ホートレーそしてフィッシャーといった先駆者たちを参照しつつ[28]、貨幣理論を弁証法的に展開している。

コモンズの理解によれば、負債が譲渡可能であると先駆的に論じたのはマクラウドだが、彼は未だ商品貨幣論にとらわれているところがあった[29]。これに対して、クナップは言わば「ドイツのマクラウド」であったが、「しかし、マクラウドとは違って、クナップの貨幣と負債は、商品ではなかった。それらは、譲渡可能な負債であり、負債の購入と債務者の免除のための負債の支払い共同体（pay-community）の協調行動であるという二重の意味において、制度であった[30]。」

ここで言及されている「支払い共同体」とは、『貨幣国定説』におけるクナップの用語である。クナップは次のように論じた。

銀行券という信用貨幣が銀行の顧客の間で支払い手段として用いられ、また顧客たちは銀行が銀行券を受け取ることを当然視している。銀行とその顧客たちの間で、銀行券を支払い手段にすることについてのルールが共有されているのである。「こうした顧客たちと銀行は、言わば私的な支払い共同体を形成している。」そして、信用貨幣が国定され、租税という負債の支払い手段となるならば、支払い共同体は公的なものとなる。「公的な支払い共同体は、国家である[31]。」国家とは、その政府が発行する国定信用貨幣（国民通貨）によって、まさに一つの「公的な支払い共同体」を構成するのである。

この「支払い共同体」という概念をコモンズは高く評価している。なぜなら、クナップの社会学的な理解は、制度経済学に合致するからだ。すなわち、信用／負債のルールを共有する支払い共同体とは、コモンズの用語で言えば、取引行為のワーキング・ルールを共有する「ゴーイング・コンサーン」にほかならない[32]。ただし、クナップは、貨幣＝負債と商品生産とを結びつける議論を展開しなかった。クナップの議論は、銀行のバランスシートの負債面、すなわち支払手段としての銀行預金に着目したものであった。これに対して、銀行のバランスシートの資産面、すなわち銀行貸出が生産活動に与える影響にまで考察を及ぼしたのは、ホートレーであった[33]。

我々は、アダム・スミスによる富の生産と獲得の個人的自由の想定ではなく、ホートレーによる富の生産と引き渡しの義務の想定から経済理論を始める。（中略）スミスにおいては、信用の理論と生産の理論は完全に分離していた。というのも、生産は交換価値のみを創造し、信用は別のストーリーを起点にしていたからだ。しかし、ホートレーにおいては、生産の理論は、同時に生産と信用の理論である。というのも生産は、商品を得る者には負債を、商品を引き渡す者には同等の信用を創造するからである[34]。

生産と信用を結びつけたホートレーの議論とは、要するに、次のようなものである。

商人が生産者に商品の注文を出すと、生産者は商品の生産に必要な費用（原材料費と人件費）を、銀行から借り入れる（この時、預金が同時に創造される）。生産者は、生産を行い、原材料費と賃金を支払う。生産者は、商人に商品を引き渡し、商人はその代金を支払うために銀行から借り入れる。生産者は支払われた貨幣を銀行への返済に充てる。商人は商品を消費者に販売し、消費者は労働者として受け取った賃金の内から代金の支払いを行う。商人は受け取った代金を銀行への返済に充てる。銀行への返済によって、預金は消滅する。「消費者の購買力は、商人が銀行から借り入れる信用から主に供給されている。信用は生産から生じ、消費において消滅する。[35]」

貨幣は、商品の生産に対する信用として創造され、商品の取引に用いられて、経済の中を循環する。コモンズは、「クナップの〝支払い共同体〟とは、履行共同体（performance-community）でもある[36]」と言う。「履行」とは、銀行融資によって実現する生産活動や商業活動のことである。

「支払い共同体」とは貨幣経済のことであり、「履行共同体」とは実物経済のことである。そして、両者は、表と裏の関係にある。これは、第2章の冒頭で参照したケインズの「生産の貨幣理論」と同じ理解である。

国家は、その政府が発行する国定信用貨幣を基軸として、無数の取引行為から構成される公的な「支払い共同体」となるが、信用貨幣は生産活動と密接な関係にあるため、国家は公的な「支払い共同体」であると同時に公的な「履行共同体」ともなる。公的な「履行共同体＝支払い共同体」とは、まさにマクロ経済、あるいは国民経済そのものと言ってよい。

そして、国民経済が一つの「支払い／履行共同体」であるということは、国民経済の動向は、信用貨幣の循環の過程によって決定的に左右されるということを意味する。

こうして、国民経済とは信用貨幣経済であるという理解を得ることができる。その結果、貨幣は実物経済に影響を与えないという「貨幣の中立性」の公理は、当然にして破棄される。そして、よく知られているように、この「貨幣の中立性」の放棄こそが、ケインズが引き起こした理論的革命の中核となるものであった。

資本主義の不安定性

こうして、コモンズの制度経済学は、信用貨幣論を通じてケインズのマクロ経済学と融合し得ることが明らかとなった。そのことをより明確にするために、今度は、コモンズの資本主義の不安定性に関する議論に焦点を当て、ケインズとの共通点を際立たせてみよう。

コモンズはマクラウドに言及しつつ、資本主義経済における市場の本質について、次のように説いている。

実業家が商品を購入するときは、物理的な物を購入するのではない。商品を売ったら入るであろう将来の貨幣所得に対する期待を買っているのである。銀行家が実業家の負債を買うときは、彼は債務者が彼の商品を売って、負債を弁済したときに入るであろう、将来の貨幣所得に対する期待を買っているのである。マクラウドによれば、いずれも、信用の購入なのである。(37)

消費者は、消費することで得られる効用を期待して、財を買う。これに対して、実業家は、将来の利益を期待して、財（資本財）を買う。この消費の市場とビジネスの市場の違いから、市場における需給の法則は、「消費者の需給の法則」と「ビジネスの需給の法則」の二つに分離することになるとコモンズは指摘する。「消費者の需給の法則」とは、財の価格が上がれば消費者の需要は減り、逆に、財の価格が下がれば消費者の需要は増えるというものである。

これに対して、「ビジネスの需給の法則」では、財の価格と需要の関係は、「消費者の需給の法則」とは正反対になる。実業家は、財の価格が上がると、その財をより多く買い占めようとする。なぜなら、価格上昇局面にあるときの実業家は、財の価格はこれからも上がり続けると予想し、上げ相場の市場で利益を増やせると期待するからである。逆に財の価格が下がるならば、実業家は価格の今後の下落を予想するので、その財を買うのを控えるようになる。財の価格が下がっている局面では、その財を現在、多く買えば買うほど、将来に売る時の損失は大きくなる。逆に、その財を現在、より多く売っておけば、将来の損失はより小さくなる。

「消費者の需給の法則」が成立するのは、小売市場と卸売市場から成る「商品市場」である。これに対して、「ビジネスの需給の法則」が成立するのは、貨幣市場と資本市場から成る市場であり、コモンズはこれを「負債市場」と呼ぶ。そして、この二つの市場における需給の法則は、まったく正反対のものである。

主流派経済学が価格メカニズムによる市場の均衡を言うとき、想定されているのは消費者であり、「商品市場」である。これに対して、実業家の世界である「負債市場」では、価格メカニズムは市場均衡をもたらさないのである。

この「商品市場」と「負債市場」という区分は、信用貨幣論から導き出されるものである。主流派経済学の貨幣観は商品貨幣論である。貨幣は商品の一種としてみなされ、貨幣と商品の区別がない。それゆえ、商品市場と貨幣市場もまた、区別されないのである。これに対して、信用貨幣論においては、貨幣は商品ではなく、負債の一種である。したがって、商品市場と負債市場という二つの異質な市場が存在しなければならなくなる。

しかし、商品の生産は、銀行が供与する信用によって行われる。このため、この「商品市場」と「負債市場」という二つの領域は、お互いに相反する動きをみせるにもかかわらず、銀行制度によって結びついてしまっているのである。

資本主義という経済システムは、言わば「商品市場」と「負債市場」の断層の上にあるがゆえに、本質的に不安定なのである。これについてコモンズは、次のように説明する。

消費者の購買力は、彼の収入によって制限される。他方、実業家の購買力は、銀行からの融資額によって制限される。ところが、銀行は、借り手の需要に合わせて、弾力的に貸出しを行うことができる。このため、実業家は、将来の価格が上がり、将来の利益が増えるという期待がある限り、銀行の貸出しのおかげで、財や労働力の需要を無制限に増やし続けることができるのである。[38]

しかし、将来の利益に対する期待とは主観的なものであり、そこに確実な客観的根拠があるわけではない。期待とは、心理的なものである。

実業家たちの心理が楽観に傾けば、将来の利益が増えるという期待が増し、財や労働力に対する需要を増やし続ける。そして、銀行は、その需要に応じて、貸出しを増やし続けるのである。こうして、ブームが起きる。逆に、実業家たちの心理が悲観に覆われ、将来の利益が増えるという期待をもつことができなくなれば、財や労働力に対する需要を減らすようになる。これが不況である。

問題は、銀行は無制限に貸出しを行うことができるところにある。このため、市場に将来に対する楽観が蔓延している際には、実業家は借金をいくらでも膨らませることができるのであり、その結果、過剰債務の罠に陥ってしまうおそれがあるのである。

商品市場であれば、需要の拡大は価格の上昇を招き、需要を抑制するという価格メカニズムが働くだろう。しかし、負債市場においては、需要の拡大による価格の上昇は、将来の利益に対する期待を高めて、さらに需要を拡大するというメカニズムが働いてしまう。債務の増加を抑制し、均衡を取り戻すような価格メカニズムは負債市場には内蔵されていないのである。

債務が過剰になった経済において、もし、一部の資力の弱い債務者が、何らかの理由で将来の債務の返済に不安を感じ、買いをやめて売りに転じた場合、それによるわずかな価格の下落が市場全体に急激に波及して、一般物価が下落し始める。すると、これまでとは逆のメカニズムが作動する。すなわち、価格の下落から将来の損失を予想した実業家たちは、いっせいに、財や労働力に対する需要を縮小させ始めるのである。その結果、銀行預金は急激に消滅し、信用貨幣が減少する。それが更なる物価の下落を招き、将来に対する悲観を強め、銀行預金がさらに消えていくという悪循環が始まる。これがデフレーションであり、恐慌である。[39]

主流派経済学の理論では、市場は価格メカニズムを通じて均衡し、安定することになっている。しかし、それは信用貨幣というものが存在しない物々交換経済を暗黙の前提とした世界であった。では、信用貨幣を導入すると、市場はどうなるのか。市場は、均衡に向かうのではなく、不安定に変動するようになるのである。資本主義とは、信用貨幣を基礎とする経済であり、そして、それゆえに本質的に不安定である。

同じことを制度経済学の概念を用いて言うならば、次のようになる。資本主義経済とは、一つの「ゴーイング・コンサーン」である。ゴーイング・コンサーンは、将来に対する期待に基づいて常に変動しているのであり、そこに市場メカニズムのような機械論的な均衡はない。人々の期待が楽観に傾けば、「ゴーイング・コンサーン」は活発に活動するが、逆に悲観に傾くならばその活動を鈍らせ、最悪の場合は停止する。前者が好況であり、後者が不況そして恐慌である。

これは、第2章で論じたミンスキーの「金融不安定性仮説」そのものである。コモンズも信用貨幣論を導入することで、ケインズやミンスキー同様、資本主義経済は不安定に変動するという結論に至ったのである。ゆえにコモンズもまた、公共事業という解決策に達する。念のため付言しておくと、コモンズは金融政策を軽視していたわけではない。それどころか、彼は、アメリカにおいて公開市場操作の重要性を経済学的に理解した最初の人物の一人であった[40]。

その上でコモンズは、将来に対する悲観が蔓延する恐慌時においては、銀行システムが機能不全に陥ることから、政府が失業者の救済や公共事業を行って、消費需要を直接創出することが必要だと説いたのである。ただし、納税者の既存の購買力を労働者に「移転」するだけでは、労働者の購買力全体は増えない。購買力全体を増やすためには、「新しい貨幣の創造」が必要であるとコモンズは論じている[41]。

こうした観点から、コモンズは政府が借入れを行うことには否定的であった。というのも彼の理解では、政府の借入れによる投資は、民間の投資の移転に過ぎず、投資全体を増やしているわけではないからである。

では、「新しい貨幣の創造」とは何か。それは、政府紙幣の発行であった。

この新たな貨幣は、商業銀行であれ、投資銀行であれ、中央銀行であれ、銀行によって創造され、発行されることはできない。なぜなら、恐慌の時期には、利益マージンが消滅し、銀行と協力して新たな貨幣を創造しようとする実業の借り手はいなくなるからである。実業の販売が依存する消費需要を創造するためには、政府自身が新たな貨幣を創造し、戦時中に行ったように、救済や公共事業のために、銀行システム全体の頭越しに、その貨幣を失業者に対して直接支払わなければならない[42]（傍点筆者）。

政府紙幣は、直接の購買手段として発行されるから、政府紙幣を労働者に渡せば、購買力は確かに増える。これに対して、中央銀行券や預金通貨は、返済を前提とした借り手があってはじめて発行されるものであるから、借り手がいなくなり、銀行が機能しなくなる恐慌時には、購買力を増やすことができない。コモンズはこのように考えたものと思われる。

しかし、第3章において確認したように、自国通貨建ての国債である限り、政府は返済不能とはなり得ない。したがって、恐慌時においては、政府が借り手となることができ、銀行システムを機能させることができるのである。

コモンズは政府の借入れによる投資は、投資全体を増やさないと考えているが、これは政府投資の増大が金利の上昇を通じて民間投資を相殺する「クラウディング・アウト」が念頭にあったのかもしれない。しかし、恐慌時には民間資金の需要は消滅し、金利はゼロにまで低下する。こうした状況下では、政府の借入れが金利の上昇を引き起こすことはあり得ず、したがってクラウディング・アウトの発生は想定し難い。さらに言えば、中央銀行が国債を購入すれば金利の上昇も抑制し得る。実際、デフレ下にある日本では、政府債務の増大にもかかわらず、長期金利はきわめて低い水準で推移してきた。

したがって、我々は国債に対するコモンズの懸念を受け入れる必要はなく、政策手段を政府紙幣に限定する必要もないであろう。それよりも重要なのは、コモンズがケインズ同様、銀行システムが機能しなくなる恐慌時には、失業者の救済や公共事業などの財政政策が必要になると考えているということである。さらに興味深いのは、コモンズが、それを「戦時中に行ったように」と表現していることであろう。

コモンズは、「制度」を「個人の行為を操作し、解放し、拡大する集団行動」として定義した。経済政策とは、経済制度の実施や変更のことである。それはすなわち、集団行動を操作し、人々を一定の方向へと動員するということを意味する。コモンズの制度経済学を現代に継承する数少ない理論家の一人であるダニエル・W・ブロムリーは、公共政策をまさに「個人の行動を制限し、解放し、拡大する集団行動」と定義している。[43]

ここで我々は、戦争と経済政策の類似性に思い至るであろう。

戦争においては、政府は国民を組織化し、戦争目的のために動員するが、その国民の組織化と動員を経済目的のために行えば、それこそがマクロ経済政策にほかならない。

したがって、マクロ経済政策とは、言わば総力戦の「民政化」であると言える。ニュー・ディール政策とは、総力戦を民政化した最初の事例であり、そしてそれを事前に理論化したのがコモンズの制度経済学なのである。

前章において明らかにしたように、制度経済学の産みの親は第一次世界大戦であったが、コモンズ自身も、経済理論は、世界大戦を契機として、個人主義的な古典派経済学から、集団行動の理論である制度経済学へと転換するのだと述べている。「ゆえに、最近の世界大戦の未解決の諸問題が、ロック、スミスそしてリカードが知らなかった労働の協調行動というものを前面に押し出し、経済力と政治力の所有へと向かわせたのである。そして経済理論は、競争する個々の所有権者の間の物理的な均衡の理論から、資本的そして労働的結合の双方による経済取引と政府の集合的操作の理論へと変化する。[44]」

世界大戦と恐慌

コモンズは、世界恐慌の最中である一九三三年に『制度経済学』を書きあげた。一九三〇年代の世界恐慌は、一九二九年のニューヨーク株式市場の暴落（いわゆる「暗黒の木曜日」）に端を発するものとして語られるのが一般的である。しかしコモンズは、世界恐慌を一九二〇年以降から続く長い不況の一環だと考えていた。

彼は、金本位制の崩壊をもたらした一九二〇年以降のデフレは、「自然の」傾向ではなく、第一次世界大戦中のインフレとそれに続く信用収縮によるものであったと主張した。信用を要因とする短期の循環とは別に、戦争に起因する長期の循環があるというのである。

コモンズの説明は次のとおりである。

戦時中には、戦争遂行のための商品と労働力に対する需要が発生し、その需要に対して、紙幣の増発や中央銀行の信用供与といった戦争金融が実行される。しかし、戦後は、軍需の消滅によって信用が収縮する。こうして「戦争循環（war cycle）」が発生する。その下降局面は、およそ三〇年続く。

たとえば、イギリスにおける一八一五年から一八四九年の景気後退は、それ以前の二一五年に及ぶ戦争の膨大な戦費を紙幣の発行によって調達した後のことだった。アメリカの一八六五年から一八九八年の景気後退の前にはアメリカ独立戦争や南北戦争などがあった。一九二〇年以降の景気後退も、戦争金融が行われた第一次世界大戦の後に続いている。

コモンズは、世界恐慌を、第一次世界大戦の終結を原因とする三〇年周期の「戦争循環」の一環だと主張したのである。[45]

世界恐慌の原因については、さまざまな研究者によって、これまで数多くの見解が提出されてきたが、「戦争循環」の一局面とするコモンズの説は、果たして妥当なのであろうか。

「戦争循環」なる現象について、コモンズは先に述べた以上には説明していない。しかし、一見して明らかなことは、その循環が、たとえば金融循環における信用のような内生的要因に基づくものではなく、戦争という外生的要因によって引き起こされるものだということである。

歴史上、戦争や革命といった外生的なショックによって金融危機が発生することはあり得る。チャールズ・キンドルバーガーは、そのような例として、一七一三年、一七六三年、一七八三年、一八一六年、一八五七年、一八六四年、一八七三年そして一九二〇年を挙げている。さらに彼は、戦争終結後七年から一〇年後に、すなわち危機が去ったという期待が裏切られたことが判明する頃に続いて起こる危機として、一七二〇年、一七七二年、一八二五年、一八七三年、そして一九二九年を挙げている。なお、キンドルバーガーが特定した中で、コモンズが言及したのと同じと思われる金融危機は、ナポレオン戦争終結後の一八一六年、南北戦争と関連づけられる一八六四年、そして一九二〇年と一九二九年である。[46]

また、キンドルバーガーは、一九二九年の金融危機について、第一次世界大戦中にヨーロッパ以外で生産が拡大し、戦後、ヨーロッパが復興して生産が回復した際に過剰生産が判明したことを、実物経済的な原因の一つとして認めている。[47] こうしたことから、「循環」という周期性を認めるか否かは別にして、大規模な戦争による不況という現象があり、そして世界恐慌の主な原因の一つが、第一次世界大戦の衝撃による需給の攪乱にあったとするコモンズの説は、妥当であると言えるだろう。

また、これとは多少異なる観点からではあるが、ピーター・テミンは「世界恐慌の起源は、おおよそ第一次世界大戦の混乱にある」と述べている。[48] しかも彼は、コモンズ同様、その第一次世界大戦起源の恐慌が同大戦開戦の一九一四年から第二次世界大戦に至るまでの、およそ三〇年間続いたと論じるのである。

ただしテミンは、世界恐慌が、第一次世界大戦の必然的かつ直接的な帰結であるとは考えていない。彼が重視するのは、第一次世界大戦が金本位制に強いた負荷である。

第一次世界大戦は、国際的な金本位制を停止に追い込んだ。もっとも、金本位制に対する信念が揺らぐことはなく、戦後、金本位制への復帰が行われた。しかし、戦後の国際政治経済情勢は、たとえばイギリスが債権国から債務国に転落するなど、戦前とは大きく変化していた。それにもかかわらず、金本位制への復帰が断行された結果、イギリスのポンドは過剰に切り上げられ、フランスのフランは逆に過剰に切り下げられ、国際不均衡が拡大した。また、ドイツとアメリカは、一九二〇年代末に、国際経済を安定化させる必要があったにもかかわらず、株式投機を恐れて金利を引き上げ、デフレ不況を引き起こした。しかも、アメリカのフーヴァー大統領は、金融危機の勃発にもかかわらず、金本位制に固執し、金融引き締めと緊縮財政を断行したために、危機はさらに悪化し、世界中に波及することとなった。テミンはこのように論じている[49]。

第一次世界大戦が金本位制に強いた負荷は、国際経済環境だけではない。国内の政治社会環境もまた、世界大戦によって金本位制に不適合なものへと変化していた。

金本位制においては、ある国が輸入超過に陥ると、金《きん》が貿易相手国に流出する。それによって国内の貨幣供給量が減少して物価が下落する。それが消費の減退と輸出競争力の向上をもたらし、結果として対外収支の均衡が回復するという自動調整メカニズムが想定されている。変動相場制であれば、輸入超過国の通貨が減価することで対外収支均衡への調整が図られることになる。しかし、固定相場制である金本位制の下では、対外収支の不均衡は、通貨の減価ではなく、貿易赤字国における物価の下落と消費の減退によって調整されることとなる。金本位制は、対外均衡のために、国民にデフレ不況という犠牲を強いるという制度なのである。

もっとも、各国の労働者がデフレ不況に伴う賃金の下落あるいは失業に耐え忍んでいた間は、金本位制は維持され得た。そして、この金本位制が、一九世紀末から第一次世界大戦前までの未曽有の金融のグローバル化をもたらした。金融のグローバル化が当時の水準にまで回復したのは、一九九〇年代以降のことである。[50]

しかし、前章において指摘したように、第一次世界大戦の経験を経て労働組合運動が盛んとなり、労働者は政府に対して権利を強く主張するようになった。さらに第一次世界大戦は民主化も促進した。戦後、欧米各国で普通選挙が実施されるようになり、多くの労働者が参政権を有するようになったのである。労働者たちは、もはや景気後退、賃金の下落、失業を黙って耐え忍ぶ存在ではなくなり、自分たちに犠牲を強いるような経済政策に対しては、声を上げるようになった。言わば経済政策が民主化されたのである。

こうなると、少なくとも民主国家においては、もはや金本位制を維持することは不可能になる。ダニ・ロドリックが言うように「民主政治は、金本位制の絶対視と整合しない」のである。[51]

このように第一次世界大戦は、国際政治経済環境と国内政治社会環境の双方を、金本位制には不適合なものへと変質させていたのである。それにもかかわらず、大戦後の各国の政治指導者たちは、この大きな環境変化を無視して、従来の経済自由主義の信念に固執した。そして、「常態への回帰」を目指して金本位制を復活させ、それを維持しようとした。その帰結が世界恐慌である。このような歴史的な文脈の中に置いて、世界恐慌を解釈するならば、第一次世界大戦は確かに世界恐慌の構造的な原因であったと言える。

もっともコモンズはテミンとは違って、第一次世界大戦と世界恐慌の因果関係について、金本位制を介在させて説明しているわけではない。コモンズが信用貨幣論を支持し、金本位制への復帰を批判したことで知られるケインズやホートレーに言及しているにもかかわらず、世界恐慌の最中に書かれた『制度経済学』の中で金本位制の問題に深く立ち入らなかったのは、いささか意外に感じる。しかし、世界恐慌の本質を、第一次世界大戦からおよそ三〇年にわたる国際情勢の文脈の中で理解しようとする視座において、コモンズとテミンは共通している。

また、コモンズは、この恐慌を克服するには国際協調が必要であることも認識していた。各国が政策協調によって対処しなければ、この第一次世界大戦に起因する恐慌は、およそ三〇年間、すなわち一九五〇年まで続くだろうと彼は予想している。

これを書いている一九三三年一一月時点で、各国は、経済的であれ、貨幣的であれ、軍事的であれ、国内的及び国際的利害衝突の問題すべてに対して行動を共にすることに決定的に失敗しており、未来は予測不可能である。危険割引率は一〇〇%だ。

ヴィクセルの提案以来、あらゆる理論が実践的に合意し得ることは一つだけである。――協調行動によって長期のデフレからの回復を始めることは、同様の行動によってデフレの原因となるインフレを止めることよりも難しいということだ。[52]

戦後のブレトン・ウッズ体制の構想が一九三〇年代の反省から発したことからもわかるように、この時代は国際協調体制によって世界的危機を克服することができなかった。

しかしながら、その代わりに各国は、アメリカのニュー・ディール政策を筆頭に、国家による経済管理を強めることで、危機に対処しようとしていた。コモンズは国際協調の欠如と未来の不確実性を嘆きながらも、「管理された経済」の画期的な意味を制度経済学によって理論的に察知した。そして、次のように記したのである。

我々は、一九三三年一一月に、本書の執筆を終えている。過去八カ月の間に――歴史上、初めて――、大国の指導者が、あらゆる過去の恐慌の後にあった自動的な回復に代えて、管理された回復（managed recovery）への道を指し示した。一八四七年と一八九七年の二度の大戦争の循環の帰結として、過去に二回だけ、同様の落ち込みを経験した。しかし今回は、戦争による決定的な繁栄の頂点の後から三〇年以上ではなく、一三年以下にして、各国は、回復を自然の法則に委ねることなく、管理された回復を手中に収めたのである。レーニンの共産主義とムッソリーニのファシズムに始まり、ルーズヴェルトの民主主義、ヒットラーのナチズム、日本の軍国主義など、異なる国々がそれぞれのやり方で、その資本主義的文明の戦争からの管理された回復を追求していた[53]。

信用貨幣を内生する資本主義経済は本質的に不安定なものであり、いったん不況に陥ると、そこから自動的に回復するまでに三〇年以上という長い時間を要する。失業や貧困が、そのように長期にわたって続くのは耐え難い。しかし、一九三三年、ついに「管理された回復」という道が見出された。ただし、その「管理された回復」の道を見出したのは、ロシアでは共産主義、イタリアではファシズム、アメリカではニュー・ディール政策、ドイツではナチズム、そして日本では軍国主義など、社会主義的な体制であった。

コモンズが、史上初の「管理された回復」が始まったのが一九三三年だとしているのは、きわめて重要である。なぜなら、テミンをはじめとする現代の世界恐慌の研究家たちが、世界恐慌からの回復が始まった年としているのも、まさに同じ一九三三年だからである。しかもコモンズは、そのことを同時代において断言したのであった。

戦争と経済理論

コモンズは、戦争に起因する景気変動を指して「戦争循環」と呼び、世界恐慌を戦争循環の一環とみなした。

ただし、戦争循環には、景気変動に加えて、もう一つの重要な意味が与えられていた。それは、戦争に起因する経済理論のパラダイムの転換である。

『制度経済学』の序文には、まさにこう記されている。「新しい思想や理論の創始者は、革命的な戦争の前後、すなわち私が戦争循環とよぶものの間に出現した。」[54]

その革命的な戦争の循環としてコモンズが特定するのは、英米圏においては、一六八九年の名誉革命、一七八九年のフランス革命、一八六一年の南北戦争、ヨーロッパにおける一八四八年革命、そして一九一四年に始まった第一次世界大戦と革命である。

コモンズは自らの理論の遍歴も、この戦争循環の一部として位置づけている。彼の一八九三年の処女作『富の分配』は南北戦争以後の循環に属し、一九二四年の『資本主義の法的基礎』と一九三四年の『制度経済学』は第一次世界大戦以降の循環の一部を成しているというのである。[55]

コモンズによれば、経済思想史は戦争循環とともに、次のような変遷をたどったものとして理解される。

まず、一六八九年の名誉革命における新理論の創始者は、ジョン・ロックである。「ジョン・ロックは、革命的な一七世紀イングランドの産物である。」[56]

ロックは、王権の絶対性に対抗すべく、自然法に基づいて所有権を正当化し、さらに所有権を労働と結びつけ、労働の成果はその労働を行った者に属すべきであるという説を生み出した。ロックはこの所有権理論によって名誉革命を正当化しようとしたのだが、このロックの理論は労働価値説の原型となり、後に経済理論の基礎を形成することとなったのである。

名誉革命がロックの理論によって正当化されたように、革命や戦争によって成立した新体制は、自らを正当化する理論を採用する。一七八九年のフランス革命はアダム・スミスの理論を採用し、フランス革命以降の時代は、マルサス、リカードの古典派経済学がパラダイムとなった。ロシア革命はマルクスの理論を採用した。

「そして我々は、もう一つの世界大戦から派生した経済理論の革命の只中にいるのである。」[57]

方法論的個人主義に基づく古典派経済学から、集団行動の科学としての「制度経済学」へとパラダイムを転換しようとするコモンズの試みは、第一次世界大戦によって引き起こされた戦争循環の一環だというのである。コモンズは、自らが築こうとする制度経済学の理論体系の中に、自分自身すらも位置づけていた。

コモンズは、アメリカにおける戦争循環として、南北戦争と第一次世界大戦を挙げている。第一次世界大戦による経済体制や経済思想の大転換についてはすでに述べたとおりであるが、南北戦争もまた、アメリカの経済体制及び経済思想に極めて大きな影響を及ぼしていた。[58]

南北戦争が始まる前の一八六〇年、アメリカ陸軍の規模は一万六〇〇〇人程度であり、連邦政府予算は六三〇〇万ドル、連邦政府職員は二一九九人に過ぎなかった。しかし、開戦から四年後には、連邦政府予算は一二億ドルにのぼり、陸軍は一〇〇万人以上に膨れ上がり、連邦政府職員も五万三〇〇〇人を超えた。

南北戦争中の連邦政府は、国内最大の購買力を有する主体となり、巨額の政府調達が鉄鋼産業、繊維産業、靴製造業、食肉卸売業などの成長を促した。また、軍事関連物資の調達の必要から、連邦政府自身が衣料工場、医学研究所、食肉卸売業などを経営するようになり、軍事工場も拡大した。特に、有名なマサチューセッツ州スプリングフィールド造兵廠は、戦時中のピークには三〇〇〇人の労働者を雇い、年間三五万丁のライフル銃を生産したが、そこで採用された生産方式は、第6章において述べたように、大量生産方式の先駆けとなった。

また、財政需要の逼迫から税制改革が行われた。戦前の連邦政府の歳入は、その約八割が関税収入によって占められていたが、戦時中は、関税率の引き上げにもかかわらず税収が足りなくなり、一八六一年、アメリカ史上初めて、所得税が導入された。さらに一八六五年内国歳入法によって、印紙税、消費税、贅沢税、総収入税、相続税、工業品に対する付加価値税といった一連の新税が導入され、内国歳入庁が設立された。その結果、国内を財源とする連邦政府の歳入は、一八六四年には全体の四一%、翌年には六三%に達し、それ以降は、一八七〇年代に所得税が廃止されてもなお、三二%を下回ることはなくなったのである。

戦費調達の必要性は、貨幣制度や銀行制度の改革も促した。一八六二年、議会は法貨法を可決し、財務省に対して一億五〇〇〇万ドルの地金の裏付けのない政府紙幣、いわゆる「グリーンバック」の発行の権限を与えた。一八六五年には、四億五〇〇〇万ドルのグリーンバックの発行が認められた。これによって、国民通貨ドルが確立することとなった。

リンカーン政権は、国債の購入に同意した銀行に銀行券の発行の独占を認めた。さらに一八六三年と六四年の国法銀行法により、連邦政府の認可によって設立された国法銀行は国債を資本金として、グリーンバックを兌換準備として保有することが義務付けられた。「つまり、ほとんど一夜のうちに、全国的な銀行システムが出現したのである。[59]」

また、五〇ドルという小口の戦時国債が一二億ドル分も発行され、一般国民に広く購入された。これは、国債を通じて借り手(国家)と貸し手(国民)を同一化させるという「ダッチ・ファイナンス」とまさに同じ手法である。アメリカでは、建国以来、公債の発行を危険視するトーマス・ジェファソン以来の伝統的な価値観が根強かった。しかし、南北戦争がそれを一変させたのである。[60]

南北戦争中には、内国歳入庁に加えて、農業省、移民局、国立科学アカデミーなど、新たな行政機関が続々と設立された。議会は積極的な立法活動を行い、一八六二年のホームステッド法、モリス農業大学法、一八六四年の移民法を成立させた。一八六三年には国家レベルで初めて徴兵制が導入された。また、軍事戦略的に重要な鉄道についても、政府の規制や介入が強められた。こうして、大統領や連邦政府の中央集権的な権限が大幅に強化され、各州の権限が弱められていったのである。

国民の動員による社会的移動性の向上は、国民統合を促進する効果をもつ。黒人兵の戦争参加や奴隷制の廃止によって、戦後、黒人のアメリカ国民への統合が進んだ。また、労働運動や女性運動も盛んとなった。南北戦争は、アメリカの国民意識を創造したのである。「一八六〇年以前、アメリカは緩く構造化された主権国家であった。一八六五年の後になって初めて、アメリカは国民国家にもなったのである。」[61]

もっとも、南北戦争が終結し、戦時動員体制が解除されると、軍や官僚組織は戦前の水準までには戻らなかったとはいえ、大幅に縮小された。ヨーロッパ諸国における大規模な戦争においては、「置換効果」により、戦後も政府の規模が維持されるという現象がみられたが、それとは対照的である。ヨーロッパ諸国の場合、戦争が終わっても、再び敵国の侵略を受ける可能性があった。これに対して、アメリカは海に囲まれているという地政学的環境ゆえに、戦争の再発を恐れる必要がなかったことに加え、元来、地方分権的な連邦制であったために、非常時の臨時的な中央集権体制は、戦争の終結とともに解除されることとなったのであろう。[62]

とはいうものの、アメリカが戦前のジェファソン的な国家に再び戻ることはなかったのである。南北戦争を契機とする高関税はその後も維持され、国内産業を保護し、大規模な国内市場を創出した。また、ホームステッド法その他の立法や鉄道建設の促進により、アメリカ経済は第二次産業革命の波に乗り、「競争的経営者資本主義」を形成して飛躍的な経済発展を遂げた。第8章で述べたとおり、一九世紀後半のアメリカの経済大国化において国家の果たした役割には少なからぬものがあったが、その国家の能力を引き出したのは南北戦争であった。アレクサンダー・ハミルトンが構想した国家体制は、南北戦争によって実現したのである。

また、南北戦争の経験によって、国家には大規模な資源動員を実行する能力があることが知られるようになった結果、国家政策による社会改良という意識が高まるようになった。その現れが、一九世紀末のアメリカにおける革新主義という社会改良運動である。ただし、この革新主義の運動が経済自由主義のパラダイムを覆し、ニュー・ディール政策として実現するに至るまでには、さらに第一次世界大戦の経験を経る必要があったのは、前章において論じたとおりである。

この南北戦争と第一次世界大戦を転換点としたアメリカの経済体制と思想の変遷は、コモンズ自身が認めているように、彼の思想の形成過程とも軌を一にしている。

『資本主義の法的基礎』の序文の中で、コモンズは、南北戦争から第一次世界大戦までの時期に著した『富の分配』について、「快楽主義的な心理学と法的権利と社会関係」という「混ざり合わないものを混ぜ合わせようとしたもの」と評している。しかし、その後の彼は、労働問題の研究やウィスコンシン州における立法作業への関与、あるいは判例の研究などの経験を通じて、経済における法と制度の問題の探求へと向かったのであり、その成果が『資本主義の法的基礎』として結実したと述べている。[63] 言わば、「法的権利と社会関係」を、快楽主義的な心理学ではなく、集団行動の科学という「混ざり合うもの」と混ぜ合わせたのである。[64]

この『資本主義の法的基礎』の中で展開された法、制度、ルールの理論や「ゴーイング・コンサーン」の概念が、後に『制度経済学』へと発展することとなる。そして、『制度経済学』の序文が述べているように、この『富と分配』と『資本主義の法的基礎』及び『制度経済学』の間に起きたのが、第一次世界大戦へのアメリカの参戦であった。

「法的権利と社会関係」に関心が向きながら、「快楽主義的な心理学」の呪縛から逃れられていなかったコモンズの『富の分配』は、まさに中央集権的な政府による経済介入の可能性が示されていながら、従来の経済自由主義のパラダイムを崩すことができなかった南北戦争以後のアメリカの体制と精神を反映するものと言えるかもしれない。そのコモンズが「法的権利と社会関係」の理論となるべき集団行動の科学にたどり着き、制度経済学という新しい理論の創始者となり得たのには、彼自身が示唆するように、第一次世界大戦という大いなる衝撃があったのである。

資本主義の改革

コモンズが景気回復には積極財政による雇用創出が必要であると考えていたことは、すでに確認した。ただし彼は、それだけで充分であるとしていたわけではなかった。不況に対する対症療法のみならず、根本的な治療として、資本主義の制度や構造を再構築することが必要である。コモンズは、資本主義のあり方そのものまでも視野に入れていたのである。

当時のアメリカの資本主義の形態を、コモンズは「銀行家資本主義」と呼ぶ。「それは、政治的な統治よりも強大な銀行家たちによる経済統治である。その制裁は国家による物理的な強制ではない――信用、利益、損失という、より強力な制裁なのである。[65]」

アメリカの銀行家資本主義においては、銀行制度が発達し、それが生産活動を円滑にしているため、製品やサーヴィスは豊富に供給されており、経済的には豊かである。しかし、それゆえに供給過剰によるデフレと失業が発生する。ケインズやデューイが指摘した「豊富の中の貧困というパラドクス」が問題となるのである。

そこでコモンズは、この銀行家資本主義の欠陥を是正すべく、多岐にわたる制度改革を提案している。

まず、金融市場の規制である。これにより投機を抑制し、善意の資本家を保護することで、投資家の「確信（confidence）」を保障するのである。金融危機時においては、投資家の確信が損なわれ、資本主義は機能不全に陥る。しかし、銀行家資本主義には自動的な調整により回復に向かうメカニズムは内蔵されていない。それゆえ、景気回復には、政府介入による強制が必要となる。コモンズはこれを「強制された回復」あるいは「管理された回復」と呼ぶが、金融市場の規制による投資家の確信の回復は「強制された回復」の一つである。

また、ＦＲＢのような中央銀行が銀行システムを監督することも重要である。加えて、労働保護法制や労働組合の組織化も「強制された回復」にとって重要である。これにより賃金の上昇が図られるとともに、生産が抑制され、供給過剰を是正するからである。(66)

コモンズは、銀行家資本主義がもたらす供給過剰の問題をマクロ経済的に是正するには、「合理化（rationalization）」が必要だとする。合理化には、三つの段階がある。

第一段階は、技術者に対する「科学的管理法（Scientific Management）」であり、これはアメリカにおいてフレデリック・テイラーが二〇世紀の変わり目に導入した。これは工場内の生産の無駄を省くことによる効率化である。

第二段階は、産業全体に対する「規制化（Regularization）」であり、これは第一次世界大戦中のドイツでヴァルター・ラーテナウが導入した。これは、産業内の供給過剰という無駄を省くことによる効率化である。

そして、第三段階は、国内の全産業に対する「国家計画会議（National Planning Council）」である。これは、国民経済における過剰供給という無駄を省くことによるマクロ経済の効率化である。ただし、この段階になると、国家計画会議は計画を立てるだけではなく、国家の指令の助けを借りて、供給過剰を是正することになるため、もはや自由放任経済はあり得なくなる。

コモンズは、このように合理化を三段階に区分するのであるが、興味深いのは、この三段階はいずれも戦争と関係しているということである。

まず、第一段階は、南北戦争に起源をもつと言える。というのも、「科学的管理法」に代表される大量生産方式は、その原型を南北戦争中のスプリングフィールド造兵廠に見出すことができるからである。そして、第二段階は、第一次世界大戦中に始まっている。さらに、第三段階については、それが第二次世界大戦へと向かう道の途上にあることを我々は知っている。

第一段階は企業の経営戦略であり、第二段階は産業政策であるが、第三段階はマクロ経済政策となる。この第三段階に至って初めて、供給過剰の是正、すなわちデフレ不況からの脱却が可能となる。
問題は、自由民主主義の下で、かような「管理された経済」が可能か否かである。イタリアのファシズムやロシアの共産主義は、自由民主主義を放棄することで、計画経済を可能とした。しかしイタリアやロシアにおいてそれが可能であったのは、資本主義が未熟だったからである。他方、アメリカの資本主義は豊かであり、資本は広く国内に分散し、普通選挙権があり、最高裁判所を頂点とする法の支配も存在する。アメリカには、イタリアやロシアの計画経済とは異なる「管理された経済」のシステムが必要なのである。[67]
では、自由民主主義と両立可能な「管理された経済」とは、如何なるものであろうか。この問いに答えるには、経済制度を集団行動のあり方の問題としてとらえる理論が必要になる。

これは、制度経済学として知られつつある現代経済学の問題である。制度とは、個人の行動を操作し、開放し、拡張する集団行動に過ぎない。それは共産主義かもしれないし、ファシズムかもしれないし、資本主義かもしれない。フランス革命の経済哲学は集団行動を廃止するものだったであろう。今日の経済哲学は、世界中で、集団行動の哲学となっている。人々から経済的自由を剥奪するものは、失業と貧困である。それは変革を阻止し、人々から政治的自由を剥奪する一歩となるに過ぎないが、ただし必然の一歩である。人々は、自発的な団体であれ政党であれ、集団行動によって自由を保持しているのである。[68]

共産主義であれ、ファシズムであれ、資本主義であれ、それらは制度なのであり、そして制度とは集団行動の形態のことである。銀行家資本主義は、失業と貧困をもたらし、経済的自由そして政治的自由を損なう。自由が損なわれるという意味では、アメリカの銀行家資本主義の問題は、共産主義やファシズムと同じである。そうであるならば、銀行家資本主義という「制度＝集団行動」を改変することによって、自由民主主義と両立する新たな経済システムを再構築しなければならない。

コモンズの念頭にあった構想は、ある種のコーポラティスト国家であった。それは、政党、産業団体、労働組合あるいは農業協同組合など無数の自発的な中間組織が存在し、相互に、あるいは政府と調整を行って経済を運営するというものである。「こうした団体こそが、自由な個人行動の古い個人主義に代わって、共産主義、ファシズムそして銀行家資本主義から現代の自由主義と民主政治を避難させる場となるのである。[69]」

この構想は、再びケインズとも共鳴するものである。ケインズは一九二五年の「自由放任の終焉」の中で、こう述べている。「多くの場合、管理と組織の単位の理想的な規模は、個人と現代国家の間のいずれかにあると私は信じている。したがって、進歩は国家の中の半自律的な団体の成長と承認にあると思う。(中略)それらの団体は、通常においては、それらの慣例的に定められた限界の範囲内で自律的に活動するが、最後の手段としては、議会を通じた民主主義の主権に従うことになるのである。[70]」

コモンズは、彼の提案する新たな経済体制は自由民主主義を損なうものではなく、むしろ守るためのものであると主張したが、ケインズも同様であった。『一般理論』の最終章には、こう記されている。

> 消費性向と投資誘因とを相互に調整する仕事にともなう政府機能の拡張は、一九世紀の評論家や現代のアメリカの銀行家にとっては個人主義に対する恐るべき侵害のように見えるかもしれないが、私は逆に、それは現在の経済様式の全面的な崩壊を回避する唯一の実行可能な手段であると同時に、個人の創意を効果的に機能させる条件であるとして擁護したい。[71]

同じころ、デューイも「我々は組織化された努力を通じて、人間がより高次の価値を追求するエネルギーを開放するために、物質的な安全と豊かさを確保する社会化された経済(socialized economy)を構築すべきである」と主張していた。「社会化された経済」は、個人の自由や能力の発揮という自由主義の理想を実現するためにこそ必要なのである。「初期の自由主義は、ばらばらの競争する個人の経済活動を、社会的な福利という目的のための手段とみなしていた。我々はその見方を逆転させ、社会化された経済は、自由な個人の発展という目的のための手段であるとみなさなければならない。(72)」

コモンズ、ケインズ、そしてデューイは、いずれも「管理された経済」は自由主義と両立し得るというだけではなく、むしろ自由主義のために必要となると論じている。彼らは、自由放任を基本とする古典的な自由主義とは異なる、新たな自由主義の理念を打ち出したのであった。

そうした新たな社会哲学を展望した思想家として、この三人にカール・ポラニーを加えてもよいであろう。ポラニーは、労働、土地そして貨幣を市場の支配から切り離すことを提案する。労働については、労働環境、労働時間、賃金などの決定を契約のみに委ねるのではなく、労働組合や国家その他の公共機関によっても規定するようにする。土地は、自作農場、協同組合、町区、学校、教会、公園などの制度と結びつけられる。そして貨幣は紙券貨幣となって金本位制から切り離され、中央銀行が統制することとなり、国家は機能的財政を導入する。このように規制と統制によって市場を制限することで、自由はむしろより拡大するのである。(73)

もちろんファシズムを引くまでもなく、規制と統制が自由を抑圧するような場合もあるが、それは必然というわけではない。自由を是認する規制や統制という理念もあり得るはずだ。第二次世界大戦末期の一九四四年に、ポラニーは、このような期待を込めつつ『大転換』を次のように締めくくっている。

あらゆる人々に対して、より豊かな自由をつくり出す任務に誠実であるかぎり、権力あるいは計画化が、それらの築きつつある自由を意図に反して破壊するであろうなどと恐れる必要はない。これが、複

合社会における自由の意味である。そしてそれは、われわれの必要とするあらゆる確信を与えてくれるのである。(74)

第14章

戦争の経済的帰結（2）

ピケティとシュンペーター

トマ・ピケティは大著『21世紀の資本』において、膨大な統計データを示しつつ、欧米および日本の所得格差が二〇世紀後半以降、劇的に縮小したことを示した。たとえばイギリスやアメリカの富裕層の上位一%が国民所得に占める比率は、一九一〇年にはイギリスが約二二%、アメリカは約一八%であったが、一九六〇年代には両国とも一〇%を下回るようになっている。フランス、ドイツ、スウェーデン、日本についても一九一〇年には一七%を上回っていたが、一九六〇年代には同様に一〇%以下となっている。[1]

また、イギリス、フランス、ドイツの民間財産は、一九一〇年には国民所得の六〜七年分であり、アメリカでも五年分近くまで達していたが、一九六〇年代にはイギリス、フランス、ドイツは三年分程度かそれ以下であり、アメリカでも四年分を下回っている。[2]

何が、二〇世紀後半の先進各国における所得格差を大きく縮小させたのであろうか。これについてのピケティの答えは、身も蓋もないものであった。それは、二度にわたる世界大戦であったというのである。「二〇世紀に格差を大幅に縮小させたのは、戦争の混沌とそれに伴う経済的、政治的ショックだった。平等拡大にむけた、段階的同意に基づく紛争なき進展が見られたわけではない。二〇世紀に過去を帳消しにし、白紙状態からの社会再始動を可能にしたのは、調和のとれた民主的合理性や経済的合理性ではなく、戦争だった。」[3]

ピケティは、世界大戦がもたらしたショックとして、まず、軍事衝突や爆撃による建物、工場、インフラ等の物理的資本の破壊を挙げる。特にドイツやフランスが受けた被害は甚大であった。

しかし、より大きな要因となったのは財政的・政治的な影響であったとピケティは言う。その一つは、革命による収用や植民地の独立によって、植民地など海外で保有していた資産が失われたことであり、これはヨーロッパ諸国、特にイギリスにおいて特に顕著であった。また、度重なる不況によって富裕層の所得は激減し、一九三〇年代の世界恐慌によって多くの株主や債券保有者が破綻した。さらに第二次世界大戦後は、家賃統制政策によって住宅価格が低く抑えられ、家主が不動産から得られる利益は減少した。株式についても、世界恐慌と戦後の国有化によって株式市場に対する信頼が揺らぎ、さらに金融規制、配当課税、利潤課税が導入されて、株主の力を減殺したのである。アメリカは、ヨーロッパ諸国ほどには戦争による打撃を受けなかったが、世界恐慌期には家賃統制政策などが導入され、また累進課税に関してはヨーロッパ諸国以上に強化された。[4]

こうした政策に加えて、インフレもまた、再分配の機能を強力に果たす結果となった。[5] ケインズが『貨幣改革論』の中で述べたように、インフレは債権の価値を実質的に引き下げるため、債権者たる金融階級には不利に、債務者たる労働者階級には有利に働くからである。

二度の世界大戦が、資本主義を従来とはまったく異なるものへと大きく転換した。このことについては、すでに第二次世界大戦の終結直後に、ジョセフ・アロイス・シュンペーターも着目していた。それだけではなく彼は、社会主義の到来を予言したのであった。なお、「社会主義」についてシュンペーターは、「何らかの公的権威が生産過程の管理を行う制度」(6)と広く定義していることに留意が必要である。彼の念頭にあった「社会主義」とは、ソ連において成立したような経済体制に限定されるものではなかったのである。

シュンペーターは、資本主義が失敗して崩壊するのではなく、むしろ資本主義の発展と成功がそれを支える社会制度を破壊することで、社会主義へと移行するであろうという歴史観を抱いていた。その潮流自体は一九世紀後半から始まっていたのであるが、第二次世界大戦は、それを決定づけるものであると、彼は判断したのである。

シュンペーターは、第一次世界大戦が終結した年に書かれた『租税国家の危機』の末尾において、すでに社会主義の到来の可能性に言及していた。

シドニー・ウェッブは、第一次世界大戦中の戦時経済の経験から社会主義の実現可能性を確信したが、シュンペーターは、一九一八年の時点では、ウェッブとは異なり、社会主義の実現の時期はまだ来ていないと判断していた。ただし、『租税国家の危機』は、次のような予言で締めくくられている。

> しかし、その最後の時刻は来るだろう。しだいしだいに、経済の発展と、それにともなう社会的共感の環の拡大によって、私企業はその社会的意義を失ってゆくであろう。これは、一九世紀後半の諸傾向の進路のうちに予告され、そして存在しているのであって、世界大戦で頂点にたっしたところのものすべては、おそらく、その最後の錯行だったのである。社会は私企業と租税国家を超えて進展する――戦争の結果としてではなく、それにもかかわらず、である。これもまた確実である。(7)

シュンペーターは、第一次世界大戦中の戦時経済は、戦後になれば元の自由主義経済に戻るであろうと考えていた。資本主義は未だ強力であり、社会主義への移行の機は未だ熟していないからである。実際、シュンペーターの見込みどおり、第一次世界大戦後は「常態への回帰」のスローガンの下に、経済自由主義的な秩序の再建が図られた。それが世界恐慌を招いたことは、第12章で見たとおりである。

しかし、シュンペーターは、第二次世界大戦後の一九四六年七月時点では、「われわれはこの戦争の終結にあたって、一九一八年のそれとは本質的に異なるような経済情勢や社会的雰囲気や政治勢力の分布等に直面するであろう[8]」と述べ、社会主義の到来の機が目前に迫ったと診断した。

すでに世界恐慌期以降、ニュー・ディール政策に典型をみるように、個人貯蓄を抑制するような重い累進課税、労働法制の整備、大企業に対する規制の強化、公共投資の拡大など、国家による経済管理が飛躍的に強化された。資本主義は世界恐慌以前とは大きく変質し、政府が主導し、公共投資によって補完されるものとなった。シュンペーターは一九四三年の論文の中で、この新たな経済システムを「酸素吸入装置付きの資本主義」あるいは「指導された資本主義」と呼んでいる。そして「指導された資本主義は、国家資本主義へとしだいに変化していくであろう。それは政府所有と選択的な産業運営、労働市場と資本市場の完全な支配、国内企業及び海外企業における政府の主導といった特徴を有するシステムである。[9]」

こうして資本主義は「国家資本主義」へと転換し、やがて社会主義の成立を迎えるであろう。第一次世界大戦後とは異なり、もはやかつての経済自由主義的な「常態への回帰」は起きえない。

事業や実業階級に対する戦争のための徴税が、一九一九年以後に減少されたような比率に減少される国は一つもないであろう。このことはそれだけで、資本主義の原動力を永久に麻痺せしめ、かくて政府管理を是とする他の議論を提供せしめるに足るものであろう。インフレーションは、たとえば合衆国においては、現在の政治的類型のもとで不可避的と思われる以上には進行しないとしても、なお直接的および間接的——すなわち、公債や保険証書の価値が削減せられた保有者を急進化せしめることによって——に多くの影響を与えるであろう。さらに一九一八年後の経験がわれわれに確信せしめるであろう程度に、戦時統制が清算されるところはどこにもないであろう。戦時統制は他の目的に転用されるであろう。アメリカにおいては、戦後調整を政府が管理せよという世論に備えるとともに、統制に代わるブルジョア的な代替物は問題外とするという段階がすでに到来しつつある。最後に、政府が資本市場や投資過程に対して一度保持した支配力を少しでもゆるめると信ずべき理由はまったくない。たしかにこれらすべては社会主義ということに約言されるものではない。けれども、社会主義は、かような諸条件のもとでは、行き詰まりや不断の摩擦に対する唯一の実行可能な代替物として押し出されるであろう。(10)

戦後の先進諸国における経済システムは、それを「社会主義」と呼ぶかどうかは別にして、確かにケインズ主義的なマクロ経済運営や福祉国家などがコンセンサスとなり、国家による経済管理が強まった。それが同時に、歴史上類をみない平等な社会が実現したことも、ピケティが示したとおりである。この戦後の経済システムについて、ハイマン・ミンスキーは「父権的資本主義」「経営者資本主義」「福祉国家資本主義」といった呼称を与えているが、ここでは「福祉国家資本主義」としておこう。(11)

資本主義を大きく変貌させたのは、世界大戦という地政学的な現象であった。この事実について、シュンペーターもピケティも短く言及するに過ぎない。しかし地政経済学にとっては、この事実こそが分析の中心に据わることとなる。

さらに重要なのは、一九八〇年代から九〇年代以降の資本主義の変化である。シュンペーターが歴史の趨勢として予言した社会主義の到来は、一九八〇年代以降の新自由主義の台頭、さらには一九九〇年代初頭の東西冷戦の終結によって、実現しなかったように見える。二一世紀の世界では、社会主義の到来どころか、福祉国家資本主義すら危機に瀕している有様である。

第二次世界大戦後、いったんは縮小した所得格差も、アメリカやイギリスでは一九八〇年代以降、急激に拡大し、富裕層の上位一％が国民所得に占める比率が二〇〇〇年代には戦前の水準に戻ってしまっている。大陸ヨーロッパや日本においては、アメリカやイギリスのような劇的な変化ではないが、それでも一九九〇年代以降、格差の拡大の傾向が現れている。こうした統計的事実を示しつつ、ピケティは嘆息する。

「二一世紀に入って一〇年以上たった現在、消えたと思われていた富の格差は歴史的な最高記録に迫り、すでにそれを塗り替えたかもしれない。」

「資本主義がもっと平和で永続的な形に変換されるような二一世紀は想像できるだろうか、それともひたすら次の危機や次の大戦（今度は本当の世界大戦になる）を待つしかないのだろうか？[12]」

このピケティの問いに答えるために、まず二つの世界大戦がどのようにして平等な福祉国家資本主義を生みだしたのかを明らかにすることから始めよう。

累進課税

ピケティは、戦後の先進諸国における格差の縮小をもたらしたのは、二度の世界大戦が引き起こした財政的・政治的ショックであり、その世界大戦による財政的ショックの一つに累進課税の強化による所得再分配があると述べた。この点は複数の実証研究によっても支持されている。

そもそも所得税という税制が最初に導入されたのは一七九九年のイギリスにおいてであるが、それはナポレオン戦争の戦費調達を契機としていた。それは一律に最大で一〇％の税率が課せられるというものであったが、その代わりに課税対象は一部の富裕層に限られていた。ただし、この所得税はナポレオン戦争後の一八一六年には廃止された。

所得税は一八四三年に再導入されたが、その税率はきわめて低いものであった。しかし、一九世紀後半以降、累進所得税の是非が論争の的となり、一九〇九年、ロイド・ジョージ内閣は、最高税率を八・三三%とする累進的な所得税の導入を提案し、翌年、成立させた。ただし、これも第6章において見たとおり、ドイツとの建艦競争という地政学的緊張を契機とするものである。

一九世紀後半から第一次世界大戦前夜にかけて、イギリス以外の国々もまた、所得税を導入していった。たとえば日本は一八八七年、プロイセンは一八九一年、オランダは一八九三年、スウェーデンは一九〇三年に所得税を導入している。アメリカでは一九一三年に連邦所得税法が成立している。

このように所得税は、確かに第一次世界大戦に先立って導入が進み始めてはいた。しかし、その最高税率は低い水準にとどまっていた。たとえばイギリスが八・三三%、アメリカは七%、オランダは三・二%であり、第一次世界大戦以前に最高税率が一〇%を超える所得税を導入していた国は、日本（二二%）とスウェーデン（一二・三%）だけである。中でも日本の最高税率の高さは際立ってはいるが、日本の場合には、増税の契機として日露戦争という大規模な戦争があったことに留意が必要であろう。

このように所得税の導入は、第一次世界大戦以前に始まってはいたものの、その所得再配分機能はごく限定的なものにとどまっていた。しかし、第一次世界大戦を契機として、各国で累進所得税が強化、あるいは新設され、さらに総力戦の遂行にともなって最高税率が大幅に引き上げられていったのである。

たとえばイギリスの所得税の最高税率は、一九二〇年までに六〇%となった。アメリカも、第一次世界大戦の終わりまでに最高税率を七七%にまで引き上げた。カナダは一九一七年に連邦所得税を初めて導入し、最高税率を二一・九%としたが、これは一九二〇年には七二・五%にまで達した。フランスもまた、一九一五年に国民所得税を初めて導入し、最高税率を二％としたが、一九一九年にはこれが五〇％にまで跳ね上がった。

戦争、とりわけ総力戦は、国民の連帯感を高める。そして、戦争のための犠牲や費用負担は、国民全体で共有すべきであるという感情を生みだす。特に富裕層の方が兵士として動員される可能性が低い場合には、戦場に赴くこととなる大多数の国民は、富裕層に対しても相応の負担を課し、戦争のために払う犠牲を公平なものにするように強く求めることとなる。その政治圧力が、富裕層への課税の強化を可能にするのである。

他方で、民主政治（男子普通選挙の導入）と税の累進性については、戦争との間にみられたような相関関係は確認されていないようである。二〇世紀における累進所得税の発達、そしてそれによる格差の縮小を可能にしたものは、やはり民主政治ではなく、戦争による動員だったのである。

しかも、戦争による累進課税の強化の効果は、戦後もしばらく持続することになる。というのも、戦争が終わっても、戦時国債の償還や退役軍人の処遇といった問題が残るため、費用負担の公平性の議論が戦後にも持ち越されるからである。また、戦争による平等化現象を経験した世代は、その後も長く、税負担の公平性に対する関心を強く持ち続けることとなる。[13] 加えて、冷戦によって地政学的な緊張状態が持続したことも、国民の階級を越えた連帯感や国内社会の凝集性を維持するのに貢献した。[14] 第二次世界大戦中の累進課税の強化やそれに伴う格差の縮小が、その後、およそ四半世紀にわたって持続した理由の一つは、こうした事情に求められるであろう。

ケインズ主義と経済プランニング

第二次世界大戦は、国家財政の歳入面に累進課税という革新をもたらしたが、歳出面においても大変革を引き起こした。

グローバルな戦争には、戦時中に軍事費を増大させるのみならず、戦後も財政規模全体を戦前の水準より大きなものとする「置換効果」という現象があることは、第6章においてすでにみた。たとえば、イギリス、フランス、ドイツ、アメリカにおける中央政府支出の国内総生産に占める比率は、一九二九年時点では、イギリス、フランス、ドイツにおいては一五％前後であり、アメリカではわずか三％に過ぎなかった。しかしこの比率は、第二次世界大戦をはさんで一九六二年になると、イギリスは二六・六％、フランスは二四・六％、ドイツは二〇・七％へと拡大しており、アメリカに至っては一八・二％と、一九二九年のおよそ六倍にまで膨れ上がっている。(15) 第二次世界大戦が「大きな政府」をもたらしたのである。

ここで、第2章において論じたハイマン・ミンスキーの資本主義の安定化装置に関する理論を想起されたい。ミンスキーは、資本主義は構造的に不安定であり、必ず金融危機を引き起こすと主張したが、他方で戦後は、金融危機は起きても恐慌にまでは発展しなくなったことに気づき、その理由の一つを「大きな政府」に求めた。その資本主義の安定化装置である「大きな政府」とは、第二次世界大戦の置換効果によって実現したものだったのである。

ミンスキーが「大きな政府」と並んで資本主義の安定化装置として特定したのは、「最後の貸し手」となる中央銀行である。この中央銀行もまた、イングランド銀行に典型例をみるように、その起源は戦争金融にあった。中央銀行は、元々は、国内外の軍事的脅威を克服するための必要から生じた制度であった。これを金融危機という経済的脅威からの防衛のために用いるようになった結果が、「最後の貸し手」機能なのである。「大きな政府」であれ、中央銀行の「最後の貸し手」機能であれ、いずれも元来は軍事目的であったものを民政化したものであった。構造的に不安定な資本主義を安定的に制御する可能性を拓いたのは、戦争だったのである。

第二次世界大戦は、規模的に「大きな政府」をもたらしただけではない。ケインズ主義的なマクロ経済運営と福祉国家は、周知のとおり第二次世界大戦後に西側先進各国のコンセンサスとなった。ケインズ主義的政策と福祉国家が第二次世界大戦を起源とすることは、多くの研究によって明らかにされつつある。(16)

たとえばユッテ・クローセンは、イギリス、スウェーデン、ドイツ、アメリカなどを比較しつつ、ケインズ主義的なマクロ経済運営と福祉国家の体制や思想の形成過程をたどり、その主たる起源は第二次世界大戦中の「経済プランニング（economic planning）」にあると論じている。

一般にケインズ主義はマクロ経済政策、福祉国家は社会政策として分類される。しかし、戦中・戦後の福祉国家を巡る議論においては、「福祉」の概念には、いわゆる社会福祉のみならず、完全雇用も含まれていたのであり、マクロ経済政策と社会政策はほぼ一体として、いずれも経済プランニングの政策目標とされていた。国家の資源を最大限に動員する総力戦の経験が、経済政策と社会政策という区分をあいまいにしたのである。それゆえ、クローセンは「福祉国家」の概念について、経済成長や完全雇用を目指す経済政策と、社会公正を目指す社会政策の双方を含むものとして用いている。

また、クローセンは「経済プランニング」については、ソ連など共産主義国において行われていた、いわゆる「計画経済」だけを指すのではなく、より広く、さまざまな手段を用いて各経済主体間の協調を実現しようとする一連の政策や政策観のことを意味するとしている。これは、第12章において参照したデューイによる「計画された社会（planned society）」と「計画中の社会（planning society）」の区別にも対応しているが、戦中・戦後の経済体制や経済思想を理解する上で重要な概念整理であり、留意しておくことが必要である。(17)「経済プランニング」とは、政府が「上から」指令するようなものではなく、政府、産業界、労働界の協調体制の下で遂行されるものである。それは、共産圏における計画経済というよりはむしろ、資本主義体制におけるコーポラティズムであると言うべきであろう。

もっとも、第二次世界大戦中の経済プランニングがケインズ主義および福祉国家を生み出していったとはいえ、戦争をどのように経験したか、あるいは、元来、どのような国家や社会であったのかは、イギリス、スウェーデン、ドイツ、アメリカそれぞれにおいて異なる。

たとえば、イギリスやアメリカは、全体主義化したドイツとは異なり、自由民主国家として戦争に突入した。イギリスやスウェーデンは戦時中に深刻な資源不足に陥ったが、地政学的に優位な立場にあったアメリカはそのような経験をしなかった。あるいはドイツでは、他の三国とは異なり、連合国による占領を経験しており、その戦後の経済システムは、占領期の連合国による経済改革や経済統制の影響の下に形成されている。こうした国際的・国内的な制度・環境や戦争経験の相違が、各国における福祉国家や社会政策のあり方や形成過程に多様性をもたらしている。また、経済プランニングも、当初から政策当局の思いどおりにいったわけではなく、試行錯誤や紆余曲折を経ている。

とは言え、各国に共通しているのは、戦時中の国家による経済プランニングの影響が、戦後も継続したということである。

国家は、戦争を遂行するため、あるいは貿易の制限により資源を自給する必要性に迫られる中で、国民経済を体系的に管理する能力を飛躍的に拡大させた。こうして高い能力を獲得した国家は、戦後は、経済発展に責任をもつようになったのである。

たとえば、経済予測に基づく財政政策、賃金や価格を指標とした経済運営、雇用政策、労働規制といった新たな経済政策は、戦時経済の際の経験に由来するものであった。また、総力戦を遂行するため、政府、産業界、労働界その他各種の利益集団の間で協調体制が構築されたが、この協調体制もまた戦後に引き継がれた。言わば、総力戦の遂行のために飛躍的に高まった国家能力が、戦後に「民政化」されたのである。

この戦時体制の「民政化」としての性格は、戦後日本の経済システムについてもしばしば指摘されてきた。戦後日本経済の特徴とされてきた日本的労使関係、日本的経営、メインバンク制、系列あるいは行政指導といった慣行や制度は、戦時中の統制経済体制にその起源があることが明らかとなっている。[18] 戦時統制経済の遺産は、戦後の高度成長の基礎となったとして高く評価されることもあれば、日本経済の硬直化やグローバリゼーションへの対応の遅れをもたらした戦前の遺制として批判されることもある。その毀誉褒貶はともかく、少なくとも言えることは、戦時経済体制が戦後の経済システムにも引き継がれたというのは、何も日本に限ったことではなく、欧米諸国も同じだということである。

戦時体制が戦後も持ち越された大きな理由の一つは、戦後復興の困難さにあった。「第二次世界大戦を戦った国々は、戦闘が終わった時点で新たな戦いを始めざるをえなかった。それは、戦後の混乱を収束させるための戦いである。[19]」すなわち、戦争中に兵士や軍需産業の労働者として動員された大量の人員は、戦争終結とともに一斉に解雇される。このため、大量の失業者が発生し、社会を不安定化させる。戦争による死傷といった人的被害や、国内インフラの物理的被害もまた、終戦後の経済社会を再建する上で深刻な課題となる。戦争遂行だけでなく戦後復興にも、資源の総動員が必要となる。戦後復興とは、言わば民政化された戦時経済なのである。

たとえばイギリスでは、戦時中の経済統制のために政府機構が肥大化したが、終戦後の一九四六年の一月一日から一〇月一日までに公務員の数は四〇〇〇人以上増えた。軍需省の公務員数はわずかに減っただけである。食糧省を除く各省も人員数をほぼ維持した。そして労働省、内国歳入庁、郵政省の人員は、戦後、むしろ拡大したのである。

戦時経済の経験は、ケインズ主義的な財政運営の実験の場ともなった。たとえば、イギリスの一九四一年の国家予算は、軍需生産の刺激とそのインフレ効果の抑制を考慮に入れるという、ケインズ主義的な原則に基づいて編成された。この戦時中の予算は、戦後のマクロ経済安定化政策の先駆となったのである。[20]

ケインズ主義的なマクロ経済運営には正確な統計データが不可欠であるが、国民経済計算もまた、戦争から派生してきたものの一つである。

戦争と統計

アンソニー・ギデンスが指摘したように、そもそも公式統計というものは、近代主権国家とりわけ国民国家の形成と深く関わっている。一八世紀の半ば、近代主権国家は、二つの分野において公式統計を作成した。一つは税財政に関する統計であり、もう一つは人口統計である。前者は国家が税収を確保するため、後者は国内平定のための重要な手段であった。この公式統計は、一八世紀半ば以降、次第に詳細かつ体系的になっていき、社会生活全般を網羅するものとなった。その中には住所、出身民族、職業、あるいは自殺、犯罪、離婚に関わるものにまで及んだ。(21) 統計は、国家のインフラストラクチャー的権力を構成する一部であったのである。(22)

第5章や第6章で確認したように、近代主権国家が人的・経済的資源を中央集権的に動員し、管理するようになったのは、戦争遂行の必要からであった。公式統計は、その資源動員に欠くべからざる道具である。統計もまた、戦争の産物であった。

公式統計の誕生に関連して、ギデンスは重要な指摘をしている。統計の作成においては、まずもって何に関するデータを収集するかを決めなければならず、そのための基準を提供する理論の枠組みが必要となる。その理論の枠組みが、いわゆる社会科学である。そして社会科学は、収集された統計データを基礎にして実証分析を積み重ね、さらに発達していく。「換言すれば、社会科学とは、近代におけるその起源以来、国家の中核的特質である社会再生産の反省的監視の拡大の一端を担ってきたのである。(23)」

近代主権国家は、地政学的緊張に駆り立てられて、そのインフラストラクチャー的権力を拡大してきたが、その歴史的文脈の中に社会科学の誕生とその発展が位置づけられる。「社会行動の分析の主たる動機の一つは、権力の追求にあった。[24]」その初期の典型例が、重商主義である。

国民経済計算の起源もまた、戦争、国家、そして社会科学の発達という文脈の中に見出すことができる。アメリカの制度経済学は、第一次世界大戦の経験から誕生してきたが、その制度経済学を率いた主要な理論家の一人にウェズリー・ミッチェルがいる。ミッチェルは景気循環論の研究で知られているが、彼は一九二〇年の「全米経済研究所（National Bureau of Economic Research）」の創設を主導し、そこで経済統計研究を推進するとともに、最初の国民所得統計を作成したサイモン・クズネッツをはじめとする優れた経済学者を育成したのである。

国民所得統計の誕生の契機となったのは、世界恐慌であった。

一九三二年、かのロバート・ラフォーレット上院議員が一九二九年から一九三一年の所得に関するマクロ統計を整備する上院委員会を設置したが、その統計作成の実務を引き受け、国民所得を計算したのが全米経済研究所のクズネッツであったのである。

この国民所得統計は、一九三四年に上院に報告された。そこで初めて、一九二九年から一九三二年にかけて国民所得が五〇％以上も減少し、製造業における所得は七〇％、建設業に至っては八〇％も減少したという衝撃的な実態が明らかとなったのである。また、この期間において国民所得が増えたのは、政府部門だけであったことも解明された。それ以降、国民所得は、商務省において定期的に発表されることとなった。国民所得は一九四二年に、商務省が国民総生産（GNP）を発表するようになるまで、最も参照されたマクロ経済統計であり、ニュー・ディール政策の遂行にあたっての基礎資料となった。

一九四二年に誕生したGNP統計は、より直接的に戦争の産物であった。

第二次世界大戦に参戦したアメリカにおいて問題となったのは、戦争遂行のための資源動員がどれだけ可能か、そしてそれが市民の生活水準や物価の安定にどのような影響を及ぼすかということであった。具体的には、軍事需要へと傾斜した資源動員によって、供給が需要に追い付かなくなり、インフレが生じることが懸念された。しかし実際には、一九四二年のGNPの計算から、戦時動員の国民生活への悪影響は予想を下回り、戦時計画の拡張が可能であることが判明することとなったのである。[25]

要するに、GNPは、戦時中の資源動員の計画を立てるために用いられたのである。戦後のGNP（今日の「GDP」の前身）は、戦争計画のための統計を「民政化」したものだったのである。

また、この世界恐慌時の国民所得、そして戦時中のGNPという統計は、政府が巨大な最終消費者としての役割を果たしていることを明らかにするものであった。このことも、戦後のケインズ主義の普及に大きく貢献したものと思われる。

福祉国家と制度経済学

戦後の福祉国家もまた、第二次世界大戦を父としていた。福祉国家（welfare state）とは、戦争国家（warfare state）が「民政化」されたものにほかならない。

福祉国家の先駆けとなったのはイギリスである。戦時中の一九四二年、イギリス政府は有名な「ベバリッジ報告」を公表した。「ベバリッジ報告」は、貧困、疾病、無知、不潔、怠惰の五つの問題の克服を掲げ、福祉国家の実現に向けた社会改革を約束するものであった。これは、戦後の社会保障が戦争協力の見返りとしてあるという期待を高め、国民を戦争に動員する上で大きな効果を発揮した。そして、この「ベバリッジ報告」を青写真として、一九四四年の教育法、一九四五年の家族手当法、一九四六年の国民保険法及び国民健康サーヴィス法、一九四八年の国民扶助法などが制定されていった。[26]

このようにイギリスでは、「一九三九年から一九四五年までの間の戦争経験によって、国家機構のみならず、国家の行動の目的においても革新が引き起こされた。そしてこれらは、全体的あるいは部分的に戦後も引き継がれ、福祉国家を支えたのである。[27]」

アメリカの場合は、第二次世界大戦の直前に、すでにルーズヴェルト大統領によってケインズ主義的な経済運営へと舵を切っていたが、終戦後も、一九四六年の雇用法制定と大統領経済諮問委員会の創設によって、財政政策による経済の安定と完全雇用という政策目標がはっきりと打ち出された。

また、一九六〇年代まで続くアメリカの国家政策の主要な課題のいくつかは、世界大戦を淵源とするものであった。たとえば一九六〇年代を席巻した公民権運動の萌芽は、すでに一九四三年頃に見出せる。世界大戦が、全体主義に対するアメリカの民主主義の戦いとして位置づけられ、民主主義の精神が称揚される一方で、戦争に協力するアフリカ系アメリカ人が待遇の改善を要求するようになっていたからである。また、一九四三年からは、前年に公表されたイギリスの「ベバリッジ報告」に刺激を受けて、国民保険制度が関心を集めるようになり、一九六五年の公的医療保険制度メディケアの創設に至った。初等・中等教育への補助、公営住宅やスラム街の改善といった問題もまた、戦時中や終戦後に取り上げられるようになったのである。[28]

イギリスやアメリカのような戦勝国に限らず、日本においても、戦争国家から福祉国家への「民政化」現象を確認することができる。

一九三〇年代から一九四五年までの間、日本政府は戦争遂行のための国家総動員体制を構築したが、それと並行して社会福祉政策も遂行された。それは、強力な軍隊を構成する強壮な兵士を得るためには、健康な国民が必要とされたからであり、また戦時下の社会を安定させるためでもあった。

たとえば一九三八年、衛生や社会保障を所管する厚生省が創設されたが、その背景には前年の日中戦争の勃発とその長期化の様相があった。また、国民健康保険、厚生年金保険、労働者年金保険などの保険制度も戦時中に創設された。「要するに、戦前の日本は『福祉国家』という名称こそ使わなかったが、事実上では、福祉国家に非常に近い体制をつくりあげた。しかも、それは戦後の福祉国家体制の中核になっている。戦時下における日本型福祉国家の骨格の形成は国家総動員の一環であり、国家総動員の産物であった。[29]」

福祉国家で知られるスウェーデンもまた、第二次世界大戦中の管理経済の経験によって国家による経済運営に対する自信を深め、戦後に経済プランニングを導入した。

一九四四年、スウェーデン政府は「戦後経済計画委員会」を設け、戦後の経済プランニングの構想を練った。その委員長に就任したのは、グンナー・ミュルダールであった。

この「戦後経済計画委員会」の前身は、一九二八年から一九三五年に設置されていた「失業委員会（Arbetslöshetsutredning）」である。この失業委員会には「ストックホルム学派」あるいは「新経済学（New Economics）」と呼ばれる経済学者のグループが多数参加しており、その中にミュルダールもいたのである。ストックホルム学派の経済思想は一九三〇年代の経済危機の中で形成されていったが、それはケインズ主義との共通点が認められるものであり、「ケインズ以前のケインズ主義」と評されることもある。ミュルダールは、このストックホルム学派における最も重要な経済学者の一人である。ストックホルム学派が集結した失業委員会は多数の報告書を刊行したが、中でも一九三四年の報告書では、不況時の拡張的財政政策の理論が提示されていた。それを書いたのがミュルダールであった。[30]

ミュルダールは、一九三九年の論文「景気循環における財政政策」においても、一九三〇年代のスウェーデンにおける経済危機の経験を参考にしつつ、次のように論じている。

健全財政論に基づき、不況時に歳出削減と増税を行うことは、デフレ圧力を発生させることになるので好ましくない。しかしながら他方で、財政赤字の拡大は、企業に将来に対する不安を抱かせることとなり、景気刺激効果を減殺しかねない。したがって、景気循環を考慮し、単年度ではなく、長期的な視点に立った新たな財政規律を確立する必要がある。具体的には、不況時にはむしろ積極的に財政赤字を拡大させ、好況時には歳出を削減するというような、反循環的な景気安定化策をルールとするのである。「この予算システムは、次に恐慌が起きた時には、確立された予算の原則を破ることなく、ずっと大胆な歳出拡大プログラムを実行することを可能にするのである。[31]」

戦後のスウェーデンの社会民主的な経済システムの基礎は、一九三〇年代の経済危機と失業委員会における「新経済学」の検討、そして戦時経済の経験の蓄積の上に築かれたのである。これに大きな貢献をしたのがミュルダール率いる「戦後経済計画委員会」であった。[32]

ミュルダールは経済運営における「プランニング」を提唱したが、それはまさにクローセンが定義した意味におけるものであった。ミュルダールの言う「プランニング」とは、政府やその他の団体が民主的な政治過程を通じて設定された目的に向けて、政策をより合理的に調整しようとするプラグマティックで漸進的な過程のことである。[33] ミュルダールの「プランニング」は、前章において参照したケインズ、コモンズ、デューイの構想とも共鳴するものであろう。

ミュルダールの理論とケインズ主義の近接性はすでに知られているので、ここでは、コモンズの制度経済学との関係を参照しておこう。

ミュルダールは、一九三〇年にウィスコンシン大学を訪問し、コモンズとも会っている。当時のウィスコンシン大学は制度経済学の隆盛期にあった。もっとも、「私は当時、『新経済学』と呼ばれるものには転向していなかった。私は学問的発展の『理論的』段階にいたのである。」その後、ミュルダールは一九三〇年代の経済危機の中にあるスウェーデンに戻り、社会的平等やアメリカの人種差別といった社会問題を研究しているうちに、従来の経済学の専門主義的な限界に気づき、「その間に、私は制度経済学者になったのである。[34]」

ミュルダールの言う「制度経済学」とは、個別の経済問題であっても、社会システム全体の文脈の中でこれを理解しようとする全体論的（holistic）な分析のことを指す。それは「均衡」を中心命題とする主流派経済学とはまったく異質な理論であった。

社会システムとは、ある変化が別の変化を引き起こし、それがまた初めの変化に返ってくるという「循環的因果関係（circular causation）」を内包している。また、社会システム内の変化の過程は、一定の方向に向かう「累積的効果（cumulative effect）」をもつ場合がしばしばある。たとえば、開発途上国の人々の栄養状態を改善すると、彼らは生産性を向上させ、それが富の増大をもたらして栄養状態をさらに改善するというポジティブ・フィードバックがあり得る。[35] 経済システムが均衡点で安定するということはないのである。

現実の社会システムがもつこうした複雑な動態を全体論的・総合的に把握するのが、制度経済学である。その意味で自分は制度経済学者である。一九七七年のウィスコンシン大学における講演で、ミュルダールはこのように述べたのであった。このミュルダールの全体論的な制度経済学は、確かにコモンズの制度経済学と多くを共有しており、とりわけその社会システムの動態に関する理解は「ゴーイング・コンサーン」の理論に通じるものがある。

戦争と市民社会

経済プランニングや福祉国家は、戦時中の国家総動員の「民政化」である。そうだとすると、それは戦時統制国家同様、国家主義的・全体主義的な性格をもつことになり、市民社会を抑圧するものとはならないのであろうか。

実際、アメリカにおける新保守主義者は、経済プランニングや福祉国家は、健全な自由民主政治の基盤である市民社会を弱体化させるものであると批判してきた。国家による福祉の供給が、自発的な公共活動を行う中間団体の機能を代替することで、市民の自発的な公共精神を損なうというのである。アレクシス・ド・トクヴィルが『アメリカの民主政治』において指摘したように、アメリカでは建国以来、自生的に形成されてきた各種の中間団体が存在しており、それが民主政治を健全なものにしているとされてきた。国家の計画や管理は、その伝統的な中間団体を破壊するというのが、新保守主義者の主張であった。

これに対して、シーダ・スコッチポルはアメリカの歴史を紐解き、新保守主義者の主張を反証している。実際には、有力な中間団体の多くが政府に対して公共計画を要求しており、しかも中間団体は政府の公共計画の遂行に協力することを通じて発展してきたというのである。

このアメリカの中間団体の発展は、戦争とも関係していた。たとえば、南北戦争を契機として、中間団体はその規模を飛躍的に拡大させている。また、第一次世界大戦は、中間団体が全国レベルで連携し、規模と組織力を強化するのを促進した。というのも、総力戦の遂行のためには、草の根の自発的な組織が互いに連携することが求められたからである。一九三〇年代には世界恐慌のストレスによって、中間団体の活動は鈍ったが、経済の回復とともに復活している。さらに第二次世界大戦中には、第一次世界大戦時に形成された各団体の連携が再び盛り上がったのであった。(36)

だとすると、戦争による国家総動員は市民社会を抑圧したのではなく、むしろ発達させたということになる。また、世界恐慌が中間団体の活動を弱めたというのであれば、恐慌を克服するためのケインズ主義的な経済プランニングもまた、市民社会を守るために必要だということになろう。

戦争による総動員が市民社会の形成に寄与したという例は、アメリカのような戦勝国だけではなく、敗戦国においても確認できる。

鹿毛《かげ》利枝子は、計量的な各国比較研究と神戸のＹＭＣＡの事例研究によって、第二次世界大戦の敗戦国である日本のようなケースにおいても、戦争によって市民社会が強化されたことを明らかにしている。一般市民は、国家によって戦争に動員されることで、平時には関係のなかった公的な活動に参画させられる。そして、戦争がなければ遭遇することはなかったはずの他の市民、役人、あるいは組織と交流し、協働することで、それらの経験を通じて公的な活動に関する学習の機会を得る。しかも、動員されるのは一般に若年層である。若年層が得た学習効果は長く持続し、戦後にも引き継がれる。こうして戦時中の総動員は、国家能力のみならず、市民社会をも強化し、戦後の公共領域を拡大するのである。[37]

戦争と国家と市民社会の歴史が示すのは、市民社会を発展させるためには、国家の強力なインフラストラクチャー的権力が必要になるということである。逆に、多くの開発途上国に見られるように、インフラストラクチャー的権力が弱い国家の下では、市民社会も成立し得ない。[38]そして、その市民社会の発展に必要なインフラストラクチャー的能力を飛躍的に高めたのは、ほかでもない戦争だったのである。

ブレトン・ウッズ体制と資本規制

福祉国家の実現には、第4章において論じたように、国民統合と国民国家への強い帰属意識、すなわちナショナリズムが不可欠となる。福祉国家を維持するのに必要な負担を国民が共有し、累進的な税制によって平等を実現するためには、国民が強い連帯感や同胞意識で結ばれていなければならないからである。この点はミュルダールも強調したことであった。グローバルな社会は統合されておらず、世界政府も存在しない以上、国民国家を基礎とし、グローバリゼーションを制限しなければ、福祉国家の理想は実現しないと彼は主張したのである。[39]

世界恐慌の際、各国において自由貿易が放棄されて保護主義が採られ、資本や労働の国際移動が制限され、金本位制も放棄された。また世界大戦中には、国家が経済活動を強力に規制した。こうした国際経済統合（今日の用語では「グローバリゼーション」）に反する動きについて、経済自由主義者は各国の経済政策の誤りの結果であり、各国が経済政策を改めれば、国際経済の統合は再び円滑に進むと考えるであろう。

しかしミュルダールは、こうした見方を否定し、世界恐慌や世界大戦の経験から、経済自由主義者とはまったく逆の教訓を導き出している。すなわち、財・資本・労働の国際移動の制限や国家の経済規制といった反グローバリゼーションの政策は、「多くの点で、相互連帯と経済的安定という福祉国家に不可欠な要素を代表するものであるため、あらゆる政党によって打ち立てられ、強固に支持されたのである。」(40)

福祉国家の理論家であり、戦後スウェーデンの社会民主体制の基礎を築くのに大きく貢献したミュルダールの思想は、経済ナショナリズムであり、反グローバリズムであったのである。

もっとも、それはミュルダールに限ったことではない。グローバリゼーションの制限は、むしろ戦後の国際経済システム、いわゆる「ブレトン・ウッズ体制」の基礎を支えたコンセンサスであった。

ブレトン・ウッズ体制は、一九四四年のブレトン・ウッズ会議において、アメリカ代表のハリー・デクスター・ホワイトとイギリス代表のジョン・メイナード・ケインズとの間の協議の結果として、構築された。

ブレトン・ウッズ体制は、簡潔に言えば、次のような仕組みである。まず通貨秩序については、固定為替相場制を基礎とし、ドル以外の通貨はドルと、公的保有のドルは金と交換可能であるという原則を特徴とする「金・ドル本位制」とされた。また、国際的な資本移動に対する規制が導入された。さらに、通貨制度の運用を監視し、一時的な国際収支不均衡を経験している国に対する中期の融資を行う機関として、国際通貨基金（ＩＭＦ）が設立された。

貿易秩序については、当初予定されていた国際貿易機関（ＩＴＯ）の成立がアメリカ議会の反対によって見送られ、代わりに、関税と貿易に関する一般協定（ＧＡＴＴ）に基づき、多国間の継続的な協議によって貿易自由化が進められることとなった。

ブレトン・ウッズ会議における英米の協議は、国際経済の影響をより制限し、国民経済の自律性を重視するケインズと、アメリカの覇権を強化し、開かれた国際経済を実現しようとするホワイトとの妥協の産物であり、しかも交渉はアメリカ優位で進んだが、国際資本規制の導入に関してはケインズとホワイトの意見が一致して実現を見た(41)。

この国際資本移動の制限は、戦後の国際政治経済システムにとって非常に重要な意味をもつものであった。第一次世界大戦後の各国の金本位制への復帰は、銀行家たちがもつ強力な政治勢力の圧力によって実現したが、その影響力は世界恐慌の勃発によって著しく減殺されることとなった。代わって台頭したのが産業界、労働界、そして制度経済学的あるいはケインズ主義的な意識をもった行政官僚や経済学者たちであった。ルーズヴェルト政権のニュー・ディール政策を支えたのは彼らである。

ルーズヴェルト政権は金融規制を強化し、ニューヨークの金融勢力、とりわけモルガン家の政治力を弱めた。また、FRBの議長にはニューヨーク以外の銀行家であるマリナー・エクルズが任命された。さらに国際金融政策の中核を担う機関は、従来のニューヨーク連邦準備銀行から財務省へと移行した。

財務省は、ニュー・ディール政策に加えて、第二次世界大戦中に為替管理や金融規制を遂行した経験から、戦後の経済プランニングに自信を深めた。特に財務長官のヘンリー・モーゲンソーは、戦後は国際経済レベルでのニュー・ディール政策を実施することで国内外の金融勢力を抑えつけようと考えていた。そのモーゲンソーが戦後の経済プランニングの構想を任せたのが、ケインズ主義的な経済思想をもっていたホワイトである。

イギリスも一九三一年に金本位制を停止したが、それでも大蔵省は一九三〇年代を通じて伝統的な経済自由主義に固執していた。しかし、第二次世界大戦の勃発により、大蔵省には介入主義的な思想をもつ経済学者が多数送り込まれるようになった。その代表的な人物がケインズである。

ブレトン・ウッズ会議において、ホワイトとケインズは国際資本移動を規制すべきであるという点で一致したが、その理由について二人は次のように説明していた。第一に、国際資本移動がマクロ経済運営や福祉国家といった各国の自律的な経済プランニングを困難にする事態を回避するためである。そして第二に、自由な国際金融市場の過剰な変動は、為替相場を不安定化させ、各国の国内社会に過重な調整コストを課すことで保護主義の台頭を招くおそれがあるからである。[42]特にケインズは、すでに一九二〇年代から、無規制の資本主義は貧富の格差を過剰に拡大するものであり、また国際経済の貨幣的側面は国内経済にデフレ圧力を強いるものであることを強く認識していたのである。[43]

ホワイトやケインズの国際資本規制の構想に対して、産業界、労働界、ケインズ主義的な政府官僚たちは支持に回り、ニューヨークやロンドンの銀行家たちは強く反発したが、最終的にはホワイトやケインズの提案が採用されるに至った。それは世界恐慌そして第二次世界大戦における経済管理の経験が前者を後押しし、後者の政治勢力を弱めたからである。[44]

マッキンダーは第一次世界大戦後の国際秩序の再建に際して、国際資本の権力を制限する必要性を説いたが、それは世界恐慌と第二次世界大戦という二つの陰惨な歴史を経ることで、やっと実現したのであった。

埋め込まれた自由主義

ブレトン・ウッズ体制は、各国政府には貿易自由化を促進する規律が課せられる一方で、国内経済政策の目標を実現する余地が残されるという仕組みとなった。

まず、固定為替相場制と国際資本移動の規制の組み合わせにより、各国の自律的な経済運営の余地が確保された。また、GATTにおける貿易自由化の交渉は、一挙にグローバリゼーションを実現しようとするものではなく、国内の経済社会との調整を図りながら、漸進的に進められた。たとえば農業分野や、金融、電力、建設などのサーヴィス分野は、自由化交渉から外されていた。工業分野についても、さまざまな例外措置や緊急避難的措置（セーフガード）が設けられ、各国政府はそれらを活用して、貿易自由化による激変を緩和させた。また各国政府は、貿易自由化によって不利益を被る産業や階層に対しては補償的な措置を講じ、国内の所得分配に与える悪影響をできるだけ小さくしようとした。[45]このため、市場の対外開放度が大きい国ほど、政府の規模は小さくなるのではなく、大きくなったのである。[46]

このように、ブレトン・ウッズ体制の下での貿易自由化は、一九世紀の金本位制の下での自由貿易とは異なり、国家が妥協と調整を重ねて、国内の経済社会を保護しながら慎重に行われた。国際金融市場も国際貿易市場も自由放任に委ねられたのではなく、各国の自律的な経済運営を確保すべく制限されていたのである。これをジョン・ラギーは「埋め込まれた自由主義（embedded liberalism）」と呼んでいる。[47]

この「埋め込み（embeddedness）」という概念は、カール・ポラニーの『大転換』から援用されたものである。同書の中でポラニーは、次のように論じた。

人間は本来、共同体の一員として社会に「埋め込まれて」生活を営むべき存在である。しかし、一九世紀に無規制な自己調整的市場が出現したことによって、人間は社会から切り離され、労働者という市場で交換される生産要素となり果て、疎外された。この自由放任の市場は、それに対する社会の反動を引き起こした。全体主義は、その社会の反動の極端な形態なのである。そこで、ポラニーは、国家による社会的規制や自律的な金融政策によって、自己調整的市場の暴力から社会的存在としての人間を防衛することを提唱した。自己調整的市場によって切り離された人間を、再び社会の中へと「埋め込」もうというのである。[48]

ラギーは、ブレトン・ウッズ体制を説明するにあたって、この「埋め込み」の概念を借りてきたのである。ブレトン・ウッズ体制の下においては、国際市場は自由放任ではなく、各国の政策や規制により制約されている。その姿をもって、ラギーは「埋め込まれた自由主義」と表現したというわけである。

戦後世界においては、GATT体制の下で、貿易自由化とともに経済成長が達成された。しかし、戦前においては、保護貿易と経済成長との間に正の相関がみられていたのである。この戦前と戦後の逆転現象は、「関税・成長のパラドクス」と呼ばれている[49]。

戦後において、自由貿易と経済成長の正の相関関係が見られたことは、自由貿易を教条とする経済自由主義の強力な根拠となり、自由貿易こそが繁栄をもたらすという信念が広く共有されることとなった。

しかし、熱心な自由貿易論者であるジャグディシュ・バグワティですら認めるように、自由貿易と経済成長との間に正の相関関係があることは、自由貿易によって経済成長がもたらされたという因果関係を意味するものでは必ずしもない[50]。もっともバグワティは、自由貿易が経済成長に貢献したとする主な実証分析をいくつか挙げているのであるが、フランシスコ・ロドリゲスとダニ・ロドリックは、これらの研究の統計学的な問題点を指摘して批判しつつ、貿易障壁の存在が経済成長を阻害するとは一概には言えないと結論づけている[51]。また、マイケル・A・クレメンスとジェフリー・G・ウィリアムソンは、戦後の好景気の中で、高い成長を遂げている国の市場にアクセスできた国々が急速に成長できたのであり、また、それらの国々が外国市場にアクセスするために、相互に関税を引き下げることに合意したことが、戦後の自由貿易と成長の相関の最大の要因であったと分析している[52]。

彼らの分析が示唆するのは、市場開放が経済成長の恩恵をもたらすためには、そもそも当該市場が成長していなければならないということである。したがって、確実に言えることは、戦前においても戦後においても、経済成長が貿易の拡大に貢献するということまでである。その逆は必ずしも自明ではない。

そして、その経済成長をもたらしたものこそが、「埋め込まれた自由主義」の理念に基づくブレトン・ウッズ体制である。ということは、戦前には貿易自由化と経済成長の負の相関関係が見られたのは、当時の国際市場が「埋め込まれ」ておらず、自由放任であったからだと考えることができる。

ブレトン・ウッズ体制の「埋め込まれた自由主義」が成立し得たのは、当時の西側世界に、完全雇用や福祉国家の実現が経済政策の目標であるというコンセンサスがあったからにほかならない。そのコンセンサスを形成したのは、これまで見てきたように、二つの世界大戦であった。戦後世界の未曽有の経済的繁栄を支えたブレトン・ウッズ体制とその「埋め込まれた自由主義」は、戦争から産まれてきたのであった。

さらに東西冷戦という新たな戦争もまた、戦後の国際経済体制に大きな影響を与えた。

そもそもアメリカが、ドルを国際通貨制度の基盤に据えようとした主な動機には、冷戦の地政経済学が深く関係している。

ソ連は、マッキンダーが「ハートランド」と呼んだユーラシア大陸の中心部に位置し、その周辺部に軍事力を直接移動することができた。これに対して、海に囲まれたアメリカがユーラシア大陸のソ連を封じ込めるためには、海外に部隊を駐屯させたり、同盟国を支援したりしなければならず、そのための費用として外国為替を必要としたのである。こうした覇権の経済的負担は、ドルの準備通貨としての地位を利用して賄われた。アメリカだけがドルを発行することで、海外において戦争を戦ったり、外国企業を買収したり、海外援助を行ったりするという特権を享受できたのである。(53)

冷戦下のアメリカの安全保障戦略の特異な点は、東西対立がイデオロギー対立としての性格が強かったことから、単にソ連からの軍事的な攻撃に対する防衛のみならず、世界各国の共産主義化を防ぐことを目的としていたことにあった。(54)ヨーロッパやアジアの国々がソ連に物理的に侵略されないとしても、その体制が共産主義化すれば、アメリカの脅威となる。資本主義経済が失敗に終われば、共産革命の機会がもたらされる。したがって、ヨーロッパ諸国やアジア諸国の共産主義化を防ぐためには、これらの国々の経済的成功を確保し、資本主義の恩恵を享受させなければならない。アメリカの対ソ戦略は、同盟国の経済体制やそのパフォーマンスにまで関与するという意味で、きわめて地政経済学的なものであったと言えるだろう。

こうした戦略の下、アメリカは、まず「マーシャル・プラン」を発動して、西ヨーロッパの復興に対する大規模な経済支援を行った。一九四七年から一九五一年まで、アメリカは毎年、国民総生産の二%に相当するドル資金をヨーロッパの同盟諸国に撒布した。[55] アジアに対しては「マーシャル・プラン」は実現しなかったが、アメリカは西側世界の守護者として朝鮮戦争に介入した結果として、「特需」などの形でアジア地域にドル資金を撒布することとなった。これによって、日本は戦後復興の端緒をつかむとともに、西側経済圏に組み込まれていくことになったのである。

貿易体制もまた、冷戦に大きく影響された。アメリカは西側諸国に対して自国の国内市場を積極的に開放したが、これもソ連を中心とした経済圏に対抗するための地政経済学的戦略の一環であったのである。たとえば、一九五〇年代、アイゼンハワー大統領は、日本の共産化を防ぎ、西側世界にとどめておくためには、日本がアメリカに対して積極的に製品を輸出できるようにしておく必要があると考えていた。このため、アメリカは関税を広範にわたって引き下げたが、日本には主要な関税を維持することを認めるという、日本にとってきわめて寛容な貿易政策が採られた。これに対してアメリカ国内では、不利益を被る産業から不満の声が上がったが、アイゼンハワーは安全保障政策を優先させて、国内の不満の声に耳を貸さなかったのである。[56]

日本の戦後復興と高度経済成長は、あたかも「強兵」なき「富国」であったかのようにみえる。しかし戦後日本の経済的繁栄は、実際には、冷戦という地政学的対立の下でのアメリカの「強兵」策が生み出した特異な国際経済環境の恩恵によって実現したものであった。冷戦下において西側陣営に属したこと、西側世界の覇権国家アメリカの庇護下にあったこと、そして「埋め込まれた自由主義」についてのコンセンサスがあった時代であったこと、こういった地政経済学的な環境条件が重ならなければ、戦後日本の「強兵」なき「富国」という僥倖があり得たかどうかは、きわめて疑わしい。

経済政策と経済思想

二つの世界大戦と冷戦を経て、西側先進各国が選択した経済政策は、国内においては、ケインズ主義的なマクロ経済運営、累進課税、福祉国家など、経済自由主義の自由放任の原則から大きく逸脱したものであった。また、国際経済においても、ケインズ主義的なブレトン・ウッズ体制が基本的な枠組みとなった。GATTの下で貿易自由化が進められはしたが、それは、国内産業の保護や育成のための例外措置や緊急避難的措置が許容される「埋め込まれた自由主義」に基づくものだったのであり、本来の経済自由主義の自由貿易論に忠実なものではなかった。

経済自由主義のドグマからの解放を可能にしたものは、地政学的な脅威の存在であった。国際環境が国内の政治体制や政策の決定を左右するとする「逆第二イメージ」を提唱したのはピーター・グルヴィッチであるが、彼は『危機における政治』において、次のように論じている。

経済政策には、古典的な経済自由主義にのっとった自由放任政策、社会主義に基づく国有化や計画経済、保護主義、ケインズ主義的な需要刺激策、そして重商主義的な産業政策といった選択肢がある。

このうち、経済自由主義的政策は資本家階級に有利に、労働者階級には不利に働く。反対に、社会主義的政策は資本家階級には不利に、労働者階級には有利に働く。いずれの政策も、階級間の対立を激化するものである。しかし、国家が国際的な脅威に直面して危機的な状況にある場合には、国内の階級闘争を激化させ、国民を分裂させるような経済政策は採り得ない。それゆえ、危機においては、民主政治が純粋な経済自由主義や純粋な社会主義を選択することは、まずあり得ない。

そこで民主国家が危機に陥った際には、階級間の利害対立を深刻化させず、階級の違いを超えて国民全体に恩恵が行き渡るような経済政策を選択することとなる。それが、保護主義、ケインズ主義的な需要刺激策、そして重商主義的な産業政策である。[57]

グルヴィッチが『危機における政治』において分析対象としている「危機」は、もっぱら国際経済上の危機、すなわち不況である。しかし、彼の洞察は、地政学的な危機に直面した国家における経済政策の選択についても適用することができる。

マッキンダー、ヒンツェ、ジンメルからティリーあるいはデッシュに至るまでの理論によれば、地政学的な紛争は、国内社会の凝集性を高め、国民統合を強化する。世界大戦や冷戦に直面した民主国家の国内では、共通の外敵を前にしてナショナリズムが高揚し、ナショナル・アイデンティティを共有する人々の意識が階級意識に優先し、階級の相違を超えた連帯感・一体感が強まる。そのような国家は、当然の帰結として、階級間の対立を緩和するような政策を選好するはずである。戦後の累進課税、福祉国家、ケインズ主義的政策、あるいは貿易自由化が不利益を被る産業や階層に配慮した補償措置を伴いつつ漸進的に進められる「埋め込まれた自由主義」が実現したのも、第二次世界大戦と冷戦という地政学的対立によってであった。

この第二次世界大戦後の世界において現出した経済体制は、コモンズが目指した「管理された経済」に近いものであったと言ってよい。現実の世界をコモンズの理想へと近づけた主な推進力は、第二次世界大戦という惨禍だったのである。

しかし、その一方で、コモンズの制度経済学は、第二次世界大戦後、その理論的な影響力を急速に失うこととなる。もちろん、ミュルダールやジョン・ケネス・ガルブレイスのような制度経済学の継承者と言うべき理論家はいたが、彼らの存在は経済学界ではなお異端であり、孤高であったことは否めない。ケインズはかつてコモンズを参照していたにもかかわらず、ケインズ主義の経済学者は制度経済学をほとんど顧みようとはしなかった。ミンスキーや彼を支持する少数のポスト・ケインズ派の経済学者たちがコモンズの重要性に気づき、

「ポスト・ケインズ派制度主義」を目指すようになるのは二〇世紀末になってからのことである。制度経済学はもともとアメリカを出自とする経済理論であり、かつ戦後のアメリカは経済学の中心地となった。にもかかわらず、制度経済学はそのアメリカで忘却の彼方へと追いやられてしまったのである。

制度経済学の凋落については、一九四五年のコモンズの死、コモンズの理論の難解さ、ケインズ主義の隆盛、実証主義経済学の台頭など、複数の要因が考えられるが、その中の一つに第二次世界大戦が及ぼした思想への影響があるように思われる。

第12章において述べたように、制度経済学はアメリカ固有の思想的伝統である革新主義の流れを汲んでいるが、同時に、ドイツ歴史学派の多大な影響を受けていた。制度経済学とドイツ歴史学派は、制度の重視、歴史の導入、経済自由主義に対する懐疑、有機体的社会観、方法論的全体論など、多くの重要な点を共有していた。

しかし、第二次世界大戦によってナチス・ドイツが敗北したことにより、ドイツ固有の経済思想であるドイツ歴史学派もまた凋落し、忌避されるようになった。それに伴って、経済理論において歴史を重視するという研究姿勢も失われることとなった。経済学から「歴史」が忘れ去られたのである。[58]

制度経済学は、こうした戦後の経済学界の風潮の巻き添えになったものと思われる。第二次世界大戦は、コモンズの目指した「管理された経済」を実現するのに貢献したが、皮肉にも彼の理論を駆逐したのは、その大戦であったのだ。

同様のことは、地政学についても言える。第二次世界大戦後、地政学にはいかがわしい疑似科学というイメージが付きまとったが、それもナチス・ドイツがマッキンダーの地政学の影響を受けていたとされたことが大きかった。たとえば、一九四〇年代から、コリン・グレイの『核時代の地政学』が刊行された一九七七年までの間に、「地政学」という用語が題名に入った英語の書物は、インドで出版された一冊だけであったらしい。[59] もっとも、冷戦下でのアメリカの対ソ封じ込め戦略は、ケナンに代表されるように地政学的な思考に基づいて実行されていたこともあって、マッキンダーの地政学は、安全保障の分野においては一定の地位を回復することができた。

問題は、地政「経済」学である。マッキンダーの経済思想はまさに歴史学派に属すべきものであり、またドイツ歴史学派の開祖であるフリードリヒ・リストについて好意的に言及してもいる。アシュリーに至っては、そのドイツ歴史学派の影響はもっと直接的かつ濃厚である。マッキンダーやアシュリーの経済理論は、言わばドイツ的な香りの強い理論なのである。

しかもマッキンダーの地政経済学は、ドイツ歴史学派的な経済学と、ナチスに影響を与えた地政学の総合であり、二重の意味でドイツ的であったというわけである。おそらく、これこそが、第二次世界大戦後に地政経済学が完全に忘れ去られた最大の原因だったのではないだろうか。

第15章

経済成長の地政経済学

経済成長

第二次世界大戦後の世界は、人類史上において先例のない経済成長を実現した。

産業革命以前の一人当たり産出の年平均成長率はほぼゼロであり、一七〇〇年から一八二〇年の一人当たり産出の年平均成長率は、世界が〇・一%、ヨーロッパ大陸が〇・一%、アメリカ大陸は〇・四%しかなかった。一八二〇年から一九一三年になるとアメリカ大陸は一・五%程度に上昇したが、世界が〇・九%、ヨーロッパ大陸は一・〇%程度であった。これらの数値は一九一三年から一九五〇年においても同程度である。ところが、一九五〇年から一九八〇年までについてみるとアメリカ大陸は二・〇%程度であったが、世界は二・五%、ヨーロッパ大陸に至っては三・四%を記録している。(1)

資本主義は、第二次世界大戦を境として、成長が常態となる経済システムへと転換したのである。

この成長が常態化する経済への転換については、需要と供給の両面に起きた構造変化によって説明することができる。

需要面に関しては、世界大戦や冷戦による軍事需要が景気刺激策として機能したという見方がある。いわゆる「軍事ケインズ主義」である。しかし、世界大戦中はともかく、冷戦期の軍事需要がもたらした景気刺激効果は、実際のところ、それほど大きなものではなかった[2]。

なぜなら、「民政化」が進んだからである。第二次世界大戦後の欧米諸国は「置換効果」によって「大きな政府」となったのであるが、中央政府支出に占める軍事費の割合を見ると、いずれも低下していったのである。たとえば、イギリスは一九五〇年に三四・八%、フランスは一九六〇年に二七・八%を記録しているが、一九七〇年代には両国とも二割を切っている。ドイツは一九五〇年には三割以上であったが、一九七五年には二割程度にまで低下している。アメリカですら、一九五五年には六割を超えていたが、一九六五年には四二・八%に低下し、一九七五年には二六・〇%にまで下がっている。このように、経済全体に占める軍事需要の貢献度は、低下し続けている。

需要面に関しては、軍事需要そのものの刺激よりもむしろ、累進課税の強化や福祉国家化が進み、戦前にはない平等が実現したことの方が重要である。実際、第二次世界大戦後、中央政府支出に占める軍事費の割合は低下したにもかかわらず、国内総生産に占める中央政府支出の比率は拡大したが、それは社会費の増大によるものであった。そして、それが所得再配分による格差の縮小をもたらしたのである。

一般に、高所得者よりも低所得者の方が、所得に占める消費の割合が高い。したがって、富が上層から下層へと再配分されれば、消費はより拡大する[3]。事実、極端に平等である場合を除き、より格差の小さい社会の方が、より高く持続的な経済成長を実現し得る傾向がみられる[4]。

戦後の西側先進諸国は、福祉国家化によって、軍事需要を民政化したのである。戦時中の「軍事ケインズ主義」は、戦後の民政化によって、本来のケインズ主義へと転換していったというわけである。

ただし、累進課税や福祉国家による格差の縮小は、前章において見てきたように、二つの世界大戦、とりわけ第二次世界大戦という地政学的な紛争が引き起こした政治的・財政的ショックによって実現したものである。しかも、この小さい所得格差は、戦後およそ四半世紀にわたって持続した。その大きな理由の一つもまた、地政学的緊張に求められる。すなわち、冷戦である。対外的な脅威の存在は、国内社会の連帯や社会的凝集性を高める。共産圏からの軍事的な脅威が持続する中で、所得格差を低く維持し、国民の紐帯を強めることが西側諸国の社会的コンセンサスとなったのである。(5)

要するに、格差の縮小を通じて総需要面から高い経済成長を可能にしたものは、世界大戦とその後の冷戦というグローバルな地政学的緊張であったということである。

所得の平等による総需要の拡大に加えて、戦後の「大きな政府」による資本主義経済の安定、さらにはブレトン・ウッズ体制の下での為替相場の固定や資本規制による金融市場の安定といった国際経済環境もまた、将来の不確実性を低めるものであり、投資や消費の拡大のための好条件となった。こうした好条件を用意したのも、世界大戦と冷戦であった。

ただし、経済成長は、需要の増大だけではなく、それに伴って供給能力も拡大することが必要になる。アレクサンダー・フィールドによれば、第二次世界大戦中そして戦後のアメリカの経済的繁栄、そして軍事的成功を可能にした大きな要因は、一九二九年から一九四一年までの世界恐慌期における飛躍的な生産性の向上にあった。

世界恐慌期は、言うまでもなく深刻な景気後退と高失業率を経験した時期であるが、それは総需要の不足に起因するものである。他方、供給側に着目するならば、実は、当時のアメリカ経済は、非常に高い全要素生産性（TFP）を記録していた。世界恐慌期に生産性が向上したことが、それに続く第二次世界大戦や戦後の高い経済成長率を用意したのである。

世界恐慌期に生産性を向上させた要因について、フィールドは次のように論じている。

まず、アメリカの製造業は、一九二〇年代に技術的・組織的進歩を達成していた。それは、たとえば自動車や電化製品といった新製品の登場であり、あるいは経営組織の革新や工場の電化であった。次に一九三〇年代になると、製造業のさらなる進歩に加えて、全国的な高速道路網、一般道路、橋梁、トンネルといった輸送インフラの整備が急速に進んだ。この製造業の進歩とインフラの整備の両者が相まって、生産性が著しく向上することとなり、これにより戦後のアメリカ経済は黄金時代を迎えることとなったのである。(6)

一九三〇年代の輸送インフラの整備とは、もちろんニュー・ディール政策によって進められたものである。ニュー・ディール政策の公共事業はケインズ主義的な総需要刺激策として理解されることが多いが、供給面においても大きな効果を発揮していた。ニュー・ディール政策の公共事業は、アメリカの中長期的な経済成長の基盤を構築したのである。そして第12章において論じたように、このニュー・ディール政策の推進力となったのは、戦争であった。

アメリカの製造業における組織上の革新もまた、戦争という要因が大きく関わっている。

二〇世紀初頭以降のアメリカの製造業を特徴づけるのは、フォード社のT型フォードに象徴される大量生産方式であるが、その起源は、アメリカ合衆国陸軍のスプリングフィールド造兵廠において開発された銃器の「アメリカ式製造システム」であった。それは、部品の互換性の確保と規格化によって生産効率を向上させようとするものであり、これがミシンや自転車、そして自動車といった民生品にも転用されて、大量生産方式が普及したのである。(7)

技術革新

ヴァーノン・W・ラッタンは、この大量生産方式に加えて、航空機、ロケットや人工衛星、原子力発電、コンピューター、インターネットといった汎用技術（general purpose technology）が、いずれも軍事と密接にかかわって誕生ないしは発展してきたことを明らかにしている(8)。

たとえば航空機産業の初期の発達については、「国家航空諮問委員会」（NACA）の果たした役割が大きかった。NACAは軍事用及び民間用航空機の研究開発を推進する政府機関であり、アメリカが第一次世界大戦に参戦する直前に設置され、以後四〇年にわたって、航空機の新技術や新知識の普及の重要な源泉として機能した。一九五八年以降は、NACAを吸収した「航空宇宙局」（NASA）が、航空機の研究開発に深く関与し続けた。

このNASAは、言うまでもなく宇宙産業の発達における中心的な機関であり、現在もなお、その地位を維持している。そもそも、アメリカの宇宙産業は、ドイツにおいてV2ロケットを開発したヴェルナー・フォン・ブラウンらの研究チームの能力を、ドイツの降伏後に吸収したことに端を発する。冷戦下では、ソ連との競争が宇宙開発の主な原動力となった。とりわけ一九五七年にソ連がスプートニクの打ち上げに成功したことは、アメリカ国民に大きな衝撃を与えた。この「スプートニク・ショック」が契機となって、一九五八年にNASAが設立され、アメリカは宇宙開発における主導権を回復すべく、宇宙関連の技術開発に邁進したのである。

原子力発電の実用化については、その当初から核兵器開発を無視しては考えられまい。原子力利用の起源が第二次世界大戦末期にアメリカがドイツに対抗して原子爆弾の開発を進めた「マンハッタン計画」にあることはよく知られている。また、ペンシルヴァニア州シッピングポートにおける最初の発電用原子炉には、一九五〇年代前半に原子力潜水艦用に開発された軽水炉が採用され、それ以降、今日に至るまで、軽水炉が原子力発電の主流を占めている。

世界最初のデジタル式コンピューターとされるものは、ペンシルヴァニア大学電気工学科ムーア校のJ・W・モークリーとJ・P・エッカートらによって開発されたが、この開発は、アメリカ陸軍弾道研究所の資金提供を受けていた。また、ベル研究所のウィリアム・ショックレーらが開発したトランジスタについても、その軍事用あるいは商業用の応用開発は、アメリカ陸軍通信隊による資金提供を受けていた。

インターネットの起源とされるのは、アメリカ国防総省内の高等研究局（ARPA）において行われた軍事用の通信ネットワークの開発である。特に一九七〇年代のARPANETの実験の成功が、インターネットの実用化と普及に大きく貢献した。一九九〇年代前半までのインターネットの開発と実用化において、主導的な役割を果たしたのがアメリカ国防総省であることには、疑問の余地がない。

航空機、ロケット、人工衛星、原子力エネルギー、コンピューター、インターネットなど、いずれも二〇世紀を代表する画期的な汎用技術であるが、これらが誕生ないしは発達したのは、なぜ、他の国ではなく、アメリカだったのであろうか。しかも、アメリカは、第二次世界大戦前ではなく、戦後になって、技術革新を生み出し続ける国となり得たのであろうか。それは、冷戦という巨大な地政学的緊張がそのような国になることをアメリカに強いたからである。

そう考えるリンダ・ウェイスは、戦後のアメリカの政治経済システムを「安全保障国家（National Security State）」という概念で把握しようとしている。

「安全保障国家」とは、第二次世界大戦後、東西冷戦下における東側世界からの地政学的脅威に対する反応として形成されたものである。その地政学的脅威の圧力により、アメリカは国家行政の能力を拡大し、自国の技術的主導権を確保することで地政学的脅威を軽減しようとした。一九五七年のスプートニク・ショックに反応して設立されたＮＡＳＡやＡＲＰＡは、その代表的な例である。ただし、アメリカが地政学的脅威とみなしたのはソ連だけではない。一九八〇年代には日本の製造業の台頭もまた、アメリカの技術的主導権を脅かす安全保障上の問題とみなされ、技術政策の強化が図られたのである。

安全保障国家の技術開発の主目的はあくまでも軍事目的にあったが、実際には、狭義の軍事技術の枠を超えて広がった。たとえば、核兵器の開発はエネルギー省における原子力エネルギーの開発につながっていた。あるいは生物化学兵器の研究は、アメリカ国民の健康を守るという点において、国立衛生機関（ＮＩＨ）が進める技術開発の任務とも関連していた。

また、安全保障国家アメリカの技術開発は、政府系の研究機関に依存して「トップダウン」で進められたわけではなく、かといって民間部門における技術革新を促進するだけの「ボトムアップ」のアプローチに頼ったわけでもなかった。実際には、国家、産業界、学界が密接な協力関係を形成したのである。それは研究資金の提供、政府調達、知識の共有、ベンチャー企業への支援、商業化の促進など多様な制度を駆使することで、国家、産業界、学界の三者が相互に依存しあい、融合しあうように連携して技術開発を進めるものであった。「官」か「民」かではなく、官民のハイブリッドによる技術開発のシステムであったのである。これをウェイスは「統治された相互依存（governed interdependence）」と呼ぶ。[9]

このウェイスの分析は、従来のアメリカ経済のイメージに対して挑戦するものである。

たとえば、ピーター・ホールとデイヴィッド・ソスキスは、アメリカの資本主義を「自由市場経済（liberal market economies）」として分類し、ドイツに代表される「調整市場経済（coordinated market economies）」と対比させた。自由市場経済は、金融、労使関係、企業間関係において、より市場に依存するのに対し、調整市場経済は市場以外の社会制度に依存する。また、自由市場経済においては、国家の役割はより小さいものとみなされる。そして、ホールとソスキスは、自由市場経済の方がより抜本的な技術革新に適していると論じている。自由市場経済においては、発達した株式市場が革新的な技術へのアクセスを容易にし、ベンチャー・キャピタルが科学者や技術者のアイディアを市場へと送り込むのである。[10] こうしたモデルにおいては、技術革新における国家の役割は軽視されがちになる。

これに対してウェイスは、アメリカにおいて抜本的な技術革新をもたらしているものは、自由市場というよりはむしろ安全保障国家であり、産学官の「統治された相互依存」の関係であると論じる。言い換えれば、アメリカは経済厚生ではなく安全保障を主たる目的とするものとは言え、国家が自律的に主導する経済プランニングに基づき、きわめて強力な産業政策を実質的に行っていたということである。[11]

産業政策と言えば、日本の通商産業省が実施したものとして知られ、それゆえかつての日本は「開発型国家 (developmental state)」の代表格に挙げられていた。[12] しかし、実はアメリカもまた、安全保障という名目に隠れた、ある種の「開発型国家」だった。一九八〇年代以降になると新自由主義の台頭により、政府による市場介入は忌避されるようになったが、それにもかかわらず、アメリカは「統治された相互依存」のネットワークを通じて、軍事関連分野やバイオテクノロジーなどの産業を支援する強力な産業政策を実施し続けた。アメリカは、「隠れた開発型国家」だったのである。[13]

アメリカの自由市場経済を象徴するベンチャー・キャピタルでさえも、安全保障国家によって育成されたものであったとウェイスは言う。

たとえば、アメリカ最初のベンチャー・キャピタルとされるのは、一九四六年に誕生したボストンのＡＲＤ (American Research and Development) であるが、ＡＲＤは大戦中に開発された軍事技術を民間転用することを目的として設立された。また、ＡＲＤの創設者は「ベンチャー・キャピタルの父」と呼ばれるジョージ・ドリオであるが、彼は戦時中に資源動員にあたった人物であり、ＡＲＤの運営にあたっては、その戦時動員の経験や人脈を活かしたのである。

また、一九五〇年代後半には、中小企業に対するリスク・マネーの供給を目的としてＳＢＩＣ（Small Business Investment Corporation）が設立され、アメリカのベンチャー・キャピタル及びベンチャー企業の育成に大きく寄与したが、このＳＢＩＣ設立の背景にも、スプートニク・ショックを契機とした技術的優位の回復という動機があった。

また、一九八二年には、ハイリスクな初期段階の技術開発に対して資金を供給するプログラムとして、ＳＢＩＲ（Small Business Innovation Research）が開始された。ＳＢＩＲはアメリカのハイテク企業に対して年間およそ二五億ドルの資金を投下するものであり、技術シーズに対する世界最大のファンドであった。

ＳＢＩＲは、アメリカのハイテク・ベンチャー企業に対するリスク・マネーの供給において、きわめて重要な役割を果たした。一般に民間のベンチャー・キャピタルは、その資金の大半を企業買収やマーケティング、あるいは成熟段階の技術開発に振り向け、初期段階の技術開発に対して向けられるのはその一部に過ぎない。これに対して、ＳＢＩＲの資金は、すべて初期段階の技術開発へと振り向けられたのである。実際、二〇〇九年、アメリカにおけるハイリスクな技術に対する投資総額は四二億ドルであったが、その内の六割以上がＳＢＩＲによるものであった。

このＳＢＩＲの創設もまた、地政学的な動機によるものであった。当時のアメリカは、ヴェトナム戦争の敗北、二度の石油危機、アフリカやアフガニスタンに対するソ連の介入によって、安全保障上の危機感が高まっていた。さらに、日本企業がハイテク市場のシェアを浸食するようになっていたことも、アメリカの危機感を煽った。こうした地政学的な脅威に対する反応の一環として、ＳＢＩＲは創設されたのである。[14]

ほとんど知られていないことではあるが、アメリカのベンチャー・ビジネスを象徴する地であるシリコンバレーもまた、実は、冷戦期の安全保障国家が深く関与していた。たとえば一九八〇年代のシリコンバレーには、ミサイル、衛星、軍事関連及び宇宙関連の電子技術に関わる企業が多数立地していた。これらの軍事関連企業は防衛関連の政府契約に多くの収入を依存し、シリコンバレーにおける労働力のおよそ四分の一を直接雇用し、そしてシリコンバレーの製造業の収入の約三割を計上していた。また、シリコンバレーの企業を特徴づける、いわゆる「ポスト工業化」の生産組織（分散型の生産体制、カスタマイゼーション、フレキシブルな特化など）の起源は、一九八〇年代の防衛関連の生産体制に由来していた。そして、一九八〇年代初頭にシリコンバレーの商業用半導体産業が日本企業との競争によって危機に陥った際には、国防総省はスタンフォード大学、カリフォルニア州立大学バークレー校などにおける研究開発を支援したが、それが新たな技術革新の源泉として機能し、シリコンバレーの復活を助けたのであった。(15)

ここで重要なのは、国防総省がその軍事産業政策において果たした自律的・積極的な役割である。グレゴリー・フックスは、国防総省が単に政府調達や補助金によって軍事産業を支援していただけではなく、自ら設定した戦略目標を達成するために自律的に行動し、体系的・計画的な産業政策の実行によって軍事産業の方向性を決定付けていたと主張している。(16) ウェイスが軍産の単なる「相互依存」ではなく、「統治された相互依存」であると表現したのもまた、国防総省の自律性を示唆するためである。

第6章までにおいて、我々は、マクニールの「指令志向型」行動様式と「市場志向型」行動様式の混合、ティリーの「資本化強制」型国家、マンの「インフラストラクチャー的権力」、エヴァンスの「埋め込まれた自律性」やギルの「有機的相互依存」、あるいは一八世紀イギリスの「財政軍事国家」といった分析概念を参照してきた。それらに共通するのは、民間市場における（コモンズの言う意味における）「取引行為」や「制度」の水平的なネットワークを横糸にし、国家と市場、あるいは国家と市民社会の間の垂直的な関係を縦糸にして織りなされた構造である。ウェイスが冷戦期のアメリカの技術政策の中に見出した「統治された相互依存」もまた、これらと同じ構造である。アメリカの「統治された相互依存」が示した強力な技術革新の能力は、技術における「インフラストラクチャー的権力」の発現であるとも言えるであろう。

技術革新の地政経済学

そもそも技術革新（innovation）とは、その言葉の定義からして、「事前（ex ante）」にその結果を知ることができないものである。それにもかかわらず、結果の見えない不確実な将来に向かって、投資や開発といった行動を起こさなければならないところに、技術革新の困難がある。技術革新の本質を要するならば、不確実性に向けた資源動員であると言える。[17]

しかし、不確実性に向けた資源動員とは、きわめてコストとリスクの高い行為である。たとえば、一つの新薬を開発するために、一七年ほどの歳月を要し、四億ドル以上の費用がかかるというのに、成功する確率は〇・〇一％しかないといった具合である。[18] 技術がより革新的であればあるほど、その技術の開発の不確実性はより高く、資源動員はより大規模なものとなる、すなわち失敗するリスクがより高い経済活動となるであろう。

将来を正確に見通せない不確実性の中では、技術開発の目標の選択肢は無数に存在するということになり、どの技術を開発すれば成功するかをあらかじめ合理的に計算して選択することは不可能である。にもかかわらず、技術開発の担当者たちは、技術開発の目標を特定し、資源を動員しなければならない。

この技術革新という行為を理解する上では、主流派経済学の枠組みは、はなはだ不適切である。なぜなら、技術革新の本質とも言うべき「不確実性」が、主流派経済学の理論の中には導入し得ないからである。しかし、不確実性を分析の柱石に据えた「未来性の科学」である制度経済学であれば、技術革新という経済活動の本質に迫ることができるであろう。制度経済学は、技術革新という営為は「ゴーイング・コンサーン」、すなわち不確実な未来に向けた集団行動であるという視座を与えるのである。

実際、技術革新の研究者たちは、不確実性の中で技術開発に向けた資源動員がどのように行われるのかを探究するという視点から、組織や制度、さらには社会システム全体のあり方に着目している。

たとえばネイサン・ローゼンバーグ、あるいはリチャード・ネルソンとシドニー・ウィンターなどは、各種の技術革新の過程の分析を通じて、ある種の社会的あるいは制度的要因が「照準器」や「弾道」の役割を果たし、技術開発の目標を絞り込ませていると論じてきた。[19] 目指すべき技術開発の目標が設定されることで、技術者たちは結果に対する「期待」を形成することができ、開発活動に踏み出せるようになるのであり、また目標を共有することで協力や集団行動が可能になるのである。その技術革新の「照準器」「弾道」となり得る強力な制度的要因の一つに、国家による技術政策がある。NASAによる宇宙開発政策などは、その典型であろう。[20]

技術開発の目標設定の次に必要となるのは、その目標に向けての資源動員である。この場合の「資源」とは資金や人材はもちろんのこと、技術革新において決定的に重要な資源とは、知識である。開発された製品が、技術的のみならず経済的にも成功したものとなるためには、企業、部品メーカー、大学・研究機関、政府機関、消費者など、経済社会全体の各主体とネットワークを形成し、知識を吸収し、そして普及するという集団行動が不可欠となる。この集団行動こそが、技術開発活動の本質である。この技術開発活動という集団行動を構成する各主体のネットワークの網は、企業レベル、地域レベルそして国家レベルで存在し得るが、その中でも特に重要な国家レベルのネットワークが「技術革新のナショナル・システム」と呼ばれるものである。[21]

マリアナ・マッツカートは、こうした技術革新に関する研究の諸成果をさらに押し進めて、画期的な技術革新を生み出す起業家は、民間主体よりもむしろ国家であるとまで論じるに至っている。

主流派経済学によれば、経済のダイナミズムを生み出すのはあくまでも民間市場であって、国家は非効率な主体に過ぎない。国家にあてがわれるべきは、たとえば基礎的な科学研究の支援など、いわゆる「市場の失敗」の是正という消極的で周辺的な役割だけである。

これに対してマッツカートは、技術革新は、確率論によっても計算不可能な、ケインズ的な意味における「不確実性」に直面しているのであり、これを克服できるのは民間主体よりもむしろ国家であると主張し、非効率的な国家というイメージを退けている。その代わりに彼女が提示するのは、「起業家国家（the entrepreneurial state）」という国家像である。国家は、単に民間主体では負えない技術革新のリスクを肩代わりするだけではなく、技術革新の目標を定め、方向性を導き、そして大胆で効率的な資源動員を可能にしているというのである。

実際、主流派経済学が無造作に提示するような通俗的な国家像を排して、技術史を丹念にたどるならば、次のような事実に直面することとなる。

それは、かつての鉄道から原子力発電、航空機、そして今日のインターネット、ナノテクノロジー、医薬品、バイオテクノロジー、あるいはスティーブ・ジョブズが生み出したとされるアイフォーンに内蔵されたＧＰＳやタッチ・スクリーン・ディスプレイに至るまで、資本主義のダイナミズムを生み出すような「極度の不確実性の中にある革新的な投資は、ベンチャー・キャピタリストや『ガレージの思想家』たちからは決して生じなかった。これらの技術革新を起こしたのは国家の見える手であった[22]」ということである。

しかも、技術革新に「見える手」を差し伸べた「起業家国家」とは、「安全保障国家」であったのである。もっとも、「安全保障国家」が生み出した革新的な汎用技術は、もともと軍事目的で開発されたものであり、しかも膨大な資金が投じられている。このため、安全保障国家が経済成長の源泉となったという議論に対しては、もしアメリカがこの膨大な投資を軍事技術ではなく、はじめから民生技術の開発に振り向けていたら、より大きな経済効果を発揮していたはずだという「機会費用」の観点からの批判が想定される。

もちろん、軍事由来の汎用技術がどの程度経済成長に貢献したのかについては、費用対効果の観点から「事後」的に計測し、評価する作業は必要ではあろう。しかし、「事前」に効率的な資源配分をすべきであったという「機会費用」の議論からの批判は、そもそも技術開発とは、不確実性に向けた資源動員であるという理解が欠如していると言わざるを得ない。

技術開発というものは、その結果が事前にわからない以上、費用対効果を事前に合理的に計算して、初めから経済的な成果を出すために資源を効率的に動員することができないという性格を特に強くもつのである。それでもなお、資源を動員しようとするならば、経済合理的な計算に基づくものとは別の、何らかの強い動機が必要となる。

安全保障上の脅威という生存に関わる脅威は、その動機をきわめて強力に生み出すのである。地政学的緊張が経済成長にもたらす最大の効果は、おそらく、不確実な未来に向けた資源動員の動機づけとなるという点にある。[23] ラッタンも、大規模な戦争の脅威なしに、かくも巨大な資源が汎用技術のために動員されたか否かは疑わしいと述べている。[24]

軍事行動と経済活動

戦争が技術革新にとって重要である理由は、それが技術開発の強い動機となるからだけではない。技術革新の理論家として知られるシュンペーターは、『経済発展の理論』の中で、こう述べている。

軍事行動は、潜在的には入手可能なデータのすべてが入手できなくても、ある一定の戦略的位置付けの中で遂行されなければならない。同様に、経済生活においても、なすべきことがすべて詳細に決まっていないまま、行動を起こさなければならない。この場合、すべての成功は直観にかかっている。直観とは、すなわち、その時は分かっていなくても、事後的に正しいと判明することを見通すことのできる能力であり、原理を説明できないにもかかわらず、本質的事実をつかみ取り、本質的でないものは捨て去ることのできる能力である。[25]

ここで注目すべきは、シュンペーターが、経済活動の本質を説明するために、それを軍事行動になぞらえているということである。不確実な未来に向けた行動であり、結果についての合理的な計算ではなく、直観に基づいて起こされる活動であるという点で、軍事行動も経済活動も、本質的に同じだということである。

さらにシュンペーターは、企業家の技術革新の動機は物欲ではないと言う。企業家を駆り立てているのは、自分の王国・王朝を建設したいという騎士道的な夢や野心、征服への意志、あるいは創造する喜びなのである。[26]この点においても、経済活動と軍事行動は共通している。経済活動、とりわけ技術革新の主体とは、主流派経済学が想定するような物欲に駆り立てられて合理的な利益計算をする経済人ではない。それは、むしろ軍人の姿に近い。

極めて興味深いことであるが、かのカール・フォン・クラウゼヴィッツは、『戦争論』の中で、戦争についてこう述べている。

> 戦争の技芸とは、生きた力と道徳的な力を扱うものである。その結果として、それは絶対的なものや確実性を得ることができない。それは常に、事の大小を問わず、不確実性のための余地を残しておかなければならないものである。不確実性に対しては、勇気と自信によってバランスをとらなければならない。

勇気と自信が強いほどに、偶然のための余地もそれだけ大きくなる。したがって、勇気と自信は戦争において本質的に重要なのであり、(後略)[27]

クラウゼヴィッツは、戦争において勇気と自信が不可欠である理由は、軍事行動というものが不確実性に対処しなければならないからであると喝破した。この勇気と自信は、戦闘だけではなく、投資においても必要とされるはずである。なぜなら、投資とは、不確実な未来に向けての行動だからである。それを指摘したのは、ほかならぬケインズであった。

十分な結果を引き出すためには将来の長期間を要するような、なにか積極的なことをしようとするわれわれの決意のおそらく大部分は、血気——不活動よりもむしろ活動を欲する自生的衝動——の結果としてのみ行われるものであって、数量的確率を乗じた数量的利益の加重平均の結果として行われるものではない。[28]

ただわれわれは次のことを想い起こしているのである。すなわち、将来を左右する人間の決意は、それが個人的なものにせよ政治的なものにせよ経済的なものにせよ、厳密な数学的期待値に依存することはできず——なぜなら、そのような計算を行うための基礎が存在しないからである——車輪を回転させるものはわれわれの生まれながらの活動への衝動であって、われわれの合理的な自己は、可能な場合には計算をしながらも、しばしばわれわれの動機として気まぐれや感情や偶然に頼りながらできるかぎり最善の選択を行っているのである。[29]

戦闘行為も投資も、ともに不確実性に向けた活動である。クラウゼヴィッツが戦闘行為における「勇気と自信」と呼んだものは、それぞれ、投資における「血気（animal spirit）」「確信（confidence）」というケインズの表現に対応している。

さらにクラウゼヴィッツは、戦争を力と力の相互作用として分析すべきだと論じ、いわゆる関係論的な戦争観を示したが、その際、彼は戦争をまさに商業になぞらえたのである。

したがって我々は、戦争とは芸術や科学の領域に属するものではないという結論に至る。戦争はむしろ人間の社会的存在の一部である。戦争とは、主要な利害の衝突であり、流血によって解決されるという点において、他の紛争とは異なるに過ぎない。戦争を芸術と比較するよりも、人間の利害と活動の衝突である商業になぞらえる方がより正確であろう。そして、政治にはなお近い。ひるがえって政治とは、より大がかりな商業の一種と考えられるかもしれない。(30)

クラウゼヴィッツは、戦争も経済も、そして政治も、「不確実性に向けた資源動員のための集団行動」として一元的に理解していたのである。このような理解こそ、我々が地政経済学と呼ぶものの思考様式にほかならない。この地政経済学的な思考様式から見れば、「安全保障国家」が「起業家国家」でもあるというのも、何ら不思議なことではないのである。

収穫逓増と制度経済学

地政学的な動機は、技術革新の出発点を与えただけではなく、その後の民生技術のあり方を大きく決定づける。「軍事・防衛関係の開発の民生技術への貢献がなければ、アメリカの、そしてグローバルな技術の姿は、我々が今日、見ているものとは大きく異なったものとなっていたであろう。[31]」

この点に関してラッタンが参照するのは、W・ブライアン・アーサーらによって展開された収穫逓増の経済理論である。[32]

主流派経済学の市場均衡理論は、「収穫逓減」の仮定の上に成立している。その世界では、ある経済行動は、その活動の効果を打ち消すような反応、すなわちネガティブ・フィードバックを引き起こすものと想定されており、それゆえに、市場に何らかの変化が起きても、市場価格や市場シェアはいずれ均衡へと向かうのである。たとえば、ガソリンの価格が上昇すれば、自動車の利用が減少するという反応が引き起こされ、ガソリン価格は需要と供給の均衡点で安定する。市場には、安定化に向かうメカニズムが内蔵されているとみなされているのである。

ところが現実の世界においては、経済は安定化の方向に向かわないことの方がむしろ多い。ある経済行動が、その効果を打ち消すネガティブ・フィードバックではなく、むしろ増幅するポジティブ・フィードバックを引き起こす場合には、市場はある一つの均衡点において安定するとは限らなくなるのである。このポジティブ・フィードバックは、「収穫逓増」とも「自己強化メカニズム」とも呼ばれる。

この自己強化メカニズムこそ、制度経済学が捉えようとしたものである。[33] 主流派経済学が想定するのは収穫逓減であり、ネガティブ・フィードバックであり、市場均衡メカニズムであるのに対し、制度経済学が分析の中心に据えるのは収穫逓増であり、ポジティブ・フィードバックであり、自己強化メカニズムなのである。制度経済学者としてのミュルダールが「循環的因果関係」や「累積的効果」として表現したものは、この自己強化メカニズムにほかならない。

このことは、アーサーの議論とコモンズの制度経済学を対比させることによって、より明確になる。

アーサーは、自己強化メカニズムが起きる過程について、次の四つを列挙している。

①生産の増加とともに単位費用が低下する利点を与える「巨額の創設費用又は固定費用（large set-up or fixed costs）」

②普及とともに製品の改善や費用の低下をもたらす「学習効果（learning effects）」

③類似の活動を行う他の経済主体との協力を有利にする「調整効果（coordination effects）」

④普及の拡大がより一層の普及への信念を強化する「適合期待（adaptive expectation）」[34]

この四つの効果はいずれも、収穫逓減を前提とする市場均衡理論に反するものであるが、コモンズの制度経済学であれば、これを理解することが可能である。

たとえば②の「学習効果」は、「制度化」によって発達する人間の能力から生じるものであろうし、③の「調整効果」は、「個人の行為を操作し、解放し、拡大する集団行動」としてのゴーイング・コンサーンの中で作用しているものである。また、④の「適合期待」は、制度が個人の期待に及ぼす影響の累積的効果によるものである。そして、収穫逓増をもたらす巨額の創設費用又は固定費用は、将来の不確実性に向けた投資活動の産物であるが、そのような未来に向けた投資活動を保障するものこそがゴーイング・コンサーンであり、制度なのである。

「巨額の創設費用又は固定費用」「学習効果」「調整効果」「適合期待」といった効果は、資本集約型産業においては、特に顕著に作用する。チャンドラーの言う「経営者資本主義」とは、統合的階層組織というゴーイング・コンサーンを通じて、これらの効果を発揮させ、産出の収穫逓増状態を作り出し、経済を自己強化的に発展させる経済システムとして理解することができるであろう。

経路依存性

アーサーは、この自己強化メカニズムには次の四つの特質があると論じている。それらはいずれも主流派経済学の市場均衡理論を否定するものであった。

①多くの解が可能であり、結果が不定である「複数均衡(multiple equilibria)」
②本質的により優れた技術が支持されずに敗北する「非効率性の可能性(possible inefficiency)」
③いったん到達した解からの脱出が困難になる「閉塞(lock-in)」
④小さな出来事や偶然により決まった初期の市場シェアがその後も支配的になる「経路依存性[35](path dependence)」

これらの現象は、技術が社会に受容されていく過程の中に見出すことができる。もし市場原理が働くのであれば、市場における競争を通じて、最も優れた技術が選択されることになるはずである。ところが、現実の世界を観察してみると、最も優れた技術が生き残るとは限らない。

よく知られた例は、タイプライターのキーボードの配列である。タイプライターの初期の段階で、キーボードの配列がひとたびＱＷＥＲＴＹに決まると、それが標準化され、固定化されることとなった。そして、より効率的な文字配列の代替案が提示されたとしても、ＱＷＥＲＴＹという配列は市場から駆逐されることなく、持続し続けたのである[36]。あるいは、これもよく引かれる例であるが、ソニーのビデオ・カセット「ベータ・マックス」は、その競合相手であるＶＨＳと比較して、技術的には優れていると言われていたにもかかわらず、

VHSとの競争に敗れ、市場からの撤退を余儀なくされた。VHSの初期の市場シェアにおけるわずかな優位に自己強化メカニズムが働き、ベータ・マックスを市場から駆逐したのである。[37]

最初の発電用原子炉には、原子力潜水艦用に開発された軽水炉が採用されたことはすでに指摘したが、これも自己強化メカニズムの例と言える。軽水炉は、その商用原子炉としての最適性というよりはむしろ、軍事転用を契機として発電用原子炉に採用されたのであるが、それがその後も発電用に採用され続け、発電用原子炉の八割を占めるに至ったのである。これらの他にも、鉄道における狭軌軌道の存続や、電力の直流システムに対する交流システムの優位などが、技術の経路依存性の事例として挙げられるだろう。

歴史的な事件や偶然の出来事が出発点となり、それがひとたび軌道に乗ると、人々はその軌道に従って行動するようになり、その結果、その軌道がますます固定化し、増幅していく。こうした自己強化メカニズムの過程を、コモンズは「ゴーイング・コンサーン」という概念によって表現しようとしたのである。マッキンダーが「ゴーイング・コンサーン」には「運動」あるいは「慣性」が働いていると述べ、アシュリーが「収穫逓増の法則」に着目したのもまた、現実の経済の中に、市場均衡から逸脱した自己強化メカニズムを観察したからなのである。その現実の経済とは、巨額の固定資本を要し、規模と範囲の経済によって劇的な収穫逓増を実現する「経営者資本主義」のことである。

アーサーが、自己強化メカニズムを応用し得る経済学の分野として、国際貿易理論、空間経済学、産業組織論の三つを例示しているのは、興味深い。[38]

というのも、国際貿易理論において、「収穫逓増」を根拠に自由貿易論を批判し、保護主義と産業政策を提唱したのがアシュリーであり、マッキンダーであったからである。また、マッキンダーは、経済地理学という新たな分野を提唱し、地域産業集積の経路依存的な自己強化メカニズムを「ゴーイング・コンサーン」と表現した。そしてマッキンダーとコモンズの「ゴーイング・コンサーン」とは、まさに産業組織論の分析概念であった。

アシュリーとマッキンダーは、産業経済の自己強化メカニズムが市場の不均衡、すなわち需要不足・供給過剰をもたらし、過剰な供給のはけ口としての海外市場の獲得への運動が引き起こされると論じた。自己強化メカニズムの理論を、帝国主義の分析にも適用したのである。地政経済学において、ゴーイング・コンサーンの自己強化メカニズムを理解することが重要である所以である。

そして経済の自己強化メカニズムの過程を解明するには、経済の「経路」、すなわち歴史を研究する必要がある。アシュリーやマッキンダーが「歴史学派」となったのも、当然の帰結であった。

自己強化メカニズムは、金融市場の中にも見出すことができる。ミンスキーが提唱した「金融不安定性仮説」がそれである。

まず、当初の資産価格の上昇がさらなる資産需要の拡大を引き起こし、資産価格の一層の上昇を演出する。レバレッジのポジティブ・フィードバックにより、市場は均衡点を超えてバブルを発生させる。しかし、中央銀行による金利の引き上げや銀行の倒産、あるいは戦争や災害といった何らかの出来事を出発点として、ひとたび資産価格が下落すると、今度は、それがさらなる下落のスパイラルを引き起こす。デレバレッジの自己強化メカニズムが動き出し、やがては金融市場全体の崩壊にまで至る。この金融市場における自己強化メカニズムに対する理解がミンスキーをして主流派経済学の市場均衡理論を拒否させたのである。

もっとも、一九九〇年代以降、主流派経済学においても、学習効果や規模の経済といった技術がもたらす収穫逓増現象を理論モデルに導入して、国際貿易、地域経済、あるいは経済成長の動態を分析しようという動きがある。それらは、新貿易理論、新経済地理学、新経済成長理論といったように「新」を付けて呼称されている。

これらの「新理論」では、従来の主流派経済学の理論モデルとは異なり、政府介入や制度が経済厚生に及ぼす効果を積極的に評価することができる。このため、経済と政治の相互作用の解明を目指すロバート・ギルピンは、これら「新理論」の登場が政治経済学の発展に貢献し得ると期待を寄せている。[39]

しかし「新理論」は、基本的には主流派経済学の分析枠組みにのっとった数理モデルである。それゆえ、主流派経済学の方法論上の欠陥から逃れ得ていない。

たとえばリチャード・ネルソンは新成長理論について、それが技術進歩を導入すると言いながら、不確実性の概念を捨象していると厳しく批判している。新成長理論は、数理モデルの形式主義に固執しているが、確率論によっては表現できない不確実性の概念を導入すると数理モデル化が困難になるため、それを排除しているのである。また、数理モデルの形式主義では到底表現することのできない産業組織や制度の複雑な実態についても、分析の対象から外している。[40] しかし、複雑な産業組織や制度の動態に光を当てなければ、技術革新や収穫逓増現象がどのようにして生じるのかを解明することはできないであろう。

しかも、第1章において強調したように、不確実性の概念なしには貨幣の本質を理解することは不可能である。それゆえ、我々が目指す地政経済学は、不確実性を捨象した「新理論」を受け入れることはできないのである。

新しい産業国家

企業は、制度や組織あるいは国家政策が実現する「巨額の創設費用又は固定費用」「学習効果」「調整効果」「適合期待」を通じて、収穫逓増状態を作り出し、供給を増大させ続けることができる。この供給の収穫逓増こそが、経済成長をもたらす根源的なメカニズムである。

ただし、供給には、それに対応する需要が必要である。もっとも、収穫逓増が可能な生産物については、その需要が増大しても、企業はそれに応じて供給を増やすことが容易である。

供給には、ひとたび特定の軌道に乗ると、持続的に増幅していく自己強化メカニズムがある。しかし、供給はそれ自らの需要を生み出すという「セイの法則」が成立しない現実の貨幣経済の世界では、供給が収穫逓増の原理に従って増大しても、それに応じた需要が発生するとは限らないであろう。その結果として、供給は需要に対して過剰になりがちになる。だが、これを調整することは容易ではない。

企業は、収穫逓増状態を作り出すために「巨額の創設費用又は固定費用」を投じるが、その負担を軽減するためには、設備の稼働率を高く維持して単位費用を低下させなければならない。このため、需要の減少に応じて供給量を減少させると、多大な費用負担が生じることになる。また、企業は、「学習効果」「調整効果」あるいは「適合期待」を発揮させるために、取引先との提携、労働者の雇用、あるいは消費者との関係を長期にわたって継続する必要がある。このため、たとえば原材料費や人件費は、長期の契約によって固定され、引き下げることは容易ではなくなっている。したがって、需要が減少し、製品価格が下落しても、企業はそれに応じて原材料費や人件費を低下させることができず、赤字を抱えざるを得なくなる。赤字が継続すれば企業は解雇に踏み切らざるを得ず、あるいは倒産に至り、失業が発生することとなる。この供給過剰による失業をケインズは「豊富の中の貧困というパラドクス」と呼んだわけである。このパラドクスは、産業経済における収穫逓増の作用によってもたらされる現象としても理解することもできるということである。

産業経済における収穫逓増による供給過剰に、金融市場におけるバブルの崩壊とデレバレッジが加われば、恐慌となる。この恐慌を防止し、資本主義を機能させるためには、「大きな政府」による総需要の創出が必要となる。また、福祉国家化による格差の縮小と総需要の拡大もまた、収穫逓増によって構造的に供給過剰となりやすい産業資本主義においてデフレを防ぎ、むしろ供給の増大に応じた需要を用意することで、経済成長を実現する。

政府による需要管理政策は、供給における収穫逓増の環境を用意する上でも必要である。企業は、十分な規模の需要が長期にわたって存在するという見通しがなければ、「巨額の創設費用又は固定費用」を投じ、あるいは「学習効果」や「調整効果」「適合期待」を発揮するための組織や取引関係を構築するための投資を行うことが著しく困難になる。

ここに、政府が経済プランニングを行う経済合理的な根拠が存在する。すなわち、政府が経済プランニングによって長期的な将来の需要の存在を指し示すことによって、企業は収穫逓増状態を作り出すのに必要な投資その他の行動に踏み切ることが可能になるのである。

政府の経済プランニングによる需要の増大と、大規模産業組織による収穫逓増を利用した供給の強化、この二つを両輪として資本主義を安定化させるとともに、経済成長を実現する。これが制度経済学派に連なるジョン・ケネス・ガルブレイスが『新しい産業国家』の中で描いた戦後の資本主義の姿であった。

かつて、企業家による経済活動は、法秩序の維持以外には政府に依存することはなかった。しかし、「対照的に、成熟した企業は、国家による訓練されたマンパワーの供給と総需要の管理に依存している。これらは、国家によって市場に代替されるプランニングにとって重要なものである。国家は、軍事その他の技術の政府調達を通じて、企業の最も大きな資本が最先端の技術分野に関与するのを保証するのである。[41]」(傍点筆者)

ただし、この「新しい産業国家」は、経済合理性の観点から設計されて建設されたものではない。第二次世界大戦、そしてその後の冷戦という地政学的緊張に対応するための「安全保障国家」が、歴史的な経緯を経て「民政化」され、「新しい産業国家」へと変容していったのである。

経路依存性と戦争

アメリカの「安全保障国家」とは、第二次世界大戦という出来事を出発点とし、その後のポジティブ・フィードバックを経て、経路依存的に成立した。しかも、この安全保障国家の経路依存性はきわめて強力なものであった。次章で論じるように、一九八〇年代以降、新自由主義の席巻や地政学的環境の変化によって、ケインズ主義や経済プランニングは退場を余儀なくされることとなる。それにもかかわらず、「安全保障国家」は「隠れた開発型国家」として存続したのである。

ただし、アメリカの「隠れた開発型国家」は、安全保障の名目や新自由主義のイデオロギーによって隠されていたがゆえに、経済合理性の観点から見た欠陥が少なからずあったことは否めない。

たとえばフレッド・ブロックは、次のような弱点を挙げている。連邦政府の技術開発予算は「隠れ」ているがゆえに、その支出先に対する民主的なチェックが十分に及んでいない。私的利益の追求を称揚する新自由主義のイデオロギーの台頭が「公益」の観念を蒸発させてしまっているため、政府の技術開発は「公益」に資するものでなければならないという規律も弱い。新自由主義のイデオロギーは成果が容易に現れない研究への予算投入に不寛容であるため、資金が安定的に供給されにくい。政府の各部門の間の連携や調整がうまくいっていない。ハイテク製品の生産には、長期的に安定した雇用の下で育成された高技能の労働力が必要であるにもかかわらず、新自由主義の思想に基づく流動的な労働市場では、そのような高技能の労働力を十分に供給できない。(42)

これらの弱点は、アメリカの「隠れた開発型国家」が、初めから経済発展を目的とするものではなく、あくまで「安全保障国家」から派生してきたがゆえに生じたものである。自己強化メカニズムは必ずしも最適解を保証するものではなく、「複数均衡」「非効率性の可能性」あるいは「閉塞」に至る可能性があるというアーサーの指摘のとおり、「安全保障国家」が経済合理的な最適解であるとは言えないのは、それがまさに経路依存的に成立したものだからである。

もっとも、「安全保障国家」が経済合理的な最適解ではないということは、あくまでも「事後（ex post）」に評価し得るに過ぎないということは留意しておく必要がある。

国家による経済活動が非効率な結果に終わりがちであるのは、国家が本質的に非効率な存在だからではない。将来が不確実である以上、国家に限らず、あらゆる経済主体の行動が「制度」に依拠せざるを得ない。そしてその制度の発達には自己強化メカニズムが働くために、特定の経路に依存することとなる。結果として、効率性は保証されなくなるのである。したがって、国家の経済活動の非効率性の本質的な原因は、国家にあるのではなく、不確実性にある。別の言い方をすれば、国家だけではなく、市場における民間主体の経済活動もまた、不確実性ゆえに、効率性を保証できないのである。

問題の本質が不確実性にある以上、自己強化メカニズムは経済活動に限らず、人間の活動一般に観察され得ることになる。市場や技術といった狭い意味での経済現象のみならず、国家政策や国家体制、あるいは国際秩序といった「政治」もまた、経路依存性を帯びる。(43)

さらに言えば、イデオロギーにも、経路依存性を観察することができる。(44) イデオロギーとは、世界がどう動いているか、あるいはどう動くべきかを指し示す観念の体系である。未来が不確実である中で、イデオロギーは、人々に世界の未来に対する予測や行動の指針を与えるものとして機能する。イデオロギーが広く共有されている場合は、人々はなおさらイデオロギーに依存して判断し、行動する。将来の不確実性が高まれば高まるほど、人々はますます判断の基準を既存のイデオロギーに頼るようになるであろう。

こうした社会における自己強化メカニズムの例は、歴史上、枚挙にいとまがない。これまでの議論の中で言及した事象から、いくつか事例を挙げるならば、たとえば、政府の規模における「置換効果」や、戦時統制経済における経済プランニングや福祉政策の戦後への継承がある。

いったん到達した解からの脱出が困難になる「閉塞」現象の例として思い浮かぶのは、一九世紀イギリスの自由貿易である。自由貿易政策は「ジェントルマン資本主義」が到達した解であったが、それが「経営者資本主義」の到来にもかかわらず継続されたため、イギリスの相対的弱体化をもたらす結果となった。あるいは、金本位制やそれに基づく均衡財政政策に至っては、第一次世界大戦中の中断の後に復活し、一九二九年の金融危機の勃発にもかかわらず頑迷に維持されたため、世界恐慌の主たる要因となった。

この間、自由貿易政策についてはアシュリーやマッキンダー、金本位制や均衡財政政策についてはケインズがより優れた代替案を提示した。彼らの主張は理論的にはより優れていたが、政治的には敗北に終わった。これは、より優れたものが支持されずに敗北する「非効率性の可能性」の例である。

そして、この一九世紀的な経済自由主義的な制度や政策あるいはイデオロギーの経路を帳消しにし、社会的平等と経済成長をもたらす新たな経路を設定したのは、ピケティが言ったように「調和のとれた民主的合理性や経済的合理性ではなく、戦争だった。」二つの世界大戦や冷戦といった、グローバルな地政学的紛争が発する巨大な破壊力がなければ、経済自由主義の閉塞を打ち破ることはできなかったのである。制度、社会システムそしてイデオロギーには、それほどまでに強力な自己強化メカニズムがあるということである。

戦争が国家を造る。地政学的な緊張が国内の政治や経済のあり方を規定する。この「逆第二イメージ」は、「制度や社会システムには、自己強化メカニズムがある」という制度経済学的な理解を基礎としているのである。

第16章 平和の経済的帰結

ワシントン・コンセンサス体制

一九五〇年代から一九六〇年代は、西側先進各国が高い経済成長と格差の縮小を実現した時期であり、資本主義の黄金時代と言われる。その黄金時代を支えたのは、国際的にはブレトン・ウッズ体制とその「埋め込まれた自由主義」であり、国内的には「大きな政府」とケインズ主義的経済運営を特徴とする「福祉国家資本主義」であった。そして、こうした資本主義のあり方や経済思想のコンセンサスを形成する上で大きく寄与したのは、二つの世界大戦と冷戦であったのである。

ところが、一九七〇年代後半から一九八〇年代にかけて、この福祉国家資本主義のシステムや、その理論的基礎であるケインズ主義のコンセンサスが急速に衰退し、新自由主義にとって代わられることとなる。一九七三年の変動為替相場制への移行によってブレトン・ウッズ体制が崩壊し、次に一九七〇年代のスタグフレーションによってケインズ主義に対する信頼が失墜し、代わって新自由主義がコンセンサスとなったのである。このコンセンサスは、「ワシントン・コンセンサス」とも呼ばれている。

こうした一九八〇年代以降の新自由主義に基づく国際経済システムを、ロバート・スキデルスキーに従って「ワシントン・コンセンサス体制」と呼んでおこう。

ブレトン・ウッズ体制においては、「埋め込まれた自由主義」の理念の下、国際的資本移動は制限され、各国政府の完全雇用を目標とした自律的な経済運営、とくに財政政策による総需要管理が重視されていた。

これに対して、ワシントン・コンセンサス体制の下では、新自由主義の理念に従って、各国の政策目標は完全雇用よりはむしろ、物価の安定（インフレの抑制）となり、金融政策が政策手段の中心となり、積極財政は無効とみなされた。国際収支の均衡は市場の調整に委ねるべく、変動為替相場制度が採用され、国際的な資本移動の自由化が進められた。

貿易の自由化についても、一九九五年に世界貿易機関（WTO）が設立された。従来のGATT体制の下では、議論の中心は専ら工業製品の関税の引き下げであり、各国の国内保護政策に配慮した漸進的な自由化が進められた。しかしWTOにおいては、工業分野のみならず、農業分野やサーヴィス分野の自由化も推進された。また、関税の引き下げのみならず、非関税障壁の撤廃、すなわち各国国内の規制、制度あるいは商慣行のグローバルな統一化が目指されることとなった。WTOを支える理念は、「埋め込まれた自由主義」ではなく、より原理主義的な経済自由主義であったのである。

だが、新自由主義に基づくワシントン・コンセンサス体制のパフォーマンスは、ケインズ主義に基づくブレトン・ウッズ体制と比べて、経済的にも社会的にも、はるかに劣るものであった。

たとえば、ブレトン・ウッズ体制（一九五〇年から一九七三年）における世界経済の平均実質成長率は四・

八％であったが、ワシントン・コンセンサス体制（一九八〇年から二〇〇九年）においては、三・二％であった。

各国の一人当たりＧＤＰの平均成長率についても、ブレトン・ウッズ体制とワシントン・コンセンサス体制を比較すると、イギリスは二・五％から二・一％、アメリカは二％から一・九％へと減少し、さらにフランスが四・〇％から一・六％、ドイツが四・九％から一・八％、日本は八・〇％から二・〇％へと激減しているのである。

各国の平均失業率についてみると、ブレトン・ウッズ体制下ではドイツが三・一％、イギリスが一・六％、アメリカは四・八％であったが、ワシントン・コンセンサス体制下では、それぞれ七・五％、七・四％、六・一％と、いずれの国においても大幅に悪化している。

新自由主義は、完全雇用を目指すケインズ主義がインフレの抑制に失敗したことを批判し、完全雇用よりも低インフレを優先する経済運営を推奨した。しかし、ブレトン・ウッズ体制下の世界経済の平均インフレ率は三・九％であり、ワシントン・コンセンサス体制下の三・二％を若干上回る程度に過ぎなかったのである。[1]

また、ブレトン・ウッズ体制下における金融市場は比較的安定していたが、ワシントン・コンセンサス体制では、金融循環が激しくなり、資本主義は不安定化した。変動為替相場制の下で、為替相場は主流派経済学の理論どおりに均衡することなく、不安定に変動するようになり、将来に対する不確実性を著しく高めた。

さらに、ピケティが明らかにしたように、ブレトン・ウッズ体制下では、所得格差は戦前よりはるかに縮小していたが、ワシントン・コンセンサス体制においては拡大の傾向に向かった。とりわけ新自由主義を先導したアメリカやイギリスでは、富裕層の上位一％が国民所得に占める比率が二〇〇〇年代に戦前の水準にまで戻るという事態となった。

ブレトン・ウッズ体制下では、アメリカは世界の技術革新を先導する存在であった。ところが、ワシントン・コンセンサス体制下では、アメリカの技術革新が大幅に鈍化し、経済成長の原動力が失われつつある。

たとえば、タイラー・コーエンは、アメリカにおける家計の実質所得の中間値が一九七〇年代以降、ほとんど横ばいで推移しているという恐るべき事実を指摘し、過去四〇年間のアメリカ経済は、「大停滞（great stagnation）」と呼ぶべき状態にあると論じている。コーエンは、「大停滞」の要因の一つに技術革新の成果が枯渇したことがあると指摘している。[2] この「大停滞」の時代は、ワシントン・コンセンサス体制の時期とほぼ一致している。

ロバート・ゴードンもまた、アメリカ経済は成長しなくなったのではないかという問題提起をしている。ゴードンによれば、一七五〇年から一八三〇年の間に起きた第一次産業革命では、蒸気機関、紡績機、鉄道などの技術革新が生起し、一八七〇年から一九〇〇年の間に起きた第二次産業革命では、電機、内燃機関、上下水道が登場した。いずれの産業革命における技術も、およそ一世紀にわたって漸進的に進歩し続け、生産性を向上させる効果を維持した。特に第二次産業革命によって生み出された技術は、一九五〇年から一九七〇年の二〇年の間に、空調設備、家庭用電気機器、州間高速鉄道網などの発達をもたらし、経済社会を大きく転換した。

これに対して、コンピューターやインターネットを生み出した第三次産業革命は、一九六〇年頃に始まり一九九〇年代半ばに頂点に達したが、それが生産性の向上をもたらした効果は、わずか八年で消滅したとゴードンは言う。生産性を向上させる効果をもった発明は一九八〇年代までにあらかた実現してしまい、二〇〇〇年以降の技術進歩は娯楽や通信に関するものが中心で、労働生産性や生活水準に抜本的な変化をもたらすようなものではなかったというのである。[3]

二〇〇八年の世界金融危機からおよそ八年が経ち、この間、先進各国は極端な金融緩和政策を継続し、政府債務を積み上げてきた。それにもかかわらず各国経済は本格的な景気回復には至らず、長期金利はきわめて低い水準に留まり、低成長とディスインフレが続いている。この状態をローレンス・サマーズは「長期停滞

(secular stagnation)」と呼び、IMF専務理事のクリスティーヌ・ラガルドは「新たなる平凡（new mediocre）」と表現している。(4)

何と呼ぶにせよ、これが新自由主義に基づくワシントン・コンセンサス体制の帰結である。

なぜ新自由主義は勝利し得たのか

新自由主義は一九八〇年頃から台頭したイデオロギーであるが、この現象は社会科学者たちを大いに困惑させるものであった。新自由主義のような素朴な市場原理主義は、一九三〇年代の世界恐慌の経験によって棄却されたものと信じられていたからである。(5)

しかも、この市場原理主義の復活の速さは、驚異的であった。一九七四年のノーベル経済学賞は、新自由主義を代表するフリードリヒ・フォン・ハイエクに授与されたが、この年はグンナー・ミュルダールもまた同時に受賞していた。しかし、一九七六年のノーベル経済学賞が新自由主義の本拠地であるシカゴ大学の総帥とも言うべきミルトン・フリードマンに与えられてからというもの、新自由主義はその影響力を急速に拡大していった。

フリードマンは、ノーベル経済学賞受賞者としての権威を存分に活用して、新自由主義の普及に努めた。ノーベル経済学賞を獲得した新自由主義者のシカゴ大学教授は、過去四〇年間で九人にのぼる。かつてはケインズ主義的な総需要管理を推奨していた経済協力開発機構（OECD）も、一九七〇年代後半からは自由市場を称揚するようになった。一九七六年、イギリスの労働党政権は、IMFからの融資を受けるために、IMFの助言に従って完全雇用政策を放棄した。一九七九年にはハイエクに師事するマーガレット・サッチャーが政権の座に着き、続いてアメリカでも新自由主義を掲げるレーガン政権が成立したのである。(6)

この新自由主義というイデオロギーは、その一九七〇年代後半以降の勢力拡大の速度も恐るべきであるが、その頑健さもまた驚くべきものがある。

二〇〇八年、世界恐慌以来の経済危機と言われる世界金融危機が勃発すると、新自由主義の誤謬は白日の下にさらされることとなった。新自由主義に基づくワシントン・コンセンサス体制は、経済成長率、失業率、金融市場の安定性、社会的格差、技術進歩など、ほとんどの指標において、ブレトン・ウッズ体制よりもはるかに劣るものであった。

それにもかかわらず、新自由主義および主流派経済学は、基本的に政策当局及び経済学界の表舞台から退場してはいない。コリン・クラウチは「新自由主義の奇妙な不死」（彼の本のタイトル）に首を傾げ、ジョン・クイギンもまた、理論的には失効しながら社会的には生き永らえている主流派経済学を「ゾンビ経済学」と呼んだのであった。(7)

なぜ、新自由主義は一九八〇年に前後して、かくも急速に台頭し得たのであろうか。しかもその失敗にもかかわらず、なぜ、依然として退場しないのであろうか。

新自由主義の台頭に関する最も一般的な説明は、一九七〇年代のスタグフレーション、すなわちインフレーションと失業の同時発生という経済危機に対して、ケインズ主義に基づく経済運営が対応できなかったというものである。これによりケインズ主義の権威は失墜し、政府の介入による経済運営という考え方が否定され、代わって市場原理を最大限に重視する新自由主義が説得力をもつようになったというのである。

しかし、この説明には、いくつか不十分な点がある。

まず指摘しなければならないことは、戦後に流布したいわゆる「ケインズ主義」なる経済理論は、ロビンソンが「亜流ケインズ派」と呼んだもの、すなわちケインズ自身の思想から大きくかけ離れたものであったということである。亜流ケインズ派である「ケインズ主義」は、ケインズが導き出した結論を新古典派経済学の分析枠組みによって説明しようとしたものに過ぎず、ケインズの理論とは似て非なるものであった。したがって、仮に「ケインズ主義」が失効したのだとしても、それがただちにケインズの理論の失効を意味するとは言えない。

また、ケインズの『一般理論』は、世界恐慌というデフレ不況の最中に出版されたこともあって、専らデフレ対策を念頭に置いて書かれているのは事実である。しかし、ケインズやその弟子たちはインフレに対して無知でも無関心でもあったわけではない。たとえばケインズは『戦費調達論』において、戦争による総需要の過剰に対するインフレ抑制策として、強制貯蓄を提案している。[8] またアバ・ラーナーが、一九四七年の論文「国家の創造物としての貨幣」において、すでにインフレ対策としての構造調整政策に言及していたことは第3章において述べたとおりである。

ケインズ主義を失墜させたとされる一九七〇年代のインフレーションが、主として石油危機という外部要因のショックによりもたらされたということも忘れてはならない。というのも、ケインズあるいはケインズ主義が分析の対象としていたのは、あくまで需要側の要因による物価の変動であって、第四次中東戦争（一九七三年の第一次石油危機の原因）やイラン革命（一九七九年の第二次石油危機の原因）のような経済以外の要因が引き起こした供給側のショックは、そもそも分析の対象にはなっていない。したがって、政府が石油危機によるインフレの抑制に失敗したことは、本来であれば、ケインズあるいはケインズ主義の理論的な問題とは無関係なはずである。それにもかかわらず、ケインズ主義そしてケインズは、一九七〇年代にその権威を失ってしまったのである。

したがって、ケインズ主義[9]の権威が凋落した原因は、その理論の欠陥に求めるよりも、ケインズ主義を受容しなくなった社会状況に求めようとする方がより適当であるように思われる。

一つのあり得る説明は、一九七〇年代の社会的な危機がケインズ主義を失墜させたというものである。一般に社会が危機的な状況にある時には、従来の主流であったパラダイムに対する信頼が弱まり、それまで傍流に甘んじていた思想に光が当たる機会が生じる。第二次世界大戦後、ケインズ主義のパラダイムは大きな成功を収めてきたが、一九七〇年代のスタグフレーションという戦後世界が初めて直面した大きな経済危機がケインズ主義の正当性を揺るがし、傍流にいたはずの新自由主義による挑戦を招いたというわけである。[10]

この知識社会学的な分析は必ずしも間違いではない。しかし問題は、新自由主義の危機に対する驚異的な耐性を説明できていないという点である。

というのも、新自由主義は二〇〇八年の世界金融危機に直面したにもかかわらず、経済理論および経済政策の正統の地位から退こうとはしていないのである。もちろん二〇〇八年以前と比較すれば、新自由主義に対する懐疑は広まってきているし、あるいはクルーグマンやサマーズなど、主流派経済学に属する影響力のある経済学者の中でも、ケインズ主義的な積極財政論を展開するようになった者が増えている。

しかし、経済学界に目を転ずれば、多くの研究者たちは相変わらず、一般均衡モデルに基づく論文を量産しており、ポスト・ケインズ派や制度学派は、依然として異端として扱われたままである。また、先進諸国の政策当局もまた、相変わらず財政健全化や規制緩和といった新自由主義的な政策に固執している。したがって社会的危機が思想を転換させるというだけでは、この「新自由主義の奇妙な不死」という現象までも説明することはできない。

そこで、マルクス主義の伝統に属する論者たちは、新自由主義というイデオロギーの頑強さについて、それを支える特定の階級の政治力によって説明しようとしている。デイヴィッド・ハーヴェイは、その一人である。ハーヴェイは、一九七〇年代のインフレーションと低成長が支配階級の経済的な地位に対する脅威となったことに着目する。第二次世界大戦後、先進各国の支配階級は、その経済的な力を制限され、労働者階級の経済的・社会的地位が向上した。そうした中にあっても経済全体が成長している間は、支配階級は一定の経済的利益を享受できたため、労働者階級に対する妥協に耐えることが可能であった。しかし一九七〇年代に経済成長が大幅に鈍化し、実質金利がマイナスになると、支配階級はわずかな配当と利益しか得られなくなった。ハーヴェイによれば、これに大いに危機感を募らせた支配階級は、自らの権力を維持するため、新自由主義という思想を浸透させるプロジェクトを開始したというのである。[11]

また、スーザン・ジョージは、イタリアのマルクス主義者アントニオ・グラムシの「文化的覇権」の概念を援用して、新自由主義の勝利を説明している。グラムシは、ある階級がその支配的地位を確立するためにイデオロギーがもつ権威（「文化的覇権」）を利用すると論じたのであるが、ジョージは、新自由主義者はこの手を使って勝利を収めたのだと論ずるのである。

新自由主義者は、その思想を広めるために研究機関や財団に資金を提供し、新自由主義的な経済学者や評論家を育成し、マスメディアや学会誌を通じて新自由主義の布教に努めた。新自由主義の布教活動を担った研究機関の例としてジョージが挙げるのは、アメリカン・エンタープライズ研究所、ヘリテージ財団、ケイトー研究所、あるいはイギリスのアダム・スミス研究所などである。こうして新自由主義はアメリカそしてイギリス、さらには世界中に広まり、世界銀行やＩＭＦなどといった国際機関にも教義として浸透し、文化的覇権の奪取に成功した。新自由主義は、その理論上の妥当性によってではなく、プロパガンダ戦略によって、ケインズ主義に勝利したというわけである。[12]

もっとも、新自由主義の背景に階級の経済的利害があるとみなすのは、マルクス主義者に限らない。

第４章でも参照したが、ケインズは『貨幣改革論』の中で、インフレやデフレといった一般物価水準の変動は、金融階級、実業家階級、労働者階級それぞれに異なった経済的・社会的影響を及ぼすと論じていた。インフレは貨幣価値が下落する現象であるから、債権の価値が実質的に下がり、債務の負担は実質的に軽減される。したがって、インフレによって金融階級は損をし、労働者階級は得をすることとなる。反対に、デフレは債務者たる労働者階級を苦境に陥れるが、債権者たる金融階級には有利に働く。

したがって、金融階級にとっては、完全雇用を重視してデフレの阻止を優先するケインズ主義よりも、インフレの抑制（物価の安定）を至上命題とする新自由主義の方が好ましいということになる。歴史的に見ても、一九世紀のイギリスの政治経済体制は、金融階級が政治的にも支配階級となる「ジェントルマン資本主義」であり、そのイギリスが金本位制や自由貿易体制を支えていた。デフレ圧力を発する金本位制や自由貿易は、金融階級の利益に合致していたからである。

ケインズは、金本位制に対する教条や健全財政を求める「大蔵省見解」との思想戦において相当に苦戦していたが、それは彼の提唱する積極財政が支配階級の経済的地位を動揺させるものであったからにほかならない。ミハウ・カレツキもまた、一九四三年の論文「完全雇用の政治的側面」において、実業界が財政支出の拡大を嫌うのは、積極財政による完全雇用の達成が労働者の政治的・社会的地位を向上させるからであると論じていた。[13]

より最近では、カレツキと同様の政治経済学的観点から、ジョン・スミシンが、一九八〇年代以降の新自由主義の台頭の背景に金融階級の利害を見てとっている。「自明なことであるが、反インフレ政策の主な目的は貨幣価値の維持にある。したがって、その主な利益享受者は、すでに特定の資産を大量に所有している個人や機関、すなわち富裕な金融階級あるいは金利生活者のはずである。[14]」新自由主義の復活は、戦後のケインズ主義への金融階級による反動であり、復讐であるとスミシンは論じている。

第1章において、貨幣量の変化は生産に何ら影響を与えないという新古典派経済学の命題「貨幣の中立性」は誤りであることを指摘した。これに加えて、物価水準は政治的な利害関係にも影響を与えるというのであれば、「貨幣の政治的中立性」もまた誤りであったということになろう。[15] 経済は政治から独立した領域ではあり得ない。経済学が「政治」経済学でなければならない所以である。

もっとも、マルクス主義者やポスト・ケインズ派のみならず、主流派経済学者の中にさえも、金融階級の政治支配に気づき、それを糾弾する者が出てきている。

たとえば、ジャグディシュ・バグワティは、すでに一九九八年の段階で、金融業界と政治の癒着を激しく批判する論文を公表している。バグワティはきわめて熱心な自由貿易論者として知られているが、財の取引の自由化には賛成しても、資本取引の自由化には懐疑的であった。財の取引と資本の取引は性格が異なるというのである。しかし、ウォール街の勢力がアメリカの政府中枢に深く入り込み、金融機関の利益のために金融市場の自由化を進めているとバグワティは批判した。そして、このようなアメリカの政治体制を「ウォール街・財務省複合体」と呼んだのである。[16]

また、二〇一〇年、IMFのチーフ・エコノミストであったサイモン・ジョンソンは、ジェームズ・クワックとの共著において、ウォール街とワシントンの癒着が二〇〇八年の世界金融危機を引き起こしたと論じた。ジョンソンらは巨大金融機関がその経済支配力を政治支配力へと転化していった手段について、次の三つを特定している。

第一の手段は、巨額の選挙献金である。

金融業界の政治献金は従来から多かったが、一九九〇年代以降はその額が特に急増し、一九九〇年の六一〇〇万ドルから二〇〇六年には二億六〇〇〇万ドルにまで達した。金融業界は強力なロビー団体となり、たとえば一九九九年に上院銀行委員会委員長に就任したフィル・グラムらに対して多額の献金を行った。グラムは一九九九年グラム・リーチ・ブライリー法の成立に尽力した。この法律は、世界恐慌を受けて一九三三年に制定されたグラス・スティーガル法が定めた商業銀行と投資銀行の分離の規制を撤廃するものであった。

第二の手段は、ウォール街の人材を政府部内の主要ポストに送り込み、政策の策定に関与することである。たとえばゴールドマン・サックスは、クリントン政権時の財務長官にロバート・ルービン、財務次官にゲーリー・ジェンスラーを、そしてジョージ・W・ブッシュ政権の財務長官にヘンリー・ポールソン、財務次官にロバート・スティールを送り込んだ。この他にも、ゴールドマン・サックス出身者は、ニューヨーク連銀総裁、行政管理予算局長などの要職に就いた。ゴールドマン・サックス以外にも、リーマン・ブラザーズで役員を務めたロジャー・アルトマンはクリントン政権の財務副長官に、ベアー・スターンズのリー・ザックスはクリントン政権の財務副次官補に就いた。

逆に、政府高官がウォール街へと転身することもあった。クリントン政権下における財務長官ルービンや財務省首席補佐官マイケル・フロマンはシティ・グループに移り、ニューヨーク連銀総裁のジェラルド・コリガンはゴールドマン・サックスに移った。さらにフロマンは、オバマ政権の下では通商代表部(USTR)代表に就任し、TPP交渉の責任担当者となった。このようにウォール街とワシントンの間は「回転ドア」のように人材が行き来し、人脈の太いパイプが形成された。そのパイプを通じて、ウォール街の価値観はワシントンに深く浸透したのである。

そして第三の手段は、「ウォール街の金融産業の利益は、アメリカにとってもよいことだ」という思想や価値観の影響力である。これはジョージがグラムシに依拠して分析した「文化的覇権」と同じ手段であるが、ジョンソンらも、これがおそらく最も重要であると述べている。

こうして「ウォール街・財務省複合体」は、ゆるぎない支配体制を確立した。こうなると、金融機関にとって不利益となるような規制を導入することは、ほぼ絶望的となる。「どこからどう見ても、ウォール街はこの国を乗っ取っていた。[17]」

このように、金融階級の政治力が新自由主義の背後にあるとする政治経済学的分析には、確かに一定の説得力がある。特に、新自由主義が二〇〇八年の世界金融危機という大惨事の後もしぶとく生き残っている理由は、この金融階級の権益とその政治力の存在によって説明がつくであろう。

もっとも新自由主義の勝利については、ハーヴェイ自身も認めるように、複雑な要因が絡み合っているものと考えられ、したがって、より考察を深める余地が残っている。(18)

そこで、以降の議論においては、国内の階級政治に着目するハーヴェイらの分析とは異なり、国際関係が国内体制を決めるという「逆第二イメージ」の視点に立って、新自由主義を生みだした地政経済学的な状況を分析することを試みる。

新自由主義の復活と地政学

ケインズ主義を正統の地位へと押し上げ、ブレトン・ウッズ体制を成立へと導いたのは、二つの世界大戦と冷戦というグローバルな地政学的対立であった。マルクス主義の論者たちが指摘した金融階級による政治的及び文化的覇権は、一九世紀にも存在したが、二つの世界大戦がそれを破壊し、その後に成立したブレトン・ウッズ体制が金融階級を封じ込めていたのである。

そうだとするならば、ケインズ主義の失効と新自由主義の台頭、あるいはブレトン・ウッズ体制の崩壊とワシントン・コンセンサス体制の成立もまた、その背景に地政学的環境の変化があったと推し量ってもよいはずであろう。

まず、ブレトン・ウッズ体制を成立させた地政学的な環境について、改めて確認しておこう。

第二次世界大戦の終結後、冷戦が勃発したことで、アメリカは、西ヨーロッパ諸国や日本といった同盟国を経済的に復興し、反共の防波堤とする必要に迫られた。西ヨーロッパ諸国と日本の側も、経済復興のためにはアメリカから融資や直接投資を受け入れ、またアメリカ市場への輸出を促進しなければならなかった。国際的な経済取引の促進には安定した国際通貨が不可欠となる。そのため西側諸国は金・ドル本位制の固定為替相場制を受け入れた。

アメリカは国際通貨の供給者となったことで、政治的・経済的特権を得ることとなった。他国の政府がドルを準備通貨として保有することを望む限り、アメリカは自国通貨であるドルを発行すれば国際収支赤字をファイナンスすることができる。アメリカは少なくとも短期的には国際収支に制約されることなく、対外対策を実行し、国内経済を運営することができたのである。

ただし、固定為替相場制の下では、基軸通貨国であるアメリカには、他国通貨に対してドルを切り下げて国際収支を改善することはできなかった。そのおかげで、西ヨーロッパ諸国と日本は、ドルに対して自国通貨が安い状態を維持することができ、アメリカ市場に輸出する上での国際競争力を維持することが可能となった。

さらに西ヨーロッパ諸国と日本は、ドルを準備通貨として保有したことにより、アメリカによる米軍の駐留の約束を維持することができた。西側諸国が、アメリカにその覇権を支える特権的地位を与えるブレトン・ウッズ体制を支持したのは、それが経済のみならず、安全保障の面からもメリットをもたらすものだったからである。

ただし、このシステムには、重大な欠陥があった。その欠陥は、ロバート・トリフィンによって指摘されたために「トリフィンのディレンマ」として知られている。それは次のようなディレンマであった。

一方では、アメリカは国際収支赤字に依存して、世界経済に流動性を供給する必要がある。他方では、アメリカはドルに対する信認を維持することが求められている。しかし、長期に及ぶ国際収支の赤字は、ドルの信認を損なうことになる。したがってアメリカは、ブレトン・ウッズ体制を維持するためには、世界経済に流動性を供給するのに十分なほど国際収支の赤字を拡大しながら、同時にそれをドルの信認を損なうほどには拡大してはならないという、きわめて難しい舵取りをしなければならなかったのである。

このシステムを維持するためのアメリカの舵取りは、西ヨーロッパと日本が経済復興を遂げて本格的な経済成長を実現し、ドルの保有量を増加させていくようになると、次第に困難となっていった。しかし、当時のフランス以外の西側諸国は、ブレトン・ウッズ体制がもたらす安全保障と経済の両面からのメリットを引き続き享受するため、アメリカに協力したのである[19]。

たとえば一九六〇年代初頭、ケネディ政権は西ドイツに対して、その保有するドルの一定割合を還流させるため、アメリカからの武器の購入を求めた。拡張的な財政金融政策を志向していたケネディ政権は、それによって国際収支赤字が拡大することを懸念するようになっていた。しかもキューバ危機後の米ソ間の緊張緩和もあり、ケネディ政権は西ドイツに対して、米軍をヨーロッパから引き上げる可能性すら示唆した。これに対して西ドイツは、最終的には米軍の撤退という事態を回避すべく、ケネディ政権の要求に従って武器を購入することを選択したのであった[20]。

こうしてブレトン・ウッズ体制はアメリカとその同盟国による経済上及び安全保障上の思惑に支えられることで、トリフィンのディレンマにもかかわらず、維持されてきた。しかし、一九六〇年代後半から、ヴェトナム戦争の大幅な拡大による戦費の増大とジョンソン政権下における公共支出の拡大により、アメリカの国際収支は著しく悪化していくと、トリフィンのディレンマが顕在化するに至った。ドルの信認は急激に損なわれていき、アメリカ政府は何百億ドルもの金との交換を要求され、システムは危機に瀕した。一九七一年、ニクソン政権はついにドルと金の兌換を停止すると、一九七三年には変動為替相場制への移行を決定して、ブレトン・ウッズ体制を破壊してしまったのである。

アメリカの国際収支赤字の拡大によってブレトン・ウッズ体制というシステムが危機に瀕したのであるならば、本来であれば、アメリカ自身が国内政策を調整して財政支出を削減し、国際収支を改善すべきであった。しかし、国内の調整を嫌ったアメリカは、ブレトン・ウッズ体制自体を破壊し、調整の負担を他の国々に押し付けることを選択したのである。そのような特権的な振る舞いを可能にしたアメリカの力の源泉は、経済上のものと安全保障上のものの二つに分かれる。

経済的なものとしては、ドルの代替となって国際システムの基軸となり得るような通貨が存在しなかったということが挙げられる。そして安全保障に関して言えば、アメリカによる財政支出の削減が駐留米軍の西ヨーロッパからの撤退につながるおそれがあり、欧米ともにそれを望んでいなかったという事情がある。他方で、アメリカに代わって西ヨーロッパ諸国が調整コストを負担したとしても、それがヨーロッパの安全保障体制を動揺させるようなことはない。こうしたことから、アメリカだけが特権的に調整のコストを放棄して、他国に押し付けることができたのである。(21)

また、このブレトン・ウッズ体制の崩壊過程の中で注目すべきは、ヴェトナム戦争や冷戦という地政学的要因の果たした役割である。ブレトン・ウッズ体制は、そもそも「トリフィンのディレンマ」という制度的矛盾を内在させてはいたが、それを顕在化させ、体制の崩壊を早めたのは、国際収支赤字を大幅に悪化させたヴェトナム戦争であった。また、一九六〇年代後半以降、米ソ間の緊張緩和が進んだことにより、西ヨーロッパ諸国、とりわけ西ドイツは駐留米軍の撤退を懸念するようになり、アメリカの方針により従属的になっていたこともまた、アメリカによるブレトン・ウッズ体制の破壊を容易にした。(22)

こうして戦後のケインズ主義は、その国際制度的基盤であったブレトン・ウッズ体制を失ったのであるが、その引き金を引いたのはヴェトナム戦争という地政学的紛争であったのである。

さらに言えば、一九七〇年代の石油危機によるインフレーションがケインズ主義の失墜を決定づけたことはすでに述べたとおりであるが、この石油危機もまた、第四次中東戦争やイラン革命といった地政学的緊張を契機として引き起こされたものである。また、ブレトン・ウッズ体制の崩壊と変動為替相場制への移行によってもたらされたドル安もまた、ケインズ主義の権威を傷つけたインフレーションの原因の一つであるが、そのブレトン・ウッズ体制の崩壊の契機となったのはヴェトナム戦争であった。[23] だとすると、ケインズ主義は、ヴェトナム戦争、米ソの緊張緩和、中東における紛争といった地政学的変動の影響によって、その正統性を失ったということになる。

アメリカの地政経済学的金融戦略

ブレトン・ウッズ体制は、一九六〇年代から七〇年代にかけての地政学的な環境の変化に耐えられずに瓦解した。ただし、アメリカが戦略的な意図をもってその幕を引いたという側面も強くあることを見逃してはならない。ブレトン・ウッズ体制からワシントン・コンセンサス体制への移行は、覇権国家アメリカの主導によって実現したのであり、そしてそのワシントン・コンセンサス体制がグローバリゼーションをもたらすこととなったのである。グローバリゼーションとは、歴史の自然な潮流や経済の法則の結果などではなく、アメリカという強大な国家の戦略の産物だということだ。そのことを明らかにしたのは、エリック・ヘレイナーの研究である。

ヘレイナーの議論は、次のようなものであった。

一般に新自由主義が台頭したのは、一九八〇年代以降のこととされる。しかし、一九七〇年代初頭のニクソン政権やその次のフォード政権における国際金融政策に関しては、すでに新自由主義が大きな影響力をもっていた。たとえば、ニクソン大統領の国際金融問題に関するアドヴァイザーは、新自由主義的なオーストリア学派に属するゴットフリート・ハーベラーであったし、一九七二年から財務長官を務めたジョージ・シュルツはミルトン・フリードマンと近しい人物であった。このほか、トーマス・ウィレットやポール・ヴォルカーなど、新自由主義的な思想の持ち主がニクソン政権に参画していたのである。[24]

ニクソン政権の経済政策担当者たちは、自由で開放的な国際金融市場こそが、次の二つの意味でアメリカの経済覇権を強化し得るであろうと考えていた。

第一に、短期的には、自由な国際資本移動が、西ヨーロッパや日本など国際収支黒字国の通貨に上昇圧力をかけるであろうと考えられた。この場合、国際収支黒字国の政策には、二つの選択があり得る。一つは、通貨高を防ぎ、国際競争力を維持するためにドル買いを行うことであるが、これは国内の貨幣供給量の拡大を招く結果となる。もう一つの選択肢は、通貨高を受け入れることであるが、これによって国際競争力を失った輸出企業の損失を埋め合わせるために拡張的なマクロ経済政策が必要になる。いずれにせよ、内需は拡大し、国際収支は悪化する。西ヨーロッパや日本に対して通貨高や内需拡大政策を強いるというアメリカに有利な政策調整が、外交交渉による政治圧力に依らずとも、国際金融市場の圧力によって自動的に達成できるのである。

第二に、国際通貨としてのドルの地位は、開かれた国際金融市場の創出によって強化されることで、アメリカの政策の自律性は長期的にも確保されるものと考えられた。なぜなら国際的なドル市場は、西ドイツや日本の金融市場よりもはるかに発達しており、投資家たちにとって最も魅力的な金融市場であったからである。したがって、国際資本移動を自由化すれば、投資家たちはなおのことドル資産の保有を選好するようになり、アメリカの経済覇権はより盤石のものとなるであろう。[25]

このように、ブレトン・ウッズ体制の幕引きは、自由な国際金融市場こそがアメリカの特権的な地位を保証するものであるという信念に基づいて戦略的に実行されたのである。新自由主義者たちが、一九七〇年代初頭に突如としてアメリカの対外経済政策の中枢を占拠することに成功したのも、彼らの論理がアメリカの国益に完全に合致するとみなされたからにほかならない。

また、アメリカの産業界が新自由主義に転向したこともケインズ主義の失墜に一役買っていた。

第二次世界大戦直後の産業界は、世界恐慌の経験からホワイトやケインズの国際資本移動規制に賛同し、ブレトン・ウッズ体制を支持していた。しかし、一九六〇年代に海外市場への展開が進展し、大企業の多国籍化が進むようになると、産業界は次第に資本規制に不満を募らせるようになり、国際資本移動の自由化を唱える新自由主義者や金融勢力を支持するようになった。一九六八年の大統領選において、産業界は資本規制の撤廃を公約するようニクソン候補へのロビー活動を展開した。一九七〇年代前半には、多国籍企業は金融機関とともに、資本移動の自由化に向けて声を上げ、ニクソンおよびフォード政権の政策決定に大きな影響を与えたのである。(26)

ブレトン・ウッズ体制が崩壊した背景には、このようなアメリカ国内の利益集団による政治力学が働いていた。とは言え、主流派経済学の標準的な理解によれば、変動為替相場制の下では、自由な国際資本移動が確保されれば金融政策の自律性も達成し得るはずである。しかし、実際には、変動為替相場制の下での金融政策の自律性は資本移動を規制しなければ実現が困難であることが、すぐに明らかとなった。カーター政権は一九七〇年代の不況を克服するため、一九七六年から七七年にかけて拡張的な財政金融政策を実施したが、それによる国際収支赤字の拡大と国内のインフレによってドルの国際的な信認が失われ、一九七八年から七九年にかけてのドルの急落を招いたのである。

このドル危機が示すことは、アメリカの経済政策もまた国際経済から自律的ではあり得ず、国際金融市場による制約を受けるようになったということである。アメリカは、国内政策の自律性と資本移動の自由との間でディレンマに陥った。この場合、資本規制を導入するという選択肢もあったはずである。しかし、すでに新自由主義の影響下にあったカーター政権は、資本規制の可能性をほとんど考慮せず、国際金融市場の規律に服することを選んだ。そして一九七九年、カーター大統領は新自由主義者として知られていたポール・ヴォルカーをＦＲＢの議長に任命した。ヴォルカーはインフレとドル危機を克服するため、高金利政策を実施した。

このカーター政権の選択は、アメリカが世界金融経済の中心に位置することを考えるならば、その後のグローバリゼーションの方向性を決定づける分岐点となったとヘレイナーは評している。[27]

さらに、このアメリカの新自由主義的なグローバル金融戦略は、一九九〇年代半ばから、クリントン政権下のロバート・ルービン財務長官とローレンス・サマーズ財務次官（後に財務長官）によって全面的に進められた。冷戦の終結によって一極主義的なスーパーパワーの地位を手に入れたと考えたアメリカは、その力を利用して、自国の覇権を盤石のものとする国際秩序を構築しようと企てた。金融のグローバリゼーションは、その一環であったのである。

ただし、金融のグローバリゼーションを実現するためには、アメリカ以外の国々にも資本規制を撤廃させなければならない。金融に関するグローバルなルールの統一も必要である。そこでアメリカは、個別の外交交渉を通じて、新興国に資本移動を自由化するように圧力をかけた。またIMFも、新興国に対する融資の条件として、財政健全化、規制緩和、自由化、民営化など新自由主義的なルールの受容を求めたのである。もっともIMFは、アメリカに操られていたというわけでは必ずしもない。ただIMFは、アメリカ政府、主流派経済学者あるいは金融機関と、新自由主義のイデオロギーを共有していたのである。[28] 要するに、「思想、利益、そして権力が結びついて原動力となり、世界中の資本規制を崩壊させ、金融のフローを完全に無規制なものにしたのである。[29]」

新自由主義は、グローバルな金融市場が市場メカニズムによる効率的な資源配分を通じて、世界の経済厚生を最大化するという理論に基づいて、金融のグローバリゼーションを正当化する。しかし、ヘレイナーの研究が明らかにしたように、アメリカは、世界経済全体の厚生を高めたいという善意から金融のグローバリゼーションを進めたわけでは必ずしもない。アメリカは、金融のグローバリゼーションが国際通貨ドルの発行国に有利に働き、その覇権をより強化するであろうという戦略的意図から、それを進めてきたのである。

金融のグローバリゼーションが進めば、世界中の資本は、国際通貨発行国であり、最も発達した金融市場を有するアメリカに流入する。アメリカの国際収支赤字はそれによってファイナンスされ、長期金利の上昇は抑制される。その結果、好景気が持続し、アメリカの内需は拡大を続けるというわけである。

それゆえ、ラディカ・デサイが主張するように、金融のグローバリゼーションを「地政経済学」的に解釈すべきなのである。(30)

デサイは言う。金融のグローバリゼーションは世界中の国々に何らかの影響を及ぼすものではあるが、他方で「それは、固有の地理と金融構造をもっている。」すなわち、アメリカという最も金融市場が発達した領域国家が存在し、そのアメリカという領域国家がドルというアメリカが発行する通貨を中心として金融のグローバリゼーションを進めているのである。金融のグローバリゼーションは、ドルの準備通貨としての地位を維持するために、ドル建ての流動性を供給し続けるというアメリカの明確な国家政策に支えられているのだ。(31)

この金融のグローバリゼーションというアメリカ固有の地政経済学的戦略は、一九九〇年代半ばから、より顕著になった。その結果、世界中の資本がアメリカの株式市場とともに、アジア諸国をはじめとする新興国市場へと流入した。そして一九九七年のアジア通貨危機の後は、資本は専らアメリカの株式市場へとなだれ込み、ブームをもたらしたのである。(32)

金融のグローバリゼーションを地政経済学的に解釈すべきもう一つの重要な理由は、それがアメリカの軍事戦略とも密接不可分な関係にあるということである。

クリストファー・レインが論ずるところによれば、一九四〇年以降のアメリカの外交戦略の基調は、次のような論法にのっとっていた。まず、自由で開かれた国際経済秩序を実現しなければアメリカの経済的繁栄はない。また開かれた国際経済秩序を実現するためには、安定した国際政治秩序が必要である。そのためにアメリカは、軍事力を行使して、国際秩序の安定を脅かす脅威を取り除かなければならない。

要するに、アメリカのリベラルな経済戦略は、必ず軍事力の行使を伴うということである。これは、第二次世界大戦時においても、アメリカの外交政策担当者に共通の認識であった。冷戦終結後においても、冷戦期においても、この認識は維持された。たとえば一九九二年、ディック・チェイニー国防長官は、アメリカは開かれた国際経済システムの一部であるが、それは「地域的な暴力、不安定、そして侵略がそれを危機に陥れるようなところでは、育たない」と述べた。クリントン政権下の国防長官ウィリアム・コーエンもまた、「不安定は生活と市場を破壊する」と述べた。その意味するところは、国際秩序が不安定化すればヨーロッパや東アジアは経済的に閉鎖的になり、ひいてはアメリカの経済的繁栄をも脅かすことになるだろうということである。

アメリカのリベラル派は、自由で開かれた国際経済秩序が平和と安定をもたらすと主張してきた。しかし、第二次世界大戦以降のアメリカの政策担当者たちの信念は、この因果関係を逆転させたものであったとレインは指摘する。すなわち、国際秩序の平和と安定が自由経済を可能にするのであり、国際秩序の平和と安定を維持するにはアメリカの覇権的な地位と各地への軍事的関与が不可欠であるという信念である。(33)

クリントン政権のグローバル金融戦略もまた、一極主義的なグローバル軍事戦略を伴うものであった。一般に、一極主義的な軍事戦略は、二〇〇三年のイラク戦争を引き起こしたジョージ・W・ブッシュ政権と関連づけられる。しかし、クリントン政権においてすでに、拡張的な軍事戦略は始まっていた。

クリントン政権の中東政策は、イランとイラクの両方を封じ込めるために、中東地域におけるアメリカの軍事的覇権を維持しようというものであった。そして、イランに対しては外交的・経済的に孤立させる戦略を採り、またイラクに対しては厳しい経済制裁を科すとともに、爆撃を定期的に繰り返した。さらに一九九八年、クリントン大統領はフセイン政権を打倒し、イラクを民主化することを宣言した「イラク解放法」に署名している。ブッシュ政権のイラク攻撃は、クリントン政権の中東政策の延長にあるに過ぎないのである。[34]

ズビグニュー・ブレジンスキーも、このアメリカのグローバル戦略の認識を共有していた。彼は、一九九七年の『壮大なチェス盤』の結論において「見通し得る限りの将来において、アメリカのリーダーシップの現実的な代替は、国際的な無秩序のみである。その意味では、クリントン大統領が言ったように、アメリカは世界にとって「欠くべからざる国家（the indispensable nation）」となったという主張は正しい[35]」と述べた。

ユーラシア大陸の支配を強化することでアメリカの覇権を維持するというブレジンスキーの新しい地政戦略は、まさに金融のグローバリゼーションを裏書きするものであったのである。

金融化による資本主義の変質

国際関係が国内政治を決定するというのが、オットー・ヒンツェからピーター・グルヴィッチに至る「逆第二イメージ」の視点であるが、この視点は経済分析にも適用できる。すなわち、ブレトン・ウッズ体制の崩壊そして一九七八〜七九年のドル危機という国際経済関係の変化が、アメリカ国内の経済システムを大きく転換することとなったのである。

具体的には、以下のとおりである。

まず、ヴォルカーによる高金利政策の結果、海外資本が未曽有の規模でアメリカに流入したため、アメリカ国内の信用供給は大幅に拡大した。しかも、カーター政権からレーガン政権にかけては、新自由主義の理念の下、国内金融市場の規制緩和が実施されたため、信用供給の拡大はさらに助長された。

しかも、一九八〇年代前半の金融当局は、極端な高金利政策を継続した。それは、一九八〇年預金金融機関規制緩和・通貨管理法によって銀行に対する金利規制（レギュレーションQ）が廃止され、信用供給を制約する手段が失われた結果、信用拡大を抑制するためには金利をより高く引き上げざるを得なくなったからである。またレーガン政権が軍拡や減税によって野放図な積極財政政策を行っていたことも、金融当局に高金利政策を強いる結果となった。

また、アメリカのマクロ経済運営は、新自由主義の教えに従って、金融政策を中心に据え、かつ市場メカニズムに従って政策を実行するものとなった。その結果、信用供給の拡大とともに金利の変動が激しくなり、不確実性が高まったのである。

こうしたマクロ経済環境の変化の結果、アメリカ経済においては金融部門の肥大化、いわゆる「金融化（financialisation）」が進展することとなった。まず、金融部門の利益は、信用供給の膨張の波に乗って、飛躍的に増大した。こうして、かつては手堅く退屈であった銀行業は、エキサイティングで儲かる金融ビジネスへと変貌を遂げた。さらに金融機関のみならず、非金融法人の経営者も、資金を生産設備から金融資産へと振り向けるようになった。特に、高金利と不確実性の高まりというマクロ経済環境の下では、企業は、より高いリターンを求めるだけではなく、より短期間で投資を回収しようという誘因を高める。こうして金融化は、企業の視野の短期化を招いたのである。(36)

この金融化の過程には、前章で論じた「自己強化メカニズム」を観察することができる。

ジョンソンとクワックが明らかにしたように、金融機関の経済力が強まれば、それは政治力へと転化する。金融化の進展とともに、「ウォール街・財務省複合体」が発達し、金融階級の利益を増やすような政策が実施され、金融化はますます自己強化的に進展するのである。

アメリカの金融化の程度をデータによって確認しておこう。

金融部門のＧＤＰ寄与度は一九七八年には三・五％であったが、二〇〇七年には五・九％にまで伸びた。金融業界が保有する資産は、一九八〇年にはＧＤＰ比で五五％であったが、二〇〇〇年には九五％にまで膨らんだ。金融部門の利益は一九八〇年頃までは非金融部門とほぼ同じペースで推移しているが、一九八〇年から二〇〇五年になると、金融部門の利益は八〇〇％伸びたのに対し、非金融部門の利益の伸びは二五〇％にとどまった。銀行の平均報酬も、一九五五年〜八二年は民間部門平均と同程度であったのが、二〇〇七年には二倍に達したのである。[37]

この金融化によって、アメリカの経済構造は、ミクロの企業経営からマクロの経済成長のメカニズムに至るまで、大きく変質することとなった。

一九八〇年以前の企業経営は、経営者が株主に対して優位に立ち、企業経営を主導するものであり、その経営が目指す目標は専ら技術開発にあった。そのため、企業は従業員に対して長期にわたって安定した雇用を保障し、長期間かけて、労働者の特殊技能の向上と自社内の技術開発に努めていた。企業は、賃金の抑制や解雇によるコストカットよりもむしろ、技術開発による生産性の向上によって、その競争力を生み出そうとしていたのである。

政府の経済運営も、こうした企業経営のあり方に応じるものであった。政府は、ケインズ主義的な経済プランニングや政府調達によって、総需要を確保するとともに経済の安定化に努め、将来に対する不確実性を低めた。こうした安定したマクロ経済環境の下で、企業は、長期にわたって巨額の資本を高度な技術の開発へと振り向けることができたのである。

しかし、一九八〇年以降は、安定化を重視するケインズ主義は放棄され、加えて金融化の進展によって、不確実性が著しく高まることとなった。その結果、企業は不安定な市場の変動に翻弄されて、長期的な技術開発や巨額の設備投資、あるいは労働者の技能の育成を行うことが難しくなった。ジョン・ケネス・ガルブレイスが「新しい産業国家」と呼んだ戦後のシステムが崩壊したのである。

さらに、新自由主義の影響により、「企業は、その所有者である株主の利益の拡大に努めるべきである」という株主重視の経営観や、「自由な株式市場は、企業の価値を効率的に決定し得る」という市場観が流布し、その思想の下で金融市場や労働市場の改革が行われた。

たとえば一九八二年、証券取引委員会が規則10b—18を制定し、企業の自社株買いを容易にした。また、公開会社の役員に対してオプションの権利行使以降、対象証券を最低六カ月保有する義務を課すという規制が、一九九一年の証券法の規制緩和によって撤廃された。同年の移民法の改正では、外国人労働者に対するビザの発給の規制緩和が行われた。これにより、安価な外国人労働者が流入し、国内の労働コストを引き下げた。

こうして一九八〇年以降、企業はその経営目標を株価の上昇に置くようになった。企業のCEOは、ストック・オプション制度によって給与の一部を株式の配当として受け取るようになっていたので、株価重視の経営に拍車がかかった。配当率（税引き後利益に占める株主への配当の比率）は一九七〇年代までは四割程度であったが、次第に上昇し、二〇〇八年には八割を超えるに至った。

株価重視の企業経営は、技術開発に対する投資には消極的になる。短期的には株価を下げる要因になるからである。また、企業はもはや雇用の安定は保障せず、非正規労働者を活用して人件費の抑制に努めた。必要な技術は、自社開発や従業員の技能の向上によって獲得するのではなく、アウトソーシングやその海外版であるオフショアリング（海外への委託生産）を多用することで社外から低コストで調達された。

また、従来であれば技術開発や設備投資に向けられていたはずの資金は、株価を吊り上げるための自社株買いに振り向けられた。たとえば、二〇〇七年においては、上位五〇〇社合計で五九五〇億ドルが自社株買いに投じられた。この自社株買いの横行は、投機的な株式市場のブームを引き起こす要因の一つとなった。

その結果、ストック・オプションを通じて株価の上昇の恩恵を受けるCEOと、賃金を抑制された労働者の所得格差は大きく開くこととなった。大企業二〇〇社のCEOと正規労働者の平均報酬の比率は、一九八〇年には四二対一であったが、二〇〇〇年には五二五対一にまで至った。世界金融危機によって株価が暴落した二〇〇九年ですら二六三対一もあったのである。[38]

アメリカの経済成長のメカニズムも、一九八〇年を境として大きく変質した。

ケインズ主義のコンセンサスがあった頃のアメリカの経済は、完全雇用を目的として運営された。当時の経済成長は、生産性の向上とともに賃金が上昇し、それによって総需要が拡大して雇用を生み、それが再び生産性の向上と賃金の上昇を呼ぶという好循環のメカニズムをもっていた。

ところが一九八〇年以降は、新自由主義の理念の下、経済政策は完全雇用よりも低インフレを優先的な目的とし、小さな政府、規制緩和、労働市場の柔軟化、金融化、グローバリゼーションが進められることとなった。

その結果、アメリカ経済の成長メカニズムは、次のように変わった。

まず、賃金は抑制されるようになり、代わって金融化による負債の増大と資産価格の持続的な上昇が、総需要の拡大をもたらすようになった。

本来であれば低賃金は消費を抑制するはずだが、家計は、賃金所得ではなく負債の増大に依存することで、消費を拡大し続けることができた。その結果、GDPに占める家計の負債は、一九八〇年以前は五割を切っていたが、二〇〇一年には七六％、二〇〇七年には一〇〇％にまで増えた。

ケインズ主義においては、政府による総需要の刺激が賃金の上昇を生み、経済成長を促していた。それが新自由主義の下では、家計の負債の拡大が経済成長の原動力となる。だが、資産価格はバブルを引き起こし、いずれ崩壊する。しかし、金融緩和によって再びバブルを引き起こせば、負債は再び拡大し、景気は回復する。こうして一九八〇年代以降は、金融バブルとその崩壊が繰り返されながら、アメリカ経済は成長し続けた。この民間負債主導の成長メカニズムをコリン・クラウチは「民営化されたケインズ主義」と呼んでいる。[39]

一九九〇年代以降に加速したグローバリゼーションは、アメリカ経済をさらに変質させた。グローバリゼーションによって、アメリカの消費は安価な輸入品に向かったため、消費の拡大は国内ではなく海外の雇用と所得を生むこととなった。また、企業はオフショアリングを増やしたために、アメリカ国内の雇用は海外へと流出した。さらに海外投資が増大し、国内投資が減ったことで、国内の雇用は減少し、製造業の生産能力は失われた。

アメリカ企業が国内に生産拠点をとどめ、製品を輸出していた時代においては、ドル安の方が有利に働く。しかし、企業が海外に進出し、現地で資本財や労働者を調達する上では、むしろドル高の方が望ましい。グローバリゼーションによって、アメリカの企業はドル高政策を支持するようになったのである。

一九九四年に発効した北米自由貿易協定（ＮＡＦＴＡ）やその翌年のＷＴＯの発足、二〇〇〇年の中国のＷＴＯの加盟、あるいは一九九四年のメキシコの通貨危機や一九九七年から九八年のアジア通貨危機によるドル高は、アメリカ企業の海外進出を一層促進することとなった。

アメリカは、東アジアその他の新興国に直接投資を行う一方で、これらの国々から安価な製品を輸入し、貿易赤字を拡大する。新興国は貿易黒字をため込むが、為替を低めに維持するために米国債を購入し、アメリカ市場に資金を還流する。新興国からの資金が安全資産である米国債を大量に購入したために、アメリカの金融市場はよりリスクの高い資産を選好するようになり、資産バブルが発生する。それに伴って、アメリカは一層消費を拡大し、新興国からの輸入を増やすという循環が生じる。本来であれば、消費の拡大はインフレを起こすはずであったが、安価な輸入品の流入がインフレを抑制する。

こうしたメカニズムが働いたおかげで、アメリカ経済は好況にもかかわらず低インフレが維持されるという、一見すると理想的な経済状況が現出したのである。この経済状況は「グレート・モデレーション」と呼ばれ、低インフレを目標とした金融政策主導のマクロ経済運営の有効性を示すものとみなされ、主流派経済学者や金融当局は自信を深めた。しかし、この「グレート・モデレーション」は、負債の拡大、すなわち資産バブルを前提として演出されたものに過ぎず、したがって持続可能ではあり得なかった。そのことは、二〇〇七年の住宅バブル崩壊によるサブ・プライム危機と翌年の世界金融危機によって明らかになったのである。

しかも、一九九〇年代から二〇〇〇年代前半のアメリカ経済は、資産バブルによって粉飾されていたが、実体経済においては弱体化が進んでいた。一九八〇年代以降、経済成長率はそれ以前より鈍化し、家計の実質所得の中間値はほぼ横ばいで推移し、格差は戦前の水準にまで拡大した。

特に深刻だったのは、製造業の衰退である。

アメリカの製造業における雇用者数は、一九九七年には一七四二万人であったが、一〇年後の二〇〇七年には一三八八万人に減少している。GDPに占める貿易赤字の割合は一九八〇年には〇・九%であったが、一九九〇年には一・九%になり、二〇〇七年には五・九%にまで拡大している。

注目すべきは、製造業の雇用吸収力の低下である。一九八〇年以前の製造業は、不況時にこそ雇用を削減したが、好況時には増やしてきた。しかも景気拡張期の雇用は記録を更新して拡大してきた。ところが一九八〇年代は、製造業の雇用は景気拡張期に拡大はしたが、記録を更新するほどではなくなった。そして一九九〇年代以降は、製造業の雇用は景気拡張期にもかかわらず、減少するようになったのである。(40)

タイラー・コーエンやロバート・ゴードンは、アメリカにおいて画期的な技術革新が起きなくなっていると論じた。一九八〇年以降の金融化やオフショアリングによって企業が株価重視の経営に走って長期的な技術開発投資を怠るようになったこと、そしてそれによってアメリカ国内の製造業が衰退したことに鑑みれば、技術革新が鈍化したことは、何ら驚くには当たらない。

前章において見たように、リンダ・ウェイスは、アメリカの画期的な技術革新が安全保障国家によって創造されてきたと論じていた。しかしそのウェイスですら、企業の経営形態が変化したことによって、技術革新が生産活動に結びつかなくなっていると指摘している。仮に軍事関連の研究開発から画期的な民生技術の元となるものが派生したとしても、それを国内の生産性の向上へと発展させる製造業の能力が、金融化とオフショアリングによって失われてしまっているというのである。(41)

グローバリゼーションの帰結

新自由主義者をはじめとするグローバリゼーションの支持者は、グローバリゼーションがアメリカ社会の格差を拡大し、実体経済を弱体化させているという議論を強く否定してきた。しかし、二〇〇〇年代後半以降になると、主流派経済学者ですらもグローバリゼーションの負の側面を認めざるを得なくなりつつある。

たとえば、二〇〇八年、ポール・クルーグマンは、ブルッキングス研究所において、自由貿易が非熟練労働者に損害を与え、格差を拡大させているという論文を発表した。その際、クルーグマンは、「この論文は、罪の意識の吐露である」という言葉で始めたという。(42)それ以前の彼は、グローバリゼーションを熱心に擁護し、自由貿易による格差の拡大を認めようとはしていなかったのである。

一九九〇年代のクリントン政権下でグローバリゼーションを強力に推し進めてきたローレンス・サマーズですら、二〇〇八年には、グローバリゼーションが国内労働者に与える負の影響を認めるようになっていた。サマーズは、企業が海外移転を脅しにして、政府に対して税制や補助金、あるいは金融分野や労働分野における規制緩和などの譲歩を引き出そうとしていることを非難したのである。(43)

また、アラン・ブラインダーは、情報技術の発達とグローバリゼーションの進展によってオフショアリングが容易になった結果、アメリカの産業構造に深刻な変化がもたらされたと論じた。

ブラインダーによれば、情報技術の発達により、会計、コンピューターのプログラミング、建築設計、エンジニアリングといった、かつては国内にとどまっていたサーヴィス産業までもが、電子媒体を通じて海外に移転できるようになった。しかも中国やインドには、低賃金でありながら高い技能をもつ労働者が膨大に存在することから、高付加価値な非対人サーヴィスまで、低賃金の新興国で行われるようになった。

その結果、先進国の国内にとどまる産業は、もっぱら電子化しにくい対人サーヴィス産業となる。しかし、対人サーヴィス産業は、対人という性質上、（たとえばクラシック音楽の演奏のように）時間当たりの生産性を向上させにくい、あるいは（学校教育のように）生産性を向上させることが望ましくないというものが少なくない。生産性が向上しないということは、対人サーヴィスは相対的に高価格になり、需要は伸びなくなるということになる。それにもかかわらず、対人サーヴィス産業での雇用を求める労働者が増えれば、賃金は下落することになる。こうしてオフショアリングは、先進国を窮乏化させていくのである。[44]

オフショアリングは、もっと直接的に賃金を抑圧することもできる。ジョセフ・スティグリッツが言うように、「たとえ労働者たちが権利と賃金に関して過度な要求をしてきても、資本を流出させるぞと脅せば、賃金水準は低く抑えられるからだ。[45]」

そして、資本移動の自由化ほどではないが、貿易の自由化もまた、労働者の交渉力を骨抜きにするのに貢献してきた。「商品の移動は、労働者の移動の代用と考えることができる。非熟練労働力によって生産される商品をアメリカが輸入すれば、米国内で同じような商品を生産する非熟練労働力に対する需要は落ち込み、結果として非熟練労働者の賃金は押し下げられる。[46]」こうしてグローバリゼーションは、ＧＤＰを上昇させるのではなく、逆に低下させるのである。アメリカではまさにこのような事態が起こっているとスティグリッツは論じている。

オフショアリングと自由貿易がアメリカの労働者の窮乏化を引き起こしたという、新自由主義者にとって不都合な真実を裏づける実証分析は、二〇一〇年代以降、次々と現れている。[47]特に、二〇〇一年に中国が

WTOに加盟し、グローバル経済に本格的に統合されたが、中国へのオフショアリングや中国からの輸入がアメリカ経済に与えた打撃は大きかった。[48] たとえばダロン・アセモグルやデイヴィッド・オーターらは、一九九九年から二〇一一年の間の中国からの輸入によって、アメリカの雇用は二〇〇万人から二四〇万人ほど失われたと推計している。[49]

金融のグローバリゼーションと長期的な経済成長の関係にも疑問が呈されるようになっている。むしろ急成長を遂げた国々は、外国資本への依存度が相対的に低いことを示す実証分析も提出されている。[50] これについて、ダニ・ロドリックとアーヴィンド・サブラマニアンは、海外資本の流入が為替レートを引き上げ、貿易財部門の利益と投資機会を減じるからであろうと論じている。[51] 特に貿易財部門が製造業である場合は、通貨高による製造業の衰退は、生産性の高い部門から低い部門への労働力の移動を引き起こし、経済成長を鈍化させるのである。[52]

また、エンゲルバート・ストックハマーは、国際労働機関（ILO）の研究プロジェクトにおいて、七一カ国（二八カ国の先進国と四三カ国の開発途上国）を対象にして、一九七〇年代以降の賃金分配率の低下の要因を分析している。グローバリゼーションは世界的な現象であるから、それによる賃金抑圧もアメリカに限ったものではない。ストックハマーの分析によれば、先進各国のみならず開発途上国においても、賃金分配率の低下が確認された。そして分析の結果、最も大きな要因として特定されたのは「金融化」であり、次いで大きな要因は「（貿易と労働の）グローバリゼーション」と「福祉国家の後退」であったのである。[53]

このように近年、とりわけ二〇〇八年の世界金融危機以降、グローバリゼーションと金融化が格差を拡大させるだけではなく、長期的な経済成長をむしろ損なうものであることを示す理論や実証分析が次々と提示されるようになっている。しかし、グローバリゼーションと金融化が何をもたらすかについては、一〇〇年以上も前に、実証的には大英帝国の衰退によって、そして理論的にはウィリアム・アシュリーによって、すでに明らかにされていたはずであろう。ジョージ・サンタヤナの名言のとおり、過去を思い起こせない者は、それを繰り返すのである。

二一世紀の富国と強兵

長期停滞そして格差の拡大は、金融化とグローバリゼーションによって引き起こされた。それを示す分析結果は十分にある。そして、金融化とグローバリゼーションをもたらした要因についても、新自由主義というイデオロギーに帰する説や、金融階級の政治力に帰する説、アメリカの国際金融戦略に帰する説、あるいはこれらすべてを結びつける説など、数多くの議論がすでに提起されてきている。

これらの議論はいずれも傾聴に値するものではある。しかし、なぜ金融化とグローバリゼーション、そしてそれを支えるイデオロギーである新自由主義が、一九八〇年に前後してかくも急速に台頭し得たかについては、十分に説明されていない。

この問題を解く鍵となるのが、地政経済学の視点である。

金融化とグローバリゼーションの端緒となったのは、国際資本移動を規制したブレトン・ウッズ体制の崩壊であったが、アメリカがブレトン・ウッズ体制を破壊した背景には、ヴェトナム戦争による国際収支の悪化があった。また、一九六〇年代後半以降、西側諸国の経済力が拡大し、アメリカ経済の相対的地位が低下する一方で、冷戦の緊張緩和が進んでいたという地政経済学的変化も、アメリカがブレトン・ウッズ体制を維持する負担を放棄する要因となった。

さらに、ケインズ主義の失墜を決定づけた一九七〇年代のインフレもまた、ヴェトナム戦争を遠因としたブレトン・ウッズ体制の崩壊によるドル安、第四次中東戦争による第一次石油危機、そしてイラン革命による第二次石油危機という地政経済学的要因によるものであった。

経済社会システムには、小さな事件や偶然をきっかけにして初期の軌道が決まると、自己強化メカニズムが作動し、その軌道が固定化し、増幅するという「経路依存性」がある。戦後の世界経済体制もまた、ヴェトナム戦争などの地政学的衝撃を契機にブレトン・ウッズ体制が崩れ、ワシントン・コンセンサス体制へと転換すると、金融化とグローバリゼーションの自己強化メカニズムが作動したのである。こうして、資本主義の不安定性はその変動幅を増幅し、格差は拡大する一方となり、ウォール街・財務省複合体はますます強固になり、新自由主義のイデオロギーは人々の頭に一層強く固着していった。

また、オフショアリングは先進国の雇用の流出や賃金抑圧を促進する要因の一つとなったが、このオフショアリングを可能にした情報技術は、元々はアメリカの軍事技術から派生したものである。ここでもまた経済と戦争との関係を確認できる。

さらに、一九九〇年代以降、新興国、とりわけ中国がグローバル経済に本格的に統合されると、グローバリゼーションがいっそう進展し、労働者の経済的地位の悪化や格差の拡大を招いたが、この一九九〇年代以降のグローバリゼーションも、東西冷戦の終結によって引き起こされたものであった。

ピケティは二度の世界大戦が格差の縮小をもたらしたと論じたが、この東西冷戦という特異な地政学的環境もまた、無視できない要因である。

欧米諸国の資本主義における格差は、ロシア革命が起きた一九一七年あたりから、縮小の傾向を見せ始めており、東西冷戦の緊張が高まった一九五〇年代から六〇年代にかけては、歴史的に平等な資本主義社会が実現していた。社会主義が資本主義に代わる理想として登場し、一定の成功を収めていた間は、西側諸国においても労働者の地位が向上し、福祉国家が整えられていった。社会主義とのイデオロギー上の競合において、西側諸国が労働者の支持を得るべく出した対抗策が、福祉国家資本主義であったのだ。しかし、社会主義の失敗が明らかになり、その脅威が弱まっていくにつれ、西側先進諸国における福祉国家資本主義も後退し、格差の拡大が再び始まった。そして一九八九年にベルリンの壁が崩壊し、一九九一年にソ連が消滅すると、格差拡大の潮流は決定的となった。ソ連の軍事力の相対的な強さと、所得格差の大きさは逆相関の関係にあるのである。(54)

マイケル・デッシュは、ヒンツェやジンメルの理論に依拠しつつ、冷戦の終結により、多民族国家が分裂するであろうと予想した。対外的な共通の敵の存在は、国内に集団の差異を超えた連帯を生み出し、社会的凝集性を高める。その逆も然りであり、ソ連という脅威が消滅したことで、多民族国家内で民族間の対立が先鋭化するのである。(55)それと同様に、階級を越えた連帯感も弱まり、階級間の格差が拡大する。国際平和が皮肉にも国内の階級闘争を促すのである。

こうした国際政治環境の変化に加えて、戦争というものの性格の変化も、労働者の地位の低下を引き起こす大きな要因となったことも見逃してはならない。

これまでの議論において再三強調してきたように、大規模化した近代戦争、とりわけ二度の世界大戦における総力戦は、民主化や労働者の地位の向上の触媒として機能した。たとえば、人々は兵士として戦争へと動員されたことで平等意識を高め、戦後には政治参加の要求を強めたので、民主化が進んだ。また、総力戦は、その費用負担を国民全体で共有すべきであるという感情を強め、累進課税の導入を可能にした。国家は、国民の戦時動員の見返りとして福祉の向上を約束し、それが社会保障の整備につながった。戦時中や終戦後の人手不足により、労働組合の交渉力が強まり、労働者の権利の保障や賃上げの要求が認められやすくなった。戦時中に拡大した国家財政は、「置換効果」や「民政化」によって、戦後の福祉国家への道を拓いた。

しかし、第二次世界大戦後、この総力戦という戦争形態が次第に廃れていった。軍事技術の高度化により兵力は職業軍人に依存するようになった上に、核兵器の登場によって大国間の大規模な総力戦が想定されにくくなったのである。総力戦への参加の見返りとして労働者の交渉力が強まったのであれば、総力戦の消滅は、当然の帰結として、交渉力を弱めることになる。[56] 核抑止力によって維持された平和は、労働者の地位の向上を妨げるように働くのである。

さらに一九九〇年代以降、安全保障の「市場化（marketisation）」によって、戦争と労働者との関係はより希薄になった。安全保障の「市場化」とは、国家が国軍ではなく、民間軍事会社への委託によって、戦争を遂行することを意味する。これは言わば、新自由主義が軍事分野にも及んだ結果である。一九九〇年代、民間軍事会社は、バルカン半島、ソマリア、ハイチ、コロンビア麻薬戦争におけるアメリカの介入の際に活用された。二〇〇三年のイラク戦争においては、動員された人員の一〇人に一人が民間軍事会社に雇われた民間人であった。

一般に、民間軍事会社への個別の委託契約は行政府によって行われるため、立法府の関与が薄くなり、民主的な透明性は下がる。戦争と国民の距離がより遠くなるのである。このため、政府は、国民に対して何ら譲歩や妥協をすることなく、より低いコストで軍事力を展開することができるようになる。[57] これは、冷戦後のアメリカのグローバルな軍事戦略をより容易にしたが、その代わりに、かつての世界大戦とは異なり、戦争の人的な犠牲の補償として労働者の地位が向上するという機会も失われることとなった。

しかも最近では、アフガニスタンやイラク、あるいはシリアの戦闘において見られるように、無人機が多用されるようになっている。国民は、ますます戦争による人的な犠牲を強いられることが少なくなっているのである。[58]

もっとも、戦争が国民に人的な犠牲を強いることは少なくなったとしても、財政的な負担は課されることになるはずである。ガブリエル・アルダンやチャールズ・ティリーが論じたように、近代国家は、戦争の資金調達のための課税と引き換えに、国民に参政権や労働者への権利付与を認めてきたという歴史がある。

しかし、たとえば、ジョージ・W・ブッシュ政権によるアフガニスタンやイラクにおける戦争の資金は、増税することなく調達されている。国債の発行がそれを可能としたのである。[59] 政府は、国債を発行して市場から資金を調達すれば、国民に税負担を求める必要はなくなり、したがって国民に対する妥協や譲歩も不要になる。

もちろん、国債の過度な発行は、インフレという形で国民の経済的負担を増やす可能性はある。しかし、新自由主義的なマクロ経済運営によって低インフレを維持しさえすれば、あるいは「長期停滞」下でインフレのおそれがない状況下においては、国民に何ら経済的負担を感じさせることなく国債を増発し、戦争資金を捻出することが可能となる。レーガン政権とジョージ・W・ブッシュ政権がやったことは、まさにこれであった。

今日の戦争は、人的動員の面においても、財政面においても、国民の監視や関心の届きにくいところで行い得るようになっている。かつては戦争を契機に民主化が進展したが、現在では、その戦争と民主政治の関係が著しく希薄化しているのである。

たとえば第14章において参照したように、シーダ・スコッチポルは、アメリカにおいては、二つの世界大戦を経て、政府の公共計画の拡大とともに、中間団体の規模と活動範囲も拡大し、市民社会の発展が促されたことを示した。しかし、そのスコッチポルが、二〇〇一年九月一一日の同時多発テロ以降の「テロとの戦争」においては、政府の公共計画の拡大や中間団体の公共活動の活発化といった現象がみられなかったと指摘している。当時のブッシュ政権は確かにアメリカ国民の連帯を呼びかけたが、実際には一般市民が公共活動に参画する機会は広げられず、むしろ富裕者層に対する減税が行なわれたのである。[60]

スティーブン・ウォルトは、国際的なテロリズムという脅威は、国民の連帯を高めるのではなく、その逆であると指摘する。テロリズムは見えにくい脅威であり、国内にテロリストが潜んでいるという恐怖をかきたてる。このため、国民は国外ではなく国内に不安を感じ、隣人を信じることができなくなる。こうして、テロリズムは国内社会を分裂させる方向へと働くのである。アメリカ国内に広がるイスラム教徒に対する偏見はその典型であり、それを悪用して支持を集めようとするドナルド・トランプはその象徴である。「要するに、米ソ冷戦が国民の一体性を生み出す上で『完璧』な脅威であるならば、テロリズムはアメリカ合衆国のまとまりに対する、おそらく最悪のタイプの危険である。[61]」国内社会が凝集性と連帯感を失えば、格差の是正に向けた経済政策が実行される可能性もほとんどなくなるであろう。テロが格差を拡大するのである。

こうして、かつての総力戦とは異なる二一世紀の「新しい戦争[62]」は、民主化や労働者の地位の向上や格差の縮小とは何ら関係のないものと化した。金融階級による支配構造は、かつての世界大戦の時とは異なり、戦争による労働者階級の台頭によって脅かされることはもはやない。

ピケティは、二一世紀に入って著しく拡大した富の格差を是正するためには「ひたすら次の危機や次の大戦を待つしかないのだろうか？」と嘆息したが、それすらも楽観に聞こえる。二一世紀の戦争は、もはや格差を是正する機会を与えはしないのである。

第17章

東アジアの地政経済学

繰り返された歴史

二〇一〇年代以降、顕著になったアメリカの覇権の後退と台頭する中国による挑戦は、およそ一世紀前の地政学が復活したことを印象付けるものであった。二〇世紀初頭、イギリスの覇権の衰退とドイツによる挑戦は、第一次世界大戦を引き起こした。特に二〇一四年は第一次世界大戦開戦から一〇〇年目に当たっていたこともあり、この覇権戦争の歴史が今日、再び繰り返されるのではないかという懸念が広まったのである。

だが、一〇〇年ぶりに復活すべきは地政学というよりはむしろ地政経済学であろう。

第二次世界大戦後、さらには冷戦終結後の世界は、大国間の大規模な戦争がないという意味においては、平和が長く続いた時代であった。この平和の七〇年の間に、ブレトン・ウッズ体制は崩壊し、新自由主義の理念に基づくワシントン・コンセンサス体制が成立した。

このワシントン・コンセンサス体制下における覇権国家アメリカは、金融機関と政治が癒着した「ウォール街・財務省複合体」の下で、ほぼ一貫して金融機関の利益に資するような国家戦略を、新自由主義というイデオロギーによって正当化しつつ、遂行した。具体的には、労働市場の流動化、小さな政府、福祉国家の後退、低インフレを目標とするマクロ経済運営、貿易自由化や国際資本移動の自由化といったグローバリゼーションの推進である。

そしてこのグローバリゼーションは、覇権国家アメリカによる一極主義的な軍事戦略によって支えられていた。それは、ブレジンスキーが論じたように、ユーラシア大陸にアメリカの覇権に挑戦するような大国が出現するのを阻止するよう、グローバルに戦力を展開するというものであった。

これが前章において明らかにした冷戦後の世界であるが、この地政経済学的分析には、鮮明な既視感があろう。それは、第8章以降で論じてきたイギリスの政治経済体制と国家戦略である。

一九世紀は、カール・ポラニーが言うように「西ヨーロッパ文明の年代記に前代未聞の現象、すなわち平和の一〇〇年（一八一五—一九一四年）を生み出した。」[1] 一七世紀及び一八世紀のヨーロッパでは、平均六〇〜七〇年の大戦争があったが、一九世紀にはクリミア戦争を除けば、ヨーロッパの大国間の戦争の期間は全部で一八カ月程度しかなかったのである。この平和は、イギリスの巧みな外交によって維持されたヨーロッパの勢力均衡によって演出されたものであった。

この「平和の一〇〇年」におけるイギリスの政治経済構造は、シティの金融界と政治、行政の複合体である「ジェントルマン資本主義」と呼ぶべきものであり、国家戦略は金融階級の利害を強く反映するものとなっていた。その国家戦略を正当化したイデオロギーが、アダム・スミス、デイヴィッド・リカード、ジョン・ステュアート・ミルなどの系譜に連なる古典的な経済自由主義である。

金融階級に支配されたイギリスは、自由貿易や金本位制など、海外市場への投資の機会を増大するような経済政策を志向した。ポラニーによれば、イギリスは金融資本の自由な活動を保障すべく、勢力均衡による戦争の回避に努めた。そして、金融資本の方も戦争を抑止すべく、各国の政策に影響を及ぼした。「平和の一〇〇年」は、金本位制と勢力均衡政策によって支えられていたのである。[2]

しかし、金本位制の維持のためには健全財政が求められ、国内にはデフレ圧力がかかる。デフレは金融階級にとっては望ましいものであったが、労働者階級を苦しめることとなり、社会問題が深刻化したのである。

また、イギリスの積極的な海外投資は国内の金融階級を潤したが、投資先であるアメリカ、ロシア、中央ヨーロッパの工業や農業の発展、そしてインフラの整備を促した。またアメリカやドイツは保護貿易や産業政策、あるいは自国の地理的環境を活かした独特の「経営者資本主義」によって工業化を成し遂げ、さらには第二次産業革命を主導するまでに至った。これに対してイギリスは、従来の自由貿易や自由放任など経済自由主義の教条に固執し、第二次産業革命の波に乗り遅れた。その結果、イギリスの製造業は競争力を失い、新興大国ドイツやアメリカの挑戦によって大英帝国の覇権は動揺することとなった。

これに危機感を覚えたのが、マッキンダーやアシュリーなどのイギリス歴史学派である。彼らは、保護貿易、あるいは産業政策や社会政策を積極的に提唱し、古典的な経済自由主義からのパラダイムの転換を試みた。だが、彼らの奮闘もむなしく、経済自由主義はその支配的地位を譲らず、大英帝国の凋落を決定づけた。それどころか経済自由主義の教義、とりわけ金本位制は、第一次世界大戦後もなお退場せず、世界恐慌を引き起こしたのである。

冷戦後のアメリカも、新自由主義に基づき、イギリスとほとんど同じ地政経済学的失敗を犯した。中国をグローバル経済に統合し、中国への投資を積極的に行った結果、アメリカは製造業の衰退と所得格差の深刻化、そしてそれに伴う経済成長の鈍化といった事態を招いた。他方、中国は飛躍的な経済成長を遂げて世界第二位の経済大国となり、同時に軍事力を増強して、東アジアにおけるアメリカの覇権に対して挑戦するようになった。それにもかかわらず、新自由主義のパラダイムが世界金融危機の後ですら「ゾンビ」のように存続し、そのイデオロギー上の支配的地位を明け渡そうとはしないところなどは、まさに二〇世紀初頭におけるアシュリーやマッキンダー、あるいはケインズの思想戦における敗北を思い起こさせるものがある。二一世紀の東アジアにおいて中国の挑戦を受けている我々が、一〇〇年前のマッキンダーの地政経済学を復活させなければならない所以である。

ただし当然のことながら、一〇〇年前のヨーロッパと現在の東アジアとでは、大きな違いもある。この時代と環境にあって、我々は我々の地政経済学をもたなければならない。

そのためには、まず、ワシントン・コンセンサス体制以降の地政経済学的構造の変化について、東アジアに焦点を絞って探究してみよう。

二重の封じ込め

第二次世界大戦後から今日に至るまで、ユーラシア大陸の東側におけるアメリカの戦略の要は、日米同盟である。したがって、東アジアの地政経済学的構造を分析する上では、まずは日米同盟の性格を理解する必要がある。

日米同盟は、言うまでもなく、NATOとともに冷戦期におけるソ連封じ込めの一角をなすものであるが、クリストファー・レインは、NATOや日米同盟は、それぞれソ連とともにドイツと日本を封じ込めるための「二重の封じ込め（double containment）」であったと指摘している。すなわち、第二次世界大戦の敗戦国である両国が、再び軍事大国化してアメリカの脅威とならないよう、アメリカが支配する安全保障と経済の枠組みの中に封じ込めようというのである。NATOと日米同盟が、冷戦終結によってソ連の脅威が消滅したにもかかわらず維持されたのは、アメリカの一極主義的優位を確保するためには、引き続きドイツと日本を封じ込める必要があったからにほかならない(3)。

一九九〇年、在日米軍基地司令官のヘンリー・C・スタックポールⅢが冷戦終結後も在日米軍を維持する理由について、「再軍備して復活した日本など、誰も望んではいない。だから我々は、ビンの蓋になっているのだ」と発言している(4)。これは日米同盟の二重の封じ込めとしての性格を裏づけるものであろう。ちなみに「ビンの蓋」という比喩は、一九七一年に当時の国務長官ヘンリー・キッシンジャーが周恩来と会談した際に、日米安全保障条約の日本封じ込めの意義を説明するために用いたものである。

なお、ヨーロッパにおいてはNATOという多国間の集団安全保障体制が構築されたのに対し、東アジアにおいては米日、米韓、米台と、アメリカを中心として二国間の同盟が形成されている。これは、東アジアにおいては、日本、韓国、台湾が冒険主義的な対外政策をとり、アメリカを東アジアにおける戦争状態に引き込むことが懸念されたのに対し、西ヨーロッパの同盟諸国にはそのような危険性がより低かったからである(5)。それゆえ、東アジアでは集団的安全保障体制の構築が困難となったのであり、日本は西ドイツよりもさらに強くアメリカによる制約に縛られることとなったのである。

日米同盟の「二重の封じ込め」は、日本の政治のみならず、経済のあり方をも決定づけることとなった。第二次世界大戦後の日本は、冷戦構造の中で、日米同盟により重武装を逃れるとともに、日本を経済発展させて反共の防波堤としようというアメリカの対日政策とブレトン・ウッズ体制の恩恵をたっぷりと享受した。その結果、日本は、「強兵」なき「富国」を実現した。

しかし、一九六〇年代後半以降の東西緊張緩和、そして日本の経済大国化によって、アメリカによる「二重の封じ込め」のバランスは、対ソ封じ込めから対日封じ込めへとより傾くことになる。そして、アメリカの対日政策の変化は、日本経済にきわめて大きな影響を及ぼすこととなるのである。

一九七〇年代のアメリカは、冷戦の緊張緩和、日本や西ヨーロッパ諸国の経済的台頭、国際収支の悪化により、もはやかつてのように日本の対米輸出に対して寛容ではいられなくなり、日米の間には激しい貿易摩擦が起きた。日米同盟における対日封じ込めの側面が強まったのである。マイケル・シャラーは「米ソ間の緊張緩和が一九七八年以後もつづき、自民党が慢性的なソ連不信を克服していたら、日本はアメリカの安全保障体制から徐々に離脱し、外交、安全保障、貿易について、中国、アメリカ、ソ連とのあいだにより公平な関係を保とうとしただろう」と推測している。(6)

だが、その道は一九七九年のソ連によるアフガニスタン侵攻という地政学的変動によって閉ざされることとなる。冷戦が再び深刻化したことで、アメリカはソ連に対する戦略的優位を回復するために、西側同盟国に対する支配を強化しようとした。また日本でも西ヨーロッパでもアメリカとの関係の強化に熱心な保守政権が成立した。

そして、この一連の地政学的変化が、その後の日本経済に決定的な影響を及ぼすこととなる。結論を急げば、一九八〇年代後半から一九九〇年代初頭にかけてのバブル経済の発生と拡大、そしてその崩壊に続く長期不況は、この時期の地政学的環境にその主たる要因を求めることができるのである。

まず、冷戦の緊張の再燃により、アメリカの経済政策が変化する。一九八一年に成立したロナルド・レーガン政権は、対ソ軍備増強のために巨額の財政支出を行った。また、レーガノミクスと呼ばれる供給重視の経済政策を実施し、大規模な減税を行った。通貨政策に関しては、強いドルを志向して金融引き締め政策をとり、為替市場への不介入を続けた。

この大減税とドル高政策は、もちろん新自由主義の理論に基づくものではある。ただし、新自由主義は単なる経済学上のイデオロギーにとどまるものではない。それは前章において明らかにしたように、経済覇権を強化しようというアメリカの地政経済学的金融戦略の一環であったのである。

しかし、大軍拡と大減税、そしてドル高は、一九八二年以降、経常収支と財政収支の「双子の赤字」をもたらすこととなった。特に経常収支の不均衡はアメリカ国内で政治問題化し、アメリカ政府は日本政府に対して経常収支の黒字を是正するように圧力をかけるようになった。

双子の赤字の原因は、大減税やドル高政策といったアメリカ自身のマクロ経済政策に帰せられる。しかし、覇権国家アメリカは、政策調整に関する負担を同盟国に押し付けることができるという特権を有している。日米間の経常収支不均衡についても、アメリカは自国ではなく、日本の経済構造を改革することによって是正しようとしたのである。そして、その日本の構造改革に理論的根拠を与えたのもまた、新自由主義であった。すなわち、日本経済は、政府による規制や慣行によって市場の価格メカニズムによる効率的な資源配分が妨げられており、それが日米間の経常収支の不均衡をもたらしているという論理である。

こうした新自由主義の論理に基づく一連の日米経済交渉は、一九八三年の日米円・ドル委員会を嚆矢として、一九八五～八六年の市場志向・分野選択型協議（ＭＯＳＳ）、一九八九～九〇年の日米構造協議（ＳＩＩ）、一九九三年からの包括経済協議と続いた。

一九八五年半ば、アメリカは自国の高金利政策とドル高が国際収支の不均衡と関連していることを認め、これまでのドル高政策からの転換を図った。このアメリカの政策転換を受けて、為替レートを再調整すべく、プラザ合意が結ばれた。このプラザ合意により、ドルに対する円の価値は、一九八五年九月の二四〇円から一九八七年二月の一五〇円まで急伸した。これにより日本には円高不況という調整コストが課せられたのである。

日本が円高不況という調整コストの負担を甘受してプラザ合意を受け入れた背景は、地政経済学的に理解しなければならない[7]。

経済的には、当時の日本の輸出はアメリカ市場に大きく依存していたため、対日貿易不均衡に対する不満からアメリカにおいて保護主義が高まることは大きな脅威であった。すでに一九八五年三月に米上院本会議で「対日報復決議」が採択され、日本製品を標的とした保護主義法案が次々と準備されていた。このため、日本政府は、貿易不均衡問題を解消するには、反日感情が高まっている米議会を巻き込んだ貿易交渉よりも、為替レートの調整という行政府間の交渉に委ねた方が日本にとって得策であると判断したのである。

地政学的には、一九八〇年代、日本はソ連の脅威を強く感じていた。当時のソ連は北東アジアや北方領土近辺の軍事力を強化しつつあり、大韓航空機撃墜事件が起き、またソ連の潜水艦が日本近海に定期的に出没するといった状況にあった。こうした状況に対応すべく、中曽根康弘政権は日米の協力関係を重視し、アメリカの要求に応じて日本の防衛力の強化を進めた。中曽根首相は、日本をソ連の拡張に対抗する「不沈空母」にすると述べたが、「アメリカの『不沈空母』として、より緊密な二国間関係にコミットした以上、日本は、為替レートの調整に抵抗するような立場にはほとんどなかったのである。[8]」

この日米関係の非対称な地政経済学的構造が、次に示すように、日本にバブル経済をもたらすことになる。

バブル経済の起源

一九八〇年代後半以降のバブル経済の原因については、すでにさまざまな議論が提起されている。実際、複数の要因が複雑に絡み合ってバブル経済を発生させたと考えるのが妥当なのであろうが、翁邦雄、白川方明、白塚重典は、バブル経済の原因のうち、特に重要なものとして次の五つを挙げている。「金融機関行動の積極化」「長期にわたる金融緩和」「地価上昇を加速する土地税制・規制のバイアス」「規律づけのメカニズムの弱さ」「日本全体としての自信の影響」である。このうち金融機関行動の積極化はバブル発生の初期要因であり、他の四つは初期要因を増幅させた要因として位置づけられている。[9]

そして、金融機関行動の積極化の背景の一つに、金融自由化がある。[10] この金融自由化の契機となったのが、日米円・ドル委員会であった。

日米円・ドル委員会は、アメリカ政府が日本の経常収支黒字の削減を日本の責任で実行するという要求を初めて明示した事例とされる。この時、アメリカから示された見解は、新自由主義的な論理に基づくものであった。第一に、日本の金融・資本市場は種々の規制によって市場による資本の効率的配分が妨げられており、第二に、日本の国内金融市場の規制と対外資本取引の規制が、円に対する国際的な需要を減少させている、というのである。一九八四年五月、円・ドル委員会報告書が策定され、日本政府は大口金利の自由化、外貨の円転換規制の撤廃、外国銀行単独での信託業務進出の承認などに合意した。日米円・ドル委員会は、金融行政の護送船団方式を転換し、金融自由化の端緒を開く外圧として機能したのである。[11]

この金融自由化が初期のバブル経済を発生させた原因である。そして、それは金融緩和の長期化によって増幅されることとなった。

この金融緩和は、一九八五年九月のプラザ合意後の急速な円高・ドル安の進行による「円高不況」への対応が契機となった。日本銀行は一九八六年一月から翌年二月までの間、公定歩合を計五回、二・五％にまで引き下げた。この二・五％という低金利は、一九八九年五月までの約二年三カ月にわたって続いた。

しかし一九八七年春頃から景気回復が明確化し、マネーサプライの高い伸びや資産価格の上昇が顕著になると、日本銀行は金融緩和の行き過ぎを警戒するようになり、金融引き締めを模索した。しかし、一九八七年五月の日米首脳会談後の共同声明において、日本銀行の短期金利オペレーションについて言及がなされ、短期市場金利はさらに引き下げられた。日本銀行は、一九八七年八月末から短期市場金利を高めに誘導したが、これもアメリカの株価暴落（ブラック・マンデー）の勃発によって中断し、さらに一九八八年一月の日米首脳会談において短期金利の低め維持が言及された。こうして、日本銀行は金融引き締めの機会を失い、それがバブル経済の拡大を助長したのである。

翁・白川・白塚は、日銀による早期の利上げを妨げた阻害要因として、当時の「政策思想」の影響を三つほど挙げている。

第一の政策思想は、「国際的な政策協調」である。

この間の金融政策運営は、プラザ合意後に示された「国際的な政策協調」の枠組みの中で行われた。五回にわたる公定歩合の引き下げのうち、第二回以降はアメリカの引き下げと同一であったり、日米の政府声明やG7の共同声明（一九八七年二月のルーブル合意）と同一であったりした。こうして、金融政策は国際的な政策協調の枠組みの中で行うべきだという政策思想が定着した。早期の利上げに対する反対論は、国際的な政策協調体制を崩壊させるという論理に依拠することが最も多かったのである。

しかし、実際には、この「国際的な政策協調」は、アメリカが自国で行うべき政策調整を他国に押し付けるためのレトリックとして使われた。アメリカは、多額の財政赤字と経常収支赤字によるドル安の進行がドル暴落につながることを懸念し、他の先進諸国に金利引き下げを強く求め、日本はその要求に従わざるを得なかったのである。(12)

第二の政策思想は、「円高阻止」である。

円高による景気後退や産業空洞化の懸念から円高阻止が「国論」となり、金融政策の重点が円高の阻止へと傾いたのである。(13)

この点に関して、古城佳子は「米国からの内需拡大という政治的要求が日本の低金利政策の直接の原因であるとは言い切れない。（中略）すなわち、ここでは政治的な圧力というよりも、為替市場における円高という市場圧力が、日本の政策選択を制約していたといえるであろう」(14)と述べている。しかし、この見解は的を射ているとはいえない。というのも、その為替市場における円高という市場圧力それ自体が、これまで見てきたように、アメリカの政治的な圧力の産物であり、そして日米関係の地政経済学的な構造から生じたものであるからだ。

第三の政策思想として翁・白川・白塚が挙げるのは、「内需拡大による経常収支黒字縮小」である。当時の日本は、アメリカ政府による貿易不均衡の解消の要求やアメリカ国内における保護主義的・対日制裁的な動きの高まりを警戒し、内需拡大を通じた経常収支黒字の縮小を経済運営の理念としていた。それは、一九八六年四月に発表された『国際協調のための経済構造調整研究会』報告書」（前川レポート）において最も端的に示されている。この内需拡大を通じた経常収支黒字の縮小という政策理念は金融政策運営をも強く拘束することとなり、早期の利上げを妨げることとなったのである。[15]

このように、金融緩和の長期化を促した当時の「政策思想」は、いずれもアメリカの政治力や日米関係の地政経済学的構造から生み出されたものであったのである。

それに加えて、新自由主義というイデオロギーの影響も無視できない。

中曽根内閣は、「小さな政府」を目指す行財政改革を課題として掲げ、「増税なき財政再建」という緊縮財政を方針としていた。この財政再建の方針の下では、円高不況に対する景気対策、あるいはアメリカの要求に応じた内需拡大のための選択肢から、財政拡張政策は外されることとなり、その分、金融緩和に負荷がかかることとなった。[16] 緊縮財政もまた、異例の低金利政策の長期化を助長する結果を招いた要因の一つに数えられるのである。

もちろん緊縮財政それ自体は、日本政府が自主的に選択した政策であって、アメリカの圧力によるものではない。むしろその逆に、日本の経常収支黒字の削減というアメリカの要求に反するものであった。しかしながら問題は、「小さな政府」や金融政策中心のマクロ経済運営という発想が新自由主義に基づくものであったということである。

この新自由主義というイデオロギーは、前章において明らかにしたように、覇権国家アメリカの地政経済学的戦略から生まれたものであり、そしてアメリカの文化的覇権の影響により流布したものである。アメリカの直接的な圧力によるものではなく、むしろアメリカの要求に反するような政策思想ですら、アメリカの覇権的な影響力から逃れられていないということである。

要するに、一九八〇年代の日本の経済政策、とりわけ金融政策の自律性は、当時の地政経済学的環境の下で、ほぼ失われていたのである。その対米従属的な経済政策と政策思想の帰結が、バブル経済であった。

構造改革の地政経済学

一九八五年のプラザ合意以降、アメリカは、レーガン政権及びブッシュ政権の下で、経常収支黒字の削減を目的として、内需拡大に加えて、市場開放を日本に対して要求した。

従来の貿易交渉は、繊維や自動車のように個別品目ごとに日米の事務レベルがアドホックに交渉し、合意が成立しない場合には首脳レベルの決着が図られるというものであった。

ところが、一九八五年以降の日米貿易交渉は、アメリカの要求により、個別品目ではなく、日本市場の開放を議題とし、しかも期日を定めて定期的に協議するという形式へと変更された。この形式により、一九八〇年代後半には、ＭＯＳＳ協議と日米構造協議が行われた。

一九八五年に始まったＭＯＳＳ協議では五分野（電気通信、エレクトロニクス、医薬品・医療機器、木材製品、自動車部品）が対象となり、一九八六年に基準認証の公正化、規格の統一、関税の引き下げ等の合意がなされた。

一九八八年には、一方的な報復措置であるスーパー３０１条を含む包括的通商・競争力法が成立した。

一九八九年には日米構造協議が設置され、六分野（貯蓄・投資の不均衡、土地利用、流通制度、内外価格差、企業系列、排他的取引慣行）が対象となった。この日米構造協議におけるアメリカの要求に応じて、日本は公共投資基本計画（一〇年間で総額四三〇兆円の公共投資）の決定、大規模小売店舗法の改正、独占禁止法の改正を行った(17)。

一九八〇年代後半の日米貿易交渉が、従来の個別品目ごとのアドホックな協議から、定期的かつ包括的な構造改革要求へと変化した背景は、アメリカの貿易赤字の拡大による国内の保護主義的な動きの高まりが挙げられるのが通例である。しかし、その国内の保護主義的な動きの高まりは、日本や西ドイツのさらなる経済的台頭によるアメリカの相対的な地位の低下という国際経済環境の変化を反映したものであることに注意しなければならない。

さらに重要なのは、一九八五年にミハイル・ゴルバチョフがソ連の書記長に就任し、ソ連の脅威が大きく後退したという大きな地政学的変化があったことである。日米同盟は、アメリカによるソ連及び日本の「二重の封じ込め」という性格をもっているが、ソ連の脅威が後退するならば、アメリカの戦略目標の重点は日本封じ込めへと傾く。しかも、日本がバブル経済による空前の好景気を謳歌し、経済大国としての存在感を著しく高めていたことが、アメリカにおける日本脅威論をさらに助長した。こうした中で、冷戦が終結すれば、日米同盟の主目的が日本封じ込めとなるのは当然の帰結であった。

当時の日本では、冷戦終結によって日米同盟が希薄化することを恐れ、安全保障上の負担をどのように行うかなど、日米同盟の意義を再定義する検討作業を行っていた。一九九〇年に湾岸戦争が勃発すると、アメリカは多国籍軍を編成してクウェートをイラクから解放した。しかし日本は、中東からの石油供給に大きく依存していたにもかかわらず、戦争費用として約一一〇億ドルの援助を行ったのみで、直接的な参加を拒否した。これは、国内外において、冷戦後の世界における日本の貢献についての論議を引き起こすこととなった。この点はその後も継続的に議論され、二〇一五年の集団的自衛権の行使の容認を巡る議論にも見られるように、今もなお論争が続いている。

しかし、アメリカにとっては、冷戦後の対日外交方針は明確であった。冷戦終結によって唯一のスーパー・パワーとなったアメリカは、一極主義的な覇権戦略を追求した。その戦略において日米同盟は、日本の台頭を抑止する「ビンの蓋」として位置づけられたのである。

それが端的に表明されているのが、一九九二年に作成された「一九九四〜九九年のための国防プラン・ガイダンス」と呼ばれるペンタゴンの機密文書である。

この文書は、アメリカが世界唯一のスーパー・パワーである世界を維持するために、西ヨーロッパ、アジアそして旧ソ連圏においてアメリカの競争相手となる大国の出現を阻止することがアメリカの政治的・軍事的使命であると主張している。そして東アジアについては、アメリカは「この地域における最も優越した軍事力としての地位を維持しなければならない」と述べ、もし東アジアから米軍を引き上げたら、日本による望ましくない反応が引き起こされると警告している。「我々はまた、同盟諸国、特に日本あるいは潜在的には韓国が役割を拡大することで生み出されるであろう地域不安定化の潜在効果に対して、引き続き敏感でなければならない。(18)」

日本の台頭は、東アジアにおけるアメリカ主導の国際秩序を脅かすものであるから、これを抑止しなければならない。日米同盟には、日本の大国化に対する抑止力としての役割が割り振られているのである。

この日本封じ込め戦略は、経済政策にも貫かれている。

「国防プラン・ガイダンス」が策定された一九九二年、ブッシュ政権は輸出振興法を制定し、貿易促進調整委員会の下で包括的な輸出促進戦略を行う方針を打ち出した。さらに一九九三年に発足したクリントン政権は、アメリカ経済の再建を最優先課題として位置づけ、「経済安全保障」を掲げて、国家安全保障会議と並ぶ機関として、国家経済会議を設置した。そして日本に対しては、その経常収支黒字の削減を目指して、一九九三～九四年の日米包括協議を実施した。その対象分野は、経常収支黒字の削減、日本における工業製品輸入の増加、政府調達（医療機器、電気通信、人工衛星など）、規制緩和（金融、保険、競争政策など）、自動車・自動車部品、経済的調和（対日投資、系列問題、知的所有権など）、既存協定の遵守（半導体、日米構造協議など）に及んだ。さらに、アメリカは、それぞれの対象分野について数値目標の設置を迫り、またスーパー301条の枠内での協議とすることを求めるなど、日米構造協議の時よりも強硬な姿勢で臨んだのである。[19]

アメリカによる構造改革要求とは、アメリカ国内の保護主義的な政治圧力に押された通商政策というだけではない。それは、冷戦後のアメリカの一極主義的なグローバル戦略の一環としての日本経済封じ込めであった。アメリカの戦略的意図は、まさに地政経済学的であったのである。実際、クリントン政権下のUSTR代表ミッキー・カンターは、冷戦終結後の国家安全保障はアメリカの経済力にかかっていると述べている。[20]

日米経済交渉を通じたアメリカからの構造改革要求は、一九九七年からの日米規制緩和対話や、二〇〇一年の日米規制改革および競争政策イニシアチブなど、その後も継続し、TPP（環太平洋経済連携協定）の交渉にまで続いている。

しかし一九九六年に成立した橋本龍太郎政権は、クリントン政権との間で日米安全保障共同宣言をまとめ、冷戦後の日米安全保障関係にアジア太平洋における平和と安全を目的とするという意義をもたせた。同時に、この頃からアメリカからの構造改革要求が政治問題化することもほとんどなくなった。

このアメリカの経済における対日姿勢の軟化について、古城佳子は、アメリカが好況であったのに対して日本の不況が長期化していたこと、アメリカの貿易赤字に占める対日貿易赤字が減少したこと、アメリカ政府が中国のWTO加盟問題に精力を費やしていたこと、WTOの紛争処理手続きが活用されるようになったこと、日本国内において規制緩和や構造改革が政策課題として挙げられていたことを挙げている。[21]

アメリカの対日経済政策の変化については、もちろん、こうした要因も作用したとは考えられるが、地政経済学的な視点からは、次の三つの要因が大きかったと考えられる。

第一の要因は、東アジアにおける地政学的緊張の高まりである。一九九四年に北朝鮮が核不拡散条約を脱退し、一九九六年には、中国が台湾を威嚇し、総統選挙に影響を与えるために軍事演習を行い、アメリカは中国を牽制するために艦隊を派遣するという事態になった。こうした一連の危機によって東アジアにおける安全保障体制の再考を迫られたクリントン政権は、日米間の経済問題の解決よりも安全保障上の協力を優先する方針へと転換したのである。[22]

第二の要因は、アメリカの経済戦略の転換である。

その転換を端的に示したのが一九九七年大統領経済報告であった。この経済報告は、アメリカは覇権国家としてのリーダーシップを発揮してグローバリゼーションを推進すべきだと謳い、とりわけ金融のグローバリゼーションを重視した。そして経済戦略の重点が金融に傾斜したことで、貿易問題は劣後することとなった。[23]しかも、日米の経済力を金融という視点から比較すれば、確かに国際通貨ドルを発行し、世界で最も発達した金融市場を有するアメリカの方が圧倒的優位に立っているのであり、バブル崩壊後の不良債権問題で苦しむ日本などは恐れるに足りないということになる。

第三の要因は、古城も指摘するように、日本政府がアメリカによる外圧如何にかかわらず、自ら規制緩和や構造改革を推進するようになったことである。

一九八〇年代以降に台頭した新自由主義のイデオロギーは、冷戦終結によるアメリカの一極主義化によって、ますますその支配力を強めた。しかもアメリカが好況に転じ、対照的に日本がバブル経済崩壊後の不況に苦しむ中、日本ではアメリカ経済の復活を新自由主義に帰する論調がますます強まり、新自由主義的な構造改革を強力に推進するようになった。特にその傾向が顕著であったのが、一九九六年に成立した橋本龍太郎政権と二〇〇一年に成立した小泉純一郎政権である。

日本が新自由主義に染まり、金融市場や労働市場の規制緩和や外国資本の導入促進など、種々の構造改革を自ら進んで実施するようになるのであれば、アメリカとしても対日強硬姿勢をとる必要はなくなり、また日本国内においてもアメリカの構造改革要求が政治問題化することがなくなって当然である。アメリカの文化的覇権の勝利である。

しかし、新自由主義が一九八〇年代初頭にインフレ対策として台頭したことからもわかるように、新自由主義的な政策は、本来、デフレ圧力をもつ。バブル崩壊という資産デフレの影響が残る中で、橋本政権が断行した緊縮財政（歳出削減と消費増税）は、当然の理論的帰結として、一九九八年以降の日本経済をデフレ不況へと陥れた。

それにもかかわらず、緊縮財政、規制緩和、自由化、民営化、金融化、グローバリゼーションの促進など、アメリカを範とした一連の新自由主義的な構造改革は「運動」「慣性」あるいは「自己強化メカニズム」をもって、およそ二〇年もの間、続けられたのである。日本はデフレから脱却することができないまま、二〇一六年現在に至っているが、それも当然であろう。いくら強調してもし過ぎることはないが、新自由主義的な構造改革とは、インフレを抑制するためにデフレ圧力を生じさせる政策なのだ。

二〇〇一年から〇六年までの間、日本は新自由主義的な政策によって内需を抑圧していたため、外需の獲得を目指さざるを得ず、輸出主導の成長戦略を追求した。このため、アメリカ主導のグローバル経済秩序にますます頼らざるを得ず、対米依存をいよいよ強めた。輸出主導の戦略には円安が必要であったが、アメリカは金融重視の戦略からドル高を志向しており、また日米貿易摩擦は過去のものとなっていたため、円安が容認された。さらにアメリカが住宅バブルによって消費と輸入を拡大し、グローバル経済を牽引していたことも、日本の輸出主導の戦略に好都合であった。(24)

この時期の日本経済は、確かに輸出の増大により実質ＧＤＰの成長がみられたが、他方でデフレの継続、賃金の伸び悩み、技術革新や生産性の鈍化、国民所得の減少、労働分配率の低下、格差の拡大といった現象が顕著になった。こうした経済パフォーマンスの低下は前章において見たように、日本に限らず、アメリカを含め新自由主義的な政策をとった国々には一様にみられた現象である。ただアメリカでは、住宅バブルによる負債依存型の経済成長により消費が拡大し、日本のようなデフレが起きなかったに過ぎない。そして、二〇〇六年までの日本の輸出主導による経済成長も、このアメリカの住宅バブルに依存していた。すなわち、アメリカの住宅バブルが崩壊すれば、日本の外需主導の成長戦略も破綻をきたす運命にあったわけである。

東アジアの勢力不均衡

二〇〇〇年代前半、日本経済がアメリカ主導のグローバル経済への依存を強めるのと並行して、日米同盟の強化も進められた。二〇〇一年の同時多発テロ以降、ジョージ・W・ブッシュ政権はクリントン政権の一極主義的な世界戦略を極端にまで推し進めた。これに対して日本は、たとえばアメリカによるアフガニスタンとイラクの攻撃を支持し、金銭的のみならず人的にも貢献する姿勢を示し、ブッシュ政権の一極主義的な覇権戦略を支えたのである。イラク戦争で孤立感を深めていたアメリカは日本の姿勢を高く評価し、日米関係は改善した。

しかし、このアメリカ依存の外交戦略は、東アジアの勢力均衡を揺るがし、日本の安全保障をかえって脅かす結果を招くこととなった。

二〇〇〇年代の日本は、自国の安全保障をアメリカに依存していた上に、ブッシュ政権が追求する一極主義的な軍事的覇権に基づく世界秩序に期待したがために、自国の防衛力を飛躍的に強化する必要性を感じなかった。それどころか、新自由主義的な緊縮財政の要請もあって、防衛費をむしろ削減したのである。これに対して中国は、二〇〇〇年代に軍事費を年率二桁台のペースで増大させていた。二〇〇三年以降の一〇年間で中国が軍事費を三・八九倍にしたのに対して、日本の防衛費は〇・九五倍と逆に減っていた。その結果、日中の軍事力の格差は、飛躍的に拡大することとなったのである。[25]

この日中間の勢力不均衡の拡大には、先例がある。

戦間期のフランスは、金本位制の下でフランの価値を維持するために均衡財政を志向していたため、一九三〇年から三三年にかけて軍事費を二五％も削減し、一九三〇年の軍事費の水準は一九三七年まで回復しなかった。これに対して、一九三三年から三八年までの間、ナチス・ドイツは軍事費を四七〇％も増やした。ところがその間ですら、フランスの軍事費は四一％しか伸びなかった。[26]

一九三〇年代のイギリスも同じような陥穽に落ちた。

一九三一年から蔵相を務め、一九三七年からは首相であったネヴィル・チェンバレンは、ジョセフ・チェンバレンの息子であり、工業都市バーミンガムの出身であったにもかかわらず、実体経済よりも金融経済についての関心が高く、彼の経済政策には、大蔵省、イングランド銀行、シティの経済自由主義が反映されていた。また、当時の政府部内においては大蔵省の影響力が支配的であった。当時の外務省は、ヨーロッパにおける政治的危機に対する積極的な関与を主張したが、大蔵省はこれに反対して宥和政策を唱え、外務省を抑えた。大蔵省は、財政上の理由もあって、一九三九年三月まで陸軍の拡張に反対し続けたのである。[27]

このように、健全財政論のイデオロギーがフランスやイギリスを拘束していたために、ヨーロッパの勢力均衡の崩壊とナチス・ドイツの台頭を招き、それが第二次世界大戦の勃発へとつながっていったのである。二一世紀の日本もまた同様に、財政健全化を優先して防衛力の強化を怠り、中国の台頭と東アジアにおける勢力不均衡を放置するという失敗を犯したというわけである。

さらに日本の場合、財政健全化に加えて、日米同盟に依存していたことも、防衛力の強化を怠った理由であった。アメリカの軍事力が中国を封じ込め続け、東アジアの秩序を維持し続けられるというのが、二〇〇〇年代の日本の安全保障戦略の前提にあったのである。

しかし、その前提も崩れていくことになる。契機となったのは、二〇〇三年のイラク戦争であった。アメリカがフセイン政権を打倒しながらイラクの再建に失敗したことで、中東全体の勢力均衡は大きく崩れ、中東は危機的状態に陥った。アメリカによるユーラシア大陸支配の一角をなす中東の国際秩序が崩壊したことにより、アメリカのグローバル覇権戦略に狂いが生じた。中東により多くの軍事力を割り当てなければならないとなれば、ヨーロッパ、そして特に東アジアへの備えがより手薄にならざるを得なくなるからである。さらにアフガニスタンやイラクにおける紛争の泥沼化と長期化により、国民の多くが厭戦的となり、アメリカはもはや「世界の警察官」としての地位を維持できなくなった。

アメリカの覇権が後退すれば、東アジアにおいて中国の台頭を抑止することが困難になり、日米同盟を前提とした日本の安全保障戦略は根本から崩れることとなる。その引き金となったイラク戦争を日本が支持していたというのは、皮肉と言う気にもなれないほど、愚かであった。

以上のように、第二次世界大戦後の東アジア情勢は、「二重の封じ込め」としての日米同盟を軸にして回ってきた。そして、日米同盟は冷戦が終わった後もなお、日本の安全保障のみならず経済政策をも拘束してきたのである。

この日米同盟によって地政学的にも経済的にも封じ込められた日本の状態について、「親米日本」と言えば聞こえは良いだろう。[28] しかし、外国人たちはもっと率直であり、たとえばジョン・ダワーは「従属的独立」、ガバン・マコーマックやマイケル・マスタンドゥノは「属国」、ブレジンスキーに至っては「保護領」と表現しているのである。[29]

「親米日本」と呼ぼうが、「属国」と呼ぼうが、いずれにせよ、冷戦の終結によって日米同盟の「日本封じ込め」の側面が強くなったことで、日本は、防衛政策のみならず経済政策においても自律性を失ったことは否定しようもないであろう。

その結果、冷戦後の日本は、「強兵」どころか「富国」すらも失った。戦後日本の「強兵」なき「富国」など、しょせんは冷戦という特異な国際環境に咲いた徒花に過ぎない。冷戦後の「失われた二〇年」とは、「強兵」を放棄した国民には「富国」など望むべくもないという教訓である。

米中の「大取引」

東アジアにおけるアメリカと中国との関係は、冷戦終結からおよそ二〇年の間は、比較的安定していた。しかし、その二〇年の間に、中国は経済的にも軍事的にも大国となり、東アジアにおけるアメリカの覇権を脅かす存在となった。

冷戦後のアメリカの最大の戦略目標は、一九九二年の国防プラン・ガイダンスに記されていたように、競争相手となる大国の出現を阻止することにあったはずである。だからこそ一九九〇年代前半のアメリカは、日本経済の封じ込めに全力を挙げてきたのである。

それにもかかわらず、なぜアメリカは、みすみす中国の台頭を許してしまったのであろうか。

冷戦の終結によって唯一のスーパー・パワーとなったアメリカは、経済自由主義の理念に自信を深め、リベラルな世界秩序の構築を目指した。その東アジア戦略は、中国をグローバル経済に統合することでアメリカが主導する国際政治経済秩序に従属させるというものであった。中国がグローバル経済の恩恵により経済発展を遂げれば、やがて国内の民主化も進み、外交政策も平和的なものとなるであろう。そのような見通しの下、アメリカは中国のＷＴＯへの加盟の支持や直接投資によって、中国の経済大国化を容認するどころか積極的に支援したのである。

他方、中国も、当分の間、アメリカが主導する国際秩序に従属し、それに挑戦する野心を隠しておくことにメリットを見出していた。そのメリットとは、経済発展の機会や軍事力増強の時間が得られるということだけではない。アメリカ主導の東アジア秩序とは日米同盟を基軸としているが、日米同盟には日本を封じ込め、その軍事大国化を抑止する「ビンの蓋」としての側面もある。東アジアにおける日本の台頭を阻止したい中国としては、アメリカという「ビンの蓋」を維持することは大きなメリットであったのである。

そこで中国は自国の経済発展が「平和的台頭」であることを強調し、アメリカもまたそれを信じたのである[30]。加えて、二〇〇一年の同時多発テロ以降、アメリカが「テロとの戦争」を掲げ、軍事戦略上の主たる関心を中東や非国家主体によるテロ行為に向けていたことも、中国の軍事的台頭に対する注意を怠る要因となったものと思われる。

こうした米中双方の戦略的意図の一致が、冷戦後しばらくの間、東アジア秩序に安定をもたらした。マイケル・マスタンドゥノは、この米中の思惑の一致を「大取引(grand bargain)」と呼んでいる[31]。

だが、この冷戦後の二〇年間における「大取引」は、東アジアのパワー・バランスを中国に優位になるように変化させるものとなり、中国をより攻撃的にするような地政経済学的環境を作り出した。

第一に、東アジアにおける米中の軍事力の差は、二〇一〇年代初頭までに大きく縮まった。

もっとも軍事費でみれば、アメリカは中国の五倍の規模を誇る。しかし、アメリカはその軍事力をグローバルに展開しなければならず、かつ中国と対峙するには太平洋を横断して制海権を維持しなければならない。これに対し、中国は自国の周辺の展開にのみ注力し、必要な時にだけアメリカの空母を破壊するなどの「海上拒否」(sea denial)を遂行すればよいのだが、海上拒否は制海権の維持よりもはるかに容易な作戦である。このため、アメリカよりも中国の方が、目的達成のために必要な費用の負担は軽くて済むのであり、しかもより大きなリスクを冒すこともできる。人民解放軍はすでに米軍に対する「海上拒否」の能力を獲得しつつあると判断する軍事専門家もいる。(32) こうした地政学的な環境の相違を加味すると、米中の東アジアにおける軍事的なパワー・バランスは、「大取引」の間に拮抗しつつある水準に至ったとみることができる。(33)

第二に、中国の経済発展は、資源や食糧の輸入依存度を著しく高めることとなり、これが中国の戦略的関心をシーレーンの確保へと向けることとなった。二〇〇〇年代の中国の戦略理論家たちがマハンに強い関心を抱いたのも、東シナ海や南シナ海における紛争が頻発するようになったのも、中国の著しい経済発展が招いた当然の結果であったのだ。

第三に、アジア諸国は、二〇〇〇年代を通じて中国に対する輸出依存度を高め、日米欧への輸出依存度を低下させた。たとえば韓国や台湾は輸出依存度のきわめて高い貿易立国であるが、中国はその輸出の三割以上を占める最大の輸出先である。ASEAN諸国(インドネシア、マレーシア、フィリピン、シンガポール、タイ)の輸出先に占める中国のシェアも、アメリカとほぼ同水準になっている。こうしたアジア諸国、とりわけ地理的にも近接している韓国や台湾にとっては、中国と対立することはもはや現実的な選択肢ではなくなってしまった。(34) 中国の経済発展によって、アジア諸国がアメリカから離れていくような遠心力が働いたのである。

しかも、この東アジアの地政経済学的安定を支えていた米中の「大取引」が、二〇〇八年の世界金融危機の衝撃によって崩壊することとなる。

世界金融危機が示したのは、負債の増加と資産価格の上昇に依存するアメリカ経済の成長は持続可能ではないということであった。経済停滞に陥ったアメリカは、もはや中国からの輸入に寛容でいられなくなり、中国の人民元安政策を強く批判するようになった。またアメリカは成長するアジア市場の獲得に対する関心を強めるようになり、オバマ政権は外交の軸足をアジアに移す戦略を明確にした。しかし、これが中国を刺激する結果を招いたのである。

中国の方も、アメリカの消費の拡大という世界経済の牽引力が失われたことにより、もはやアメリカやヨーロッパへの輸出に依存して成長することに期待できなくなった。世界金融危機により、ドル資産を大量に保有することには大きなリスクがあることも明白となった。[35] 中国が二〇〇九年以降、人民元の国際化を積極的に打ち出すようになったのは、そのためである。

さらに、世界金融危機はアメリカの金融資本主義モデル、そしてドルを基軸とするアメリカ主導のワシントン・コンセンサス体制の破綻を示すものと受け取られた。[36] 中国はアメリカとは異質の自国の経済モデルに自信を深め、ワシントン・コンセンサス体制に代わる新たな国際経済体制の建設に向けて、その野心を表明し始めたのである。[37] 人民元の国際化やＡＩＩＢの創設などは、その一環である。

こうした米中の力関係の変化から、第一次世界大戦につながった一〇〇年前のイギリスとドイツの抗争が連想されたのも、自然の成り行きであった。

二〇世紀初頭、マッキンダーは、ドイツが経済自由主義とは異なる論理に基づく政策によって急速な経済発展を遂げ、自由貿易と自由放任に固執するイギリスを凌駕しつつあることに警鐘を鳴らした。二一世紀初頭の中国もまた、アメリカの新自由主義とは異なる国家主導の経済発展モデルによって、世界第二位の経済大国となった。[38]

しかし、子細に検討すると、中国の経済モデルには、固有の構造的問題があることが分かる。アメリカの経済モデルが破綻したのは事実であるが、中国の経済モデルはその代替となり得るようなものではない。それどころか、中国経済が抱えている構造的な脆弱性は、次なる世界金融危機を招きかねないものであったのである。

中国の脆弱性と危険性

二〇〇〇年代の中国の成長モデルは、ＧＤＰの三割程度を輸出が占める輸出主導型のものであった。それは、賃金の上昇を抑制して国際競争力を維持し、国内消費を抑制して投資へと偏重する構造であった。そして素材や中間財を輸入し、加工・組み立てした最終製品を欧米に輸出し、獲得した貿易黒字は海外投資へと還流した。アジアの中間財輸出国あるいは中東や南米の資源輸出国は中国への輸出によって潤ったが、その中国の経済成長は欧米市場への輸出に大きく依存していた。そして欧米、特にアメリカの成長は負債主導型であり、住宅バブルに依存していたに過ぎなかった[39]。

したがって、アメリカの住宅バブルが崩壊して経済が停滞すれば、中国そしてアジア諸国もまた不況に陥ることとなる。アジアの成長として期待されていたものは、結局のところ、アメリカの住宅バブルの産物に過ぎなかったのである。

二〇〇八年の世界金融危機によって輸出先を失った中国は、四兆元（五八六〇億ドル）もの巨額の財政出動と金融緩和を行い、Ｖ字回復を達成した。

しかし、この大規模な景気対策は、中国に巨大な資産バブルを発生させることとなった。資産バブル発生の主な原因は、中国の特異な経済構造にある。

中国の家計は貯蓄率が高く、ＧＤＰに占める家計消費の比率は三五％を下回っているため、内需を拡大しにくい構造にある。貯蓄率が高い理由は、教育制度、医療制度、社会保障制度などが整備されていないため、人々が予備的な貯金をする傾向が非常に強いためである。また地域間格差が大きく都市化が遅れていることや、中国の税制が間接税を中心とすることなども、消費の拡大を阻害する構造的な要因となっている。

他方、貯蓄率の高さは低コストの資本調達を可能にする。加えて中国政府は経済発展を重視して企業にさまざまな優遇措置を講じた。特に一九九五年以降、中国政府は、エネルギー、金融、通信などにおける国有企業に対して独占権の付与や税制優遇、価格統制などの優遇措置を講じたため、中国の国有企業は巨大化したが、その莫大な利益を労働者には還元せず、再投資へと振り向けた。こうしたことから、中国企業は生産の拡大を重視し、過剰な設備投資を行うようになった。

こうした構造の下では、積極的な財政金融政策を講じても消費の拡大にはつながらず、過剰な投資をさらに加速するだけに終わる。しかも金融市場が未熟であるため、余剰資金は不動産へと向かいやすい。加えて、慢性的に財政不足に悩んでいた地方政府が、不動産関係の所得の増加によって歳入を増やそうとしたため、地方政府による不動産投資が活発に行われた。中央政府は景気対策として四兆元の財政出動を行ったが、地方政府は一〇兆元以上の財政出動を行ったとみられている。こうして、不動産バブルが発生したのである。[40]中国経済は、巨大な過剰債務を抱えることとなった。

この構造問題の深刻さは、中国政府自身も認識している。二〇一四年以降、習近平国家主席は、「新常態」という表現を用いて、過剰設備の解消など経済構造の改革を進めて安定成長を目指す方針を打ち出している。

しかし、中国が経済構造を変革し、持続可能な安定成長を実現することはきわめて難しい。というのも、家計の消費を拡大させるためには、賃上げを実現し、労働所得を増やす必要がある。しかし、中国の統治機構や国有企業は腐敗しており、富を労働者階級に再分配して格差を是正することは期待できない。また、賃上げも難しい。というのも、企業の国際競争力を減殺する恐れがあることに加え、所得の増加による労働者の地位の向上は、民主化の要求に結びつき、政治を不安定化させるおそれがあるからである。貯蓄率の低下には社会保障制度の充実が必要であるが、社会権はおろか自由権すら未だ十分に認められていない中国に、福祉国家など夢のまた夢であろう。

中国の経済構造の改革が如何に困難であるかを理解する上でも、地政経済学は有益な示唆を与える。欧米日の先進国において、民主化、社会保障の整備、格差の是正、そしてケインズ主義的なマクロ経済運営が可能になったのは、二つの世界大戦や冷戦といった大規模な地政学的対立によってであった。先進国においてすら、グローバルな規模の地政学的対立の圧力なくして、労働分配率の低下や格差の拡大を是正することは容易ではないのである。中国の経済構造の改革や民主化に期待する議論は、欧米先進諸国ですら戦争という外圧によってしか民主化や格差の是正をなし得なかったという歴史を忘れている。

ここで重要なのは、中国が高度経済成長を実現するようになったのは、鄧小平の下で改革開放路線へと舵を切った一九七八年以降のことであるが、これは国際経済システムがワシントン・コンセンサス体制になってからのことだということである。しかも一九九〇年代以降、中国は外国資本の導入を積極的に進めるようになった。中国の工業生産にしめる外資比率は、一九九〇年には二・三％であったが、二〇〇三年には三五・九％にまで達し、二〇一一年時点においても二五％を上回っている。[41]

しかしワシントン・コンセンサス体制、特に金融のグローバリゼーションは、労働分配率を押し下げるように働く。これは先進国に限らず中国においても同様であり、二〇〇〇年代の中国における労働分配率は著しい低下傾向を示しているのである。[42]

中国の高度成長を戦後日本の高度成長と比較すると、興味深い事実が明らかになる。日本は一九六〇年代に高度成長を成し遂げ、一九六八年には世界第二位の経済大国となったが、これはブレトン・ウッズ体制下においてであった。一九六八年の日本のＧＤＰに占める家計の最終消費支出は五割を超えており、輸出依存度は一割程度であった。日本は内需主導の経済成長を実現していたのである。この高度成長の過程で、社会保障の整備が進み、所得格差も縮小していった。固定為替相場制の下で国際経済環境は安定し、国内においても深刻な金融危機をほとんど経験せずに済んだ。

しかし、中国が参入した国際経済は、ワシントン・コンセンサス体制である。中国は確かに高度成長を実現し、二〇一〇年に世界第二位の経済大国の座に着いたが、この年のＧＤＰに占める家計の最終消費支出は約三五％であり、輸出依存度は三割に近い。しかも、高度成長の過程で格差の拡大は深刻化し、グローバル経済の大きな変動を受けやすくなり、ついには自国内で深刻な金融危機を発生させるに至ったのである。

したがって、ワシントン・コンセンサス体制を是正できないままの国際経済システムは、中国の円滑な「新常態」への移行の阻害要因として立ちはだかることになろう。

仮に中国経済の不況が長期化ないしは深刻化すると、それは地政学的環境にも影響を及ぼすこととなる。考えられるのは、次のような事態である。

第一に、国内経済構造の改革によって過剰生産能力を解消できない以上、中国はそのはけ口を海外へと求める。それはすでに「一帯一路」構想やその一環としてのＡＩＩＢの設立として表面化しているが、このインフラ整備は単なる経済政策にとどまらず、中国をマッキンダー的なランド・パワーへと押し上げる恐れがある。

第二に、過剰生産能力のはけ口として有力なもう一つの選択肢は、軍事である。軍事関連投資の拡張は、いわゆる軍事ケインズ主義として需要を生み出す一方で、民間生産設備とは異なって生産能力の増大をもたらさない。したがって、需要不足・供給過剰の長期化が見込まれる場合は、軍事ケインズ主義は最適の選択肢となる。それが同時に中国の軍事大国化を助長し、東アジアのパワー・バランスを崩す恐れがあることは言うまでもない。

しかも、機能的財政論が教えるように、財政赤字の拡大はインフレを引き起こさない限り、問題にはならない。恐るべきことに、デフレ下の中国には軍事支出に対する財政制約がないのである。

第三に、中国共産党政権は、改革開放路線以降、経済成長によってその正統性を確保してきたが、長期不況は政権の正統性を揺るがしかねない。このため、ナショナリズムに訴えることでその正統性を再構築しようとしたり、国内の不満の矛先を国外へと転嫁したりする可能性が高まる。ジンメルの紛争の社会学にならって、国内の社会的凝集性と連帯を高めるために、対外的な敵や脅威の存在を利用するのである。中国は弱体化・不安定化することで、かえって排外主義的・拡張主義的な対外政策を志向する恐れが高まるというわけだ。

仮に中国共産党政権が正統性の維持に失敗すれば、中国に民主革命が起きる可能性が出てくる。しかし、「アラブの春」の例からも明らかなように、民主革命は平和裏に進むとは限らず、逆に軍事独裁政権の成立につながったり、あるいは内戦を招いたりして、東アジアの秩序自体を破壊する恐れがある。

歴史的に見ても、民主化の過程が平和裏に進むとは到底言えない。たとえばフランス革命は、民主化の過程で内戦のみならず対外戦争を引き起こした。選挙権を拡大しつつあった一九世紀のイギリスは、クリミア戦争を戦っている。一九世紀後半のドイツも男子普通選挙を実施したが、その直後に第一次世界大戦に突入している。日本でも「大正デモクラシー」の後、戦争へと突き進んだのである。[43]

第四に、オバマ政権がアジアを重視する戦略を打ち出したのは、アジアの成長のダイナミズムを取り込みたいという思惑からであったが、中国の停滞が長期化すれば、アジア経済は牽引力を失い、成長は期待できなくなる。その結果、アメリカはアジアに対する関心を薄れさせる可能性がある。アメリカが、中国との対立という政治的費用の方がアジア市場から得られる経済的便益を上回ると判断するようになれば、東アジアからの撤退という選択肢が視野に入る。その時、日本はアメリカという後ろ盾なしで、中国と対峙しなければならなくなるのである。

日本の運命

以上の地政経済学的分析が正しいとするならば、日本はきわめて厳しい国際環境に置かれているということになる。このような不確実性の高い状況下にあって、今後、日本がどのような道をたどるのかを予測することは、もちろん容易ではない。

現時点においてアメリカの軍事力に依存することなくして日本の安全保障を確保できない以上、日本が採る可能性が最も高い選択肢は、東アジアにおけるアメリカの軍事プレゼンスをできるだけ長く引き延ばそうとすることであろう。そのために日本は、日米の協力関係の強化を最優先の外交課題とし、アメリカの安全保障上の負担を軽減しようとするであろう。そして、その代償として、アメリカからの経済的な要求に対してますます妥協するようになるであろう。

この選択肢は、第二次世界大戦後の日本外交の基本戦略の延長線上にあるものである。安倍晋三政権におけるＴＰＰ交渉への参加や集団的自衛権の行使の容認のための安全保障関連法の成立もまた、この戦後日本外交の基本路線に沿ったものである。

戦後七〇年の間に、ヴェトナム戦争、ニクソン・ショック、冷戦の終結、同時多発テロ、イラク戦争あるいは世界金融危機など、世界の地政経済学的環境を大きく変える事象はいくつもあった。それにもかかわらず、日本外交の親米路線には大きな変更はなく、基本的に維持されてきた。

もっとも、このような現状維持志向は、何も戦後日本の外交に限ったことではない。これまで見てきたように、たとえば一九世紀後半のイギリスの自由貿易政策、戦間期の金本位制、あるいは世界金融危機後の各国の緊縮財政なども、国際環境の変化にもかかわらず、大きな変更が加えられなかった。国家の政策や体制には、現状を維持しようとする「運動」「慣性」あるいは「経路依存性」が働くものなのである。いやむしろ不確実性の高い変動期だからこそ、不安から逃れない人々は確実性を求めて慣れ親しんだ既存の制度や方針にますます固執するのである。そして、それが悲劇を生む。

親米日本もまた、そのような悲劇に陥りつつあるように思われる。

冷戦期のアメリカは、日米同盟をソ連封じ込めの手段として重視していた。それは、ソ連に率いられた共産主義勢力がアメリカ自身の安全に対する脅威とみなされていたからである。そして、冷戦期の日米同盟は、日本に「強兵」なき「富国」という僥倖をもたらした。

しかし、冷戦時代のアメリカが日米同盟によってソ連を封じ込めたからといって、今日、同じように中国を封じ込められるというわけではない。なぜなら中国は、アメリカと世界の覇権を争っているわけではなく、せいぜい東アジアにおける地域覇権国家となることを目指しているに過ぎない。アメリカにしてみれば東アジアにおける覇権を維持しようとさえしなければ、中国の台頭は自国の安全保障にとって脅威とはならない。アメリカには、ソ連封じ込めとは違って、中国封じ込めには強い戦略的な動機がないのである。したがって、米中の間には「新冷戦」は起き得ない。

逆にアメリカが東アジアにおけるプレゼンスを長引かせれば、それだけ中国と武力衝突する危険性も高まることになる。とりわけ、尖閣諸島の領有権問題などを巡って中国との軍事衝突の可能性を抱えている日本との同盟関係は、自国の戦略的な利益と無関係な無人島を巡る中国との紛争に巻き込まれるという危険性をはらむものである。

日米同盟を維持すれば、経済的な要求に対して日本から譲歩を引き出すことが容易になるというメリットは確かにあろう。しかし、その程度のメリットのために、アメリカが巨大な軍事力と市場を有する中国との戦争を覚悟するということはあり得ない。アメリカにとって日米同盟の主目的はあくまでも安全保障なのであって、日本から得られる経済的利益は副次的な効果に過ぎない。日米同盟に軍事戦略上の意義がなくなれば、日本がいくら経済的利益を差し出したところで、アメリカは日本の安全を保障することはないのである。

二〇一三年までアメリカ国家情報会議で分析業務を担当していたマシュー・バロウズも、次のように述べている。「もし中国と衝突しても、アメリカが自動的に日本の味方をしてくれると、日本の指導者たちは誤解しているようだが、現実にはアメリカは自国の利益と中国の利益の間に折り合いをつけ、紛争は回避しようとする可能性が高い。(44)」

こうしたことから、たとえばクリストファー・レインは「地域の勢力均衡が中国に有利な方向へと移行している事実をアメリカが受け入れなければ、米中の紛争が起きるのはほぼ確実である」と述べ、アメリカが東アジアから軍事力を徐々に引き上げていくであろうと予測している。(45) このような現実主義者たちの見解は、近年、アメリカにおいてますます有力になってきている。

習近平国家主席は、二〇一三年六月の米中首脳会談において「太平洋には米中という二つの大国にとって十分な空間がある」と発言した。そして、同年一一月には、周主席は海外の著名人数名と面会した際の談話で「我々は皆、トゥキディデスの罠、すなわち新興勢力と既存勢力との間の破壊的な緊張を避けるために協力する必要がある」と述べたという。(46) その一方で、中国は南シナ海や東シナ海に対する領有権の主張を強め、アメリカ及びアメリカの同盟国との緊張関係を高めている。この一連の中国の行動が何を意味しているのかは明瞭であろう。

アメリカが東アジアにおけるプレゼンスを維持する限りは、「トゥキディデスの罠」を恐れ続けなければならない。しかし、中国が東アジアの地域覇権国家となったところで、アメリカにとっては自国の安全保障上の脅威となるわけではない。アメリカは西半球の地域覇権国家、中国は東アジアの地域覇権国家として、両国は太平洋を挟んで十分に共存することができる。中国はアメリカに対して、米中間の「トゥキディデスの罠」

を避けたいのならば、東アジアから撤退せよと促しているのだ。

しかし、日本やその他のアメリカの同盟諸国は、アメリカの軍事プレゼンスなしに、中国に対抗して東アジアの勢力均衡を維持できるほどの軍事力をもっていない。したがって、アメリカが東アジアからの軍事プレゼンスを後退させた場合、日本を中心とする同盟諸国が中心となって中国を封じ込め、この地域の秩序を維持するというシナリオを描くことは困難である。

東アジアの秩序の維持は、確かにアメリカにとっては戦略的に重要な利益である。この地域の不安定化は回避したい事態であろう。しかし、日本に東アジアの秩序を安定化させることができないのであれば、アメリカはその役割を中国に期待することになろう。実際、ブレジンスキーは、東アジアを安定化させる地域大国として、日本ではなく中国を想定していたのである。

もしアメリカが中国を東アジア秩序の基軸として認めるのだとすると、中国に対抗しようとする日本は東アジアを不安定化させるおそれがあり、アメリカにとって好ましからざる国家ということになる。これについても、アメリカには、すでに一九九二年の国防プラン・ガイダンスにおいて、日本を地域不安定化の攪乱要因として名指ししていたという前科がある。

そうだとすると、アメリカは、中国を地域覇権国家とする東アジア秩序を容認したうえで、日本に対しては、中国中心の東アジア秩序に従属することを求めることになるというシナリオもあり得るということになる。これは、日本が事実上、米中両国の「属国」としての地位に置かれることに等しい。日本にとって悪夢のようなシナリオであるが、しかし非現実的なものでは決してない。

もちろん、それ以外の可能性も残されている。たとえば、中国の「一帯一路」構想の推進が、ロシア、インドあるいは中東諸国の反発を招き、ハートランドが不安定化するような事態になれば、その分、中国の攻撃的な海洋進出の動きは鈍るかもしれない。また、中国がマクロ経済運営に失敗し、国内の政治体制や社会が不安定化することで、地域大国としての役割を期待できなくなることもあり得る。あるいは日本において、東アジアの地政学的危機によって覚醒した新たな世代が登場し、親米路線と新自由主義から決別して、二一世紀の富国強兵を実現するという可能性はまったくあり得ないとは、誰にも断言できまい。

いずれにせよ、日本がどのような運命をたどるのかは、それほど遠くない将来に判明するであろう。

第18章

領域国家と通商国家

政治と経済の二元論

我々が探究してきた地政経済学とは、軍事、政治あるいは国家が資本主義経済と密接不可分の関係にあるという認識を基本として、地政学と経済学を総合しようとするものである。それは、「地政学的なもの（the geopolitical）」と「経済的なもの（the economic）」を一元的にとらえることを目指す試みであると言ってもよい。そして、その一元的な理解を可能にする分析概念として選ばれたのが、マッキンダーとコモンズが提唱した「ゴーイング・コンサーン」であった。

この地政経済学の一元論と対立する思考様式は、「地政学的なもの」と「経済的なもの」を異質の領域として理解しようとする二元論である。国際経済学あるいは国際政治経済学の知的伝統において主流の地位を占めてきたのは、この二元論の方であった。

ただし、この二元論には、さらに二つの系統がある。

一つは、軍事や政治を「国家によって支配された領域」、市場経済を「国家によっては支配できない領域」というように、国家の支配可能性を基準として、「地政学的なもの」と「経済学的なもの」を完全に別次元のものとして分離する二元論である。

序章において、我々は、現代の社会科学に顕著な特徴として、地政学と経済学がお互いを参照しようとせず、それぞれ独立の専門分野として成立しているという現象を指摘した。この地政学と経済学の専門分化は、軍事・政治と市場経済とが、まったく異なる論理に基づいて動く世界であるという二元論を暗黙の前提としていると言えるであろう。

たとえば、一般的な地政学においては、国家は軍事的安全保障を追求して能動的に行動する主体であるという前提を置いて国際政治を分析する。これに対して、主流の国際経済学の理論においては、国家は、政治から独立した国際市場の原理に従って受動的に行動するものと想定されている。地政学と経済学では、想定される国家の行動原理がまったく異なるのである。

これに対して、もう一つの二元論は、地政学的な領域のみならず、経済的な領域においても、国家は能動的に戦略を追求する主体であると想定するものである。ただし、地政学的な世界では、国家は領土の拡張や勢力の拡大を目標とする軍事戦略を追求するのに対し、経済的な相互依存が進んだ市場経済の世界では、国家は国際市場にアクセスして貿易や投資を活発に行い、国富を増大させるという通商戦略を追求する。この意味における二元論を提唱するのが、本書において何度か参照してきたリチャード・ローズクランスである。[1]

ローズクランスによれば、国家が国際政治における地位を向上させる手段は、二つある。一つは、新たな領土を獲得することである。そしてもう一つは、経済発展と貿易である。前者の手段を追求するのが「政治・軍事国家」あるいは「領域国家」であり、後者の手段を採用するのが「通商国家」である。「領域国家」の戦略は、ある領土を新たに獲得すれば、他国の領土がそれだけ減少するのであるから、いわゆる「ゼロ・サム」ゲームとなる。これに対して、市場経済下では、「通商国家」が生産や貿易を行うことは、他国の経済厚生も改善するのであり、いわゆる「ポジティブ・サム」ゲームになる。

核兵器の登場などによって戦争のコストが著しく増大し、経済的な相互依存が進んだ現代世界では、他国を犠牲にして領土の拡張を目指す「領域国家」の戦略は、費用対効果の点からして割に合わないものとなる。自国の国際的地位を向上させる上で、より賢明なのは、「通商国家」の戦略である。

したがって、各国経済が世界市場への依存を深めていくにつれ、「領域国家」は「通商国家」へと次第に転換していくであろう。一九八六年の著作で、ローズクランスはそのような見通しを示した。その際、彼は日本について、まさに「通商国家」を象徴する国であると評していたのである。[2]

そのローズクランスが、一九九〇年代初頭の冷戦の終結とグローバリゼーションの進展を見て、自らの理論に確信を抱いたのは想像に難くない。実際、彼は一九九六年には、領土などというものは完全に過去のものとなり、これからは「通商国家」から「仮想国家」への転換が起きるとまで言うようになっていた。[3]

「領域国家」から「通商国家」へというローズクランスの説は大きな影響力をもった。ローズクランス自身の説が直接的な影響をもったのでは必ずしもないにせよ、彼のテーゼの背景にある二元論は、冷戦終結後の新たな世界秩序の展望として、広く共有されたことは明らかであった。

たとえば村上泰亮は、一九九二年、遺作となった大著『反古典の政治経済学』の中で、二一世紀の世界の展望を示したが、その際、彼はローズクランスに言及しつつ、「通商国家化」論を完全に踏襲したのである。

また、一九九〇年代後半から二〇〇〇年代前半にかけて、アメリカは中国のグローバル経済への統合を容認し、支援すらしたが、その戦略の背景には、中国を「領域国家」から「通商国家」へと転換させようというローズクランス的な二元論の存在がうかがえる。

冷戦終結後、ローズクランス的な二元論が広く受け入れられたのには、おそらくソ連の敗北とアメリカの勝利という背景があったであろう。ソ連は「政治・軍事国家」「領域国家」の典型であり、アメリカとその同盟諸国は「通商国家」のモデルにより近い国家とみなすことができるからである。同様に、ハートランドを支配したランドパワーであるソ連の敗北は、シーパワーに対するランドパワーの優位を説いたマッキンダー、そして彼が創始した地政学に対する誤解を助長し、その権威を失墜させたように思われる。

たとえばピーター・J・ハギルは、二〇〇五年の論文で、マッキンダーの「ランドパワー」と「シーパワー」のカテゴリーは、エドワード・ホワイティング・フォックスやローズクランスによる「領域国家」と「通商国家」の二元論の先駆であると評価しつつも、鉄道という新技術によって「ランドパワー」(=「領域国家」)の優位を確信したマッキンダーを批判している。航空技術が「シーパワー」(=通商国家)の優位をもたらしたことを予測できなかったことがマッキンダーの限界だというのである。(4)

しかし、航空技術に対する予測の可否以前に、マッキンダーの言う「シーパワー」は、ローズクランスの「通商国家」とはかなり違う概念なのであり、両者を同一視するのは誤りである。このことは、本書の目的からしても強調しておく価値がある。

ローズクランスは貿易を貿易当事国にとって互恵的な「ポジティブ・サム」ゲームとみなしており、さらには、軍事力による領域の拡大に代替し得る国力向上の手段とみなしていた。対照的にマッキンダーは、第9章や第11章において明らかにしたように、貿易を「ポジティブ・サム」ゲームであるとは必ずしも考えていなかった。それどころか、自由貿易は帝国主義的な拡張につながると論じていたのである。

ローズクランスの「領域国家」と「通商国家」の区分は、「地政学的なもの」と「経済的なもの」の二元論であった。これに対して、マッキンダーの「ランドパワー」と「シーパワー」の区分は陸と海という地理的な二元論ではあったのかもしれないが、彼は「地政学的なもの」と「経済的なもの」については一元的にとらえていた。マッキンダーの理論は、言うならば、「ランドパワー」と「シーパワー」の「地政経済学」だったのである。したがって、マッキンダーをローズクランスの先駆者として位置づけることはできない。

そして、すでに明らかなように、中国はグローバリゼーションによって確かに「通商国家化」したが、それと同時に「政治・軍事国家」あるいは「領域国家」としての戦略を放棄するのではなく、逆に強化した。中国は、ローズクランス及び村上の「通商国家」論を覆したのである。

ローズクランスと村上の二元論は、何を見誤ったのであろうか。この点を改めて検証することは、我々の地政経済学の妥当性を確認する上で、有効な作業となり得るであろう。加えて、日本がローズクランスによって通商国家の代表例とされている以上、通商国家論の是非の検討は、我が国自身のあり方を省みる上でも少なからぬ意義があるように思われる。

そこで終章に入る前の補論として、ローズクランスと村上の通商国家論を批判的に検討し、本書の主張をより強化しておこう。

まずは村上の議論から検証を始める。

通商国家の没落

『反古典の政治経済学』というタイトルにあるように、村上は、政治経済学上の古典的な諸思想を批判し、二一世紀に向けて、新たな政治経済学を打ち出そうとした。その批判の対象となっている古典的な思想の一つは、ナショナリズムである。以降において見るように、村上は、古典的なナショナリズムに挑戦するために、ローズクランスの通商国家論を援用するのである。

村上は、「ナショナリズムからトランスナショナリズムへ」という転換を予測する。彼が「トランスナショナリズム」と呼ぶものは、企業の多国籍化、資本の国際移動、情報化といった強力な経済的要因によって、国民国家の領域的境界を超えた活動が活発化することを指している。ただし村上は、トランスナショナリズムの現象は、部分的かつ段階的にしか進まず、当面は、既存の国家の性格を変化させるような程度のものであろうと留保している。

その国家の性格の変化について、村上は三つの側面に焦点を当てる。

第一に、企業や各種組織の国境を越える経済活動の勢いが加速化している。いわゆるグローバリゼーションである。「たしかに、経済主体は、個人も法人も、出身地国とのつながりを弱め、その統制には服さなくなろうとする傾向がある。とくに投資を国はもはや統制できない。」「多国籍企業はもはや本国政府によっては統制しきれない存在になろうとしている。経済的な面では、国境の消滅を暗示する現象がたしかに表れている。[5]」

第二に、「国家それ自体の性格が変わる。とくに、国家の領土的性格が変化する兆しがみえる。[6]」企業など経済主体の国境を越えた活動の活発化と相互依存の深化によって、ローズクランスの言う「領域国家」から「通商国家」への転換が進んでいるというのである。

第三に、国家は、通商国家化によってその自立性を減少させざるを得ないが、「しかし国家の領土性は、象徴的な役割を果たしてきたものであるだけに容易には変わらないだろう。[7]」そこで、トランスナショナリズムへの過渡的な途として、国家間のグループ主義が増える。国家間グループ主義の例として挙げられるのは、NATOや日米・日韓同盟のような集団的安全保障条約体制や、OECD（経済協力開発機構）やOPEC（石油輸出国機構）、GATT、二国間自由貿易協定、先進国サミットなどである。「その一般的な特徴は、いくつかの国家が互いの間の障壁を低めて協力するところにあり、その協力が進行すれば、事実上主権はある程度放棄されることになる。[8]」そして、「グループ主義が進行し、それがこれまでになく持続的な性格をもつとすれば、国家の主権性は事実上弱まっていくことになるだろう。[9]」

この国家間グループ主義への動きは、通商国家化と深く関係している。というのも「通商国家は武力に頼らない国家であり、わが身を守る途としては同盟を考えざるをえないであろう。したがって、通商国家の増加の延長線上には、それらの国家間が貿易上の利害が一致するかぎりにおいて、『安全保障＝通商グループ』主義の出現を予想するのが自然[10]」だからである。

村上は、「戦後を特徴づけるのは通商国家化の傾向にほかならない[11]」と言う。第二次世界大戦後のアメリカ覇権の下での相対的平和と自由貿易体制のおかげで、各国経済の世界市場への依存が可能となった。集団的安全保障体制の定着と反植民地主義の普及によって、領土を拡張しようとする政治的冒険は格段に困難となった。その結果、各国が国際的地位を向上するための手段は、経済発展と貿易に限定されていき、領域国家から通商国家への転換が進んだ。そしてローズクランス同様、村上もまた、通商国家の端的な成功例として、日本を挙げるのである。「いうまでもなく、軍事力の極めて貧弱であった日本が経済的にそして通商的に最大級の成功を収めたのは、その最も明瞭な例であり、通商国家の可能性を端的に示すことになった。[12]」

村上は、今後、グローバリゼーションの進展によって、通商国家化が進み、それに伴って国家間グループ主義の動きも増加するだろうと予測している。ただし、その一方で村上は、戦後の通商国家化を支えてきたのは、米ソ冷戦という軍事力を基礎にした国際体制の枠組みであったという点に注意を促している。冷戦体制の終焉ののちには、同盟を必要とする通商国家は、冷戦体制に代わる新たな安全保障のグループ主義を模索せざるを得ないが、そのようなグループの形成は容易には進まないだろう。したがって、通商国家化や経済的相互依存の進展それだけでは、国際秩序の安定と平和は保障され得ないと村上は留保を付している。[13]

以上の村上の未来予測は、グローバリゼーションに対する楽観が支配的であった一九九〇年代の段階では、かなりの説得力をもって受け入れられ得るものであったであろう。とりわけ二一世紀が通商国家の時代になるのであるならば、通商国家の端的な成功例である戦後日本は、二一世紀を先取りした国家だということになる。これは、二〇世紀末の日本人には快く響いた議論であったろう。しかし、およそ四半世紀を経た現在から振り返って検証してみると、その問題点が浮き彫りとなる。

まず村上は、通商国家化について、冷戦後のグローバリゼーションによって加速する潮流とみなしている。しかし、村上自身が留保しているように、戦後の通商国家化、とりわけ日本の通商国家としての成功は、冷戦体制という特異な国際政治の構造に負うところが多かった。

第14章において明らかにしたように、アメリカは米ソ対立の構造の中で、西側諸国の共産主義化を防ぎ、ドル経済圏に組み込むために、西ヨーロッパ諸国や日本の経済的成功を支援し、自国の巨大な国内市場を開放した。また、アメリカの覇権の下での安全保障体制による相対的な平和に加え、ブレトン・ウッズ体制の下での固定為替相場制やGATTを通じた貿易自由化が、日本や西ドイツなどが軽武装の通商国家として存立することを可能にした。特にブレトン・ウッズ体制は、ラギーの言う「埋め込まれた自由主義」の下で、国際的資本移動を規制し、各国に自律的なケインズ主義的経済運営の余地を大きく残していた。そのおかげで西側世界は高い経済成長を実現し、通商国家もその恩恵を享受したのである。

しかし、ブレトン・ウッズ体制の崩壊、そして冷戦構造の終焉によって、通商国家の成功を可能にする環境条件は失われた。アメリカは、ソ連の脅威が消滅したことによって、日本を通商国家として繁栄させておく必要がなくなったのである。それどころかアメリカは、日本経済を安全保障上の脅威とみなして、構造改革要求の圧力をかけ続けた。日本は、このアメリカによる構造改革の要求を受け入れ、後には自ら進んで構造改革を推進するようになったが、それとともに通商国家日本の凋落も決定的なものとなった。

加えて、第16章で論じたように、企業の多国籍化や国際的資本移動の活発化といったグローバリゼーションは、経済の繁栄ではなく、逆に停滞をもたらし、格差の拡大などの社会的緊張を引き起こしている。世界経済が停滞するならば、通商国家の繁栄もあり得ない。戦後の通商国家は、ブレトン・ウッズ体制というグローバリゼーション以前の国際経済システムの下だから成功したのであって、グローバリゼーションは通商国家の繁栄をむしろ困難にするのである。

村上は、ローズクランスに従い、武力に頼らない通商国家は同盟を模索することから、安全保障上の国家間グループ主義が進むであろうと予測した。しかし、最も成功した通商国家とされる日本は、冷戦の終結にもかかわらず、日米同盟に依存し続け、新たな安全保障の国家間グループ主義を形成しようとはしなかった。

もっとも、村上自身は、日米同盟に代わるものとして、日本、韓国、台湾、東南アジア諸国、アメリカ、オーストラリア、ニュージーランドを含む「東アジア・太平洋圏集団的安全保障同盟」を構想していた。[14]しかし、前章において論じたように、アメリカにとって日米同盟には、日本を封じ込め、アメリカが東アジアの戦争状態に巻き込まれないように抑止するという側面がある。それこそが、東アジアにNATOのような集団的安全保障体制が構築されなかった理由である。そうだとすると、アメリカが、日米同盟に代えて「東アジア・太平洋圏集団的安全保障同盟」を成立させることを許すことはあり得ない。村上は、アメリカにとっての日米同盟の真の意味を見損なっていたのである。

その一方で、WTOやEU、あるいはTPPなどの経済連携協定といった経済的な国家間グループ主義は、村上の予測の通り、確かに一定の進展がみられた。しかし、これらの国家間グループ主義による国家主権の制限は、国家主権を制限するものであるが、それは民主国家にとっては国民主権の制限を意味する。実際、イギリスのEU離脱やアメリカにおける反TPPの機運に見られるように、国家間グループ主義は民主政治を棄損するものとして拒否されるようになっている。村上は、ダニ・ロドリックの言うグローバリゼーション、国民国家、民主政治の「トリレンマ」の問題を見逃していたのである。

結局のところ、村上、そしてローズクランスは、戦後日本に代表される通商国家の成功が、冷戦構造とブレトン・ウッズ体制という特異な地政経済学的環境の下でしか実現し得ないものであったということを見誤っていたのである。冷戦終結後の日本経済の停滞は、中国の軍事的及び経済的台頭とともに、村上とローズクランスの通商国家論を反証するものであったと言えるだろう。

『反古典の政治経済学』批判

ナショナリズムと並んで、『反古典の政治経済学』が批判しようとするもう一つの古典的な思想は、経済自由主義である。

経済自由主義の中心的ドグマである市場均衡理論は、費用一定（収穫一定）または費用逓増（収穫逓減）を前提としている。費用一定または費用逓増を前提としなければ、市場均衡は成り立ちえない。しかし、現実の産業経済においては、費用逓減（収穫逓増）現象がむしろ常態である。そうだとすると、市場均衡はもはや現実には成立し得ないということになり、経済自由主義はその最も重要な理論的な支柱を失うことになる。この「費用逓減の経済学」を以て、古典的な経済自由主義の無効を宣言しようというのが村上の企てであった。

村上は、いわゆる産業政策について、政府が経済に介入し、費用逓減の利点を活かして産業化を促すことであると解釈し、産業政策を中心的な手段として産業化を目指す経済システムを「開発主義」と呼ぶ。古典的な経済自由主義の静学的な市場均衡理論では、政府の市場介入は経済厚生の最大化を阻害するものに過ぎない。しかし、「費用逓減の経済学」の動学理論は、産業政策という政府介入が長期的に経済厚生をより向上させ得るものであることを示す。このようにして村上は、戦後の日本や東アジアの開発途上国が、政府の介入によって産業化を達成し得たことを経済理論的に説明しようと試みたのである。[15]

費用逓減現象を経済分析の中心に据えるべきであるという主張は、第10章や第15章において強調したように、我々の地政経済学も共有するものである。だが、それゆえにこそ、村上の反古典の政治経済学との違いを敢えて際立たせることは、本書の地政経済学の輪郭を明確にする上で重要なものとなる。

村上は、開発主義の意義を経済理論的に明らかにして、古典的な経済自由主義を批判したが、その一方で開発主義を国際的な普遍的ルールとすることについては明確に否定的であった。というのも、開発主義には、普遍的ルールとなる上で障害となる二つの短所があると彼は考えたからである。

第一に、開発主義のための政府介入は、いったん始まれば慢性化する傾向にある。特に官僚が権限を手放そうとはしないため、政府介入が不必要に持続し、停滞産業の保護という「費用逓減の経済学」によっても正当化できない状況が継続し、経済厚生を低下させてしまうという懸念がある。

第二に、費用逓減現象は、際限のない価格切り下げ競争や投資競争という企業にとって過酷な環境を作り出し、政府による調整がなければ、独占状態をもたらしかねない。また、政府介入の対象とされた産業とそれ以外の産業との間の格差を拡大し、分配の不平等をもたらす恐れもある。

この二点目の短所は、国際的にはより深刻な事態をもたらす。各国の開発主義は、国際的な価格切り下げ競争・投資競争や独占を引き起こし、あるいは国家間の格差の拡大を助長するであろう。しかし、世界政府が存在しない以上、国際的に過当競争の調整や独占の禁止を行ったり、国家間の格差を是正したりすることは不可能である。(16)

これに対して、経済自由主義は費用逓減現象を活用できないという短所はあるものの、開発主義の二つの短所を克服できるという長所があると村上は言う。

第一に、経済自由主義は政府介入を否定するので、官僚による介入の慢性化という事態は生じ得ない。

第二に、経済自由主義は「自動調整のメカニズムであるはずだから、世界政府あるいはそれと同等な世界的調整機構の存在を必要としない」のであり、それゆえ「世界政府のない世界でも、国際経済の普遍的ルールとなる資格をもっている。[17]」

以上を踏まえたうえで、村上は、開発主義と経済自由主義を組み合わせた新たな国際経済のルールを提案する。具体的には、産業先進国には経済自由主義を採用させ、開発主義を放棄させる一方で、後発国には必要な期間だけ例外的に開発主義を公認するというルールである。[18]

しかし、この村上の提案には、次の三つの欠陥がある。

第一に、マッツカートやウェイスらが明らかにしたように、原子力発電、航空機、人工衛星、インターネットなど画期的な技術革新をもたらしたのは、アメリカという最大の産業先進国による産業政策であったという事実がある。そうだとすると、産業先進国に産業政策を禁じるということは、画期的な技術革新の可能性を潰すということに等しい。

第二に、村上は国際経済のルールを提案する中で、先に引用したように経済自由主義が想定する自動調整のメカニズムを肯定している。しかし、その一方で彼は、費用逓減現象が産業経済の常態であることも認めているのである。しかし、費用逓減は政府の介入によってのみ起きるのではなく、自由市場経済における民間企業の生産活動においても起きる現象である。そして費用逓減を前提とする限り、市場の自動調整メカニズムは機能し得ない。そうだとすると、産業先進国において経済自由主義を採用して政府の不介入を決め込んだところで、民間発の費用逓減現象がもたらす市場不均衡は避け得ないはずである。

さらに言えば、産業経済の費用逓減現象を持ち出さなくとも、貨幣経済においては、市場均衡は自動的には成り立ちえない（セイの法則は成立し得ない）のであり、資本主義経済とは本質的に不安定だということは、第1章や第2章において明らかにした通りである。その意味でも、経済自由主義は自動調整を保障し得ないはずである。要するに村上は、「反古典の政治経済学」を掲げながら、自動調整のメカニズムを措定する古典的な経済自由主義の呪縛から逃れられていなかったのである。

市場は不均衡の自動調整を保障しないが、他方で、その調整は、何も世界政府が存在しなければできないというものでもない。

たとえば、費用逓減現象を利用したダンピングに対しては、アシュリーが論じたように、保護関税という対抗措置が選択肢の一つとしてあり得よう。費用逓減現象がもたらす供給過剰に対しては、政府による有効需要の創出や供給抑制的な規制が奏功するであろう。あるいは、信用貨幣に由来する資本主義の安定化に対しては、国定信用貨幣を基礎にした機能的財政政策と中央銀行の金融政策こそが、最も有効な政策である。

ただし、これらはいずれも、政府の市場不介入を原則とする経済自由主義からは導き出し得ない経済政策である。そして、いずれの経済政策も、領土を基礎とする「領域国家」あるいは「国民国家」を必要とする。村上は「国家の領土性は、象徴的な役割を果たしてきたものである」と述べ、領土に象徴的あるいは歴史的な意義しか認めていないようであるが、第4章で論じたように、国家にとって領土とは、経済政策を有効に機能させる上で不可欠な制度的基盤である。

第三に、村上の提案するルールは、後発国については一定程度、開発主義を容認するものであるが、後発国として中国を想定した場合、このルールの深刻な問題点が浮かび上がる。

国際的に開発主義を容認された中国は、自国の産業化と経済発展に邁進するであろうが、それは同時に中国の軍事力を増大させる。他方で、産業先進国のアメリカや日本は、国際経済ルールの制約により開発主義を禁じられているために、急速に強大化する中国に対抗するのに十分な軍事力とその基盤となる経済力を確保することができないということになる。それは、日本、アメリカ、中国の間の勢力不均衡をもたらし、東アジア秩序を動揺させるであろう。

現在、東アジアはまさにそのような状況に直面しているのである。村上がこのことに思いが至らなかったのは、彼の政治経済学が「地政学的なもの」と「経済的なもの」の二元論を克服することができていなかったからではないだろうか。

環大西洋同盟論批判

村上は一九九三年に他界しているが、ローズクランスの方は存命で、西洋（欧米）の相対的な衰退と東洋（特に中国）の台頭という国際秩序の地殻変動を目撃している。この事態を受けて、彼は二〇一三年に『西洋の再興：どのようにして、環大西洋同盟は戦争を抑止し、アメリカとヨーロッパを復活させるのか』[19]を著し、アメリカが採るべき大戦略の構想を提示したのである。

この著作の中でローズクランスもまた、アメリカと中国の間に、二〇世紀初頭のイギリスとドイツとの間で起きたような、覇権国家の移行に伴う戦争が起きる可能性、いわゆる「トゥキディデスの罠」を懸念している。そして、この「トゥキディデスの罠」を回避し、新たな国際秩序を構築する手段として、「環大西洋自由貿易同盟（TransAtlantic Free Trade Alliance）」なるものを提唱したのである。「環大西洋自由貿易同盟」とは、アメリカとヨーロッパ、それに日本を加えた関税同盟である。

このローズクランスの新たな提案の根底にあるのも、やはり「地政学的なもの」と「経済的なもの」の二元論であった。

まず、彼は従前の「政治・軍事国家から通商国家へ」というテーゼを基本的には引き継ぎ、国家が征服による領土拡張を目指すのが難しくなりつつあるという認識を示す。ただし、その一方で、通商国家の評価については若干修正を加えている。確かに一九六〇年代から八〇年代頃には、日本、西ドイツ、東アジアの新興諸国といった小規模の領土を有する国家が、通商国家としての優位性を発揮していた。しかし、日本経済は、一九九〇年代からは低調になり、アジアの新興諸国も一九九七年から九八年にかけてのアジア通貨危機によって大きな打撃を受けた。これらの通商国家の失敗の原因は、その成功の基盤であった自由な国際市場へのアクセスが困難になったことにあるとローズクランスは診断している。

もっとも、通商国家の失敗は、領域国家への回帰を意味するものではない。今日の国家はなお、征服による領土の拡張に成功し得ない。その代わりに、国家は新たな関税同盟を形成することによって、生産規模の拡大を達成しようとするようになったとローズクランスは言う。「新たな関税同盟」の例としては、ヨーロッパ連合、北米自由貿易協定（NAFTA）、あるいはメルコスール（南米南部共同市場）などが挙げられる。

関税同盟の形成が志向されるようになったのは、国民経済よりも大規模な経済単位がいっそう必要になったからであった。現代のハイテク産業は、「規模の経済」が大きく働く。このため、大規模な経済圏に立地する大企業が競争優位を獲得し得る。この「規模の経済」を十分に活かすためには、既存の国家の領域でも未だ小さ過ぎるのであるが、かといって帝国主義的な征服による領土の拡張は困難である。このため、関税同盟という手法が選択されるようになったというのである。

「規模の経済」による収穫逓増現象は、ブライアン・アーサーらが明らかにしたように、産業の集積を促す。生産拠点は、より地理的に近く、制度、言語、文化、教育水準などが共通あるいは類似している場所に集中して立地するのである。

この点に関して、ローズクランスは、多くのアジア諸国においては産業集積が依然として少ないのに対し、ヨーロッパやアメリカには、航空機、ソフトウェア、ハードウェア、化学、医薬、自動車、金融など、「規模の経済」の大きく働く産業に属する企業が数多く立地していることを重視する。「共通の言語、共通の文化、共通の制度、共通の民主的伝統は、経済的な結びつきを強め、大西洋の両岸の経済成長を促す統合を実現するであろう。[20]」

これに対して、中国やアジアの新興国の産業は、プロダクション・チェーンを通じて欧米あるいは日本に集積する高付加価値産業につながっているだけである。中国の産業は、欧米日の経済に依存しているに過ぎないのである。また、アジア諸国の間には、ヨーロッパとアメリカの間のような共通の制度や文化が存在せず、東洋としての一体性はなく、千々に乱れている。

そこでローズクランスは、アメリカとヨーロッパが関税同盟を形成し、これに日本を加えて巨大な西洋経済圏を創出することを提唱する（日本は、西洋の一部に数えられているのである）。これによって、「規模の経済」を活かし、高付加価値産業の集積をいっそう促すことで、西洋経済圏を大きく発展させ、アジア経済を凌駕し、中国を圧倒しようというのである。

中国は、その権威主義的な政治体制ゆえに、この欧米日の関税同盟に加入することはできない。しかし、中国が長期的に経済成長を持続するためには、西洋の巨大な市場と高度な技術へのアクセスは欠かせない。それゆえ、中国は、いずれ「環大西洋自由貿易同盟」に引き込まれざるを得ないであろう。その過程で、国内の政治体制の改革も進む。その時、中国の軍事的野心とナショナリズムは封じ込められ、国際平和が実現するであろう。

これが、二〇一三年の時点におけるローズクランスの構想であった。

しかし、この大胆な構想は、次に述べるような種々の欠陥ゆえに、ローズクランスが期待するような成果を挙げることはできないであろう。

まず、環大西洋自由貿易同盟は、その同盟内部を一つの統合された自由経済圏にしようとするものであるが、本書のこれまでの議論で再三指摘してきたように、貿易、投資あるいは労働移動の自由化それ自体は、必ずしも経済成長を約束するものではない。むしろ貿易・投資・労働の自由化は、強力なデフレ圧力を発生させるのであり、特に世界経済が停滞し、総需要が不足しているような不況下においては、熾烈な市場獲得競争を引き起こし、国家間あるいは階級間の紛争を激化させるものとなる。

また、環大西洋自由貿易同盟の構想は、政治的にも実現困難であるように思われる。というのも、環大西洋自由貿易同盟の域内におけるグローバリゼーションは、ダニ・ロドリックの言う「トリレンマ」に陥り、国民国家あるいは民主政治のいずれかと両立し得ないからである。

ローズクランスの関税同盟構想は、一見すると、リストが推進したドイツ関税同盟、あるいはマッキンダーやアシュリーが提唱した大英帝国の特恵関税の構想に似ている。特にアシュリーは、ローズクランス同様、「規模の経済」による収穫逓増を理論的な根拠として、帝国特恵関税を唱えていた。

ただし、一九世紀前半のドイツの領邦国家、あるいは二〇世紀初頭の大英帝国の植民地は、国民国家ではなく、民主政治も実現していなかった。それゆえ「トリレンマ」は成立しておらず、ゆえに域内を一つの共通市場とすることは政治的に不可能ではなかったのである。

しかし、今日では、アメリカ、EU加盟各国、そして日本は、それぞれ独立した民主的な国民国家である。したがって、環大西洋自由貿易同盟の域内のグローバリゼーションは、「トリレンマ」に直面し、国民国家あるいは民主政治のいずれかを排除せざるを得なくなるはずである。

すでに、環大西洋自由貿易同盟が陥るであろうトリレンマを予言するような現象が、最近、次々と起きている。たとえば、アメリカとEUの間のTTIP（環大西洋貿易投資連携協定）の交渉は、ヨーロッパ内における反対運動の影響もあって難航している。TPPに関してもアメリカ国内の反発が強く、二〇一六年の大統領選における有力候補が軒並み反対を表明する事態に陥っている。そして、同年、イギリスは国民投票によってEUからの離脱を決定した。

ローズクランスが提唱する環大西洋自由貿易同盟の構想は、台頭する中国を封じ込めるための一種の地域ブロックとしての側面をもっている。しかし、二〇一三年以降の世界情勢の動向を見ると、環大西洋自由貿易同盟に対して起きるであろう中国の反発について、ローズクランスは過小評価していると言わざるをえない。

その中国による反発の先触れとも言えるのが、アメリカのアジア重視戦略に対抗して中国が打ち出した「一帯一路」構想であり、AIIBの設立である。

したがって、もし環大西洋自由貿易同盟が実現したら、あるいは欧米日がこの同盟の形成へと動き出したら、中国はユーラシア大陸への進出を強化し、「大陸の資源に加えて海の正面に立つ」と同時に、ハートランドを制することを急ぐであろう。

ローズクランスは、西洋諸国が、中国の異質性や西洋に対する潜在的な敵愾心に対抗して、連帯を強化するであろうと考えていた。[21] また、ロシアと中国はアジアにおいて競争関係にあり、手を結ぶことはあり得ないと予想していた。中国は、最終的には、ロシアよりはむしろ西洋に接近するであろうというのである。[22] そして、環大西洋自由貿易同盟が生み出す巨大な市場と高度な技術が、中国を引き付ける磁力を発するはずだというのが、ローズクランスの見立てであった。

しかし、二〇一三年以降に現れた現実は、ローズクランスの予想をことごとく裏切っている。

たとえば中露関係について言えば、すでにロシアは、NATOやEUの東方拡大に反発して、中国に接近している。アメリカやヨーロッパが主導する一連の経済連携協定は、いずれも中国を引き付けるどころか、自国民の理解すら得られていない。しかも、AIIBの構想に対してヨーロッパ諸国がアメリカの意向に反して続々と参加したように、中国の方が西洋諸国を引き付ける磁力を発した。中国は、ヨーロッパ諸国と制度、文化、民主的価値観などを共有していないにもかかわらず、である。ユーラシア大陸の西端に位置するヨーロッパ諸国は、東端の中国の台頭を安全保障上の脅威として認識してはいない。むしろ経済的な機会ととらえているのである。それゆえ中国は、ローズクランスが期待したような、欧米間の連帯を強める効果をもつような存在にはなり得ないのだ。

環大西洋自由貿易同盟構想の欠陥の根源は、やはり「地政学的なもの」と「経済的なもの」の二元論に帰せられるように思われる。
ローズクランスの理論によれば、国家は、国際市場へのアクセスが可能であれば、征服という多大な費用をかけて領土の拡張を目指す必要はなく、貿易を通じて「規模の経済」を活かした国富の増大を目指すことができるはずである。そこで彼は、開かれた国際市場があれば、政治・軍事国家による領土の拡張は抑止できると考えるのである。そこには、「富国」はいずれ「強兵」にとって代わることができるという啓蒙主義的な信念が潜んでいる。(23)

しかし、国家が領土の拡張を目指す理由は、大規模な市場の確保だけではない。国家が領土に固執するのには、やはり安全保障上の理由が大きい。たとえば二〇一四年にロシアがクリミアを奪取したのは、NATOの東方拡大という脅威に対する安全保障上の理由からである。中国が南シナ海や東シナ海で領土や領海の獲得を狙っているのも、東アジアからアメリカの勢力を追い出し、地域的な安全保障を確立したいからである。国家は、国際市場へのアクセスが確保されたとしても、安全保障上の要請がある限り、領土への執着を放棄したりはしないのである。

それどころか、マハンが強調したように、国際市場へのアクセスを確保するためにこそ、通商ルートの安全保障を強化しなければならない。中国が尖閣諸島などを狙うのは、まさにそのためであった。中国は言わば「通商国家」化したことによって、同時に「政治・軍事国家」としての側面をも強化したのである。

「富国」は、「強兵」に代替することはできない。「富国」と「強兵」は密接不可分である。これは、二一世紀においても真理である。

終章

地政経済学とは何か

地政経済学と不確実性

終章というものは、これまでの議論のまとめを記すものであるが、本書の主張を要約するのは容易ではない。とはいえ、抽象的になるのを恐れずに可能な限り簡潔にまとめるならば、以下のようになろう。

本書が主題とした「地政経済学」とは、「富国」と「強兵」、すなわち経済力と政治力・軍事力との間の密接不可分な関係を解明しようとする社会科学である。地政学なくして経済を理解することはできず、経済なくして地政学を理解することはできない。これが地政経済学の大命題である。

地政経済学とは、古くて新しい社会科学である。

「古い」というのは、それが二〇世紀初頭のハルフォード・マッキンダー（あるいは、一九世紀半ばのフリードリヒ・リストかもしれない）にまでさかのぼることができるからである。それにもかかわらず、「新しい」とも言えるのは、今日、地政学は経済に対する理解を欠き、経済学は地政学を無視するという状態にあるからである。

しかし、今日の世界情勢は、アメリカの衰退や中国の台頭という現象一つとってみても、政治あるいは軍事と経済を総合して分析しなければ、その本質を理解することはできない。したがって、マッキンダーの地政経済学を復活させ、かつ「現代化」する必要がある。本書は、それを目指したのである。

ただし、経済と安全保障、あるいは「富国」と「強兵」の間の相互作用は、きわめて複雑な動態である。それを分析するには、政治、軍事、経済、社会、歴史、地理など諸学を相関させ、総合的に動員する必要があるが、その作業を進めるためには、諸学の間に共通の了解が成立していなければならない。

それは、「人間とは、不確実な未来に向けて、一定の予想や期待を抱きつつ、現在において行動する存在である」という了解である。

人間は時間の観念を抱き、未来に向けて行動する。しかし、人間には、未来を正確に知ることは不可能であり、したがって、一定の予想や期待を形成し、それに基づいて行動せざるを得ない。その未来の予想や期待を形成するために、人間は他の人々と一定の行動様式を共有し、その行動様式に従って行動する。他の人々と共有する一定の行動様式が「制度」であり、諸々の制度を共有する集団が「社会」である。人間は、社会の一員を構成し、社会が共有する制度に従って行動し、同時に、社会の他の構成員も制度に従って行動するであろうと期待することができる。

このように、制度が社会において共有されていることによって、他者がどのような行動をとるのかについての見通しが立ち、未来の不確実性が減殺され、人間はより確信をもって行動することができる。他者との協力行動や集団行動も容易になる。

たとえば貨幣、契約、私有財産権、企業組織、銀行、共同体そして国家といったものは、いずれも未来への行動や集団行動を実現するための制度である。人間は、こうした制度を創造することで、未来の目的に向けて物理的あるいは人的資源を協力して動員し、時間を通じて行われる売買取引、生産活動あるいは技術革新を可能にしたのである。

集団行動を行う生命体であれば、アリ、ハチ、サル、ゾウなど、人類に限らない。しかし、これらの生命体は自然の本能に従って集団行動を営むのであって、制度（とりわけ言語）を通じて各個体が相互に交流し、集団行動を組織するものは人類に限られる。

また、人類以外の生命体は、自然環境の制約に厳格に服するのであって、自然環境が悪化すれば、その個体数は激減を余儀なくされる。これに対して、制度を高度に発達させた人類は、時間を通じて資源を動員することによって、自然環境の制約から完全には自由になれないにせよ、それを大幅に緩和することができるようになった。とりわけ近代以降の人類は、産業資本主義や主権国家といった、大規模な資源動員を可能とする制度を発達させたことにより、自然環境の制約を克服して人口を増大させ、生活水準を向上させるようになった。これこそが、「経済成長」あるいは「経済発展」として知られる現象である。

ただし、経済的繁栄のための資源動員は、効率的な資源配分の最適解を実現し得ない。なぜなら、未来に対する予測能力に著しい限界がある以上、人間には事前に最適な資源配分というものを知り得ないからである。したがって、人間は、未来の予測や期待の形成に関して制度に依存して、資源を動員せざるを得ない。その制度が効率的な資源配分を必ずしも保証するものではないとしても、である。

未来の不確実性に直面し、資源配分の最適解をあらかじめ知ることができない人間は、白紙状態から理想の資源動員を目指すのではなく、今ここにある環境を所与の条件として、そこから出発して資源動員を行うこととなる。その環境には、地理的条件などの自然環境と、既存の慣習や制度から構成される社会環境がある。たとえば、我々日本人であれば、日本列島という自然環境と、日本国という歴史的に形成された社会環境から出発し、日本人の慣習や日本国の法律といった制度を通じて資源を動員するのである。人間は、既存の環境を出発点として、物理的あるいは人的資源を動員し、環境を改変する。その改変された環境は、次なる資源動員のための新たな出発点となる。こうした資源動員の継起が、社会の動態である。

このことから、二つの重要な含意が導き出される。

第一に、人間による資源動員の出発点である環境には、地理的条件などの自然環境が含まれる以上、社会の動態を分析するためには、その動態を決定する重要な要素の一つとして、地理的条件を考慮に入れなければならないということである。これが、政治分析に地理を導入した「地政学」、あるいは経済分析に地理を導入した「経済地理学」、さらには政治経済分析に地理を導入した「地政経済学」が必要になる所以である。

第二に、社会の動態とは、既存の環境を前提としつつもそれを改変していく資源動員の継起であるから、そこには歴史を通じた一定の軌道のようなものが見出せるということである。いわゆる「経路依存性」である。社会というものは、経路依存性のメカニズムを内部にもった人々の集団行動（「ゴーイング・コンサーン」）なのである。

経路依存性は、タイプライターのキーボードの配列、鉄道の狭軌軌道など、技術の歴史にその典型が見られるが、技術だけではなく、慣習、制度、国家体制、国際関係、そして知識やイデオロギーまでもが、経路依存性を帯びる。たとえば一九世紀の金本位制という制度とその背景にある金属主義のイデオロギーは、第一次世界大戦による中断にもかかわらず、大戦後に復活し、世界恐慌まで維持された。財政当局の健全財政論や経済学界における市場均衡理論に至っては、今日もなお、その正統性を失っていない。

社会の経路依存性はこのように強力なのであり、その方向性を社会の中から変えることは容易ではない。とりわけ国家のような大規模な集団行動の場合には、国家内部からの軌道の変更は、なおさら困難なものとなる。

国家の軌道を変更させる強大な圧力があるとしたら、それは国家の内部からよりはむしろ、外部に求められることになる。実際、歴史的に見れば、産業革命、フランス革命、ロシア革命、辛亥革命、ニュー・ディール政策、ケインズ革命、ブレトン・ウッズ体制、ブレトン・ウッズ体制の崩壊、グローバリゼーション、そして日本のバブル経済とその崩壊後の長期停滞、いずれも地政学的な圧力と無縁のものは一つとしてない。

「戦争が国家をつくる」「国際政治が国内政治を規定する」という地政経済学の「逆第二イメージ」の視座は、国家の動態は経路依存性を帯びるという理解から導き出されるのである。

資本主義の動態

人類は不確実性を克服するために制度を創造したが、その制度の中でも経済活動において最も重要なものは、貨幣（信用貨幣）である。とりわけ、近代以降、信用貨幣を創造する銀行という画期的な制度が登場し、これによって、巨額の設備投資を要する大規模な生産活動を営むことが可能になった。

大規模な生産活動は、規模の経済などを活かして収穫逓増を実現することができる。これによって、人類の生産活動は、自然環境の制約からいっそう解放されるようになった。これこそが、資本主義という経済システムにほかならない。

しかし資本主義経済は、その代償として、構造的な不安定性を内在させることとなった。加えて、ケインズが「豊富の中の貧困というパラドクス」と呼んだ、供給過剰による失業という問題も発生することとなった。この構造問題の根源にも、不確実性の問題が横たわっている。不確実性の問題は、時間の観念を抱く人間に固有のものである。ポール・デイヴィッドソンが言うように、「あらゆる生命体のうちで人間だけが、種の保存および/あるいは現在の生活水準の確保といった経済問題を解決するのに必要な、生産過程で利用可能な資源の完全雇用という問題に悩まされているように見える。[1]」

しかし、二〇世紀になって、この資本主義の不安定性の問題は、中央銀行と国家財政という制度によって克服することができることが明らかとなった。中央銀行と国家財政は、機能的財政論が明らかにしたように、デフレを克服するまで無制限に貨幣を供給できる能力をもっているのである。そして、その強大な能力の源泉となる制度が、国民通貨(国定信用貨幣)であった。ただし、今日、このことは未だ十分に理解されていない。

第二次世界大戦後、この中央銀行と国家財政の資金供給能力が機能するようになったことで、資本主義経済は未曽有の成長を実現した。資本主義経済は、国家なしには安定化し得ないし、持続的な成長も不可能になるのである。

その国家とは、今日、領土を空間的な基盤として成立する領域国家である。資本主義経済が国家を必要とし、国家が領土を必要とするのであれば、資本主義経済は領域国家という「地政学的なもの」を必要とするということになる。

ほとんどの通貨が領土性を帯びた領域通貨であることは、そのことを端的に示している。そして、脱領土化した通貨であるユーロを採用したヨーロッパ諸国では、中央銀行や国家財政が有効に機能し得ず、資本主義の安定化に失敗した。通貨が領土性を帯びているのには経済合理的な理由があったのだが、ユーロの設計者たちがそのことを理解していなかったのである。地政学なくして経済を理解することはできない所以である。

さらに、資本主義経済の不安定化やそれに伴うデフレ不況や深刻な失業問題は、格差の拡大や階級間の対立を招き、社会秩序を動揺させる。それは国家をして帝国主義的、あるいは近隣窮乏化的な経済政策に向かわせたり、国内に排外主義的・全体主義的な勢力の台頭を招いたり、あるいは国家の分裂や崩壊を招いたりすることで、地政学的な紛争を引き起こすこととなる。地政学において経済を無視できない所以である。

富国と強兵の弁証法

西暦一〇〇〇年頃から千年の歴史の中で、封建領主、教会、都市国家、帝国など、さまざまな統治形態が登場したが、一七世紀頃から「主権国家」が最も有力な統治形態として優位を占めるようになり、その主権国家は一九世紀頃から「国民国家」へと収斂していくようになった。

この国家の形成の歴史は、チャールズ・ティリーの言う「強制集約」型と「資本集約」型（あるいはウィリアム・マクニールの用語に従えば「指令志向」型と「市場志向」型）という二種類の社会関係の様式が、「資本化強制」型へと総合し、収斂していく過程として解釈することができる。

「強制集約」型国家は、もっぱら強制力を伴う指令によって資源を動員する。「資本集約」型国家は、もっぱら市場を通じて資源を動員する。これに対して、「資本化強制」型国家は、国家の強制的な指令が市場を介した経済活動に影響を及ぼすことで資源を動員する。これにより、「資本化強制」型国家は、「強制集約」型国家や「資本集約」型国家よりも効率的かつ大規模に資源を動員することができるようになった。その結果、国家の資源動員の能力が強化されたのみならず、市場経済も著しく発達することになり、「資本化強制」型国家はますます強力になり、国家間の闘争を勝ち抜いていったのである。

この「資本化強制」型国家こそが「主権国家」なのであり、そのより発達した形態としての「国民国家」なのである。統治形態が国民国家へと収斂していったのは、それが資源動員において最も高い能力を有していたからなのである。そして、国家の指令が市場に影響を及ぼす「資本化強制」型の資源動員とは、今日、「経済政策」として理解されているものにほかならない。

「資本化強制」型国家の権力が強大であるのは、それが「インフラストラクチャー的権力」であることによる。

一方的な指令によって人民を動員する「強制集約」型国家の「専制的権力」とは異なり、「インフラストラクチャー的権力」は、制度を通じて市民社会と交流・調整しつつ、資源を動員する。その制度には、共通の言語、宗教、通貨、法制度、あるいはシティズンシップが含まれる。「資本化強制」型国家は、こうした制度を介して市民社会や市場と有機的な相互依存関係を形成することで、専制的権力よりも大規模かつ効率的な資源動員を可能とするのである。

インフラストラクチャー的権力は、制度を一元的に管理できる中央集権的な公的権力の存在を必要とするが、領域国家は、領土内において公的権力の一元化・中央集権化を可能とするものである。それゆえ、インフラストラクチャー的権力を行使する「資本化強制」型国家は、領域国家の形態をとる。近代国家の基本的な法的・政治的制度や経済制度が領土の制約を受けるのは、そのためである。

また、「資本化強制」型国家のインフラストラクチャー的権力は、「強制」と「資本」、あるいは「指令志向型」と「市場志向型」のハイブリッドであり、国家と市場の相互浸透という構造を有しているが、このハイブリッドの構造の相似形は、今日の資本主義経済におけるさまざまな制度の中にも見出すことができる。

たとえば、国民通貨は、国定信用貨幣論が明らかにするように、民間の信用取引から貨幣が供給されるという内生的貨幣供給論と、貨幣は国家の産物であるという外生的な表券主義のハイブリッドである。あるいは、中央銀行という組織は半官半民であり、民間の信用貨幣による支払い決済システムに国家が参入したものである。国債もまた、国家財政が民間金融市場に参入し、浸透したものと解することができる。

国民通貨、中央銀行、国債といった制度は、国家のマクロ経済運営にとって不可欠な政策手段であるが、いずれも国家と市場のハイブリッドの構造を有している。国家の経済における強力なインフラストラクチャー的権力は、これらの制度のハイブリッドな構造から生じているのである。

こうして国家は、財政金融政策によって、資本主義の不安定な動態を制御できるようになった。特に第二次世界大戦後になると、ケインズ主義的なマクロ経済運営によって安定化した資本主義は、飛躍的な発達を遂げることとなった。

資本主義の発展は、理論的に言っても、あるいは歴史的に見ても、国民通貨、中央銀行、国債といった制度がなければあり得なかった。クナップが言ったように、資本主義は国家が育てたものである。

経済政策の本質

ティリーは、千年の国家形成の歴史をたどり、国家形態が「資本化強制」型国家あるいは主権国家、さらには国民国家へと収斂していった要因は、戦争であったことを明らかにした。戦争が国家を生み、国家が戦争を生むのである。

国家とは、一定の軌道をもった大規模な集団行動、すなわち「ゴーイング・コンサーン」であるが、その軌道の大幅な変更はもっぱら国際環境の圧力によってなされる。とりわけ戦争という実存的危機を伴う国際的圧力は、国家という集団行動の形態にきわめて大きな影響を及ぼす。

言い換えれば、国家は、戦争を勝ち抜くために、国内の資源を大規模かつ効率的に動員しようとする。そして、その資源動員を可能とすべく、新たな国家体制を構築していくのである。「資本化強制」型国家、主権国家、とりわけ国民国家は、戦争のための資源動員に最も適した国家体制として発明されたものであり、地政学的な闘争が繰り返されていく中で、他の諸国家によってモデルとして模倣されていった。こうして統治形態は、国民国家へと収斂していったのである。

戦争による大規模な資源動員からは、国家体制だけでなく、さまざまな技術や制度が産み落とされた。

大量生産方式、鉄道、航空機、ロケット、人工衛星、原子力エネルギー、コンピューター、インターネットといった技術、国民通貨、中央銀行、累進課税、福祉国家、「大きな政府」、財政出動、公式統計、国民経済計算といった制度は、いずれも戦争あるいは戦争準備を起源としている。今日、我々の生活を支えている技術や制度の起源は、どれも血塗られている。我々の経済的繁栄は、先人の流した大量の血で贖われているのである。

技術や制度のみならず、思想もまた、地政学的対立によって形成されている。

たとえば、一七～一八世紀のヨーロッパにおける地政学的緊張から重商主義という思想が生まれたが、重商主義は経済学の起源である。あるいはイギリスの立憲主義や自由主義は、島国という地政学的環境に守られ、育まれた。二〇世紀に進んだ平等化や民主化は、二度にわたる世界大戦による総動員が契機となっている。ナショナリズムと戦争の縁の深さについては、言うまでもないであろう。

戦争や戦争準備を起源とし、戦争目的の資源動員の中で生み出された技術や制度あるいは思想は、戦争終結後も経路依存性に従って持続し、「民政化」あるいは「スピン・オフ」されて、平時における資源動員に活用されることとなる。

「民政化」という現象の技術における典型例は、原子力エネルギーである。原子力エネルギーは、元来、核兵器として開発されたものであるから、原子力発電は「原子力の平和利用」と称されるのである。ならば、大量生産方式、鉄道、航空機、人工衛星、コンピューター、インターネットもまた、軍事技術の「平和利用」であろう。

あるいは福祉国家は、強壮な兵士の育成という戦時中の政策が、戦後に民政化されたものであった。福祉国家とは、国家総動員体制の「平和利用」なのである。

経済政策というものもまた、戦争目的の資源動員の民政化あるいは平和利用であると言える。とりわけケインズ主義的なマクロ経済政策とは、二つの世界大戦における国家による大規模な資源の総動員が、物価水準に影響を与え、失業を劇的に解消したという経験を経て誕生したものであった。

もっとも、世界大戦以前にも、国家の経済介入による失業の解消や国民福祉の向上といった思想は、さまざまな優れた理論家たちの間で論じられてはいた。一九世紀後半のイギリスにおけるフェビアン社会主義やイギリス歴史学派、あるいはニュー・リベラリズムといった思想の潮流は、その一例である。しかし、ケインズ主義的な経済運営や福祉国家が正統性をもって確立されるには、やはり第二次世界大戦を待たなければならなかったのである。

世界大戦の総力戦が民政化されて、福祉国家やマクロ経済政策が誕生したという歴史的経緯は、経済政策というものの本質を理解する上での鍵となる。

すなわち、経済政策とは、国家がその経済的な目的を達成するために物理的及び人的資源を動員することなのである。とりわけマクロ経済政策というものは、国家による資源の「総動員」にほかならない。

戦争も経済政策も、いずれも国家による資源動員という点では本質的に同じなのである。ただ経済政策は、その目的が戦争における勝利ではなく、経済成長、景気回復、物価の安定、完全雇用、あるいは技術進歩であるというだけに過ぎない。

ジェームズ・K・ガルブレイスも、気候変動問題の解決のためには、その目標に向けて人々を動員する経済プランニングが必要であると説く文脈において、第二次世界大戦中の戦時動員のためのプランニングが目覚ましい成果を収めたことに言及している。(2) 持続可能な経済とは、環境問題に配慮した集団行動のことであり、環境政策とは、そのような集団行動に向けて人々を動員する経済プランニングのことにほかならない。

そもそも「経済」と呼ばれているものは、一定の軌道をもった人々の集団行動なのであり、大規模なゴーイング・コンサーンなのである。デフレとは、国民が消費や投資を縮小させる方向へと向かう集団行動であり、反対にインフレとは、国民が消費や投資を拡大させる方向へと向かう集団行動である。経済政策とは、この国民の経済的な集団行動の方向を国家が操作することにほかならない。国家は、たとえばデフレ不況を克服しようとする際には、戦時国家が国民を戦地や軍事工場へと動員するように、財政出動や減税あるいは金利の操作などを通じて国民を消費や投資へと動員するのである。

経済が集団行動であり、経済政策が集団行動の操作であるならば、経済や経済政策を理解するために必要な理論は、集団行動の科学でなければならない。そして、ジョン・R・コモンズの「制度経済学」は、まさに集団行動の科学として構想された経済理論であった。

ひるがえって、この集団行動の科学は、経済のみならず政治や軍事を理解する上でも不可欠である。政治も軍事も集団行動だからである。地政学も経済学も、集団行動の科学の一分野なのである。

地政学と経済学のいずれもが集団行動の科学として理解されれば、両者を総合して地政経済学を成立させる道が拓かれる。マッキンダーの理論とは、まさにそのようなものであった。

歴史の運命

第二次世界大戦後の西側世界は、総力戦を民政化することによって、ケインズ主義的マクロ経済運営と福祉国家からなる「福祉国家資本主義」を構築し、安定と平等、そして高い経済成長を実現した。

経済という集団行動は、経路依存性をもった運動である。かつての経済自由主義的な経路依存性は、二度の世界大戦によって、ケインズ主義的な軌道へと大きく修正された。そして東西冷戦という地政学的緊張から来る圧力は、民政化された総力戦としてのケインズ主義や福祉国家を持続するのに貢献した。

しかし、ブレトン・ウッズ体制という制度やそれを支えるケインズ主義という思想は、ヴェトナム戦争、第四次中東戦争やイラン革命（石油危機）といった地政学的圧力によって動揺し、崩壊していった。加えて、東西冷戦という地政学的な緊張が緩和そして消滅し、加えて戦争の形態がかつての総力戦から「新しい戦争」へと移行すると、ケインズ主義と福祉国家に有利に働く地政学的圧力は失われることとなった。

一九八〇年代のケインズ主義の失墜と新自由主義の急速な台頭、そして一九九〇年代以降のグローバリゼーションは、地政学的環境の変化を無視しては理解することはできないのである。

そして、新自由主義というイデオロギーやそれに基づく経済システムもまた、容易に変更しがたい経路依存性をもつ運動である。新自由主義の運動は、格差の拡大、経済成長や技術革新の鈍化、金融危機の頻発、社会の不安定化といった害悪を垂れ流しながらも二〇年以上にわたって持続し、世界恐慌以来の世界金融危機を引き起こしてもなお、生き永らえている。しかし、かつて経済自由主義の軌道を修正し、福祉国家資本主義をもたらしたような世界大戦の圧力は、今日ではもはや期待できない。

今後、地政学的紛争は増えるであろう。新自由主義は、その紛争の経済的要因の一つですらある。しかし、「新しい戦争」と化した二一世紀の地政学的紛争が、新自由主義の軌道を修正して、より望ましい経済システムをもたらす圧力になるという保証はないのである。

なぜ、そう言えるのか。それは、人間が時間の観念を抱いて生きているということと関係している。過去を思い出し、不確実な未来に向かって現在を行為する。そういう存在であるがゆえに、人間は社会集団を形成し、社会集団が共有する制度に依存して未来に対する期待を形成し、行動する。

ただし、集団行動は経路依存性をもった運動であり、個々の人間の自由な意志や理性によって思いのままに操作できるものではない。個人の意志や理性などは、集団行動によってたやすく踏みにじられる。人間というものは、その自由な意志や理性を超越した集団行動の圧力に従わざるを得ない存在に過ぎない。その集団行動が、国家や資本主義経済、あるいは国際政治経済といった大規模なものであればなおさらである。

たとえば、国家という大規模な集団が戦争へと向かって運動を始めたとする。すると、一国民としてはそれが不幸な結果を招くと分かっていても、戦争へ向かう国民集団の動きを阻止することはできない。それどころか反戦の意志にもかかわらず、一兵士として銃をとらざるを得なくなる時がある。このような状況に直面した人間は、己が集団の運動に翻弄されるか弱い存在に過ぎないことを思い知るであろう。

「歴史の運命」について、語られることがある。おそらく、大規模な集団の運動がもつ強力な経路依存性を感受した人が、それを「歴史の運命」と表現するのではないだろうか。かつて、歴史の運動には必然の法則があるとする唯物史観がその誤謬にもかかわらず、多くの人々を魅了したことがあったのも、故《ゆえ》なしとはしない。

とはいえ、もしヘーゲルが言うように「ミネルヴァの梟は迫りくる夕闇とともに飛び始める」のであるならば、「大規模な戦争なしには経済的繁栄も社会的公正も実現できない」などという不愉快な現実は、すでに過去のものとなりつつあるということになろう。したがって、本書が示した認識が正しいとするならば、むしろ希望はまだ残っていると言うべきである。

事項索引

A～Z

ア　行

カ　行

サ　行

タ　行

ナ　行

ハ　行

マ　行

ヤ　行

ラ　行

ワ　行

人名索引

ア　行

カ　行

サ 行

タ 行

ナ　行

ハ　行

マ　行

ヤ～ワ　行

注

緒　言

1　Michael Polanyi, *Science, Faith and Society: A Searching Examination of the Meaning and Nature of Scientific Inquiry*, Oxford University Press, 1946, pp.36–37.

2　Takeshi Nakano, 'Theorising Economic Nationalism,' *Nations and Nationalism*, 10 (3), 2004, pp.211–229.

3　Gary Clyde Hufbauer and Euijin Jung, 'Why Has Trade Stopped Growing? Not Much Liberalization and Lots of Microprotection,' Peterson Institute for International Economics, March 23, 2016.

序　章　地政学と経済学

1　Walter Russell Mead, 'The Return of Geopolitics: The Revenge of the Revisionist Powers,' *Foreign Affairs*, May/June 2014, pp.69–79.

2　Walter Russell Mead, 'History Isn't Dead Yet: Asia and the Return of Geopolitics,' *Global Asia*, 9 (3), Fall 2014, p.21.

3　G. John Ikenberry, 'The Illusion of Geopolitics: The Enduring Power of the Liberal Order,' *Foreign Affairs*, May/June 2014, pp.80–90.

4　Stephen M. Walt, 'The End of the American Era,' *The National Interest*, November/December 2011, p.11.

5　Martin Thomas Owens, 'In Defense of Classical Geopolitics,' *Naval War College Review*, 52 (4), Autumn 1999, http://www.nwc.navy.mil/press/review/1999/autumn/art3-a99.htm

6　Colin S. Gray, 'Inescapable Geography,' in Colin S. Gray and Geoffrey Sloan (eds.), *Geopolitics: Geography and Strategy*, Frank Cass Publishers, 1999, p.164.

7　Robert Gilpin, *War and Change in World Politics*, Cambridge University Press, 1981.

8　John Bellamy Foster, 'The New Geopolitics of Empire,' *Monthly Review*, 57 (8), January 2006, http://monthlyreview.org/2006/01/01/the-new-geopolitics-of-empire/

9　Robert Gilpine, *War and Change in World Politics*, Cambridge University Press, 1981, p.197.

10　Gilpin (1981: p.200)

11　Graham Allison, 'The Thucydides Trap: Are the U.S. and China Headed for War?' *The Atlantic*, September 24, 2015, http://www.theatlantic.com/international/archive/2015/09/united-states-china-war-thucydides-trap/406756/

12　The National Intelligence Council, *Global Trends 2030: Alternative Worlds*, December 2012, p.xii.

13　Henry A. Kissinger, 'The Future of U.S.-Chinese Relations: Conflict Is a Choice, Not a Necessity,' *Foreign Affairs*, March/April 2012.

14　John J. Mearsheimer, 'China's Unpeaceful Rise,' *Current History*, April 2006, pp.160–162; John J. Mearsheimer, 'The Gathering Storm: China's Challenge to US Power in Asia,' *The Chinese Journal of International Politics*, Vol.3, 2010, pp.381–396.

15　Christopher Layne, 'The End of Pax Americana: How Western Decline Became Inevitable,' *The Atlantic*, April 26, 2012, http://www.theatlantic.com/international/archive/2012/04/the-end-of-pax-americana-how-western-decline-became-inevitable/256388/

16　Halford MacKinder, 'The Geographical Pivot of History,' *The Geographical Journal*, 23, pp.421–437.

17　Mackinder (1904: p.437)

18　Mackinder (1919: p.96)

19　Mackinder (1904: p.422)

20 Mackinder (1919: p.205)
21 Mackinder (1919: p.194)
22 Brian W. Blouet, 'Halford Mackinder and the Pivotal Heartland,' in Brian W. Blouet (ed.), *Global Geostrategy: Mackinder and the Defence of the West*, Frank Cass: 2005.
23 Halford J. Mackinder, 'The Round World and the Winning of the Peace,' *Foreign Affairs*, 21 (4), July 1943.
24 Francis P. Sempa, 'George Kennan's Geopolitics of the Far East: A Worldview Based on "Unsenimental calculations of the Balance of Power" and an Understanding of Human Nature,' *The Diplomat*, April 15, 2015.
25 Colin S. Gray, 'In Defence of the Heartland: Sir Halford Mackinder and His Critics a Hundred Years on,' *Blouet*, 2005, p.22.
26 Edward Luttwak, 'From Geopolitics to Geo-Economics: Logic of Conflict, Grammar of Commerce,' *National Interest*, Summer 1990, pp.17–23.
27 Richard Rosecrance, 'The Rise of the Virtual State,' *Foreign Affairs*, July/August 1996, pp.45–61.
28 Ivo H. Daalder and James M. Lindsay, 'For America, the Age of Geopolitics Has Ended and the Age of Global Politics Has Begun,' *Boston Review*, February/March 2005, http://bostonreview.net/daalder-lindsay-geopolitics-ended
29 Zbigniew Brzezinski, *The Grand Chessboad: American Primacy and Its Geostrategic Imperatives*, Basic Books, 1997, p.215.
30 Brzezinski (1997: p.41)
31 Brzezinski (1997: p.153)
32 Brzezinski (1997: p.152)
33 Thomas L. Friedman, 'Foreign Affairs: Now a Word From X,' *The New York Times*, May 2, 1998.
34 Zbigniew Brezinski, 'What Is to Be Done? Putin's Aggression in Ukraine Needs a Response,' *Daily News*, March 3, 2014.
35 United States Trade Representative, *Trade Policy Agenda and 1998 Annual Report of the President of the United States on the Trade Agreement Program*, U.S.G.P.O., 1999, p.209.
36 マイケル・ピルズベリー『China 2049：秘密裏に遂行される「世界覇権100年戦略」』日経BP社、2015年、pp.186–188。
37 Toshi Yoshihara and James R. Holmes, *Red Star Over the Pacific: China's Rise and the Challenge to U.S. Maritime Strategy*, Naval Institute Press, 2010, Ch.2.
38 Wei Ling, 'Rebalancing or De-Balancing: U.S. Pivot and East Asian Order,' *American Foreign Policy Interests,* 35(3), pp.148–154.
39 Hillary Clinton, 'America's Pacific Century,' *Foreign Policy*, November 2011.
40 Katherine Hyde, 'Operation Tomodachi: Support, Compassion, Commitment,' *Japan Society*, November 15, 2011, https://www.japansociety.org/webcast/operation-tomodachi-support-compassion-commitment
41 James R. Holmes, 'South China Sea: The "Heartsea",' *The Diplomat*, August 21, 2012.
42 'Complete Transcript: Thomas Donilon at Asia Society New York: National Security Advisor to President Obama discusses U.S. Policy in the Asia-Pacific Resion in 2013,' *Asia Society New York*, March 11, 2013.
43 Robert S. Ross, 'The Problem with the Pivot: Obama's New Asia Policy Is Unnecessary and Counterproductive,' *Foreign Affairs*, 91 (6), November/December 2012, pp.70–82.
44 Victor Davis Hanson, 'Loud+Weak=War,' *National Review*, March 25, 2014, http://www.nationalreview.com/article/374094/loud-weak-war-victor-davis-hanson
45 田中菜採兒、湯野基生「アジアインフラ投資銀行（AIIB）の概要」国立国会図書館『調査と情報』第888号、2015年12月24日。
46 Alfred McCoy, 'Washington's Great Game and Why It's Failing,' *TomDispatch.com*, June 7, 2015, http://

www.tomdispatch.com/post/176007/tomgram%3A_alfred_mccoy,_washington's_great_game_and_why_it's_failing_/

47 温鉄軍研究グループ「中国は世界秩序を変えうるか：陸と海をつなぐ『一帯一路』構想の一環としてのAIIB」『世界』2015年6月、pp.158–170; Wang Yiwei, 'China's "New Silk Road": A Case Study in EU-China Relations,' in Alessia Amighini and Axel Berkofsky (eds.), *Xi's Policy Gambles: The Bumpy Road Ahead*, ISPI, 2015, pp.103–115.

48 みずほ総合研究所「中国シンクタンクが明かす『新シルクロード構想』の全容：2014年度中国商務部国際貿易経済合作研究院への委託調査」2015年7月22日、p.8。

49 田中、湯野（2015: p.7）

50 Jim Zarroli, 'New Asian Development Bank Seen as s Sign of China's Growing influence,' *NPR*, April 16, 2015, http://www.npr.org/2015/04/16/400178364/finance-officials-to-discuss-asian-development-bank-at-spring-meetings

51 ケネス・ロゴフ「AIIBがアジア地域で果たすべき役割とは：中国主導の開発銀行は悪いアイデアではない」東洋経済オンライン、2015年4月25日、http://toyokeizai.net/articles/-/67114; Joseph. E. Stiglitz, 'Asia's Multilateralism,' *Project Syndicate*, April 13, 2015, https://www.project-syndicate.org/commentary/china-aiib-us-opposition-by-joseph-e--stiglitz-2015-04?barrier=true

52 たとえば、倉都康行「長期化する経済低迷とアジアインフラ投資銀行の意味」『世界』2015年6月、pp.149–157。

53 The National Intelligence Council (2012)

54 David Pilling, 'Round two in America's battle for Asian influence,' *Financial Times*, April 1, 2015, http://www.ft.com/intl/cms/s/0/fabfd8ac-d6c1-11e4-97c3-00144feab7de.html#axzz46oaFHqpt; 西村豪太「米中経済戦争、これから何が起きるのか：経済覇権をめぐる"AIIB対TPP"の行方」東洋経済オンライン、2015年12月21日、http://toyokeizai.net/articles/-/97365

55 ロバート・カプラン「ユーラシアに迫り来るアナキー：ユーラシアのカオスと中ロの対外強硬路線」『フォーリンアフェアーズ・レポート』2016年3月、pp.38–50。

56 Edward Hallett Carr, *The Twenty Years' Crisis, 1919–1939: An Introduction to the Study of International Relations*, Perennial, 2001, p.117.

57 Edward Mead Earle, 'Adam Smith, Alexander Hamilton, Friedrich List: The Economic Foundations of Military Power,' in Peter Paret (ed.), *Makers of Modern Strategy: From Machiavelli to the Nuclear Age*, Princeton University Press, 1986, p.217.

58 Gilpin (1981: p.67)

59 Gilpin (1981: p.133)

60 Paul Kennedy, *The Rise and Fall of the Great Powers: Economic Change and Military Conflict from 1500 to 2000*, Vintage Books, 1987, p.539

61 マイケル・シャラー『「日米関係」とは何だったのか』草思社、2004年、pp.370–371。

62 Michael Mastanduno, 'Economics and Security in Statecraft and Scholarship,' *International Organization*, 52 (4), 1998, pp.825–854.

63 Johnathan Kirshner, 'Gilpin Approaches War and Change: A Classical Realist in Structural Drag,' in G. John Ikenberry (ed.), *Power, Order, and Change in World Politics*, Cambridge University Press, 2014, p.160

64 Barry R. Posen, *Restraint: A New Foundation for U.S. Grand Strategy*, Cornell University Press, 2014, pp.1–3.

65 トマ・ピケティ『21世紀の資本』みすず書房、2014年、pp.34–35。

66 Simon Johnson, 'The Economic Crisis and the Crisis in Economics,' *The Baseline Scenario*, January 6, 2009, https://baselinescenario.com/2009/01/06/the-economic-crisis-and-the-crisis-in-economics/

67 'What Went Wrong with Economics: And How the Discipline Should Change to Avoid the Mistakes of the Past,' *The Economist*, July 16, 2009.

68 'What the Economists Knew,' *The Economist*, April 9, 2011. なお、ここでサマーズが無益であったと批判しているのは、第13章において論じる「マクロ経済学のミクロ的基礎づけ」の理論モデルのことである。http://www.economist.com/blogs/freeexchange/2011/04/economics_0

69 Paul Romer, 'The Trouble With Macroeconomics,' delivered January 5, 2016 as the Commons Memorial Lecture of the Omicron Delta Epsilon Society.

70 John Quiggin, 'What Have We Learned from the Global Financial Crisis?' *Australian Economic Review*, December 2011, pp.355–364; Federico Fubini, 'The Closed Market Place of Economic Ideas,' *Project syndicate*, January 4, 2016, https://www.project-syndicate.org/commentary/top-economists-rankings-unchanged-by-federico-fubini-2016-01?barrier=true

第1章　貨幣と領土

1 Benjamin Cohen, 'The New Geography of Money,' in Emily Gilbert and Eric Helleiner (eds.), *Nation-States and Money: The Past, Present and future of National Currencies*, Routledge, 1999, p.124.

2 Cohen (1999: p.124)

3 Michael McLeay, Amar Radia and Ryland Thomas, 'Money in the Modern Economy: An Introduction', *Quarterly Bulletin*, 2014a, Q1, Bank of England, pp.4–13, http://www.bankofengland.co.uk/publications/Documents/quarterlybulletin/2014/qb14q101.pdf

4 たとえば、R. G. Hawtrey, *Currency and Credit*, Longmans and Green co, 1919, Ch.I、ホートリーの議論を要約したものとして、内藤敦之『内生的貨幣供給理論の再構築：ポスト・ケインズ派の貨幣・信用アプローチ』日本経済評論社、2011年、第3章。

5 このクルーソーとフライデーの例もMcLeay, Radia and Thomas (2014) から借りている。

6 A. Mitchell Innes, 'What is Money,' in L. R. Wray (ed.), *Credit and State Theories of Money*, Edward Elgar, 2004, p.42.

7 Geoffrey Ingham, *The Nature of Money*, Polity Press, 2004, p.12.

8 Hyman Minsky, *Stabilizing an Unstable Economy*, McGrawhill, 2008, p.255.

9 McLeay, Radia and Thomas (2014: pp.6–7).

10 Max Weber, *Economy and Society, Volume One*, University of Calfornia Press, 1978, p.179

11 John Maynard Keynes, *A Treatise on Money*, Martino Publishing, 2011, p.5. なお、ケインズの『貨幣論』と『雇用、利子、貨幣の一般理論』との間には、その貨幣観を巡って断絶があるとする指摘があるが、内藤（2011：第4章）は、ケインズは、信用貨幣論の枠組みを一貫して維持していたことを示している。

12 『貨幣国定説』の英訳版にあたってはケインズが尽力したようで、その序文において、クナップはケインズへの謝辞を述べている。Georg Friedrich Knapp, *The State Theory of Money*, Martino Pubishing, 2013, p.vi.

13 Charles A. E. Goodhart, 'The Two Concepts of Money: Implications for the Analysis of Optimal Currency Areas,' *European Journal of Political Economy*, Vol.14, 1998, pp.407–432.

14 岩田一政『現代金融論』日本評論社、1992年、p.101。

15 吉田暁『決済システムと銀行・中央銀行』日本経済評論社、2002年、p.159。

16 McLeay, Radia and Thomas (2014a: p.10)

17 L. Randall Wray, *Modern Monetary Theory: A Primer on Macroeconomics for Sovereign Monetary Systems*, Palgrave MacMillan, 2012, p.50.

18 L. Randall Wray (ed.), *Credit and State Theories of Money*, Edward Elgar, 2004.

19 フェリックス・マーティン『21世紀の貨幣論』東洋経済新報社、2014年。

20 Keynes (2011: p.13)

21 楊枝嗣朗「貨幣とは何か？：『歴史の中の貨幣』序章」『佐賀大学経済論集』39（6）、2007年；楊枝嗣朗『歴史の中の貨幣：貨幣とは何か』文眞堂、2012年。
22 吉田（2002: pp.157, 160−161）
23 Knapp（2013: p.38）
24 Knapp（2013: p.11）
25 Knapp（2013: pp.32−33）
26 Knapp（2013: p.17）
27 Knapp（2013: p.34）
28 Knapp（2013: p.39）
29 Knapp（2013: p.11）
30 Knapp（2013: p.95）
31 Knapp（2013: p.52）
32 楊枝（2012）
33 Knapp（2013: p.137）
34 Michael McLeay, Amar Radia and Ryland Thomas, 'Money Creation in the Modern Economy,' *Quarterly Bulletin*, 2014b, Q1, Bank of England, pp.14−27.
35 Joseph A. Schumpeter, *History of Economic Analysis*, Oxford University Press, 1954, p.717.
36 Joseph A. Schumpeter, *The Theory of Economic Development: history of Economic Analysis*, Transaction Publishers, 1983, Ch.3.
37 Minsky（2008: p.278）
38 Mcleay, Radia and Thomas（2014b: p.15）
39 内藤（2011：第1章）
40 Knapp（2013: p.109）
41 Dudley Dillard, 'The Barter Illusion in Classical and Neoclassical Economics,' *Eastern Economic Journal*, XIV（4）, 1988.
42 Frank H. Hahn, 'On Monetary Theory,' *Economic Journal*, 98（4）, December, pp.957−973, 1988.
43 チャールズ・A・E・グッドハート、ディミトリオス・P・トゥソモコス「マクロ経済学におけるデフォルトの役割」『金融研究』2011年10月、日本銀行金融研究所。
44 マーティン（2014: p.321）

第2章　資本主義の不安定性

1 ポール・デヴィッドソン『ポスト・ケインズ派のマクロ経済学：21世紀の経済政策の基礎を求めて』多賀出版、1997年、p.19の引用。
2 ジョン・メイナード・ケインズ『雇用・利子および貨幣の一般理論』東洋経済新報社、1995年、p.234。
3 Joan Robinson, 'What Has Become of the Keynesian Revolution?' in Joan Robinson（ed.）, *Collected Economic Papers*, Vol.5, The MIT Press, 1980, pp.172−173.
4 Hyman P. Minsky, *John Maynard Keynes*, McGraw-Hill, 2008, p.55.
5 Hyman P. Minsky, 'The Financial Instability Hypothesis,' *Working Paper* No.74, The Jerome Levy Economics Institute of Bard College, 1992, p.8.
6 Minsky（2008: p.278）
7 C. A. E. Goodhart, 'Myths about the Lender of Last Resort,' *International Finance*, 1993.
8 Richard Vague, *The Next Economic Disaster: Why It's Coming and How to Avoid It*, The University of Pennsylvania Press, 2014; Richard Vague, 'The Coming China Crisis,' *Democracy* No.36, Spring 2015, http://democracyjournal.org/magazine/36/the-coming-china-crisis/
9 McKinsey Global Institute, 'Debt and（Not Much）Deleveraging,' February 2015.

10 David A. Levy, 'The Contained Depression: 2008–(2018?): What It Is, Why It Happened, How It Will Play Out, and What Will Follow,' *The Jerome Levy Forecasting Center*, April 2012.

11 Daniele Besomi, 'Tendency to Equilibrium, the Possibility of Crisis, and the History of Business Cycle Theories,' *History of Economic Ideas*, 14(2), 2006, pp.53–104.

12 Claudio Borio, 'The Financial Cycle and Macroeconomics: What Have We Learnt?' *BIS Working Paper* No.395, December 2012.

13 アメリカの金融政策の失敗とその理論的背景については、服部茂幸『日本の失敗を後追いするアメリカ：「デフレ不況」の危機』NTT出版、2011年、『危機・不安定性・資本主義：ハイマン・ミンスキーの経済学』ミネルヴァ書房、2012年、及び『新自由主義の帰結：なぜ世界経済は停滞するのか』岩波新書、2013年、を参照せよ。

14 吉田暁『決済システムと銀行・中央銀行』日本経済評論社、2002年、第9章。

15 吉田 (2002: Ch.9)

16 たとえば岩田規久男『デフレと超円高』講談社現代新書、2011年。

17 ケインズ (1995: p.317)

18 ケインズ (1995: pp.378–379)

19 John Hicks, *A Theory of Economic History*, Clarendon, 1969, pp.96–97.

20 http://www.imf.org/external/pubs/ft/weo/2014/02/pdf/c3.pdf

21 服部 (2011: pp.200–203)

22 Robert Boyce, 'Economics', in Robert Boyce and Joseph A. Maiolo (eds.), *The Origins of World War Two: The Debate Continues*, Palgrave Macmillan, 2003, pp.249–272.

23 ケインズ (1995: pp.384–385)

24 Carr (2001: pp.237–239)

25 Peter Temin and David Vines, *The Leaderless Economy: Why the World Economic System Fell Apart and How to Fix It*, Princeton University Press, 2013, p.255.

第3章　通貨と財政

1 建部正義「国債問題と内生的貨幣供給理論」『商学論纂』55 (3)、2014年、p.599。

2 L. Randall Wray, *Modern Monetary Theory: A Primer on Macroeconomics for Sovereign Monetary Systems*, Palgrave MacMillan, 2012, p.126.

3 たとえば、財政制度等審議会「財政健全化に向けた基本的考え方」2013年5月。

4 1998年、金融危機に見舞われたロシアは自国通貨（ルーブル）建ての国債について債務不履行を宣言したが、これは、ルーブルのドル・ペッグ制を維持するためにルーブル建ての支払いを停止するという政治的な選択の結果であって、債務を返済する能力がなかったためではない (Wray (2012: pp.166–167))。また、アメリカにおいても、2011年や2013年に、もし議会が債務上限の引き上げに同意しないという政治判断がなされていたら、ドル建て国債であるがゆえに返済能力があるにもかかわらず、債務不履行に陥っていたであろう。

5 亀田啓悟、松下泰章「財政赤字と長期金利に関するイベントスタディー」関西学院大学リポジトリ、*Working Paper Series, Working Paper* 40, pp.1–19.

6 建部 (2014: pp.611–615)

7 青木泰樹『経済学とは何だろうか：現実との対話』八千代出版、2012年、第10章。

8 Wray (2012: pp.125–131)

9 Edward N. Luttwak, *The Rise of China vs. the Logic of Strategy*, The Belknap Press of Harvard University Press, 2012, p.269.

10 Wray (2012: pp.187–188)

11 Abba P. Lerner, 'Functional Finance and the Federal Debt,' in David C. Colander (ed.), *Selected Economic Writings of Abba P. Lerner*, New York University Press, 1983, p.298.

12 Lerner (1983: p.299)

13 Lerner (1983: pp.299–300); Wray (2012: p.194–195)

14 Abba P. Lerner, 'Money as a Creature of the State,' *The American Economic Review*, 37 (2), May 1947, pp.312–317.

15 Lerner (1947: p.317)

16 Lerner (1947: p.315)

17 Donald Winch, *Economics and Policy: A Historical Survey*, Fontana, 1969.

18 Lerner (1947: p.316)

19 L. Randall Wray, *Understanding Modern Money: The Key to Full Employment and Price Stability*, Edward Elgar, 1998.

20 Wray (1998: p.78)

21 Wray (2012: pp.27–30)

22 Wray (2012: pp.18–19)

23 Wray (2012: pp.15–7); 服部 (2011: pp.195–198)

24 服部 (2011: pp.200–203)

25 Wray (1998: Ch.6)

26 Amy Verdun, 'The Logic of Giving Up National Currencies: Lessons from Europe's Monetary Union,' in Gilbert and Helleiner (1999), pp.204–207.

27 Verdun (1999: p.204)

28 Verdun (1999: p.210)

29 Goodhart (1998: p.425)

30 Lars Jonung and Eoin Drea, 'The Euro: It Can't Happen, It's a Bad Idea, It Won't Last: US Economists on the EMU, 1989–2002,' *European Economy,* 395, December 2009.

31 Goodhart (1998)

32 Alain Parguez, 'The Expected Failure of the European Economic and Monetary Union: A False Money Against the Real Economy,' *Eastern Economic Jurnal*, 25 (1), Winter 1999, pp.63–76.

33 Parguez (1999: p.69)

34 Parguez (1999: p.72)

35 Michel Aglietta 'The European Vortex,' *New Left Review*, 75, May/June 2012.

36 2012年9月、ECBのドラギ総裁は、国債を無制限に購入することを決断した。翌月には、恒久的な救済基金である欧州金融メカニズム（ESM）も発足した。これによって、ユーロ危機は、一時的には鎮静化した。しかし、ECBの国債購入やESMによる支援は、支援対象国に対して、財政健全化や構造改革に向けての厳しい条件を課すものとされた。すなわち、これらの金融支援を受けるために、支援対象国はデフレを甘受しなければならないのである。だが、いったいどうすれば、デフレのままで過剰債務を解消できるというのであろうか。

37 Dani Rodrik, *The Globalization Paradox: Democracy and the Future of the World Economy*, W. W. Norton & Company, 2011, Ch.9.

38 Rodrik (2011: pp.236–238)

39 Christian Dustmann, Bernd Fitzenberger, Uta Schönberg and Alexandra Spitz-Oener, 'From Sick Man of Europe to Economic Superstar: Germany's Resurgent Economy,' *Journal of Economic Perspectives*, 28 (1), Winter 2014, pp.167–188; エマニュエル・トッド『「ドイツ帝国」が世界を破滅させる：日本人への警告』文春新書、2015年。

40 トッド (2015: pp.38–41)

41 アダム・トーズ「債務ブレーキとドイツ経済のジレンマ：国内投資か債務削減か」『フォーリン・アフェアーズ・リポート』2012年9月号。

42 トッド（2015: p.150）

43 http://lordashcroftpolls.com/2016/06/how-the-united-kingdom-voted-and-why/

44 ロジャー・ブートル『欧州解体：ドイツ一極支配の恐怖』東洋経済新報社、2015年、第9章。

45 David Miller, 'Win or Lose, the Brexit Vote Shows How Hard It Is to Defend the EU,' *Foreign Policy*, June 22, 2016, http://foreignpolicy.com/2016/06/22/win-or-lose-the-brexit-vote-shows-how-hard-it-is-to-defend-the-eu/

46 ブートル（2015: Ch1）

47 James K. Galbraith, *The Predator State: How Conservatives Abandoned the Free Market and Why Liberals Should Too*, Free Press, 2008, p.80n.

48 Galbraith（2008: p.80）

第4章　領土の政治経済学

1 Max Weber, 'Politics as a Vocation,' in H. H. Gerth and C. Wright Mills (eds.), *From Max Weber: Essays in Sociology,* Oxford University Press, 1958, pp.77–78.

2 Michael Mann, *States, War and Capitalism*, Blackwell Publishers, 1988, p.16.

3 Jan Penrose 'Nations, States and Homelands: Territory and Territoriality in Nationalist Thought,' *Nations and Nationalism* 8(3), 2002, pp.278–280.

4 John Gerard Ruggie 'Territoriality and Beyond: Problematizing Modernity in International Relations,' *International Organization*, 47 (1), Winter 1993, pp.149–150.

5 Ruggie（1993: p.151）

6 Anthony Giddens, *The Nation-State and Violence: Volume Two of a Contemporary Critique of Historical Materialism*, University of California Press, 1987, pp.49–50.

7 Giddens（1987: pp.172–181）

8 Michael Mann, 'The Autonomous Power of the State: Its Origins, Mechanisms and Results,' in Mann (1988).

9 John Agnew, 'The Territorial Trap: The Geographical Assumptions of International Relations Theory,' *Review of International Political Economy*, 1 (1), Spring 1994, pp.60–62.

10 Anthony D. Smith, *National Identity*, Penguin Books, 1991, p.14.

11 Walker Connor, *Ethnonationalism: The Quest for Understanding*, Princeton University Press: 1994, Ch.4.

12 Benedict Anderson, *Imagined Communities: Reflections on the Origin and Spread of Nationalism,* Revised Edition, Verso, 2006.（邦訳　ベネディクト・アンダーソン『定本 想像の共同体』白石隆・白石さや訳、書籍工房早山、2007年）

13 Ernest Gellner, *Nations and Nationalism*, Blackwell, 1983.

14 Anderson（2006）

15 Giddens（1987: p.210）

16 Charles Taylor, 'Nationalism and Modernity,' in John A. Hall (ed.), *The State of the Nation: Ernest Gellner and the Theory of Nationalism*, Cambridge University Press, 1998.

17 Anderson（2006: p.7）

18 Anderson（2006: Ch.10）

19 Michael Walzer, 'On the Role of Symbolism in Political Thought,' *Political Science Quarterly*, 82 (2), 1967, pp.191–204.

20 Smith（1991: Ch.2）

21 Émile Durkheim, *The Elementary Forms of Religious Life*, Oxford, 2001.

22 Anthony Smith, *Chosen People: Sacred Sources of National Identity*, Oxford University Press, 2003.

23 Avery Kolers, *Land, Conflict and Justice: A Political Theory of Territory*, Cambridge University Press,

2009.

24 Smith (2003: Ch.6)

25 Penrose (2002)

26 Thierry Baudet, *The Significance of Borders: Why Representative Government and the Rule of Law Require Nation States*, Brill, 2012, pp.178–184.

27 Baudet (2012: pp.184–189)

28 David Miller, *Citizenship and National Identity*, Polity Press, 2000, Ch.5.

29 David Miller, *On Nationality*, Oxford University Press, 1995, p.187; Yael Tamir, *Liberal Nationalism*, Princeton University Press, 1993, p.147.

30 ここでいう国家の土地に対する管轄権とは、土地の国有のことを意味しているのではない。私有の土地であっても、その私有の権利は国家が法的に保障しているのであるから、国家の管轄権が及んでいるのである。たとえば国家が私有地において公共事業を行う場合には、法律に従って私有地を収用することができる。しかし、国家は、自国の領土の外の私有地については管轄権を有していないので、それを合法的に収用することはできない。

31 John Maynard Keynes, *A Tract on Monetary Reform*, BN Publishing, 2008, p.40.

32 ケインズがインフレの方が望ましいと言ったのは、彼が金融階級の利益よりも国民国家全体の利益を優先するナショナリストであることを含意している。

33 John Maynard Keynes, 'National Self-Sufficiency,' *The Yale Review*, 22, 1933, pp.755–769.

34 Eric Helleiner, *The Making of National Money: Territorial Currencies in Historical Perspective*, Cornell University Press, 2003.

第5章　戦争と国家

1 Charles Tilly (ed.), *The Formation of National States in Western Europe*, Princeton University Press, 1975.

2 Richard Bean, 'War and the Birth of the Nation State,' *The Journal of Economic History*, 33 (1), 1973, pp.203–221. その他の研究者の業績については、以降において参照していくこととなる。

3 Peter Gourevitch, The Second Image Reversed: The International Sources of Domestic Politics, *International Organization*, 32, (4), 1978, pp.881–912. なお、「第二イメージ」とは、ケネス・ウォルツによって提唱された分析のレベルであり、「国内政治によって国際関係を説明する」というものである。

4 Charles Tilly, 'Reflections on The History of European State-Making,' in Tilly (1975), p.42.

5 Otto Hintze, 'Military Organization and State Organization,' in Felix Gilbert (ed.), *The Historical Essays of Otto Hintze*, Oxford University Press, 1975, p.181.

6 Richard Rosecrance, *The Rise of the Trading State: Commerce and Conquest in the Modern World*, Basic Books, 1986.

7 Rosecrance (1996)

8 Hintze (1975: p.215)

9 Hintze (1975: p.183)

10 植民地戦争に徴集兵が不向きであったのは、短期勤務であったからである。徴集兵では、作戦地に連れて行って連れ帰るだけで法定の徴兵期間の大半を費やしてしまうのである。ウィリアム・マクニール『戦争の世界史：技術と軍隊と社会』刀水書房、2002年、p.348。

11 シュムペーター『租税国家の危機』岩波文庫、1983年、p.19。

12 シュムペーター (1983: p.24)

13 シュムペーター (1983: p.34)

14 John L. Campbell, 'The State and Fiscal Sociology,' *Annual Review of Sociology*, Vol.19, 1993, pp.163–185.

15 Gabriel Ardant, 'Financial Policy and Economic Infrastructure of Modern States and Nations,' in Charles Tilly (ed.), *The Formation of National States in Western Europe*, Princeton University Press, 1975, p.165.

16 Michael Mann, 'State and Society, 1130–1815: An Analysis of English State Finances,' in Michael Mann (ed.), *State, War and Capitalism: Studies in Political Sociology*, Blackwell, 1988.

17 マクニール (2002: p.108)

18 マクニール (2002: pp.154–155)

19 マクニール (2002: p.195)

20 Jacob Viner, 'Power versus Plenty under Mercantilism,' in D.C. Coleman (ed.), *Revisions in Mercantilism*, Methuen and Co., 1969.

21 Albert O. Hirschman, *National Power and the Structure of Foreign Trade*, The University of California Press, 1945, pp.4–5.

22 Hirschman (1945: p.5); ヒュームについては以下を参照せよ。中野剛志『国力論』以文社、2008年、第2章。

23 Eric Jones, *The European Miracle: Environments, Economies and Geopolitics in the History of Europe and Asia*, 3rd Edition, Cambridge University Press, 2003, p.144.

24 Jones (2003: Ch.7)

25 マクニールは、英仏の対応の違いについて「紀元前第二千年紀このかたいくつも類似の事例を求めることができる、島嶼国家と大陸国家との相違の一例」だと述べている。マクニール (2002: p.254)。

26 Theda Skocpol, *States and Social Revolutions: A Comparative Analysis of France, Russia and China*, Cambridge University Press, 1979, p.285.

27 Skocpol (1979: pp.99–111)

28 Bruce D. Porter, *War and the Rise of the State: The Military Foundations of Modern Politics*, The Free Press, 1994.

29 マクニール (2002: p.177)

30 マクニール (2002: p.178)

31 マクニールは、この仮説は第二次世界大戦時に受けた自身の教練の経験に基づいていると述べている。マクニール (2002: p.182, n.18.)

32 マクニール (2002: pp.343–346)

33 Barry R. Posen, 'Nationalism, the Mass Army, and Military Power,' *International Security*, 18 (2), Fall 1993, pp.80–124.

34 マクニール (2002: pp.300–302)

35 Burak Kadercan, 'Military Competition and the Emergence of Nationalism: Putting the Logic of Political Survival into Historical Context,' *International Studies Review*, 14, 2012, pp.401–428.

第6章　資本と強制

1 Charles Tilly, *Coercion, Capital, and European States: AD990–1992*, Blackwell, 1992, p.17.

2 Tilly (1992: Ch.3)

3 Tilly (1992: p.102)

4 Tilly (1992: p.122)

5 Tilly (1992: Ch.4)

6 Paul Starr, *Freedom's Power: The History and Promise of Liberalism*, Basic Books, 2007, p.18.

7 Peter Evans, *Embedded Autonomy: States and Industrial Transformation*, Princeton: Princeton University Press, 1995.

8 Graeme Gill, *The Nature and Development of the Modern State*, Palgrave Macmillan 2003, p.19.

9 Michel Mann, *The Sources of Social Power, Volume II: The Rise of Classes and Nation-States, 1760–1914*, Cambridge University Press 1993, pp.376–377.

10 Mann (1993: Ch.11)

11 佐藤成基『国家の社会学』青弓社、2014年、pp.71–76.

12 Karen A. Rasler and William R. Thompson, 'War Making and State Making: Governmental Expenditures, Tax Revenues, and Global Wars,' *The American Political Science Review*, 79 (2), 1985, pp.491–507.

13 マクニール (2002: pp.328–338)

14 Philippe Aghion, Torsten Persson and Dorothee Rouzet, 'Education and Military Rivalry,' *NBER Working Paper* 18049, Nationl Bureau of Ecoomic Research, 2012.

15 マクニール (2002: pp.304–305)

16 マクニール (2002: pp.303–327)

17 マクニール (2002: pp.355–397)

18 Clive Trebilcock, '"Spin-OFF" in British Economic History: Armaments and Industry, 1760–1914,' *The Economic History Review*, 22 (3), 1969, pp.474–490.

19 Max Weber, 'The Meaning of Discipline,' in Gerth and Mills (1958: p.261).

20 Giddens (1987: pp.113–114)

21 Clive Trebilcock, 'British Armaments and European Industrialization, 1890–1914,' *The Economic History Review*, 22 (3), 1973, pp.254–272.

22 Trebilcock (1973)

23 マクニール (2002: p.388)

24 マクニール (2002: p.376)

25 マクニール (2002: p.390)

26 マクニール (2002: pp.386–416)

27 マクニール (2002: p.386)

28 James McDonald, *A Free Nation Deep in Debt: The Financial Roots of Democracy*, Princeton University Press, 2003, pp.72–77.

29 富田俊基『国債の歴史：金利に凝縮された過去と未来』東洋経済新報社、2006年、p.108。

30 McDonald (2003: p.156); 富田 (2006: pp.108–109)

31 McDonald (2003: pp.77–78)

32 真壁昭夫、玉木伸介、平山賢一『国債と金利をめぐる300年史：英国・米国・日本の国債管理政策』東洋経済新報社、2005年、p.15、注9。

33 富田 (2006: pp.109–115)

34 McDonald (2003)

35 Brewer (1988: p.133); 富田 (2006: pp.66–67, 116)

36 楊枝嗣朗『歴史の中の貨幣：貨幣とは何か』文眞堂、2012年、p.205。

37 David Glasner, 'An Evolutionary Theory of the State Monopoly over Money,' in Kevin Dowd and Richard H. Timberlake, Jr. (eds.), *Money and the Nation State: The Financial Revolution, Government and the World Monetary System*, Transaction Publishers: 1998, pp.28–32.

38 Niall Ferguson, *The Cash Nexus: Money and Power in the Modern World, 1700–2000*, Basic Books, 2001, pp.309–311.

39 国際銀行史研究会編『金融の世界史：貨幣・信用・証券の系譜』悠書館、2012年、pp.59–62; Ferguson (2001: p.311)。

40 Charles P. Kindleberger, *Manias, Panics and Crashes: A History of Financial Crises*, 3rd edition, Macmillan 1996, pp.204–209.

41 Grasner (1998: pp.37–38)

42 マーティン (2014: p.173)

43 楊枝 (2012: p.206)

44 富田 (2006: pp.113–115) ; Jan Luiten Van Zanden and Maarten Prak, 'Towards an Economic Interpretation of Citizenship: The Dutch Republic between Medieval Communes and Modern Nation-States,' *European*

Review of Economic History, 10, 2006, pp.111–145.

第7章　第一次産業革命の地政経済学

1　David S. Landes, *The Unbound Prometheus: Technoligical Change and Industrial Development in Western Europe from 1750 to the Present*, 2nd edition, Cambridge University Press, 2003, Ch.1.

2　Ronald Findlay and Kevin H., O'Rourke, *Power and Plenty: Trade, War, and the World Economy in the Second Millennium*, Princeton University Press, 2007, pp.359–364.

3　Douglass C. North and Barry Weingast, 'Constitutions and Commitment: The Evolution of Institutions Governing Pubic Choice in Seventeenth Century England,' *Journal of Economic History*, XLIX, 1989, pp.803–832; ダグラス・C・ノース『制度・制度変化・経済成果』晃洋書房、1994年、pp.184–185。

4　Gregory Clark, 'The Political Foundations of Modern Economic Growth: England, 1540–1800,' *Journal of Interdisciplinary History*, 26 (4), Spring 1996, pp.563–588.

5　Brian M. Downing, *The Military Revolution and Political Change: Origins of Democracy and Autocracy in Early Modern Europe*, Princeton University Press, 1992.

6　Edmund Burke, *Reflections on the Revolution in France*, Penguin: 1968, p.173.

7　Findlay and O'Rourke (2007: pp.349–352)

8　John Brewer, *The Sinews of Power: War, Money and the English State, 1688–1783*, Harvard University Press, 1988, p.67.

9　Brewer (1988)

10　Patrick O'Brien, 'The Nature and Historical Evolution of an Exceptional Fiscal State and Its Possible Significance for the Precocious Commercialization and Industrialization of the British Economy from Cromwell to Nelson,' *Economic History Review*, 64(2), 2011, pp.408–446.

11　Brewer (1988: p.65)

12　David Glasner, 'An Evolutionary Theory of the State Monopoly over Money,' in Kevin Dowd and Richard H. Timberlake, Jr. (eds.), *Money and the Nation State: The Financial Revolution, Government and the World Monetary System*, Transaction Publishers, 1998, pp.28–30.

13　大倉正雄『イギリス財政思想史：重商主義期の戦争・国家・経済』日本経済評論社、2000年、pp.402–403。

14　大倉 (2000: pp.335–340)

15　James Macdonald, *A Free Nation Deep in Debt: The Financial Roots of Democracy*, Princeton University Press, 2003, pp.231–232.

16　Brewer (1988: pp.178–190)

17　O'Brien (2011: p.438)

18　楊枝嗣朗「信用貨幣と国家」pp.12–28；国際銀行史研究会編『金融の世界史：貨幣・信用・証券の系譜』悠書館、2012年、pp.55–56。

19　David Landes, *The Unbound Prometheus: Technological Change and Industrial Development in Western Europe from 1750 to the Present*, 2nd edition, Cambridge University Press, 2003, pp.74–76.

20　Gautam Sen, *The Military Origins of Industrialisation and International Trade Rivalry*, Pinter, 1984, pp.103–109.

21　Findlay and O'Rourke (2007: pp.351–352)

22　大倉 (2000: p.407)

23　Patrick O'Brien, Trevor Griffiths and Philip Hunt, 'Political Components of Industrial Revolution: Parliament and the English Cotton Textile Industry, 1660–1774,' *Economic History Review*, XLIVm 3, 1991, p.395.

24　Lars Magnusson, *Nation, State and the Industrial Revolution: The Visible Hand*, Routledge, 2009, p.44.

25　Ha-Joon Chang, *Kicking Away the Ladder: Development Strategy in Historical Perspective*, Anthem Press,

2005, pp.19–24.

26 O'Brien, *et al.* (1991: p.418)

27 John Gallagher and Ronald Robinson, 'The Imperialism of Free Trade,' *The Economic History Review*, 1953.

28 James Macdonald, *A Free Nation Deep in Debt: The Financial Roots of Democracy*, Princeton University Press, 2003, pp.334–346.

29 Macdonald (2003: pp.354–355)

30 Mark Blyth, *Austerity: The History of a Dangerous Idea*, Oxford University Press, 2013.

31 平山健二郎「19世紀イギリスにおける貨幣理論の発展」『経済学論究』59(3)、2006年、pp.77–118。

第8章　第二次産業革命の地政経済学

1 ここまでの記述については、以下を参照している。Paul Kennedy, *The Rise and Fall of the Great Powers*, Vintage Books, 1987, pp.151–158.

2 Paul Bairoch, *Economics and World History: Myths and Paradoxes*, The University of Chicago Press, 1995, pp.46–55.

3 Kevin H. O'Rourke, 'Tariffs and Growth in the Late 19th Century,' *The Economic Journal*, 100, April 2000, pp.456–483; David S. Jacks, 'New Results on the Taroff-Growth Paradox,' *European Review of Economic History*, 10, 2006, pp.205–230.

4 P. J. Cain and A. G. Hopkins, 'Gentlemanly Capitalism and British Expansion Overseas I: The Old Colonial System, 1688–1850,' *The Economic History Review*, 39 (4), Nov. 1986, pp.501–523; P. J. Cain and A. G. Hopkins, 'Gentlemanly Capitalism and British Expansion Overseas II: New Imperialism, 1850–1945,' *The Economic History Review*, 40 (1), Feb. 1987, pp.1–26.

5 Patrick O'Brien, 'Imperialism and the Rise and Decline of the British Economy, 1688–1989,' *New Left Review*, I, 238, November/December 1999.

6 アルフレッド・D・チャンドラーJr.『スケール・アンド・スコープ：経営力発展の国際比較』有斐閣、1993年。以下の経営者資本主義をめぐる英米独の比較は、同書による。

7 Bairoch (1995: p.30)

8 Bairoch (1995: pp.32–38)

9 Magnusson (2009: p.140)

10 Magnusson (2009: pp.135–136)

11 Magnusson (2009: p.139)

12 Ha-Joon Chang, *Kicking Away the Ladder: Development Strategy in Historical Perspective*, Anthem Press, 2005, pp.32–33.

13 Magnusson (2009: p.104)

14 Magnusson (2009: pp.104–105)

15 Chris Freeman, 'The "National System of Innovation" in Historical Perspective,' *Cambridge Journal of Economics*, 19, 1995, p.7.

16 Magunusson (2009: pp.103, 105–106.)

17 Magunusson (2009: p.102)

18 Chang (2005: p.35)

19 Chang (2005: pp.35, 103)

20 中野剛志『国力論：経済ナショナリズムの系譜』以文社、2008年、pp.23–24。

21 中野 (2008: p.28)

22 中野 (2008: pp.27–28)

23 Friedrich List, *National System of Political Economy*, Vol.III, Dry Bones Press, 1999, p.46.

24 中野（2008: pp.37–38）

25 Earle（1986）

26 Friedrich List, National System of Political Economy, Vol.II, Dry Bones Press, 1999, p.30.

27 中野（2008: pp.43–44）

28 List（1999: II, p.71）

29 List（1999: II, p.72）

30 List（1999: II, pp.72–73）

31 List（1999: III, p.114）

32 List（1999: III, pp.122–123）

33 List（1999: III, pp.109–110）

34 List（1999: III, pp.111–112）

35 Martin Sicker, *Geography and Politics among Nations: An Introduction to Geopolitics*, iUniverse, 2010, pp.45–5; Juan Fernando Palacio, 'Was Geopolitics Born 60 Years Before Mahan and Mackinder?: The Forgotten Contribution of Friedrich List,' 21, 2013, https://espacepolitique.revues.org/276

36 Magnusson（2009: pp.87–88）

37 Cain and Hopkins（1987: p.8）

38 O'brien（1999: p.68）

39 チャンドラー（1993: p.247）

40 O'brien（1999: p.77）

第9章　ハルフォード・マッキンダー（1）

1 Gearóid Ó Tuathail, 'Putting Mackinder in His Place: Material Transformation and Myth,' *Political Geography*, 11(1), p.107; Lucian M. Ashworth, 'Realism and the Spirit of 1919: Halford Mackinder, Geopolitics and the Reality of the League of Nations,' *European Journal of International Relations*, 17(2), pp.296–297.

2 Blouet（1987: pp.126–127）

3 H. J. MacKinder, 'On the Scope and Methods of Geography,' *Proceedings of the Royal Geographical Society and Monthly Record of Geography*, 9 (3), March 1887, p.143.

4 MacKinder（1887: p.145）

5 MacKinder（1887: p.160）

6 江里口拓「ウェッブ夫妻における「国民的効率」の構想：自由貿易、ナショナル・ミニマム、LSE」『経済学史研究』50 (1)、2008年、p.34。

7 ちなみに『歴史の研究』で有名なアーノルド・J・トインビーは、彼の甥である。

8 Gerald M. Koot, *English Historical Economics, 1870–1926: The Rise of Economic History and Neomercantilism*, Cambridge University Press, 1987, Ch.4.

9 Bernard Semmel, *Imperialism and Social Reform: English Social-Imperial Thought 1895–1914*, Harvard University Press, 1960, p.90.

10 カール・ポラニー『大転換：市場社会の形成と崩壊』東洋経済新報社、1975年、p.249。

11 Semmel(1960: p.171); Brian W. Blouet, 'The Imperial Vision of Halford Mackinder,' *The Geographical Journal*, 170 (4), December 2004, p.325.

12 Donald Winch, *Economics and Policy: A Historical Survey*, Fontana, 1969, p.69.

13 Winch (1969: pp.64–70) ; John Maynard Keynes, 'National Self-Sufficiency,' *The Yale Review*, 22(4), 1933, pp.755–769.

14 G. R. Searle, *The Quest for National Efficiency: A Study in British Politics and British Political Thought 1899–1914*, Basil Blackwell, 1971, Ch.2.

15 江里口（2008: p.34）

16 Searle (1971: pp.54–60)

17 江里口 (2008: pp.30–31)

18 チャンドラー (1993: pp.66–67)

19 チャンドラー (1993: pp.363–364)

20 チャンドラー (1993: p.246)

21 Blouet (1987: Ch.8)

22 Blouet (1987: pp.134–139)

23 Semmel (1960: pp.81–82)

24 Semmel (1960: p.170)

25 Semmel (1960: p.173)

26 Semmel (1960: pp.76–77)

27 19世紀における保守主義と社会主義の近接性については、中野剛志『保守とは何だろうか』NHK新書、2013年を参照せよ。

28 David Held, Anthony McGrew, David Goldblatt and Jonathan Perraton, *Global Transformations: Politics, Economics and Culture,* Polity, 1999, pp.418–421.

29 H. J. Mackinder, *Britain and the British Seas*, William Heinemann, 1902, p.11.

30 Mackinder (1902: p.15)

31 Mackinder (1902: p.358)

32 Mackinder (1902: p.309)

33 Mackinder (1902: pp.326–340)

34 Mackinder (1902: p.330)

35 Mackinder (1902: p.341)

36 Mackinder (1902: pp.342–344)

37 Mackinder (1902: p.346)

38 John A. Hobson, *Imperialism: A Study*, James Pott & Co., 1902, Part I, Ch.5.

39 Bernard Semmel, 'Sir Halford Mackinder: Theorist of Imperialism,' *The Canadian Journal of Economics and Political Science*, 24 (4), 1958.

40 Mackinder (1902: p.349)

41 Mackinder (1902: pp.348–349)

42 Mackinder (1902: pp.350–351)

43 Mackinder (1904: pp.439–440)

44 Held et.al. (1999: pp.421–424)

45 Mackinder (1904: p.422)

46 Mackinder (1904: p.422)

47 Mackinder (1904: pp.422–423)

48 Pascal Venier, 'The Geographical Pivot of History and Early Twentieth Century Geopolitical Culture,' *The Geographical Journal*, 170 (4), December 2004, pp.333–334.

49 Georg Simmel, 'Conflict,' in Georg Simmel, *Conflict and The Web of Group-Affiliations*, The Free Press, 1955, p.99.

50 Simmel (1955: p.99)

51 Michael C. Desch, 'War and Strong States, Peace and Weak States,' *International Organization*, 50 (2), Spring 1996, pp.237–268.

52 Stephen M. Walt, 'The Case Against Peace,' *Foreign Policy*, June 17, 2016, http://foreignpolicy.com/2016/06/17/the-case-against-peace-syria-europe-brexit-donald-trump/

53 Mackinder (1904: p.422)

54 Mackinder (1904: p.437)

55 Mackinder (1904: pp.441, 443)

56 Koot (1987: p.102)

第10章　貿易の地政経済学

1 Semmel (1960: p.207)

2 Koot (1987: Ch.5); Gregory C. G. Moore, 'One Hundred Years From Today,' *History of Economics Review*, 38, pp.53-68, 2003; 西沢保「アシュレー、ヒューインズ、『イギリス歴史学派』をめぐって」『経済学雑誌』大阪市立大学経済学会、89 (3)、pp.18-46。

3 William James Ashley, *The Tariff Problem*, 4th edition, P. S. King & Son, Ltd., 1920, p.14.

4 Ashley (1920: pp.17-19)

5 Ashley (1920: pp.26-27)

6 中野 (2008: p.38)

7 Ashley (1920: pp.25-26)

8 Ashley (1920: pp.53-68)

9 Ashley (1920: p.74)

10 Ashley (1920: pp.74-75)

11 Ashley (1920: p.104)

12 Ashley (1920: p.75)

13 Ashley (1920: pp.75-82)

14 Ashley (1920: pp.214-215)

15 Ashley (1920: p.83)

16 Ashley (1920: pp.83-85)

17 Ashley (1920: pp.92, 252-253)

18 Ashley (1920: pp.88-91)

19 Ashley (1920: p.83)

20 Alfred Marshall, *Principles of Economics*, Macmillan and Co., 1920. Library of Economics and Liberty, February 9, 2004, http://www.econlib.org/library/Marshall/marP15.html, IV.XIII.11.

21 村上泰亮『反古典の政治経済学（下）：二十一世紀への序説』中央公論社、1992年。

22 冨浦英一『戦略的通商政策の経済学』日本経済新聞社、1995年; Robert Gilpin, *Global Political Economy: Understanding the International Economic Order*, Princeton University Press, 2001, Ch.5.

23 Paul Krugman, *Pop Internationalism*, The MIT Press, 1996, p.110.

24 村上 (1992: pp.23-24)

25 村上 (1992: pp.48-74, 383-389)

26 小池和男『なぜ日本企業は強みを捨てるのか：長期の競争vs.短期の競争』日本経済新聞出版社、2015年。

27 Ashley (1920: p.117)

28 Jeronim Capaldo and Alex Izurieta with Jomo Kwame Sundaram, 'Trading Down: Unemployment, Inequality and Other Risks of the Trans-Pacific Partnership Agreement,' *GDAE Working Paper*, 16 (1), January 2016.

29 Ashley (1920: p.116)

30 Moore (2003: p.54)

31 Ashley (1920: p.110)

32 Ashley (1920: p.116)

33 Ashley (1920: p.191)

34 Ashley (1920: p.192)

35 Margaret McMillan and Dani Rodrik, 'Globalization, Structural Change, and Productivity Growth, with an Update on Africa,' *World Development*, 63, 2014, pp.11–32.
36 Ashley (1920: pp.112–113)
37 Ashley (1920: pp.47–52)
38 Ashley (1920: pp.168–172)
39 Ashley (1920: pp.131–138)
40 Searle (1971: p.154)
41 Ashley (1920: pp.160–161)
42 Alan Tonelson, *The Race to the Bottom: Why a Worldwide Worker Surplus and Uncontrolled Free Tdare are Sinking American Living Standards*, Westview, 2002, pp.24–33, 169.
43 Galbraith (2008: pp.153–155)
44 Ashley (1920: pp.161–167)
45 Ashley (1920: pp.118–119)
46 Kennedy (1987: pp.228–229)
47 Ashley (1920: pp.201)
48 Ashley (1920: pp.119)
49 Ashley (1920: pp.196)
50 Ashley (1920: pp.197)
51 John A. Hobson, *Imperialism: A Study*, James Pott & Co., 1902, Part I, Ch.5.
52 Ashley (1920: pp.198–205)

第11章　ハルフォード・マッキンダー（2）

1 Halford John Mackinder, *Democratic Ideals and Reality: A Study in the Politics of Reconstruction*, Constable and Company, 1919, p.2.
2 Mackinder (1919: p.3)
3 Mackinder (1919: pp.36–37)
4 Mackinder (1919: pp.179–180)
5 Mackinder (1919: p.10)
6 Mackinder (1919: pp.12–13)
7 Mackinder (1919: p.11)
8 Mackinder (1919: p.180)
9 Mackinder (1919: p.185)
10 Mackinder (1919: pp.10–11)
11 Mackinder (1919: p.12)
12 Mackinder (1919: p.16)
13 Mackinder (1919: pp.16–17)
14 Mackinder (1919: p.17)
15 Mackinder (1919: pp.13–14)
16 Mackinder (1919: p.19)
17 Mackinder (1919: p.20)
18 Mackinder (1919: pp.26–28)
19 Mackinder (1919: pp.29–30)
20 Mackinder (1919: pp.32–33)
21 Mackinder (1919: p.33). なお、イギリスは、第一次世界大戦が終結する前に、国際連盟を戦後処理の政策目標の一つとして確定しており、その賛否を巡って議論もなされていた。吉川宏「ロイド・ジョージとヨー

ロッパの再建（2）」『北大法学論集』13（3-4）、1963、pp.459-596.

22 Brian W. Blouet, *Halford MacKinder: A Biography*, Texas A&M University Press, 1987, pp.165-166.

23 Landes（2003: pp.353-354）

24 マイケル・L・ダートウゾス、リチャード・K・レスター、ロバート・M・ソロー『Made in America:アメリカ再生のための米日欧産業比較』草思社、1990年。

25 Stephen Walt, 'International Relations: One World, Many Theories,' *Foreign Policy*, No.110, Spring 1998, pp.29-32, 34-46.

26 Edward Hallett Carr, *The Twenty Years' Crisis, 1919-1939: An Introduction to the Study of International Relations*, Perennial, 2001.

27 Lucian M. Ashworth, 'Realism and the Spirit of 1919: Halford Mackinder, Geopolitics and the Reality of the League of Nations,' *European Journal of International Relations*, 17（2）, 2010, pp.279-30.

28 Blouet（1987: p.189）

29 Mackinder（1919: p.180）

30 Mackinder（1919: p.185）

31 Mackinder（1919: p.189）

32 Mackinder（1919: p.185）

33 マクニール（2002: pp.414-415）

34 マクニール（2002: pp.415-416）

35 Mackinder（1919: p.35）

36 Ashworth（2010）

37 Mackinder（1919: p.181）

38 Mackinder（1919: p.181）

39 Findley and O'Rouke（2007: pp.378-383）

40 Mackinder（1919: p.186）

41 Mackinder（1919: p.183）

42 Mackinder（1919: p.34）

43 Mackinder（1919: p.184）

44 ガーシェンクロンはハーヴァード大学教授として経済史を担当したが、同大学における経済史研究の基礎を築いたのはウィリアム・アシュリーであった。

45 Alexander Gerschenkron, *Economic Backwardness in Historical Perspective: A Book of Essays*, The Belknap Press of Harvard University Press, 1962, pp.5-30.

46 Mackinder（1919: p.190）

47 Mackinder（1919: pp.187-188）

48 Mackinder（1919: pp.230-231）

49 Mackinder（1919: p.235）

50 Mackinder（1919: p.228）

51 経済ナショナリズムの理論とその系譜については、中野（2008）を参照せよ。

52 Semmel（1960: p.81）

53 John Maynard Keynes, 'National Self-Sufficiency,' *The Yale Review*, Vol.22, pp.755-769.

54 Peter Liberman, 'Trading with the Enemy: Security and Relative Economic Gains,' *International Security*, 21（1）, Summer 1996, pp.147-175.

55 Rudiger Dornbusch and Stanley Fischer, 'The Open Economy: Implications for Monetary and Fiscal Policy,' *NBER Working Paper*, No.1422, 1984; Barry Eichengreen, 'The Political Economy of the Smoot-Hawley Tariff,' *NBER Working Paper*, No.2001, 1986; Peter Temin, *Lessons from the Great Depression*, The MIT Press, 1991, p.81.

56　Mackinder (1919: p.238)

57　Mackinder (1919: pp.258–259)

58　Mackinder (1919: pp.238–239)

59　Mackinder (1919: p.253)

60　Mackinder (1919: p.239)

61　Mackinder (1919: p.240)

62　Hirschmann (1945: pp.56–57)

63　Mackinder (1919: p.240)

64　Mackinder (1919: pp.239–241)

65　Mackinder (1919: p.247)

66　Mackinder (1919: pp.261–262)

67　ポラニー (1975)

68　ポラニー (1975: pp.377–378, 384–385, 389)

69　Mackinder (1919: pp.256–257)

70　Mackinder (1919: p.234)

71　Mackinder (1919: p.267)

第12章　戦争の経済的帰結（1）

1　マクニール (1983: p.471)

2　Joseph A. Schumpeter, *History of Economic Analysis*, Oxford University Press, 1994, pp.1145–1147.

3　この論文については、残念ながら入手できなかった。

4　Mackinder (1919: Preface)

5　The Labour Party, 'Labour and the New Social Order: A Report on Reconstruction,' 1918.

6　高哲男『現代アメリカ経済思想の起源：プラグマティズムと制度経済学』名古屋大学出版会、2004年。

7　John Dewey, 'The Social Possibilities of War,' 1918a, http://teachingamericanhistory.org/library/document/the-social-possibilities-of-war-2/

8　John Dewey, 'Internal Social Reorganization after the War,' *The Journal of Race Development*, 8 (4), 1918b, p.386.

9　Dewey (1918b: p.399)

10　Dewey (1918b: p.388)

11　Temin and Vines (2013: pp.48–49)

12　ポラニー (1975年: p.32)

13　Gauti B. Eggertsson, 'Great Expectations and the End of the Depression,' *American Economic Review*, 2008, 98 (4), p.1477.

14　ポラニー (1975: p.17)

15　Eric Helleiner, *States and the Reemergence of Global Finance: From Bretton Woods to the 1990s*, Cornell University Press, 1994, pp.26–27; ポラニー (1975: pp.34–35)。

16　James Kurth 'The Foreign Policy of Plutocracies,' *The American Interest*, 7 (2), September 27, 2011.

17　John Maynard Keynes, 'The Economic Consequences of Mr. Churchill,' in Keynes (2013), pp.207–230.

18　Barry Supple, 'War Economies,' in Jay Winter (ed.), *The Cambridge History of the First World War Vol.2: The State*, 2014, p.296.

19　Thomas C. Leonard, 'American Economic Reform in the Progressive Era: Its Foundational Beliefs and Their Relation to Eugenics,' *History of Political Economy*, 41 (1), 2009, p.116.

20　Leonard (2009: pp.116, 133–134)

21　高 (2004: p.37)

22 高（2004: Ch.1）; Jurgen Herbst, *The German Historical School in American Scholarship: A Study in the Transfer of Culture*, Cornell University Press, 1965.

23 Malcom Rutherford, 'American Institutionalism and its British Connections,' *The European Journal of the History of Economic Thought*, 14(2), 2007, pp.291–323.

24 高（2004: p.189）

25 Herbst（1965: p.178）

26 John R. Commons, *Legal Foundations of Capitalism*, Transaction Publishers, 1995, pp.50, 61, 227, 231.

27 Commons（1995: p.139）

28 Charles J. Whalen, 'Saving Capitalism by Making It Good: The Monetary Economics of John R. Commons,' *Journal of Economic Issues*, 27(4), pp.1155–1179.; Glen Atkinson and Theodore Oleson Jr., 'Commons and Keynes: Their Assault on Laissez Faire,' *Journal of Economic Issues*, 32(4), pp.1019–1030, 1998　高（2004: Ch.4）。

29 ケインズが引用したコモンズの論文については不明であるが、「豊富の時代」「安定の時代」を巡る記述は『制度経済学』の中にもある。John R. Commons, *Institutional Economics: Its Place in Political Economy*, Transaction Publishers, 1990, pp.773–778.

30 John Maynard Keynes, 'Am I a Liberal?' in *The Collected Writings of John Maynard Keynes, IX: Essays in Persuasion*, Cambridge University Press, 2013, pp.303–305.

31 John R. Commons, *Institutional Economics: Its Place in Political Economy*, Vol.I, Transaction Publishers, 1990, p.590.

32 Éric Tymoigne, 'Keynes and Commons on Money,' *Journal of Economic Issues*, XXXVII (3), September 2003, pp.527–545.

33 Geoffrey M. Hodgson, *How Economics Forgot History: The Problem of Historical Specificity in Social Science*, Routledge, 2001.

34 Hyman Minsky, 'Uncertainty and the Institutional Structure of Capitalist Economics,' *Working Paper* No.155, The Jerome Levy Economics Institute of Bard College, 1996.

35 Charles J. Whalen (ed.), *Financial Instability and Economic Security after the Great Recession*, Edward Elgar, 2011.

36 Supple（2014: p.298）

37 Supple（2014: p.302）

38 Supple（2014: p.303）

39 Porter（1994: p.171）

40 Supple（2014: pp.307–309）

41 Supple（2014: pp.304–305）

42 Supple（2014: p.309）

43 マクニール（1983: pp.450–456）

44 マクニール（1983: pp.456–457）

45 Porter（1994: p.177）

46 高（2004: p.11）

47 Porter（1994: pp.171–173）

48 Elizabeth Kier, 'War and Reform: Gaining Labor's Compliance on the Homefront,' in Elizabeth Kier and Ronald K. Krebs (eds.), *In war's wake: International Conflict and the Fate of Liberal Democracy*, Cambridge University Press, 2010.

49 第5章で論じた通り、近代民主政治や福祉国家は、ナショナル・アイデンティティの共有を基礎にして成立するものである。

50 Leonard（2009: pp.133–135）

51 Hugh Rockoff, 'Until It's Over There: The U.S. Economy in World War I,' *NBER Working Paper*, 10580, 2004.

52 高（2004: pp.157-158）

56 Dewey（1918b: p.398）

54 Temin（1991: p.111）

55 Temin（1991: p.97）

56 高（2004）

57 Rick Tilman, 'John R. Commons, the New Deal and the American Tradition of Empirical Collectivism,' *Journal of Economic Issues*, XLII（3）, 2008, pp.823-852.

58 Donald Winch, *Economics and Policy: A Historical Survey*, Fontana, 1969, pp.240-243.

59 William E. Leuchtenburg, 'The New Deal and the Analogue of War,' in John Braeman, Robert H. Bremner and Everett Walters（eds.）, *Change and Continuity in Twentieth-Century America*, Ohio State University Press, 1964, p.107.

60 Patrick Renshaw, 'Was There a Keynesian Economy in the USA between 1933 and 1945?,' *Journal of Contemporary History*, 1999, p.341.

61 http://www.slate.com/blogs/moneybox/2012/12/07/platinum_coin_seigniorage_fdr_pushed_the_law_and_obama_should_too.html

62 Rockoff（2004: pp.23-24）

63 Leuchenburg（1964: p.109）

64 Leuchenburg（1964: pp.96-97）

65 Leuchenburg（1964: pp.125-126）

66 Rufolph L. Weissman（ed.）, *Economic Balance and a Balanced Budget: Public Papers of Marriner S. Eccles*, Harper & Brothers, 1940, p.193.

67 Leuchenburg（1964: p.126）より引用。

68 Leuchenburg（1964: pp.130-132）

69 John Dewey, 'The Economic Basis of the New Society,' in J. Ann Boydston（ed.）, *John Dewey, the Later Works, 1925-1953,* Volume 13: 1938-1939, South Illinois University Press, 1988, p.316.

70 Searle（1971: p.259.）

71 John Dewey, 'The Economic Basis of the New Society,' in J Ann Boydston（ed.）, *John Dewey, the Later Works, 1925-1953*, Volume 13: 1938-1939, South Illinois University Press, 1988, p.319.

72 ケインズ（1995: p.31）

73 Dewey（1988: pp.321-322）

74 Leuchenburg（1964: pp.127-128）

75 Renshaw（1999: p.358）

76 ケインズ（1995: pp.384-385）

77 Christina D. Romer, 'What Ended the Great Depression?,' *The Journal of Economic History*, 52, Dec. 1992, pp.757-784.

78 J. R. Vernon, 'World War II Fiscal Policies and the End of the Great Depression,' *The Journal of Economic History*, 54, Dec. 1994, p.864.

79 島倉原『積極財政宣言：なぜ、アベノミクスでは豊かになれないのか』新評論、2015年、第3章。

80 Temin（1991: p.86）

81 服部茂幸も、オバマ政権の財政出動の規模は十分ではなかったとしている。服部（2011: pp.193-195）。

82 Christina Romer, 'Lessons from the Great Depression for Policy Today,' Teach-In on the Great Depression and World War II, University of Oklahoma, March 11, 2013.

83 Theda Skocpol, 'Political Response to Capitalist Crisis: Neo-Marxist Theories of the State and the Case of

the New Deal,' *Politics & Society*, 10(2), 1980, pp.155–201.

第13章　制度経済学

1　John R. Commons, *Institutional Economics: Its Place in Political Economy*, Vol.1, Transaction Publishers, 1990, p.58.

2　Commons (1990: Vol.1, p.60)

3　Commons (1990: Vol.1, p.56)

4　Commons (1990: Vol.1, p.58)

5　John R. Commons, *Institutional Economics: Its Place in Political Economy*, Vol.2, Transaction Publishers, 1990, pp.842–843.

6　Commons (1990: Vol.1, p.58)

7　Commons (1990: Vol.1, p.640)

8　Commons (1990: Vol.1, p.639)

9　Commons (1990: Vol.1, p.639)

10　Commons (1990: Vol.1, p.84)

11　Commons (1990: Vol.1, p.407)

12　Commons (1990: Vol.1, p.406)

13　Glen Atkinson and Charles J. Whalen, 'Futurity: Cornerstone of Post-Keynesian Institutionalism,' in Charles J. Whalen (ed.), *Financial Instability and Economic Security after the Great Recession*, Edward Elgar, 2011; Fernand Ferrari-Filho and Octavio Ugusto Camargo Conceição, 'The Concept of Uncertainty in Post Keynesian Theory and in Institutional Economics,' *Journal of Economic Issues*, XXXiX (3), September 2005.

14　Commons (1990: Vol.1, p.621)

15　Commons (1990: Vol.1, pp.619–.621)

16　Commons (1990: Vol.2, p.749)

17　Commons (1990: Vol.2, p.751)

18　Eirik G. Furubotn and Rudolf Richter, *Institutions and Economic Theory: The Contribution of the New Institutional Economics*, The University of Michigan Press, 1997, p.34. 新制度経済学に対する批判については、たとえば以下を参照せよ。G・M・ホジソン『現代制度派経済学宣言』名古屋大学出版会、1997年。

19　ダグラス・C・ノース『制度・制度変化・経済変化』晃洋書房、1994年、p.3。

20　ノース (1994: p.6)

21　Daniel W. Bromley, *Sufficient Reason: Volitional Pragmatism and the Meaning of Economic Institutions*, Princeton University Press, 2006, pp.32–34.

22　Douglass C. North, 'Structure and Performance: The Task of Economic History,' *Journal of Economic Literature*, 16 (3), September, 1978, p.974.

23　Yngve Ramstad, 'A Prgmatist's Quest for Holistic Knowledge: The Scientific Methodology of John R. Commons,' *Journal of Economic Issues*, 20 (4), December 1986, pp.1067–1105.

24　John R. Searle, *Making the Social World: The Structure of Human Civilization*, Oxford University Press, 2010.

25　むしろ、一九六〇年代以降、新たに展開した科学史や科学哲学による理解からすれば、デカルト的合理主義に立脚した新古典派理論よりも、プラグマティズムを基礎にした「旧」制度経済学の方がはるかに科学的なのである。Philip Mirowski, 'The Philosophical Bases of Institutionalist Economics,' *Journal of Economic Issues*, 21 (3), September 1987, pp.1001–1038.

26　Commons (1990: Vol.1, p.513)

27　Commons (1990: Vol.1, p.513)

28 Commons（1990: Vol.1, p.396）

29 コモンズのマクラウドに対する理解が正しいのか否かはここでは問わない。マクラウドの信用理論については、古川顕「H. D. マクラウドの信用理論」『産研論集』40号（関西学院大学）、2013年3月、参照。

30 Commons（1990: Vol.1, p.457）

31 Knapp（2013: p.134）

32 Commons（1990: Vol.1, pp.460–461）

33 Commons（1990: Vol.1, p.472）; 古川顕『R・G・ホートレーの経済学』ナカニシヤ出版、2012年、p.28。

34 Commons（1990: Vol.1, pp.473–474）

35 R. G. Hawtrey, Currency and Credit, Longmans, Green and Co., 1919, p.10.

36 Commons（1990: Vol.1, p.467）

37 Commons（1990: Vol.1, p.427）

38 Commons（1990: Vol.1, pp.554–560）

39 Commons（1990: Vol.1, pp.608–610）

40 高橋真悟「J. R.コモンズの金融政策論」『経済論叢』182(5–6)，2008年。

41 Commons（1990: Vol.1, p.589）

42 Commons（1990: Vol.1, pp.589–590）

43 Bromley（2006: p.217）

44 Commons（1990: Vol.1, p.52）

45 Commons（1990: Vol.1, pp.610–611）

46 Charles P. Kindleberger, *Manias, Panics and Crashes: A History of Financial Crisis*, 3rd edition, MacMillan, 1996, p.35.

47 Kindleberger（1996: p.123）

48 Peter Temin, *Lessons from the Great Depression*, paperback edition, The MIT Press, 1991, p.3.

49 Temin（1991: Ch.1）

50 柴山桂太『静かなる大恐慌』集英社新書、2012年、pp.50–51。

51 Rodrik（2011: p.43）

52 Commons（1990: Vol.1, pp.610–611）

53 Commons（1990: Vol.1, pp.611–612）

54 Commons（1990a: p.xxxvii）

55 Commons（1990a: p.xxxvii）

56 Commons（1990a: p.13）

57 Commons（1990a: p.51）

58 以下の南北戦争がアメリカに与えた影響についての記述は、Porter（1994: pp.258–268.）を参照している。

59 Porter（1994: p.261）

60 Macdonald（2003: pp.384–399）

61 Porter（1994: p.264）

62 Porter（1994: p.265）

63 Commons（1995: pp.xxxv–xxxvi）

64 もしコモンズが現代の「新」制度経済学を見たとしたら、新古典派理論と制度という「混ざり合わないものを混ぜ合わせようとしたもの」と批判したであろう。

65 Commons（1990: Vol.2, p.895）

66 Commons（1990: Vol.2, pp.887–893）

67 Commons（1990: Vol.2, pp.893–898）

68 Commons（1990: Vol.2, p.902）

69 Commons（1990: Vol.2, p.903）

70 John Maynard Keynes, 'The End of Laissez-Faire,' in *The Collected Writings of John Maynard Keynes, IX: Essays in Persuasion*, Cambridge University Press, 2013, pp.288–289.
71 ケインズ（1995: p.381）
72 John Dewey, *Liberalism and Social Action*, Prometheus Books, 1991, p.90.
73 ポラニー（1975: pp.336–337）
74 ポラニー（1975: p.348）

第14章　戦争の経済的帰結（2）

1 トマ・ピケティ『21世紀の資本』みすず書房、2014年、図9–2、図9–3。
2 ピケティ（2014: 図4–4, 図4–8）
3 ピケティ（2014: p.285）
4 ピケティ（2014: pp.153–162）
5 ピケティ（2014: pp.139–140）
6 Joseph A. Schumpeter, 'Capitalism in the Postwar World,' in Joseph A. Schumpeter (ed.), *Essays on Entrepreneirs, Innovations, Business Cycles, and the Evolution of Capitalism*, Transaction Publishers, 1989, p.175.
7 シュムペーター（1983: pp.81–82）
8 ジョセフ・A・シュムペーター『資本主義・社会主義・民主主義』東洋経済新報社、1995年、p.601。
9 Schumpeter（1989）
10 シュムペーター（1995: pp.601–602）
11 Hyman P. Minsky, 'Uncertainty and the Institutional Structure of Capitalist Economies: Remarks Upon Receiving the Veblen-Commons Award,' *Journal of Economic Issues*, XXX (2), June 1996, p.362.
12 ピケティ（2014: p.489）
13 以上の所得税と戦争の関係に関する記述は、次の二つの文献を参照している。Kenneth Scheve and David Stasavage, 'The Conscription of Wealth: Mass Warfare and the Demand for Profressive Taxation,' *International Organization*, 64 (4), October 2010, pp.529–561; Juliana Londoño Vélez, 'War and Progressive Income Taxation in the 20th Century,' *BEHL Working Paper Series*, WP2014–03, September 2014.
14 André Albuquerque Sant'Anna, 'A Spectre Has Haunted the West: Did Socialism Discipline Income Inequality?,' *MPRA Paper*, No.64756, June 2015.
15 佐藤（2014: pp.209–210）
16 そうした研究の概観については、鍾家新『日本型福祉国家の形成と「十五年戦争」』ミネルヴァ書房、1998年、第1章；佐藤（2014: Ch.11）を参照。
17 Jytte Klausen, *War and Welfare: Europe and the United States, 1945 to the Present*, Palgrave, 1998, pp.3–4.
18 岡崎哲二、奥野正寛編『現代日本経済システムの源流』日本経済新聞社、1993年；中村隆英、宮崎正康編、『岸信介政権と高度成長』東洋経済新報社、2003年。
19 山岸敬和「戦争と医療保険政策：歴史的制度論による比較研究の可能性」『レヴァイアサン』2011年秋号、木鐸社、p.40。
20 Klausen（1998: pp.32–33）
21 Giddens（1987: pp.179–180）
22 佐藤（2014: Ch.7）
23 Giddens（1987: p.181）
24 Landes（2003: p.31）
25 Rosemary D. Marcuss and Richard E. Kane, 'U.S. National Income and Product Statistics: Born of the Great Depression and World War II,' *Survey of Current Business*, February 2007, pp.32–46.
26 Klausen（1998: p.50）
27 Klausen（1998: pp.31–32）

28 David R. Mayhew, 'Wars and American Politics,' *Perspective on Politics*, 3 (3), September 2005, pp.478-470.

29 鍾 (1998: p.176) ; Gregory J. Kasza, 'War and Welfare Policy in Japan,' *The Journal of Asian Studies*, 61 (2), May 2002, pp.417-435.

30 Klausen (1998: p.110)

31 Gunar Myrdal, 'Fiscal Policy in the Business Cycle,' *The American Economic Review*, 29 (1), Supplement, Papers and Proceedings of the Fifty-First Annual Meeting of the American Economic Association, 1939, p.192.

32 Klausen (1998: Ch.4)

33 Gunnar Myrdal, *Beyond the Welfare State: Economic Planning and Its International Implications*, Bantam Books, 1960, p.20

34 Gunnar Myrdal, 'Institutional Economics,' *Journal of Economic Issues*, XII (4), December 1978, pp.771-772.

35 Myrdal (1978: pp.773-775)

36 Theda Skocpol, *Diminished Democracy: From Membership to Management in American Civic Life*, University of Oklahoma Press, 2003.

37 Rieko Kage, 'The Effects of War on Civil Society: Cross-National Evidence from World War II,' in Kier and Krebs (2010), pp.97-120.

38 Peter Evans, 'The Eclipse of the State?: Reflections on Stateness in an Era of Globalization,' *World Politics*, 50(1), pp.62-87.

39 Gunnar Myrdal, *An International Economy: Problems and Prospect*, Harper and Brothers Publishers, 1956, pp.27-54.

40 Myrdal (1956: p.33)

41 Radhika Desai, *Geopolitical Economy: After US Hegemony, Globalization and Empire*, PlutoPress, 2013, pp.87-91.

42 Eric Helleiner, *States and the Reemergence of Global Finance: From Bretton Woods to the 1990s*, Cornell University Press, 1994, Ch2.

43 Jonathan Kirshner, 'Keynes, Capital Mobility and the Crisis of Embedded Liberalism,' *Review of International Political Economy*, 6(3), pp.313-337.

44 Helleiner (1994: pp.49-50)

45 ロドリック (2013：Ch4)

46 David Cameron, 'The Expansion of the Public Economy: a Comparative Analysis,' *The American Political Science Review*, 72 (4), December 1978; Peter Katzenstein, *Small State in World Markets: Industrial Policy in Europe*, Cornell University Press, 1985.

47 John Ruggie, 'International Regimes, Transactions and Change: Embedded Liberalism in the Postwar Economic Order,' *International Organization*, 36(2), 1982, pp.379-415.

48 ポラニー (1975)

49 Michael A. Clemens and Jeffrey G. Williamson, 'A Tariff-Growth Paradox?: Protection's Impact The World Around 1875-1997,' *NBER Working Paper*, No.8459, 2001.

50 Jagdish Bhagwati, *Protectionism*, The MIT Press, 1989, pp.7-9.

51 Francisco Rodriguez and Dani Rodrik, 'Trade Policy and Economic Growth: A Sceptic's Guide to the Cross-National Evidence,' *NBER Working Paper*, No.7081, 1999.

52 Clemens and Williamson (2001)

53 ロバート・ギルピン『世界システムの政治経済学：国際関係の新段階』東洋経済新報社、1990年、pp.140-143。

54 Melvyn P. Leffler, 'The American Conception of National Security and the Beginnings of the Cold War,

1945-48,' *The American Historical Review*, 89, (2), 1984, pp.346-381.

55 Robert Gilpin, *The Challenge of Global Capitalism: The World Economy in the 21st Century*, Princeton University Press, 2000, pp.57-59.

56 Alfred Eckes, 'Trading American Interests,' *Foreign Affairs*, Fall, 1992, pp.135-154.

57 Peter Gourevitch, *Politics in Hard Times: Comparative Responses to International Economic Crises*, Cornell University Press, 1986, pp.42-43.

58 Hodgson (2001)

59 Geoffrey Slon and Colin S. Gray, 'Why Geopolitics?' in Gray and Slone (1999), p.5.

第15章　経済成長の地政経済学

1 ピケティ (2014: p.100, 表2-5)

2 David Gold, 'Does Military Spending Stimulate or Retard Economic Performance?: Revisiting an Old Debate,' *International Affairs Working Paper 2005-01*, 2005.

3 ジョセフ・スティグリッツ『世界の99%を貧困にする経済』徳間書店、2012年、p.144。

4 Jonathan D. Ostry, Andrew Berg and Charalambos G. Tsangarides, 'Redistribution, Inequality, and Growth,' *IMF Staff Discussion Note*, February 2014.

5 André Albuquerque Sant'Anna, 'A Spectre Has Haunted the West: Did Socialism Discipline Income Inequality?,' *MPRA Paper*, No.64756, June 2015.

6 Alexander J. Field, *A Great Leap Forward: 1930s Depression and U.S. Economic Growth*, Yale University Press, 2011.

7 Vernon W. Ruttan, *Is War Necessary for Economic Growth?: Military Procurement and Technology Development*, Oxford University Press, 2006.

8 Ruttan (2006)

9 Linda Weiss, *America Inc.?: Innovation and Enterprise in the National Security State*, Cornell University Press, 2014.

10 Peter A. Hall and David Soskice, 'An Introduction to Varieties of Capitalism,' in Peter A. Hall and David Soskice (eds.), *Varieties of Capitalism: The Institutional Foundations of Comparative Advantage*, Oxford University Press, 2001.

11 Gregory Hooks, 'The Rise of the Pentagon and U.S. State Building: The Defense Program as Industrial Policy,' *American Journal of Sociology*, 96, (2), 1990, pp.358-404.

12 Chalmers Johnson, *MITI and the Japanese Miracle: The Growth of Industrial Policy 1925-1975*, Stanford University Press, 1982.

13 Fled Block, 'Swimming Against the Current: The Rise of a Hidden Development State in the United States,' *Politics and Society*, 36 (2), pp.169-206.

14 Weiss (2014: Ch.3)

15 Thomas Heinrich, 'Cold War Armory: Military Contracting in Silicon Valley,' *Enterprise and Society*, 3 (2), 2002, pp.247-284.

16 Hooks (1990)

17 武石彰、青島矢一、軽部大『イノベーションの理由』有斐閣、2012年。

18 Mariana Mazzucato, *The Entrepreneurial State: Debunking Public vs. Private Sector Myths*, Anthem Press, 2014, p.59.

19 Nathan Rosenberg, 'The Direction of Technological Change: Inducement Mechanisms and Focusing Devices,' in Nathan Rosenberg (ed.), *Perspectives on Technology*, Cambridge University Press, 1976; Richard Nelson and Sidney Winter, 'In Search of Useful Theory of Innovation,' *Research Policy*, 6 (1), 1977, pp.36-76.

20 Giovanni Dosi, 'Technological Paradigms and Technological Trajectories,' *Research Policy*, 11 (3), pp.147–162.

21 Freeman (1995); Mazzucato (2014: p.36)

22 Mazzucato (2014: p.3)

23 Tyler Cowen, 'Economic Effects of a Conflict-Prone World Order,' *Public Choice*, 64 (2), 1990, pp.121–134.

24 Ruttan (2006: p.184)

25 Joseph A. Schumpeter, *The Theory of Economic Developmen*t, Transaction Publishers, 2008, p.85.

26 Schumpeter (2008: pp.92–94.)

27 Carl von Clausewitz, *On War*, Oxford University Press, 2007, p.27

28 ケインズ (1995: pp.159–160)

29 ケインズ (1995: pp.160–161)

30 Clausewitz (2007: p.100)

31 Ruttan (2006: pp.12–13)

32 Ruttan (2006: p.184)

33 第13章で論じた制度経済学の理解に従うならば、収穫逓増の運動を「自己強化メカニズム」という機械論的な用語で表現することは適切ではないが、以降の議論はアーサーの用語に従って、この用語を採用することとする。

34 W. Brian Arthur, *Increasing Returns and Path Dependence in the Economy*, The University of Michigan Press, 1994, pp.112–113.

35 Arthur (1994: pp.112–113)

36 Paul David, 'Clio and the Economics of QWERTY,' *American Economic Review*, 75, 1985, pp.332–337.

37 Arthur (1994: p.113)

38 Arthur (1994: pp.113–114)

39 Robert Gilpin, *Global Political Economy: Understanding the International Economic Order*, Princeton University Press, 2001, Ch.5.

40 Richard Nelson, 'How New Is New Growth Theory?' *Challenge*, September/October 1997, pp.29–58.

41 John Kenneth Galbraith, *The New Industrial State*, Princeton University Pres, 2007, p.378.

42 Block (2008: pp.26–30)

43 Paul Pierson, 'Increasing Returns, Path Dependence, and the Study of Politics,' *The American Political Science Review*, 94 (3), June 2000, pp.251–267.

44 Robert Higgs, *Crisis and Leviathan: Critical Episodes in the Growth of American Government*, The Independent Institute, 1987, pp.70–72.

第16章　平和の経済的帰結

1 Robert Skidelsky, *Keynes: The Return of the Master*, PublicAffairs, 2009, pp.113–123.

2 Tyler Cowen, *The Great Stagnation: How American Ate All the Low-Hanging Fruit of Modern History, Got Sick and Will (Eventually) Feel Better*, Dutton, 2011.

3 Robert Gordon, 'Is US Economic Growth Over? Faltering Innovation Confronts of the Six headwinds,' *NBER Working Paper*, No.18315.

4 ローレンス・サマーズ「長期停滞にどう向き合うか：金融政策の限界と財政政策の役割」『フォーリン・アフェアーズ・リポート』フォーリン・アフェアーズ・ジャパン、2016年3月、pp.6–15; Robin Harding, 'Lagarde Warns of "New Mediocre" era,' *Financial Times*, October 3, 2014, http://www.ft.com/cms/s/0/2bfa11d6-4a44-11e4-8de3-00144feab7de.html#axzz47x5KsIab

5 Fred Block and Margaret R. Somers, *The Power of Market Fundamentalism: Karl Polanyi's Critique*, Harvard University Press, 2014, p.150.

6 Colin Crouch, *The Strange Non-Death of Neoliberalism*, Polity, 2011, pp.15–16.

7 Crouch (2011); Quiggin (2011)

8 John Maynard Keynes, 'How to Pay for the War,' in John Maynard Keynes, *The Collected Writings of John Maynard Keynes, IX; Essays in Persuasion*, Cambridge University Press, 2010, pp.367–439.

9 以降の議論においては、説明の便宜上、ケインズの理論とケインズ主義の理論を厳密に区分することは敢えてせず、基本的に両者を「ケインズ主義」と総称することとする。

10 Block and Somers (2014: p.183)

11 David Harvey, 'Neo-Liberalism as Creative Destruction,' *Geografiska Annaler*, 88 (2), June 2006, pp.145–158.

12 Susan George, 'How to Win the War of Ideas: Lessons from the Gramscian Right,' *Dissent*, Summer 1997, pp.47–53.

13 Michael Kalecki, 'Political Aspects of Full Employment,' *The Political Quarterly*, 14, 1943, pp.322–330.

14 John Smithin, *Macroeconomic Policy and the Future of Capitalism: The Revenge of the Rentiers and the Threat of Prosperity*, Edward Elgar, 1996, p.73; Geoffrey Ingham, *Capitalism*, Polity, 2008, pp.139–142.

15 Jonathan Kirshner, 'The Political Economy of Low Inflation,' *Journal of Economic Surveys*, 15 (1), pp.41–70.

16 Jagdish Bhagwati, 'The Capital Myth: The Difference Between Trade in Widgets and Dollars,' *Foreign Affairs*, May/June 1998, pp.7–11.

17 サイモン・ジョンソン、ジェームズ・クワック『国家対巨大銀行：金融の肥大化による新たな危機』ダイヤモンド社、2011年、第4章。

18 Harvey (2006: p.148)

19 Michael Mastanduno, 'System Maker and Privilege Taker,' *World Politics*, 61(1), January 2009, pp.127–136.

20 Francis J. Gavin, 'The Gold Battles within the Cold War: American Monetary Policy and the Defence of Europe, 1960–63,' *Diplomatic History*, 26, January 2002, pp.61–94.

21 Mastanduno (2009: p.135)

22 *Ibid.*

23 Galbraith (2008: pp.41–42)

24 Eric Helleiner, *States and the Reemergence of Global Finance: From Bretton Woods to the 1990s*, Cornell University Press, 1994, p.115.

25 Helleiner (1994: pp.112–115)

26 Helleiner (1994: pp.119–120)

27 Helleiner (1994: pp.131–135)

28 Jonathan Kirshner, *American Power After the Financial Crisis*, Cornell University Press, 2014, pp.62–66.

29 Kirshner (2014: p.66)

30 Radhika Desai, *Geopolitical Economy: After US Hegemony, Globalization and Empire,* Pluto Press, 2013, pp.222–225.

31 Desai (2013: pp.270–271)

32 Desai (2013: pp.205–206)

33 Christòpher Layne, *The Peace of Illusions: American Grand Strategy from 1940 to the Present*, Cornell University Press, 2006, pp.124–133.

34 Andrew J. Bacevich, *The Limits of Power: The End of American Exceptionalism*, Metropolitan Books, 2008, pp.55–58.

35 Brzezinski (1997: p.195)

36 Greta R. Krippner, *Capitalizing on Crisis: The Political Origins of the Rise of Finance*, Harvard University

Press, 2011.

37 ジョンソン、クワック (2011: pp.79, 113)

38 William Lazonick, 'The New Economy Business Model and the Crisis of U.S. Capitalism,' *Capitalism and Society*, 4(2), 2009; William Lazonick, 'The Financialization of the U.S. Corporation: What Has Been Lost, and How It Can Be Regained,' *Seattle University Law Review*, 36(2), 2013; William Lazonick, 'Profit Without Prosperity,' *Harvard Business Review*, September 2014.

39 Crouch (2011: Ch.5)

40 Thomas I. Palley, *From Financial Crisis to Stagnation: The Destruction of Shared Prosperity and the Role of Economics*, Cambridge University Press, 2012, Ch.4.

41 Weiss (2014: Ch.9)

42 'Economic Focus: Krugman's Conundrum,' *The Economist*, 2008.

43 Lawrence Summers 'A Strategy to Promote Healthy Globalization,' *Financial Times*, 2008.

44 Alan S. Blinder, 'Offshoring: The Next Industrial Revolution?' *Foreign Affaiers*, 85 (2), 2007, pp.113–128.

45 スティグリッツ (2012: p.112)

46 スティグリッツ (2012: p.114)

47 たとえば、Ann Harrison and Margaret McMillan, 'Offshoring, International Trade, and American Worker,' *NBER Reporter*, No.4, 2011.

48 David H. Autor, David Dorn and Gordon H. Hanson, 'The China Syndrome: Local Labor Market Effects of Import Competition in the United States,' *American Economic Review*, 103(6), 2013, pp.2121–2168; Avraham Ebenstein, Ann Harrison and Margaret McMillan, 'Why Are American Workers Getting Poorer?: China, Trade and Offshoring,' *NBER Working Paper*, No.21027, 2015.

49 Daron Acemoglu, David Autor, David Dorn, Gordon H. Hanson and Brendan Price, 'Import Competition and the Great U. S. Employment Sag of the 2000s,' *Journal of Labor Economics*, 34 (S1), Part2, January 2006, pp.S141–S198.

50 Eswar Prasad, Raghuram G. Rajan and Arvind Subramanian, 'Foreign Capital and Economic Growth,' *Brookings Paper on Economic Activity*, No.1, 2007, pp.153–209; Gordon Hanson, 'Should Countries Promote Foreign Direct Investment?' *G-24 Discussion Papers*, No.9, 2001.

51 Dani Rodrik and Arvind Subramanian, 'Why Did Financial Globalization Disappoint?,' *IMF Staff Papers*, 56 (1), 2009, pp.112–138,

52 McMillan and Rodrik (2014); Dani Rodrik, 'The Real Exchange Rate and Economic Growth: Theory and Evidence,' *Brookings Papers on Economic Activity*, Fall 2008, pp.365–412.

53 Engelbert Stockhammer, 'Why Have Wage Shares Fallen?: An Analysis of the Determinants of Functional Imcome Distribution,' in Marc Lavoie and Engelbert Stockhammer (eds.), *Wage-Led Growth: An Equitable Strategy for Economic Recovery*, Palgrave MacMillan, 2013.

54 Jomo Kwame Sundaram and Vladimir Popov, 'Income Inequalities in Perspective,' *Extension of Social Security series*, No.46, 2015; André Albuquerque Sant'Anna, 'A Spectre Has Haunted the West: Did Socialism Discipline Income Inequality?' *Munich Personal RePEc Archive Paper*, No.64756, 2015.

55 Desch (1996)

56 Paul Starr, 'Dodging a Bullet: Democracy's Gains in Modern War,' in Elizabeth Kier and Ronald R. Krebs (eds.), *In War's Wake: International Conflict and the Fate of Liberal Democracy*, Cambridge University Press, 2010.

57 Deborah Avant, 'The Marketization of Security: Adventurous Defense, Institutional Malformation, and Conflict,' in Jonathan Kirshner (ed.), *Globalization and National Security*, Routeledge, 2006.

58 John Kaag and Sarah Kreps, 'Drones and Democratic Peace,' *Brown Journal of World Affairs*, 2013, pp.1–13.

59 Kaag and Kreps (2013: pp.4–5)

60 Skocpol (2003: pp.246–253)

61 Walt (2016)

62 Mary Kaldor, *New and Old Wars: Organized Violence in a Global Era*, 3rd edition, Stanford University Press, 2012.

第17章 東アジアの地政経済学

1 ポラニー (1975: p.6)

2 ポラニー (1975: Ch.1)

3 Christopher Layne, 'From Preponderance to Offshore Balancing: America's Future Grand Strategy,' *International Security*, 22 (1), Summer 1997, pp.89–92.

4 Sam Jameson, 'A Reluctant Superpower Agonize Over Military,' *Los Angeles Times*, August 1, 1995.

5 Victor D. Cha, 'Powerplay Origins of the U.S. Alliance System in Asia,' *International Security*, 34 (3), Winter 2009/10, pp.158–196.

6 マイケル・シャラー『「日米関係」とは何だったのか：占領期から冷戦終結後まで』草思社、2004年、p.441.

7 Michael Mastanduno, 'System Maker and Privilege Taker: The United States and the International Political Economy,' *World Politics*, 61 (1), 2009, pp.121–154.

8 Mastanduno (2009: p.142)

9 翁邦雄、白川方明、白塚重典「資産価格バブルと金融政策：1980年代後半の日本の経験とその教訓」『金融研究』2000年12月、p.281。

10 宮崎義一『複合不況：ポスト・バブルの処方箋を求めて』中公新書、1992年。なお、金融自由化は、第2章で参照したように、クラウディオ・ボリオもバブルの要因の一つとして挙げていた。

11 古城佳子「国際政治と日本の規制緩和、構造改革：国際政治の変化と外圧」、寺西重郎編『バブル/デフレ期の日本経済と経済政策、第7巻「構造問題と規制緩和」』慶應義塾大学出版会、2010年、pp.61–62。http://www.esri.go.jp/jp/others/kanko_sbubble/analysis_07.html

12 翁・白川・白塚 (2000: pp.308–309)

13 翁・白川・白塚 (2000: pp.309–310)

14 古城 (2010: pp.64–65)

15 翁・白川・白塚 (2000: pp.290–292, 310)

16 翁・白川・白塚 (2000: p.312)；古城 (2010: pp.62–65)

17 古城 (2010: pp.64–67)

18 Patrick E. Tayler, 'U.S. Strategy Plan Calls for Insuring No Rivals Develop,' *The New York Times*, March 8, 1992.

19 古城 (2010: pp.67–71)

20 古城 (2010: p.68, n.12)

21 古城 (2010: p.73)

22 Michael Mastanduno, 'Economics and Security in Statecraft and Scholarship,' *International Organization*, 52 (4), 1998, p.849.

23 Radhika Desai, *Geopolitical Economy: After US Hegemony, Globalization and Empire*, Pluto Press, 2013, pp.198–206.

24 Mastanduno (2009: p.147)

25 http://www.mod.go.jp/j/approach/others/shiritai/budget_h26/img/budget_04_a.jpg

26 Jonathan Kirshner, *American Power After The Financial Crisis*, Cornell University Press, 2014, pp.149–150.

27 Boyce (2003: p.261)

28 鈴木宏尚「親米日本の政治経済構造、1955-61」『法政論集』260号、2015年、pp.253-275。

29 ジョン・W・ダワー、ガバン・マコーマック『転換期の日本へ：「パックス・アメリカーナ」か「パックス・アジア」か』NHK出版新書、2014年；Michael Mastanduno, 'Order and Change in World Politics: The Financial Crisis and the Breakdown of the US-China Grand Bargain,' in G. John Ikenberry (ed.), *Power, Order, and Change in World Politics*, Cambridge University Press, 2014, p.174; Brzezinski (1997: p.152)

30 ピルズベリー (2015)

31 注29同じ

32 Andrew F. Krepinevich, 'China's "Finlandization" Strategy in the Pacific,' *The Wall Street Journal*, September 11, 2010; Evan Braden Montgomery, 'Contested Primacy in the Western Pacific: China's Rise and the Future of U.S. Power Projection,' *International Security*, 38 (4), Spring 2014, pp.115-149.

33 Hugh White, *The China Choice: Why America Should Share Power*, Black Inc., 2012, Ch.2.

34 Robert S. Ross, 'The Rise of Chinese Power and the Implications for the Regional Security,' *Orbis*, Fall 2005.

35 Mastanduno (2014)

36 Wu Xinbo, 'Understanding the Geopolitical Implications of the Global Financial Crisis,' *The Washington Quarterly*, October 2010.

37 Kirshner (2014)

38 Shaun Breslin, 'The "China Model" and the Global Crisis: From Friedrich List to a Chinese Mode of Governance?' *International Affairs*, 87 (6), 2011, pp.1323-1343.

39 Prema-chandra Athukorala and Archanun Kohpaiboon, 'Intra-Regional Trade in East Asia: The Decoupling Fallacy, Crisis, and Policy Challenge,' *ADBI Working Paper*, No.177, December 2009.

40 師穎新「中国経済における内需拡大問題について」2010年2月。www.apir.or.jp/ja/others/data_pdf/993_Pdf01.pdf

41 Wayne M. Morrison, 'China's Economic Rise: History, Trends, Challenges, and Implications for the United States,' *Congressional Research Service*, October 21, 2015. pp.12-13.

42 Loukas Karabarbounis and Brent Neiman, 'The Global Decline of the Labor Share,' *NBER Working Paper*, No.19136, June 2013.

43 Edward D. Mansfield and Jack Snyder, 'Democratization and the Danger of War,' *International Security*, 20 (1), 1995, pp.5-38.

44 マシュー・バロウズ『シフト：2035年、米国最高情報機関が予測する驚愕の未来』ダイヤモンド社、2015年、p.344。

45 クリストファー・レイン「パックス・アメリカーナの終焉後に来るべき世界像：米国のオフショア・バランシング戦略」『外交』Vol.23、2014年。

46 Gideon Rachman, 'War and Peace in Asia,' Financial Times, August 5, 2016. http://www.ft.com/cms/s/0/80122bbc-5985-11e6-8d05-4eaa66292c32.html?siteedition = intl

第18章　領域国家と通商国家

1 Rosecrance (1986: pp.60-62)

2 Rosecrance (1986: p.228)

3 Rosecrance (1996)

4 Peter J. Hugill, 'Trading States, Territorial States, and Technology: Mackinder's Contribution to the Discourse on States and Polities,' in Blouet (2005).

5 村上 (1992a: pp.130-131)

6 村上 (1992a: p.131)

7 村上 (1992a: p.131)

8　村上（1992a: p.132）

9　村上（1992a: p.133）

10　村上（1992a: p.232）

11　村上（1992a: p.230）

12　村上（1992a: p.231）

13　村上（1992a: p.233）

14　村上（1992a: pp.269–274）

15　村上（1992b: Ch.7）

16　村上（1992b: pp.306–308）

17　村上（1992b: p.308）

18　村上（1992b: p.309）

19　Richard Rosecrance, *The Resurgence of The West: How A Transatlantic Union Can Prevent War and Restore The United States and Europe*, Yale University Press, 2013.

20　Rosecrance（2013: p.122）

21　Rosecrance（2013: p.83）

22　Rosecrance（2013: p.110）

23　政治的・軍事的野心は経済的利益によって抑制されるという思想は、17、18世紀の西洋啓蒙思想にまでさかのぼることができ、その影響は今日の経済学あるいは政治経済学にまで及んでいる。Albert O. Hirschman, *The Passions and the Interests: Political Arguments for Capitalism before Its Triumph, Twentieth Anniversary Edition*, Princeton University Press, 1997.

終　章　地政経済学とは何か

1　デイヴィッドソン（1997: p.116）

2　Galbraith（2008: pp.171–175）

【著者紹介】
中野剛志（なかの　たけし）
1971年、神奈川県生まれ。評論家。元・京都大学大学院工学研究科准教授。専門は政治経済思想。1996年、東京大学教養学部（国際関係論）卒業後、通商産業省（現・経済産業省）に入省。2000年よりエディンバラ大学大学院に留学し、政治思想を専攻。2001年に同大学院より優等修士号、2005年に博士号を取得。2003年、論文“Theorising Economic Nationalism”（*Nations and Nationalism*）でNations and Nationalism Prizeを受賞。主な著書に山本七平賞奨励賞を受賞した『日本思想史新論』（ちくま新書）、『TPP亡国論』『世界を戦争に導くグローバリズム』（集英社新書）、『国力論』（以文社）、『国力とは何か』（講談社現代新書）、『保守とは何だろうか』（NHK出版新書）、『官僚の反逆』（幻冬舎新書）などがある。

富国と強兵
地政経済学序説

2016年12月22日　第1刷発行
2023年 8 月24日　第8刷発行

著　者――中野剛志
発行者――田北浩章
発行所――東洋経済新報社
〒103-8345　東京都中央区日本橋本石町1-2-1
電話＝東洋経済コールセンター　03(6386)1040
https://toyokeizai.net/

装　丁…………竹内雄二
D T P…………アイランドコレクション
印刷・製本……丸井工文社
編集担当………渡辺智顕
　Printed in Japan　ISBN 978-4-492-44438-2